新时代法学教育丛书

NEW ERA LEGAL EDUCATION SERIES

新时代法学教育丛书

莫纪宏 总主编

经济法学教程

汤洁茵　主编

当代中国出版社
Contemporary China Publishing House

图书在版编目(CIP)数据

经济法学教程 / 汤洁茵主编 . -- 北京 : 当代中国出版社, 2024. 8. -- (新时代法学教育丛书 / 莫纪宏总主编). -- ISBN 978-7-5154-1349-5

Ⅰ . D922.290.1

中国国家版本馆 CIP 数据核字（2024）第 20247GN031 号

出 版 人　王　茵
责任编辑　邓颖君　李　昭
责任校对　贾云华　康　莹
印刷监制　刘艳平
封面设计　乔智炜　李默涵
出版发行　当代中国出版社
地　　址　北京市地安门西大街旌勇里 8 号
网　　址　http://www.ddzg.net
邮政编码　100009
编 辑 部　(010) 66572156
市 场 部　(010) 66572281　66572157
印　　刷　中国电影出版社印刷厂
开　　本　787 毫米 × 1092 毫米　1/16
印　　张　33.5 印张　1 插页　750 千字
版　　次　2024 年 8 月第 1 版
印　　次　2024 年 8 月第 1 次印刷
定　　价　78.00 元

新时代法学教育丛书
编 委 会

总　序

2023年2月底，中共中央办公厅、国务院办公厅联合印发了《关于加强新时代法学教育和法学理论研究的意见》（以下简称《意见》）。《意见》明确指出，要完善法学教材体系。坚持以习近平法治思想为统领，通过抓好核心教材、编好主干教材、开发新形态教材等，构建中国特色法学教材体系。为了有效贯彻落实《意见》对构建中国特色法学教材体系提出的明确要求，中国社会科学院大学法学院组织学院全部师资力量和科研力量，出版了本套能够充分体现中国社会科学院大学“科教融合”成果、面向高等法律院校本科、硕士和博士的通用法学教材。本套教材严格按照《意见》提出的完善法学学科专业体系，构建自主设置与引导设置相结合的学科专业建设要求，立足目前高等法律院校教学体系现状，依托中国社会科学院法学研究所和国际法研究所强大的科研能力，用两年左右的时间编写而成，是一套适应新时代高等法律院校教学特点的“新时代法学教育丛书”。丛书主要面向高等法律院校的法学硕士、法律硕士，同时可以作为提升本科生阅读和理解能力的教学辅导资料，并可以成为夯实法学博士生法学知识基础的参考文献。

此套丛书分两批完成。第一批主要根据中国社会科学院大学法学院2023年6月的教学管理体制改革方案，建立以17个教研室为基础的教学管理单位，负责各门法学核心课程的设计、教材的编写以及法学本科、硕士和博士的培养计划等教学管理工作，围绕《意见》强调的法学主干学科编写各门法学核心课程的教程，包括《法理学教程》《中国法律史学教程》《宪法学教程》《行政法学教程》《刑法学教程（上、下册）》《民法学教程（上、下册）》《商法学教程（上、下册）》《刑事诉讼法学教程》《民事诉讼法学教程》《行政诉讼法学教程》《经济法学教程》《社会法学教程》《环境与资源法学教程》《知识产权法学教程》《国际公法学教程》《国际私法学教程》《国际经济法学教程》《军事法学教程》，同时按照中国社会科学院大学法学院目前各学科教研室设置的布局，与上述核心课程教程一起推出《网络与信息法学教程》《监察法学教程》。每册教程50万字左右，按照教育部规定的高等法律院校专业课程教学的基本要求编写，既有正文讲解，又有引导性、提纲性的内容提示，还有思考题和参考文献。鉴于有些学科知识量较大，将《刑法学教程》《民法学教程》《商法学教程》分为上、下两册编写，给主体为法学硕士、法律硕士的学习群体全面和系统地掌握法学基础知识提供高质量的教学辅导读物。第一批出版20本教程（23册），2024年底出齐。第二批教程预计16本左右，主要为落实《意见》加强新兴学科建设的要求，拟编写的教程包括《立法学教程》《文化法学教程》《教育法学教程》《国家安全法学教程》《区际法学教程》《社会治理法学教程》《科技法学教程》《气候法学教程》《海洋法学教程》《涉外法学教程》《党内法规学教程》《法学论文写作指导教程》《法学方法论教程》《法学文献阅读辅导教程》《法律职业伦理教程》《法学学术规范与学术道德教程》等。第二批教程拟于 2025 年底出齐。为了加深学习者对教程内容的理解，在第二批教程出版的同时，从每一本教程中抽象出 50 余个常用的学科名词术语，汇编成《新时代法学教育大辞典》，作为辅导学生学习和理解教材的必备参考。“新时代法学教育丛书”共计 30 余本，构成了《意见》要求设置的法学教学体系的整体框架和全部内容，可以为全面和系统地培育高等法律院校的本科生、硕士生和博士生提供最富有实效的教学参考资料，形成系统化的法学知识体系，以因应新时代对法学人才之需。本套丛书是全国 600 多所高等法律院校或法学院率先贯彻落实《意见》对法学教材体系建设要求形成的重要教学科研成果，丛书的出版可以为全国高等法律院校编写同类教材或者直接采用作为教材提供帮助。

为保证按时按质地组织“新时代法学教育丛书”的编写和出版工作，中国社会科学院大学、中国社会科学院法学研究所和国际法研究所举全力支持中国社会科学院大学法学院组织的“新时代法学教育丛书”的编写和出版，这将是 2020 年 9 月 20 日中国社会科学院大学法学院成立后由法学院独立组织出版的充分反映法学院教学能力和科研实力的系列法学教材，是法学院为争创“双一流”建设学科而进行的带有前瞻性、创新性、战略性的重大教学改革和创新举措。

“新时代法学教育丛书”由中国社会科学院大学法学院组织，法学院院长莫纪宏教授任总主编，执行院长吴用教授、党委书记张初霞副教授任副总主编，法学院院务会组成人员、17 位教研室主任以及法学研究所、国际法研究所若干研究室主任作为丛书编委会成员，同时聘请中国社会科学院李林、陈甦、孙宪忠学部委员，中国社会科学院大学党委书记崔唯航教授、校长张政文教授、常务副校长王新清教授以及中国社会科学院大学法学院特聘教授李明德、田禾等教授作为丛书总顾问，集中中国社会科学院大学法学院全部在编教学人员编写。

总共两批 30 余本教程的编写采取两种模式的主编责任制。一是以法学院现有 17 个教研室为单位，主干和核心课程以教研室主任作为学科教程的主编，教研室全体在编教学人员参加编写；二是由法学院根据具体情况指定特定人员负责教程编写工作。

“新时代法学教育丛书”是面向高等法律院校在读学生的教学参考书，知识点全面覆盖，以问题为导向，带有思考性特点，主要群体是法学硕士和法律硕士，难度中等，适合本科生提升和博士生夯基使用。丛书使用 2008 年出版的社科法硕教材和中国社会科学院研究生教材编写体例，每本教材的名称统一为《 × × 法学教程》。

中国社会科学院大学法学院是中国社会科学院实行“科教融合”的改革举措，吸收中国社会科学院法学研究所、国际法研究所、研究生院以及原中国青年政治学院法学院四个方面的科研和教学力量汇集起来的科研型教学单位，从 2020 年 9 月 20 日成立至今尚不足 4 年，是全国 600 多所高等院校法学院中较年轻的法学院。尽管起步较晚，但法学院可以追溯的历史却源远流长。

我们的法学研究生教育最早可以追溯到 1961 年。1978 年成立了中国社会科学院研究生院法学系，正式开启了中国社会科学院系统的规范化法学教育历程，1981 年我们成为新中国首批设立法学一级学科博士点的 3 家单位之一。我们的法学本科教育也于 2009 年入选教育部第四批高等学校特色专业建设点，2012 年入选教育部、中央政法委首批卓越法律人才教育培养基地（应用型、复合型法律职业人才教育培养基地），当然也都是北京市的特色专业和法律人才教育培养基地。因为有了这样良好的法学教育基础，2019 年，中国社会科学院大学法学院入选了国家级一流本科专业建设点。

数十年来，法学院人才培养成效卓著，大量优秀毕业生在法学科研、教育领域以及党政机构、司法和监察部门、律师事务所、大型企业等实务部门就职，为法治中国建设作出了杰出贡献。

“科教融合”以后的法学院现有本科专业学位点、法学一级学科硕士学位点、法律硕士专业学位点、法学一级学科博士学位点，还有博士后流动站，目前在读学生 1100 余人。

我们希望通过我们自己的努力，将“科教融合”的成果和中国社会科学院大学法学院的办学特色体现到“新时代法学教育丛书”中去，积极探索中共中央办公厅、国务院办公厅联合印发的《关于加强新时代法学教育和法学理论研究的意见》中明确提出的“抓好核心教材、编好主干教材、开发新形态教材等，构建中国特色法学教材体系”各项要求的新路子，力争在不久的将来跻身中国高等法律院校的“名院”行列，为国家培养更多合格的法治人才。

中国社会科学院大学法学院院长
中国社会科学院法学研究所所长
2024 年 4 月于北京沙滩北街 15 号

目 录 CONTENTS

上　编

经济法总论

第一章　经济法的概念和历史发展

【内容提示】

经济法作为一个独立的法律部门，有着特定的调整对象，并以此区别于其他法律部门。如何有效解决“市场失灵”和“政府失灵”，是各国经济法所共同聚焦的重大现实问题。

通说认为，经济法产生于德国，而不是美国，是现代市场经济发展阶段新出现的一个法律部门。从历史上看，经济法产生的基础条件包括客观条件和主观条件两个方面。德国的经济社会发展史表明，经济法是社会发展到资本主义历史阶段的产物，产生于资本主义从自由竞争阶段向垄断阶段过渡的过程之中，当这些基础和条件尚未出现时，经济法是不可能产生的。美国虽然是市场经济高度发达的国家，但因袭判例法传统，其并无经济法这样的部门法概念。

从西方市场经济国家经济法的发展简史看，经济法大致划分为三种具体类型，即战争时期与战时经济法，危机时期与危机对策经济法，以及和平时期与发展经济法。在社会主义发展历史上，曾经出现过以苏联为代表的经典计划经济和南斯拉夫的社会所有制这两种经济模式，这些社会主义国家的经济法几乎是与资本主义国家的经济法同时发展起来的。

1949 年新中国成立以来，我国经济法的发展呈现明显的阶段性特征。因不同阶段占主导地位的经济体制和法律观念不同，经济法治的建构理念、基本内容、规范体系、实施机制和功能效果，均表现出很大差异。具体而言，我国经济法学的产生和发展可以分为以下五个阶段，即改革开放初计划经济时期经济法学的蓬勃兴起阶段、改革开放后有计划商品经济时期经济法学的初步发展阶段、社会主义市场经济体制建立时期经济法学的走向成熟阶段、社会主义市场经济体制完善时期经济法学的理性繁荣阶段以及新时代现代化经济体系发展时期经济法学的与时俱进阶段。

在我国经济法学的发展过程中，法学界针对有关经济法的定义问题出现了各种不同的理论观点，大体上可以将这些不同观点分为否定说和肯定说两大类型。其中，否定经济法的理论认为，经济法不具有特定的调整对象，不是一个独立的法律部门。这些理论中比较典型的学派主要有综合经济法论、学科经济法论和经济行政法论等。肯定经济法的理论则持相反观点，即认为经济法具有独立的调整对象，属于独立的法律部门。肯定经济法的理论学说之间观点并非完全统一，也存在一些理论分歧和学术争论。比如，国家协调说、需要国家干预说、国家调节说、纵横统一说、社会公共性经济管理说等学说之间的理论分歧仍然是鲜明的。但令人欣喜的是，也有一些新的学说表现出可贵的理论共识，如国家调制说、耦合经济法说等。特定经济关系说是我国经济法调整对象理论中的主流思想，一直以来有着不断深入的理论阐释。综合经济法学界现有的理论学说，我们认为，经济法是国家从社会整体经济利益出发，对本国经济运行中所发生的经济关系进行干预、管理、协调、调节和参与的法律规范的总称。经济法调整的经济关系通常分为两大类，即市场规制关系和宏观调控关系。

经济法的本质和特征是经济法区别于其他法律部门的重要属性，揭示了经济法特殊性及其存在价值。从经济法的本质看，经济法是社会本位法，是系统综合调整法，是以公为主、公私兼顾的法，是实体法与程序法相统一的法，是经济民主与经济集中对立统一的法。从经济法的特征看，经济法主要具有六个特征，即经济性、政策性、管理性、社会性、现代性以及综合性。

第一节　经济法的产生与发展

经济法并非自古即有，它是现代市场经济发展阶段出现的新兴法律部门。在大陆法系，经济法的产生和发展是市场经济国家法律体系化和现代化所取得的重大成果，并一直受到一国经济、政治、社会、法律等诸多因素的综合影响。从世界范围看，在立法名称中最早使用经济法这一概念的国家是德国〔1〕，因此就有了经济法肇始于德国的起源通论。美国虽然是市场经济高度发达的国家，但因袭判例法传统，其并无经济法这样的部门法概念。从历史上看，经济法是在资本主义从自由竞争阶段向垄断阶段过渡过程中产生的，是解决现代市场经济问题的现代法。〔2〕

一、经济法产生的基础条件

（一）客观条件

回溯历史，经济法作为独立法律部门出现，大致始于 19 世纪末 20 世纪初。众所周知，德国是当今欧洲乃至世界上最重要的国家之一，是对近现代世界历史进程产生过巨大影响的国家。德国之所以在 20 世纪的两次世界大战中展示出强大的军事威力，与其现代工业文明的快速崛起分不开。自 1866 年以来，德国科技、经济得到长足的发展，在 19 世纪 70 年代基本完成自身的产业革命，并脱颖而出成为新一轮工业革命的发源地和中心，超越英、法等国成为欧洲头号工业强国。随着生产和资本的迅速集中，以卡特尔、辛迪加、康采恩、托拉斯等为组织形式的垄断企业在工业体系中开始形成和出现，一些经济部门被新出现的垄断组织所控制。第二次工业革命使得德国的生产社会化程度、专业化程度和经济协作水平有了很大提高，强烈冲击着一切旧的经济关系，并推动了德国的政治和法律发展。德国当时的经济发展阶段表明，经济集中和垄断组织的出

〔1〕参见王晓晔主编：《经济法学》，社会科学文献出版社 2005 年版，第 3 页。

〔2〕参见张守文主编：《经济法学》，高等教育出版社 2016 年版，第 12 页。

现，是当时经济法产生的一个内在原因。

经济法之所以能够在德国产生，与当时德国的人口、政治、经济、军事、法律等因素是分不开的。德国资本主义经济的发展一开始就同国家干预相关，当时德国经济学家李斯特〔1〕提出了“国家干预主义”理论，主张采取贸易保护主义政策，反对自由贸易。李斯特将自己的经济学称为国家经济学，即研究“某一个国家，处于世界目前的形势以及它自己的特有国际关系下，怎样来维持并改进它的经济状况”以及“国家为了改进它的经济状况应当遵循的政策”。〔2〕李斯特对被誉为古典经济学之父的英国经济学家亚当·斯密（Adam Smith）的古典经济学理论，特别是国际自由贸易理论进行了全面、深刻的批判，为德国在市场经济初级阶段制定符合国情的经济发展战略和经济政策提供了理论基础。〔3〕国家干预主义作为一种进步的思想理论、社会意识，对 19 世纪德意志民族的进步产生了积极影响，具体来说，它对德国关税同盟政策的确立和贯彻、德意志民族的统一、德国在 19 世纪下半叶在经济上赶超先进的英国和法国等都起到了积极的指导作用。〔4〕总体上看，20 世纪初到“一战”前后，德国利用国家力量统制经济，使国民经济服从于发动战争和战后恢复重建。正是在这种背景下，德国政府介入社会经济生活，对经济实行统制，颁布了大量政府管制经济的法律，如 1896 年制定《反不正当竞争法》，1919 年制定《碳酸钾经济法》《煤炭经济法》等。因此，经济法之所以能在德国产生有其历史必然性。〔5〕

（二）主观条件

除了上述时代背景和客观条件，经济法之所以能在德国产生也与早期的经济法思想观念密不可分。尽管在资本主义社会之前也有对经济关系的法律调整，但我们却不能就此得出古代就有经济法的结论。法的部门划分是人类社会及其法律调整发展到一定历史阶段的产物。经济法产生所对应的经济发展阶段，不是传统的自由市场经济，而是市场垄断的大量出现。在经济法产生之前，亚当·斯密的自由主义信条被奉为市场经济之圭臬。〔6〕他重视“看不见的手”在经济运行中的作用，主张建立完全竞争的经济模式，并由此提出了自由放任的经济政策主张。他反对国家干预经济，认为这是极其危险的。〔7〕但问题在于，由于生产资料私有制与生产社会化、专业化之间的矛盾不断加剧，自由主义经济流弊日渐彰显，传统私法体系难以适应经济垄断和战时状态的法律调整需要，无法

〔1〕 李斯特（List F.，1789—1846）作为 19 世纪上半期德国经济学家，历史学派的先驱人物，是保护贸易论倡导者。他一生著述颇丰，其中《美国政治经济学大纲》《政治经济学的自然大纲》和《政治经济学的国民体系》最为著名。在这三本著作中，《政治经济学的国民体系》最能体现李斯特的经济思想。参见张乐：《从李斯特的〈政治经济学的国民体系〉看李斯特的经济思想》，载《经济研究导刊》2009 年第 22 期。

〔2〕 参见［德］弗里德里希·李斯特：《政治经济学的国民体系》，陈万煦译，商务印书馆 1961 年版，第 106、109 页。

〔3〕 余章宝：《李斯特的经济理论及其贡献》，载《厦门大学学报（哲学社会科学版）》2002 年第 3 期。

〔4〕 张家林：《论李斯特的国家干预经济思想及其借鉴意义》，载《上海经济研究》1991 年第 3 期。

〔5〕 参见漆多俊：《经济法基础理论》，法律出版社 2008 年版，第 39 页。

〔6〕 亚当·斯密的经济思想详见其著作《国富论》（1776 年首次出版）。

〔7〕 陈莉：《亚当·斯密的市场经济理论》，载《经济科学》1994 年第 5 期。

影响经济活动的整个结构，导致被动陷入旧法律的困惑和混乱之中。正如马克思在论及保存法制基础时所指出的那样，“旧法律是从这些旧社会关系中产生出来的，它们也必然同旧社会关系一起消亡。”〔1〕在他看来，作为18—19世纪自由资本主义社会之经典法律表现形式的《拿破仑法典》(Code Napoléon)并没有创立现代的资产阶级社会，“这一法典一旦不再适应社会关系，它就会变成一叠不值钱的废纸”〔2〕。

在经济法思想的萌芽阶段，法国空想社会主义者摩莱里（Étienne Gabriel Morelly）和德萨米（Alexandre Théodore Dézamy）都对私有制的弊端认识深刻，提出实行公有制的重要主张，他们分别在其1755年的《自然法典》和1842年的《公有法典》中使用过“经济法”一词。前者把“分配法”与“经济法”并列放在一起，通过12个条文进行了法制蓝本设计，规定了理想社会中的分配原则和具体分配方法，采取各种综合法律措施以贯彻和实施分配制度。反过来，又通过分配制度来推动人口、城市发展、教育、婚姻家庭等其他社会问题的解决。〔3〕后者则将“分配法”和“经济法”放在一起进行了专章论述，提出财产公有和权力公有的重要理念，其中财产公有意味着所有的资源和财富都属于整个社会，由社会统一管理和分配，以有效解决资源分配不均和贫富差距问题，而权力公有则意味着所有人都有平等参与社会管理的权利，以避免权力集中和腐败现象。〔4〕德萨米在分配问题上接受了摩莱里的思想，在概念使用上两人一致，因而体现了一定的传承性。但他们所称的经济法，并不是指法律法规，而是指社会运动的法则，用以描述他们设想的理想社会中公平分配财富的原则和方法。〔5〕

在一次关于“社会问题和普鲁士国家”的演讲中，根据由经济进步导致的社会发展概况，德国新历史学派的创始人古斯塔夫·施穆勒（Gustav Schmoller）解释道：“新的经济法，新的劳动法，新的财产和纯正的社会秩序终于在废墟上成长起来了。”〔6〕他认为，“经济法”有着设置限定调节作用的功能，借助于“强制法律的拐杖”达到“经济自由”目标。〔7〕不过可惜的是，这种以强力的国家权力为背景的社会政策具体化的经济法和社会法必要的思想没有被深入展开。需要特别指出的是，真正提出现代经济法概念的开山鼻祖应为蒲鲁东。〔8〕蒲鲁东（Pierre-Joseph Proudhon）是法国政论家、经济学家，是无政府主义奠基人之一。他在《论工人阶级的政治能力》中指出，法律应该通过普遍和解来解决社会生活矛盾，为达到国家与社会的均衡，就必须进行国家的改造和社会的组织化，由经济法来构成新社会组织的基础，经济法是作为政治法和市民法之补充和必要的派生物。他认为，公法会造成政府过多地限制经济自由，经济法是与政治（公）法相抗

〔1〕 马克思：《对民主主义者莱茵区域委员会的审判》，载《马克思恩格斯全集》第6卷，人民出版社2006年版，第292页。

〔2〕 同上。

〔3〕 参见张士元：《简评自然法典中的经济法律思想》，载《法学评论》1986年第3期，第54页。

〔4〕 参见［法］泰德萨米：《公有法典》，黄建华、姜亚洲译，商务印书馆1982年版，第29页以下。

〔5〕 参见史际春、邓峰：《经济法总论》，法律出版社1998年版，第70页。

〔6〕 G. Schmoller, Die soziale und der preussische Staat, *Preussische Jahrbücher*, Bd. 33, H.4, 1874.

〔7〕 张世明、刘亚丛、王济东主编：《经济法基础文献会要》，法律出版社2012年版，第196页。

〔8〕 张世明：《经济法学理论演变原论》，中国人民大学出版社2019年版，第18页。

颉的必然的均衡力。这种经济法的本质不是别的，而是将经济组织起来，换言之，是将与政治经济相对、适用正义而组织起来的相互性制度。在蒲鲁东看来，经济法应该是在参加经济活动的各集团之间达成协议之初形成的，是政治法和民法的必要补充和必然产物。[1]

在德国，随着资本主义社会迅速向垄断和社会化方向发展，20 世纪初集中出现了针对经济法的一些研究成果。一般认为，1906 年创刊的《世界经济年鉴》中使用了“经济的法”一词，现代经济法的概念和学科即由此出；当时每年由里特尔（Ritter）撰稿，借此说明有关世界经济的法规概况。[2]德国学者海德曼（Justus Wilhelm Hedemann）和其他一些学者发表的学术论文，用经济法来表达有关经济统制和保护、监督卡特尔的法律法规，从而对以往的经典理念作出了具有历史意义的修正。如海德曼指出，现代社会是以“经济性”为其时代精神，“经济性”就是现代法律的特征。具有这种现代法的特征，渗透着现代的经济精神的法就是经济法。[3]海德曼是德国经济法学说中世界观理论的代表性人物，在其看来，经济需要建立在法律的基础之上，法律必须致力于保障经济。经济法产生的重要前提，不仅仅是市场经济的充分发展，以及需由新兴法律部门加以解决的市场失灵问题，也不仅仅是市民社会与政治国家之间隔阂的渐次消弭。另一个不可忽视的前提条件则是，在公法与私法的相互渗透中适时出现了适应资本主义垄断阶段的以国家干预经济为核心的经济法理论思想体系支撑。正如日本经济法学家金泽良雄所言，经济法之所以在德国产生，是因为适合了德国的学术土壤，这些新的法律现象对于德国法学中所表现的追求概念结构的缜密性和理论的精辟性来说，的确是个理想的研究对象。[4]由于社会观念发生的决定性变化和具体经济法学说的提出，加之业已发生深刻变革的社会经济和法的现实，便导致了经济法这种新的法律门类在第一次世界大战前后问世。[5]

总体而言，经济法产生的一般基础和条件是，市场经济发展到社会化大生产阶段，国家被动或自觉地承担起对经济加以组织协调的职能，同时社会经济及国家对经济的调整建立在法治的基础之上，并形成了相应的经济法学说。[6]换言之，德国的经济社会发展史表明，经济法是社会发展到资本主义历史阶段的产物，当这些基础和条件尚未出现时，经济法是不可能产生的。

二、国外经济法的发展历史与具体类型

（一）西方市场经济国家经济法的发展简史与主要经济法理论

经济法问世之后，虽然在世界主要经济体的发展和传播中经历了不同的历史阶段，

---

〔1〕 Pierre Joseph Proudhon, *De la capacité politique des classes ouvrières*, Paris: E. Dentu, 1865, p.220.

〔2〕 参见［日］金泽良雄：《经济法概论》，满达人译，甘肃人民出版社 1985 年版，第 2 页。

〔3〕 转引自宋睿宸：《海德曼经济法观点述略——以一战二战间的德国经济法为视角》，载《经济法研究》（第 16 卷）2016 年第 1 期，第 89 页。

〔4〕［日］金泽良雄：《经济法》，有斐阁 1980 年版，第 2 页。

〔5〕 史际春、邓峰：《经济法总论》，法律出版社 1998 年版，第 70、71 页。

〔6〕 潘静成、刘文华主编：《经济法》，中国人民大学出版社 1999 年版，第 20 页。

但总体上看，依据其所处的时代背景及其法律功能，可以将经济法大致划分为以下三种主要类型：

1. 战争时期与战时经济法

战时经济法是经济法产生和发展历史上不容忽视的一种初级类型，其所对应的时代背景是 20 世纪的两次世界大战。战争期间，冲突各方往往处在武装敌对状态，在法律状态上会表现为外交关系破裂、经济关系中断、条约关系变化等。战争与经济的关系突出地表现为战争与财政的关系，各交战国的整个国民经济体系都会与战争发生紧密联系。从法律因素考察，战时经济法对动员和保障一国重要资源与物资供应、提升国家军事行动能力以及增强军事介入效果等会产生直接影响。以德国和日本为例，两国都曾在 20 世纪两次世界大战期间颁行过种种经济统制法令，借此回应生产的社会化发展和战争需要，实现国家对经济的直接干预。德国发动第一次世界大战后，在战争期间大力推行经济管制，把国家资本主义发展到了极端地步，前述的《碳酸钾经济法》《煤炭经济法》等即为战时经济法的典型立法例。日本作为后进资本主义国家，同样在两次世界大战期间颁布了种种经济统制法令，如 1914 年《战时工业原料出口规制法》、1917 年《钢铁行业奖励法》、1918 年《军需工业动员法》、1938 年《全国总动员法》、1942 年《日本银行法》、1943 年《工商组合法》和《军需公司法》等。战时经济法坚持了经济法学理论中统制经济固有之法的观念，其功能主要体现在服从和满足战争需要，保障战时生产消费以及物资与经费的筹措等方面，属于解决战争经济问题的一种经济法类型。

2. 危机时期与危机对策经济法

危机对策经济法是经济法发展历史上另外一种重要类型，是危机时期为应付经济不景气或者其他意想不到的危机而制定的经济法。市场经济本身具有繁荣和萧条的周期性特征，尽管造成各国经济危机的原因多种多样，但经济危机一般表现为商品严重滞销、生产急剧下降、工厂大批倒闭、失业人数剧增、信用关系被严重破坏等诸多现象，整个社会经济陷入一种瘫痪、混乱和倒退的状态。自 20 世纪以来，全球范围反复爆发过多次经济危机。例如，1929—1933 年资本主义世界经济危机，这场危机从美国纽约股票市场爆发后，迅速蔓延到整个欧洲和除苏联以外的全世界，危机暴露了资本主义社会经济运作过程中生产社会化与无政府主义之间的深刻矛盾，不但加剧了国家之间的关税战、贸易战、货币战，使金本位制崩溃，对社会生产力造成严重破坏，而且引发了政治危机，使法西斯主义在一些国家开始泛滥。危机对策经济法的典型代表就是 20 世纪 20 年代末至 1937 年大萧条时期美国制定的一系列贯彻凯恩斯理论的经济法律，以及 20 世纪 70 年代西方国家针对石油危机而出台的各种应急性法律。[1]如美国 1933 年通过《全国工业复兴法》(National Industrial Recovery Act）和《农业调整法》(Agricultural Adjustment Act）等，力图消除生产过剩，复兴工业，采取各种措施减少耕地面积和农产品产量，由政府收购剩余农产品以控制市场价格等。又如，20 世纪 70 年代第四次中东战争爆发后石油输出国组织收回石油标价权而引发的石油危机，导致日本工业生产在这场危机中下

〔1〕 参见潘静成、刘文华主编：《经济法》，中国人民大学出版社 1999 年版，第 32 页。

降了 20% 以上，日本 1973 年出台《国民生活稳定紧急措施法》，规定为应对物价暴涨和经济异常事态，国家可指定日常生活必不可少的物资，并限制买卖。同年，日本通过的《石油供求合理化法》，依法确保能源供应和分配措施，引导经济效益差的企业关停并转，鼓励企业技术改造。危机对策经济法适应了经济民主化政策，要求达致自由与统制之间微妙的协调，其功能在于，在经济危机时期通过发挥国家宏观调控作用，积极应对经济周期波动，促进产业结构转型，维护金融体系稳定，使国家能够走出危机并恢复经济发展繁荣。

3. 和平时期与发展经济法

发展经济法即和平年代自觉维护经济协调发展的经济法。它是经济法发展史上的常态类型，系统反映了经济法的本质特点，标志着经济法的发展最终进入了高级阶段。和平和发展是人类社会共同面临的两大主题，前者属于政治问题，后者属于经济问题，两者互为条件，相互联系，相互影响。一方面，和平是发展的前提和基础，只有在和平的国际环境中，各国才能保持正常的经济交往、顺利实现经济发展计划，而战乱和冲突是经济发展的重大障碍；另一方面，发展经济是维护和平的有力保障，有助于消除各种不稳定因素，促进国际分工、交流与合作。二战后，世界出现的第三次科技革命深刻改变了经济社会生活，生产技术革新和生产方法变革促进了经济全球化发展，全球化成为世界经济增长的重要引擎，各国通过依靠科技创新培育新的经济增长点，探索新的发展模式以壮大本国经济。发展经济法的主要表现，是第二次世界大战结束后一些西方发达国家所颁行的各种经济法律，尤其是其中的反垄断法。此外，还有关于计划和产业政策法、国有化和私有化法等。这一类型的资本主义经济法，涉及国民经济各个方面，不但范围广泛，体系也成龙配套。如德国 1967 年《经济稳定与增长促进法》，就是一部综合运用各种法律化的经济政策和经济手段进行宏观调控的重要法律，强调了市场机制与政府宏观调控的协调。这些法律立足于对社会整体利益的保护，以维护自由竞争的市场秩序、促进经济社会协调发展为根本宗旨，着力于解决市场配置资源和政府配置资源过程中的“市场失灵”以及“政府失灵”问题，并有针对性地解决相关经济体制和社会调整机制问题。

总的来看，无论是战时经济法还是危机对策经济法，抑或是发展经济法，不同国家的相关经济立法都受到不同时期主要经济法理论变革发展的影响，其中德国和日本的经济法理论尤其值得关注。二战前德国经济法学说的种类颇多，德国经济法学理论对法国、意大利、奥地利、瑞士等欧洲国家从地缘政治上产生了诸多影响，日本作为大陆法系国家虽然继受了德国经济法理论，但当时大多只是对德国学说的介绍或引进。二战后，日本和德国的经济法理论学说发生了一些变革和转型，除此之外，针对美国的一些制定法和判例学说理论也开始受到重视，美国化成为经济法学说横向继受的一种新模式。在此，我们无法对各国所有的经济法理论学说进行逐一分析，仅选择一些有特色的、具有代表性的学说进行简单介绍。〔1〕例如，在德国，经济法学初创时期的理论学说

〔1〕 这部分内容详细情况可参见史际春、邓峰：《经济法总论》，法律出版社 1998 年版，第 101—111 页；张世明：《经济法学理论演变原论》，中国人民大学出版社 2019 年版，第 83—294 页。

大体可以分为两大类：其一是否定经济法独立性的学说，如集成说或称为搜集学说、方法论学说、世界观学说等，这些学说都发现了民商法的权利义务关系所无法涵盖的新的社会经济现象，并将研究重点放在探求社会经济现象的新法律学上，但在解析经济法单独的统一实体概念上并没有获得成功；其二是主张经济法独立性的学说，如企业者法学说和企业法学说、组织经济法学说、社会法学说等，这些学说分别抓住了生产者或企业、组织化的经济、社会化经济等概念概括经济法现象，但随着战争体制的建立被纳粹经济统制法体制所兼并。〔1〕在日本，二战之前的经济法学说处于对德国经济法学说的输入引进阶段，自身理论特色并不鲜明，统制经济法学说是其中一大流派。二战之后，日本经济法学说发生了重大分化，出现以独占禁止法为中心的经济法学说和不以独占禁止法为中心的经济法学说之分，其经济法学理论呈现出更多日本特色，经济法的独立性成为不争事实。〔2〕在日本，金泽良雄、今村成和、丹宗昭信、正田杉、松下满雄等都是战后日本著名经济法学家，他们的经济法学说都有着重要的社会影响力。需要说明的是，受法律传统文化的影响，美国法的根基在于英国普通法，习惯于遵循先例的方法，美国法学呈现出对行为的兴趣较之于理论的探讨更为浓厚的风格。二战后经济法学横向继受中的美国化，主要表现为经济法据以解决社会矛盾的宗旨和方式，由此前干预、管制市场主体的自由意志和行为，转向尽可能创造充分、适度、公平的竞争环境以维护这种自由上来。这一点，在德国和日本对待美国反垄断法（1890 年《谢尔曼法》）的立场上表现得最为明显。二战前，德、日出台的经济法律以国家促进垄断为主要内容，如日本 1925 年《出口组合法》《重要出口物品工业组合法》，以及德国 1933 年《强制卡特尔法》，均系以人为推动垄断来回应市场悖论，由经济集中走向政治独裁。二战后，基于经济集中必然导致政治集中的理念，在美国主持下解散德日财阀，肃清法西斯影响，建立反垄断制度，反过来促进了美国自身的反垄断法不断得到强化。〔3〕在美国的督促和引导下，日本在 1947 年颁布了《关于禁止私人垄断和确保公正交易法》，这个法也被称为《禁止垄断法》。德国在 1957 年颁布了《反对限制竞争法》。《反对限制竞争法》是德国在现代市场经济条件下全面贯彻竞争政策的主要法律依据，这个法也被称为《卡特尔法》。〔4〕时至今日，法学界对西方市场经济国家经济法发展史上出现过各种经济法学理论的进步性与局限性进行了深刻比较和反思，在有关经济法的调整对象、调整方法、性质、地位、功能、价值、原则、体系等基本理论问题上逐步形成了一定共识。

（二）苏联东欧计划经济国家经济法的发展简史与主要经济法理论

社会主义是继资本主义之后出现的新的社会形态，二者长期共存、和平竞争、互相借鉴、共同发展，是一个多世纪以来人类历史发展的一条主线。虽然社会主义国家与资本主义国家在政治、经济、文化等制度层面有着显著不同，但社会主义国家的产生和发展同样基于生产社会化的客观现实，具备经济法产生与发展的相应主客观条件。1917 年

---

〔1〕参见［日］丹宗昭信、伊从宽：《经济法总论》，吉田庆子译，中国法制出版社 2010 年版，第 34—123 页。

〔2〕参见张世明：《经济法学理论演变原论》，中国人民大学出版社 2019 年版，第 146—162 页。

〔3〕参见史际春、邓峰：《经济法总论》，法律出版社 1998 年版，第 79 页。

〔4〕王晓晔：《竞争法学》，社会科学文献出版社 2007 年版，第 172 页。

十月革命胜利后，建立了世界上第一个社会主义国家政权——俄罗斯苏维埃联邦社会主义共和国（以下简称“苏俄”），1922 年成立苏维埃社会主义共和国联盟（以下简称“苏联”），1991 年苏联解体。在社会主义历史上，曾经出现过以苏联为代表的经典计划经济和南斯拉夫的社会所有制这两种经济模式。〔1〕而苏联的经济法学几乎是同资本主义国家的经济法学同时发展起来的。〔2〕

苏联的经济法大致可以分为以下几个时期：1917—1925 年国民经济恢复时期；1926—1936 年工业化建设时期；卫国战争时期；20 世纪 50 年代中期至 80 年代末经济体制改革时期；90 年代初以后苏联解体和社会制度根本性变革时期。〔3〕俄国十月革命胜利后，立即颁布了《土地法令》，宣布实行土地国有。1918 年颁布了《工业国有化法令》，将一切大型企业完全收归国有。1922 年在颁布苏俄《民法典》的同时，制定了《集体农庄法》和《劳动法》。1925 年完成了国民经济恢复工作。从 1928 年第一个五年计划开始，到 20 世纪 30 年代初，苏联确立了传统的计划经济体制。这种制度的特征是“中央集权”，计划自上而下逐级下达，以实物数量和产值为核心实行经济管理，企业是政府的附属物，合同被视为落实计划的工具或手段。〔4〕关于国家的经济职能，苏联一直坚持把管理经济、组织生产和文化教育作为国家基本的和首要的职能。〔5〕1926 年进入工业化建设阶段后，苏联的经济法以规范国营企业为核心，如 1927 年的《国营工业托拉斯条例》强调计划原则，成为直到 20 世纪 60 年代中期国营企业的基本法。苏联的经济体制改革大致始于 20 世纪 50 年代中期，在继续加强国家控制与计划经济的同时，逐步引入了市场调节机制，颁布了大量经济立法。例如，1957 年的《关于进一步改进工业和建筑业管理组织法令》和《苏联各经济行政区国民经济委员会条例》，1965 年的《社会主义国营生产企业条例》《苏联各工业部条例》以及《关于完善工业生产计划和加强经济刺激条例》，1973—1979 年的《全苏共和国联合公司总条例》《生产联合公司条例》《生产技术用产品供应条例》《日常消费品供应条例》，等等，1987 年的《苏联国营企业（联合公司）法》等。1991 年苏联解体后，俄罗斯和其他共和国全面实行市场经济和私有化，并出现严重经济危机。在苏联，经济法思想几乎是与 1922 年《苏俄民法典》的公布同时发生的，当时一些有影响的法学家或者把民法看成是经济法的同义语，或者把民法包括在经济法的概念内。〔6〕以 B.B. 拉普捷夫和 B.K. 马穆托夫为代表的现代经济法学派是战后最有影响的主流学派。该学派主张，经济法是法律体系中的一个独立部门，具有特定的法律调整对象（经济关系）和特定的法律调整方式。在社会主义条件下，国家对国民经济的组织管理和公有制单位开展经济活动是一个统一的整体，由此产生的经济关系具

---

〔1〕 史际春、邓峰：《经济法总论》，法律出版社 1998 年版，第 111 页。

〔2〕 张世明：《经济法学理论演变原论》，中国人民大学出版社 2019 年版，第 167 页。

〔3〕 漆多俊：《经济法基础理论》，法律出版社 2008 年版，第 50 页。

〔4〕 史际春、邓峰：《经济法总论》，法律出版社 1998 年版，第 112 页。

〔5〕 参见周新城：《苏联东欧国家经济体制改革的若干理论问题》，载《改革》1985 年第 1 期，第 67 页。

〔6〕 陈汉章：《苏联经济法学派与民法学派五十年的争论及其经验教训（连载）》，载《中国法学》1985 年第 2 期，第 62 页。

有组织管理因素和财产价值因素相统一的特点，即便是其中的合同关系，也是将违约责任与管理责任结合在一起的。因此，调整这些关系的法律规范，超出了传统民法和行政法的范畴，应称之为“经济法”。[1]除了现代经济法学派，在苏联发展历史上，前后还出现过两成分法、战前经济法、经济行政法、综合部门法等其他理论主张。上述有关经济法的理论学说和理论体系，在一定程度上折射出苏联不同经济发展阶段的经济政策、经济体制和经济制度背景，如战时共产主义经济政策、新经济政策、工业化运动和农村集体化运动，苏联社会主义高度集中的经济体制的逐步形成及走向僵化等。[2]

由于苏联和东欧社会主义国家的社会经济制度的一致性，这些国家的经济法理论也具有许多共同点，同时也各有其反映本国经济建设和法治建设上具体情况的特点。[3]在东欧社会主义国家中，捷克斯洛伐克是经济法理论比较流行并在立法上得到承认的一个国家，这与其以高度集中的计划管理为特征的经济体制相适应。[4]如捷克斯洛伐克 1958 年即颁布《社会主义组织间经济关系法》，1964 年在颁布《民法典》时，同时颁布了世界法制史上第一部《经济法典》。[5]

较为特别的是南斯拉夫，它是 1929—2003 年建立在南欧巴尔干半岛上的联邦制国家，二战后实行社会主义制度，并走上了一条摆脱苏联模式束缚的道路，建立了一套符合自己国情的市场社会主义经济体制，在所有制方面采用了社会所有制，实行工人高度自治的社会主义制度。其基本特点包括工人自治，取消指令性的国家计划，在自治制定的社会计划的基础上实行市场经济。[6]南斯拉夫很早就有经济法，基于其工人自治理论，在国家机关与社会组织之间、社会组织彼此之间都分别以社会契约式自治协议的法律形式，确立和调整相互的地位与关系。[7]例如，1946 年通过的《国营经济企业的基本法》，1950 年通过的《关于劳动集体管理国家经济企业和高级经济联合组织的基本法令》，以及 1976 年通过的《联合劳动法》等。经济法在南斯拉夫法律体系中不仅是一个非常重要的、独立的部门法，而且是一个范围很宽并具有特殊意义的部门法。[8]经济法在南斯拉夫的诞生和发展是经过激烈斗争的，其中心问题是经济法能否成为一个独立的法律部门，以及它与其他部门法的关系等，最终统一意见认

---

〔1〕［苏］B.B. 拉普捷夫（Лалтев，B.B.）主编：《经济法理论问题》，中国人民大学法律系民法室编译，中国人民大学出版社 1981 年版，第 1—21 页。

〔2〕 席月民：《前苏联经济法理论的起兴嬗变与中国经济法学之省思》，载《成人高教学刊》2009 年第 6 期，第 35 页。

〔3〕 陈汉章：《苏联与东欧社会主义国家的经济法理论（一）》，载《法律学习与研究》1986 年第 7 期，第 59 页。

〔4〕 陈汉章：《苏联与东欧社会主义国家的经济法理论（二）》，载《法律学习与研究》1986 年第 8 期，第 78 页。

〔5〕 潘静成、刘文华主编：《经济法基础理论教程》，高等教育出版社 1993 年版，第 16 页。

〔6〕 参见柳光青：《苏联南斯拉夫匈牙利经济体制改革比较》，载《外国经济参考资料》（今《外国经济与管理》）1981 年第 1 期，第 17 页。

〔7〕 参见潘静成、刘文华主编：《经济法基础理论教程》，高等教育出版社 1993 年版，第 17 页。

〔8〕 韩天森：《南斯拉夫经济法同其他部门法的关系》，载《国外法学》（今《中外法学》）1986 年第 3 期，第 17 页。

为，经济法应当成为独立法律部门，经济法学也应成为独立学科。[1]在南斯拉夫，经济法是调整在经济流通中作为主体的联合劳动组织法律地位的法律规范和旨在调整联合劳动组织和社会共同体机构相互关系的法律规范，以及为了调整连同业务活动在内的这些组织之间相互关系的法律规范。[2]从内容看，南斯拉夫的经济法属于一种新型的社会主义经济法，其出发点是，通过各个企业和非企业组织中劳动者及其资金联合，达到社会财产利用和社会事务决策的真正民主化。它企图把国有制这种不发达的公有制形式转为高级的社会所有制形式，但在理论上不承认国家、实践中一味削弱国家职能的条件下，最终不可能形成以国家的干预、调控和参与为基本标志的现代经济法。历史表明，由于国际形势发生变化，社会所有和联合劳动的实践及法制便随之毁于一旦。[3]

三、改革开放以来中国经济法的发展历史

1949 年新中国成立以来，我国经济法的发展呈现出明显的阶段性特征。因不同阶段占主导地位的经济体制和法律观念不同，经济法治的建构理念、基本内容、规范体系、实施机制和功能效果，均表现出很大的差异。在 1978 年之前的计划经济体制下，具有行政命令色彩的计划制定与实施是经济运行机制的核心要素，“经济流转的最大特点在于这种流转的计划性”，即“经济流转能够按照国家计划进行”。[4]改革开放前的经济法制表现出明显的波动性：1949—1956 年，经济法制获得一定的重视；1957—1961 年，经济法制受到忽视；1962—1964 年，经济法制又准备恢复；1965—1978 年，经济法制则被废弃。造成这种局面的原因是多方面的：在法律观念上，法律虚无主义与法律工具主义交替盛行并且前者占据主导地位，[5]即使一时注重经济法律制度的作用，也不过是法律工具主义的反映；在社会治理机制上，人治大于法制，甚至“往往把领导人说的话当作‘法’，领导人的话改变了，‘法’也就跟着改变”；[6]在经济管理措施上，“以政策代替法律”“要政策不要法律”“政策就是法律”的观念成为主导思想。[7]随着改革实践的发展和认识的深化，我国的综合国力显著增强，国家成功完成从计划经济到有计划商品经济再到社会主义市场经济的体制转型，并通过经济法律调整机制切实保障了体制转型中国家、集体、企业和个人的合法权益。目前，一个有利于科学发展和中国式现代化建设的经济法律体系已经基本形成。截至 2024 年 3 月 11 日，在中国人大网上公布的现行

---

〔1〕韩天森：《经济法在南斯拉夫的地位和作用》，载《法学季刊》（今《现代法学》）1985 年第 1 期，第 95 页。

〔2〕[南]左·安多列耶维奇：《南斯拉夫经济法的含义及其产生和发展》，熊家文译，载《法学译丛》（即《环球法律评论》）1980 年第 2 期，第 52 页。

〔3〕参见史际春、邓峰：《经济法总论》，法律出版社 1998 年版，第 112—113 页。

〔4〕王家福、谢怀栻等：《合同法》，中国社会科学出版社 1986 年版，第 8 页。

〔5〕参见陈甦主编：《当代中国法学研究》，中国社会科学出版社 2009 年版，第 26—32 页。

〔6〕《邓小平文选》（第 2 卷），人民出版社 1994 年版，第 146 页。

〔7〕张友渔主编、王叔文副主编：《中国法学四十年》，上海人民出版社 1989 年版，第 90 页。

有效法律目录（300 件）中经济法共有 84 件，占比为 28%。[1]

（一）第一阶段：改革开放初计划经济时期经济法学的蓬勃兴起

1978 年党的十一届三中全会之后，党和国家在指导思想上完成了拨乱反正的艰巨任务，工作重心转移到社会主义现代化建设上来，在国民经济发展中开始全面贯彻执行调整、改革、整顿、提高的方针。我国改革开放的基本路径选择是：对外以引进外资和扩大出口为导向，对内在农村改革的重点是实行家庭联产承包责任制，在城市改革的重点是增强企业活力、调整国家与企业（主要是全民所有制企业）之间的关系。[2]这一时期的经济法治建设，也因循这三条路径而展开。1979 年，"经济法"作为国家立法的一个类别得到确认。健全社会主义法制，加强经济立法，是党的十一届三中全会作出的重大决策之一。会后，全国人大常委会、国务院等建立了有关经济法制的机构，经济立法开始提速，一批涉外经济立法率先出台。仅在 1979 年，就制定了经济法律、法规 24 部，其中经济法律 2 部。[3]这为中国经济法学的产生创造了直接条件。1978—1984 年，我国在社会主义公有制基础上实行计划经济。1984 年 10 月，党的十二届三中全会通过了《关于经济体制改革的决定》，国家对市场机制的重要性有了更加深刻的认识，由此开始，我国经济体制改革进入了过渡时期。经济法学的蓬勃兴起，主要体现在围绕调整对象问题所出现的学术争鸣上，在民法与经济法之间的大论战中形成了不同的理论学说。概括起来，主要有以下三大学说：其一是"大经济法说"[4]；其二是"大民法说"[5]；其三是"特定经济关系说"。值得强调的是，"特定经济关系说"主张，经济法只调整部分经济关系，而不是全部经济关系。学者们主要从经济关系的主体、发生领域、所有制基础、权力性质及其他性质上的不同对经济关系进行区分，进而确定经济法所调整的经济关系的特定性。由于当时法学界大多数学者认为，调整经济关系的只有经济法和民法两个部门，争论焦点只是集中在这两个部门在调整对象和范围上如何划分，因此，"大经济法说"和"大民法说"均未在后来成为有影响力的学说，更未成为主导性学说。相反，"特定经济关系说"则在学术争鸣中逐步占据主导地位，社会影响也越来越大。

（二）第二阶段：改革开放后有计划商品经济时期经济法学的初步发展

1985—1991 年，我国进入有计划商品经济阶段。国家实行了新的经济运行机制，强调"国家调节市场，市场引导企业"，进而把计划经济与市场调节相结合。1986 年我国《民法通则》颁布后，经济法学者与民法学者之间的部门法论战告一段落。经济法的调整对象研究进入过渡时期，经过学术"炼炉"的反复煅烧，昔日的百家争鸣已一去不返，

---

〔1〕《现行有效法律目录（300 件）》，载中国人大网：http://www.npc.gov.cn/c2/c30834/202403/t20240315_436024.html，2024 年 4 月 21 日访问。

〔2〕厉以宁：《社会主义政治经济学》，商务印书馆 1986 年版，第 45 页。

〔3〕张友渔主编：《中国法学四十年》，上海人民出版社 1989 年版，第 362 页。

〔4〕关怀：《经济立法在实现四个现代化斗争中的作用》，载《西南政法学院学报》（即《现代法学》）1979 年第 2 期，第 8—13、31 页。后来关怀修正了自己的观点，不认为经济法调整全部经济关系。参见关怀：《略论经济体制改革与经济立法》，载《法学》1983 年第 10 期，第 13—16 页。

〔5〕佟柔：《民法的对象及民法与经济法规的关系》，载北京政法学院经济法教研室编：《经济法论文选集》（内部资料），1980 年版。

各种学说和学派如溪流入河，渐有依归。原来的“大经济法论”，因其理论基础缺位且经济体制改革后完全不支持，几近消失。“大民法论”则以“学科经济法论”的面目再次出现，虽仍有提及但影响力却大为削弱。只有“特定经济关系论”仍表现出旺盛的生命力，经过重新分合，出现了四种代表性理论，即经济管理关系论、经济管理关系与经济协作关系论、经济关系和经济活动论、国民经济运行论等。

（三）第三阶段：社会主义市场经济体制建立时期经济法学的走向成熟

1992 年党的十四大明确提出，我国经济体制改革的目标是建立社会主义市场经济体制，以利于进一步解放和发展生产力。[1] 1993 年《中共中央关于建立社会主义市场经济体制若干问题的决定》，把党的十四大确定的经济体制改革目标和基本原则系统化、具体化，成为我国建立社会主义市场经济体制的总体规划和进行经济体制改革的行动纲领。在新的历史条件下，经济法学面临着整体的学科反思和重构任务，开始重新思考政府与市场、政府与企业的关系，呼唤民主、科学、自由基础上的理论理性和实践理性。1993 年《宪法修正案》的通过，为经济法学走向成熟确立了根本性的宪法准则。[2] 从 1993 年起，《产品质量法》《反不正当竞争法》《消费者权益保护法》《公司法》《对外贸易法》《中国人民银行法》《商业银行法》《票据法》《保险法》《证券法》等一系列经济法律的出台，以及宏观调控体系的完善，标志着中国经济法学在此前初步发展的基础上走向了成熟，并获得了恰如其分的学科定位。1997 年，党的十五大将“依法治国”确立为治国基本方略，将“建设社会主义法治国家”确定为社会主义现代化的重要目标，并提出了建设中国特色社会主义法律体系的重大任务。伴随着依法治国的入宪，我国法治建设迈上了新的历史台阶。在经济法学走向成熟时期，我国经济法治环境不断改善，经济法的理论学说更加系统和完善，经济法基础理论研究和部门法研究实现了由量及质的飞跃，学术交流和学科建设也结出了累累硕果。在这一阶段，经济法学调整对象的研究，并未拘泥于前两个阶段的既有成果，而是通过从形成经济关系的行为角度、经济关系的特质角度以及继续从经济学角度区分经济关系，使研究视角发生了重大转变。在此过程中，一些重要的经济法理论学说日益成熟和发展起来，如需要国家干预说、国家协调说、国家调节说、纵横统一说、国家调制说、社会公共性经济管理说以及耦合经济法说等。

（四）第四阶段：社会主义市场经济体制完善时期经济法学的理性繁荣

2002 年，党的十六大将社会主义民主更加完善、社会主义法制更加完备、依法治国基本方略得到全面落实，作为全面建设小康社会的重要目标。次年，党的十六届三中全

---

〔1〕 1992 年 10 月 12 日江泽民在中国共产党第十四次全国代表大会上的报告中指出：“我们要建立的社会主义市场经济体制，就是要使市场在社会主义国家宏观调控下对资源配置起基础性作用，使经济活动遵循价值规律的要求，适应供求关系的变化；通过价格杠杆和竞争机制的功能，把资源配置到效益较好的环节中去，并给企业以压力和动力，实现优胜劣汰；运用市场对各种经济信号反应比较灵敏的优点，促进生产和需求的及时协调。同时也要看到市场有其自身的弱点和消极方面，必须加强和改善国家对经济的宏观调控。”

〔2〕 该修正案第 7 条明确规定，宪法第 15 条修改为：“国家实行社会主义市场经济。”“国家加强经济立法，完善宏观调控。”“国家依法禁止任何组织或者个人扰乱社会经济秩序。”

会通过了《中共中央关于完善社会主义市场经济体制若干问题的决定》，进一步明确了经济体制改革的目标和任务。[1]新发展目标和改革任务给经济法学研究提出了一系列新课题。在“入世”前后的几年里，我国顺利完成了新中国成立以来最大规模的法律、法规清理，提高了社会主义法律体系的统一性和协调性，推动了中国法治的历史进程。在经济法治建设领域，一方面集中清理了全国性的相关经济法规、规章；另一方面，在已经建立的经济法律体系基础上，不断改善经济立法。如在金融法领域，2003 年修改了《中国人民银行法》，制定了《银行业监督管理法》和《证券投资基金法》，2004 修改了《对外贸易法》，2005 年修改了《证券法》，2006 年制定了《反洗钱法》，等等。2007 年，党的十七大再次明确提出，全面落实依法治国基本方略，加快建设社会主义法治国家，并对加强社会主义法治建设作出了全面部署。这一年，《企业所得税法》《反垄断法》出台。截至 2011 年 8 月底，中国已制定 60 部经济法方面的法律和一大批相关行政法规、地方性法规。此后，经济法学研究顺应时势发展，在反思经济立法成绩和不足的基础上，开始更加重视经济法的立法质量及其实施问题。

如今，走入理性繁荣的经济法学仍在成长过程中，虽然对许多问题的研究仍然存在一定的分歧，但基本上形成了以下理论体系和共识：（1）将国家（或政府）与市场之间关系的法治化作为经济法学研究的基本理论框架；（2）将“市场失灵”与“政府失灵”作为经济法的理论基础，将经济民主与经济集中、经济自由主义与国家干预主义的对立统一作为经济法的哲学基础，主张从多学科的视野分析经济法的产生和发展；（3）认为经济法是偏重于追求实质正义的法，是社会本位法，是对传统民法、行政法的制度功能不足的弥补和超越；（4）在利益调整上，紧紧把握住社会利益或社会公共利益或社会整体利益来展开研究；（5）认为经济法具有经济性、社会性、公共性、政策性、现代性、综合性、整体性等特征；（6）将市场规制法和宏观调控法作为经济法制度体系的核心部分；（7）认为经济法律关系应该突破和超越传统的民事法律关系模式；[2]（8）认为经济法的责任有别于传统法律责任的特殊性；[3]（9)在经济法权利的司法救济上主张建立公益诉讼制度；（10）认为经济法具有很强的本土性，中国经济法有许多区别于西方经济法的

---

〔1〕 改革目标是：按照统筹城乡发展、统筹区域发展、统筹经济社会发展、统筹人与自然和谐发展、统筹国内发展和对外开放的要求，更大程度地发挥市场在资源配置中的基础性作用，增强企业活力和竞争力，健全国家宏观调控，完善政府社会管理和公共服务职能，为全面建设小康社会提供强有力的体制保障。主要任务是：完善公有制为主体、多种所有制经济共同发展的基本经济制度；建立有利于逐步改变城乡二元经济结构的体制；形成促进区域经济协调发展的机制；建设统一开放竞争有序的现代市场体系；完善宏观调控体系、行政管理体制和经济法律制度；健全就业、收入分配和社会保障制度；建立促进经济社会可持续发展的机制。

〔2〕 经济法学认为，传统法学理论强调民事法律关系的权利与义务的对应性，由于经济法所解决的问题不再局限于微观的个体行为与个体社会关系，因此无法沿用民事法律关系的理论模型解释经济法所调整的社会关系。为此，经济法学基于经济法所调整的社会关系的特殊性，提出了“经济职权—经济职责”“经济权利—经济义务”的对等性原理，实际上丰富了法律关系的理论。

〔3〕 在传统的民事责任、行政责任和刑事责任外，经济法学根据现代社会经济结构的特点和行为人的行为特点，在经济立法中提出了新的责任形式，如产品召回、结构控制（分拆垄断企业）、资格减免、信用减等、行为控制等，从而发展和丰富法律责任理论。

地方，中国经济法学研究更应该关注本土资源。[1]虽然历史上有关经济法基础理论的研究曾有过不少争议，甚或有过少人问津的尴尬时刻，但走入理性繁荣阶段的经济法学一改过去的热闹浮华，转而沉着冷静思考，实现了从众说纷纭到学说逐步统一、从务虚到务实、从借鉴国际到自我发展的转变，强调经济之法要经世济用，立足市场经济，与民商法和行政法并驾齐驱，并敢于直面自身问题，不断完善自我。[2]

（五）第五阶段：新时代现代化经济体系发展时期经济法学的与时俱进

2012 年，党的十八大对全面推进依法治国作出重大部署，强调把法治作为治国理政的基本方式。2013 年《中共中央关于全面深化改革若干重大问题的决定》和 2014 年《中共中央关于全面推进依法治国若干重大问题的决定》，强调了要全面深化改革，有效发挥市场在资源配置中的决定性作用，并更好地发挥政府作用；强调了坚持走中国特色社会主义法治道路，建设中国特色社会主义法治体系。2017 年，党的十九大立足于全面建成小康社会的决胜阶段，提出了习近平新时代中国特色社会主义思想和基本方略，强调贯彻新发展理念，建设现代化经济体系，指出我国社会主要矛盾已经转化为人民日益增长的美好生活需要和不平衡不充分的发展之间的矛盾。2022 年，党的二十大对中国式现代化的中国特色和本质要求作出了科学概括，对构建高水平社会主义市场经济体制作出了重大部署。实践中，国家高度重视现代化产业体系建设，加快发展新质生产力。这十余年间，经济法学研究与经济法治建设即按照这些重大部署和战略要求的基本导向与时俱进地系统展开。“国家调制说”写入马克思主义理论研究和建设工程重点教材《经济法学》，成为新时代的主导性理论学说。具有中国特色的经济法学，作为整个法学体系中的重要组成部分，已日渐成为对经济和社会发展、法治建设具有重要影响的“显学”。[3]

当前，中国经济法理论在时间维度上已经开启了理论分期的“新阶段”，在研究对象维度上正在发生理论类型的“新变化”，因而存在着不同于既往的“新发展”。我国经济法学界不仅关注本体论、价值论、发生论等问题，而且已将研究拓展到规范论、运行论、范畴论、方法论等诸多领域；不仅涉及对主体理论、行为理论、权利理论、责任理论的研究，也涉及对法律实施、经济审判、基本范畴、研究方法等多维度的探讨，从而形成了众多“理论板块”，使经济法理论体系大为完善。从未来发展趋势看，要有效促进中国经济法理论的“新发展”，尚需在研究路径上处理好“既有理论”[4]与“新型理论”[5]的关系，推进立法论与解释论、功能分析与结构分析、问题定位与制度创新的有机结合。[6]

---

〔1〕 参见岳彩申、李永成：《中国经济法学三十年发展报告》，载李昌麒、岳彩申主编：《经济法论坛》（第 7 卷），群众出版社 2010 年版，第 13—36 页。

〔2〕 参见邱本：《在变革中发展深化的中国经济法学》，载《政法论坛》2005 年第 6 期。

〔3〕《经济法学》编写组：《经济法学》，高等教育出版社 2016 年版，第 4 页。

〔4〕 经济法的既有理论已初步完成了“板块”构造，形成了本体论、价值论、规范论、运行论、发生论、范畴论、方法论等诸论构成的基本理论架构。

〔5〕 在新的历史阶段，要从贯通经济法的理论和制度的重要“线索”或“经脉”的维度，构建包括分配理论、发展理论、风险理论、信息理论等诸多新型理论的体系。

〔6〕 张守文：《中国经济法理论的新发展》，载《政治与法律》2016 年第 12 期。

第二节 经济法的概念与特征

一、经济法的定义

（一）否定经济法的理论学说

在我国经济法学的发展史上，从早期的蓬勃兴起到初步发展，法学界出现了各种不同的理论观点，尤其是在《民法通则》颁布前民法与经济法之间的大论战中，一些否定经济法的理论主张提出了各种反对经济法成为独立法律部门的理由。这些持“否定说”的学者们认为，经济法不具有特定的调整对象，人们所说的经济法的调整对象其实都是其他部门法的调整对象，所以经济法不是一个独立的基本部门法。其中，比较典型的学派主要有：（1）综合经济法论。即认为经济法是分属于其他各部门法的调整各种经济关系的法律规范的综合概念。[1]这种学派其实仍坚持了改革开放初期“大经济法说”的理论内核，即强调经济法调整全部经济关系，调整国家机关、企业、事业单位、集体经济组织以及公民在生产、交换、分配过程中相互之间的物质利益关系。[2]（2）学科经济法论。即认为经济法是“研究经济法规运用各个基本法手段和原则对经济关系进行综合调整的规律”的法律学科。[3]这种学派沿袭的是经济法产生早期的“大民法说”。在“大民法说”理论看来，经济法只是由多种法律部门规范组成的经济法规，无论是单个的还是它们的总体，都不构成独立的法律部门，也没有专门的调整对象。[4]经济法既没有独立的调整对象，也没有独立的调整方法，把它作为一个独立的法律部门在法理上是没有根据的。[5]（3）经济行政法论。即认为经济法的调整对象应全部或部分属于行政法的调整范围，对于这一部分的经济关系，或归行政法调整，或在行政法下设立一个新的行政分支。[6]经济行政法的创始人是苏联的民法学家 C.H. 勃拉图西，他在 1963 年提出了这一理论，认为经济法无非是调整经济管理关系的行政法，不能将行政关系与民事关系在“经济法”的名下混为一谈。经济行政法从根本上否定了经济法作为独立法律部门存在的客观性，按照这种观点，现代经济法的核心和典型内容，如反垄断法、国有企业法或公共企业法等，都无法囊括到经济法的名下。

---

〔1〕 王家福：《综合经济法论》，载《中国经济法诸论》，法律出版社 1987 年版，第 1—3 页。

〔2〕 关怀：《经济立法在实现四个现代化斗争中的作用》，载《西南政法学院学报》（《现代法学》）1979 年第 2 期，第 8—13、31 页。后来关怀修正了自己的观点，不认为经济法调整全部经济关系。参见关怀：《略论经济体制改革与经济立法》，载《法学》1983 年第 10 期，第 13—16 页。

〔3〕 佟柔：《学科经济法论》，载《中国经济法诸论》，法律出版社 1987 年版，第 221—227 页。

〔4〕 佟柔：《民法的对象及民法与经济法规的关系》，载北京政法学院经济法教研室编：《经济法论文选集》（内部资料），1980 年版。

〔5〕 刘春茂：《经济法不能成为一个独立的法律部门》，载《法学季刊》（今《现代法学》）1983 年第 3 期，第 22 页。

〔6〕 梁慧星等：《经济行政法论》，载《中国经济法诸论》，法律出版社 1987 年版，第 129—194 页。

（二）肯定经济法的理论学说

在我国经济法产生过程中，早期的“特定经济关系说”从一开始就坚守经济法的独立性，认为经济法具有独立的调整对象，属于独立的法律部门，在学界被称为“肯定说”。在这一学说中，基于研究视角的不同，学者之间又具体衍生、分化为不同学派：一是主体论。即以经济关系主体的不同作为经济关系的划分依据，认为经济法调整的特定经济关系是国家机关、企业、事业单位和其他社会组织内部及其相互之间，以及它们与公民之间，在经济活动中所发生的社会关系。〔1〕换言之，经济法不调整公民之间的经济关系。二是特定经济领域论。即以经济关系所发生的经济领域（如生产、分配、交换和消费）的角度对经济关系进行区分，认为经济法调整的特定经济关系是国民经济中商品生产在组织、计划、财产管理和商品流通方面发生的经济关系。〔2〕该理论后来也被称为国民经济运行论，即认为经济法是关于国民经济总体运行的法，包括国民经济组织法、经济活动法和经济秩序法。经济法调整国民经济运行过程中的经济关系，是在调整国民经济总体运行过程中所形成的法制度、法形式和法方法的总和。〔3〕三是所有制基础论。即从经济关系的所有制基础角度区分经济关系，认为经济法调整建立在生产资料公有制基础上的经济组织之间的经济关系。〔4〕四是经济关系性质论。即依经济关系本身的性质来区分经济关系，界定经济法的调整对象。它排斥从上述经济关系的主体、发生领域以及所有制基础等角度界定特定的经济关系，而是从其他侧面揭示经济关系本身所属性质。该学派进一步细分为五个亚学派，即管理与协作经济关系论〔5〕、纵横经济关系论〔6〕、意志经济关系论〔7〕、纵向经济关系论〔8〕与计划关系论〔9〕等。其中，在经济转轨过程中计划关系论终因不合时宜而被抛弃。

经济法学进入初步发展阶段后，依据经济关系性质来阐释经济法成为一种学术潮流。例如，针对管理与协作经济关系论的理论挖掘持续深入。该理论认为，经济法调整的特定经济关系应当是经济管理关系和（部分）经济协作关系。其中，经济管理关系是在对社会主义生产总过程的经济活动进行计划、组织、指挥、协调过程中发生的物质利益关系，包括宏观经济管理关系（国民经济管理关系）和微观经济管理关系（经济组织

〔1〕参见陶和谦主编：《经济法学》，群众出版社 1983 年版。持相同观点的还有：刘海年、陈春龙：《略论经济法立法和经济司法》，载《学习与探索》1979 年第 3 期；王忠、宋浩波、刘瑞复、赵登举编著：《经济法学》，吉林人民出版社 1982 年版，第 26 页；王春法：《发展经济立法和经济司法，加速实现四个现代化》，载《吉林大学学报》1979 年第 2 期；等等。

〔2〕刘瑞复：《经济法概论》（内部资料），长春市科学技术协会 1981 年版，第 14 页。

〔3〕刘瑞复：《新经济法论》，中国政法大学出版社 1991 年版，第 164 页。

〔4〕芮沐：《民法与经济法如何划分好》，载《法学研究》1979 年第 4 期。

〔5〕郑立：《试论经济法》，载北京政法学院经济法教研室编：《经济法论文选集》（内部资料），1980 年版。

〔6〕参见谢次昌、卞耀武：《经济法概说》，青海人民出版社 1983 年版，第 2 页。

〔7〕参见周沂林、孙浩辉、任景荣等：《论经济法的调整对象》，载《中国社会科学》1982 年第 5 期。

〔8〕李时荣、王利明：《关于经济法的几个基本问题》，载《中国社会科学》1984 年第 4 期。

〔9〕谢怀栻：《从经济法的形成看我国的经济法》，载《法学研究》1984 年第 2 期。

内部的管理关系）；经济协作关系是在生产过程中和计划指导下进行协同劳动而发生的物质利益关系，是有计划性的经济协作关系，包括宏观经济协作关系（经济组织外部的经济协作关系）和微观经济协作关系（经济组织内部的经济协作关系）。我国有计划的商品经济决定了宏观经济协作与宏观经济管理关系之间有密切的联系，二者统一于有计划的商品经济体制，因此应由经济法统一调整。〔1〕此时，众多学者在经济管理关系的理解上并无二致，但对经济协作关系之“部分”则有不同的限定，如“具有管理因素的”〔2〕“以计划为前提的”〔3〕“有计划因素的”〔4〕“受国家宏观控制的”〔5〕“国家管理下的”〔6〕等。不同的限定，在具体阐释和表述上略有不同，但主要观点基本上是一致的，并体现了与蓬勃兴起阶段一些观点之间的传承关系。〔7〕又如，有关纵向经济关系论的讨论也未停歇，并进一步发展为经济管理关系论。即认为经济法调整国家经济管理关系，是在国家对社会经济干预、组织、管理过程中发生的，以国家（或其代表者）为一方主体，与另一方主体之间管理与被管理的关系。经济法不调整横向经济关系和各种经济组织内部的经济关系，但组织经济协作关系不同于经济协作关系，应由经济法调整。国有企业内部经营管理关系是国家经济管理活动的延伸和组成部分，原则上属于经济法的调整对象。〔8〕再如，经济关系和经济活动论在当时也颇引人瞩目。该理论认为用以固定经济关系和经济活动的法就是经济法，经济关系和经济活动就是经济法的调整对象。〔9〕由于该观点集中在经济法调整企业在经营管理活动中所产生的经济关系和经济活动，所以也被称为“企业经营中心论”。〔10〕其导源于《中共中央关于经济体制改革的决定》中所提出的“经济体制改革和国民经济的发展，使越来越多的经济关系和经济活动准则需要用法律形式固定下来”。

经济法学在走向成熟、理性和繁荣发展的过程中，一些理论学说在学术坚持和学术传承中获得了重大发展，展示出旺盛的生命力。例如：（1）国家协调说。即认为经济法调整的是在国家协调本国经济运行过程中发生的经济关系。它既不是一切经济关系，也不是社会关系中的非经济关系。协调的主体是国家，客体是经济运行，目的是使经济运

〔1〕 参见杨紫烜主编：《经济法原理》，北京大学出版社 1987 年版。论文有杨紫烜：《经济法调整对象新论》（北京市第二次经济法理论讨论会论文材料，1985 年）、《管理—协作经济法论纲》（载《经济法制》1990 年第 11 期）、《论中国的经济法理论》[载《北京大学学报（哲社版）》1991 年第 3 期]。其他学者的成果有：史际春：《制订我国基本经济法新议》，载《经济法制》1991 年第 10 期；戴大奎、唐青阳：《经济协作属经济法的调整对象》，载《现代法学》1991 年第 5 期；等等。

〔2〕 盛杰民主编：《经济法教程》，中央广播电视大学出版社 1990 年版，第 15—19 页。

〔3〕 李昌麒：《经济法调整对象新探》，载《现代法学》1988 年第 1 期。

〔4〕 张宇霖：《浅论我国经济法的基本制度》，载《法学杂志》1987 年第 5 期。

〔5〕 徐学鹿：《中国现代经济法概念新探》，载《经济法制》1990 年第 12 期。

〔6〕 高强：《论经济法的调整对象》，载《中州学刊》1987 年第 3 期。

〔7〕 参见肖江平：《中国经济法学史研究》，人民法院出版社 2002 年版，第 160 页。

〔8〕 参见漆多俊：《经济法调整对象及其他》，载《法学评论》1991 年第 2 期。谢次昌、李中圣、肖平等学者持相同观点。

〔9〕 参见潘念之：《从经济体制改革谈经济法》，载《政治与法律》1985 年第 4 期。

〔10〕 参见潘念之：《中国经济法理论探索》，上海社会科学院出版社 1987 年版，第 86 页。

行符合客观规律的要求。[1]（2）需要国家干预说。即认为经济法的调整对象是需要由国家进行干预的、具有全局性和社会公共性的经济关系。国家需要干预的经济关系，具体包括市场主体调控关系、市场秩序调控关系、宏观经济调控和可持续发展保障关系、社会分配关系。我国市场经济条件下国家对经济的干预应当有所为，有所不为。[2]（3）国家调节说。即认为经济法的调整对象是在国家调节社会经济过程中发生的各种社会关系，简称经济调节关系，具体包括市场障碍排除关系（反垄断与限制竞争关系以及反不正当竞争关系）、国家投资经营关系和宏观调控关系。[3]（4）纵横统一说。即认为经济法调整在社会生产和再生产过程中，以各种组织为基本参与者所参加的经济管理关系和一定范围内的经营协作关系（经济联合关系、经济协作关系和经济竞争关系）。具体包括经济管理关系、维护公平竞争关系以及组织管理性的流转和协作关系。[4]（5）社会公共性经济管理说。即认为经济法的调整对象是以具有社会公共性为根本特征的经济管理关系，包括市场管理关系和宏观经济管理关系。[5]不难看出，这些学说之间的理论分歧仍然是鲜明的。

令人欣喜的是，也有一些新的学说表现出可贵的理论共识。例如，国家调制说认为，经济法的调整对象是国家在对经济运行进行宏观调控和市场规制的过程中所发生的

---

〔1〕 该说的观点具体参见杨紫烜教授的下列著述：论文《建立和完善适应社会主义市场经济体制的法律体系与〈经济法纲要〉的制定》（2001）；论文《国家协调论》（2000）；论文《论社会主义市场经济法律体系》（1998）；论文《论新经济法体系》；论文《经济法调整对象新探》（1994）；论文《建立社会主义市场经济体制与经济法的发展》（1993）；专著《国家协调论》（2009）；教材《经济法》（1999，2006，2008）；教材《经济法学》（与徐杰联合主编）（1994，1997，2001，2007，2009）；等等。

〔2〕 该说的观点具体参见李昌麒教授的下列著述：论文《论市场经济、政府干预和经济法之间的内在联系》（2000）；论文《中国经济法现代化的若干思考》（1999）；论文《论社会主义市场经济与经济法制观念的更新》（1994）；教材《经济法学》（2007，2008）；教材《经济法学》（1999，2002）；教材《经济法教程》（1996）；教材《经济法——政府干预经济的基本法律形式》（1995）；等等。

〔3〕 该说也被称为“三三制”理论，即认为经济法的产生是市场有三缺陷，市场三缺陷需要国家三调节，国家三调节需要法律的三保障。该说的观点具体参见漆多俊教授的下列著述：论文《论市场经济发展三阶段及其法律保护体系》（1999）；论文《论经济法本质体系与核心》（1997）；论文《论现代市场经济法律保障体系》（1994）；教材《经济法基础理论》（1993，1996，2004，2008）；《经济法学》（1998，2004）；等等。

〔4〕 该说的观点具体参见刘文华教授的下列著述：论文《中国经济法的基本理论纲要》（2001）；论文《经济法的本质：协调主义及其经济学基础》（2000）；论文《运用经济法理论加强经济立法》（1999）；论文《中国经济法是改革开放思想路线的产物》（1999）；专著《中国经济法基础理论》（2002）；教材《经济法》（与徐孟洲联合主编）（2009）；教材《经济法律通论》（与肖乾刚联合主编）（2000）；教材《经济法》（与潘静成联合主编）（1999，2005，2008）；教材《经济法基础理论教程》（与潘静成联合主编）（1993）；等等。还可参见史际春教授的下列著述：论文《论从市民社会和民商法到经济国家和经济法的时代跨越》（2001）；论文《经济法的地位问题与传统法律部门划分理论批判》（2000）；论文《改革开放和经济法治建设中产生发展的中国经济法学》（1999）；论文《经济法：法律部门划分的主客观统一》（1998）；论文《社会主义市场经济与我国的经济法——兼论市场经济条件下经济法与民商法的关系问题》（1995）；教材《经济法总论》（与邓峰合作）（1998，2008）；教材《经济法》（2005）；专著《探究经济和法互动的真谛》（2002）；等等。

〔5〕 该说的观点具体参见王保树教授的下列著述：论文《关于民法、商法、经济法定位与功能的研究方法》（2008）；论文《经济法与社会公共性论纲》（2000）；论文《市场经济与经济法学的发展机遇》（1993）；论文《论经济法的法益目标》（2001）；论文《市场经济与经济民主》（1994）；教材《经济法原理》（1999，2004）；等等。

经济关系，包括宏观调控关系和市场规制关系。经济法的宗旨在于通过对经济运行的协调来不断地解决个体营利性和社会公益性之间的矛盾，兼顾效率与公平，从而促进经济的稳定增长，保障社会公共利益和基本人权，促进经济与社会的良性运行和协调发展。经济法的特质在于经济法的现代性。作为现代法，经济法在精神追求、背景依赖、制度建构等方面与传统法之间存在着重大区别。[1]又如耦合经济法说认为，经济法是市场调节与宏观调控关联耦合之法。经济法的调整对象包括两个方面：一个是市场规制关系；另一个是宏观调控关系。其中，前者包括生产经营规制关系、市场竞争关系和市场监管关系；后者包括国民经济和社会发展规划经济关系、财政关系、金融宏观调控关系、产业政策调控关系、政府投资调控关系、价格调控关系和对外宏观经济关系。经济法体系由三部分构成，即所谓“一体两翼”：“一体”是指经济法主体，“两翼”是指市场规制法和宏观调控法。[2]对此，有学者特别指出，目前中国经济法学界取得了以下共识：(1)经济法是市场经济之法；(2)经济法是调整市场监管（规制）关系和宏观调控关系的法律规范的总称；(3)经济法体系由市场监管（规制）法和宏观调控法构成；(4)经济法是社会本位之法；(5)经济法是确认和规范国家干预之法；(6)经济法是现代性之法；(7)经济法是一个独立存在的法律部门。这些共识是经济法发展和完善的基础。[3]

（三）关于经济法定义的折中立场

综合经济法学界现有的理论学说，我们认为，经济法是国家从社会整体经济利益出发，对本国经济运行中所发生的经济关系进行干预、管理、协调、调节和参与的法律规范的总称。在针对经济法的定义中，有学者曾提出，现在，人们一般是综合经济法各派的观点，对它们取长补短，认为经济法是国家从整体经济利益出发，对本国经济运行中发生的经济关系进行干预、管理和协调的法律规范的总称。[4]对此观点，我们是深表赞同的，因为干预、管理、协调等词所表达的含义并不相同，虽然它们都被用来描述国家与企业、国家与市场、国家与经济之间的关系，但却无法相互取代。这里需要特别强调的是，2011年10月国务院新闻办发布的《中国特色社会主义法律体系》白皮书将经济法列为与宪法相关法、民法商法、行政法、社会法、刑法、诉讼与非诉讼程序法等相并列的独立法律部门，并给经济法下了一个定义。该白皮书提出，经济法是调整国家从社会整体利益出发，对经济活动实行干预、管理或者调控所产生的社会经济关系的法律规

[1] 该说的观点具体参见张守文教授的下列著述：论文《经济法基本原则的确立》(2003)；论文《经济法学的基本假设》(2001)；论文《论经济法的现代性》(2000)；论文《略论经济法上的调制行为》(2000)；《经济法的时空维度描述》(1998)；论文《略论经济法的宗旨》(1994)；论文《经济法学的法律经济学分析》(1992)；教材《经济法总论》(2009)；教材《经济法学》(2008)；教材《经济法概论》(2005)；专著《经济法理论的重构》(2004)；等等。

[2] 该说的观点具体参见徐孟洲教授的下列著述：论文《论市场机制与宏观调控的经济法耦合》(1996)；论文《论消费者及消费者保护在经济法中的地位——“以人为本”理念与经济法主体和体系的新思考》(与学生合作，2005)；论文《经营者论：基于经济法规范与原理的分析》(与学生合作，2007)；专著《耦合经济法论》(2010)；教材《经济法学原理与案例教程》(2006，2010，2016)；等等。

[3] 参见邱本：《论经济法的共识》，载《现代法学》2013年第4期，第18页。

[4] 王晓晔主编：《经济法学》，社会科学文献出版社2005年版，第11页。

范。经济法为国家对市场经济进行适度干预和宏观调控提供法律手段和制度框架，防止市场经济的自发性和盲目性所导致的弊端。[1]很明显，该定义采取了折中立场，并选用了“干预”“管理”和“调控”三个关键词。我们认为，我们所给出的定义与这一定义是保持一致的。其理由体现在，“干预”和“管理”是两个定义的共用词汇，而“调控”在内涵上完全覆盖了“协调”“调节”和“参与”。我们之所以将“调控”一词进行了分解，主要的考虑是更好体现我国经济法学现有重要理论学说的核心要义，其中国家协调说、国家调节说的社会影响力与需要国家干预说、社会公共性经济管理说一样也非常广泛，而“参与”一词则将经济法完全建立在社会主义公有制基础之上，有力揭示了社会主义经济法的经济基础与中国特色。对经济法学而言，任何无视、漠视或忽视国有经济、国有企业、国有资产的观念都是坚决要不得的，对国有经济、国有企业、国有资产的法律制度研究在任何时候都不能松懈，相反应该重视和不断加强。在我国，1988 年制定、2009 年修改的《全民所有制工业企业法》和 2008 年制定的《企业国有资产法》都是典型的经济法，这些立法体现了国家通过国有资本、国有企业形式参与社会主义市场经济运行的具体法律规则以及法律保障，国家的这种参与行为可以直接作用于社会总供给，对推动高质量发展，深化供给侧结构性改革，充分发挥市场在资源配置中的决定性作用并更好地发挥政府作用具有重要意义。

二、经济法的调整对象

（一）特定经济关系的基本含义

经济法作为一个独立的法律部门，有着特定的调整对象，并以此区别于其他法律部门。经济法产生于资本主义从自由竞争阶段向垄断阶段过渡的过程中，如何有效解决“市场失灵”与“政府失灵”是各国经济法所共同聚焦的重大现实问题。虽然过去这些年我国法学界对经济法的调整对象问题在认识上存在着一定的理论分歧，但学术共识现在已经基本形成。这种共识奠基于“无形之手”与“有形之手”在现代市场经济条件下的协同并用，以及公法与私法的相互融合。

如前文所述，特定经济关系说是我国经济法调整对象理论中的主流思想，一直以来有着不断深入的理论阐释。经济法的产生发展史说明，“市场失灵”的存在使人们深刻认识到了市场经济的局限性，而“政府失灵”的存在则使人们深刻认识到了计划经济的局限性。我国经济体制改革的市场化进程表明，经济法与民商法的分工是相当明确的。经济法并非调整所有的经济关系，经济法所调整的经济关系需要同时满足两个标准，即社会性标准和管理性标准。[2]其中，前者是从社会整体经济利益出发，来衡量现实存在的经济关系的部门法归属；后者则是从国家的监管、调控、服务等经济职能出发来进行具体的部门法分类。就社会性标准而言，需要科学认识和把握个体主义与整体主义两种

〔1〕《中国特色社会主义法律体系》（2011 年 10 月 27 日），载国务院新闻办公室：http: //www.scio.gov.cn/ztk/dtzt/62/3/Document/1035422/1035422.htm，2024 年 4 月 20 日访问。

〔2〕 参见徐孟洲：《经济法学原理与案例教程》，中国人民大学出版社 2010 年版，第 8 页。

认识论、方法论的差异性，防止出现个体主义的“合成谬误”。对社会整体经济利益的理解，则需要把握住主体的开放性和不特定性、结构的整体性和层次性、形态的多样性和客观性、范围的相对性和分布不均衡性等，它是能够满足社会共同需要的物质、事物、行为和环境等要素的总和。[1]就管理型标准而言，主要是从国家对经济的组织、指导、诱导、监督、规划、协调、调节、控制等管理方法入手来把握经济法所调整的特定经济关系，并把国家管理与经济主体的自理、自治、自律等相区别。事实上，无论是在市场配置资源方面，还是在政府配置资源方面，都不能脱离社会整体利益的分析工具和法律工具，一味强调个体的营利性和效率价值，或者只强调本部门、本地区、本行业的经济效益和效率，而忽视社会公平、社会安全、社会秩序等，则必然导致一系列经济社会问题。经济法就是运用综合的调整手段，在特定的调整范围内，对特定的经济关系进行法律调整的独立法律部门，以实现国民经济的持续、稳定、健康发展。

（二）特定经济关系的主要类型

经济法调整的经济关系通常分为两大类，即市场规制关系和宏观调控关系。其中，市场规制关系产生于微观经济领域，规制的目的是保障市场机制的有效发挥，维护自由公平竞争的市场秩序，因此主要表现为生产经营规制关系、市场竞争关系和市场监管关系等；宏观调控关系则产生于宏观经济领域，调控的目的是实现社会总供给与社会总需求之间的平衡，促进经济社会的可持续发展，因此相应表现为国家通过采用直接或间接调控手段解决供需矛盾过程中所形成的规划调控关系、财税调控关系、金融调控关系、价格调控关系、产业调控关系、投资调控关系、储备调控关系、就业调控关系以及外贸调控关系等。这两大类关系也可以简单地合称为“调制关系”。[2]

1. 市场规制关系

市场规制关系是经济法中市场规制法的调整对象。规制一词系从日本引进，涉及消极的（权利限制）和积极的（促进保护）两个方面。[3]有些学者将市场规制法称为市场运行法、市场竞争法、市场监管法或者市场调控法，这些概念表述要么过于宽泛，要么偏于狭窄，要么容易引人误解，因此在理论上并不够严谨和科学。市场规制法与市场规制关系在概念使用上保持了相对性和一致性，便于全面把握和深入理解经济法的体系以及经济法的调整对象。从具体类型上看，市场规制关系主要包括以下三种[4]:（1）生产经营规制关系，即生产经营者和服务提供者在从事受到国家有质量、价格、计量、标准和特殊经营要求的商品生产经营和服务活动中发生的市场规制关系。具体而言，一是指一般性的生产经营规制关系，相应地体现为生产经营者和服务提供者在接受产品质量、安全、价格、计量、标准、广告等经济管理活动中发生的生产经营规制关系，这类关系会受到我国《产品质量法》《农产品质量安全法》《安全生产法》《食品安全法》《网络安全法》《数据安全法》《价格法》《计量法》《标准化法》《广告法》等经济法律的调整；二

〔1〕 参见薛克鹏：《经济法基本范畴研究》，北京大学出版社 2013 年版，第 204 页。

〔2〕 参见张守文主编：《经济法学》，高等教育出版社 2016 年版，第 12 页。

〔3〕 参见［日］金泽良雄：《经济法概论》，满达人译，甘肃人民出版社 1985 年版，第 45 页。

〔4〕 参见徐孟洲：《经济法学原理与案例教程》，中国人民大学出版社 2010 年版，第 59—62 页。

是指具体生产经营规制关系，通常表现为生产经营者和服务提供者在从事农业、工业和服务业等不同产业的商品生产经营和服务活动中所发生的生产经营规制关系，这些关系会受《农业法》《旅游法》《对外贸易法》等相应行业监管法律的调整；三是指特殊生产经营规制关系，主要限于从事国有资产经营管理以及食盐、烟草、军工等特殊类型产品的生产经营活动所发生的生产经营规制关系，这些关系会受到我国《企业国有资产法》《食盐专营办法》《烟草专卖法》《军工关键设备设施管理条例》等经济法律法规的调整。（2）市场竞争关系，即生产经营者之间基于公平自由竞争要求所发生的市场规制关系。这类关系主要由我国《反不正当竞争法》和《反垄断法》进行调整。（3）市场监管关系，即政府对金融、商贸、电信、电力、土地、房地产等市场进行监督管理活动中所产生的经济管理关系。调整这类关系的经济法律法规有《银行业监督管理法》《证券法》《保险法》《电子商务法》《电信条例》《反电信网络诈骗法》《电力法》《土地管理法》《城市房地产管理法》等。总之，市场规制关系是经济法所调整的经济关系的一种类型，国家在市场规制中必须充分尊重价值规律、供求规律和竞争规律，对经营者依法进行适度管理，依法保护消费者权益。

2. 宏观调控关系

宏观调控关系即宏观经济调控关系，是国家对国民经济和社会发展运行进行规划、调节和控制过程中所发生的经济关系。在现实社会中，这类关系往往涉及国民经济发展的总量问题、结构问题以及周期问题，事关国家根本利益和长远利益。依照调控工具的不同，可以把宏观调控关系具体分为以下主要类型[1]：（1）规划调控关系。规划即计划，对经济调控具有普遍意义。国家中长期发展规划和各专项规划通常具有一定的前瞻性和科学性，是客观经济规律的反映，对市场主体的经营决策具有重要的引导作用。规划调控关系产生于规划的制定、实施、监督、调整以及变更等行为过程之中，由相应的规划法加以调整。（2）财税调控关系。财税调控关系是一种以国家权力为依托的对社会产品和国民收入进行分配和再分配所产生的特殊分配关系，主要受预算法、国债法、税法、政府采购法、财政转移支付法等法律调整。（3）金融调控关系。金融作为现代经济的血脉，承担着资金融通、市场定价、资源配置、信息提供、结构调整等重要功能。在货币发行和资金融通过程中产生的金融调控关系，是金融法的调整对象。（4）价格调控关系。稳定物价是国家重要的宏观调控目标。价格工具的运用，不仅表现为政府的定价行为，而且表现为政府对价格总水平的调控，同时还表现为非常时期的价格干预措施和紧急措施等。价格调控有别于价格监管，价格调控关系与价格规制关系一样，都是价格法的调整对象。（5）产业调控关系。产业调控体现在产业组织、产业结构、产业技术、产业布局等方面，产业调控关系受我国《产业促进法》的调整。（6）投资调控关系。投资与经济增长、科技进步密切相关。要保持经济总量的基本平衡和国民经济的协调发展，必须控制政府投资规模，不影响国家重大建设项目的资金安排。对投资调控关系进行调整，也是宏观调控法的重要任务。（7）储备调控关系。国家为应对突发事件、战

〔1〕 参见徐孟洲：《经济法学原理与案例教程》，中国人民大学出版社 2010 年版，第 321—323 页。

争、自然灾害等情况，保障生产生活正常进行和维持价格稳定，在特殊领域实施战略性物资储备制度，如土地储备、粮食储备、棉花储备、石油储备、黄金储备、外汇储备等。储备调控关系是宏观调控关系的一种类型，也属于宏观调控法的调整对象之一。（8）就业调控关系。就业服务调控工具，对稳定就业市场、引导就业流向、控制失业规模无疑具有重要意义。我国《就业促进法》在就业调控领域发挥着根本作用，被用来调整就业调控关系。（9）外贸调控关系。对外贸易由进口和出口两部分组成，通常包括货物贸易、技术贸易和服务贸易等。保持国际收支平衡是宏观调控的基本目标之一，目前我国调整外贸调控关系的经济法律法规主要有《对外贸易法》和《外汇管理条例》等。总之，实践中，调控工具是实现宏观调控目标的重要手段，不同调控工具的作用机制不同，对供需总量和经济结构的影响也不相同。经济法在调整宏观调控关系过程中，妥善处理好宏观调控手段与目标之间的关系至关重要。

三、经济法的本质

（一）经济法是社会本位法

经济法的社会本位，是指它在对特定经济关系的调整中始终立足于保护社会整体利益。所谓利益，就是能够使社会主体的需要获得满足的生活资源，而这种资源满足的程度是以客观规律、社会环境和社会制度所认可的范围为限度的。[1]当代社会无疑是一个利益多元且各种利益相互交织和冲突的社会，利益分化和利益间的不平衡态势日益加剧。理论上，对利益有着不同的分类方法，如基于利益存在领域不同而区分为物质利益、政治利益与精神利益，基于计算角度不同而区分为多数利益与少数利益、长远利益与眼前利益、整体利益与局部利益等，或者基于利益主体不同而区分为个人利益、群体利益、社会利益、国家利益等。[2]社会整体利益这一概念，既关注了对利益主体身份的识别，也涉及对利益分配的计算。虽然不可能量化到每一个人身上，但它不会拒绝任何一个人。任何一个社会成员，都有资格去享受它。实践中，人们往往把社会整体利益与社会公共利益、公共利益、社会利益等概念交替使用，相互指代，将“人类社会整体生存和发展的各种需要及其满足”视为其基本内涵。也正是由于社会整体利益事关人类社会整体的生存和发展，故而在各种形态的利益中，它成为所有法律共同关注和维护的对象，只不过不同法律基于其不同的分工，对社会整体利益关注的程度和维护的路径有所差别而已。[3]社会整体利益的整合形成要经历一个复杂的过程，在此过程中，国家与政府之间的分立是异常清晰的，国家是社会整体利益的代表，政府是社会整体利益的主要促成者。经济法是社会整体利益维护机制的法律化形式。在保障社会整体经济利益的过程中，经济法起到了根本性的作用，并成为唯一以维护社会整体经济利益为目标的法律

---

〔1〕 周旺生：《论法律利益》，载《法律科学（西北政法学院学报）》2004年第2期，第25页。

〔2〕 参见沈宗灵：《法正义利益》，载《中外法学》1993年第5期，第3页。

〔3〕 卢代富：《经济法对社会整体利益的维护》，载《现代法学》2013年第4期，第25页。

形式。[1]经济法以社会利益和社会责任为最高准则。[2]有学者指出，社会利益与个体利益的边界是变动而非恒定的，社会利益与个体利益呈现出四种关系，即个体利益和谐并存下的社会利益、限制个体利益下的社会利益、剥夺个体利益下的社会利益以及提升个体利益下的社会利益。[3]从法理学角度看，权利限度理论是社会利益保护理论的根据。[4]对经济法而言，限制和剥夺个体利益需要把握好“度”的问题，并对社会利益与个人利益之间的冲突是常态性还是非常态性作出科学判断，寻找建构“理性下的秩序”的法律解决方案。这既是对公民的吁求和要求，更是对政府的吁求和要求。具体而言，经济法通过对个体利益的最大化、普遍化与持续化的追求来实现社会整体利益。[5]

（二）经济法是系统综合调整法

经济法的调整机制具有系统性和综合性特点，这既是现代市场经济在社会化发展过程中的客观要求，也是法律现代化的一种进化形式。经济法往往坚持系统论的基本思想，把所调整的国民经济活动及其关系看作一个整体系统，从结构与功能上，注重处理好系统与组成系统的各要素之间的相互关系。经济法正是反映经济关系分化与综合两种发展趋势要求，体现法律的统、分两种调整机制功能的法律部门。[6]经济法的专业化、体系化是经济法采用系统综合调整机制的重要基础和保障。一方面，经济法通过大量的专门立法分别聚焦国民经济的不同行业、不同领域、不同业态，在横向范围上不断进行延伸，分别细致地调整不同类型的经济关系，如我国的《农业法》《渔业法》《矿产资源法》《土地管理法》《广告法》《旅游法》《银行业监督管理法》《对外贸易法》《电子商务法》等；另一方面，又围绕竞争、价格、质量、计量、标准、审计、规划、产业、税收、货币等重要政策工具进行经济立法，在总体上和全过程中对经济关系进行综合调整，如我国的《反不正当竞争法》《反垄断法》《价格法》《计量法》《标准化法》《产品质量法》《审计法》《城乡规划法》《电影产业促进法》《科学技术进步法》《个人所得税法》《企业所得税法》《关税法》《契税法》《印花税法》《车船税法》《耕地占用税法》《资源税法》《烟叶税法》《环境保护税法》《车辆购置税法》《城市维护建设税法》《票据法》《反洗钱法》等。另外，还有围绕特殊的市场主体进行的经济立法，如《消费者权益保护法》《中国人民银行法》《商业银行法》《全民所有制工业企业法》《乡镇企业法》《中小企业促进法》等。大量的分门别类的经济立法，都旨在实现国家经济的安全、效率、公平、秩序等价值。

（三）经济法是以公为主、公私兼顾的法

公法与私法的划分是自古罗马时期就出现的，大陆法系国家至今一直沿用不衰。这

---

〔1〕冯果、万江：《社会整体利益的代表与形成机制探究——兼论经济法视野中的国家与政府角色定位》，载《当代法学》2004 年第 3 期，第 89—90 页。

〔2〕潘静成、刘文华主编：《经济法》，中国人民大学出版社 1999 年版，第 65 页。

〔3〕参见李昌麒、陈治：《经济法的社会利益考辨》，载《现代法学》2005 年第 5 期，第 19 页。

〔4〕刘作翔：《社会利益问题：理论与实践的背反及其争论》，载《东方法学》2013 年第 5 期，第 56 页。

〔5〕蒋悟真、李晟：《社会整体利益的法律维度——经济法基石范畴解读》，载《法律科学（西北政法学院学报）》2005 年第 1 期，第 50 页。

〔6〕潘静成、刘文华主编：《经济法》，中国人民大学出版社 1999 年版，第 66 页。

种分类方法之所以具有必然性和生命力，主要源于社会生活的需要，它与资本主义市场经济的充分发展和民族国家的最终确立有着不可分割的联系，反映了法律调整的规律性。需要澄清的是，公私法所谓的“公”和“私”，并不具有我们常说的公有制或私有制这样的所有制意义。公私法的划分是法理学研究的基本问题之一，也是建设中国特色社会主义法律体系必须解决的一个基本理论问题。在公私法的划分依据上，理论上存在着利益说、主体说、意思说等不同主张。通常认为，凡涉及公共权力、公共关系、公共利益和上下服从关系、管理关系、强制关系的法即为公法，而凡涉及个人利益、个人权利、自由选择、平权关系的法即为私法。〔1〕也有学者指出，公私法的划分实则是法的内在结构问题，划分公私法的直接根据是法律调整的不同方法，而法律调整的方法，基本上或主要地取决于法律调整的对象。〔2〕就经济法而言，公私法的划分成为一道难解之题，将经济法单纯地归入公法或者归入私法都有失偏颇，因为经济法兼具公法与私法的色彩，是以公为主、公私兼顾的法。众所周知，经济法产生和发展的历史并不长。在20世纪之前，公私法划分的影响和作用是举足轻重的，而进入20世纪之后，公私法之间开始相互渗透，出现了“公法私法化”与“私法公法化”的现象。经济法的产生正是对这种现象的一种正面回应。从历史看，德国法学家拉德布鲁赫在其1910年出版的《法学导论》一书中就曾明确指出，“在新产生的法律领域中，如经济法和劳动法，人们既不能将其说成是公法，亦不能将其说成是私法。”〔3〕经济法立足于社会本位，着眼于社会整体利益，兼采行政、刑事、民事、经济等多种调整手段，采用以国家、经营者、消费者为核心的“三位一体”公私法相混合的立法构造，援用多种诉讼程序实施，进而在政府公权力的“管”与“放”中综合调整传统公私法所力不从心的经济领域，对不同性质的个人利益、群体利益、区域利益、国家利益等作出协调和平衡，体现了公法与私法的高度融合。

（四）经济法是实体法与程序法相统一的法

实体法与程序法的划分，是法理学对法律所作的一种重要分类。从法律内容看，实体法系规定、确认权利和义务以及职权和责任等内容，而程序法则规定以保证权利和职权得以实现或行使以及义务和责任得以履行的有关程序内容。应当指出的是，在概念使用上不能把程序法与诉讼法简单等同。程序法的外延比诉讼法要大，并不局限于有关民事诉讼、行政诉讼、刑事诉讼等程序规则，也包括行政处罚、立法、选举、议事等程序规则。经济法是一个实体法与程序法相统一的法律部门。在经济法中，政府经济职能的实现，一方面通过经济职权、经济职责方面的实体法规定进行厘定，另一方面通过执法监督检查等程序法规定来保证程序正义。换言之，经济法不但要求政府的职权法定、职责法定，而且要求政府行使职权、履行职责的方式、方法、步骤、时间、顺序等也要符合法律规定。再有，有关经营者与消费者的权利、义务规定属于实体法内容，但同时经

---

〔1〕张文显主编：《法理学》，高等教育出版社、北京大学出版社1999年版，第57页。

〔2〕孙国华、杨思斌：《公私法的划分与法的内在结构》，载《法制与社会发展》2004年第4期，第100页。

〔3〕［德］拉德布鲁赫：《法学导论》，米健、朱林译，中国大百科全书出版社1997年版，第58页。

济法也规定了经营者获得救济以及消费者进行维权方面的程序法内容。无论是其中的实体法内容还是程序法内容，虽然各有其特点，但二者的整体功能是完全一致的，即共同致力于有限政府、透明政府、责任政府、法治政府建设，从实质理性和形式理性两个方面，追求和实现经济法的公平正义。在我国长期的法律传统中，重实体法轻程序法的问题一直比较严重。对经济法治实践而言，需要始终坚持科学立法、严格执法、公正司法、全民守法，重视把权力关进制度的笼子里，通过程序对权力进行制约，谨防权力被滥用。

（五）经济法是经济民主与经济集中对立统一的法

经济民主即经济自由，一般认为它是经济民主化的产物，是市场经济社会中经营者享有生产经营自主权、消费者享有自主选择权的理想状态。经济民主同时也包含着经营者、消费者可以广泛参与国家的经济治理，参与国家经济政策的制定与监督，参与国家经济立法并反映意见和建议等。换言之，经济民主包括经济行为民主和经济决策民主。〔1〕一方面，经济民主体现为市场层面的个体经济自由；另一方面，也体现为国家经济决策层面的民主参与。经济民主的重要意义是相对于经济集中而言的。经济集中主要表现为政府代表国家在经济生活中所扮演的决策者角色，实践中往往通过行政命令的形式作出，对经营者和消费者来说，则必须在经济活动中服从并执行政府决定。当然，经济集中也可以指涉市场竞争中的经营者集中、经营者联合等垄断形式。保护自由竞争和公平竞争是市场经济的永恒主题，经济法保护市场层面的经济民主是题中应有之义，因此加强经营者集中审查是反垄断法确立的重要制度之一。在国家与市场、国家与企业的二元结构中，经济民主有利于充分发挥市场在资源配置中的决定性作用，经济集中则有利于更好地发挥政府作用。经济集中和经济民主在现代市场经济社会中是一对经常能够左右经济全局的突出矛盾。〔2〕我国当前持续推进简政放权，不断释放政府治理的市场化改革信号，以市场化作为改革模式，目的在于保护经济民主与经济自由，为经营者和消费者提供更多选择权，进而激发市场活力。〔3〕在经济领域中，经济法作为经济民主与经济集中对立统一的法律部门，需要从经济民主的广度与深度入手，不断改革和完善两种经济民主机制，即企业与公众参与市场活动的机制以及参与政府干预决策的机制，有效提升政府对市场信号的反映和处理速度，提高政府决策效率，把经济决策的合法性、正当性与民主性有机统一起来，坚持因地制宜和因时制宜，既要防止和克服“市场失灵”，同时也要防止和克服“政府失灵”。

四、经济法的特征

经济法的特征，是经济法区别于其他法律部门的重要属性，它从本质上揭示了经济法的特殊性及其存在价值。归纳起来，经济法主要有以下六个特征：

---

〔1〕魏振瀛：《依法治国需要正确处理经济民主与经济法制的关系》，载《法学》1996年第11期，第14页。

〔2〕潘静成、刘文华主编：《经济法》，中国人民大学出版社1999年版，第66页。

〔3〕席月民：《经济变革中的经济法》，中国社会科学出版社2019年版，第189页。

（一）经济性

经济性是经济法的本质属性，这是由经济法的调整对象属性所决定的。经济法调整特定的经济关系，保护社会整体经济利益，而经济关系均具有经济性这一特征，因此无论怎样界定所谓特定经济关系的范围，事实上都无法否认经济法的经济性。经济性的重要表现是，经济法往往把经济主体、经济活动、经济权利、经济义务、经济责任等内容和要求直接规定为法律，甚至直接赋予经济制度、经济技术规范法律效力。以经营者的经营活动为例，其泛指从事一切商品生产销售和服务提供的行为。经营活动的最终目的是节约成本，扩大产出，为社会创造尽可能多的物质财富和精神财富。经营必须依法进行，经济法禁止非法经营行为。经营行为具有两个构成要素：（1）行为内容是提供商品或者服务；（2）行为目的是营利，即提供商品或者服务的目的是赚取利润。这两个要件缺一不可。行为人虽然提供了商品或者服务，但不是以营利为目的的，不构成经营行为。按照经营对象不同，经营行为通常分为商品经营和服务提供两类。实践中，经营范围的依法确定是衡量经营者经营行为合法性的重要标准。经营行为与国民经济发展中的供给总量、供给结构关系密切。经营行为反映了经营者愿意并可能为市场提供的商品和服务内容，因此直接影响着一个市场的供给总量与供给结构的变化。市场供求关系受价格影响明显，因此需要综合劳动价值论和边际效用价值论等经济理论进行判断分析。总之，经济法的经济性贯穿于经济法的调整目标、基本原则以及各类具体规范。经济法的各类制度，从制定到实施，都会体现出经济性。〔1〕经济法的市场规制法律制度，从微观层面对经营者的经营行为进行监管，同时，宏观调控法律制度则从宏观角度对商品和服务的供给状况予以调节和保障。

（二）政策性

经济法根源于国家对经济的监管、调控和服务，需要对万变之经济生活及时应对，以求兴利避害，促进和保障经济平稳运行和经济社会的可持续发展，因而获得了显著的政策性特征，表现出明显的易变性。政策与法律的关系始终是经济法所无法回避的重要问题。经济法作为对国家经济政策的反映，表现在经济法的制定和执行等两个方面。〔2〕以消费政策为例，经济法中的消费通常包括生产消费和生活消费两种类型，是把经营者生产出来的物质资料和精神产品用于满足生产、生活需要的一种行为过程。消费行为与消费需求和消费结构之间具有密切联系，消费政策往往与财税政策、金融政策等紧密结合作用于消费需求和消费结构。消费行为的发生往往取决于消费需求的确定，同时会影响消费结构的变化。经营和消费是“一枚硬币”的两面，经济法对消费行为的规制并不局限于《消费者权益保护法》，其他法律如《食品安全法》《旅游法》《广告法》等也都涉及消费内容。经济法不但通过市场规制法律制度来规范、调整和保护消费行为，而且利用宏观调控法律制度直接干预或间接调节消费需求与消费结构，促进经济的可持续发展。

---

〔1〕张守文：《经济法总论》，中国人民大学出版社 2009 年版，第 48 页。

〔2〕王晓晔主编：《经济法学》，社会科学文献出版社 2005 年版，第 20 页。

（三）管理性

经济法的管理性，体现为政府的经济管理行为。政府的经济管理行为，兼具政治学、经济学、管理学和法学四重元素。经济管理的主体是各级政府主管部门及其授权组织，这些主体具有独立性、法定性、专业性、透明性等特征；经济管理方法则包括市场规制与宏观调控两个方面；经济管理对象限于经营者及其经营行为以及消费者及其消费行为。通常，经济管理行为可以从经济决策、经济执行和经济监督等角度进行细分，也可以分为监管、调控和服务三种类型。在经济法上，对管理性的理解主要是从政府的市场规制行为和宏观调控行为分别进行，二者均以市场经济的存在为前提，但在作用领域、实施主体、实施对象、实施手段、实施程序、法律责任等方面存在着明显差异。经营者也好，消费者也好，均具有政治人、经济人和社会人的多重属性，由经营者和消费者所构造的市场必然存在着一定程度的投机倾向和个人偏好。国家对市场的监管、调控和服务，旨在通过外部力量的介入来克服市场固有的盲目性、无序性、外部性以及信息不对称性，因此，以履行政府监管、调控和服务职能为宗旨的市场规制和宏观调控必须受到同等程度的重视，不可偏废。经济法中的国家主体在总体上是"现代国家""经济国家"，并在经济法的各个部门法中具体体现为预算国家、税收国家、债务国家、规制国家等多种国家形态。[1]国家实施经济管理的最终目的在于，确保微观经济活动有序以及宏观经济总量与结构合理，进而保护社会整体经济利益和国民经济平稳健康运行。

（四）社会性

社会性也是经济法的重要特征。这主要是因为，经济法属于社会责任本位法，社会责任构成了经济法在解决社会基本矛盾方面的基本立场。[2]经济法的法益目标是社会整体经济利益，该利益本身具有典型的社会公共性特征。社会公共性，标志着经济法在法益目标上的社会本位取向。经济法社会性的凸显，既是现实经济生活的需要，也是法律自身不断分化和完善的结果。[3]计划经济也好，市场经济也好，都是一种社会化经济，都是建立在高度专业化分工基础之上的为他人而生产的经济。无论是计划经济时代的经济法，还是市场经济时代的经济法，都是真正意义上的经济法。[4]经济法的社会性，还可以从经济法的价值追求表现出来，其所追求的秩序、效率、公平、安全等价值，无不关注国民经济的整体运行状况，强调对社会整体经济利益的增进及其保护。无论是市场规制法还是宏观调控法，均是国家履行其经济职能的重要表现形式，经济法的正当性即在于把社会性寓于管理性之中，在尊重市场机制的基础上，把对社会整体经济利益的维护作为自身的出发点和最终归宿。在经济法的管理性与社会性之间的关系上，管理性是外观表现，社会性才是实质所在。实践中，对各级政府而言，需要注意防止把经济法仅仅作为强化经济管理、扩大自身权力的工具，坚决避免在"依法"的幌子下"合法"地

---

〔1〕张守文：《论经济法中的国家主体》，载《现代法学》2024年第1期，第121页。

〔2〕席月民：《经济变革中的经济法》，中国社会科学出版社2019年版，第178页。

〔3〕谢增毅：《论经济法的社会性》，载《江海学刊》2003年第6期，第128页。

〔4〕许明月、张新民：《现代经济的社会性与经济法——关于经济法产生原因和性质的思考》，载《现代法学》2003年第6期，第132页。

对企业施加非理性的干预和控制，借以满足自己的权力偏好。

（五）现代性

经济法的现代性，主要体现在其产生基础、精神追求和制度建构等方面。[1]经济法是现代经济的产物。经济法所产生的时代背景是工业革命所带来的生产社会化，是资本主义发展到了现代市场经济阶段，特别是自由竞争导致垄断的普遍出现。为了制止不正当竞争行为和限制竞争行为，促进市场经济在公平自由竞争中发展，必须通过经济法来加强国家对市场的监管。历史上不同类型的经济法，从其制度功能上表明完全的自由放任和过度的行政干预都是行不通的，经济法追求经济自由与经济集中的对立统一。经济法的现代性主要是法律的现代性。经济法不同于传统的法律部门，它更侧重于对社会整体利益的保护，同时兼顾对国家利益和私人利益的保护。经济法是为弥补民商法的不足而存在的，是在民商法的基础上而产生的，经济法难以被简单地归入公法或者私法法域，它属于公私融合的现代法。经济法制度的形成，与国家经济政策的联系十分密切，往往是对行之有效的经济政策的法律化。而且，在经济法中，实体法规范与程序法规范总是结合在一起，并有专门的执法机构保证经济法的实施。从一定意义上讲，经济法的现代性事关现代国家在经济体制机制改革方面的成败。

（六）综合性

经济法的综合性，一方面体现在经济法律规范的公法因素与私法因素的综合；另一方面体现在民事、行政、刑事等各种法律调整手段的综合。经济法既包含实体性规范，也包含程序性规范。经济法既不是典型的公法，也不是典型的私法，而是以公为主、公私兼顾的法。经济集中与经济民主的对立统一是经济法产生的重要原因之一，同时也是公法与私法相互融合的客观基础。经济法对国家利益、集体利益、私人利益的平衡协调，构成了社会整体利益保护的逻辑起点，因而需要综合多种法律调整手段和法律规范形式来实现这一目标。从经济法责任角度看，由于经济法律关系中纵向关系与横向关系往往交错在一起，因此经济法责任在责任形式上包含了民事责任、行政责任和刑事责任，是对传统法律责任及其形式的一种有机整合。随着经济法治实践的不断发展，经济法责任在传统责任形式基础之上不断获得拓补和创新。不过，无论创设何种新型法律责任形式，无非都是围绕财产、行为、精神和人身等方面而展开，这是经济法责任形式创新中需要始终把握的重心所在。在经济法实施过程中，大量公益诉讼案件和专业法院法庭的出现，是经济法责任追究在司法实践中的重要应用。

重要名词术语

战时经济法、危机对策经济法、发展经济法、西方市场经济国家经济法、苏联东欧计划经济国家经济法、中国经济法、国家调制说、经济法的调整对象、经济法的本质、经济法的特征

---

〔1〕 参见张守文：《经济法总论》，中国人民大学出版社 2009 年版，第 51 页。

思考题

1. 简述经济法在德国产生的主客观条件。
2. 简述经济法的历史类型。
3. 试论我国经济法学的发展历史。
4. 我国肯定经济法的理论学说主要有哪些?
5. 试述经济法的定义。
6. 如何把握经济法的调整对象?
7. 论经济法的本质。
8. 论经济法的主要特征。

第二章　经济法的体系和地位

【内容提示】

经济法体系，即经济法的内部结构，通常是指各类经济法规范按照一定逻辑所构成的经济法制度之间内在和谐统一的整体。经济法体系如何确立，直接关系到人们对经济法这一法律部门的直观认识和理性判断。理论上，主要采用调整对象和法律渊源两大标准和方法对经济法体系进行类型化、体系化研究。

从经济法调整对象的角度来考察经济法体系，是理论界最为常用的一种方法。经济法的调整对象分为市场规制关系和宏观调控关系，这两类经济关系性质不同，内容也不同，由此形成的两类经济法规范构成了经济法体系的“二元结构”，即把经济法体系划分为市场规制法和宏观调控法两大部分。我们认为，经济法体系除了包括市场规制法和宏观调控法之外，还应包括市场主体法。这是因为，经济法主体是经济法律关系的基本要素，是经济法律关系的直接参加者，他们既是经济权利或权力的享有者，又是经济义务或职责的承担者。经济法主体是市场主体法的主要内容，具体分为经营者、消费者和管理者三种类型。这三类主体在概念名称上具有鲜明的经济法特色，并在经济法律法规规章中被广泛使用，且呈现一种“三角形”关系，显著区别于宪法及其相关法、民商法、行政法以及社会法等其他部门法的主体称谓，是经济法所确认的典型的固有主体形态。基于此，我们将经济法体系分为三个组成部分，此可谓“三分法”。

从经济法渊源角度进行考察，经济法体系与现行经济立法建立起直接联系。在我国，《立法法》对法律、行政法规、地方性法规、自治条例和单行条例、国务院部门规章以及地方政府规章的制定作出了系统规定，从而确立了以《宪法》为核心的各种制定法构成，明确了制定法是我国经济法渊源的主导形式。此外，经国家认可的习惯仅仅在特定场合作为制定法的补充，最高人民法院和最高人民检察院的司法解释在实践中具有法律效力，同样构成经济法渊源的组成部分。在经济全球化背景下，各类国际条约对经济法的发展影响也越来越大，从涉外经济法的表现形式看，国际条约也应属于我国经济法渊源之一。

经济法是我国社会主义市场经济法律体系中独立的法律部门，是经济社会化和法律对经济关系的调整日趋精细化和专业化的必然结果。经济法立足于现代市场经济，综合运用民事、行政和刑事等调整方法，对国民经济运行中具有社会公共性的特定经济关系进行系统综合调整，促进和保障经济的持续稳定协调发展，这是传统民法、行政法以及刑法所无法取代的，也是任何一个传统法律部门力所不及的，其实际应用价值根本无法否认。

经济法与宪法的关系，可以分别从经济法渊源和经济法部门两个角度进行展开，前者属于经济法的内部关系，后者属于两个部门法之间的外部关系。经济法的法权结构与制度设计同样应遵循宪法要求，经济法所构建和维护的市场经济秩序必须纳入宪法秩序之中。其中，经济宪法是经济法的重要基础，是宪法与经济法的交叉地带与共通之处。

我国是民商合一国家，民法是社会主义市场经济的基础法，商法是民法的特别法。民商法的历史早于经济法，是典型的私法，也是权利本位法，重在保护经济民主与经济自由，保护私益和存量利益。经济法是以公为主、公私兼顾的法，是社会本位法，注重维护经济安全和经济秩序，保护社会整体利益和增量利益。经济法与民商法是相辅相成的关系，二者在调整对象、调整方法、基本原则、法律主体、法律体系、稳定性、国际化等方面有着明显区别。

行政法是我国传统法律部门的组成部分，主要规定了行政机关的设置及其管理权限和程序，其核心在于控制政府行政权力，保护国家利益。行政法的历史也早于经济法，行政法是典型的公法，属于权力本位法，其主体包括行政机关和行政管理相对人，两者之间是一种命令和服从的关系。经济法不是经济行政法，经济法与行政法在调整对象、调整方法、基本原则、法律主体、法律体系等方面存在着明显区别。

社会法的产生源于社会的结构性矛盾，是对完全贯彻自由平等的民法理念的修正，它以保护社会弱势群体的利益为目标，以保护公民生存的基本人权为自己的价值追求。社会法是反映社会政策目标，以预防和解决社会问题，保障社会稳定协调运行为己任的法。社会法的重心在于对劳动者以及妇女、儿童、老年人、残疾人等特殊弱势群体的权益保护，强调救助弱者，反对歧视，发展社会公益事业，维护社会稳定。社会法与经济法一样，都是市场经济社会的现代法，都属于公法与私法相融合的法律部门，具有社会公共性，注重维护社会整体利益和社会公平。虽然二者联系十分密切，但在作用领域、调整对象、基本原则、根本理念、法律体系等方面仍具有明显区别。

第一节 经济法的体系

一、经济法体系的界定

（一）经济法体系的含义

经济法体系如何确立，直接关系到人们对经济法这一法律部门的直观认识和理性判断。经济法体系即经济法的内部结构，通常是指各类经济法规范按照一定逻辑所构成的经济法制度之间内在和谐统一的整体。作为对经济法结构的观察剖析，它是通过分类研究的方法对经济法规范所作的类型化、体系化研究，用以揭示和解释构成经济法部门的不同类别法律规范之性质及其功能。就分类依据而言，理论上主要采用了调整对象和法律渊源两大标准，其中在调整对象分析中分别提出了“二分法”“三分法”“四分法”等不同主张。尽管学界在这一问题上已经达成了一些共识，但分歧并未完全消除。科学认识和把握经济法体系，需要保持一种开放心态，积极关注经济法中新制度的形成与现有制度的更新，避免陷入简单而机械的刻板或僵化。

按照既有共识，经济法体系作为经济法规范所构成的内在和谐统一的整体，其核心问题是规范的分类与结构问题；与此同时，经济法体系作为相关经济法规范所构成的一个系统，可以运用系统分析的方法来对其展开研究，以更好地揭示经济法规范的类别及其所形成的特定结构。〔1〕事实上，无论是从哪种分类来研究经济法体系，都离不开对经济法制度构成及其内容变化方面的结构分析。众所周知，任何客观事物都是具有一定结构的整体，结构分析已成为人们认识事物的基本方法。通过结构分析，有助于确立经济法内部的亚部门法或子部门法之间的关系，深刻把握经济法体系的基本特点以及发展变化趋势。按照法理学的理解，在一国法律规范内部，在统一的基础上又存在着差别，这种差别表现为法的体系分为不同法的部门、子部门和制度。〔2〕这就如同自然科学研究中经常提到的诸如物态结构、分子结构、原子结构、原子核结构以及基本粒子结构等结构分析一样，需要把层次概念引入系统分析之中，进而把系统结构与功能联系起来。这种分析，对于研究经济法体系发展过程中可能出现的新问题当然也是适用的。

（二）基于经济法调整对象的认识

从经济法调整对象的角度来考察经济法体系，是理论界最为常用的一种方法。依据一般法理，各部门法的体系构成主要取决于其调整对象，经济法的体系构成也是如此。〔3〕这是因为，作为法律调整对象的社会关系本身具有一定的整体性和系统性，由此决定了法律规范之间也必然存在着内在的联系。〔4〕如前所述，经济法是国家从社会整体利益出发对市场经济活动进行干预、管理和调控所产生的经济关系的法律规范的总和。〔5〕经济法的调整对象分为市场规制关系和宏观调控关系，这两类经济关系性质不同，内容也不同，由此形成的两类经济法规范构成了经济法体系的“二元结构”，即把经济法体系划分为市场规制法和宏观调控法。其中，市场规制法主要是由规制市场主体行为、防止市场失灵、维护市场竞争秩序的法律制度所组成，是经济法体系的重要组成部分。具体说来，市场规制法通过规制市场主体的具体经济行为，调整微观经济关系，达到维护市场自由、公平竞争秩序的目的；通过维护良好的市场秩序而最终达到维护消费者与经营者的权益和社会公共利益的目的。〔6〕宏观调控法则主要是由规范政府宏观调控行为、防止政府失灵、保证国民经济持续稳定协调发展的法律制度所组成，是经济法体系的又一重要组成部分。宏观调控只作用于宏观经济领域，主要聚焦一国的经济增长水

〔1〕张守文：《经济法体系问题的结构分析》，载《法学论坛》2005年第4期，第21页。
〔2〕孙国华、朱景文主编：《法理学》，中国人民大学出版社1999年版，第294页。
〔3〕张守文主编：《经济法学》，高等教育出版社2018年版，第29页。
〔4〕孙国华、朱景文主编：《法理学》，中国人民大学出版社1999年版，第293页。
〔5〕董玉明、周瑞玲：《论经济法的宪法地位》，载《理论探索》2004年第2期，第95页。
〔6〕徐孟洲：《经济法学原理与案例教程》，中国人民大学出版社2010年版，第55页。

平、物价水平、就业状况以及国际收支平衡状况，并不直接干预市场主体的经济行为。这些年来，为解决环境问题，我国专门设立生态环境部，实行最严格的生态环境保护制度[1]，并将生态环境保护也列入宏观调控目标之中。宏观调控的主体是政府，宏观调控的对象是经济关系，因此，宏观调控必须遵循经济规律，而且政府宏观调控行为必须法治化。[2]需要说明的是，上述将经济法体系分为两大组成部分的"二分法"，强调将这两个部分作为经济法体系最核心、最基本的部分，是学界的一种"基本"共识，体现的是经济法体系的基本框架。[3]

我们认为，经济法体系除了包括市场规制法和宏观调控法，还应包括市场主体法。这是因为，经济法主体是经济法律关系构成的基本要素，是经济法律关系的直接参加者，他们既是经济权利或权力的享有者，又是经济义务或职责的承担者。经济法的调整对象对经济法的主体体系结构的组成具有决定意义。换言之，经济法主体种类的确定及主体体系结构的形成，在很大程度上是由经济法的调整对象决定的，而经济法所调整的对象是发生在社会生产与再生产领域的市场规制关系和宏观调控关系。凡是依照国家法律的规定，有权参加上述经济法律关系，并以自己的法律行为承担一定法律后果的社会主体，均能成为经济法的主体。[4]经济法主体是市场主体法的主要内容，具体分为经营者、消费者和管理者三种类型，这三类主体在概念名称上具有鲜明的经济法特色，并在经济法律法规规章中广泛使用，且呈现一种三角形关系，显著区别于宪法及其相关法、民商法、行政法以及社会法等其他部门法的主体称谓，是经济法所确认的典型的固有主体形态。基于此，我们将经济法体系分为三个组成部分，此可谓"三分法"。

当然，在理论上，"三分法"也可指代有关经济法体系的其他一些分类方法。比如，有的学者将经济法体系分为经济组织法、经济管理法、经济活动法。[5]也有学者，将经济法体系分为市场规制法、国家投资经营法和国家引导调控法。[6]此外，还有经济法体系的"四分法"等。例如，有学者将经济法体系分为企业组织管理法、市场管理法、宏观调控法以及涉外经济管理法。[7]总的来说，在经济法产生发展过程中，关于经济法体系的问题可谓仁者见仁、智者见智，一直是众说纷纭的重要问题。各种理论观点在碰撞中不断擦出思想火花，共同推动了我国经济法理论发展与基本共识的形成。

（三）基于经济法渊源的考察

从经济法渊源角度进行考察，经济法体系便与现行经济立法建立起直接联系。经济法的法律规范分布在所有经济立法之中，这些经济法规范具有自身的协调性和统一性，

---

〔1〕 参见"生态环境部职责"，载生态环境部网站：https：//www.mee.gov.cn/zjhb/zyzz/201810/t20181011_660310.shtml，2024 年 4 月 30 日访问。

〔2〕 徐孟洲：《经济法学原理与案例教程》，中国人民大学出版社 2010 年版，第 320 页。

〔3〕 参见张守文主编：《经济法学》，高等教育出版社 2018 年版，第 30 页。

〔4〕 徐孟洲：《经济法学原理与案例教程》，中国人民大学出版社 2010 年版，第 29 页。

〔5〕 参见潘静成、刘文华主编：《经济法》，中国人民大学出版社 1999 年版，第 94 页。

〔6〕 参见漆多俊：《经济法基础理论》，法律出版社 2008 年版，第 157 页。

〔7〕 参见王晓晔主编：《经济法学》，社会科学文献出版社 2005 年版，第 29—30 页。

共同服从和服务于经济法的目的及其功能导向。通常而言，一国现行法律规范的协调和统一性表现在：（1）调整社会关系的法律思想、法律原则和法律概念是统一的；（2）普遍性很大的法律规范（如宪法和基本法规范）在普遍性较小的法律规范（如行政规章、地方性法规）中得到具体化，法律规范之间存在着纵的等级的从属关系；（3）法律规范之间还存在着横的协调、协作关系；（4）法律规范之间互相联系和相互制约，遵守、适用或者违反一些法律规范，会引起另一些法律规范发生作用。〔1〕作为专门术语，"法的渊源"这一概念在法学特别是立法学中有特定含义，它是指法的效力来源，包括法的创制方式和法律规范的外部表现形式。〔2〕经济法渊源就是从经济法部门层面说明一个经济行为规则，通过何种方式产生、具有何种表现形式才被认为是经济法律规范，才能具有法律效力，成为经济执法、经济司法所能适用的法律依据。经济法渊源在理论上大致可以分为制定法、判例法、习惯法以及学说和法理等，就不同国家而言，其经济法渊源主要取决于这些国家各自的法系传统。我国不存在判例法传统，但目前最高人民法院发布的指导性案例在司法适用中仍具有重要现实指导意义。在我国，《立法法》对法律、行政法规、地方性法规、自治条例和单行条例、国务院部门规章以及地方政府规章的制定作出了系统规定，从而确立了以《宪法》为核心的各种制定法构成，明确了制定法是我国经济法渊源的主导形式。此外，经国家认可的习惯仅仅在特定场合作为制定法的补充，最高人民法院和最高人民检察院的司法解释在实践中具有法律效力，同样构成经济法渊源的组成部分。在经济全球化背景下，各类国际条约对经济法的发展影响也越来越大，从涉外经济法的表现形式看，国际条约也应属于我国经济法渊源之一。

二、经济法体系的构成〔3〕

（一）市场主体法

经济法学界对经济法主体的研究历经了不同发展阶段，基本上与中国经济法学的总体发展相对应，与不同时期经济法理论学说的主张相呼应，受当时经济立法数量与质量的双重局限，相关主张或多或少地存在着解释力上的不足，特别是缺乏与法律实践的理论联系。例如有学者提出，经济法主体可以分为管理主体和管理受体两种类型。〔4〕有的则提出，经济法主体包括经济管理主体和经济活动主体。〔5〕也有一些观点改变了传统思维局限，创新性地提出经济法的市场主体具体包括投资者、经营者、消费者和劳动者四种〔6〕，或者将其分为企业与消费者两类〔7〕等。经济法主体的特殊性并非在于创造一种新

〔1〕 孙国华、朱景文主编：《法理学》，中国人民大学出版社 1999 年版，第 294 页。

〔2〕 孙国华、朱景文主编：《法理学》，中国人民大学出版社 1999 年版，第 257 页。

〔3〕 市场主体法是经济法的重要组成部分。但市场主体往往同时为商法主体，其主体资格的取得一般遵循民商法主体，经济法在此基础上设定其特殊的经营资格。因此，民商法教材中对市场主体的相关规范已有所涉及，为免于教材间内容的交叉与重复，同时考虑到教材的篇幅，本教材不涵盖"市场主体法"的相关内容。

〔4〕 李中圣：《经济法主体的分类新探》，载《法律科学》1990 年第 4 期，第 42 页。

〔5〕 参见姚海放：《经济法主体理论研究》，中国法制出版社 2011 年版，第 137、295 页。

〔6〕 王全兴：《经济法基础理论专题研究》，中国检察出版社 2002 年版，第 409 页。

〔7〕 单飞跃：《经济法理念与范畴的解析》，中国检察出版社 2002 年版，第 236—241 页。

的主体，而是基于本身调整任务、调整对象的特殊性，在概念使用上形成自身独特的主体称谓，不同主体在国民经济运行中分别承担着不同角色，共同完成经济法的任务和使命。我们认为，经营者、消费者和管理者同属经济法上的人，是抽象化、类型化的三种经济法主体范畴。[1]需要说明的是，也有学者将其中的管理者称为政府。[2]有关经营者、消费者、管理者的法律性质、法律地位及其资格确定，是经济法主体制度的核心内容。

1. 经营者法

市场经济本质上是一种自由经济，在价格、供求、竞争、风险、利率等要素的自发调节下，依市场主体利益最大化的驱动，靠自由的市场竞争来实现社会资源的自动配置和社会经济的高速发展。作为市场主体之一，经营者是指从事商品生产、经营或者提供服务的自然人、法人和非法人组织。作为法律概念，经营者在一些经济法律中被反复定义[3]，但这并不是说立法对经营者的界定各有其标准，相反它只是反映了立法机关在市场经济不同发展阶段对市场经营主体本质特征的认识一直在持续深化之中。经营者和企业经营者属于不同概念，后者是指能有效利用各类资源，独立、创造性地对企业运营作出决策并承担企业风险，其经营理念和独特个性能够被全体员工自觉接受，对企业发展具有控制力和影响力的企业高级管理者。

根据所处行业的不同，经营者可以分为农业生产经营组织、食品生产经营者、旅游经营者、广告经营者、对外贸易经营者等不同类型，这些经营者法的相关法律规范分布在一些行业监管法中。从经营者本身的生命周期看，经济法主体制度主要涉及市场准入制度和市场退出制度。在经济法中，一些特殊的经营者存在市场准入和市场退出问题，其经营资格的取得和丧失都是有条件的，需要严格遵守相关立法规定。[4]

国家制定的专门性经营者法，主要有《全民所有制工业企业法》《合伙企业法》《个人独资企业法》《乡镇企业法》《农民专业合作社》《商业银行法》《外商投资法》等。以《商业银行法》为例，该法就是我国经济法主体中针对银行业经营者的一个典型立法例。该法所称的商业银行，是指依照该法和我国《公司法》设立的吸收公众存款、发放贷款、办理结算等业务的企业法人。该法设专章规定了商业银行的设立和组织机构、财务会计、接管和终止等制度，这些内容属于市场主体法范畴，明确了商业银行作为经营者的法律地位。

经营者从事生产经营活动的目的是为消费者提供商品和服务，作为经济法的重要主体，其在法律上具有独立性、合法性、多元性、平等性等重要特征。在市场交易中，经营者应当遵循自愿、平等、公平、诚实信用的原则，遵守公认的商业道德。从现行经济法律规定看，经营者的权利包括经营自主权、商业秘密权、自主定价权、公平竞争权、自由竞争权、公平交易权、获取利润权、依法结社权、拒绝摊派权、获得救济权等。与

---

〔1〕 徐孟洲、叶姗：《经营者论：基于经济法规范与原理的分析》，载《现代法学》2007 年第 5 期，第 94 页。

〔2〕 参见李友根：《论经济法主体》，载《当代法学》2004 年第 1 期，第 74 页。

〔3〕 如我国《反不正当竞争法》《反垄断法》《价格法》等。此外，《广告法》《旅游法》《食品安全法》《对外贸易法》等对广告、旅游、食品生产、对外贸易等行业的经营者也专门下了定义。

〔4〕 席月民：《经济变革中的经济法》，中国社会科学出版社 2019 年版，第 167 页。

此同时，经营者也负有相应义务，如守法守约义务、安全保障义务、信息披露义务、出具单证义务、产品质量义务、接受监督义务等。

2. 消费者法

为保护消费者的合法权益，许多国家通过专门立法明确了消费者的法律地位及其所享有的具体权利。我国《消费者权益保护法》是 1993 年制定的，这是我国第一次以专门立法的形式对消费者权利进行全面确认，以此奠定了消费者与经营者、管理者一起在市场主体结构体系中的重要地位。该法在 2009 年和 2013 年分别进行了两次修正，分为总则、消费者的权利、经营者的义务、国家对消费者合法权益的保护、消费者组织、争议的解决、法律责任以及附则等八章内容，共有 63 个条文。

消费是人类通过消费品满足自身欲望的一种经济行为。作为是国民经济循环的先导性因素，消费是国民经济不断发展的动力。通常，消费分为生产消费和生活消费两种类型。在经济法中，消费者是指不以生产消费为目的购买、使用商品或者接受服务的自然人。司法实践中，对消费者主体的认定，必须坚持三个标准，即目的标准、行为标准和主体标准。按照该标准，职业打假人也应被认定为消费者。消费者在经济法主体体系中居于核心地位，只有清晰界定消费者这一概念，才能准确认定消费者，科学把握消费需求和消费结构，实现供需平衡。这是经济法“以人为本”理念的重要体现，消费者可以“用脚投票”来决定市场上的商品服务种类以及数量，因此消费者的消费需求和消费结构在经济运行中起着支配和主导作用。经营者和消费者分别代表供需两种市场力量，双方之间构成了市场交易的基础法律关系，其中的典型是买卖关系。从经济法的立法取向看，究竟是经营者服从于消费者，还是消费者听命于经营者，需要作出慎重权衡。[1]从经营者主权说到消费者主权说的理论演化说明，法律应该肯定消费者的地位并对其提供应有保护。消费者的保护应是经济法的第一要义。[2]

按照我国《消费者权益保护法》的规定，消费者享有安全保障权、知悉真情权、自主选择权、公平交易权、依法求偿权、依法结社权、获取知识权、受尊重权、信息保护权、检举控告权、批评建议权等。消费者的基本义务则包括合理使用商品或服务、向经营者提供特定信息、不得强制交易、保护环境等。该法规范了网络购物等新的消费方式，明确了个人信息保护，强化了经营者义务，建立了消费公益诉讼制度，加大了惩罚性赔偿力度等。同时，该法倡导文明、健康、节约资源和保护环境的消费方式，反对浪费，并强调保护消费者的合法权益是全社会的共同责任。《消费者权益保护法》在经济法中的地位不容小觑，它既是消费者维权的“利器”，也是维护正常市场秩序的重要工具。另外，《个人信息保护法》是《消费者权益保护法》的特别法。

3. 管理者法

现代市场经济的发展历史证明，市场不是万能的，国家需要对市场进行必要的干

〔1〕 席月民：《经济变革中的经济法》，中国社会科学出版社 2019 年版，第 169 页。

〔2〕 徐孟洲、谢增毅：《论消费者及消费者保护在经济法中的地位——“以人为本”理念与经济法主体和体系的新思考》，载《现代法学》2005 年第 4 期，第 123 页。

预、协调、调节、管理和参与，以实现国家的监管、调控和服务等经济职能。在经济法中，管理者也是特定化的，通常是指代表国家对市场进行监管、调控和服务的各级政府主管部门以及非政府组织。这里的管理者，并不包括企业管理者，仅指依法成立并承担经济管理职能的各级政府主管部门及其授权的非政府组织。可见，管理者作为经济法主体时，主要以公共管理者的身份出现。[1]但要澄清的一点是，无论是企业高级管理人员，还是政府官员、公务员、政府雇员等公共管理者，这些“个人”均不是经济法的管理者。虽然经济法的管理者也具有十分突出的公共性，但也不能将其直接等同于公共管理者，公共管理者限于行使公权力的政府内部成员。从公权力的角度讲，只要行使了国家的公权力就应该属于公共管理者的范畴。[2]这样的论断在经济法中很容易混淆视听。[3]

目前，有关管理者法的法律规范散见于市场规制法和宏观调控法的具体立法中。相对而言，管理者一词还停留在学理层面使用，经济立法中虽不乏监管体制、调控体制等规定，但在概念上仍一直沿用国务院有关部门和地方政府有关部门等名词术语。这里的管理者在外延上小于政府，虽然实践中常与政府一词混用，但事实上政府的职能并不局限于经济职能，还涉及政治职能、社会职能等，而且政府部门所执行的法，既包括经济法，也包括行政法、社会法等。在经济法中使用管理者，特指政府部门中的经济管理部门，以此限定经济法主体中的政府范围，同时与经营者、消费者两个概念保持汉语表达的相称性，并系统建构经济法主体组合理论。[4]

作为经济法的主体之一，管理者依法享有一定的经济职权和职责，二者高度统一，而且不可抛弃。经济职权与经济职责的侧重点虽然不同，但其实并无本质区别，经济职责同样包含相应的经济职权和权力。管理者的经济职权和职责主要包括经济决策权、经济执行权和经济监督权等。其中，经济决策权表现为货币发行权、税种开征权、税率调整权等；经济执行权表现为经营许可权和经营处罚权等；经济监督权则表现为食品检验检疫权、税务检查权、税务稽查权、价格监督权、审计监督权等。

（二）市场规制法

市场规制法是由调整市场规制关系的法律规范所构成的系列制度集合，其所突出的是政府监管职能的有效发挥，强调对商品和服务的价值规律与市场竞争规律的自觉维护。根据商品和服务价值规律的基本要求，市场规制法包含竞争法、产品质量法、计量法、标准化法、统计法、广告法、会计法、审计法等。

1. 竞争法

竞争法律制度包括反不正当竞争法律制度和反垄断法律制度。《反不正当竞争法》确立了我国反不正当竞争法律制度。该法规定了不正当竞争行为的认定标准及其主要类型，确立了反不正当竞争的监督检查部门和工作协调机制，明确了对涉嫌不正当竞争行为的调查程序以及法律责任，在鼓励和保护公平竞争、制止不正当竞争行为、保护经营

---

〔1〕 徐孟洲：《耦合经济法论》，中国人民大学出版社 2010 年版，第 118 页。

〔2〕 王丛虎：《论公共管理者的行宪能力》，载《法商研究》2005 年第 3 期，第 53 页。

〔3〕 席月民：《经济变革中的经济法》，中国社会科学出版社 2019 年版，第 170 页。

〔4〕 席月民：《经济变革中的经济法》，中国社会科学出版社 2019 年版，第 170—171 页。

者和消费者的合法权益等方面发挥着重要作用。《反垄断法》是一部保护市场自由竞争、充分发挥市场配置资源决定性作用的重要法律。该法素有“经济宪法”之称，规定了垄断协议、滥用市场支配地位、经营者集中、滥用行政权力排除和限制竞争以及对涉嫌垄断行为的调查和法律责任等内容，全面构建了我国的反垄断执法体制及其法律制度。该法在预防和制止垄断行为，提高经济运行效率，维护消费者利益和社会公共利益，促进社会主义市场经济健康发展等方面产生了深远影响。

2. 产品质量法

《产品质量法》是我国产品质量领域的基本法律。我国实行分类管理和分段管理相结合的产品质量监管模式，对产品质量实行以抽查为主要方式的监督检查制度，严格实施产品质量检验合格、产品质量认证、企业质量体系认证、产品计量、产品标准、产品“三包”、缺陷产品召回等制度。此外，《农产品质量安全法》对农产品质量安全标准、农产品产地、农产品生产及其包装标志、农产品监管等问题作出了规定。在食品安全方面，1995 年颁行的《食品卫生法》于 2009 年被《食品安全法》所取代，该法对食品生产、食品经营、食品储存运输、食品添加剂、食品相关产品的监管等作出了系统规定，覆盖了食品生产、经营、质检、流通、消费等食品安全的整个链条，建立了科学、严格的监督管理制度，如食品安全风险监测和评估制度、食品安全标准制度、企业食品安全管理制度、食品安全管理责任制等。由这些法律所构建的产品质量法律制度，在提升产品质量、加强质量监管、保障公众身体健康和生命安全等方面发挥出了重要作用。

3. 计量法、标准化法与统计法

我国实行法定计量单位制度。《计量法》确立了我国计量监督管理体制。该法对我国计量基准器具、计量标准器具、计量检定、计量器具管理、计量监督以及法律责任等所作出的规定，有利于加强计量监督管理，保障国家计量单位制的统一和量值的准确可靠。《标准化法》是我国系统构建标准化法律制度的一部基本法律。该法规定了标准的概念、标准化监督管理体制、标准的制定、标准的实施、标准的监督管理程序以及法律责任等内容，建立了强制性标准和推荐性标准相结合的标准体系。该法有利于加强标准化工作，提升产品和服务质量；有利于促进科学技术进步，保障人身健康和生命财产安全；有利于维护国家安全、生态环境安全，提高经济社会发展水平。统计在了解国情国力、服务经济社会发展方面具有重要作用。为了科学、有效地组织统计工作，保障统计资料的真实性、准确性、完整性和及时性，《统计法》从统计监督角度，对统计调查管理、统计资料的管理和公布、统计机构和统计人员、监督检查以及法律责任等内容作了系统规定。

4. 行业监管法

行业监管法是国家针对不同行业的监管制度所制定的法律。这方面的经济立法很多，包括但不限于《铁路法》《公路法》《民用航空法》《邮政法》《农业法》《种子法》《渔业法》《草原法》《畜牧法》《森林法》《矿产资源法》《建筑法》《城市房地产管理法》《土地管理法》《药品管理法》《煤炭法》《电力法》《电子商务法》《资产评估法》《广告法》《拍卖法》《旅游法》《银行业监督管理法》《烟草专卖法》《动物防疫法》《公证法》

等。以《广告法》为例，广告业是现代服务业和文化产业的重要组成部分，对引导消费、扩大内需具有积极作用，深刻影响着百姓的日常生活。该法在加强广告活动的管理，规范广告主、广告经营者和广告发布者的行为，保护消费者权益等方面发挥着重要作用。从结构看，该法分为总则、广告内容准则、广告行为规范、监督管理、法律责任以及附则等六章内容，对明星代言、儿童广告、烟草广告等作出了专门的禁止性或限制性规定。

5. 会计法与审计法

我国《会计法》分为总则、会计核算、公司和企业会计核算的特别规定、会计监督、会计机构和会计人员、法律责任和附则等七章。除《会计法》外，我国还制定有《注册会计师法》《总会计师条例》《企业会计准则》等法律、法规。这些法律法规在规范会计行为、保证会计资料真实完整、加强经济管理和财务管理等方面，建立了比较系统的会计法律制度。我国实行审计监督制度。审计关系是一种经济监督关系，发生于审计主体与被审计单位之间。《审计法》也属于经济法体系的一个组成部分，是审计工作的基本法律依据，其以法律的形式确定了审计工作的地位、任务和作用，规定了审计机关的职责、权限和审计程序，为依法、独立地开展审计工作确立基本准则。

（三）宏观调控法

宏观调控法突出了政府的调控和服务职能，强调遵循市场供求规律，依法维护供需平衡。顾名思义，其突出了针对供需两端的调控政策手段的综合运用，并由调整宏观调控关系的法律规范所构成。宏观调控法主要包括发展规划法、财政法、税法、金融法、价格法、产业政策法、政府投资法、企业国有资产法以及对外贸易法等。

1. 发展规划法

科学的宏观调控离不开国家发展战略与规划，而规划调控则需要依法实施。规划具有预测、引导、协调等功能，可以分为长期规划、中期规划与短期规划，中央规划与地方规划，以及区域规划、专项规划与行业规划等不同类型。以我国《城乡规划法》为例，该法确立了城乡规划法律制度，规定了城乡规划的制定、实施、修改以及监督检查等内容，从而对加强城乡规划管理，协调城乡空间布局，改善人居环境，促进城乡经济社会全面协调可持续发展发挥着重要作用。根据该法，我国的城乡规划包括了城镇体系规划、城市规划、镇规划、乡规划和村庄规划。经依法批准的城乡规划，是城乡建设和规划管理的依据，未经法定程序不得修改。从实践看，我国制定了大量规划，但是我国规划立法相对滞后，规划之间“打架”现象较为严重，多规合一需要立法的扎实跟进。

2. 财政法

财政具有资源配置、分配调节和经济稳定的职能，因此财政法是典型的宏观调控法。财政法体系是由财政法的调整对象及其内容所决定的，既包括调整财政收入关系的财政收入法，也包括调整财政支出关系的财政支出法，还包括为实现财政收支平衡所作预算的预算法。其中财政收入法主要有税法和公债法，财政支出法则有政府采购法和财政转移支付法。目前为止，我国尚未制定公债法，也未制定专门的财政转移支付法。在我国现行财政法体系中，《预算法》是实现公共财政规范化、民主化、透明化、法治化的根本保障。该法确立了各项预算法律制度，明确了预算管理职权和预算收支范围，其内容涉及预算的编制、审查、批准、执行、调整、决算、监督以及其他预算管理活动。我国的财政体制是中央和地方分税制，实行一级政府一级预算。按照规定，预算包括一般公共预算、政府性基金预算、国有资本经营预算和社会保险基金预算，这四本预算各有其功能定位和治理原则。该法对规范政府财政收支行为、强化预算约束，推进和保障财税体制改革、促进国家治理体系和治理能力现代化有着重要意义。而《政府采购法》则旨在规范政府采购行为，提高政府采购资金的使用效益，并促进廉政建设。该法分为总则、政府采购当事人、政府采购方式、政府采购程序、政府采购合同、质疑与投诉、监督检查、法律责任和附则等九章，明确规定政府采购实行集中采购和分散采购相结合，并遵守公开透明、公平竞争、公正以及诚实信用等原则。

税收是财政收入的最主要来源，税法因此也是财政法的重要组成部分之一。税法调整税收关系，税收关系虽具有行政关系的表象，但本质上是一种利益分配关系，因此税法在性质上属于财政收入法。税法分为实体税法和程序税法，前者由流转税法、所得税法、财产税法、行为税法以及资源税法所构成，后者则是指税收征收管理法。从两者关系看，后者为前者提供保障和服务。目前为止，我国开征的税种包括增值税、消费税、关税、船舶吨税、企业所得税、个人所得税、房产税、契税、车船税、城镇土地使用税、土地增值税、耕地占用税、车辆购置税、印花税、城市维护建设税、环境保护税、烟叶税、资源税、固定资产投资方向调节税（暂停）等。根据税收法定原则，我国正在积极推动税收法律化，已经制定的实体税收法律有《关税法》《个人所得税法》《企业所得税法》《契税法》《车船税法》《耕地占用税法》《环境保护税法》《车辆购置税法》《印花税法》《城市维护建设税法》《船舶吨税法》《资源税法》《烟叶税法》等。《税收征收管理法》属于税收程序法，是为了加强税收征收管理，规范税收征收和缴纳行为，保障国家税收收入，保护纳税人的合法权益，促进经济和社会发展而制定的一部税法。该法不但规定了税务管理及其税务登记、账簿凭证管理以及纳税申报，而且规定了税款征收和税务检查、税务稽查等内容，明确了税务机关的法定职权以及纳税人的权利与义务。

3. 金融法

金融是货币资金融通的简称，是以银行等金融机构为中心的信用活动以及在信用基础上所组织的货币流通。金融法调整金融关系，由金融机构法、金融业务法、金融监管法以及金融调控法所构成。我国现行金融法体系是按照金融行业立法展开的，主要有《中国人民银行法》《反洗钱法》《商业银行法》《银行业监督管理法》《票据法》《证券法》《证券投资基金法》《保险法》《信托法》《期货和衍生品法》等金融法律。其中，《中国人民银行法》既是金融调控法，也是金融监管法，同时也包含金融机构法和金融业务法的内容。该法确立了中国人民银行的中央银行地位，明确了其法定职责，这对保证国家货币政策的正确制定和执行，建立和完善中央银行宏观调控体系，维护金融稳定具有重要意义。中国人民银行作为我国的中央银行，既负责金融调控，又负责外汇市场、黄金市场、银行间债券市场等金融市场的监管，在宏观审慎管理中处于主导地位。制定和执行货币政策是中央银行的特有职能，该法确立的货币政策目标是保持人民币币值的稳定，并以此促进经济增长。中国人民银行可以运用的货币政策工具包括存款准备金、基准利率、再贷款、再贴现、公开市场操作等。实践证明，只有不断健全金融法治，依法改进金融监管和金融调控，才能真正维护金融体系的安全和稳定。

4. 价格法

价格法是我国实施价格调控的重要法律依据。我国《价格法》自 1998 年 5 月 1 日起施行。按照该法规定，我国实行并逐步完善宏观调控下主要由市场形成价格的机制，大多数商品和服务实行市场调节价，极少数商品和服务实行政府指导价或政府定价，以此确立了市场调节价、政府指导价和政府定价三种价格形式。该法还规定了经营者进行价格活动的价格权利与价格义务，规定了禁止的不正当价格行为。该法在规范价格行为、发挥价格合理配置资源的作用、稳定市场价格总水平、保护消费者和经营者的合法权益等方面发挥着重要作用。

5. 产业政策法

产业一词体现的是市场经济条件的生产力发展水平和社会分工程度，既是国民经济的组成部分，也是同类企业的集合。产业政策是一种重要的经济政策，与财政政策、货币政策等有着共同的客观基础，是国家调控经济的重要手段。产业政策涉及产业组织、产业结构、产业布局、产业技术、产业培育、产业保护等不同领域，往往具有交叉性、灵活性和综合性等特征。我国目前并无专门的《产业政策法》，相关立法分散在不同产业领域中，如《科学技术进步法》《科学技术普及法》《促进科技成果转化法》《粮食安全保障法》《中小企业促进法》《电影产业促进法》《乡村振兴促进法》《可再生能源法》《清洁生产促进法》《循环经济促进法》《农业机械化促进法》等。以《中小企业促进法》为例，中小企业是实施大众创业、万众创新的重要载体，在增加就业、促进经济增长、科技创新与社会和谐稳定等方面具有不可替代的作用，对国民经济和社会发展具有重要的战略意义。该法是我国产业政策法角度的一部典型立法。该法规定了国家对促进中小企业所采取的财税支持、融资促进、创业扶持、创新支持、市场开拓、服务措施、权益保护以及监督检查等内容，建立了中小企业统计监测制度，并积极推进中小企业信用制度建设。

6. 政府投资法和企业国有资产法

改革开放以来，我国在投资领域改革方面取得了重大进展，由原来单一的政府投资主体发展为政府、企业、个人、外资等多种形式的投资主体。其中，政府投资是国家宏观经济调控的必要手段，通过直接参与经济活动来引导社会投资、调整投资结构、贯彻产业政策、配置社会资源。目前为止，我国尚未出台《政府投资法》，相关部门规章对政府投资基金和政府出资产业投资基金的设立、运作以及监督管理等作出了规定。

国有企业是国家参与经济活动的最重要表现。坚持和完善基本经济制度，深化国有企业改革是我国经济体制改革的重要任务之一。《企业国有资产法》是一部小国有资产法，对履行出资人职责的机构、国家出资企业、国家出资企业管理者的选择与考核、关系国有资产出资人权益的重大事项（包括企业改制、与关联方交易、资产评估、国有资产转让等）、国有资本经营预算、国有资产监督等内容作出了明确规定，从而使社会主义市场经济条件下的国有企业立法向前迈出了坚实一步，该法有利于建立和巩固国有资产管理体制，解决政企分开和政资分开，有效保护企业国有资产，防止国有资产流失。

7. 对外贸易法

对外贸易法律制度是指国家对货物进出口、技术进出口和国际服务贸易进行管理和控制的一系列法律制度。我国现行《对外贸易法》是1994年制定的，分别在2004年、2016年和2022年进行了修改。该法分为总则、对外贸易经营者、货物进出口与技术进出口、国际服务贸易、与对外贸易有关的知识产权保护、对外贸易秩序、对外贸易调查、对外贸易救济、对外贸易促进、法律责任以及附则等11章内容。该法规定，我国实行统一的对外贸易制度，鼓励发展对外贸易，维护公平、自由的对外贸易秩序。另外，《出口管制法》《进出境动物检疫法》也属于对外贸易法范畴。

三、经济法的渊源

经济法渊源即经济法规范的外部表现形式，其着重于说明经济法规范的效力来源。经济法由各个方面、各个层次和环节的法律规范所构成，各种法律规范相互关联、互相衔接，并且有着贯彻于全部经济法具体规范的基本指导思想、原则和法律制度，它们统率着各种经济法的具体规定。[1]就经济法渊源来说，我国《立法法》规定了除宪法之外的法律、行政法规、地方性法规、自治条例和单行条例以及部门规章和地方政府规章等规范性文件的事项划分、制定程序以及效力等级，因而成为解决经济法不同法律渊源之间效力冲突的重要依据。

（一）宪法

宪法是我国的根本法，是治国安邦的总章程，是我国社会主义法的基本渊源。[2]宪法作为经济法的重要渊源，不但是因为宪法中的一些内容直接涉及国家经济体制、基本经济制度、不同类型市场主体等，而且是因为宪法的地位和效力与众不同。宪法在中国特色社会主义法律体系中居于首要地位，具有最高的法律效力。对经济法而言，宪法是全部经济立法工作的基础和根据，一切经济法律法规都不得与宪法的规定相抵触。例如，我国《宪法》第15条规定："国家实行社会主义市场经济。国家加强经济立法，完善宏观调控。国家依法禁止任何组织或者个人扰乱社会经济秩序。"该条确立了我国的经济体制，明确了经济法的重要地位及其功能，突出了经济法所追求的秩序价值。

（二）法律

法律作为经济法的重要渊源，是从狭义上来使用法律这一概念的。也就是说，这里的法律专门是指由国家最高权力机关及其常设机关，即全国人民代表大会及其常务委员会制定的法律，在效力等级上低于宪法。按照我国《立法法》第11条规定，适用法律保留原则的事项既包括基本经济制度以及财政、海关、金融和外贸的基本制度，也包括税种的设立、税率的确定和税收征收管理等税收基本制度。这些事项均属于经济法所调

---

〔1〕 漆多俊：《经济法基础理论》，法律出版社2008年版，第158—159页。

〔2〕 孙国华、朱景文主编：《法理学》，中国人民大学出版社1999年版，第260页。

整的重要领域，都只能制定法律，这是法律保留原则的特别要求和体现，因而法律是经济法的重要渊源之一。另外，由全国人民代表大会及其常务委员会发布的有关经济方面的决定和决议，如年度预算等，同样具有法律效力，也属于经济法渊源。

（三）行政法规

行政法规作为经济法渊源，在效力上仅次于宪法和法律。具体而言，行政法规系指由最高行政机关即国务院在其法定职权范围内所制定的规范性文件。行政法规的目的在于执行和实施宪法与法律的规定。当然，虽未制定法律，但根据全国人民代表大会及其常务委员会的授权决定，国务院根据实际需要也可以先制定行政法规。此即所谓“授权立法”。行政法规的名称一般冠以“条例”“实施条例”或“暂行条例”，也有称为“规定”或“办法”等。相对于法律而言，经济法方面的行政法规数量更多，这一方面是因为国务院作为中央人民政府是经济法主体中管理者的重要代表，行使着大量的市场规制权和宏观调控权；另一方面是因为我国经济转型过程中在许多情况下制定法律的条件不够成熟，往往依赖于先制定行政法规待条件成熟后再制定法律的立法路径。

（四）部门规章

部门规章也是经济法的重要渊源，其效力低于宪法、法律和行政法规。按照我国《立法法》第 91 条规定，国务院各部、委员会、中国人民银行、审计署和具有行政管理职能的直属机构以及法律规定的机构，可以根据法律和国务院的行政法规、决定、命令，在本部门的权限范围内，制定规章。这类规章统称为部门规章，其中涉及两个以上国务院部门职权范围的事项，可以由有关部门联合制定规章。对部门规章而言，没有法律或者国务院的行政法规、决定、命令的依据，既不能设定减损公民、法人和其他组织权利或者增加其义务的规范，也不得增加本部门的权力或者减少本部门的法定职责。由于国务院的经济部门众多，因此经济法中的部门规章数量庞大，但部门规章之间具有同等效力，部门规章之间对同一事项的规定不一致的，由国务院裁决。实践中，部门规章的内容更专业、更细致，更能体现监管部门和调控部门的经济政策意图，相较于法律和行政法规而言，其作用也就更直接、更具体、更有效果。

（五）地方性法规

地方性法规主要适用于地方性事务，故在适用的空间范围上有着一定的局限性，侧重于解决地方自身经济发展中的特殊性问题。按照我国《立法法》规定，省、自治区、直辖市的人民代表大会及其常务委员会根据本行政区的具体情况和实际需要，在不同宪法、法律、行政法规相抵触的前提下，可以制定地方性法规。另外，设区的市的人民代表大会及其常务委员会根据本市的具体情况和实际需要，在不与宪法、法律、行政法规和本省、自治区的地方性法规相抵触的前提下，可以对城乡建设与管理、生态文明建设、历史文化保护、基层治理等方面的事项制定地方性法规。法律对设区的市制定地方性法规的事项另有规定的，从其规定。需要注意的是，这类地方性法规需报请省、自治区的人民代表大会常务委员会批准后方可施行，要经过法定的合法性审查。作为经济法渊源的地方性法规，有利于因地制宜地解决我国经济发展中不同地区之间的差异化以及发展不平衡、不充分等问题。为了促进和保障区域经济协调发展，省、自治区、直辖市和设区的市、自治州的人民代表大会及其常务委员会根据需要可以协同制定地方性法规，在本行政区或者有关区域内实施。总之，地方性法规不但可以通过地方先行先试积累立法经验，推动区域协同治理，更重要的是，可以避免市场规制和宏观调控中不必要的“一刀切”。

（六）自治条例和单行条例

我国是单一制国家，同时又在中央的统一领导下在各少数民族聚居区实行民族区域自治。各民族自治地方设立自治机关，行使自治权。[1]按照我国《立法法》第 85 条规定，民族自治地方的人民代表大会有权依照当地民族的政治、经济和文化的特点，制定自治条例和单行条例。自治区的自治条例和单行条例，报全国人民代表大会常务委员会批准后生效。自治州、自治县的自治条例和单行条例，报省、自治区、直辖市的人民代表大会常务委员会批准后生效。自治条例和单行条例可以依照当地民族的特点，对法律和行政法规的规定作出变通规定，但不得违背法律或者行政法规的基本原则，不得对宪法和民族区域自治法的规定以及其他有关法律、行政法规专门就民族自治地方所作的规定作出变通规定。自治条例和单行条例作为经济法渊源之一，其相同之处在于都高度体现了我国《宪法》和《民族区域自治法》所赋予的自治权，在促进和保障少数民族地区的经济发展中具有一定的特殊性和灵活性。其区别主要表现在内容方面，前者的综合性特征明显，后者则只针对某一方面的具体问题，因此前者属于综合性法规，后者属于单项法规。从效力等级看，二者的法律地位相当于地方性法规，属于地区性和局部性法规，在法律效力上仅限于自治权管辖的范围内。

（七）地方政府规章

地方政府规章与地方性法规不同。从制定主体看，按照我国《立法法》第 93 条规定，省、自治区、直辖市和设区的市、自治州的人民政府，可以根据法律、行政法规和本省、自治区、直辖市的地方性法规，制定规章。从效力等级看，地方政府规章低于宪法、法律、行政法规和地方性法规。从制定必要性看，应当制定地方性法规但条件尚不成熟的，因行政管理迫切需要，可以先制定地方政府规章。从所用名称看，地方性法规通常使用条例、规定和办法等，而地方政府规章则采用规定、办法、细则等。地方政府规章作为经济法渊源之一，是对既有经济法律体系的重要补充，往往针对某一事项的特定性，通过细化规定提高立法效果，增强地方事务管理的合目的性、针对性以及时效性，在执行国家法律、行政法规和地方性法规方面发挥着关键作用。地方政府规章与前述部门规章具有同等效力，并在各自的权限范围内施行。如果二者对同一事项的规定不一致，则由国务院裁决，国务院有权改变或者撤销不适当的部门规章和地方政府规章。

（八）司法解释

司法解释是国家最高司法机关在适用法律过程中对具体应用法律问题所作出的说明，包括审判解释和检察解释两种。其中，前者的解释主体为最高人民法院，后者的解释主体为最高人民检察院。就经济法体系而言，司法解释适应了法律不完备理论的要

---

〔1〕孙国华、朱景文主编：《法理学》，中国人民大学出版社 1999 年版，第 262 页。

求，满足了司法机关办案的实际需要，并不单单是对法律条文的文义解释，往往还包括对法律条文的修改、完善和补充，具有填补法律漏洞的功能，因而在实践中有助于司法机关正确适用法律和公正裁判案件。司法解释属于正式解释和有效解释，通常采用解释、规定、规则、批复、决定等形式，法院在判决时可以直接引用，但是从效力等级看，司法解释不能与宪法和法律相冲突。

（九）国际条约

国际条约属于经济法渊源中的国际法渊源，和上述国内法渊源相对应。国际条约虽然不属于国内法范畴，但对于我国政府缔结或者参加的国际条约来说，其同样具有法律约束力。由于我国政府缔结或者参加的许多国际条约涉及投资、贸易、税收、金融等经济法问题，对我国经济社会发展产生重大影响，因此也需将其纳入经济法渊源体系。从基本概念看，国际条约是两个或两个以上的国家就政治、经济、贸易、军事、法律、文化等方面的问题确定其相互权利义务关系的协议。国际条约的名称包括条约、公约、协定、和约、盟约、换文、宣言、声明、公报等。〔1〕在我国现行经济法体系中，一些经济法律规范会涉及双边投资和贸易保护、避免双重征税、经济安全、科技发展、对外援助等问题，如我国《对外贸易法》《税收征收管理法》等。实践中，对经济法适用问题的研究，不应忽视经济全球化中我国对外经济交往领域的国际条约。

第二节　经济法的地位

一、经济法是我国社会主义市场经济法律体系中独立的法律部门

在我国社会主义市场经济法律体系中，经济法是一个独立的法律部门目前已成为不争的事实。众所周知，法律部门是对法的体系进行科学划分的基本单位，是调整因其本身性质而要求有同类调整方法的社会关系的法律规范总和。每个法律部门都以其所调整的社会关系和调整方法的不同而区别于其他部门，同时，所有法律部门又相互联系，协调统一，共同构成一国的法律体系。经济法的地位，旨在分析经济法成为独立法律部门的根据，以及经济法作为独立法律部门而与宪法、民商法、行政法以及社会法等其他部门法之间的联系和区别。

如何科学划分法律部门，是我们研究、讨论和认识法律体系的一个核心问题。法律体系及其部门划分，正是法学家对法分门别类进行研究，以利于立法、司法和学术的结果。〔2〕划分法律部门的根据，不应由主观的、形式上的因素所决定，而应由客观实际情

〔1〕 孙国华、朱景文主编：《法理学》，中国人民大学出版社 1999 年版，第 263 页。

〔2〕 史际春：《经济法：法律部门划分的主客观统一》，载《中外法学》1998 年第 3 期，第 95 页。

况所决定。这种客观实际情况就是法律调整的对象和法律调整的方法。[1]在我国经济法学产生和发展过程中，对经济法的独立性认识以及部门法地位的讨论曾经是一个学术热点，并持续了较长时间。学者们围绕经济法能否成为一个独立的法律部门展开过激烈争论，并形成相互对立的两种观点。

其一，否定经济法的理论观点。例如，1983 年《现代法学》杂志在其第 3 期“法学争鸣”栏目所刊载的刘春茂论文《经济法不能成为独立的法律部门》，就是关于这一争论主题的典型反映。该文提出，经济法既没有独立的调整对象，也没有独立的调整方法，把它作为一个独立的法律部门在法理上是没有根据的。[2]该文认为，经济法的概念是相当混乱的，人们对经济法所下定义有 10 种之多。就经济法调整对象而言，有的认为经济法调整全部经济关系，有的则认为只调整纵向经济关系，还有的认为调整国民经济管理中的经济关系（纵向）和各社会主义组织之间的横向经济关系，如此等等。该文认为，所有这些说法都说明不了经济法有其独立的调整对象。另外，该文认为经济法解决问题的方法只能采用民法的那一套做法，或者再加上一个行政办法，此外没有其他解决问题的办法。总之，该文认为，如果按照主张经济法是独立的法律部门的观点去建立我们国家的法律体系，必然前后左右互相矛盾交叉，不利于创立和完善我国科学的、统一的法律体系，并会给司法工作带来困难。其实，在中外经济法学发展史上，否定经济法的理论观点并不鲜见。如前所述，综合经济法论、学科经济法论、经济行政法论等不同学派都曾鲜明地否定经济法作为独立法律部门的客观性，这些观点及其结论虽然可能有保守悲观情结，但不乏可贵的质疑精神，有助于深化人们对经济法的研究与思考，进一步澄清关于经济法调整对象与调整方法的理论误区。

其二，肯定经济法的理论观点。例如，有学者在 1981 年就曾指出，经济法是否应当成为一个独立的法律部门，这不以人们的主观愿望为转移，而是由社会经济生活条件所决定的，当社会经济生活条件发展到一定阶段的时候，它必然要求经济法作为一个独立的法律部门来促进经济的向前发展。[3]该学者强调，研究这个问题，应从我国现代化建设的实际出发，看需要建立什么样的法律体系才有利于科学地调整各种经济关系。这里所指的实际，主要是指当时所进行的四个现代化建设的实际，同时也包括新中国成立以来经济立法的实际。该学者基于经济法与民法的比较，分别从调整对象的不同、法律关系的主体和客体不同、调整原则的不同、调整的程序不同等方面，论证了经济法和民法都是各自调整一定范围的经济关系的基本法，它们在我国法律体系中具有同等重要的地位和作用，是并行不悖的两个独立的法律部门。客观地讲，肯定经济法的理论主张在经济法学术史上更具理性和建设性。针对经济法调整对象与调整方法的研究，是保持经济法独立性的共识基础所在，这些研究成果适应了经济发展的最新变化，必将在持续深化中不断关照现实、更新理论、推动发展。

---

〔1〕孙国华、朱景文主编：《法理学》，中国人民大学出版社 1999 年版，第 299 页。

〔2〕刘春茂：《经济法不能成为独立的法律部门》，载《现代法学》1983 年第 3 期，第 22 页。

〔3〕李昌麒、代大奎：《经济法应当是一个独立的法律部门》，载《现代法学》1981 年第 1 期，第 31 页。

总体上看，在对该问题的学术争论中，大多数学者赞成经济法是一个独立的法律部门。有学者提出，从经济法的形成与发展的过程看，它已走上与其他法律部门平行的独立发展道路；从经济法特有的调整对象与调整方法看，它理应成为独立的重要法律部门；从经济法与民法的比较看，二者已成为相辅相成的两个法律部门；从经济法的特征和作用看，应该给予它独立的法律部门的地位。〔1〕还有一些学者坚持不懈地对经济法的独立部门法地位进行专门论证。〔2〕就经济法来说，由于现代国家对经济的参与是全方位的，所以，它是相当大的一个法律部门，其中又可包含计划和产业政策、财政、金融、企业、竞争、消费者保护等分支。〔3〕在任何一个法律体系中，关于部门和分类的采用，部分是由法律制度史决定的，部分则纯粹由实践的需要所决定。〔4〕我们认为，经济法的独立性源于其特有的本质和属性，即经济法特有的调整对象、功能及其承担的任务。〔5〕在市场经济体制下，市场在资源配置中起决定性作用，但市场机制本身有其缺陷，市场不是万能的，因此还需要有效发挥政府作用，从而将市场调节与国家干预有机结合。经济法立足于现代市场经济，综合运用民事、行政和刑事等调整方法，对国民经济运行中具有社会公共性的特定经济关系进行系统综合调整，促进和保障经济的持续稳定协调发展，这是传统民法、行政法以及刑法无法取代的，也是任一传统法律部门力所不及的。经济法的应用价值根本无法否认，现代市场经济需要这样一个以公为主、公私兼顾的新兴法律部门来克服市场缺陷，弥补"市场失灵"与"政府失灵"。实践证明，经济法作为调整市场规制关系和宏观调控关系的法律规范系统，在我国社会主义市场经济发展中具有不可替代的重要地位，是中国特色社会主义法律体系的重要组成部门。在现代市场经济条件下，复杂多样的经济关系需要经济法、民商法、行政法等法律部门共同调整。经济法完全具有一个独立法律部门应有的基本标志。〔6〕

---

〔1〕王河：《经济法是一个独立的重要法律部门》，载《社会科学》1981年第4期，第39—46页。

〔2〕如杨经一：《一个新法律部门——经济法》，载《四川大学学报（哲学社会科学版）》1982年第1期，第34—37页；蔡福元：《我国经济法是一个独立的重要的法律部门》，载《法学》1984年第11期，第49—51页；汤春来：《试论经济法是独立的法律部门》，载《中南政法学院学报》1986年第4期，第85—88页；杨经浥：《经济法：调整商品货币关系的法律——兼论经济法是一个独立的法律部门》，载《四川大学学报（哲学社会科学版）》1986年第4期，第23—27页；符启林：《经济法成为独立的法律部门是历史发展的必然》，载《海南大学学报（社会科学版）》1987年第2期，第65—68页；甘柳：《模糊的界限和确定的方位——论作为独立法律部门的现代经济法》，载《法律科学》1998年第4期，第76—81页；许多奇：《经济法与行政法区分之我见——对法律部门划分标准的重新审视及运用》，载《河北法学》1999年第5期，第123—125页；王源扩：《法律部门划分理论再探讨——兼论经济法的地位问题》，载《安徽大学法律评论》2001年第1卷，第104—116页。

〔3〕史际春、邓峰：《经济法总论》，法律出版社1998年版，第138页。

〔4〕［英］戴维·M. 沃克（David M.Walker）编：《牛津法律大辞典》（*The Oxford Companion to Law*），北京社会与科技发展研究所编译，光明日报出版社1988年版，第264页。

〔5〕王晓晔主编：《经济法学》，社会科学文献出版社2005年版，第24—25页。

〔6〕潘静成、刘文华主编：《经济法基础理论教程》，高等教育出版社1993年版，第61页。

二、经济法与相关法律部门的区别与联系

（一）经济法与宪法

宪法是国家的根本大法，具有最高法律效力。宪法规定了国家的经济体制、基本经济制度和分配制度，确立了不同经济主体的法律地位和经济自由，这为经济法的制定和实施提供了立法依据和根本保障。经济法与宪法的关系，可以分别从经济法渊源和经济法部门两个角度进行展开，前者属于经济法的内部关系，后者属于两个部门法之间的外部关系。这里主要以经济法与宪法之间的联系为主展开。

对经济制度作出系统规定是我国历部宪法的鲜明特色。[1]宪法是经济法的重要渊源之一，但宪法效力位阶显著高于经济法的其他渊源。对经济法来说，维护国家经济法治的统一，就必须坚持一切法律、行政法规、地方性法规等都不得同宪法相抵触，因此合宪性审查是经济立法和经济法律法规清理时必须坚持的首要原则。同时，所有经济法主体都必须遵守宪法和法律，任何组织或者个人都不得有超越宪法和法律的特权。这就意味着，经济法的法权结构与制度设计同样应遵循宪法要求，经济法所构建和维护的市场经济秩序必须纳入宪法秩序之中。

从历史上看，宪法现象的产生早于经济法。近代宪法被认为是一部限制政府权力、保障个人权利的法律文件。宪法不仅规定了政府结构及其运作程序，而且定义了政府不得侵犯的个人权利。相比较而言，政府组织架构只是手段，保障个人权利才是目的。现代宪法发展的最大特点则表现在两个向度上：一是国家经济权力的体制架构，二是社会性经济私权的建设。[2]伴随着国家角色的嬗变，宪法已经或者正在实现着由政治立宪向经济立宪的转变。[3]宪法所确立的国家与市场、政府与企业的关系结构为经济法提供了根本性指引，从而奠定了经济法基本理论框架以及经济法体系的宪法基础。可以说，宪法的制度内容决定了经济法的制度内容，宪法的发展变化必然引起经济法的发展变化。反过来，经济法的发展也会有助于丰富和完善宪法内容，进而在互动中推动宪法的发展。尤其是经济法中有关财政、税收、金融、产业、国有资产管理、竞争、外贸等领域的体制安排和法治建设，往往都涉及宪法问题，需要从宪法层面作出制度回应和改进。我国宪法确立了四大原则，即人民主权原则、基本人权原则、权力制约原则和法治原则。[4]建构与宪法相融的经济法，必须坚持私权与社会公共利益相平衡的原则，必须真正体现社会主义市场经济的基本要求，经济法的制定必须遵守宪法和宪法相关法。[5]

经济宪法是经济法的重要基础，是宪法与经济法的交叉地带与共通之处。从基本含义看，所谓经济宪法，是指国家为了确定经济自由的范围，施行监督或经济统制，所依

---

〔1〕 莫纪宏主编：《宪法学》，社会科学文献出版社 2004 年版，第 253 页。

〔2〕 王显勇：《论经济法的宪法基础》，载《湖南大学学报（社会科学版）》2006 年第 3 期，第 143 页。

〔3〕 冯果：《宪法秩序下的经济法法权结构探究》，载《甘肃社会科学》2008 年第 4 期，第 209 页。

〔4〕 参见周叶中主编：《宪法》，高等教育出版社、北京大学出版社 2000 年版，第 93 页。

〔5〕 参见薛克鹏：《建构与宪法相融的经济法——兼论政府与市场经济的关系》，载《法学杂志》2021 年第 1 期，第 95—97 页。

据的基本法律原则与宪法规范。[1]换言之，经济宪法以市场主体的财产权为核心，围绕市场主体的经济自由与经济权利，寻求国家权力介入经济生活的制度边界。我国现行《宪法》有多处涉及经济宪法的内容，它在直面我国社会主义初级阶段的经济发展问题时，立足中国国情，科学定位国有经济、集体经济以及非公有制经济在社会主义市场经济中的地位，清晰指明国家治理经济的基本方针政策，确立并捍卫市场主体的经济自由与经济权利，严格限定国家机构的经济权力和法定职权，实行国家对市场经济的有限干预和管理。这里的经济宪法，并非指向一些经济法学者所称的反垄断法，将反垄断法视为经济宪法更多是从反垄断法的基础地位所做的一种描述，而不是宪法学意义上的经济宪法。准确地说，经济宪法维护的是宪制经济秩序，应当体现市场经济的原理和规律，是调整个人与国家、国家机关与国家机关在经济生活中的关系的基本原则和根本法规范。[2]对经济宪法而言，经济立宪是其基本的原动力，需要在市场、个人和国家的动态关系中把握宪法，牢牢抓住宪法中的市场“因子”，不理解市场经济与宪法的关系，就不能准确地理解经济法。因此，基于经济法与宪法所共有的经济性和规范性，应通过司法判断和非司法判断，不断提升两者的一致性和协调性，全面促进其协调发展。[3]法律比较和个案分析是目前最有效的突破经济宪法研究，抑或整体推进规范宪法学研究的两种途径。[4]只有将宪法规范与经济法规范充分结合起来，把经济宪法导入经济法学研究之中，并从经济权利宪法范式、经济职权宪法范式、经济制度宪法范式入手加强经济法学研究[5]，强化经济法思维的宪法指向[6]，才能将经济法学研究不断引向深入。

（二）经济法与民商法

市场经济是迄今为止人类社会最有利于资源优化配置的制度安排，民商法和经济法都是调整经济关系的重要法律部门。我国是民商合一国家，民法是社会主义市场经济的基础法，商法是民法的特别法。民商法的历史早于经济法。民商法是典型的私法，也是权利本位法，重在保护经济民主和经济自由，保护私益和存量利益。经济法是以公为主、公私兼顾的法，是社会本位法，注重维护经济安全和经济秩序，保护社会整体利益和增量利益。虽然民法、商法、经济法有各自的调整范围，有各自的作用机制，有不同的任务和目标追求，但是，就整个市场经济的发展而言，它们当中的任何一个法的存在都不排除其他两个法的存在。[7]经济法与民商法是相辅相成的关系，二者在调整对象、调整方法、基本原则、法律主体、法律体系、稳定性、国际化等方面存在着明显区别。

一是调整对象不同。民商法所调整的经济关系，是平等主体之间的财产关系，主体

---

〔1〕 参见施启扬、苏俊雄：《法律与经济发展》，正中书局 1974 年版，第 74 页。

〔2〕 参见赵世义：《经济宪法学基本问题》，载《法学研究》2001 年第 4 期，第 33 页。

〔3〕 张守文：《论经济法与宪法的协调发展》，载《现代法学》2013 年第 4 期，第 3 页。

〔4〕 黄卉：《宪法经济制度条款的法律适用——从德国经济宪法之争谈起》，载《中外法学》2009 年第 4 期，第 571 页。

〔5〕 单飞跃：《经济宪法在中国经济法学研究中的导入》，载《经济法论丛》2018 年第 1 期，第 151 页。

〔6〕 吴越：《经济法思维的宪法指向——兼论经济法学的历史命运》，载《法学论坛》2013 年第 3 期，第 19 页。

〔7〕 王保树：《关于民法、商法、经济法定位与功能的研究方法》，载《现代法学》2008 年第 3 期，第 6 页。

间的平等性是其基本特征。经济法所调整的经济关系与之不同，无论是市场规制关系还是宏观调控关系，主体间的地位并不具有平等性。从深层的理论假设上看，民商法所假设的市场整体源于古典经济学，而经济法所假设的市场整体源于现代经济学；民商法建基于政府外在于市场的假设，而经济法建基于政府内在于市场的假设；民商法认为市场主体是平等、均质的“经济人”，而经济法则认为市场主体是不平等、非均质、有个性的“经济人”兼“社会人”。[1]民商法侧重从微观、从经济发展所需动力方面，通过保障自由交易、自由竞争以提高效率来增进人们的利益，而经济法则侧重（并非全部）从宏观、从利益协调方面减少社会经济震荡造成的破坏和优化经济结构，从而提高效率来促进人们的利益。[2]另外，民法也调整平等主体之间的人身关系，而商法和经济法不调整人身关系。

二是调整方法不同。民商法的调整方法是单一的民事方式，强调当事人的意思自治，强调平等保护，主要重视经济目标。而经济法的调整方法是综合性的，既包括经济方式和民事方式，也包括行政方式和刑事方式等。经济法在尊重当事人意思自治的同时，强调限制意思自治，强调偏重保护。经济法不仅重视经济目标，而且重视社会目标和生态目标。[3]经济法对其关注的经济关系，主要采用经济手段进行间接调整，包括税率、利率、汇率、价格等调整方法，注重对市场主体的利益诱导，同时辅以行政手段和法律手段，这种调整方法的综合性体现了对不同手段的灵活运用和有机整合。

三是基本原则不同。民法的基本原则包括平等原则、自愿原则、公平原则、诚信原则、合法原则、公序良俗原则以及绿色原则。[4]商法则立足于鼓励市场交易，强调公平原则、效率原则、安全原则等。[5]而经济法的基本原则包括维护自由公平竞争原则、平衡协调优化原则以及责权利效相统一原则。[6]举例说来，民商法和经济法虽都强调公平，但民法中的公平追求的是形式公平、机会均等，表现为伦理性，结果如何在所不问；商法则表现为实践性，导向满足于实际需要，提高每一个人的生活水准；经济法的公平则通过矫正，重在实现实质公平、结果公平。又如，三法都追求效率，但民法追求个别效率，商法追求交易效率，经济法则追求国民经济的整体效率。[7]

四是法律主体不同。民商法的主体为自然人、法人和非法人组织，其中商法的主体主要是公司和企业。经济法的主体则为经营者、消费者和管理者。国家在民商法里也可以成为主体，但其身份不是经济法里的管理者，而是普通的投资者或者所有者。从主体的关联性看，并非所有的民事主体都是经济法上的经营者或者消费者。经营者的外延比

〔1〕参见王全兴、管斌：《民商法与经济法关系论纲》，载《法商研究》2000年第5期，第18—20页。

〔2〕参见刘水林：《经济法与民法的市场经济学观念基础研究》，载《法商研究》1997年第1期，第39页。

〔3〕参见王全兴、管斌：《民商法与经济法关系论纲》，载《法商研究》2000年第5期，第16—17页。

〔4〕参见《民法典》第4—9条。

〔5〕参见范健主编：《商法》，高等教育出版社、北京大学出版社2002年版，第8—10页。

〔6〕参见潘静成、刘文华主编：《经济法》，中国人民大学出版社1999年版，第73—77页。

〔7〕参见王保树：《关于民法、商法、经济法定位与功能的研究方法》，载《现代法学》2008年第3期，第10页。

公司和企业大，只有从事商品生产、经营或者提供服务的自然人、法人和非法人组织才是经济法的经营者。经济法上的消费者也只限于自然人，不包括法人和非法人组织。商法上的公司和企业，是经济法上的经营者，但不是消费者。相比较而言，经济法的人性标准或对人的基本要求明显高于民法。[1]经济法的人性标准是“君子”标准，民法则是“中人”标准，因此国家干预在经济法中具有正当性，民法则排斥国家干预。

五是法律体系不同。民法的体系主要是由民法总则、物权法、合同法、侵权责任法、人身权法、婚姻家庭法、继承法等构成。商法的体系则包括公司法、证券法、保险法、票据法、破产法和海商法。经济法的体系主要由市场主体法、市场规制法和宏观调控法所构成。目前，我国民法的法典化已经完成，现行《民法典》共分为七编，条文总数达到 1260 条。相比较而言，商法的体系化也已非常完整，其法典化难度较小。只有经济法的法典化仍任重道远，一些重要的经济立法仍然缺位，需要立法机关持续跟进。

六是稳定性程度不同。民商法具有较强的稳定性，而经济法的稳定性较弱，立改废比较频繁。民商法将市场经济的最一般要求，通过确认民事主体的资格和身份、基本权利范畴以及民事活动规则等形式固定下来，因此内容极为稳定。而经济法的政策性较强，因而具有不稳定性。

七是国际化程度不同。民商法国际通用，国际化程度比经济法高；经济法突出国别特色，具有较强的本土性特征。这是因为，民商法与市场机制相对应，与日常交易规则密切相关，而市场机制和日常交易规则在各国都基本相同，不同国家民商法往往反映了市场交易的基本共同准则，同大于异，易于借鉴和移植。经济法与国家干预相对应，是国家干预与市场调节相结合，而各国的市场结构、市场供求关系呈现出多样性和多变性，所以不同国家的经济法之间难以借鉴和移植，异大于同。[2]

总之，经济法是经济社会化和法律对经济关系的调整日趋精细化和专业化的必然结果，它将公法与私法的手段融为一体，是现代市场经济社会中不可或缺的一个法律部门。商法和民法一样，属于私法范畴，奉行“政府不干预原则”，它不可能被改造成经济法，也不可能代替经济法。[3]在中国式现代化的历史进程中，民商法和经济法之间存在着功能互补的巨大张力，二者必须在互相克服对方局限性的过程中，通过“无形之手”与“有形之手”的协同并用，共同完成对社会主义市场经济健康发展的全面保护。

（三）经济法与行政法

行政法是传统法律部门的重要组成部分，主要规定了行政机关的设置及其管理权限和程序，其核心在于控制政府行政权力，保护国家利益。中国行政法的迅速发展，以 1989 年《行政诉讼法》的颁行为主要标志，从建立行政诉讼制度、监督和促进行政机关依法行政开始，进而规范行政机关的行政行为本身，使我国逐步走向行政法治。[4]从世

〔1〕 吕忠梅：《论经济法的边缘》，载《法商研究——中南政法学院学报》1995 年第 4 期，第 46 页。

〔2〕 参见王全兴、管斌：《民商法与经济法关系论纲》，载《法商研究》2000 年第 5 期，第 17 页。

〔3〕 史际春：《社会主义市场经济与我国的经济法——兼论市场经济条件下经济法与民商法的关系问题》，载《中国法学》1995 年第 3 期，第 52 页。

〔4〕 应松年：《中国行政法的发展》，载《政法论坛（中国政法大学学报）》1998 年第 5 期，第 19—20 页。

界范围看，行政法的历史也早于经济法。行政法是典型的公法，属于权力本位法，其主体包括行政机关与行政管理相对人，两者之间是一种命令与服从的关系。经济法不是经济行政法，二者在调整对象、调整方法、基本原则、法律主体、法律体系等方面存在着明显区别。

第一，调整对象不同。通说认为，行政法是调整行政关系、规范行政主体行为的法律规范总称。行政关系是行政权在取得、行使过程中所发生的各种社会关系，其灵魂是公共理性。简单而言，行政关系既包括行政管理关系，也包括监督行政关系。行政法将行政关系的公共理性导向转化为合法性导向，这就意味着，遵守法律即对公共理性的遵从。行政法假定人的需求无限性与社会资源稀缺性之间是一对恒久矛盾，公民通过私人选择来追求自身利益最大化，势必会出现“人人为敌”的公共安全问题和严重“内耗”的交易费用问题。私人选择失灵催生公共行政以提供公共物品。行政法通过“法未禁止即可为”承认公民的行动自由，通过“法未授权不可为”提出依法行政要求，以此理顺公私关系。[1]而经济法是调整特定经济关系的法律部门，经济性是其基本特征之一，这与行政法的行政性形成了鲜明对比。可以说，行政法的目的是控制行政权力、规范行政行为、明确行政责任，管理好行政机关自身。[2]

第二，调整方法不同。行政法的调整方法主要是命令与禁止等行政方式，在形式上比较单一。虽然行政行为的内容具有广泛性、复杂性以及多样性等特点，但归纳起来，行政法的调整方法可以归类为赋予权利和设定义务、剥夺权利和免除义务、变更权利和变更义务、确认法律事实和确认法律地位等四种情形，其共同特征是单方意志性和国家强制性。行政机关实施行政行为，只要在宪法和法律规定的权限范围内，即可自行决定和直接实施，无须与行政管理相对人进行协商或征得其同意。这里的国家强制性，主要体现在行政行为一经作出即产生法律效力，行政管理相对人必须遵守和服从，否则行政机关可以运用行政强制手段来消除障碍，以保证国家行政管理的顺利进行。这与经济法的调整方法存在着重要区别，经济法的经济手段是一种间接调整，取决于经营者或者消费者在国家利益诱导面前的自我判断和自我选择，管理者不能强制进行。当然，经济法在紧急必要时也可以使用行政手段，此时与行政法的调整方法并无二致。与行政法不同的是，经济法还可以采用民事方式和刑事方式，其调整方法的综合性特征较为突出。

第三，基本原则不同。我国行政法学者对行政法基本原则的认识先后经历了从早期之“行政管理原则论”到晚近之“行政法治原则论”这样一个逐步成熟和发展的过程，但仍旧存在种种分歧和不足。[3]行政法是直接针对政府的，它所调整的行政关系具体表现为政府权力与公民权利之间的关系。基于此，行政法的基本原则紧紧围绕行政行为而

---

〔1〕 参见罗豪才、宋功德：《行政法的治理逻辑》，载《中国法学》2011 年第 2 期，第 7 页。

〔2〕 张守文主编：《经济法学》，高等教育出版社 2016 年版，第 42 页。

〔3〕 周佑勇：《行政法基本原则的反思与重构》，载《中国法学》2003 年第 4 期，第 174 页。

展开，具体包括行政合法性原则、行政合理性原则、行政廉洁原则和行政效率原则。[1]就行政合法性原则而言，一是要求行政主体的合法性；二是要求行政机关必须在法定职权范围内行使国家行政管理权；三是行政活动应当严格按照正当法律程序进行。就行政合理性原则来说，一是要求行政行为应当有合理动机；二是要求行政行为应当坚持“以人为本”理念；三是要求应当坚持行政执法平等原则；四是行政自由裁量权的使用应当适当，不能畸轻畸重。坚持行政廉洁原则，则是要防止和杜绝各种腐败现象和滥用权力的现象，建设廉洁政府。坚持行政效率原则，一是努力减少行政活动成本，防止资源浪费；二是行政活动需要严格按照法律规定的期限进行。经济法的基本原则分布在经济法的三大部分之中，其中市场规制法强调维护自由公平竞争原则，宏观调控法则强调平衡协调优化原则，市场主体法则强调责权利效相统一原则。

第四，法律主体不同。行政法主体在理论上采用了二分法，分为行政机关和行政管理相对人两种类型。其中，行政机关能够以自己的名义依法拥有和行使行政职权，往往处于支配地位，而行政管理相对人则处于被管理、被支配的地位。在行政法中，行政管理相对人包括公民、法人、外国组织和个人，其身份只与国籍、法人资格等要素相关联。经济法中的主体采用的是三分法，具体分为经营者、消费者和管理者三类，其主体结构呈现出一种三角形关系。其中的管理者，只是行政法中行政机关的一部分，并不是全部行政机关。那些与经济管理职能无关的行政机关并不是经济法主体，所以行政法的行政机关和经济法的管理者并不是简单的重合关系，而是一种交叉关系。经济法中的经营者和消费者则是相互对应的一对概念，分别处于市场经济中商品和服务的供需两端，二者形成一种对称关系，共同接受管理者的平衡、协调与优化。这与行政法的行政管理相对人身份完全不同，行政法并无如此区分。在国家经济管理中，行政法的主要功能是控制政府权力，设权是其从属和间接之功能，而经济法的主要功能是设定政府权力，控权是其从属和间接之功能。[2]

第五，法律体系不同。行政法学的核心概念是行政权。传统行政法主要由三部分构成，即行政组织法、行政行为法和行政救济法[3]，以此保障行政权的有效行使。现代行政法通常也分为三部分，包括行政主体法、行政行为法、监督与救济行政法。[4]其中，行政主体法包括行政组织法、行政编制法和国家公务员法等；行政行为法分为行政实体法和行政程序法；监督与救济行政法则包括行政监察法、行政复议法、行政诉讼法、行政赔偿法

〔1〕参见罗豪才主编:《行政法学》，中国政法大学出版社 1989 年版，第 35 页以下；姜明安主编:《行政法学》，法律出版社 1998 年版，第 9 页以下；刘旺洪主编:《行政法学》，南京师范大学出版社 2005 年版，第 38—40 页。

〔2〕谢增毅:《经济法和行政法的角色分工和互动作用》，载《中国社会科学院研究生院学报》2001 年第 4 期，第 51—52 页。

〔3〕参见罗豪才:《行政法的核心与理论模式》，载《法学》2002 年第 8 期，第 3 页。

〔4〕参见应松年:《中国行政法学 60 年》，载《行政法学研究》2009 年第 4 期，第 66 页；刘旺洪主编:《行政法学》，南京师范大学出版社 2005 年版，第 38—40 页。

和行政补偿法等。在我国现行法律法规体系中，以《国务院组织法》《国务院行政机构设置和编制管理条例》《地方各级人民政府机构设置和编制管理条例》《公务员法》《监察法》《监察官法》《公职人员政务处分法》《行政处罚法》《行政许可法》《行政强制法》《行政复议法》《行政诉讼法》《国家赔偿法》等为主干的行政法律体系已经形成。不难发现，在行政行为法中，按照行政行为的类型化展开立法已成为基本路径，这些法律中行政实体法与行政程序法有机统一在一起。有关行政征收征用、行政处罚、行政许可、行政合同、行政确认、行政指导、行政裁决、行政调解、行政收费、行政强制执行、行政给付、行政救助等在市场经济条件下行政机关常用的一些法律手段都需要单独立法，以形成一个更加完善的行政法律体系。在我国，行政法和经济法均无统一法典，需要正视二者在各自体系化过程中法典化的容许性。[1]虽然经济法与行政法一样，法律法规数量众多，但二者的建构理念和生成路径并不完全相同。

总之，近代国家权力发展的一个重要特点，是行政权的扩张。行政法是规范行政权的授予、行使和对行政权进行监督的法。[2]在我国，依法治国方略的确立，促使依法行政的理论研究和行政实践，都走向更为自觉的阶段。“建设人民满意的服务型政府”是法治政府建设的重要目标。[3]总的来看，中国的法治政府建设已经进入新的发展阶段，正在经历从政治推动的起步阶段向需要多种推动方式的纵深阶段演化。[4]只有始终坚持职能科学、权责法定、执法严明、公开公正、廉洁高效、守法诚信的总体要求，行政法的依法行政才能在施行“善政”中不断促成“善治”的真正实现。对经济法而言，其与行政法是中国特色社会主义法律体系中各自相对独立的重要组成部分，二者关系密切，相互配合，相互衔接，共同致力于法治政府建设，保障社会主义市场经济健康有序发展。

（四）经济法与社会法

社会法的产生源于社会的结构性矛盾，是对完全贯彻自由平等的民法理念的修正，它以保护社会弱势群体的利益为目标，以保护公民生存的基本人权为自己的价值追求。[5]换言之，社会法是反映社会政策目标，以预防和解决社会问题，保障社会稳定协调运行为己任的法。[6]社会法与经济法一样，都是市场经济社会的现代法，都属于公法与私法相融合的法律部门，具有社会公共性，注重维护社会整体利益和社会公平。经济法与社会法联系十分密切，但二者在作用领域、调整对象、基本原则、根本理念、法律体系等方面具有明显区别。社会法的重心在于对劳动者以及妇女、儿童、老年人、残疾

---

〔1〕 行政法典与行政法典化是两个不同的概念。参见杨建顺：《行政法典化的容许性——基于行政法学体系的视角》，载《当代法学》2022 年第 3 期，第 52 页。

〔2〕 应松年：《当代行政法发展的特点》，载《中国法学》1999 年第 6 期，第 33 页。

〔3〕 姜明安：《论新时代中国特色法治政府建设》，载《北京大学学报（哲学社会科学版）》2018 年第 1 期，第 12 页。

〔4〕 周汉华：《构筑多元动力机制加快建设法治政府》，载《法学研究》2014 年第 6 期，第 31 页。

〔5〕 参见谢增毅：《社会法的概念、本质和定位：域外经验与本土资源》，载《学习与探索》2006 年第 5 期，第 94—95 页。

〔6〕 张守文：《社会法略论》，载《中外法学》1996 年第 6 期，第 9 页。

人等特殊群体的权益保护，强调救助弱者，反对歧视，发展社会公益事业，维护社会稳定。

一是作用领域不同。社会法并非解决所有的社会问题。社会法起源于社会保障理念的建立，是为调整自然人基本生活保障而衍生的社会关系的法律规范系统。〔1〕与社会法对应的国家干预，是对劳资关系和社会分配领域的干预，其干预范围比较固定，干预的基本宗旨是保障基本人权、社会安全和社会公平。社会法的社会政策目标包括了保护弱势群体、社会安全、社会保障、社会发展以及社会公益。〔2〕而与经济法相对应的国家干预，则是对国民经济各个领域的全面干预，只要存在市场缺陷，就有必要通过国家干预来弥补，而且在干预的目标体系中，经济政策目标优位于社会政策目标，效率优先兼顾公平。〔3〕

二是调整对象不同。社会法是在国家干预社会生活过程中逐渐发展起来的一个法律门类。从调整对象看，社会法调整的主要是劳动关系、社会保障关系、社会福利关系、社会优抚关系以及特殊群体权益保障关系。这类关系的核心是保障社会成员的社会权之享有和行使。作为人权的一种形式，社会权应是最低限度的人权，是只能保障社会成员最低社会待遇的权利，仅凭个人能力和努力无法实现，相反需要通过国家干预和社会成员的互助才能实现。〔4〕社会法的调整对象具有鲜明的社会性特征，这是因为社会法作用于社会领域，体现社会政策，关注社会安全、社会秩序和社会稳定，注重社会成员的全面合作。〔5〕社会法对人的识别，在于赋予人以集体品性，即以“社群”或“社群之成员”的形态存在。〔6〕社会法突破了私法对人理性化、抽象化、原子化的形象设计，返回到生活世界，重新发现了强弱分化的人类真实生存境况，从而用“具体人”“团体化的人”重塑了现代社会中的法律人格。〔7〕这与经济法调整对象所具有的经济性形成明显对比，经济法所调整的经济关系是商品、货币、资本、价格等多重要素的集合体与交互体，经济效益是经济法运作所追求的重要目的。经济法所关注的产业或行业发展问题，虽然也有集体性人格特征，但其对象只限于市场主体中的公司或企业，属于经济系统的经营者范畴。

三是基本原则不同。社会法必须遵循社会自身发展规律特点，统筹兼顾，把普遍保障、倾斜保障、兜底保障作为基本原则，实现国家主导、社会参与、个人自助之间的良性互动。社会法的原则是社会法的核心和灵魂，社会法从维护社会均衡出发，以“扶持

---

〔1〕 参见郑尚元:《社会法的定位和未来》，载《中国法学》2003 年第 5 期，第 128 页。

〔2〕 参见李昌麒:《经济法与社会法关系考辨——兼与董保华先生商榷》，载《现代法学》2003 年第 5 期，第 7 页。

〔3〕 参见王全兴、管斌:《经济法与社会法关系初探》，载《现代法学》2003 年第 2 期，第 117 页。

〔4〕 参见王广彬:《社会法上的社会权》，载《中国政法大学学报》2009 年第 1 期，第 73 页。

〔5〕 参见张守文:《社会法的调整范围及其理论扩展》，载《中国高校社会科学》2013 年第 1 期，第 141 页。

〔6〕 参见赵红梅:《个体之人与集体之人——私法与社会法的人像区别之解析》，载《法商研究》2009 年第 2 期，第 120—121 页。

〔7〕 朱晓喆:《社会法中的人——兼谈现代社会与法律人格的变迁》，载《法学》2002 年第 8 期，第 71 页。

弱者，倾斜立法”为基本原则，将规制的重点放在一方。[1]申言之，社会法是向弱势群体倾斜的法域，这是典型的分配正义而非交换正义。[2]对该原则的理解，可以从实用主义的立场出发，通过社会主体能力的不平等性、社会主体关系的持续性以及社会主体关系的外部性三个核心命题，更好地从制度层面把握社会法。[3]经济法中也存在倾斜保护问题，但与社会法不同的是，经济法只针对消费者而言，其目的仍在于平衡供求关系，防止因市场欺诈、垄断协议、滥用市场支配地位等行为给市场所造成的损害。

四是基本理念不同。社会法与经济法的公平观有一定区别。社会法的公平观主要关注的是对已经形成的弱势群体的保护和扶助，建立一种对弱者保护的利益倾斜机制，是一种利益分配的平均正义立场，着力于控制利益边缘群落的形成，因而从某种意义上说，这种公平观是消极的，也是静态的，重点在于将利益边缘群落控制在道德和秩序的承受底线之内。经济法的公平观则是积极的，也是动态的，强弱之间利益是双向的，经济法并非因扶弱而抑强，而是为了更强而扶弱，因此是一种注重增量利益的发展公平观。[4]把握社会法的内涵有三个关键词：弱者的生活安全、提供社会福利、国家和社会帮助。前两者体现了社会法的基本理念，是社会法的内在精神和最高本体，后者是社会法的基本前提，是法律实施的必然要求。简言之，即“两个理念、一个前提”。[5]经济法的理念突出了社会责任本位，强调经营者和消费者所应承担的社会责任。

五是法律体系不同。我国社会法的体系较为庞大，按照调整对象可以分为劳动法、社会保障法、社会福利法、社会优抚法以及特殊群体保护法等。从现行立法看，具体包括有关社会事业、社会服务、社会就业、社会保障、社会组织、社区建设、社会保护以及社会安全等领域立法。[6]其中，社会事业法主要有《教育法》《高等教育法》《职业教育法》《民办教育促进法》《家庭教育促进法》《爱国主义教育法》《基本医疗卫生与健康促进法》《中医药法》《献血法》《卫生检疫法》《精神卫生法》《传染病防治法》《职业病防治法》《疫苗管理法》《国境卫生检疫法》《母婴保健法》《体育法》《慈善法》《公益事业捐赠法》等，社会服务法主要有《公共文化服务保障法》《公共图书馆法》《人口与计划生育法》《无障碍环境建设法》《法律援助法》等，社会就业法主要有《劳动法》《劳动合同法》《就业促进法》《劳动争议调解仲裁法》等，社会保障法主要有《社会保险法》《军人保险法》《退役军人保障法》《军人地位和权益保障法》等，社会组织法主要有《工会法》《红十字会法》《境外非政府组织境内活动管理法》等，社区建设法主要有《村民委员会组织法》《城市居民委员会组织法》《人民调解法》《社区矫正法》等，社会保护

〔1〕董保华、郑少华：《社会法——对第三法域的探索》，载《华东政法学院学报》1999年第1期，第35页。

〔2〕吕世伦、马金芳：《社会法的几个基本理论问题研究》，载《北方法学》2007年第6期，第6页。

〔3〕参见丁晓东：《社会法概念反思：社会法的实用主义界定与核心命题》，载《环球法律评论》2021年第3期，第99页。

〔4〕参见李昌麒：《经济法与社会法关系考辨——兼与董保华先生商榷》，载《现代法学》2003年第5期，第7—8页。

〔5〕余少祥：《社会法的界定与法律性质论析》，载《法学论坛》2018年第5期，第57页。

〔6〕参见郭林茂：《中国特色社会主义社会法和社会立法的基本原则与立法建议》，载《中国法律评论》2023年第3期，第188页。

法则主要有《归侨侨眷权益保护法》《残疾人保障法》《未成年人保护法》《预防未成年人犯罪法》《妇女权益保障法》《老年人权益保障法》《反家庭暴力法》等，社会安全法主要有《国家安全法》《生物安全法》《核安全法》《网络安全法》《数据安全法》《安全生产法》《矿山安全法》《特种设备安全法》《道路交通安全法》《海上交通安全法》《突发事件应对法》等。不难看出，基于调整对象的不同，我国社会法体系与经济法体系各自呈现出不同的专业属性，虽然有些法律存在着交叉，但总体而言，社会法涉及的社会面较广，公益性更强，重视织密社会保障和社会安全网。

总之，社会法与人权保护、民生保障息息相关。[1]新中国成立以来，党和国家高度重视经济建设和社会发展，把解决社会民生难题、不断提高人民生活水平作为持久推进的奋斗目标。改革开放后，我国经济建设和社会发展取得举世瞩目的伟大成就。社会法是解决社会问题、促进社会公共事业发展的基本法律形式，但社会利益并不是社会法专有之利益。在全面推进中国式现代化发展进程中，应充分发挥经济法与社会法在经济系统和社会系统的功能配合作用[2]，促进整个经济社会的安全、稳定与可持续发展，在“幼有所育、学有所教、劳有所得、病有所医、老有所养、住有所居、弱有所扶”上不断取得新进展。

重要名词术语

经济法体系、经济法渊源、经济法地位、经济宪法

思考题

1. 如何把握经济法体系结构？
2. 简述经济法的主体制度。
3. 简述市场规制法主要内容。
4. 简述宏观调控法主要内容。
5. 试述我国经济法的主要渊源。
6. 如何理解经济法的独立部门法地位？
7. 简述经济法与宪法的关系。
8. 简述经济法与民商法的关系。
9. 简述经济法与行政法的关系。
10. 简述经济法与社会法的关系。

---

〔1〕 林嘉：《中国社会法建设40年回顾与展望》，载《社会治理》2018年第11期，第29页。

〔2〕 参见李昌麒、甘强：《经济法与社会法关系的再认识——基于法社会学研究的进路》，载《法学家》2005年第6期，第131—134页。

第三章 经济法的价值、宗旨和基本原则

【内容提示】

经济法的价值、规范目的和基本原则是经济法的基本范畴，对经济法律制度的构建有着根本性的指导意义，也是经济法学基础理论研究的重要内容，但在当前理论研究中仍存在诸多的争议和分歧。

经济法的价值是经济法客观上所具有的能供人们利用、满足人们特殊需求的某种性能和功效。经济法作为法首先具有法的一般价值，如公平、秩序和自由等。由于经济法规范对象的特殊性，上述法的价值在经济法领域有着更为具体和丰富的内涵。经济法的公平价值包含了市场准入机会的平等、竞争公平、分配公平等基本内容，强调的是形式上的机会平等。秩序价值强调的是经济领域和市场运行的秩序，重在维护社会经济总体结构和运行的秩序，包括行为秩序和关系秩序两个方面。经济自由是国家实施调控和规制的出发点和归宿，设定了国家调控和规制的边界，国家为经济自由的实现创造必要的环境和条件，而不能为了干预、限制而扼杀经济自由。作为独立的法律部门，经济法具有有别于其他部门法的客观功效，其中最为典型的为实证正义价值和社会整体利益价值。经济法的实质正义要求对经济关系中的各方主体的具体情况加以分析，通过权利和义务的配置纠正由于个体差异所形成的事实上的不平等，实现最终结果的平等。经济法是社会化大生产的产物，更加强调全局性而非局部性的社会利益，通过对具有全局性的社会经济关系的调整，最大限度地维护社会公共利益，从而在更为宏观的层面实现实质正义的价值目标。

经济法的规范目的，又称经济法的宗旨，即经济法所追求的目标，支配着经济法规则的设计。经济法的规范目的既包括单个条文的规范目的，也包括经济法整体的规范目的。由于当前并无经济法典或经济基本法，经济法整体上的规范目的并无规范文本的表达。从当前单行的经济立法所规定的规范目的提炼、概括和抽象经济法整体上的规范目的，其应包括规范经济法主体行为、维护市场主体的合法权利，维护社会经济秩序、维护国家和社会公共利益、促进社会主体市场经济的健康发展等。

经济法的基本原则是贯穿经济立法、执法和司法全过程的根本准则，是各类具体经济法规则的基础或本源性、综合性、稳定性的准则，是连接经济法规范目的与具体规范的桥梁和纽带，是体现经济法价值的重要环节，也是经济法律规范具体化的重要依据，具有协调经济法内部多元价值和规则冲突的重要依据。经济法的基本原则同样并未由规范文本予以确立，而仅仅是理论上的提炼和辨识，提出了多种不同的观点。基于基本原

则确立的核心要素，经济法的基本原则应包括干预法定原则和干预适度原则。干预法定原则是指经济法的立法权应由立法机关行使，只有在法律明确授权的情况下，政府才能制定行政规则对经济运行予以调节，只有法律明确授权的主体才能在权限范围内遵循法定程序进行宏观调控和市场规制。政府施加宏观调控和市场规制的实体内容和程序要求均应由法律予以明确规定。由于国家的宏观调控或市场规制不可避免地改变市场的运行秩序，因此，国家的调控或规制应当遵循适度原则，否则过度的调节对市场造成的破坏可能远甚于市场失灵。

第一节 经济法的基本价值

一、关于经济法基本价值的理论学说

价值是一个相对含糊、模棱两可的概念，与“有用性”存在密切的联系。有用性首先是对某一客体内在功能的界定，此种功能属性是客观存在的。有学者因此认为价值是事物客观上具有的一种属性，是可供人们利用的性能和功效。正因为如此，法的价值也大多从其客观效用予以判断。另有学者认为法的价值是一种主观的判断，法的价值是法所追求的社会理想，是法的功能所要达到的目的，是内在的主观的概念。〔1〕“单纯的实在法是没有任何意义的，只有当它能够符合人们的主观愿望、符合它的存在基础时，它才能实际地对社会发生效果和影响，此时法律面临的问题，是它是否符合人们的主观评价，及法律能够满足社会主体的需要，是法律是否能够发挥社会效用，这就是法律的价值问题。”〔2〕如事物的客观功能无法满足特定主体的需求，就该主体而言，该功能依然是“无用”的。就此而言，价值必然是在客体功能与主体主观需求相统一的基础上所作的判断。〔3〕经济法的价值是指经济法客观上所具有的能供人们利用、满足人们特殊需求的某种性能和功效。〔4〕

经济法作为法，不仅具有法的一般价值，其作为独立的法律部门还具备有别于其他部门法的价值。经济法价值的特殊性是由经济法在法体系中的特殊本质属性决定的。〔5〕但由于对经济法的特殊功能属性的认识不同，对于经济法价值的判断当前学界仍存在较大的分歧。

---

〔1〕 史际春、邓峰：《经济法总论》，法律出版社 2015 年版，第 138 页；李曙光主编：《经济法》，中国政法大学出版社 2018 年版，第 40 页。

〔2〕 徐士英、魏琼、瞿向前：《经济法的价值问题》，载《经济法论丛（第 1 卷）》，方正出版社 1999 年版，第 100 页。

〔3〕 张守文：《经济法总论》，高等教育出版 2020 年版社，第 38—39 页。

〔4〕 漆多俊：《经济法基础理论》（第 5 版），法律出版社 2017 年版，第 165 页。

〔5〕 漆多俊：《经济法基础理论》（第 5 版），法律出版社 2017 年版，第 165 页。

（一）一元价值论

持有这一观点的学者认为经济法具有单一的价值目标，但哪一价值目标最体现经济法所具有的客观效用、根本属性，学者们存在较大的分歧。

（1）效益说。持该观点的学者认为，经济法虽然具有多元价值，但效益应为其基本价值。[1]

（2）公平说。与持效益说的学者不同，持此观点的学者认为，公平是经济法真正的价值目标，效益仅是经济法追求公平价值的客观结果。经济法是为了解决个体营利性和社会公益性的矛盾而创设的法律，所欲追求的是有别于民商法等法律部门的社会公平。[2]

（3）效率说。持该说的学者认为，经济法的公平价值内化成为效率价值的组成部分，效率是经济法的唯一价值。[3]

（4）社会利益说。持该学说的学者认为，经济法所保护的既不是私人的个体利益，也不是国家利益，而是社会公共利益。这决定了经济法的调整必须立足于社会整体，而不是个别领域或层次。[4]

（二）二元价值论

持该观点的学者认为，经济法具备相辅相成的双重价值目标，但具体包含哪两个目标、哪一目标为核心价值，则存在明显的认识差异。

（1）社会公平与整体效益说。如有学者认为，经济法由其根本任务和宗旨所决定，其价值取向中的公平因素应是社会公平（体现为整体的利益）。而经济法在对经济关系进行综合调整时，应以促进整体的高效率和整体的共同获益即共同富裕为理想目标，即将整体的效益作为自身的价值取向。[5]

（2）社会公平与经济民主说。有学者认为，经济法的价值应是社会公平和经济民主，前者体现为竞争公平、分配公平和正当的差别化待遇，后者则是指充分尊重经济自由基础上的多数决定，两者共同构成经济法的基础性价值。[6]

（3）经济公平与经济和谐说。该说将经济法的价值分为主导价值和终极价值，前者指经济公平，是实现经济和谐的前提，后者则是经济和谐，是经济法主体更高层次的追求。[7]

（三）多元价值论

不少学者均认为经济法并不仅具有单一或双重的价值，由于所调整的社会经济生活

---

〔1〕 张英：《论经济法的基本价值取向》，载《法律科学》2004 年第 4 期。

〔2〕 饶琴、李志明：《论社会公平是经济法的核心价值》，载《法制与社会》2008 年第 3 期。

〔3〕 邓社民、杨连专：《经济法价值论》，载《甘肃政法学院学报》1997 年第 1 期。

〔4〕 蒙启红：《论经济法价值取向的选择》，载《学术交流》2005 年第 12 期。

〔5〕 孔德周：《经济法基础理论研究中系统科学应用初探》，载《法商研究》1999 年第 5 期；莫俊：《论现代经济法德价值取向》，载《山东法学》1999 年第 3 期。

〔6〕 李昌麒、鲁篱：《中国经济法现代化的若干思考》，载《法学研究》1999 年第 3 期。

〔7〕 杨连专：《论经济法价值中的公平与和谐》，载《洛阳师范大学学报》2000 年第 3 期。

的复杂多样和发展创新，经济法的价值目标也日趋多元化。如有学者认为，由经济法的制度构成，即经济主体法、市场监管法、宏观调控法，分别抽象出的价值包括正义价值、竞争秩序价值和社会整体经济效率价值。由于上述三个价值的贯通性更强，因此，应为经济法的基本价值。[1]还有学者则将实质正义、社会效率和经济自由与经济秩序的统一作为经济法的价值。[2]另有学者认为，由于经济法的经济性和社会性，维护社会经济总体结构和运行的秩序、经济效率和社会总体的经济公平应为经济法价值。[3]更有学者将经济安全、经济秩序、社会正义论、整体效益论、经济民主论、经济自由均作为经济法的价值。[4]

二、经济法作为法的一般价值

经济法作为法律制度的组成部分之一，必然具有法应有的一般价值，如公平、秩序和自由。但由于经济法规范对象的特殊性，上述法的一般价值有着更为具体和丰富的内涵。

（一）公平价值

公平是法的重要的价值取向之一。亚里士多德认为："要使事物合乎公平，须有毫无偏私的权衡，法律恰恰正是这样一个中道的权衡。"传统意义上的法律公平即为"法律面前人人平等"，即不同的主体，无论其出身、种族、国籍、宗教信仰、经济实力等，均平等地受到法律的保护，不同的主体在相同的境况下将适用同一法律，由此获得形式上的公平，包括机会的公平、起点的公平和规则的公平，其逻辑起点是任何主体的无差异性。[5]公平包括横向公平和纵向公平，前者强调相同境况者同等对待，后者则要求不同境况下的差别化待遇。

经济法的公平价值强调形式平等，要求保证所有的市场主体，无论规模大小，机构还是个人，在市场上从事经济活动时均处于平等的法律地位，参与交易的机会相当，都可以根据自己的意愿缔结交易、选择交易对象，享有平等参与市场竞争的权利，享有平等的获取收益的机会和渠道，不因身份、经济实力的差异而被差别对待。经济法所强调的平等，不仅是人的平等，也包括资本平等。资本是市场主体参与经济活动的必要的物质基础。无论资金的来源、规模大小、掌握资金的主体身份等因素存在何种差异，在选择投资的方向和渠道、市场准入的机会等方面应当是均等的，所享有的权利应与其承担的风险相匹配。

具体而言，经济法的公平价值包括如下内涵：

第一，市场准入机会的平等，经济法应当致力于消除各种非市场因素造成的市场进入壁垒，诸如税收、技术、资金来源等，确保所有市场主体均可以自主决定是否进入市

〔1〕何国华、刘继峰：《经济法总论》，对外经济贸易大学出版社 2022 年版，第 52—59 页。

〔2〕史际春、邓峰：《经济法总论》，法律出版社 2015 年版，第 138 页。

〔3〕漆多俊：《经济法基础理论》（第 5 版），法律出版社 2017 年版，第 165—167 页。

〔4〕何文龙：《经济法理念简论》，载《法商研究》1998 年第 3 期。

〔5〕肖顺武：《论经济法的基本原则》，载《社会科学家》2007 年第 3 期。

场、自主选择所欲进入的商品或地域市场范围。

第二，竞争公平。竞争是市场机制发挥作用的前提条件，竞争机制的实现又取决于法律对市场主体的平等对待。这要求无论组织形式、经济实力等是否有所不同，经济法均应确保所有市场主体平等的法律地位和均等的竞争机会，[1]所有市场主体均可以基于自身提供的商品或服务的质量、价格等在市场上一较高下。

第三，分配公平。分配公平强调的是市场主体分享经济资源运用成果机会的平等。市场主体应有权平等地保有与其付出（劳动、资本或风险承担等）相匹配的经济成果。因分担公共成本而附带的财产负担应与其负担能力或可能性相匹配，且这一财产负担不会导致其市场地位的根本改变。

（二）秩序价值

秩序是事物连续性、一致性和稳定性的表现。自由只有在一定的秩序框架下才能持久和稳定，离开秩序的自由是混乱、缺少保障的。在稳定的社会秩序中，社会中的各种关系才有明确的界限，社会运行有条不紊，各个主体才能行使自己的权利并免受他人的侵害，才能对自己的行为前景作出预测和判断，以尽量减少决策失误所造成的损失。由法所确立和维护的秩序，以一定主体的权利和义务为内容，表现为确定性、一致性、连续性和具有特殊强制力的社会状态，是其他法的价值，如自由、公平等，得以实现的前提。秩序在一定程度上意味着社会关系的稳定性、结构的一致性、行为的规则性、进程的连续性、事件的可预测性和人身财产的安全性。

经济法所追求的秩序价值，是经济领域和市场运行的秩序，重在维护社会经济总体结构和运行的秩序，[2]包括以下两个层次：

第一，经济行为秩序价值，通过经济法确立市场行为的基本模式及其法律后果，使市场主体按照所确立的行为模式实施经济活动，不仅由此得以预测自己行为的后果，也可以基于对其他主体行为的预判作出相应的经济决策，从而减少经济生活中的信息收集、协商谈判等交易成本，使市场可以稳定、连续和持久地运行，减少突发性事件造成交易的裂变或不连贯而产生的损失。

第二，关系秩序价值。任何经济活动都是通过人、财、物的结合获取新增价值的过程。各个主体对财物的控制、支配关系越清晰，越可能实现“物尽其用”。经济法通过对国家、社会与市场主体之间的基本关系作出规范，明确其可以支配的财产范围，使各种经济主体之间、主体与各类财物之间形成紧密的关系来开展经济活动，减少经济活动中的组织成本。经济法确保各种经济现象之间的关系得到确定且强有力的规制和保障，排除、抑制、打击、威慑各种可能破坏正常经济关系的行为，以此形成稳定的市场运行秩序，为经济发展创造稳定的市场环境。

（三）自由价值

个人自由是“任何人不得侵犯的基本权利”，“生产者的自由竞争、消费者的自由选

[1] 李昌麒主编：《经济法学》，法律出版社2016年版，第58页。

[2] 漆多俊：《经济法基础理论》（第5版），法律出版社2017年版，第166页。

购，以及个性的自由发展等原则，比任何形式的国家指导或国家管制，更能够保证经济与社会的进步。”[1]国家的基本任务即保障人的自由。经济自由是市场不断发展演化、不断创新的动力源泉，包括市场主体的经营自由、竞争自由、缔约自由和创新自由等。

自由权是“以否定国家干涉的自由国家、消极国家为基础、要求国家不作为的请求权”，是“排除国家权力对个人领域的介入，保障个人自由的意思决定和活动的人权”，也被称为“不受国家干涉的自由”。[2]国家的调控与规制必然形成对经济自由的限制与干预，两者间的紧张关系由此产生。经济法是保障和实现经济自由的法律手段，经济自由是国家实施调控和规制的出发点和归宿，亦即国家是为了确保市场主体的经济自由而实施干预、限制，而不能为了干预、限制而扼杀经济自由。[3]

（1）经济自由设定国家调控和规制的边界。经济自由将形成对国家调控与规制的消极防御，国家的干预应当“止步于此”。即使为纠正市场失灵问题国家不得不进行一定的干预而形成对经济自由的限制，市场主体仍应享有是否接受调控的选择权，对经济自由不得形成过度的限制或完全的剥夺，并应以适当的制度安排尽可能消减因经济自由的限制所造成的不利后果。国家实施经济干预时，应尽量避免直接的强制命令方式，而是以经济利益为诱导，促使市场主体实施国家期待的行为或不实施国家所欲限制或禁止的行为。同时，经济法应通过一定的制度安排防范和避免政府在干预经济的过程中可能产生的“政府失灵”对经济自由的损害。

（2）国家应为经济自由的实现创造必要的环境和条件。经济自由是任何市场主体均可以“用他的自由判断和理性认为最适合的手段做任何事情的自由”[4]，经济理性人的意志可以不受外来因素的制约，能够积极地为自我决定、自我负责。国家应采取必要的措施尽可能排除一切可能妨碍经济自由实现的因素，成为市场主体的自主经营空间的守护者。在市场主体因自身或外来因素而经济自由受到妨碍或限制时，国家应为其提供必要的协助或创设必要的环境和条件予以排除。

（3）经济民主，即在充分尊重经济自由基础上的多数决定。[5]在宏观层面，经济法通过保证经济决策的公众参与，广泛听取各方的意见，协调各方利益冲突，从而提高经济决策的科学性和合理性，提高市场主体对经济决策的自主遵从意愿，从而最大限度地发挥政策效应。在微观层面上，在充分尊重企业经济自由的前提下，保障企业职工的民主参与，确保企业经营决策和竞争策略的合理化，从而保障企业利润最大化的实现。

三、经济法的特殊价值

作为独立的法律部门，经济法具有与其他部门法不同的客观功效，形成了独具特色的价值。

---

〔1〕［德］路德维希·艾哈德：《来自竞争的繁荣》，祝世康、穆家骥译，商务印书馆 1983 年版，第 16、55 页。

〔2〕［日］芦部信喜：《宪法》，林来梵、凌维慈、龙绚丽译，北京大学出版社 2006 年版，第 73 页。

〔3〕史际春、邓峰：《经济法总论》，法律出版社 2015 年版，第 147 页。

〔4〕［英］霍布斯：《利维坦》，黎思复、黎廷弼译，商务印书馆 1985 年版，第 97 页。

〔5〕李昌麒主编：《经济法学》，法律出版社 2016 年版，第 57 页。

（一）实质正义

在自然经济中，个体之间的不平等多数是由于自身的体力、智力、身份、地位等自然因素造成的，民法等传统法律部门因此强调形式正义，即尽量消除自然因素的影响来保证在一切与法律相关的方面，所有人在所有境况相同的情况下均能够得到同等对待。[1]形式正义往往意味着绝对的平等和无限制的自由。[2]绝对的平等实际上忽视了个体之间的差异。如果说由于出生偶然获得的社会地位和自然禀赋是个体无从选择的特质，随着现代经济的发展，个体之间经济实力、社会资源、资讯信息等方面的差异日渐扩大，并且经常表现出强势一方对弱势一方的强制，由此所产生的贫富差距和社会等级并不具有自然法或道德法上的合理性。[3]经济法正是回应了现代社会经济关系的变化，更加追求实质理性，在承认市场主体的经济实力和个人禀赋等因素存在差异的前提下追求结果上的公平，即实质正义。[4]但实质正义并不完全否定形式正义，而是在新的历史条件下对形式正义的反思和矫正、扬弃和发展。

对于经济法的实质正义的具体内涵，学界的观点并不统一。如有学者认为，经济法的实质正义观，在于实现社会范围内的实质性的、最大多数人的社会性的正义和公平，是一种追求最大多数社会成员福祉的、社会主义的正义观，强调的是对不同情况和不同的人以不同的法律调整，并不仅是基于司法的矫正正义。[5]而有学者尽管同样肯定了经济法的实质正义包含了“不同情况的不同对待”，但认为这一正义观是以矫正正义体现出来的，是以群体为中心的价值观。[6]还有学者则认为，实质正义是指对任何具体法律关系中的法律主体适用法律应对象化、个别化、具体化，符合特定的目的需求。[7]

仅仅将实质正义等同于“不同情况不同对待”的个案正义或差别化待遇是远远不够的。经济法的实质正义要求对经济关系中各方主体的具体情况加以具体的分析，通过权利和义务的配置，纠正由于个体差异所形成的事实上的不平等地位，确保各方主体能够在相当或大致相当的地位上行使权利，最终实现结果的平等。具体而言，经济法领域的实质正义包含以下的内涵：

（1）经济法关注的是主体具体而非抽象的人格平等。与民法调整以个体无差异的人格平等为假设前提不同，经济法更加关注某一主体在特定经济关系中的身份、角色和地位，以此为基础设定其相应的权利和义务。如个体工商户，在商品销售活动中，相对于消费者处于较为强势的经营者地位，须承担产品质量保证等义务；而其作为经营者与其他企业，尤其是规模大、经济实力雄厚的企业展开竞争时，则处于相对弱势的地位，需

---

〔1〕［美］理查德·A. 波斯纳：《法理学问题》，苏力译，中国政法大学出版社 2002 年版，第 414 页。

〔2〕薛克鹏：《经济法的实质正义观及其实现》，载《北方法学》2008 年第 1 期。

〔3〕江帆：《经济法实质正义及其实现机制》，载《环球法律评论》2007 年第 6 期。

〔4〕李昌麒主编：《经济法学》，法律出版社 2016 年版，第 57 页。

〔5〕史际春、邓峰：《经济法总论》，法律出版社 2015 年版，第 140 页。

〔6〕何国华、刘继峰：《经济法总论》，对外经济贸易大学出版社 2022 年版，第 54 页。

〔7〕谭岳奇：《从形式正义到实质正义——现代国际私法的价值转换和发展取向思考》，载《法制与社会发展》1999 年第 3 期。

要额外的法律保护。同一主体基于不同的身份、地位所享有权利和义务均有所区别。

（2）对平等主体的不平衡利益关系予以纠正，对弱势群体予以倾斜性保护。通过“利益倾斜性配置”，调节和消除基于出身、禀赋等偶然因素形成的不平等关系以及社会历史过程中基于财富积累而形成的“交易优势”。[1]尽管所有市场主体均为平等的民事主体，但在信息、专业知识、资金等方面存在着实质性的差异，经济法在承认上述实质差异的基础上，为了防止经济实力、信息等优势地位明显的主体损害弱势者的权利，对双方的地位以法律的手段加以干预和调整，给予弱势群体倾向性的保护，保证双方可以进行平等地对话，以实现实质正义。如消费者相对于经营者，劳动者相对于用人单位，中小投资者相对于大股东、控股股东等均处于相对弱势的地位，虽享有平等的民事权利，其权利却因上述优势地位的主体的经济实力等原因被限制甚至无法行使，为此《消费者权利保护法》《劳动法》《证券法》通过赋予消费者、劳动者和中小投资者等弱势群体特殊的、额外的权利，保护其权利不被事实上剥夺或限制。同时对优势地位者的权利要予以限制或设定更多的义务或负担。如大股东、控股股东的持股总量远胜于中小股东，虽然继续持有抑或通过集中竞价转让为其自主事项，但为了防止其股票转让影响证券交易价格、损害中小投资者利益，对其公开股票转让设定了提前公告、设定减持限额等额外的要求。再如要求控股股东在公司配售新股时事先承诺认购的股份数，一旦未履行该承诺即导致新股配售失败。

（3）经济法的调整兼顾普适性和特殊性的统一，保证法律调整的能动性、灵活性和适应性，同时兼顾个案公平和整体公平。[2]由于经济生活形式各异，且瞬息万变，对所有个体、经济问题等规定统一适用的法律规则难免陷于僵化，无法真正有效解决市场失灵问题。一方面，经济法采取具有开放式结构的标准性规范和裁量规则，委任政府“不仅经由解释和推论，还更借助评价和意愿的决定，去发现具体案件中的法”，从而享有一定的行动自由，以灵活应对经济生活中层出不穷、变化不羁、规则难以完全涵盖的经济问题，针对个别情况、特定主体在个案中解决具体问题，从而实现个案正义。另一方面，经济法的调整手段更加丰富和多样，由执法者在具体案件中根据实际情况作出裁量决定。

（二）社会整体利益

经济法产生于资本主义大危机和二战之后，随着现代市场经济的发展和社会的多元化发展、专业化分工逐步加深，各个市场主体、经济部门在社会合作发展的背景下相互依赖的程度大大加强。社会化的发展使得个人权利的实现已不再取决于自我意志，而是依赖于社会环境，受到其他主体权利行使的制约甚至妨碍。个体因此在目的、行为、利益和责任方面产生了共同性和关联性。[3]

然而，倡导个人本位和自由竞争的民商法致使个体过度、无限制地追求自身利益并

〔1〕 江帆：《经济法实质正义及其实现机制》，载《环球法律评论》2007年第6期。
〔2〕 史际春、邓峰：《经济法总论》，法律出版社2015年版，第141页。
〔3〕 李曙光主编：《经济法》，中国政法大学出版社2018年版，第47页。

由此产生负的外部性，不可避免损害社会上不特定多数人的利益，由此产生了个体营利性和社会公益性、公平与效率之间的矛盾。个体行使权利所必需的社会环境、排除他人的权利妨碍等所需条件的自我创造即使可能，个体所付出的成本以及由此发生的社会总成本都将是极为高昂的。因此，单纯从私人主体的角度进行权利的保护是有所不足的。只有从社会整体入手，由特定主体代表不特定多数人的共同利益行使权利，创设不特定多数人行使权利共同所需的社会环境条件，对可能造成多数人利益损害的负的外部性予以关注和纠正，在多数人的共同利益受到损害时作为其代表予以维护。私法保护私人经济关系却忽视了整体经济秩序与利益，行政法规范国家权力的同时却将国家利益等同于社会利益。市民社会在现代社会中逐渐形成，成为独立于个人与国家的第三方主体，形成独立的利益诉求。社会公共利益的保护由此称为经济法特有的法益目标，并着力实现个体、国家、社会三者利益的协调，以实现社会整体经济效益。经济法更加强调全局性而非局部的社会利益。通过调控和规制直接调整具有全局和公共性的社会关系，最大限度地维护社会公共利益，从而在更宏观的层面实现实质公平的价值目标。

经济法授权政府以调控或规制干预经济运行，本质上是以部分个体的自由权利的限制或牺牲为代价解决市场失灵问题，只能以“重大公益之考量”证立其合理正当性。德国联邦宪法法院即认为，经济政策目的之管制诱导性租税，系对竞争自由之干预，仅于合乎公共利益时始得许可。〔1〕因此，调控或规制措施的正当合理性在于其实施者认为通过经济利益的诱导，能够实现对市场主体的经济或其他行为的干预和引导，从而实现公共利益。采取和施行调控与规制措施，应当有助于实现社会整体利益，其所涉经济利益，应当对国民全体或至少大多数国民有利。同时，该社会整体利益应当为国民全体所共同尊重并期望促进，应当与国民基本生活相关。国家不得为图利的少数人而实施经济的干预。

但公共利益的判定往往存在诸多争议。不同的标准和价值取向往往决定了对公共利益范围的不同认定，从而使得对公共利益的判定具有极强的主观色彩，欠缺评价的客观性。如有学者认为，社会公共利益就是能够为广大人民群众享受的利益。〔2〕具体而言，经济法所保护的社会公共利益具有如下内涵：（1）利益主体的广泛性。公共利益应是不特定多数社会成员共同认可和享有的利益，受益的对象具有广泛性。（2）利益内容的普遍性和重要性。普遍性强调不特定多数人对此利益的共同性和关联性。利益的重要性表现为该利益明显大于私益且为一定范围的主体共同认可。

经济法以社会公共利益作为价值目标，是确定其与民法调整界限的重要依据之一。如一项经济活动具有外部性，即对交易当事人以外的其他人，尤其是社会上的不特定多数产生影响，经济法即有必要将其纳入调整范围。外部性越显著，经济法的规范力度越强。虽然所有的经济活动均经由民法规范调整确立相应的权利和义务，但只有其中可能造成市场失灵、影响多数人权利，尤其是产生负面影响的经济活动才面临经济法的再次

〔1〕 Vgl. BverfGE4, 193；16, 187；19, 114.

〔2〕 李昌麒主编：《经济法学》，法律出版社 2016 年版，第 56 页。

调整。也就是说，经济法是在民法规范基础上的“二次调整”。不具有外部性、不影响多数人利益的经济活动，基于民法即可判定其是否成立和生效，但如果具有外部性，则除了符合民法的规定外，还应受到经济法的调整。

对社会公共利益的追求决定了经济法规范生成的难度远高于其他部门法。法律和权利本就是艰难的制度选择的产物，参与成本、人数及复杂性等诸多变量又进一步加剧经济法生成的难度。立法成本，尤其是参与成本，包括信息获取成本、集体行动的组织成本和政治参与成本，在很大程度上取决于信息沟通成本、争议本身的复杂性和立法程序的错综复杂性。[1]经济法所调整的事项所涉国民人数众多、争端本身的复杂性极高。立法机构远离市场机制的运作过程，难以直接掌握第一手的市场运作信息，获取信息的成本相对高昂。在规范事项所涉人数较多时，参与成本在很大程度上取决于集体行动的组织成本。这反过来又取决于该利益群体的自身规模。[2]当涉及人数众多、争议事端非常复杂时，立法方案往往不得不“劣中选优”。[3]经济法以牵涉社会上不特定多数人利益的经济活动为规范对象，其制度设计必定是多方市场主体利益的权衡与相互妥协的艰难制度选择的产物。采用概括式、原则性的规定可以暂时忽略各方主体的个性化特征，压制各方主体的利益冲突，限缩立法所需的信息的收集范围，从而得以减少立法成本，加快立法进程。这也是当前我国经济法律大量采取框架式、概括式的立法模式，仅对规范的经济事项作出粗略的原则性规定的重要原因之一。

以保护社会公共利益为价值目标在很大程度上也决定了经济法无法完全采用民法、刑法等传统法律部门的“不告不理”“事后救济”的实施方式，如果一项经济活动具有涉众性，一旦放任损害发生再进行事后救济，一方面，此时遭受损害的并非单一个体，多数个体遭受损害的利益总和将极为庞大，社会“沉没成本”的总和将极为高昂。另一方面，不仅每个主体分别寻求救济将发生相应的司法成本，且不同的主体获得权利救济的结果将可能因其财力、法律知识等个人因素而有所不同，甚至不同主体因受理法院的不同而面临不同的救济后果。一旦提起司法救济或虽提起但法院未受理，所受损害即无法获得赔偿。当经济类案件涉及人数众多、复杂性高的争议时，司法资源将趋于紧张，司法能力也将面临极大的挑战。[4]数量众多的案件分别审理的司法成本总额必然极为庞大。因此，由法院以事后救济的方式保护受到侵害的社会公共利益并非经济法最优的实施方式。经济法必须由执法者采取主动、事前的规制方式予以实施：（1）通过制定规则防范风险、避免损害的发生，如制定证券市场交易规则防止系统性风险的发生、制定产品质

---

〔1〕［美］尼尔·K. 考默萨：《法律的限度——法治、权利的供给与需求》，申卫星、王琦译，商务印书馆2007年版，第30页。

〔2〕［美］尼尔·K. 考默萨：《法律的限度——法治、权利的供给与需求》，申卫星、王琦译，商务印书馆2007年版，第62页。

〔3〕［美］尼尔·K. 考默萨：《法律的限度——法治、权利的供给与需求》，申卫星、王琦译，商务印书馆2007年版，第23页。

〔4〕［美］尼尔·K. 考默萨：《法律的限度——法治、权利的供给与需求》，申卫星、王琦译，商务印书馆2007年版，第89页。

量标准以防止产品质量瑕疵造成人身、财产损害等。(2)通过积极的作为，发现可能发生的经济违法行为并加以制止、防止损失的产生和扩大。(3)人数众多、复杂性程度较高的争议亟需司法的解决，却是司法供给不足最为严重的时候，但这并不意味着司法可以无所作为。[1]近年来，集团诉讼、代表人诉讼乃至公益诉讼等新型诉讼形式被越来越多地用于解决涉及人数众多的经济争议案件，对增强经济法的可诉性、加强对经济法主体，尤其是弱势群体的权利保护和救济具有重要的积极意义。

第二节 经济法的规范目的

一、经济法规范目的的基本界定

(一)经济法规范目的的内涵

在现代汉语中，宗旨的含义是“主要的目的和意图”。法的宗旨，通常是指某一领域或部门的法的目的或意图。正因为如此，学者们大多将经济法的宗旨与经济法的目的等同使用，均认为经济法的宗旨就是“经济法调整一定范围的社会关系所要实现的目标”[2]“贯穿于经济法之中的，人们创制和实施经济法所追求的目标”[3]或“经济法所追求的目标或价值取向”，是“经济法所构筑的法律秩序的目标及其调整社会关系所应遵循的方向”[4]和“经济法调整所应当遵循的总体上的、根本性的意旨”[5]。可以说，当前的理论研究大多是在宗旨的语境下对经济法的规范目的予以研究。考虑到无论规范文本还是法学基础理论鲜少使用“宗旨”这一概念，因此本书采用“规范目的”对经济法所欲达成的调整目标予以讨论。

每一项法律都追求特定的规范目的。[6]“目的是一切法的缔造者”[7]，法律规范没有自己的“意志”，所表达的是立法机关的形成意志。法律的颁布就是为了实现立法者的形成目的。[8]立法者试图通过法律贯彻其所欲达成的目标和价值评价。[9]经济法的规范目的也就是立法机关意欲通过经济法规范所实现的调整目标。一项经济法律后果包含了立法

---

[1] [美]尼尔·K.考默萨：《法律的限度——法治、权利的供给与需求》，申卫星、王琦译，商务印书馆2007年版，第7页。

[2] 刘大洪：《经济法宗旨新视野》，载《法学家》1997年第6期；《经济法学》编写组：《经济法学》，高等教育出版社2022年版，第66—74页。

[3] 杨紫烜主编：《经济法》(第5版)，北京大学出版社、高等教育出版社2014年版，第90页。

[4] 韩桂君：《论经济法的宗旨》，载《河南省政法管理干部学院学报》2003年第6期。

[5] 张守文主编：《经济法学》(第5版)，中国人民大学出版社2022年版，第32页。

[6] [德]罗尔夫·旺克：《法律解释》，蒋毅、季红明译，北京大学出版社2020年版，第110页。

[7] [德]伯恩·魏德士：《法理学》，丁晓春、吴越译，法律出版社2013年版，第67页。

[8] [德]伯恩·魏德士：《法理学》，丁晓春、吴越译，法律出版社2013年版，第307页。

[9] [德]伯恩·魏德士：《法理学》，丁晓春、吴越译，法律出版社2013年版，第76页。

者对特定经济生活事实的外部性及其对社会经济生活影响程度的评价，任何经济法条文必定体现立法者通过国家调控与规制权的行使所欲达成的特定目的或目标。因此，用以实现立法者所欲追求的规范目的的经济法规范文本的适用的范围，也就是立法者所期待的实施界限，应当取决于规范所追求的目的。[1]因此，规范目的不仅支配着经济法条文的创制，作为法律解释的一般性方法，以立法意图确定条文的真实内容的目的性解释法也备受强调，甚至被认为构成主要的解释方法。

确立政府对经济运行实施干预的范围、条件和方式等的经济法的制定，与其他任何立法一样都是“合众为一”的集体决策的结果。在这一过程中，个体立法者本身对特定规则所表现的对于国家干预与市场自由运作之间多元化的价值判断与追求被逐步整合形成统一体的意志，并通过非人格的或机械的立法运作过程以经济法文本的标准形式予以确立。经济立法多采用整体审议的方式予以表决通过。而经济法所欲追求的特定规范目的，如经济效率、社会经济政策或便宜与简化等，则是分别通过单个或复数的规则予以达成的。单个的经济法规则的设计也往往包含着单个或多个规范目的的追求。因此，经济法的规范目的既包括单个条文的规范目的，也包括经济法整体的规范目的。而经济法的宗旨所指的应是经济法整体上的规范目的。

经济法作为“人为创造”的组织性规则和构成性规则的特点决定了，每一项经济法规则必定是基于特定的规范目的而精巧设计的结果，以确保国家的调控与规制权与市场主体基本经济权利保障之间的适度平衡。然而，特定的规范目的固然支配着经济法的规则设计，其识别本身就充满了争议。[2]

（二）经济法规范目的的理论争议与识别

不少学者对经济法的宗旨／规范目的展开了研究，但当前学界仍未能达成共识。日本学者金泽良雄认为，经济法就是为了解决经济周期所产生的矛盾和困难，用国家的“有形之手”代替“市场之手”，以弥补传统民法调整不足而制定的法律。[3]国内有学者认为，经济法的宗旨包括实现公平、个人利益和社会利益、市场规制与政府调控、国家干预和依法行政。[4]另有学者认为，在现代市场经济条件下，经济法宗旨的内容是维护市场经济秩序，防止和消除经济运行中的总量失衡和结构失调，优化资源配置，保障国家经济安全，推动经济发展和社会进步，以实现经济法主体利益的协调发展。[5]还有学者提出将促进经济稳定增长、保障基本人权、保障社会公益和促进良性运行与协调发展等作为经济法的宗旨。[6]但市场规制与政府干预是经济法授予政府干预市场运行的手段，并非所欲达成的目标。防止经济总量和结构失衡、优化资源配置仅为宏观调控法的规范目的，而非经济法作为部门法意义上所欲实现的整体目标。

---

〔1〕［德］伯恩·魏德士：《法理学》，丁晓春、吴越译，法律出版社 2013 年版，第 310 页。

〔2〕［美］安德瑞·马默：《解释与法律理论》，程朝阳译，中国政法大学出版社 2012 年版，第 192、198 页。

〔3〕参见［日］金泽良雄：《经济法概论》，满达人译，中国法制出版社 2006 年版，第 27 页。

〔4〕刘大洪：《经济法宗旨新视野》，载《法学家》1997 年第 6 期。

〔5〕杨紫烜主编：《经济法》（第 5 版），北京大学出版社、高等教育出版社 2014 年版，第 90 页。

〔6〕张守文主编：《经济法学》（第七版），北京大学出版社 2018 年版，第 37—39 页。

规范目的通常在规范文本中予以明确。然而，由于当前尚无经济法典或经济基本法，支配经济法制定的规范目的并无规范文本的表达，未被立法机关宣之于口，而是隐身于规则的背后，尚待识别、发现甚至“想象”或“推测”，不得不依靠可资利用的各种外部资料加以确定。这些外部资料可以是经济法文本起草者的立法说明、立法准备资料、听证会或辩论会的资料、各种委员会上表达的意见、参与法案起草的官员和专家的意图等。当前不少单行经济立法中明确规定其规范目的，可以作为提炼、概括和抽象经济法整体的规范目的的重要依据。

《反垄断法》第1条　为了预防和制止垄断行为，保护市场公平竞争，提高经济运行效率，维护消费者利益和社会公共利益，促进社会主义市场经济健康发展，制定本法。

《反不正当竞争法》第1条　为了促进社会主义市场经济健康发展，鼓励和保护公平竞争，制止不正当竞争行为，保护经营者和消费者的合法权益，制定本法。

《消费者权益保护法》第1条　为保护消费者的合法权益，维护社会经济秩序，促进社会主义市场经济健康发展，制定本法。

《广告法》第1条　为了规范广告活动，保护消费者的合法权益，促进广告业的健康发展，维护社会经济秩序，制定本法。

《证券法》第1条　为了规范证券发行和交易行为，保护投资者的合法权益，维护社会经济秩序和社会公共利益，促进社会主义市场经济的发展，制定本法。

《预算法》第1条　为了规范政府收支行为，强化预算约束，加强对预算的管理和监督，建立健全全面规范、公开透明的预算制度，保障经济社会的健康发展，根据宪法，制定本法。

《政府采购法》第1条　为了规范政府采购行为，提高政府采购资金的使用效益，维护国家利益和社会公共利益，保护政府采购当事人的合法权益，促进廉政建设，制定本法。

《税收征收管理法》第1条　为了加强税收征收管理，规范税收征收和缴纳行为，保障国家税收收入，保护纳税人的合法权益，促进经济和社会发展，制定本法。

基于上述单行经济法律的规范目的，进一步提炼出来的经济法的规范目的包括：（1）规范经济法主体行为、维护市场主体的合法权益；（2）维护社会经济秩序；（3）维护国家和社会公共利益；（4）促进社会主义经济的健康发展。

二、经济法规范目的的理论阐释

（一）规范经济法主体行为、维护市场主体的合法权利

经济法首先是经济法主体，包括市场主体和实施调控或规制的政府部门的行为指

南，其次才是法院的裁判规则。首先，经济法对市场主体设定必要的行为指引，以减少其行为产生负的外部性，影响社会上不特定的多数人，甚至引发市场失灵问题。通过行为模式的事前设定，经济法可以尽可能减少市场失灵可能发生的资源损耗，增强市场的运作效率。其次，政府在干预经济过程中可能滥用或怠于实施调控或规制行为，由于有限理性等原因，所选择的经济措施也未必都能有效解决市场失灵问题，反而可能加剧市场运作的无效率，从而产生“政府失灵”的问题。因此，经济法也是干预经济的政府部门的行为指引，设定其干预经济的权限范围、可以采行的经济措施及其实施的条件、方式和程序等要求，从而尽可能减少不当或任性的政府行为对市场的“二次伤害”。

维护市场主体的经济权利也是经济法的调整目标之一。与民法保护市场主体的权利不同的是，经济法不仅保护市场主体的权利免受其他市场主体行为的侵害，同时还保护其免受国家不当的经济干预行为的损害或限制。就权利实现而言，经济法侧重于权利实现的过程性保护，而不仅限于事后的权利救济。同时，弱势群体的权利实现是经济法保护的重点，如证券市场上的普通投资者、消费者等。经济法往往通过授予弱势者新的权利或为其权利的行使提供便利或减少不必要的妨碍，如为消费者规定无因退货权、为普通投资者规定证券欺诈纠纷的举证责任倒置、因果关系的推定等，来增强其权利获得救济的可能性。

（二）维护社会经济秩序

无论是宏观调控法还是市场规制法，维护社会经济秩序都是其重要的规范目的之一。宏观调控法通过引导市场主体的供给和需求行为，包括产品供需行为和地域供需行为，调整经济结构，实现宏观经济总供给和总需求的平衡，实现市场的整体秩序。

在垄断状态下，可供消费者选择的产品供给减少，由此将产生供需失衡。为此，经济法必须尽可能保证市场上有足够多的、可以相互竞争的经营者，凭借自身销售商品或服务的质量、价格、诚实经营等抢夺消费者的购买机会，禁止不正当的竞争行为，增强中小经营者的竞争力，以此协调市场主体的竞争行为，实现公平有序的市场竞争。

（三）维护国家和社会公共利益

利益是依存于一定的主体的，因主体不同而呈现差异性。法律所保护的利益可以分为个人利益、社会利益和国家利益。所有人组成的一定时间和空间范围内的社会作为不同个体融合的组织体，有着独立于个体的利益需求。[1]社会公共利益不等于国家利益，国家所代表的集团利益不同于社会公共利益。在现代社会经济关系中，社会公共利益是与具体个体相对应的不特定多数人的利益的凝聚状态。在此状态之下个体所享有的利益的具体份额并不明确，利益无法完成具体的分割。在社会专业分工日趋加强、各个经济部门之间的相互依赖加深、社会高度合作的背景下，一旦社会公共利益受到损害，不仅构成公共状态的个体利益将由此受损，经济合作链条也可能因此受到破坏，从而干扰经济的运行。在民法个人本位、意思自治的观念之下，追求利润最大化的市场主体自由竞争、优胜劣汰、追求个人利益最大化，不可避免产生个体营利性和社会公益性之间的矛

〔1〕 李曙光主编：《经济法》，中国政法大学出版社 2018 年版，第 41 页。

盾。保护因此可能受到损害的社会公共利益因此成为法律制度的重要任务之一。然而，私人利益的过度追求对社会公共利益的损害是民法保护私人利益难以避免的结果，民法难以同时兼顾私人利益和公共利益的保护。就经济发展而言，只有市场上供给和需求总量平衡，各地区、各部门、各行业、各个主体有序竞争，发展均衡、相互协调、配合、彼此合作，共同发展，才能构建经济发展良好的市场环境。因此，以维护市场整体运行秩序为己任的经济法有必要将其作为规范目的之一，对社会公共利益加以保护。

社会公共利益是依赖于个体利益需求的绝大多数社会主体共同的欲求，具有整体性和公益性的特质，是为了满足社会全体成员的需要，建立在个人利益基础上的关系大多数社会成员福利的利益。[1] 这一规范目的的实现要求经济法的制度建构应当满足如下的要求：（1）避免或消除个体营利行为的不良影响，防范或限制个体盲目的逐利行为，在事前和事中防止个体行为对社会公共利益可能造成的损害，在事后消除个体行为对社会公共利益的不利影响，从而使得社会公共利益的损害尽可能最小化。（2）确立社会公共利益的"利益主体"。社会利益的主体是"社会""社会公众"或"公共社会"，只是虚拟性的存在，不具有个体或组织体的存在行为。即使对社会公共利益给予法益的保护，如无主体代行权利，社会公共利益也将无法获得根本的实现。因此，经济法应当明确社会公共利益的代表主体，如消费者协会、纳税人协会或检察院等，在社会公共利益受到损害时主张相应的权利。（3）经济法的调整是宏观、全局的，无论立法还是司法实践均应以社会整体利益为出发点，在充分尊重、保护个体利益的基础上将社会整体利益、经济整体秩序的保护作为衡量行为正当性的基本标准。（4）经济法的制度设计和政策选择的成本—收益分析应着眼于整体，

（四）促进社会主义市场经济的健康发展

经济的增长能够提供国民可以分享的经济成果，关系到国民生活的改善和生活质量的提升，才能增强国家实力、增加社会财富，因此，经济的发展与增长是国家建构经济法律制度所要实现的根本目标之一。经济法规范个体行为、维护市场运行秩序、保护公共利益，归根结底是为经济发展创造良好的环境和条件，促使经济的增长。经济的增长在宏观方面强调物价稳定、充分就业和国际收支平衡，在微观方面则强调市场秩序，维护公平竞争和正当竞争。

但经济法所欲达成的经济增长目标并不是单纯追求国民财富等经济数量上的增长，更不是经济一蹴而就的突击式增长，而是经济的整体发展、协调发展和可持续发展，重在追求质量的改善和效益的提高，改变"高投入、高消耗、高污染"的传统生产方式，维护、合理使用并提高自然资源基础，"既满足当代人的需求，又不对后代人满足其自身需求的能力构成危害"，在社会、经济、人口、资源、环境相互协调和共同发展的基础上实现经济的稳步、健康增长。人是任何价值创造的源泉，经济法追求经济增长的目标，必须以个人的基本权利的保障为前提和依归。经济法的调整所实现的经济红利应当能够为国民共同分享，作为其权利实现、进一步创造经济价值的物质基础。经济的增长

〔1〕《经济法学》编写组：《经济法学》，高等教育出版社2022年版，第58页。

必须建立在个人基本权利得到充分保护和实现的基础之上。

第三节　经济法的基本原则

经济法的基本原则是贯穿经济法这一独立部门法的立法、执法和司法全过程的根本准则。由于我国并未制定经济法的通则性规范，经济法的基本原则并无立法的明确规定，是由学者们对国家调控、规制经济生活的相关法律及其适用实践加以识别、抽象和提炼而成。由于不同学者识别的角度、方式和标准等存在差异，关于经济法的基本原则及其适用仍存在诸多的理论争议。

一、经济法基本原则概述

（一）经济法基本原则的含义与功能

法律原则是“法律的基础性真理、原理，或是为其他法律要素提供基础或本源的综合性的原理或出发点”〔1〕，是可以作为众多法律规则的基础或本源的综合性、稳定性的原理或原则。原则与规则、法律概念构成法的三要素，是由法所确立的，在其调整一定社会关系时在一定范围内普遍适用的基本准则，具有一定的法律约束力，在特定法的调整范围内具有普遍适用性。经济法的基本原则则是由经济法所确立的，对国家宏观调控和市场规制活动具有指导性的基本准则，是各类具体经济法规则的基础或本源性、综合性、稳定性的准则或原则，是连接经济法宗旨与经济法具体规范的桥梁和纽带，是体现经济法价值的重要环节。〔2〕

尽管同为法的规范形式之一，与规则不同的是，经济法的原则并不确立事实要件和法律后果，只是确立并指引经济法主体的行为方向和模式，不包含具体的规范内容。与经济法规则一般基于社会变迁、经济形势变化时作出修改和调整不同，经济法的原则往往较为稳定，并指导经济法具体规则的制定与实施。

经济法的基本原则，亦即经济法规则的创制与实施过程中所应遵循的基本法律原则，是经济法的灵魂和建构经济法体系的依据，是经济法宗旨的具体体现，是经济法规范和政策所应遵循的指导性准则，〔3〕具有决定经济法制度的基本属性、基本内容，保证经济法内部协调统一、减少规则矛盾冲突、指导经济法制度改革的方向和趋势、指导经济法规范的解释和法律推理、限定自由裁量权的合理范围等功能和作用。

在缺乏具体规范的情况下，法律原则具有漏洞补充、强化法律规范和指引规则续造的功能和作用，〔4〕国家对市场经济的干预应当遵守经济法的基本原则。“原则具有规则

〔1〕 张文显主编：《法理学》，高等教育出版社、北京大学出版社 1999 年版，第 80 页。

〔2〕 张守文：《经济法总论》，高等教育出版社 2020 年版，第 49 页。

〔3〕 史际春、邓峰：《经济法的机制和基本原则刍论》，载《法商研究》1998 年第 6 期。

〔4〕 李曙光主编：《经济法》，中国政法大学出版社 2018 年版，第 47 页。

所没有的深度——分量或重要性的深度”，政府机关必须考虑各个经济法原则分量的强弱而确定所欲遵循的特定原则。虽然原则也设定经济法主体实施行为的要求，却不明确如何满足此项要求，必须由执法者自行裁量决定。[1] 原则的要求往往具有更高程度的一般性，因而需要执法者依照具体场合加以解释。[2]因此，该原则的适用通常不决定结果，只引导判决的某一方向，此种引导也不具有决定性。

经济法的原则通常可以分为两大类，即贯穿于经济法的制定与实施全过程的基本规则，是各类经济法具体规则的本原性规则，对所有经济法调整范围内的主体、行为或事实均有所适用。经济法的基本原则是贯穿经济立法、经济执法、经济司法、经济守法、经济法律监督全过程，具有直接指导意义和普遍适用价值的根本性准则，是诸多原则中最抽象、最稳定、具有指导性和普遍适用的原则，是经济法的宗旨、价值和理念的最充分、最集中的体现。[3] 因此，经济法的基本原则充分体现了经济法的本质属性，贯穿经济法体系的始终，具有较强的涵盖性和衍生性。除此以外，经济法的原则还包括仅适用于特定领域，仅对特定主体或特定行为、事实产生指引作用的具体原则。

（二）经济法基本原则的意义

任何法律都有其独有的基本原则，缺少基本原则的法律必然是散乱无序的规则拼接，无法形成统一、和谐有序的整体。经济法作为独立的法律部门同样如此。基本原则不仅是经济法精神和价值的反应，是经济法宗旨和本质的具体体现，更是在经济法规范体系中居于统帅的地位，是各项具体经济制度进行有效整合、形成统一整体的“黏合剂”。不仅如此，由于经济法调整的特殊性，经济法的基本原则还具有如下的特殊意义：

（1）经济法基本原则是经济法律规范具体化的重要依据。经济法是国家对经济活动实施宏观调控和市场规制的法律依据，由于国家需要根据经济形势的变化作出相机抉择，经济法必须为政府预留必要的政策调整空间，确保干预的自由度和灵活性。为了同时保证经济法的相对稳定性，大量采用内涵和外延模糊、含义较为空洞的不确定概念和一般、概括性的条款，成为经济法独具特色的规范形式，以此框架式的立法模式形成了开放的规范结构。这些相对原则、抽象的条文只有在具体情境下通过价值补充填补空缺的规范内容才能真正成为政府干预行为和市场主体活动的规范指引。经济法的基本原则正是政府在具体个案中对经济法条文加以具体化的重要依据。

（2）经济法基本原则是协调经济法内部多元价值和规则冲突的重要基础。一般而言，法律领域的价值目标越单一，所形成的规范就越简单，规则之间的冲突相对不易发生。但如果价值多元甚至彼此冲突，规范的建构标准不同，便将催生更为复杂且易发生冲突的规则体系。与其他法律相比，经济法并不存在清晰明确且一以贯之的立法意旨，遵循

---

〔1〕［英］A.J.M. 米尔恩：《人的权利与人的多样性——人权哲学》，夏勇、张志铭译，中国大百科全书出版社 1997 年版，第 23 页。

〔2〕［英］A.J.M. 米尔恩：《人的权利与人的多样性——人权哲学》，夏勇、张志铭译，中国大百科全书出版社 1997 年版，第 23 页。

〔3〕 殷洁：《经济法》，法律出版社 2019 年版，第 17 页。

的不是单一的原则或价值。[1]有时以公平为主，有时以效率为先，不一而足。经济法所追求的数个原则或多元价值，未必在所有事项皆能合作协调，而须在不同事项上为优先或退让的抉择。[2]为实现不同的价值目标或规范目的，不同类型，甚至同一类型的不同交易需要基于不同的评价标准进一步予以细分，并设定各自不同的法律后果。经济法所欲追求的价值目标越是多元，评价标准差异越大，经济活动的区分将越细致，所设定的法律后果差异越明显，由此建构的经济法规则体系也必然越复杂。经济法基本原则作为基础性、本源性的规范，可以有效地协调经济法内部的多元价值，尽可能避免规则之间的矛盾和冲突，实现规范的和谐有序与协调配合，使经济法成为统一的整体。

（3）经济法基本原则是应对经济法律相对滞后性的重要工具。与调整情感领域的法律部门不同，经济法的规范对象发生于形式各异且高速发展演进的公开市场领域，科技进步、创新、信息化不断推动社会经济的高速发展，经济领域具有无限扩容性和高度流动性，有无限创新可能的交易形式与生活安排不断突破现有经济法的规范范围。经济法规范的制定永远无法超越经济活动发展的变化，规范漏洞的产生便无法避免。受限于立法经验和技术以及烦琐的立法程序，立法机关回应社会的发展与创新、及时填补经济法的漏洞有其先天的不足。执法机关往往通过对现有规则的目的性扩张解释、事实拟制或类推适用等方式作出裁量决定或是进行规则的续造，已然构成一项“行政造法”。经济法基本原则能够为执法机关进行规范漏洞的补充、发展规则提供基本的方向指引，并确保所续造的规则与原有规范之间的和谐与统一，防止其进行随意、任性的规范续造造成对市场的过度干预。

二、经济法基本原则的形成与确定

尽管学界对经济法基本原则的重要性已形成基本的共识，然而，经济法应遵循哪些基本原则，却仍存在较大的分歧。

（一）关于经济法基本原则的理论争议

从已有的研究成果来看，关于经济法的基本原则存在如下不同的理论学说：

（1）一原则说。有学者认为，经济法价值、功能和理念的特点在于社会经济效率和社会经济公平，因此经济法的基本原则有且仅有一个，即维护和促进社会经济总体效率和社会公平。[3]

（2）二原则说。不少学者认为经济法的基本原则应有两个，但具体包括哪两个原则，学者间存在较大的差异。如有学者认为，经济法的基本原则包括经济法主体利益协调原则和国家协调本国经济运行法定原则，[4]有学者则认为应包括宏观调控原则和市场规制原则。[5]

---

〔1〕 葛克昌：《所得税与宪法》，翰芦图书出版有限公司 2012 年版，第 33 页。

〔2〕 陈敏：《税法总论》，新学林出版有限公司 2019 年版，第 71 页。

〔3〕 漆多俊：《经济法基础理论》（第 5 版），法律出版社 2017 年版，第 175 页。

〔4〕 杨紫烜主编：《经济法》（第 5 版），北京大学出版社、高等教育出版社 2014 年版，第 100—102 页。

〔5〕 王卫国、李东方主编：《经济法学》，中国政法大学出版社 2008 年版，第 76—82 页。

（3）三原则说。持三原则说的学者所主张的经济法基本原则各有不同。如有学者认为，经济法应遵循维护宪定经济制度原则、维护公平竞争的原则和社会本位原则。〔1〕另有学者则提出了平衡协调原则、维护公平竞争原则和责权利相统一原则。〔2〕还有学者认为基于经济法自身的经济性、规制性和现代性的特点，经济法的基本原则应包括调制法定原则、调制适度原则和调制绩效原则。〔3〕此外，还有学者提出了有效调制原则、社会利益本位原则和经济安全原则，并发展了每一基本原则的子原则。〔4〕

（4）四原则说。持四原则说的学者所主张的基本原则同样各有不同。如有学者坚持应以宏观调控与市场机制相结合、维护国家经济主权、倾斜保护和适度干预等为经济法的基本原则。〔5〕有学者则秉持以遵循客观经济规律原则、平衡协调原则、维护公平竞争原则和责权利相统一原则为经济法基本原则的观点。〔6〕还有学者将经济民主、效率优先兼顾公平、可持续发展和经济公正确立为经济法的基本原则。〔7〕

（5）七原则说。持这一观点的学者认为经济法基本原则应包括资源配置原则、国家适度干预原则、社会本位原则、经济民主原则、经济公平原则、经济效益原则和可持续发展原则。〔8〕

上述学者所确立的经济法基本原则存在如下的问题：

第一，将经济法所欲实现的目标、干预经济运行所采用的手段等作为经济法的基本原则。如宏观调控和市场规制是国家作用于经济运行的两大手段，规范领域各自不同，宏观调控无论如何无法对市场规制的领域产生指引性的作用，反之亦然。因此，上述两项显然无法确立为经济法的基本原则。国家对经济的干预和调节固然将影响资源的配置，但显然对资源配置具有决定作用的是市场而非国家，资源“重新”配置是国家作用于经济的目标和结果之一，并非国家维护市场公平竞争的基本依据，将其确立为经济法的基本原则并不妥当。同样，实现经济的可持续发展应为经济法调整所欲追求的目标，而非经济法的基础性准则。经济公平、公正、安全、民主、效率或效益等应为经济法的理念或价值目标，同样不是经济法的基本原则。

第二，将客观存在的本源性规则确立为经济法的基本原则。如事物的运行，包括市场，均应遵循其客观规律，即不以人的意志为转移的客观规则，任何法的调整，不独经济法，都必须且只能遵守客观规律，因此，不独经济法，任何作用于市场运行的法律部门，如商法等，同样应当遵守客观经济规律。因此，遵守客观规律等本源性规则并非经济法所独有的要求，不宜将其确立为基本原则。

---

〔1〕殷洁：《经济法》，法律出版社 2019 年版，第 17—19 页。

〔2〕史际春主编：《经济法》，中国人民大学出版社 2005 年版，第 90—92 页。

〔3〕张守文主编：《经济法学》（第 5 版），中国人民大学出版社 2022 年版，第 40—42 页。

〔4〕《经济法学》编写组：《经济法学》，高等教育出版社 2022 年版，第 66—74 页。

〔5〕何国华、刘继峰：《经济法总论》，对外经济贸易大学出版社 2022 年版，第 45—50 页。

〔6〕李曙光主编：《经济法学》，中国政法大学出版社 2018 年版，第 50—52 页。

〔7〕顾功耘主编：《经济法教程》，上海人民出版社、北京大学出版社 2006 年版，第 75 页。

〔8〕李昌麒主编：《经济法学》，法律出版社 2016 年版，第 54—61 页。

第三，将经济法中某一（类）主体、特定经济领域或环节的指导性准则确立为经济法普遍适用的基本原则。将责权利相统一确立为基本原则的学者均认为，该原则是指在经济法的法律关系中，各管理主体和公有制主导的经营主体及各个环节所承受的权（力）利、利益、义务、职责和责任必须相一致、不应当有脱节、错位、不平衡、不到位等现象存在。〔1〕我国虽然是以公有制为主导的国家，但随着市场经济的确立，公有制主体在国民经济中早已不处于主导地位。随着国家干预经济方式的转变，国有资产大多通过投资设立国有企业实现保值增值并以此实现对经济的调节。国有企业同样为市场主体，享受与其他市场主体相同的权利，除非法律另有授权，否则并无取得权力的可能，亦不承担政府的职责。非公有制的市场主体纯获利益同样仅为例外，在享有权利的同时必然承担一定的义务，并在不当行使权利或违反义务时承担相应的责任。责权利相统一在任何法律部门均应当得以遵守。〔2〕因此片面强调经济管理主体与公有制主体的责权利统一，实际上是将例外作为原则。

平衡/利益协调原则为不少学者所共同主张，但所主张的原则内涵存在一定的差异，如有学者强调该原则关注的是经济法主体所获得的利益与其对经济的贡献是否“配合适宜”，即相等、均等或大致均等。〔3〕而有学者则强调此原则在于从整个国民经济的协调发展和社会整体利益出发协调各方经济利益，以实现社会整体利益和个体利益目标的统一。〔4〕前者所欲解决的是付出、贡献度与收益之间的匹配性问题，但一方面收益的分配由国家完成显然是存疑的，另一方面由于经济法的多元价值，收益的分配标准往往不同。如大企业对经济的贡献大，而出于公平竞争的考量，对其收益予以限制，相反对中小企业则予以适度的倾斜。这是出于保护社会整体利益，而非仅仅协调上述两者之间的利益冲突。任何法律均在于“定分止争”，均有必要对不同法益予以兼顾与平衡。就此而言，将平衡/利益协调原则作为经济法的基本原则同样值得商榷。

（二）经济法基本原则的确定依据

我国现行经济法制度并未明确规定其调整范围内具有普适性的基本原则。学者们力图通过对现有规则的“有限建构性诠释”来鉴别经济法基本原则的努力值得肯定。根据德沃金的观点，要通过诠释性判准进行法律原则的识别，起点是确定既存法律的特定范围，以便特定原则能够加以符合与证立。〔5〕如何从既有的经济法规则中辨别、确认其所内含或隐藏的、已形成普遍的“公共正当意识”〔6〕，由此提炼能够作为“道德上最佳的、能证成大部分颁发的现有法律规则”“确定法律规则如何扩展和修正以及解决法律规则

〔1〕史际春主编：《经济法》，中国人民大学出版社 2005 年版，第 92 页；李曙光主编：《经济法学》，中国政法大学出版社 2018 年版，第 52 页。

〔2〕杨紫烜主编：《经济法》（第 5 版），北京大学出版社、高等教育出版社 2014 年版，第 100 页。

〔3〕杨紫烜主编：《经济法》（第 5 版），北京大学出版社、高等教育出版社 2014 年版，第 101 页。

〔4〕史际春主编：《经济法》，中国人民大学出版社 2005 年版，第 90—91 页。

〔5〕参见［英］H.L.A. 哈特：《法律的概念》，许家馨、李冠宜译，法律出版社 2012 年版，第 234 页。

〔6〕参见［美］罗纳德·德沃金：《认真对待权利》，信春鹰、吴玉章译，上海三联书店 2008 年版，第 64 页。

冲突”[1]的基本原则，具有相当的难度。

原则是法律的基本要素之一，隐含在多种不同的规则之中，只能通过有限的建构性诠释将其识别出来。[2]原则具有非决断性，原则的适用并不“确保”法律效果的实现或结论的得出，而只是指向或有利于某种决定，此种引导也不是决定性的，或者是指出某种可以被凌驾的理由。[3]由于原则具有重要性的面向，当原则发生冲突时，原则可以被凌驾而不决定裁判结果。这与“全有或全无”的规则适用有着根本的不同。非决断性使得原则和规则之间可以进行有效的区分。但这意味着要鉴别、判断经济法的基本原则，首先应当确定可能隐藏各项原则的不同的规则范围。许多个别存在的规则可以作为同一原则的体现或例证。作为某种意向、目标、权利或价值的指向，原则不仅给予具体化的规则以说明及理由，且足以部分甚至全部证立这些规则。原则对规则的说明性和证立性的作用为从数个规则中判准隐于其中的原则提供了可能性。

因此，经济法基本原则的诠释和判准应遵循如下的标准：

第一，经济法的基本原则是其调整范围内的不同领域普遍存在的具有同质性、一般性的指引，但既不确立事实要件，也不确定特定法律后果或结论，不构成一项具体的规则，不能被全有或全无地适用。

第二，经济法的基本原则有着最为广泛的适用范围，不同的经济领域、不同的具体制度均有由其证立的规则且数量不在少数。

第三，经济法的基本原则是由多项为实现经济法规范目的的规则所共同隐含的“特有”指引，所体现的是经济法独有的价值目标和利益追求。

基于上述考量，经济法的基本原则应包括干预法定原则和干预适度原则。

三、经济法基本原则的内容和要求

（一）干预法定原则

1. 干预法定原则的基本内涵

干预法定原则是指政府施加宏观调控和市场规制的实体内容和程序要求属于法律保留事项，均应由立法机关制定法律予以明确地规定。只有法律明确授权的主体才能在权限范围内遵循相应的法律程序进行宏观调控和市场规制。[4]《立法法》第 11 条第 6 项和第 9 项即明确规定，税种的设立、税率的确定和税收征收管理等税收基本制度、基本经济制度以及财政、海关、金融和外贸的基本制度只能由全国人大制定法律。

国家为解决因私人行为的外部性、垄断、信息不对称等市场失灵问题而介入市场运行，熨平经济周期，平衡市场供需总量，规范市场失范行为，必然对市场整体运行、市场竞争秩序以及私人权利等产生影响。在市场竞争条件下，市场主体有权以自己所拥有的财产，基于自身因素和对经济环境的判断自主安排其经济生活。经济利益的诱导与

---

〔1〕［美］安德雷·马默主编：《法律与解释》，张卓明、徐宗立等译，法律出版社 2006 年版，第 289—290 页。

〔2〕［英］哈特：《法律的概念》，许家馨、李冠宜译，法律出版社 2018 年版，第 337 页。

〔3〕［英］哈特：《法律的概念》，许家馨、李冠宜译，法律出版社 2018 年版，第 333—334 页。

〔4〕 张守文：《经济法总论》，高等教育出版社 2020 年版，第 53—54 页。

管制，却将形成对市场主体的财产权和经济自由权的极大限制。第一，当包含经济利益的权利行使导致市场失灵时，国家将对此权利的行使予以限制甚至剥夺。如大企业的自由竞争权行使过度挤压中小企业的经营空间时，对大企业的竞争权给予一定的限制，其“侵权性”不言而喻。第二，当私人权利因他人权利的自由行使而受到限制或侵害时，国家有必要补足或增强其权利的实现机会或创造必要的条件确保其实现。如由于持股比例悬殊，中小股东实际上无法通过行使表决权决定公司重大事项，为此，通过设置累积投票制等增强其权利实现的机会。这却将间接地限制大股东权利的行使或加重其权利行使的负担。第三，以经济利益诱导市场主体实施国家所欲鼓励的经济活动。经济利益的诱导看似具有“授益性”，然而，此时的“获益”必须以基本权利的一定限制为代价。一方面，市场主体如欲获取相应的经济利益，则必须迎合国家，实施其鼓励的行为，这将限制其选择其他可能更优的经济活动安排，一旦放弃迎合国家，其竞争地位与其他原本竞争地位相当但选择接受调控的市场主体相比显然将更为不利，造成其市场竞争地位的改变。另一方面，特定行为所获经济利益的差异可能使经济实力更强的市场主体享有更大的选择权，甚至成为其独享的特权，经济实力越强，越有机会从国家的经济调节中“购买自由”。如对香烟课征消费税增加了吸烟的经济成本，吸烟可能因此成为经济实力更强的个体的特权，经济购买力较弱者则不得不迎合国家，放弃吸烟。第四，国家欲达成其“利益诱导”的目标，必然采取“经济奖励措施”或“经济惩罚措施”，这将改变市场主体本来的竞争地位，从而人为地重塑市场主体之间新的竞争格局。可以说，国家的宏观调控和市场规制不仅在宏观层面上影响经济的运行，对微观市场主体行为的选择也必然产生巨大的影响。国家干预经济所实施的调控或规制自带侵权的属性，一旦缺乏必要的规范与限制，极有可能造成对市场的“二次伤害”。因此，国家的宏观调控或市场规制应属于法律保留的事项，应由立法机关制定法律明确予以规定。

2. 干预法定原则的实现机制

国家对市场实施宏观调控和市场规制，应当建立在保障市场机制的正常运行和尊重市场规律的基础之上。因此，国家调控和规制不应流于随意，而应加以严格的约束和限制，尤其是对市场经济整体运行和市场主体权利产生重要影响的调控与规制，更应当奉行严格的“法律保留”，以“立法的控制”作为“对抗轻率经济政策及经济不理性行为之最后堡垒”。经济立法必须“在议会上经过国家的代表者议员的同意”，以此约束调控与规制的内容和规模，从而使国民对国家的经济干预享有决定性的话语权，并通过法律文本的规范表达实现调控与规制的合法化和规范化。

由立法机关对特定环境或条件下政府所应当采行的调控或规制措施逐一作出明确的规定，是经济制度法律保留的最理想状态，能够最大限度地保证国家的任何调控与规制行为均是“国民意志”的体现，确保政府对经济的干预均在法律的规范范围之内。

然而，不同领域、不同行业的经济生活形式各异，经济目标和利益的追求各有不同，所引发的市场失灵的问题纷繁复杂，不同的情境下有着不同的表现形式，产生的原因更是千差万别。这决定了不仅不同的市场失灵问题解决方式不同，甚至同一问题在不同经济形势、环境下难以用同一方式予以解决。一个经济问题并不存在与之对应的解决方案。加上认识的有限性，立法机关更是难以完全预测高速发展变化的经济生活可能产生的所有问题并规定相应的调控或规制方式。即使可能，由于市场失灵问题往往以不同的形式发生，如分别为其制定规则，由此所制定的规则数量将极为庞大，经济法的制定成本将极为高昂，却很难在大量的案件中得到反复的适用。调控与规制是因应经济形势变化而采行的"熨平经济周期"的工具，不同的经济问题、不同经济形势下的同一问题均可能要求不同的应对方法，政府在具体个案中的相机抉择是有效解决市场失灵问题的必然要求。因此，经济立法不可能完全采用经济问题（行为模式）—解决方案（法律后果）的严格规则形式，而只能采用能够为政府尽可能预留自由裁量和政策选择空间的具有"开放性"的规范形式。除授予政府对特定经济问题干预方式的选择权的"裁量条款"外，标准性规范的大量采用成为经济法的典型特征。[1]这些规范中包含了众多高度抽象化的概念。这些概念，如正当理由、经营管理不善等，高度抽象概括，内涵和外延并不确定，因此得以囊括数量惊人且极度不同的经济现象，赋予其相同的名称并给予相同形式的规范，形成了最宽泛的外延和最宽广的适用领域，得以将层出不穷、变化不羁、不断发展衍化的经济活动均纳入适用范围。但由于抽象程度极高，忽略了不同程度重要且精细的个别属性和特征，因此概念内容极为空洞，经济法意义的内涵甚为有限。[2]由于规范内容是不完全的，必须"解释"这些高度抽象的概念才能"拼凑"出完整的规范内容。"如果立法机关明确留下了一项空白留待行政机关填补，就等于对行政机关作出默示的授权，让其通过制定规章或制定政策来阐明特定规定的含义"[3]，"将对生活领域的预设规制，或者难以预测的一个个具体情形或状况下的形成权委任于行政机关"。[4]法律中包含的概念的抽象化程度越高、含义越模糊，此种概念的数量越多，立法机关所预留的规则制定或政策选择的空间越大。通过大量的一般性、框架性的规则条文及其包含的高度抽象的概念预留充分的活动空间，政府由此获得一项通过对条文解释而做出政策选择或价值判断，甚至规则的续造的权力，以灵活且有效地应对层出不穷、形式各异、变化不羁的经济问题。[5]可以说，经济法必然包含适用范围宽泛且涵义不确定的法律概念和一般条款，以形成大量"立法遗留"的空缺结构，完成对政府干预经济的授权。政府由此获得持续且反复的权力，[6]得以"出人意料的想象力和创造力"，针对特定经济问题灵活地造法，在空缺地带创造新的概念、制

---

〔1〕 如《中国人民银行法》第31条规定："中国人民银行依法监测金融市场的运行情况，对金融市场实施宏观调控，促进其协调发展。"《企业所得税法》第36条规定："根据国民经济和社会发展的需要，或者由于突发事件等原因对企业经营活动产生重大影响的，国务院可以制定企业所得税专项优惠政策，报全国人民代表大会常务委员会备案。"

〔2〕［德］卡尔·拉伦茨：《法学方法论》，陈爱娥译，商务印书馆2016年版，第331—332页。

〔3〕［美］理查德·J.皮尔斯：《行政法》（第五版），苏苗罕译，中国人民大学出版社2016年版，第131页。

〔4〕［日］田村悦一：《自由裁量及其界限》，李哲范译，中国政法大学出版社2016年版，第128页。

〔5〕 Jacob E. Gersen, *Legislative Rules Revisited*, the University of Chicago Law Review, Vol.74, p.1720.

〔6〕［德］伯恩·魏德士：《法理学》，丁晓春、吴越译，法律出版社2013年版，第365页。

定新的经济规则，以适应当下技术经济、社会和政治的发展。[1]经济法律中的抽象概念所忽略的众多经济交易的个别特征在此才被重新纳入考量的范围，以确定其是否符合国家调控经济的规整意义，并将符合经济法意义脉络的个别特征作为规整基础，进一步区分不同的经济活动、创设新的规定或例外规则、重新明确各自差异性的法律后果。可以说，在经济法律中大量采用一般条款和不确定概念（抽象、多义的概念），是为政府预留最大的政策调整空间和自由度、使其得以根据经济形势进行相机抉择的必然要求。[2]

因此，基本经济制度的法律保留并不是通过制定事无巨细的严格规则实现，相反，立法机关一方面通过制定相应的立法，确立国家调控和规制的大体框架和基本标准，明确政府调控和规制的权限范围，确立其适用条件、干预方式或手段、实施标准和应当遵循的程序等内容，以此作为普遍适用且保持相对稳定性的基础性法律规则，对相关主体的调控和规制行为予以约束和规范。另一方面对政府在不同经济形势下依据经济法律所制定的政策、规则等给予事后的备案和审查，以此实现对政府调控和规制行为的最终“立法控制”。尽管政府有权根据经济形势的需要制定经济政策、对经济法律予以进一步的具体化，但立法机关享有对上述政策、规则的最终审查和撤销权。一旦该政策被立法认定为违反经济法的基本原则或规则，就有权予以撤销、变更甚至废止。通过对政府经济规则和政策制定权的备案和审查，保证政府所制定的经济规则和政策符合经济法的基本价值和原则。

（二）干预适度原则

国家的宏观调控或市场规制不可避免地影响市场既定的运行秩序，因此，国家的调控或规制应当“适中”，过度的调节对市场所造成的破坏可能远甚于市场失灵。

1. 国家辅助原则

尽管“任何有关‘个人’的事情、主体性以及尊严等都依赖于国家对公民权利的保护”[3]，国家固然有必要承担一定的职责，通过积极的作为对市场运行的干预与调节，对市场主体自我实现权利予以保障、为权利的实现创造必要的条件，甚至直接作为私人权利行使的义务主体，保证市场主体私人权利的实现，但这不应当受到过度的强调。国家通过积极行为对市场加以调控或规制，只能选择仅满足部分个体利益的方式。由于主体之间的利益不可能完全一致，其他主体的利益难免因此被漠视甚至受到侵害，其最佳结果也不过是以少数主体的利益去压抑或剥夺多数主体的利益甚至是以少数主体的名义牺牲多数主体的利益。[4]更重要的是，市场主体接受国家的政策性调控，往往必须以自身自由和权利的部分甚至完全放弃为代价，刻意迎合国家的政策性要求。为了证明可以享受政策性福利，市场主体必须刻意实施国家所欲鼓励或促进的经济活动，遵照明确规定的各种程序和要求。所欲获取的政策性利益越多，相应的要求便越严格。最终的结果必

---

〔1〕［德］伯恩·魏德士：《法理学》，丁晓春、吴越译，法律出版社2013年版，第348—349页。

〔2〕［日］中里实等编：《日本税法概论》，西村朝日律师事务所译，法律出版社2014年版，第17页；［日］金子宏：《日本税法》，战宪斌、郑林根译，法律出版社2004年版，第61页。

〔3〕［德］克劳斯·奥菲：《福利国家的矛盾》，郭忠华等译，吉林人民出版社2011年版，第25页。

〔4〕 张翔：《基本权利的规范建构》，高等教育出版社2008年版，第56页。

然是市场主体不得不以政策性顺从换取国家的经济利益。[1]随着国家不断创设新的义务和要求，市场主体的经济自由权将被限制，经济决策由此被扭曲。国家的调控与规制因此具有一定的压制性，形成国家与市场主体人格之间此消彼长的关系。[2]因此，国家的调控与规制不应当具有常态性，不应是市场运行的根本形态。市场经济的尊重和自治是现代经济制度建立的基本前提。确保市场经济基于市场运行规律的自由发展是经济发展的根本保证。就此而言，市场经济的建立必然要求国家与市场之间的适度区隔。国家应当首先为市场的“守护者”，其次才为市场运行的“辅助者”，而不能全面介入市场运行，成为“全面照顾国家”和“集权福利国家”。只在市场失灵无法自我解决的情况下国家才有必要对经济生活予以干预和调节，否则市场经济的建立将成为一句空话。

“在现代这个崭新的历史阶段中，为确保自由权体系能够存在下去并且能够有效地发挥其自身的作用，社会权才成为自由权的一种补充物，一种必不可缺的新的法的规范”。[3]市场主体的自由竞争、经营自主等基本权利在运行机制上首先是免予公共权力干预的消极权利，要求公共权力消极被动地不予侵害和排除妨碍，以确保任何市场主体可以自我创造条件予以实现。[4]这决定了经济制度的建立不应当以国家的调控和规制权力的扩张、实现社会性权利为基本的价值诉求。相反，应当尽可能构建基本经济权利对于国家经济干预权力的防御体系，避免国家对市场运行的过度干预，这才是以基本权利保障为价值追求的经济制度的最为核心的目标。因此，在当前政治国家与市场社会[5]的二元架构下，市场主体应当能够自主决定、自我负责，主动、积极地行使其基本权利，如若不行，才请求国家及社会予以协助。国家不是市场的缔造者，而是市场自由运行的守护者。国家干预经济保障基本权利的实现，应当存有限度，不宜过度干预市场主体的权利行使。

鉴于国家始终与权力相伴，基本权利应以市场主体的自我实现为优先。只有当市场因私人利益的过度追求而发生无法自我解决的矛盾时，国家才有必要介入。因此，国家与市场之间的恰当分工应当是，市场主体首先自主作出经营决策、自主安排经营活动，凡市场可以自我实现、自我成就时，国家将退居幕后。[6]国家保障市场的正常运行，仅居于补充的地位，以免因国家的过度干预扼杀市场运行本应有的活力。

2. 调控与规制合乎比例原则

比例原则是公法上普遍适用的基本原则，被视为公法领域的“皇冠原则”。比例原

---

〔1〕［德］克劳斯·奥菲：《福利国家的矛盾》，郭忠华等译，吉林人民出版社 2011 年版，第 9 页。

〔2〕［德］格奥格·耶利内克：《主观公法权利体系》，曾韬、赵天书译，中国政法大学出版社 2012 年版，第 78 页。

〔3〕［日］大须贺明：《生存权论》，林浩译，法律出版社 2001 年版，第 13 页。

〔4〕 胡大伟：《论生存权的法律性质》，载《北方法学》2008 年第 4 期。

〔5〕 市民社会是介于经济和国家之间的社会相互作用的一个领域，由私人的领域（特别是家庭）、团体的领域（特别是自愿性的社团）、社会运动及大众沟通形式组成。详细可参见 Jean L. Cohen, Andrew Aroto, *Civil Socoety and Political Theory*, the MIT Press, 1992。

〔6〕 葛克昌：《国家学与国家法——社会国、租税国与法治国理念》，月旦出版社股份有限公司 1996 年版，第 200 页。

则能够有效地压缩政府调控与规制的自由裁量权在行使过程中恣意与专横的空间，防止权力的滥用，是调控与规制权行使合理化的重要保障。比例原则要求政府干预经济应当在保护与平衡的基础上，对私人权利和公共利益进行衡量与斟酌，尤其斟酌社会公共利益与私人利益在冲突状况下的失衡度，以获得合理化的差别性待遇，避免对市场运行的过度干预和侵夺。比例原则在经济调控领域即表现为必要原则、适当原则和过度禁止原则。

（1）调控与规制措施采行的适当原则

调控或规制措施的采行，必须可以有效达成国家所欲实现的社会、经济目标，即国家针对所欲解决的市场失灵问题对症下药，所采用的经济诱导或利益剥夺等干预措施可以有效地解决问题，能够实现国家所欲实现的干预、调节经济生活的目标。通过税收优惠、信贷、市场监管等措施，能够有效地引导市场主体实施国家所欲鼓励或促进的经济活动，不实施国家所欲限制或禁止的经济活动，从而形成新的社会、经济生活秩序，实现国家进行宏观调控的目的。调控或规制措施的采用与政策目标的实现之间应当具有适应性和有效性。

（2）调控与规制措施采行的必要原则

必要原则，又叫“最小侵害原则”，要求对同一目的的达成有多种适合的手段可供选择时，应选择其中对市场损害最小的。在对调控和规制政策或措施采行的必要性进行考察时，应当从三个方面来进行：

第一，在不同经济形势下不同的市场失灵问题及其成因各有不同，应当“对症下药”，采用最适当的经济措施予以解决。这要求所采用的经济措施应符合客观经济规律和经济生活的现实情况，对实现国家干预、调节经济生活的目的是有效的，与其他措施相比所达成的调节效果最为显著。

第二，调控与规制的政策性工具选择的必要性：国家进行宏观调控，可采行不同的经济措施，如金融政策、货币政策、税收政策等。这些经济政策可以在不同的经济形势下解决同一经济问题、实现同一经济目的，但其实施成本、对市场可能造成的损害程度、调节效果等可能存在较大的差异。国家应从其中选择对市场损害最小、实施成本最低而调节效果最佳的手段。因此，国家应当根据经济形势判定是否除特定政策工具外，别无其他可达成同一政策目标的手段。如可有不同的经济政策能够达成相同的社会经济目标，则须对不同的经济政策所需的实施成本、对社会、经济生活可能造成的影响程度、最终可能实现的政策效果等进行权衡比较。如只有在除特定政策工具，如税收政策外，别无其他可达成政策目标的手段或实施成本或造成的损害与其他政策工具大体相当但政策效果更为显著，才可选择该政策。如政策效果相同或大致相当，则应选择能够以实施成本最低而损害最小的经济政策。

第三，构成特定政策的诸手段之间选择的必要性。如某一经济政策可以不同的方式和手段予以实现，如以税收进行宏观调控可以采取直接减免或间接减免、税收优惠或租税惩罚等手段，在不同的经济措施之间进行选择时，同样应当选择实施成本最低而对市场主体的权利干预和限制最少的方式。

（3）国家干预的过度禁止原则

过度禁止原则又称为合比例性原则或狭义比例原则，是针对所欲实现的公共利益与因国家干预而受到限制的基本经济权利的权衡关系而言的。该原则要求国家所采取的调控或规制措施所造成的损害与欲达成的社会、经济政策效果相比，不得明显失衡，亦即不得为保护微小的公共利益而严重干扰市场的正常运行或对市场主体的基本经济权利造成显著的限制。法治国要求国家对自由与权利的干预，必须适当节制且平等。[1]为此，对于国家干预经济所保护的公共利益有必要与受损害的私人权利以及其他公共利益进行权衡、比较，以确保其在合比例的范围之内。

第一，调控或规制措施的采行所造成的损害不得与所欲达成的社会、经济政策效果相比明显失衡。如一项经济措施虽然能够有效解决特定的市场失灵问题，却对市场运行的其他方面造成更大的破坏，如为挤出证券市场的泡沫而采取提高证券交易印花税的税率的调控措施，尽管有效地打击了证券投机行为，却同时严重打击了投资者的投资信心，引发股市暴跌，则属于过度干预。调控或规制措施所造成的损害与所达成的政策效果相比应当显著轻微，才符合比例原则的要求。

第二，国家的调控或规制所追求的公共利益是否超越差别化待遇可能造成的私人法益损害。如果一项经济措施虽在个别案件中造成不公平、不合理的结果，却能够有效地恢复被破坏的市场秩序，避免其他多数市场主体权利的侵害，则该措施即属适当。反之，如果该措施造成不公平结果的个案并非少数，且已超出可容忍的程度，而由此恢复的市场秩序却极为有限，该措施即属于干预过度。

第三，调控或规制措施所达成的政策效果是否超越市场主体权利的牺牲。经济措施的管制诱导的目的在于干预经济，即可能对市场主体的基本权利，如财产权、经营自由权、职业自由权等有所限制或妨碍，如因税收优惠措施或税收惩罚而影响其市场竞争力或妨碍其权利的自由行使。因此，经济措施所达成的政策效果应与市场主体基本权利所受限制或损害的程度进行权衡、比较。只有当采用特定的经济措施可以达成预期的政策效果，如恢复正常的市场经济秩序、纠正失衡的供需关系等，而仅对极少数市场主体的权利形成限制，或虽对数量不在少数的市场主体造成权利限制，但所受限制或损害显著轻微，该措施的采行才具有正当合理性。

为此，对国家干预经济措施的正当性审查，应当在调控或规制目的与手段间、社会经济政策目标、市场主体的基本权保障之间进行考量，以确定其合理化基础。

重要名词术语

经济法价值、实质正义、社会公共利益、经济法的规范目的、经济法基本原则、干预法定原则、干预适度原则

〔1〕 参见葛克昌:《税法基本问题——财政宪法篇》，北京大学出版社 2004 年版，第 114—124 页。

思考题

1. 简述法的基本价值在经济法领域的特殊内涵。
2. 简述经济法的特殊价值。
3. 简述经济法的规范目的及其对制度建构的要求。
4. 简述经济法的干预法定原则的内涵和要求。
5. 简述经济法的干预适度原则的内涵和要求。

第四章　经济法律关系

【内容提示】

经济法律关系是经济法学理论研究中基本的研究模型之一。它不等同于法律调整的经济关系，而是由经济法律规范调整所形成的以权利和义务为核心内容的社会关系。

经济法律关系产生于国家干预、调节经济的过程中，具有一定的复合性，往往涉及社会上的不特定多数人。政府与市场活动主体在经济法律关系中往往处于不对等的地位。经济法律关系一般包括经济法主体组织关系、市场规制关系和宏观调控关系。

经济法主体是经济法律关系的首要构成要素，是基于经济法律所规定的行为或事实而能够享有经济法上的权利（力）、承担经济法义务的主体。经济法上的主体资格具有一定的相对性，不同的子部门法基于不同的价值追求和规范目的所设定的主体资格往往存在一定的差异。经济法赋予不同的主体具体的人格，设定其在不同的经济法律关系中的特殊身份，但并不以民事主体资格为限，而是更强调其经济上的独立性。国家虽然是最终意义上的经济管理主体，但作为其代表机关、具体承担经济干预和管理职能的公权力主体或经授权取得公权力的社会组织体才是具有法律规范意义的经济管理主体。经济管理主体以整体社会经济秩序的维护为设立宗旨，具有相对的独立性，法律地位相对恒定且身份具有专属性。市场活动主体是国民经济活动的基本参加者，以利润最大化为目标，其权利因国家调控或规制行为受到影响，在经济法律关系中的身份地位并不固定，同一主体可能兼具多个身份，且不同的身份之间可以相互转换。

经济法上的权利（力）义务往往与特定身份直接相关，具有一定的专属性，并呈现不均衡的分布。经济权力与经济权利常常交叉复合存在，应由法律明确作出明确的规定。经济法职权包含了经济组织权、经济支配权、经济强制权、经济处罚权和经济监督权等基本类型，其实现方式包括权力性的强制方式和非权力性的调整方式，对市场活动主体的权利限制程度、实施效果、适用范围和程序约束等均有不同。经济权利是经济法主体实现自身利益的资格和能力，与其在经济关系中的功能、身份和地位直接相关，兼具个体权利和社会权利、消极权利和积极权利的双重属性。经济义务的履行往往能够满足社会上不特定多数人的共同利益，一般由处于相对优势地位的主体承担，一旦违反经济义务所承担的法律责任更为严厉，且可同时强制义务主体继续履行。

经济法与民商法规范对象存在一定的交叉，由此所确立的权利和义务指向的对象因此具有同一性。经济法律关系客体基本上涵盖了民事法律关系客体的所有类型，包括物、行为和数据信息等。

第一节　经济法律关系概述

一、经济法律关系的定义与特征

（一）经济法律关系的定义

法律关系是法学理论的核心内容，是分析法律现象的基本理论模型，是认知和确认当事人之间权利、义务和责任的最基本的理论工具。在经济法学理论的建构中，经济法律关系也成为基本的研究模型之一。

经济法律关系的定义主要形成于20世纪八九十年代经济法学产生初期。法律调整社会关系形成法律关系，不同的法律调整特定的社会关系形成各种不同的法律关系。经济法调整社会关系后所形成的法律关系，是否为"经济法律关系"，学者们仍存有一定的分歧。如有学者认为，经济法律关系这一概念是存有缺陷的，容易使人产生误解，以为指的是所有由法律（不限于经济法）调整经济关系（包括平等主体间的经济关系）所形成的法律关系，由于经济法调整的是国家在调节经济生活中形成的社会关系，因经济法调整所形成的就是国家经济调节关系。以此概念取代"经济法律关系"更能够准确地反映这种法律关系的性质和内容，同时又可以避免误解和混乱。〔1〕有学者则认为，经济关系受到法律的调整，所形成的是"有经济内容的法律关系"，而非经济法律关系。〔2〕经济关系是人与人之间形成的、以物质利益为内容的社会关系，并不完全在经济法的调整范围之内。在法律调整之外的经济关系不具有法律上的意义和拘束力，因此只是事实意义上的法律关系。虽在法律调整之内但不受经济法调整的经济关系，受到其他法律规范的调整，成为其他法律关系，如民事法律关系等。只有经由经济法律规范调整的经济关系才成为经济法律关系。因此，经济法律关系显然不等同于法律调整的经济关系。

关于经济法律关系的定义，学者们的观点也不尽相同。如有学者认为，经济法律关系是指经济法律规范在调整国家干预经济过程中所形成的经济职权和经济职责、经济权利和经济义务关系。〔3〕也有学者认为，经济法律关系是指由经济法确认和调整的在经济管理和经济协作过程中所产生的权利和义务关系。〔4〕还有学者认为，经济法律关系是由经济法律规范所调整的国家在调整社会经济活动中所形成的经济权利、经济权力与经济义务、经济责任的关系。〔5〕有学者则认为经济法律关系是经济法律关系主体根据经济法的规定在参加国家协调经济运行活动中形成的经济权利义务关系。〔6〕另有学者认为，经济法律关系应是经济法部门的法律关系，即由经济法所规定和保障的权利（力）义务关

---

〔1〕漆多俊：《经济法基础理论》（第5版），法律出版社2017年版，第141页。

〔2〕史际春、邓峰：《经济法总论》，法律出版社2015年版，第173页。

〔3〕李昌麒主编：《经济法学》，法律出版社2016年版，第62页。

〔4〕徐杰：《经济法概论》，首都经济贸易大学出版社2006年版，第5页。

〔5〕何国华、刘继峰：《经济法总论》，对外经济贸易大学出版社2022年版，第62页。

〔6〕候怀霞：《经济法学》，北京大学出版社2003年版，第71页。

系。[1]

学者们对经济法律关系定义的分歧在很大程度上是经济法调整对象的认识差异的延续。此外，学者们的另一分歧则在于经济法律关系是否应当包括经济权力和／或经济责任关系。有学者认为，由于经济法律关系在形成过程中，渗透了国家的意志，隐含了国家对社会经济活动的介入，即"用社会调节的办法去解决在经济循环中所产生矛盾、困难"[2]，体现了国家对社会经济活动的管理和规划，因此，经济法律关系中包含了"经济权力"和"经济责任"。[3]然而，经济责任并不等同于经济职责，而是特指与特定行为相关联的消极的、不利的法律后果，不独经济法调整中有之，所有法律，尤其是义务性、命令性或禁止性规范均包含法律责任。因此，特别强调经济法律关系包含经济责任关系并无必要。尽管国家对经济活动的管理、干预或调节包含了"权力"的因素，但与直接的强制命令方式有着根本的区别。过分强调经济法律关系中的"权力"要素，反而可能进一步弱化经济法的独立性，模糊其与行政法之间的界限。

尽管学者们对经济法律关系的定义存在或多或少的分歧，但仍形成了一定的共识：第一，经济法律关系是经济法调整、规范所形成的，经济法律规范的存在是经济法律关系发生的前提条件；第二，经济法律关系包含了经由经济法律规范所确认的经济法主体之间的权利义务关系；第三，经济法律关系是在国家介入市场运行过程中受经济法律规范的调整而形成的。因此，经济法律关系是指由经济法律规范调整所形成的以经济权利和义务为核心内容的社会关系。

（二）经济法律关系的特征

关于经济法律关系的特征，学者们也进行了一定的研究，但并未形成一致的观念。如有学者认为，社会公共的经济管理性是经济法律关系独具的特性，其中经济管理性是经济法律关系与民事法律关系的区别之所在，而社会公共性则是其与行政法律关系的不同。[4]另有学者强调经济法律关系具有特殊的社会连带性，由于国民经济的系统性，必然产生不同主体间的相互团结和协作关系，或者形成行为指向特定主体而形成法律关系中心结构的同时波及外部主体进而产生外围结构的双重关系。[5]有学者则以双重结构性作为经济法律关系结构的特点，即在经济法律关系中，形成了国家干预关系与主体间平等关系的双重结构。前者以国家与市场主体之间形成的干预和被干预为内容，属于管制型的社会关系，后者则以平等主体间形成的权利义务为内容，是平权型的法律关系。[6]

上述特征在不同程度上反映了经济法律关系产生于国家干预、调节经济的活动这一基本事实，但对其内部关系的特殊属性仍欠缺考量。从经济法律的规范内容及其实施实践加以考察，经济法律关系应具有如下的特征：

---

〔1〕 史际春、邓峰：《经济法总论》，法律出版社 2015 年版，第 172 页。

〔2〕［日］金泽良雄：《当代经济法》，刘瑞复译，辽宁人民出版社 1988 年版，第 20 页。

〔3〕 何国华、刘继峰：《经济法总论》，对外经济贸易大学出版社 2022 年版，第 62 页。

〔4〕 徐强胜：《经济法律关系略论》，载《经济经纬》2001 年第 3 期。

〔5〕 何国华、刘继峰：《经济法总论》，对外经济贸易大学出版社 2022 年版，第 62—68 页。

〔6〕 李昌麒主编：《经济法学》，法律出版社 2016 年版，第 63 页。

（1）经济法律关系的复合性。经济法律关系产生于国家为解决市场失灵问题、使失序的市场重回正轨的过程中，因此，调控方式、程序等都必须反映经济规律。由于市场失灵问题及其所产生的原因各有不同，国家用以干预经济的方式也有所不同，既包括经济利益的授予或加重财产负担的方式，如对高新技术企业给予 15% 的税收优惠，或对卷烟等非生活必需的消费品课征消费税等，也包括经济活动资格的授予或剥夺，如证券发行资格的注册、证券市场失信者的市场禁入等，还包括直接的强制命令方式，如对逃避缴纳税款的纳税人采取行政强制措施并处以罚款等。基于不同的调节方式，各方主体之间形成了不同的法律关系，既有直接强制命令、以国家公权力为保障的强制性法律关系，也有经济利益诱导的非强制性法律关系，形成了复合性的特征。

（2）经济法律关系的涉众性。如一项经济活动具有相对性，即仅对其直接参与者产生经济后果，不影响参与者以外的其他主体，经济法并不将其纳入调整的范围。只有当一项经济活动影响参与者以外的其他主体，对其造成权利的限制或剥夺，经济法才对其予以规范。受此活动影响的其他主体数量越多，权利受限制的程度越深，经济法对其调整的力度就越大。因此，经济法律关系通常并不仅限于单一的主体，往往其中一方甚至多方涉及社会上不特定的多数人。

（3）经济法律关系的不对等性。与行政法律关系不同的是，由于直接强制命令方式并非经济法的主要调整方式，因此，在经济法律关系中实施经济干预的政府与接受干预的市场主体之间并不是完全不平等的。尽管政府实施调控和规制所采用的手段具有一定的强制性，市场主体的权利因此受到一定的限制，但仍享有一定的选择权，即是否接受调控或规制的自主选择权，或者迎合政府的调控意图，接受经济利益而实施政府意欲鼓励或促进的活动、不实施政府意欲限制或禁止的事项，或者不接受政策引导并承受由此可能导致的竞争劣势、经济利益减少等不利后果。因此，经济法律关系具有间接强制性，政府与市场主体之间处于相对不对等的地位。

这种不对等性在市场主体之间同样是存在的。垄断企业与中小经营者、控股股东与中小投资者、经营者与消费者等，经济法为其设定的权利义务是不对等的。对于经济优势地位者，经济法偏重于设定义务、加重负担甚至剥夺权利，而对于弱势地位者，则重在赋予新权、补足权利、强化权利行使方式。设定不对等的权利义务恰恰是为了纠正各方主体之间本已失衡的经济地位，使其能够在大致对等的地位上实施经济活动。

二、经济法律关系的主要类型

基于不同的标准可以对经济法律关系进行一定的划分。如有学者依据主体单方特定或双方特定标准，将经济法律关系分为绝对法律关系和相对法律关系，前者指权利主体是特定的，而义务主体是不特定的经济法律关系，前者如《中国人民银行法》所确认的因人民银行实施货币政策而形成的经济法律关系，后者则是指权利主体和义务主体都是特定的经济法律关系，如反垄断局实施反垄断调查所形成的经济法律关系。[1] 此外，学

〔1〕 徐强胜：《经济法律关系略论》，载《经济经纬》2001 年第 3 期。

界大多依据调整对象的不同，将经济法律关系分为经济法主体组织关系、宏观调控关系和市场规制关系等。由于当前经济法的调整对象仍存在较大的争议，经济法律关系的外延及其类型化因此存在一定的分歧，如社会保障关系是否属于经济法律关系的类型之一等。

（一）经济法主体组织关系

经济法律关系主体包括自然人、经济组织和权力机构。自然人只有实际参加到经济活动中并由法律加以确认，才会成为经济法律关系的主体。经济组织包括具有独立法律人格的组织和不具有独立资格的非法人组织。前者的法律人格是法律拟制的结果，须由有权机关予以确认。后者虽不具有独立的主体资格，经法律确认仍具有独立缔约、诉讼等参与经济活动的资格。国家通过立法确立不同类型的经济组织主体资格取得的条件及其设立、变更和终止的方式和程序等组织性规范，赋予相应的基本权利和义务，确保其能够独立参与经济活动并具备承受经济和法律后果的能力，以此减少市场活动的组织成本和交易成本，降低市场风险，维护市场的运行秩序。

政府机构为解决市场失灵问题而实施宏观调控和市场规制，其行为不仅可能影响、改变市场的运行秩序，更可能对市场主体的权利产生一定的限制或剥夺，具有权力的属性。只有在法律明确授权的情况下，政府机构才取得市场干预的主体资格。因此，经济法中必然包含意欲授予调控和规制权限的政府机构的组织性规范和相应的权限授予规范，对将承担特定调控或规制职能的政府机构的设置、组织机构、人员构成、职责权限等加以明确的规定。

（二）市场规制法律关系

市场经济是最尊重人的自由的经济形式，[1]经济资源按照市场优胜劣汰的客观法则进行配置是市场正常运行的基本要求。这就意味着市场经济天然要求自由、公平和有序的竞争，“竞争是获致繁荣和保证繁荣最有效的手段”。[2]然而，市场主体是逐利性的，没有任何限制的竞争必然在优胜劣汰的同时，导致弱肉强食、贫富差距扩大，更可能造成资源的巨大浪费，引发社会的不稳定。无序、过度竞争的结果反而可能排除、限制竞争，“自由放任并不能使我们自动地得到完全竞争。为了减少竞争的不完全性，国家必须保持警惕”[3]。因此，政府有必要依据一定的规则对市场主体的活动加以诱导或限制，确立市场竞争的标准和要求，引导市场竞争的方向，维护市场竞争秩序，确保市场竞争的公平、自由、有序。

从规制对象来看，市场规制分为一般市场规制和特殊市场／行业规制。一般市场规制是市场运行中所有市场主体均须遵守的具有普适性的一般竞争规则，无论从事哪一行业、在哪一市场、地区从事经营活动，均应加以遵守，所确立的是市场的一般竞争规则，由此调整、确立的是一般市场规制关系。但经济活动纷繁复杂，不同的地区、行业

〔1〕［德］路德维希·艾哈德：《社会市场经济之路》，于新安译，武汉大学出版社1998年版，第271页。

〔2〕王卫国、李东方主编：《经济法学》，中国政法大学出版社2008年版，第74页。

〔3〕［美］萨米尔森：《经济学》，高鸿业译，商务印书馆1981年版，第213页。

均具有一定的独特性，其市场秩序的维护、经营环境的构建均有特殊的要求，为此，政府也应制定特殊的规则对其加以规制，如药品、金融、视频、房地产等行业。

从规制方式来看，市场规制包括事前规制和事后规制。市场准入限制和确立行为模式是较为常见的事前规制模式，如设定产品质量标准、经营者集中的事前审查、设定证券发行条件等。对破坏市场运行秩序、损害竞争的行为予以纠正、对由此遭受损害的市场主体权利予以救济，则是事后的规制方式。

（三）宏观调控法律关系

宏观调控法律关系是国家权力介入国民经济运行体系，运用各种法律规定的政策手段实现经济总量平衡、结构均衡等形成的权利义务关系。在市场自发调节的背景下，资本的逐利性决定了经济资源向盈利水平高的经济部门、地区的过度配置，导致不同经济部门、地区发展失衡，盈利水平低的经济部门、行业发展相对萎缩。在社会专业化分工日趋加强、各个经济部门之间相互依赖性加深的情况下，任何行业、部门、地区的不均衡发展都可能导致国民经济链条的断裂，从而妨碍、限制国民经济的整体发展。因此，国家着眼于经济发展全局，运用经济杠杆，进行宏观总量的平衡和结构的调整，确保市场要素齐全、结构合理、供需平衡、市场稳定，为市场主体从事经营活动创造和谐有序的宏观市场环境。

从调控对象来看，宏观调控可以分为商品供给与需求的调控、地区市场的均衡发展、货币供应量与经济发展货币需求的平衡、产业结构调整等。从调控方式来看，可以分为财政调控、货币总量调控、价格调控等。

第二节　经济法律关系的主体

一、经济法律关系主体的界定

任何法律关系都是由人，即主体构成的社会关系，没有主体就无所谓法律关系。不仅如此，主体还决定着法律关系的性质、权利和义务的分配方式、法律责任的承担方式以及法律的实施方式。[1]从这个意义上说，经济法主体是经济法律关系的首要构成要素。

（一）经济法主体的定义

经济法律关系主体，又称为经济法主体，学界大多认为是指依据经济法而享有权力或权利，并承担相应义务的组织体或个体。[2]但也有学者认为这一定义存在循环定义之嫌，并未揭示自然人或组织体成为经济法律关系主体的基本条件或特征。[3]然而，特

〔1〕薛克鹏：《经济法基本范畴研究》，北京大学出版社 2013 年版，第 237 页。

〔2〕张守文主编：《经济法学》，北京大学出版社 2020 年版，第 48 页。

〔3〕薛克鹏：《经济法基本范畴研究》，北京大学出版社 2013 年版，第 237 页。

定主体实施某一行为，可能面临不同部门法的同时规范和调整，从而参与不同的法律关系。[1]每个部门法都有其自身的特殊性，可能对一般主体提出特别的资格要求，或者设定一些独特的主体。[2]“各部门法的特殊性，并非在于创造一种新的主体，而是基于本身调整任务、调整对象的特殊性，而从各个不同的层面赋予主体以特殊的权利义务，从而形成一种不同于其他部门法的法律主体制度。”[3]因此，成为经济法律关系主体，恰恰是因为其能够或实际享有经济法上的权利（力），承担经济法义务，而不仅仅是“需要通过特殊的权利和义务手段进行保护或限制”[4]。经济法主体应是基于经济法律所规定的行为或事实而能够享有经济法权利（力）、承担经济法义务的主体。

（二）经济法主体的特征

经济法主体具有何种特征，学术界众说纷纭。[5]如有学者主张经济法主体的特点在于一方主体具有恒定性，作为主权代表的国家及其政府，而另一方却庞杂多样，无所不包。[6]但对于恒定性，其他学者的理解并不相同，认为经济法主体的恒定性是指其角色身份的固定性，即适应市场经济分工而形成的相对固定的具有特定身份性类型化的经济法主体，在经济活动中扮演不同类型的角色，承担不同的经济职能，这些角色往往较为固定，不能互换。[7]然而，市场主体固然无法成为调控或规制的一方，但有权干预经济的政府部门却可能实施地方保护、设置市场壁垒等行政垄断行为而成为市场规制的对象，其在经济法律关系中的身份地位可能发生改变，并不具有绝对的恒定性。另有学者认为经济法主体具有复合性，既有抽象性的“国家”和“社会”，也有具体的行政、立法、司法机关及个人，[8]但国家是虚拟的组织体，所有的行为都必须由特定的代表机关实施。无论经济法为国家设定何种权利和义务，只要未同时指明承受的具体机关，该项权利和义务就会被“虚置”，无法被实际行使或履行而发生经济法律关系。同样，社会是由不特定多数人所构成的抽象的概念性存在，如未确立特定主体作为代表机构，为其设置任何权利和义务都将因主体“缺位”而无法发生经济法律关系。从这个意义上说，国家和社会只是“宣示”意义上的经济法主体，而非可以真正承受经济法权利和负担经济法义务的主体。只有具体的组织或个人才能成为经济法主体。此外，还有学者主张经济法主体的经济性，即经济法主体都是从事经济行为或者直接参与经济关系的自然人或

---

〔1〕 如企业制售假药造成消费者身体机能的损害，将同时面临民法、刑法、行政法、经济法（消费者权益保护法、产品质量法）的规范和调整，因此分别成为民事法律关系、刑事法律关系、行政法律关系和经济法律关系中。

〔2〕 焦海涛：《经济法主体制度重构：一个常识主体视角》，载《现代法学》2016 年第 3 期。

〔3〕 李友根：《论经济法主体》，载《当代法学》2004 年第 1 期。

〔4〕 薛克鹏：《经济法基本范畴研究》，北京大学出版社 2013 年版，第 238 页。

〔5〕 关于经济法律关系主体的特征，学术界有 17 种不同的归纳，可参见史际春主编：《经济法教学参考书》，中国人民大学出版社 2002 年版，第 79—82 页。

〔6〕 顾功耘主编：《经济法教程》，上海人民出版社、北京大学出版社 2006 年版，第 50 页。

〔7〕 王卫国、李东方主编：《经济法学》，中国政法大学出版社 2008 年版，第 186 页。

〔8〕 蒋悟真：《传承与超越：经济法主体理论研究——以若干经济法律为视角》，载《法商研究》2007 年第 4 期。

社会组织。[1]但这里的经济性仅仅是对市场活动主体的特征描述，而未涵盖全部经济法主体。由于并非所有的经济活动都引发市场失灵问题，一项经济活动的实施主体可能仅为民事主体，而不承担经济法上的权利和义务。因此，是否参与经济活动难以成为区分经济法主体与其他部门法主体的典型特征。

从规范文本上考察，与民法、行政法相比，经济法主体的范围更为宽泛。自然人和法人是具有独立法律人格的民事主体，可以参加几乎所有类型的社会经济活动，因此成为经济法律关系的主体，如消费者、纳税人、经营者等。但不具有法律资格的合伙企业、个人独资企业、分支机构等非法人组织，具有缔约主体资格，能够参加市场经济活动，对其他主体乃至市场运行可能产生一定的影响，因此，可以成为经济法主体，如反不正当竞争法、产品质量法中的经营者，增值税、消费税等税种的纳税人等，均可以是上述非法人组织。对市场运行实施宏观调控或市场规制的主体通常为具有行政主体资格的国家机构，但并非所有行政主体均为经济法主体，只有依法享有经济干预权限的国家机构才会成为经济法主体。在法律明确授权的情况下，内设职能部门或派出机构，如货币委员会、反垄断委员会等、证监会派出机构等，也承担经济法上的权利和义务，从而成为经济法主体。此外，经济法主体还包括社会中介组织、行业协会等社会团体，如消费者协会、进出口商会、中国国际贸易促进组织等。

基于上述考察，不难看出经济法主体具有如下的特征：

（1）经济法主体资格的相对性。主体资格是一项技术性的制度安排，在不同的法律领域内，配合各自不同的规范目的和理论结构，主体资格的确立标准往往有所不同，但其核心均在于承担该领域内特殊的权利和义务、实现特定规范目的的可能性。[2]

经济法以纠正市场失灵、恢复市场运行秩序为主要目的，以设定国家对经济的总量调控和市场规制为规范内容。但由于经济问题的繁复多样，由哪一国家代表机关针对哪些活动主体采取何种手段介入经济的运行，不可能完全一概而论。这就决定了经济法主体资格具有相对性，不存在所有经济法子部门法均普适的主体资格，不同的子部门法因其自身特殊的规范属性和调整对象而设定的主体资格通常有所不同。如同样为“企业”，《中小企业促进法》中的“企业”与《企业所得税法》中的“企业”便存在主体资格的差异。提供建筑服务的公司，是《消费者权益保护法》上的“经营者”，却不是《产品质量法》所规范的承担质量保证义务的“经营者”。即使是规范目的相同的子部门法内部，主体资格的设定也并不完全。如以设定公共成本分摊标准为内容的税法，一般以金钱给付能力确立税法主体资格，但不同税种的纳税人的主体资格差异明显。个人所得税为直接税，税负不易转嫁，承担该项纳税义务意味着放弃部分自有财产的所有权，因此，只有能够享有独立而完整的财产所有权的“个人”才能成为个人所得税的纳税人。而增值税是间接税、税负可转嫁第三人，名义上的纳税人无须负担税款，因此，其纳税人并不要

〔1〕 薛克鹏:《经济法基本范畴研究》，北京大学出版社 2013 年版，第 248 页；蒋悟真:《传承与超越：经济法主体理论研究——以若干经济法律为视角》，载《法商研究》2007 年第 4 期。

〔2〕 陈敏:《税法总论》，新学林出版有限公司 2019 年版，第 261 页。

求具有独立的法律人格。

（2）经济法主体的身份性。即作为经济法主体的个人或组织在经济关系中具有特殊的地位或身份。[1]现代民法将民事主体抽象为“人”，除了民事行为能力外，基本上不存在其他个体性的差异。但经济法以解决市场失灵问题为目标，仅将可能导致市场失灵的主体及其经济行为纳入调整的范围。不同的主体在不同的经济形势、不同的环境与条件下实施不同的行为，对市场运行的影响并不是完全相同的。这就决定了经济法的调整必须是“具体”的、区别对待的，必须发现不同主体甚至同一主体在不同经济情境中影响其他主体乃至市场整体运行秩序的有无及其程度上的差异性，以便不同的情况予以不同的对待。[2]因此，经济法必须赋予主体具体的人格，设定其在不同经济法律关系中的特殊身份，以此为基础进行不同的权利和义务的配置。如规模较小的一人公司，既是《中小企业促进法》中以财税、信贷等政策加以扶持、鼓励的中小企业，也是享受《企业所得税法》规定的优惠税率的小型微利企业，但同时也是承担《反不正当竞争法》中以正当方式展开市场竞争、保障消费者权利等义务的经营者。可以说，经济法是以具体情境中的主体身份为基础进行相应的主体资格的设定的，其人格以及与此相关的权利和义务都必须在特定的经济法律关系中才能予以确定。主体人格的具体化正是经济法追求实质公平的必然要求和制度实现。

（3）经济法主体的经济独立性。不独经济法，其他法律部门的主体也包含了独立性的要求。民法强调民事主体的独立法律人格，具有独立的表意能力，能够独立地享有权利、履行义务、独立地承担责任。经济法的调整意在纠正可能产生负的外部性的经济行为，特定主体只有参与经济行为，才有评价其行为外部性的可能。[3]因此，经济法并不关注主体的表意能力和责任能力，只要具有参与市场活动的能力和资格即可成为经济法的主体，并不要求具备独立的法律人格，所强调的是主体经济上的独立性，即具备独立的缔约能力、独立的经济核算、自主决策和独立承担风险的能力。只有经济上独立的主体，才可能独立地评价其行为对市场运行可能产生的影响。正因为如此，不具有独立法律人格的合伙企业等非法人组织可以成为经济法的主体。反之，即使具有独立的法人资格，如因经济依赖性或密切的经济关系而无法独立地经营决策，其独立人格在经济法上也会被忽视。如在证券收购活动中，多个法律上独立的主体如因密切的经济联系而在行使表决权时高度一致，独立的法律人格将被忽视而被视为“一致行动人”，作为单一主体确定其是否触及强制要约收购等义务。应当注意的是，通常情况下，独立的法律人格是主体经济上独立的重要保证，两者有一定的交叉重合。但法律人格的独立并不当然意味着经济上的独立，由于财产、机构混同或股权控制等原因使得法律上独立的主体在经济上相互依赖或控制并不鲜见，两者并不完全一致。

---

〔1〕 薛克鹏：《经济法基本范畴研究》，北京大学出版社 2013 年版，第 248 页。

〔2〕 焦海涛：《经济法主体制度重构：一个常识主体视角》，载《现代法学》2016 年第 3 期。

〔3〕 王卫国、李东方主编：《经济法学》，中国政法大学出版社 2008 年版，第 186 页。

二、经济法主体的主要类型及其资格取得

当前对于经济法主体的分类主要有两种不同的方式，即纯粹的列举方式和概括式的类型化方式。前者以主体的形态或组织形式为依据，分别列举经济法主体的具体类别，如有学者将经济法主体分为国家、国家经济机关、国有企业、社会自治组织。[1]另有学者则将经济法主体分为经营者、消费者、劳动者、社会团体和政府。[2]概括式的类型化则是基于职能、法律地位等标准将经济法主体的共同特征加以抽象、概括并据此加以分类，如将经济法主体分为经济行政主体、市场主体和社会中间层主体，[3]或国家经济调节主体与基本被管理主体[4]，或调制主体或调制受体[5]，或经济管理主体与经济活动主体[6]，等等。上述概括式的分类虽然使用的称谓不同，但没有本质上的区别，如“市场主体”“经济活动主体”或“被管理主体”等概念的内涵和外延基本一致。唯一的争议在于社会团体等中间层是否可以作为独立的一类经济法主体。此类主体在经济活动中往往兼有市场主体和经济干预主体的双重角色，难以完全将其归入经济管理主体或被管理主体之列。部分社会团体可能承担一定的市场秩序维护的职能而成为经济管理主体，如作为证券市场自律性监管组织的证券交易所，还有部分社会团体则主要为市场主体，如宗教主体。还有些社会团体，如证券行业协会，既承担《证券法》中的自律监管职能而作为经济管理主体，同时也是受《反垄断法》规制的垄断主体。从总体上说，虽然社会团体无法作为整体一概归入管理主体或被管理主体，基于特定社会团体在经济活动中的身份与职能，仍可以分别将其归入上述两种类型，而无须作为独立的类型予以对待。因此，将经济法主体分为经济管理主体和市场活动主体更加符合经济法的本质特征和属性。

（一）经济管理主体

1. 经济管理主体的范围

市场由于活动主体的过度逐利性而产生自身无法解决的矛盾和问题，从而需要由超脱于市场的第三方干预、介入加以解决，因此，国家是最终意义上的经济管理主体。但如前所述，国家作为虚拟的组织体，所有的活动均须由其代表机关实施。因此，承担具体经济干预和管理职能的国家机关才是具有法律规范意义的经济管理主体。国家机关包括立法机关、行政机关和司法机关。有学者认为，国家权力机关，即各级人民代表大会及其常委会是国家经济调节的最高权力机关，是最高国家经济调节管理主体，负有全面性调节管理的职权和责任，但只针对重大性和根本性的问题进行调节，进行全国最高经

---

〔1〕何国华、刘继峰：《经济法总论》，对外经济贸易大学出版社 2022 年版，第 73—75 页。

〔2〕薛克鹏：《经济法基本范畴研究》，北京大学出版社 2013 年版，第 240—260 页。

〔3〕王全兴：《经济法基础理论专题研究》，中国检察出版社 2002 年版，第 409 页。

〔4〕漆多俊：《经济法基础理论》（第 5 版），法律出版社 2017 年版，第 145—153 页。

〔5〕张守文：《经济法理论的重构》，人民出版社 2004 年版，第 349 页。

〔6〕史际春、邓峰：《经济法总论》，法律出版社 2015 年版，第 175 页。

济调节的决策。[1]立法机关作为人民的代表机关，是市场调控和规制权力的授予者，也是调控与规制的法律框架的确立者和监督者，更是市场行为规范的制定者，是经济制度的建构者，却并不作为独立的主体实施具体的经济管理行为，不承担具体的管理职权，将其作为经济法主体是有欠妥当的。各级人大以年度会议为工作方式，无法及时应对瞬息万变的经济问题作出有效决策，一旦实施经济管理，经济措施的滞后性将成为无法回避的难题。不仅如此，由于代表来自各行各业，所掌握的经济专业知识、技术和经验与政府部门相比显然有所不足，在事实上也难以承担经济管理的职能。

另有学者认为，司法干预将成为我国国家干预经济发展的又一方式，司法机关也应作为一类重要的经济法主体。[2]司法机关是解决纠纷的中立的裁判者，是解释、适用经济法的重要主体之一，并无疑义。随着经济法可诉性的不断加强，司法机关对经济法的实施将发挥越来越重要的作用。正确地解释、适用法律、公正地裁决纠纷是司法机关的基本职权，并不因所适用的法律而有所不同。正如法院适用民法解决民事纠纷、救济平等主体受到侵害的权利，或适用行政法审查行政行为的合法性、救济行政相对人因违法或不当的行政行为而遭受的损害，却不会因此成为民法或行政法的主体，法院也不会因受理经济类案件、适用经济法而承担经济法上的权利和义务。经济法的实施主体并不等同于经济法主体，将司法机关视为经济法主体实际上混淆了两者之间的区别。因此，国家机关中只有对市场进行调控和规制的行政机关才能成为经济法的主体。

此外，企业能否成为经济管理主体不无疑问。有学者认为国有企业在某种程度上就是政府本身，是政府在市场中的延伸部分，是国家干预市场的一种特殊形式，应当承担政府机构的责任。[3]经政府授权而有权对企业的组织行为进行监管的特殊企业，包括政策性经营企业和专门从事国有资产投资或控股管理的企业，也被认为属于经济管理主体。[4]单纯由于国有企业全部或部分由国家出资、国家是唯一或主要的股东而将其归入经济管理主体显然并不妥当。随着政企分开，国有企业已经成为独立于政府的经济组织，政府对企业控制和影响源于其股东的身份。尽管所从事的行业具有特殊性，如航天开发、石油、铁路建设等，但其特殊性并不在于具有社会公共利益，而在于上述行业具有天然的垄断性，引入竞争机制反而可能造成资源的浪费。国家在这些行业设立国有企业，恰恰是为了实现国民经济结构调整、扶持基础行业发展。从这个意义上说，国有企业是国家实施经济管理的“客体”，而非主体。只有当国家将部分经济管理职权，尤其是具有私法性质的经济权限，授予特殊企业的情况下，被授权企业才能成为经济管理的主体。

---

〔1〕 漆多俊：《经济法基础理论》（第5版），法律出版社2017年版，第146页；王卫国、李东方主编：《经济法学》，中国政法大学出版社2008年版，第195页。

〔2〕 何文杰：《和谐社会背景下经济法主体体系的重构》，载《甘肃政法学院学报》2007年第3期；王卫国、李东方主编：《经济法学》，中国政法大学出版社2008年版，第197—198页。

〔3〕 薛克鹏：《经济法基本范畴研究》，北京大学出版社2013年版，第258—260页；何国华、刘继峰：《经济法总论》，对外经济贸易大学出版社2022年版，第74—75页。

〔4〕 李曙光主编：《经济法学》，中国政法大学出版社2018年版，第58页。

2. 经济管理主体的特征

从当前经济法的规定来看，经济管理主体具有如下的特征：

第一，经济管理主体是公权力主体或授权取得公权力的社会组织体。国家干预经济是对市场运行的强制矫正，对市场活动主体的权利将造成直接或间接的限制或剥夺，因此，只有可以代表国家行使强制力的公权力主体或经授权取得公权力的社会组织体才能成为经济管理主体。经济管理主体应依据法律或有权机关的设立决定、严格遵循法定程序而成立，其组织机构的设置以确保经济职权的行使为目标。

第二，经济管理主体以整体经济秩序的维护为设立宗旨，不以盈利为目标。经济管理主体既不追求自身的独立利益，也不作为任何个体（包括国家、单位和个人）的利益代表，其实施任何行为均是为了实现或保护不特定多数人的利益。尽管经济管理主体也参与市场活动，但这些活动并不以获得经济利益为目标，而是以此作为经济干预的方式，改变供给或需求，或者改变市场竞争状况，如在竞争不足的行业由国家出资设立国有企业以增加竞争者，或中国人民银行通过公开市场操作调节市场货币供应量等。这些活动以维护整体经济秩序、促进经济的整体增长为目标，往往仅取得足以弥补成本的回报甚至发生亏损。

第三，经济管理主体具有相对的独立性，存在一定的层级关系。不同经济管理主体的设置在于从不同的领域、层次或方式分别影响和干预经济的运行，以其专业知识和经验解决特定的市场失灵问题。这要求经济管理主体对市场运行所存在的问题及其原因等独立作出判断、作出经济决策，不受任何其他主体的干预。但全国市场是不可分割的统一整体，不同行业、不同地区的市场总是相互关联、密切联系，用以解决经济问题的政策或措施必定是相互牵制、彼此影响的。因此，各经济管理主体虽相互独立，但也密切联系、彼此协调。不同性质的经济管理主体、同一性质的管理主体内部的不同层级、不同地区的机关形成层次化、序列化的有机整体，既分工明确，也相互协调、配合，共同完成对经济的调控和规制。

第四，经济管理主体法律地位的相对恒定性和身份专属性。经济管理主体通常依据法律、行政法规或有权机关的决定而设立并享有特定的经济职权。这些经济职权具有专属性，不可转让或放弃行使。只要发生的经济问题在其职权范围内，其即有义务采取必要且妥适的措施加以解决。因此，经济管理主体在经济法律关系中处于调控和规制的一方，具有相对的恒定性，其身份相对单一，地位不可随意改变或互换。

第五，经济管理主体的主导性。[1]经济管理主体是有权发现并及时解决经济问题的积极执法者，是市场规则和经济政策的制定者和执行者，是市场秩序的维护者，是经济法律关系的启动者一方，处于相对主导的地位。[2]

---

〔1〕王卫国、李东方主编：《经济法学》，中国政法大学出版社 2008 年版，第 187 页。

〔2〕有学者认为，经济管理主体的主导性体现在政府及其机构在行使经济干预权限时，依法享有的职务上的优先权，如先行处置权、获得社会协助权和征收权等。详细可参见李昌麒主编：《经济法学》，法律出版社 2016 年版，第 64 页。

3. 经济管理主体的资格取得

经济管理主体因其类型不同，取得资格的依据和方式也各有不同。国家机关是最重要的经济管理主体。由于调控和规制对市场运行将产生强制矫正的效果，并影响市场活动主体的权利和义务的配置，具有“权力”属性，因此，行使该权力的主体资格必须由宪法或法律明确予以规定，通常与某一特定的经济职能直接相关。如国务院依据《国务院组织法》的规定设立并据此取得对社会经济生活实施综合、全面的调控和管理的主体资格，而中国人民银行、证监会、反垄断局等专门经济机关则分别由《中国人民银行法》《证券法》以及《反垄断法》等法律对其设立、职责权限等主体资格作出明确的规定。没有法律的明确规定或授权，任何国家机关均无法取得经济管理主体的资格。

社会团体等组织作为经济管理主体的资格可以由法律明确规定而取得，也可能由有关的国家机关授权或委托而取得。没有法律规定或授权、委托的，任何社会组织均无法取得经济管理的主体资格。如证券交易所、证券业协会为社会团体，作为证券业自律性管理组织，基于《证券法》的规定而承担一定的监管职能，从而取得管理主体的资格。相对于国家机关作为经济管理主体，社会组织实施经济管理的主体资格具有临时性，一旦国家机关取消授权或终止委托，其主体资格即告消灭。

（二）市场活动主体

1. 市场活动主体的范围

市场活动主体参与经济活动，主要是为了实现其自身利益的最大化，是国民经济活动的基本参加者。平等自愿和等价有偿是市场活动主体从事经济活动所遵循的基本原则。正是其追求利益最大化的过程中发生个体营利性和社会公益性之间的矛盾，产生国家予以干预的必要，从而成为接受调控和规制的主体。市场主体所追求的利益并不仅指经济利润，还包括消费利益等。市场活动主体的范围广泛，种类繁多，其中自然人和由自然人组成的经济组织，如公司、合伙企业、个人独资企业、集体企业、外商投资企业等，是市场经济中最基本和最常见的主体。此外，事业单位、社会团体甚至国家机关也可以成为社会经济活动的参加者。作为国民经济活动的基本单位，国家的经济调节管理活动往往需要借助其经济行为最终得以实现。市场活动主体通常依据民商法规范成立，但并不以民事主体资格的取得为前提。

如前所述，尽管国有企业在法律关系中的地位和权利义务与非国有企业存在诸多的差异，但作为具有独立法人资格的主体，在法律上独立于政府部门，在经济上享有企业经营自主权。国家不直接干预公司的日常生产经营活动，而是作为股东甚至控股股东，通过行使股东权利对其控股或参股公司的经营方向和重大事项等作出决策，使国有企业能够配合、落实政府的经济政策。因此，国有企业本质上应为市场活动主体，而非经济管理主体。

社会中间层或第三部门是经济管理主体还是市场活动主体，学界存有一定的争议。社会中间层是独立于政府与市场主体，为政府干预市场、市场影响政府和市场主体之间相互联系发挥中介作用的主体。[1]社会中间层往往被认为直接或间接参加经济管理，或者因提供专业性的服务而为经济管理行为的展开提供必要的依据，如会计师事务所的审计报告，从而在特定行为中具有经济管理者的身份。[2]社会中间层包括哪些主体，当前并无较为一致的界定，企业行业协会、中介经济组织，如会计师事务所、审计师事务所、资产评估机构等，均被纳入其中。有学者认为，社会中间层包含了特别保护性团体（如消费者协会）、辅助政府调控性团体（如商业银行）、公共服务性团体（如经济鉴证团体、社会中介机构）以及自治性团体。[3]虽然商业银行经营货币以及与货币相关的业务，可能影响市场的货币供应量，由此成为政府宏观调控的着力点和工具，然而，商业银行本质上是以利润最大化为目标的企业法人，[4]影响货币供应量只是其实施政府信贷政策所产生的后果，应是接受调控的主体，而非实施调控者。同样，会计师事务所等社会中介机构提供的服务虽有一定的公共性，但其主要目的是为服务接受者满足经济管理的要求，基于等价有偿收取费用，并不以提供服务所发生的成本为限，为经济管理者提供依据只是附带产生的后果。因此，上述主体均不是真正意义上的经济管理主体。特别保护性团体或自治性组织往往取得法律或政府的授权，行使部分市场监管的权限，如证券交易所对证券市场秩序的维护等，由此才取得经济管理主体的资格。可以说，与一般的市场主体相比，社会中间层主体具有一定的公益性，但与一般的国家主体相比，又具有浓厚的私权属性。但总体上看，私权属性具有主导性，无论赋予其何种“权力”，社会中间层主体始终源于市场，不可能超脱甚至脱离市场这个私权的集合体。[5]除非法律授权或政府委托，社会中间层组织应为市场活动主体，而非经济管理主体。

2. 市场活动主体的法律特征

与经济管理主体相比，市场活动主体具有如下的特征：

第一，市场活动主体是因政府调控或规制行为权利受到影响的主体。根据宪法、民商法等法律的规定，市场活动主体享有与其存在方式或组织形式相应的平等权利，包括经营自主权、自由竞争权等。但由于政府对经济的干预和调节，其权利或者因政府的政策性鼓励或促进而有所增强，或者因其市场规制而被限制甚至削弱。

第二，市场活动主体在经济法律关系中的身份地位并不固定，身份角色可以相互转换，同一主体可能兼具多重身份。[6]与经济管理主体不同，市场活动主体并不具有专属、恒定的身份和地位。相反，同一主体可能因不同的经济事实或行为而取得不同的身份或改变其身份地位，如公司销售商品或提供服务而成为经营者，公开发行股票并上市流通而成为上市公司，又因其经营活动满足税收构成要件而成为纳税人。不同的身份角

〔1〕 王全兴：《经济法基础理论专题研究》，中国检察出版社 2002 年版，第 524 页。

〔2〕 焦海涛：《经济法主体制度重构：一个常识主体视角》，载《现代法学》2016 年第 3 期。

〔3〕 孟庆瑜、徐超：《论社会中间层及其在经济法中的角色定位》，载《河北大学学报（哲学社会科学版）》2009 年第 1 期。

〔4〕《商业银行法》第 2 条。

〔5〕 张继恒：《经济法主体理论的再证成》，载《甘肃政法学院学报》2013 年第 11 期。

〔6〕 王卫国、李东方主编：《经济法学》，中国政法大学出版社 2008 年版，第 187 页。

色彼此间并不互斥，同一主体可以同时具备多个不同的身份或在多个身份之间发生相互转化。

3. 市场活动主体的资格取得

市场活动主体的资格一般不需要由法律作出特别的规定。经济法主要纠正具有外部性的经济行为，其实施主体首先必须具备在市场上实施经济活动的资格。这一资格主要由民商法予以确立，对所有主体均平等适用。[1]因此，通常情况下，市场主体，包括自然人、法人、非法人组织，因出生或设立行为而取得主体资格。但在市场准入方面，出于维护经济安全、秩序或经济结构调整等因素的考量，经济法也可能对市场活动主体的资格作出特别的规定或要求，相应的主体资格则须经有权机关的批准或登记行为而取得。如《证券法》规定了首次公开发行股票的条件，满足法定条件的股份有限公司只有在证监会作出注册决定后才能取得发行公司的主体资格。

此外，市场活动主体还可能因法定事实或行为而取得经济法主体资格，如自然人因发生"生活消费"的事实而取得消费者的主体资格，或因财产状况、金融资产状况、投资经验和专业知识等事实而取得"普通投资者"的身份等。

第三节　经济法律关系的权利（力）义务

一、经济法律关系的权利（力）义务概述

经济法律关系中各方当事人所享有的权利、承担的义务构成经济法律关系的内容。自 20 世纪 80 年代，学者们开始研究经济法律关系中的权利义务问题。但由于种种原因至今学界尚未就经济法上的权利义务的范畴和体系形成相对统一的理论。[2]学者们对于经济法上的权利（力）义务的特征与类型提出了诸多不同的观点。如就经济权利的类型，有学者认为应包括经济职权、财产所有权、经济管理权、请求权等，另有学者则认为所有权、经营管理权、经济职权、经济债权和工业产权均属于经济法上的权利。还有学者认为经济法的基本权利范畴包括经济协调权、经济自由权，并将其归属于不同的主体。[3]然而，财产所有权、经济债权属于民事法律关系中的权利范畴，并非经济法特有的权利类型。而经济职权、经济管理权又具有一定的强制性，将其纳入权利的范畴，显然混淆了权力与权利之间的区别。

关于经济法权利（力）义务的特征，学界的分歧则更加明显。如有学者认为权力与权利的复合性、权利与义务的一体化、权利与义务的不对应性以及法定性是经济法律关

---

〔1〕 张守文：《经济法总论》，高等教育出版社 2020 年版，第 84 页。

〔2〕 薛克鹏：《经济法基本范畴研究》，北京大学出版社 2013 年版，第 261 页。

〔3〕 关于学界对经济法权利类型的理论分歧，详细可参见韩志红：《经济法权利论纲》，载《法学杂志》2010 年第 2 期。

系内容的主要特征。[1]另有学者则认为，经济法主要由义务性规范组成，基本缺少权利性规范，即使有，两者之间也完全不对等。[2]还有学者主张，由经济法调整对象的国家意志性和经济性、公私因素相交织的特性所决定，经济法律关系的内容具有权利（力）和利益的内在统一性、权利（力）义务的一体性和义务的纵横统一性等特点。[3]

从现行经济制度来看，作为经济法律关系内容的权利（力）义务具有如下的特征：

第一，经济法权利（力）义务往往与特定身份直接相关，具有专属性。各方主体基于不同目标和利益的追求而参与市场运作。为了确保均能实现预期的活动目标，经济法必须根据主体的不同属性设定与其角色地位相匹配的权利（力）和义务。各方主体在经济能力、角色功能、风险承担等方面存在差异，经济法为其设定的权利（力）义务因此各有不同。不同类别的主体享有专属的权利（力）、承担不同的义务，其人格由此得以具体化。如经济管理主体享有对经济活动实施调控和规制的权力，不得放弃行使，更不得转让。而市场活动主体则须承担接受调控和规制的义务，所享有的自由竞争权、自主经营权等无法转由经济管理主体行使。市场活动主体基于不同的法律身份所享有的权利和承担的义务各有不同，如自然人作为消费者和纳税人分别享有与此身份相关联的不同权利和义务，同一身份、不同类别的主体所享有的权利也不尽相同，如普通投资者可以享有强制调解权等专属性的权利，专业投资者却不享有此项权利。

第二，经济权力与经济权利具有复合性。经济管理主体在经济法律关系中享有的权利，源于国家的经济职能，以强力矫正失序的市场运行为目标，这决定了此项权利必然不同于一般意义上的“权利”。但国家机关干预市场经济的运行，如完全采取直接强制命令的行政手段，不仅效果不彰，更可能违背市场的运行规律而造成对市场的二次伤害，加剧市场失灵的问题。这决定了经济权力必然与一般行政主体所享有的行政权力有着根本的不同。经济的调节往往必须采取“非权力”的手段，如以发行国债聚集社会上的闲散资金、又通过所取得的国债收入的投资等方式影响市场上的供给和需求，体现了“权利”的属性。经济权力往往以市场活动主体的经济权利的重新设定为基本实现方式，行使效果依赖于其权利的行使状况。如国家调控权的行使效果在很大程度上取决于市场活动主体放弃经营自主权、迎合政策引导的程度，权利的自我限缩程度越高，权利受到限缩的主体越多，经济权力的行使效果将越明显。从这个意义上说，经济权力包含了一定的权利内涵，与经济权利交叉存在，相互影响、相互制约。

第三，经济权利、经济权力与经济义务的法定性。由于经济权力的强制性，其固有侵害市场主体的潜在可能性，因此，由法律予以明确规定并无疑义。经济法是在民法规范调整基础上的二次调整。在经济活动不产生外部性的情况下，民法将确立活动的法律后果。经济法的调整必须以民商法所确立的权利义务架构为前提，在此基础上加以适当地限缩、增补或修正。[4]对基本权利予以限制的事项属于法律保留的范畴，权利受到限

---

〔1〕李曙光主编：《经济法学》，中国政法大学出版社 2018 年版，第 60—61 页。

〔2〕薛克鹏：《经济法基本范畴研究》，北京大学出版社 2013 年版，第 261—262 页。

〔3〕史际春、邓峰：《经济法总论》，法律出版社 2015 年版，第 191—192 页。

〔4〕杨忠孝：《经济法上的权利与权力之争》，载《法学》2009 年第 8 期。

制的程度越深、力度越大，规定应越明确、具体，规范密度越大。[1] 因此，以实现实质正义为目标的经济法对各方主体的权利设置、对已有权利的限制或剥夺必须由法律明确予以规定，才能形成相对独立于民法的权利架构。授予市场主体新的权利、扩展权利的权能，看似是授权性的规定，但授予权利的同时必须设定权利行使的对象，由此必然加重其他主体的负担或设定新的义务，同样应由法律明确规定。因此，经济法上的权利、权力和义务均具有法定性。

第四，经济权利、经济权力与经济义务的不均衡性。经济法对各方主体的权利、权力和义务的配置是以主体的差异性为前提的，因此具有明显的单向性，即一方主体享有权利却不负担相应的义务，而承担义务的一方往往不得向对方主张权利。如上市公司负有信息披露的义务，却不得向投资者主张支付价款等权利，消费者享有无因退货等权利，并不因此对经营者负担任何义务。从总体上看，经济权利明显分布于经济弱势地位的一方，如消费者、中小投资者、劳动者等，经济义务则基本集中于经济上处于优势地位的群体，如控股股东、上市公司、用人单位或经营者，从而呈现不均衡的分布状态。

二、经济法主体的职权与职责

经济职权即经济权力，是法律赋予国家机关为维护市场的正常秩序而对经济运行实施总量调控和市场规制的权力，是国家机关依法可以或应当实施或不实施一定的行为、要求市场活动主体为或不为一定行为的资格，是对经济事务的决定权和执行权。为了有效调节管理国民经济，应对层出不穷、纷繁复杂的经济问题，经济法赋予经济管理主体各种不同的权利，范围广泛、种类繁多。

（一）经济法职权的主要类型

1. 经济组织权

经济组织权是国家机关通过审批、登记等行政许可行为确认市场活动主体的成立，确认其主体身份并授予其市场准入资格的权力。如市场监督管理局通过工商登记确认公司的法律人格并授予其在市场上从事生产活动的资格。在特殊的产业中，政府还以审批的方式授予特殊的经营资格，如商业银行的主体资格和经营资格须经银行保险业监督管理委员会批准才能取得。

2. 经济支配权

经济支配权是国家基于对人、事、物的控制和支配，通过购买商品或服务、投资等处分行为影响市场的供给和需求总量、调节经济结构的权力。如政府机关以其控制的国有资产出资控股或参股特定行业的企业，通过投资方向的选择，影响该行业的经营者及其商品或服务的供应量。

3. 经济强制权

经济强制权是国家机关为维护市场的正常运行秩序，强制命令特定主体必须实施一定的行为或禁止特定主体实施一定经济行为的权力。经济强制权是具有直接命令性的行

---

〔1〕 陈新民：《德国公法学基础理论》（上卷），法律出版社 2010 年版，第 398 页。

政权力。如税务机关的征税权、出于公共目的的财产征收权等均属于经济强制权。

4. 经济处罚权

经济处罚权是指国家机关在调节经济的过程中，对不执行经济法律法规、经济政策或决定，侵害其他市场主体权利、破坏市场经济秩序的行为予以惩罚的权力。经济处罚权往往与经济责任的追究相关，一般以经济惩罚为主，如施以高额的罚款、没收违法所得等，通过经济利益的剥夺增加违法成本，形成对经济违法行为的威慑和阻吓。市场准入等资格的剥夺，如证券市场失信者的市场禁入、取消未办理税务登记等经营者发票领购资格等，也是较为常见的处罚方式。

5. 经济监督权

经济监督权是指国家机关事前不对市场活动主体的行为加以约束和限制，而是在经济行为实施过程中以及完成后，对该行为是否违法、是否可能或已经造成损害加以监督，并采取必要的强制措施予以纠正的权力。如对政府机关执行预算的行为予以监督，一旦未依据预算进行财政收支，依法予以制止并要求其改正，或证监会通过注册确认公司的股票发行资格，在股票发行以及上市后持续进行事后的监督，一旦发现存在欺诈发行行为，即采取撤销注册决定、要求其终止发行甚至回购已上市股份等措施予以纠正。

（二）经济法职权的实现机制

经济职权的实现方式包含了权力性的强制方式和非权力性的调整方式，对市场活动主体的权利限制程度、实施效果、适用范围和程序约束等均有不同。

1. 强制性的经济干预方式

强制性的经济干预往往通过义务的设定、直接的命令或禁止的方式予以实现。这一方式将对市场活动主体的权利加以限制、减损甚至剥夺，因此必须在经济法律中明确予以规定。在干预过程中，经济管理主体与被管理的市场活动主体处于不平等的法律地位，被管理主体不得拒绝管理，否则将承担消极的不利法律后果。具体而言，强制性的经济干预通常以如下的方式实现。

（1）行政命令方式。行政命令方式即国家机关为维持正常市场秩序，直接命令市场活动主体实施或不实施特定行为的方式。被管理主体对此应服从且严格予以执行。如对未按期缴纳税款的纳税人实施行政强制，或为调控商品房的价格限制居民购买第二套住宅。行政命令方式将直接限制、改变市场活动主体实施特定的经济活动或其实施方式，短期内可能产生明显的政策效果。但这一方式会直接导致行为的强制矫正，可能背离经济规律，损害特定主体的基本权利，从长远来看未必能够取得预期的调控或规制效果，反而可能导致过度干预而加剧市场失灵。如房屋的限购令短期内减少了购房需求，却直接剥夺了部分无房者的居住权，其购房需求只是被暂时压制，住房的供给和需求关系难以发生根本改变，因而无法取得抑制房价的政策效果。因此，行政命令不应成为经济职权实现的重要方式。

（2）依据法律规范的直接规制。依据法律规范的直接规制是指在立法已为市场活动主体设定义务性、禁止性和命令性规范的情况下，经济管理主体要求市场活动主体依照上述规范安排经济活动，一旦违反上述规范即施以强制的方式。这一方式以法律的强制性规范为前提，由此实施的管理行为的强制性源于法律的强制性。由于立法中已有明确规定，市场活动主体可以事先预测可能面临的强制性调节并作出相应的事务安排，因此，这一方式对市场活动主体的权利影响程度弱于行政命令方式。

（3）对私法事项设置准入限制。为进行总量控制或维持市场运行的秩序与安全，经济管理主体可以为本属于私法自治的事项设定准入条件。市场活动主体对私法事项本享有自主决定权，一旦设定准入条件，对未满足条件者将形成准入权利的剥夺，因此具有一定的强制性。但对于满足条件者，则产生资格授予或权利确认的后果。准入条件越严格，可能被排除于市场之外的主体越多，准入权利的限制程度越深，这一方式的强制性越明显。如在证券发行核准制之下，发行公司除了满足《证券法》规定的最低发行条件，还须经证监会的发行审核，“优中选优”，中小型公司、初创期的公司通过证券公开发行筹集资金的权利基本被剥夺。而在注册制下，发行公司只须满足法定的发行条件即可进行注册取得发行资格，对公司直接融资权利的限制相对较少，程度也相对较轻。

（4）权利授予方式。经济权利的授予是指经济管理主体通过授予市场活动主体特殊的经济权利，减轻、免除或延缓履行法定义务，以鼓励或促进其实施有利于实现特定政策目标的行为，从而实现调控或规制的目的。如通过低税率、研发费用的加计扣除等税收优惠，鼓励企业从事新科技的研究和开发，或对企业给予一定的财政补贴，以鼓励其实施特定的经济活动等。从形式上看，权利的授予具有授益性，对权利授予者并不产生权利剥夺或限制的后果。但从实质上看，其经营自主权由此弱化为接受或不接受权利的选择权。一旦享有所授予的权利，即可能必须放弃计划的经济活动而改为迎合政府实施其所鼓励的行为，权利可能受到一定的限制。不愿接受调控者和不符合条件者不仅无法享受政策利益，反而可能必须承受、接受调控者转嫁的财产负担，因而在市场竞争中处于相对不利地位。就此而言，权利授予方式具有“隐性”的权利限制的效果，同样属于强制性的经济干预方式。

2. 非权力性的经济调节方式

（1）私法手段。私法手段的经济调节是指国家作为民事主体，通过作为一方当事人参与经济活动影响市场竞争状况和经济供需总量的方式。在私法的调节方式下，经济管理主体与市场活动主体之间形成平等的民事法律关系，基于民商法规范确立各自的权利义务。由于国家是本国市场内最大的消费者、投资者和信贷提供者，掌握数额庞大的资金，其资金的使用和投资去向，将会改变市场上存在竞争关系的市场活动主体之间的力量对比，影响市场上商品和服务的供应或需求总量。政府采购、国有资产投资、国债发行是较为常见的私法手段的调节方式。应当注意的是，在这一方式下，经济管理主体仍具有相对的主导性，实施一定的管理和控制。如政府对控股或参股的国有企业在投资规模、方向、结构、经营计划、人事管理等方面均会参与一定的管理。

（2）经济指导。经济指导是指经济管理主体在其法定职权范围内，以引导、示范、提示、辅导、建议、规劝、约谈或回访等方式，提倡、引导和鼓励被管理主体为或不为一定经济行为的权利，如提倡节约能耗、引导投资或消费、鼓励发明创造等。[1]价格指导是较为常见的经济指导方式。在经济指导中，经济管理主体只有建议权，不能对市场活动主体施加直接的强制。

（三）经济法职权的行使要求

作为一项国家权力，经济职权应当依法行使，即应当在法律所规定的权限范围内，遵守法定程序以法定的方式对经济进行干预和调节，不得滥用权力或超越权限范围，更不得怠于行使权力。一般来说，规范领域越复杂多变，规范结构将越松散、开放，为执法主体保留的自主空间越宽泛。与行政权等国家权力相比，经济职权属于需要个案适当化的事态形成权。经济法规范的开放性结构为经济管理主体行使经济职权保留了较大的弹性和灵活性，确保其可以根据经济形势的变化，针对不同的经济问题相机抉择，以便采用最恰当的、最有效的经济手段予以解决。经济管理主体所享有的自主权包括以下方面：（1）对存在规范空白的经济法条文加以具体化。如前所述，经济法规范大量采用了不确定的法律概念，经济管理主体可以在不同的情境下作出价值判断和政策选择，对上述概念加以具体化，补充条文遗留的空白内容，使经济法规范更加具有可执行性和可操作性。这实际上是经济法规范续造的过程。（2）对应受调节的经济事项的判断余地，根据具体化的经济法规范，判断经济事项是否满足经济调节的条件和范围、是否对其施以干预等。[2]（3）调节后果的裁量决定，即基于对纳入调整范围的经济问题的特殊性及其产生原因的判断，裁量选择调节和干预的方式、市场活动主体为此须承担的法律或经济后果等。

经济管理机关适用包含不确定概念的经济法条文，应依据一切法律，尤其是经济法的准则，基于"唯一合适"的政策目标和结果，就"具体案件的情况"进行严谨的探讨和考虑，从而在"主观认为正确"的"剩余空间"内做出唯一正确的认定。由于不确定概念的适用必然包含价值补充和案件事实判断的相互交融，经济管理主体依据经济法律规范行使经济职权时应当注意如下方面：（1）不确定概念的解释应当妥当，应当遵守经济法原则、解释法则和上位规范，应当注意通常的判断标准或客观性要求；（2）对经济现象、经济问题的把握应当正确，经济行为或事实的判断应真实和全面，作出判断的相关基础证据应确实、充分；（3）不确定概念结合具体个案情境的适用，从确认的事实中导出涵摄的逻辑应当合理，遵守一般公认的价值判断标准和经济法应遵循的原理原则；（4）所做出的决定不得存在判断瑕疵，如恣意认定和评价事实、忽视本应当考量的事项、考虑了不应当考虑的事项或欠缺相反利益的慎重比较等。

三、经济法主体的权利

（一）经济法主体权利概述

经济法主体的权利是经济法赋予市场活动主体从事经济活动可以为或不为一定行为

---

〔1〕漆多俊：《经济法基础理论》（第5版），法律出版社2017年版，第156页。

〔2〕参见Kadelbach，AllgemeinesVerwaltungsrechtuntereuropäischemEinfluss，S.444，转引自张福广：《德国行政判断余地的司法审查》，载《行政法学研究》2017年第1期，第132页。

的自主权，或者要求他人为或不为一定行为的自由。当前学界对经济法上的权利已有相当的研究，但分歧依然明显。关于经济法权利的构成，有学者认为，市场活动主体（调制受体）依法享有的法律赋予的一切基本权利，可以统称为“经济自由权”，实质上即为“市场对策权”。[1]另有学者则将经济发展权、经济分配权和经济安全权作为经济法的基本权利范畴，从而构建经济法独特的权利范畴。[2]学者们对经济权利构成的最大分歧在于经济权力是否应被囊括在经济权利之中。如有学者即认为经济法律关系中的权利即为国家经济调节中的权利，包括国家经济调节主体的权利与各种被调节主体的权利。[3]有学者则认为，权力的主体是国家机关，权力只能作为保护权利和利益的手段，将权利和权力相混淆是经济法权利理论未能取得实质性进展的重要原因之一。[4]经济权利究竟是个体权利还是社会权利，是积极权利还是消极权利，也是学界对经济权利属性的主要争议之所在。

从当前的经济法所确立的经济权利考察，作为经济法律关系内容之一的经济权利具有如下特征：

第一，经济权利往往与市场活动主体在经济活动中的功能、地位直接相关。随着高度发达的社会分工和生产社会化，现代社会已经成为有机的整体，个人之间、个人与集体之间相互依赖、彼此合作。个体在这一有机整体中分别扮演不同的角色，发挥不同的社会经济功能。为了使市场主体均能充分发挥其社会经济功能，经济法所赋予的权利往往与其角色、地位和功能相适应的权利。[5]基于不同的角色身份和功能定位，不同的主体，甚至同一主体在不同的经济法律关系中所享有的权利因此有所不同。

第二，经济权利是经济法主体自主实现自身利益的资格和能力，是其参与市场活动的法律界限。经济权利为经济法主体确立了行为的边界，在此界限内，经济法主体享有实现自身利益的行为自由，可以行使，也可以放弃。

第三，经济权利兼具个体权利和社会权利、消极权利和积极权利的双重属性。所谓的社会权利，又称集体权利，是指权利不归属于单独的个体，而是归特殊的社会群体共同享有并行使，其中一人的权利受到侵害，其他人的权利同时也受到侵害。经济法的权利主体是以群体为单位的，因此被认为是一种社会权利。[6]但社会整体是由无数个人所组成的集合体，社会与个人是整体和部分的关系，两者是相互联结的，在逻辑上是相互蕴含的。[7]如无个体，即无社会整体的存在。社会整体在法律上虽可以进行人格的拟制，却依然是虚拟的存在，无法作为权利的承受主体，更遑论以整体的名义独立地行使权利。因此，经济法所保护的权利，首先是个体权利，其次才是不特定多数成员共享的

---

〔1〕张守文主编：《经济法学》（第七版），北京大学出版社 2018 年版，第 65 页。

〔2〕程信和：《经济法基本权利范畴论纲》，载《甘肃社会科学》2006 年第 1 期。

〔3〕漆多俊：《经济法基础理论》（第 5 版），法律出版社 2017 年版，第 153—154 页。

〔4〕薛克鹏：《经济法基本范畴研究》，北京大学出版社 2013 年版，第 267 页。

〔5〕高寒、刘水林：《论经济法权利的合法性基础、基本属性和结构》，载《政法论丛》2008 年第 3 期。

〔6〕薛克鹏：《经济法基本范畴研究》，北京大学出版社 2013 年版，第 271 页。

〔7〕韩志红：《经济法权利论纲——以社会成员权利的维度》，载《法学杂志》2010 年第 2 期。

权利。

经济权利的消极权说认为，经济权利是经济法主体自我实现的权利，其目的在于排除国家对经济自主权的干涉。经济权利的积极权说则认为，经济权利的实现依赖于国家提供的保护和政策扶持。上述对经济权利属性的认识，实际上都是失之偏颇的。市场经济有其独特的运行规律，政府应当首先尊重并维护市场固有的运行规律，因此，要求国家消极地不予干预、确保市场活动主体的自主经营是经济权利的首要内涵。但经济权利的行使不仅关系经济法主体个体利益的实现，更关系到社会经济的维持、存续与发展，国家必须确保经济法主体与物质资料的及时结合，并对此过程中经济法主体的人格、人身及财产利益予以保护，由此必然形成国家对经济权利的保障义务。因此，经济权兼具消极权和积极权的双重属性。

（二）经济权利的基本类型

1. 以经济权利与主体身份的关联性为依据

以与主体身份的关联性为标准，可以将经济权利分为一般的基本经济权利和与特定身份相关联的特殊经济权利。

（1）基本经济权利

基本经济权利是指所有参与经济活动的所有个体都享有的权利，是每个市场主体从事经济活动发挥其功能的基本条件，不得被任意剥夺或限制，如经济自主权、公平交易权、有效竞争权等。市场活动主体无论处于何种法律地位、具备何种身份，均可以享有一般的基本经济权利。

（2）特殊经济权利

特殊经济权利是指市场活动主体因其在经济活动中的角色身份，为确保其功能的发挥、经济目标的实现而享有的权利。特殊经济权利的取得和行使与特定身份直接相关，具有身份的专属性。一旦主体丧失特定身份，即不得再主张相应的权利。如消费者享有的安全权、知情权、获得赔偿权、结社权、受教育权、受尊重权等，纳税人享有保密权、税负从轻权、延期申报权、退税请求权、延期缴税权等，普通投资者享有的先行赔付请求权、强制调解权等。

2. 以经济权利与民事权利的相关性为依据

市场活动主体首先是平等的民事主体，参与经济活动本身就是民事权利的行使方式之一。国家所干预、调节的经济活动亦即民事活动。因此，国家赋予经济法主体在国家干预、调节经济过程中享有的经济权利与民事权利之间必然有着千丝万缕的联系。

（1）经济法创设的新型权利

经济法有着与民商法不同的规范目的和价值目标，在关注个体差异的基础上追求整体经济秩序的维护。为此，经济法必须为市场活动主体创设与民事权利不同的新型权利。这些新型权利或与市场活动主体的特殊地位或身份有关，如为明显处于弱势地位的消费者创设的无因退货权、受教育权，或与不特定多数个体共享的利益直接相关，如经济秩序权、消费者的结社权等。

（2）补强或扩展的民事权利

民事权利的设置是以民事主体无差异的人格假设为前提的，因此所有民事主体所享有的权利是抽象、平等的无差异的权利。而经济法以市场活动主体的差异化为前提，在特定群体行使无差异的民事权利无法达成实质公平的结果的情况下，经济法对该群体本已享有的民事权利予以补强或权能的扩展。此类经济权利实质上是民事权利的进一步衍生。如消费者作为平等的民事主体享有缔约自由权和平等权等民事权利，但由于相对于经营者的弱势地位，《消费者权益保护法》以交易选择权、公平交易权等经济权利进一步强化其选择商品或服务、接受公平定价等交易条件的权利内涵，以弥补所处弱势地位对民事权利实现的不利影响。《反垄断法》第 20 条则赋予中小经营者为提高经营效率、增强竞争力而缔结垄断协议的权利。

（3）增设实现机制的民事权利

尽管市场活动主体享有平等的民事权利，但在经济活动中可能因经济实力、专业能力和经验等因素的影响，其权利的行使受到限制或难以达成预期的行使效果。为了纠正上述因素对权利行使的消极影响，经济法特别增设其权利实现的特殊方式或渠道，以保证所有市场活动主体行使同一权利均能取得相同或大致相当的效果。如中小股东由于持股比例的限制难以通过行使股东表决权、选举权决定公司的重大事项的决策或选任管理层，其股东权利形同虚设。为此《证券法》增设累积投票制、表决权代理征集等特殊的股东权利实现机制，增加中小股东权利的实现机会。消费者因商品的消费而遭受人身、财产的损失，基于违约责任或侵权责任虽享有请求赔偿的权利，但这一权利可能因消费者个体与经营者之间悬殊的经济地位而难以行使，《消费者权益保护法》为此特别赋予其先行赔付请求权，并以举证责任倒置等制度保障该权利的真正行使。

四、经济法的义务

（一）经济义务概述

经济义务是经济法主体为了满足权利主体的要求，依法实施一定的行为或不实施一定行为的强制性要求。经济法既然以矫正失序的市场运行、维护社会公共利益为目的，而“社会公共利益首先通过课以绝对义务，即没有相应法律权利的义务来保护”[1]，因此，在经济法规范体系中，义务性规范、命令性规范和禁止性规范等强制性规范占有较大的比重。[2] 与其他法律义务一样，经济义务的履行具有强制性，义务主体应当为或不为法律所规定的事项。一旦未履行或未恰当履行，则必须承担消极的不利后果。学界对经济义务的研究并不多。关于经济义务的构成，有学者将经济义务概括为接受调制的义务和依法竞争的义务两大类。[3] 有学者认为经济义务具有经济性、法定性、社会性、主

〔1〕［美］罗斯科·庞德：《法理学》（第 3 卷），廖德宇译，法律出版社 2007 年版，第 256 页。

〔2〕 有学者甚至认为，义务是经济法主要的甚至全部的内容。详细可参见薛克鹏：《经济法基本范畴研究》，北京大学出版社 2013 年版，第 261 页。

〔3〕 张守文主编：《经济法学》（第七版），北京大学出版社 2018 年版，第 66 页。

体单一性、强制性、广泛性和多样性等特征。[1]但强制性是所有类型的法律义务的共同特征，而义务主体是否仅限于经营者，不无疑问。经济义务的主体是否包括政府，还是仅限于市场活动主体，是当前主要争议之一。

从当前经济法律的规定来看，经济义务具有如下特征：

第一，经济义务的社会性，即特定主体所承担的经济义务并不是为了满足单一主体的权利，其履行往往能够同时满足社会上不特定多数人的共同利益。民事关系一般具有相对性，一方主体的义务正是为了满足另一方当事人的权利请求。但经济义务并不对应单一的特定主体，而是为了同时实现多数主体的权利，因此其履行具有社会公共性。如上市公司承担并履行信息披露义务，可以同时满足社会公众和投资者的知情权，减少其获取上市公司经营信息的成本，减少投资风险。经营者承担产品质量的保证义务，同样是为了保证人数众多的消费者的消费安全权，避免因产品的消费而发生人身、财产的损害。正因为如此，经济义务的违反可能造成不特定多数人利益的损害，因此须承担的法律后果更为严厉，一般为行政责任甚至刑事责任。

第二，经济义务基本上由在市场活动中处于相对优势地位的主体承担，意在防范、纠正其利用优势地位侵害弱势群体的权利。市场主体是追求利润最大化的经济理性人，在缺乏约束或限制的情况下，必然最大限度地行使权利，即使可能由此损害其他主体的利益。在因财产、信息、资金、技术等因素形成相对优势地位的情况下，以损害他人利益为代价实现自身利益最大化的机会大为增加。以追求实质正义为目标的经济法通过为处于相对优势地位的主体设定更多义务的方式，减弱其优势地位对其他利害关系主体的不利影响，使各方主体可以在矫正后相对平等的地位上从事经济活动。

第三，经济义务的履行强制。由于经济义务的履行关系到社会公共利益，因此，义务主体必须严格遵守法定的程序、以法定方式予以履行，不得拒绝。拒绝履行或不正当履行不仅将导致法律责任的承担，同时还将面临义务的强制履行。承担法律责任并不豁免经济法主体的相应义务。如纳税人逃避履行已经发生的纳税义务，不仅将因此面临行政处罚甚至刑事责任，同时还应补缴税款和滞纳金。

（二）经济义务的主要类型

1. 以义务主体为依据

以承担义务的主体进行分类，经济义务可以分为国家的经济义务和市场活动主体的经济义务。

（1）国家的经济义务。

国家的经济义务是指经济法规定应由政府作为国家的代表机关所承担的作为或不作为的义务。经济法赋予政府机关解决市场问题、维持市场正常运行秩序的角色功能，为此政府所承担的经济义务范围更加广泛、更具有多样性。具体而言，政府所承担的经济法义务包括以下三个层次：

第一，权利的保障义务，即市场的正常运行是以市场主体权利的自由行使为前提

[1] 薛克鹏：《经济法基本范畴研究》，北京大学出版社 2013 年版，第 262—263 页。

的，在不受任何干预、自主决定经济事务的情况下，市场才能在自由、有序的竞争中发展繁荣。政府要维护市场的正常运行，首要的任务是为保障市场主体权利的自我实现，保护其权利自决的自主空间免受来自他人的侵扰，排除可能存在的妨碍，包括政府机关本身，如禁止行政垄断义务。应当注意的是，政府所承担的经济义务不同于经济职责，经济职责是政府为维护市场秩序当为的行为要求，只能是积极作为的方式，而经济义务可以是积极作为，也可以是消极作为。

第二，权利实现的促进义务，即政府机关应当为市场主体权利的实现创设必要的环境和条件。随着技术的发展和社会专业化分工的加强，市场主体权利实现所必需的条件已经无法完全自我满足，而必须依赖于他人和社会的整体环境。为此，政府应当积极创造市场主体权利实现所必要的条件和环境，甚至有些权利实现所必需的条件只能由政府来提供，如满足市场主体公共需求的公共产品，包括完善且具有可预见性的法律制度、良好的公共基础设施、安定的社会秩序和良好的外交关系等。

第三，作为实现权利的直接义务主体。在市场活动主体无法自我实现经济权利的情况下，政府甚至可能成为其权利请求的对象，作为义务主体实施权利要求的内容，如对丧失劳动能力的劳动者的福利给付、为失业者提供就业服务等。

（2）市场活动主体的经济义务。

市场活动主体的经济义务是其在从事生产经营等经济活动中应当作为或不作为的强制性要求。市场活动主体的经济义务通常与其在市场中的角色定位、经济地位等直接相关。如企业作为经营者应承担禁止垄断、禁止欺诈消费者、产品质量保证等义务，作为纳税人承担企业所得税等义务，所承担的纳税义务与其经济给付能力相当。

2. 以义务履行方式为依据

以义务履行方式为依据，经济义务可以分为消极义务和积极义务。消极义务又称为禁止性义务，即要求经济法主体不得实施特定行为的义务，如禁止垄断义务、不得虚假宣传、接受调查义务等。积极义务又称当为性义务，即经济法主体必须以积极作为的方式才能履行的义务，如以金钱给付为内容的纳税义务、以信息提供为内容的信息披露义务、明码标价义务等。有些经济义务既包括积极作为，也包括消极不作为。如税务机关承担的纳税人信息的保密义务，既要求税务机关不得将纳税人信息提供给他人，也要求其采取必要的措施确保纳税人信息处于保密状态、防止泄露。

3. 以义务主体的身份为依据

以承担义务的主体是否具备特定的身份为依据，可以将经济义务分为一般经济义务和特殊经济义务。经济法主体无须具备特定身份所承担的义务，为一般经济义务，如经营者所承担的禁止垄断义务、尊重消费者义务、禁止不正当竞争义务、环境保护义务等。经济法主体具备特定身份或从事特殊行业才承担的义务，则为特殊经济义务，如商业银行、药品或食品生产者和销售者所承担的召回义务等。

第四节　经济法律关系的客体

一、经济法律关系客体的特殊性

经济法律关系的客体是指经济法上的职权、职责、权利或义务指向的对象，是经济法律关系中不可缺少的要素。经济职权、经济权利和义务必须通过客体才能实现，[1]客体的形态甚至可以决定权利和义务的形态，[2]是经济法主体之间建立权利和义务关系的媒介[3]。关于经济法律关系客体的特征，学界观点不一。有学者认为广泛性和社会性是经济法律关系客体与民事法律关系客体的主要区别。[4]另有学者肯定了经济法律关系客体的社会化特征，同时强调其兼具私人性和公共性的双重属性。[5]还有学者强调经济法的客体除有用性外，还具有公共性、整体性和非完全交易性。[6]关于经济法律关系客体的具体类型，学者们的分歧更为明显。有学者认为经济法律关系的客体发生在经济管理、生产经营和流通领域，包括行为、物、智力成果和身份 4 类，与一般法律关系并无不同。[7]有学者认为经济法律关系的客体主要包括有形物、非物质财富和经济行为。[8]有学者则将行为、物和信息作为经济法律关系的客体。[9]还有学者详细列举了经济法律关系客体所包含的自然资源、环境、公共产品、产品、劳动力和市场 6 种类型。[10]更有学者将状态，主要是垄断状态，以及经营实体等，作为经济法律关系的特殊客体。[11]

从上述观点来看，公共性或社会性是学者较为普遍认可的经济法律关系客体的特征。在持该观点的学者看来，经济法律关系客体的社会性源于其形成于国家干预经济的过程中，由于该活动是社会化活动，据以建立这一关系的事物因此具有公共性。[12]该客体是统一的整体，与所有人的利益相关。[13]经济法固然以保护社会公共利益为己任，但在实施国家干预和调整的过程中，却往往与数量众多但相互独立的市场活动主体发生关系，其政策效果也取决于个体的行为选择，所指向的只能是特定主体可以控制和支配的客体。如国家以税收优惠实施宏观调控，由此减免的纳税义务所指向的正是纳税人可以控制、支配的“货币”，不具有公共性。因此，公共性并非经济法律关系的典型特征。

---

〔1〕李昌麒主编：《经济法学》，法律出版社 2016 年版，第 65 页。
〔2〕薛克鹏：《经济法基本范畴研究》，北京大学出版社 2013 年版，第 278 页。
〔3〕李曙光主编：《经济法学》，中国政法大学出版社 2018 年版，第 58 页。
〔4〕李昌麒主编：《经济法学》，法律出版社 2016 年版，第 65 页。
〔5〕符启林：《经济法学》，中国政法大学出版社 2005 年版，第 92 页。
〔6〕薛克鹏：《经济法基本范畴研究》，北京大学出版社 2013 年版，第 279 页。
〔7〕史际春、邓峰：《经济法总论》，法律出版社 2015 年版，第 176 页。
〔8〕李昌麒主编：《经济法学》，法律出版社 2016 年版，第 65 页。
〔9〕李曙光主编：《经济法学》，中国政法大学出版社 2018 年版，第 59 页。
〔10〕薛克鹏：《经济法基本范畴研究》，北京大学出版社 2013 年版，第 280—284 页。
〔11〕何国华、刘继峰：《经济法总论》，对外经济贸易大学出版社 2022 年版，第 78 页。
〔12〕李曙光主编：《经济法学》，中国政法大学出版社 2018 年版，第 59 页。
〔13〕薛克鹏：《经济法基本范畴研究》，北京大学出版社 2013 年版，第 279 页。

经济法与民商法的规范对象存在一定的交叉，如企业合并、资产重组、股权收购、销售假药等，由此所确立的权利与义务所指向的对象也必然具有同一性。经济法律关系客体基本上涵盖了民事法律关系客体的所有类型。此外，经济法基于特殊的价值追求所确立的权利义务所指向的客体与民事法律关系的客体有所区别。

二、经济法律关系客体的主要类型

（一）物

物是法律关系的普遍客体，是人类可以控制和支配，用于生产、使用、占有、交易的事物的总称。但是否所有的物均可以作为经济法律关系的客体，学者们的观点并不一致。有学者认为，正如任何财物均可以作为国家所有权的客体或者标的物那样，任何财物也都可以作为经济法律关系的客体。因此，经济法上的物与民法完全相同。[1]但也有不少学者认为经济法律关系客体的物并不包括所有民法上的物，如有认为只有与国家（政府）宏观调控和市场规制相关的物才能成为经济法律关系客体意义上的物，或只限于与所有人的利益相关、形成统一整体的物。

经济法评价的是经济法主体行为的外部性及其对社会整体利益的影响。客体是经济法主体以行为予以支配的对象。物与物之间并无私人或公共性的区别，只有在确定归属与控制支配行为后才能确定其影响程度和范围。一个物只有归属于国家／全民，才具有公共财产的属性，一旦与上述主体分离，其公共属性即告丧失。私人财产与公共财产往往可以相互转化。正因为如此，公共产品可以任何物的形式存在。就此而言，作为经济法律关系客体的物，应包括所有形式的物，包括动产、不动产、有价证券、货币等。

（二）行为

行为一般是指法律关系主体从事的一切旨在设立、变更、终止权利义务关系的活动，包括作为与不作为。作为经济法律关系客体的行为，是指经济法主体为达到一定的经济目的实施的已经或将影响市场运行秩序的作为或不作为，包括经济管理主体的宏观调控行为和市场规制行为，也包括市场活动主体的给付行为，如提供劳务的行为等。

并非所有的经济行为／活动都可以成为经济法律关系的客体。只有对市场运行秩序产生影响的行为，包括正面影响和负面影响，才会成为经济法上的客体。一般而言，具有正的外部性的经济行为是经济法所鼓励或促进的，而负的外部性的行为通常面临消极的限制或禁止。

（三）数据／信息

信息是能够反映和记录社会经济活动发生、变化和特点的各种信息、数据、情报和资料的总称。数据信息是经济法主体参与经济活动、作出正确经济决策的重要基础。然而，信息分布不对称是引发市场失灵的重要原因之一。为了确保经济法主体，尤其是信息获取存在困难的主体，能够获得影响其经济决策的重要且关键的信息，尽可能减少其获取、识别、分析信息的个体成本和社会总成本，经济法必然为其设定指向信息的权利

---

〔1〕 史际春、邓峰：《经济法总论》，法律出版社 2015 年版，第 178 页。

或义务，信息因此成为经济法律关系的重要客体之一。如税收征管活动中纳税人承担的协力义务、上市公司的信息披露义务、消费者的知情权等均是以信息为客体的。

此外，随着互联网的快速发展，数据作为一种资源，重要性日益受到重视，甚至被与黄金、石油等相提并论。数据、由数据萃取的信息、由信息升华的知识，正在成为企业经营决策的新的驱动力，为企业创造了新的价值。数据、数字技术、综合信息基础设施等均是数字经济的关键生产要素，是经济价值创造的重要因素之一。数据在企业的经营活动中与其他生产要素相结合，其本身所蕴含的经济价值由此被激活并彻底释放。数据在交易过程中能够产生经济价值，具有效用性、可控性和稀缺性，逐渐作为一种“商品”或“资产”进入生产、分配、流通、消费和社会管理服务等领域，对经济发展产生了重要的影响。[1]数据信息的运行和交易有着结构复杂性和群体性，关乎社会公共利益。[2]正因为如此，数据信息已经成为经济法律关系的重要客体之一。

重要名词术语

经济法律关系、经济管理主体、市场活动主体、社会中间层组织、经济管理职权、经济权利、经济义务、经济法客体

思考题

1. 简述经济法律关系的特点。
2. 简述经济法律关系主体的特点。
3. 简述社会中间层组织在经济法律关系中的地位。
4. 简述经济管理职权的权利内涵及其行使要求。
5. 简述经济权利的基本特征。
6. 简述经济法主体资格的取得和丧失。

---

〔1〕 文禹衡:《数据产权的私法构造》，中国社会科学出版社 2020 年版，第 120 页。

〔2〕 李曙光主编:《经济法学》，中国政法大学出版社 2018 年版，第 59 页。

第五章　经济法责任

【内容提示】

传统上，根据责任性质的不同，法律责任通常被划分为民事责任、行政责任、刑事责任。由于历史原因，现行经济法律制度中，有相当多的经济法责任规范是以传统法律责任的形式来建构的，因而造成了一些认识上的困扰，也使得各方一直质疑经济法责任的独立性，甚至一些经济法学者自己也否认经济法责任存在的事实及其必要性，觉得在传统三大法律责任之外再创制出一套经济法责任完全是画蛇添足。但事实上，随着科学技术的迅速进步，市场化、信息化和全球化的迅猛发展，各类经济行为日益复杂，市场竞争更趋激烈，经济法以及其他很多现代新型法律都在蓬勃发展，传统的民事责任、行政责任、刑事责任越发无法满足这些新型法律的内在价值追求，也无法满足制裁相关领域违法行为的现实需求了。已经有法理学者指出："当下法理学层面的法律责任概念难以涵盖部门法领域复杂多样的法律责任形态，普遍存在着不周延的缺陷。"[1]同时，我们还要认识到，"三大责任"的划分本身也不是绝对和唯一的——法律责任的划分是多元化、多层次的，依划分标准不同而有不同的划分结果。不同责任类型之间难免存在交叉，侧重某种责任类型并不必然代表着对其他责任类型的排斥。经济法本身也带有鲜明的综合性特征，既体现了经济性又体现了社会性，因而，经济法责任与其他法律责任的交叉、重合，并不妨碍经济法责任独立体系的形成与发展。

经济法责任理论与经济法主体理论、行为理论、权义结构理论等有机互联，共同构成了经济法的基础理论。同时，经济法责任理论与经济法的本体论、价值论以及运行论等也都密不可分。只有将经济法责任理论放在宏观的经济法理论架构中，结合经济法制运行的各个环节和流程，才能更好地理解经济法责任制度。

第一节　经济法责任的概念与特征

一、经济法责任的概念

明确经济法责任的概念在理论研究和立法、司法、执法实践中都具有非常重要的现

〔1〕李拥军：《法律责任概念的反思与重构》，载《中国法学》2022年第3期，第229页。

实价值和意义。责任、法律责任与其他基本范畴一道，在法教义学的研究中一直居于核心地位，是贯穿法的运行全过程的重要命题之一。法律责任直接体现了法的约束力和强制力，合理分配法律责任、科学设定责任的承担方式则是科学立法的主要任务之一。只有在立法中明晰了法律责任的概念、内容、范围、分配及其承担方式，才能有效指引和促使相关法律主体在依法行使权利的同时，很好地自觉履行自身义务。相应地，执法和司法的主要任务就在于依法公正地认定和追究相关主体违反法律的责任，保证法律在全社会的有效实施。

法理学上一般认为，法律责任是指“由于责任主体违反法定或约定的义务，或者因为法律的特殊规定，而必须承担的具有直接强制性的特定义务，亦即由于违反第一性义务而引起的第二性义务。这个定义被法学界称为‘第二性义务论’或‘新义务论’”〔1〕。传统上，根据法律责任的性质的不同，可以把法律责任分为民事责任、行政责任与刑事责任等几种。法律责任的性质的区分取决于主体承担法律责任时所依托的法律关系的部门法属性，因而，由经济法领域法律关系所派生出来的法律责任是不同于民事责任、行政责任和刑事责任的另一种责任。

“由经济法领域法律关系所派生出来的法律责任”这一特定内涵所对应的概念，究竟应该用何种语词来表达，经济法学界有着很多不同的观点，例如，“经济责任”“经济法责任”“经济法律责任”“经济关系中的责任”“经济法主体的法律责任”“违反经济法的法律责任”等。相比之下，“经济法责任”这个表述更为简明和准确。经济法责任，简单来说，就是违反经济法规范规定的法律责任，或者说不利后果，是经济法特有的法律责任形态。经济法责任的产生原因有二：违反经济法义务和不当行使经济法权利。

与其他法律责任一样，经济法责任的归结和认定也需要遵循责任法定、因果关系和责任相当、责任公正四大原则。责任法定原则要求经济法法律责任的种类和形式应当由法律加以明文规定；经济法违法行为的法律责任应当由法律预先加以规定，国家机关应当依照法律的事先规定认定和追究违法者的法律责任；经济法法律责任的减轻或免除的事由、幅度应当由法律预先加以规定。因果关系原则要求在认定当事人有无经济法法律责任时，必须确认相关因果关系之有无。责任相当原则要求经济法法律责任与经济法违法行为的性质种类与后果轻重相适应。责任公正原则则要求做到有责必究、责任平等和责任自负。

二、经济法责任的特征

作为新型的法律责任，经济责任与传统法律责任相区别的特征有：

（一）责任主体具有特定性

首先，从主体的总体分类来看，经济法上的主体可以分为调制主体（或称“国家干预主体”“国家经济管理机关”）和调制受体（或称“国家干预受体”“市场主体”）两大类。与其他传统的法律责任不同，经济法中规定的各种经济法责任不是同等适用于这

---

〔1〕《法理学》编写组：《法理学》，人民出版社、高等教育出版社2020年版，第160页。

两大类主体的，而是各自有其特定的适用对象。不当行使经济法权力的行为只可能发生于调制主体，不可能发生于调制受体。因此，承担相应经济法责任的主体只能是调制主体，而不能是调制受体。对调制主体规定的这种经济法责任形式不能适用于调制受体。反之亦然。可见，调制主体只能适用调制主体的经济法责任，调制受体只能适用调制受体的经济法责任，“泾渭分明”，没有彼此混淆的可能。既不能把调制主体的经济法责任形式适用于调制受体，也不能把调制受体的经济法责任形式适用于调制主体。

其次，从两大分类各自的内部来看，调制主体和调制受体中又分别包含了许多不同的社会实体，只有当这些社会实体具体地进入到相关法律法规所规定的现实的经济法律关系中，他们才具有相应的经济法主体地位，才需要承担相应的经济法责任，从而成为经济法责任主体。例如，在相关法律法规中频繁出现的中央和地方行政机关，预算法中的立法机关——“全国人民代表大会及其常务委员会”，消费者权益保护法中的司法机关——“人民法院”，税法中的“纳税人”，商业银行法中的商业银行，消费者权益保护法中的“消费者”，反不正当竞争法中的“经营者”“投标者”“公用企业或者其他依法具有独占地位的经营者”等。

最后，某些经济法责任只能施加于某些特定主体。例如，对作为调控主体的国家政府机关实施首长和直接责任人员问责制时，基于国家政府机关的特殊性，遏制经济权力滥用的有效措施有时会是引咎辞职。

（二）责任形式具有综合性

在传统社会中，政府和私人之间关系明确，政治国家和市民社会层次分明，整个法律体系也不复杂，因而传统的民事、刑事、行政等法律责任即能够对责任的具体形态进行周延的类型化，而且传统法律责任基本上是在相互分割的情况下，独立存在并各自发挥相应作用，也就是说，传统法律责任从总体状态上来看是单一性的。而作为法律部门中的“后起之秀”，经济法比其他法律部门更加自觉而全面地综合运用已有的法律调整方法和各种法律责任形式，因而，经济法的责任形式具有鲜明的综合性特征。

经济法责任的综合性是与经济法调整对象、调整方式方法的多样性紧密相关的。从调整对象来看，作为公法与私法相结合的产物，经济法的调整对象是更为复杂的混合系统。具体的经济法律关系涉及多种不同主体，各种主体的目的、职责、权力和权利都存在极大的差异，这也就决定了各主体的行为及其后果必然存在差异。

针对同种类的违法情形，需要对相应的违法经济行为——经济法责任之前提的不利涉他性、侵害国家利益、公共利益的程度及其后果进行评定，最终根据违法行为的性质和危害程度，追究相适应的法律责任，传统法律责任的层级结构与递进关系恰好适应了这一需要。故此，经济法责任将传统法律责任进行有机整合，使原本条块分割、互不交叉的四大法律责任联系起来，形成了综合性的责任。当然，也不能将经济法律责任简单地理解为传统法律责任的简单综合。因为这种责任形式多样化的特点，使得经济法的一些具体责任形式很容易与传统法律责任形式相混淆。例如，由调制受体承担的经济性责任就可能被等同于行政法上的“罚款”；调制主体责任中由政府承担的经济责任则可能会被等同于国家赔偿法中的“国家赔偿责任”；等等。这些都需要通过经济学界不断深入研究，揭示经济法责任形态的特殊性来不断地予以澄清，以实现经济法责任对传统法律责任形式的质变式“整合”而不是简单“组合”。

经济法责任不仅适用传统法律责任的形式，而且其自身特有的法律责任形式较民法和行政法更为丰富，对同一种行为的调整也往往多种责任方式同时使用。此外，由于经济法兼具公法和私法二者的特性，权利与权力并存其间，因而也无法适用单一的责任形式。

（三）责任承担的非过错性

现代法制将主观过错作为法律责任构成基本要件之一。根据过错责任原则，受害人必须先证明加害人主观上有过错，才能追究加害人的法律责任。在某些情形下，由于客观的或技术上的原因，受害人很难证明加害人的主观过错。然而，损害是实实在在存在着的。显然，在这些情形下，过错责任就不利于保护受害人利益。为此，出现了法律责任归责制度的两个新立足点：一是以受害人为考虑基点，加强对受害人的法律救济和社会救济；二是以社会利益为准则，对个人自由施加必要的国家干预，以维护社会关系的平衡。随后，“在现代法律责任体系中，也出现了一种特殊的法律责任，即无过错责任。这种法律责任不需要考量行为人的主观心理状态，只要存在法律规定的情形就应当承担相应的法律责任。”〔1〕无过错责任是法律为了弥补过错责任的不足而创设的法律责任。在无过错责任的情境下，只要发生了损害结果，当事人都必须承担法律责任，而不论他主观上是否有过错。过犹不及，为了防止无过错责任的滥用，法律一般会对承担无过错责任的情形加以明文规定。

具体到经济法领域中来说，第一，“社会利益”恰恰是经济法的核心价值之一。第二，基于信息不对等和经济外部性〔2〕等现实状况，无过错责任或者过错推定责任在经济法责任的归责判断中已经不再是个别适用。第三，就不同经济法主体而言，调制受体经济法责任承担的归责原则实行的是多重归责原则制度，即过错责任原则、无过错责任原则和其他责任原则均有可能适用，这与民事主体承担民事法律责任的归责原则大致相同，但总体还是以适用无过错责任原则为主。调制主体经济法责任承担的归责原则实行的则是无过错责任原则。这很大程度上是因为经济法律关系的主体，特别是调制主体，主要是机关、机构等法人组织，它们做出违法行为时的主观状态不易为外界所知晓，因而很难适用过错责任原则。

因此，经济法责任的承担呈现出鲜明的“非过错性”特点。

（四）责任分配具有不对等性和不均衡性

通常认为，“在法律的内容中，权利和义务是对等的。”〔3〕然而，经济法责任的分配情况比较特殊，它恰恰是不对等、不均衡的，是一种具有隶属性的法律关系。这是由经

〔1〕《法理学》编写组：《法理学》，人民出版社、高等教育出版社 2020 年版，第 163 页。

〔2〕 也称为经济活动的外部性，是经济学中的一个重要概念。它指的是一个经济主体（如国家、企业或个人）的行为直接影响到其他经济主体，但并未因此得到相应的补偿或支付，从而产生了外部效应。这种外部效应可以是正面的，也可以是负面的，相应地分为正外部性和负外部性。

〔3〕《法理学》编写组：《法理学》，人民出版社、高等教育出版社 2020 年版，第 281 页。

济法调整市场运行的机制本身特性所决定的——法律明确赋予调制主体带有一定命令色彩和强制性的权利（职权），因此，经济法责任基于的是一种单向的法律义务。

由于调制主体和调制受体的法律地位不平等，他们不能像民商法主体那样，要求责任分配对等，在行使其经济法上的职权时，调制主体并不当然地对调制受体承担相应的义务；在履行其经济法上的义务时，调制受体也并不当然地享受相应的权利。因而不同的经济法主体各自享有的经济法权利和承担的经济法义务存在很大差别，且并不相互对应，他们不当行使经济法权利或违反经济法义务的责任也不同。但相较于行政法律关系而言，经济法法律关系主体间责任分配不对等又表现得没有那么明显。

经济法法律责任分配的不对等性在责任追究目的上也有清晰的体现。追究调制主体经济法责任的目的，主要是为了赔偿或补偿调制受体的经济损失，其惩罚性体现得并不明显。首先，调制主体的经济法责任通常以调制受体遭受损害为构成要件。其次，调制主体的经济法责任形式大多数属于补偿性责任，只以损害赔偿责任为限，有的甚至并不赔偿调制受体的全部经济损失，而仅仅是适当补偿。显然，调制主体因承担经济法责任而付出的代价常常等于甚至小于调制受体的经济损失。此外，调制主体的经济法责任形式一般都是单独适用的，在经济法的司法实践中，几种经济法责任形式合并适用于同一调制主体的情形极为少见。而追究调制受体经济法责任的目的则主要是为了体现惩罚性，而非赔偿性或补偿性。首先，调制受体的经济法责任并不都以损害发生为构成要件，有相当多的调制受体的经济违法行为，并未或尚未造成直接的、具体的损害。其次，即使有具体损害，调制受体所实际承担的经济法责任也往往不以损害赔偿责任为限，调制受体在承担损害赔偿责任的同时，通常还要附加或合并承担其他经济法责任形式，从而使调制受体因承担经济法责任所付出的代价远远大于其所造成的实际损害。

经济法责任分配的不对等、不均衡性还具体表现为：在经济法的相关法律法规中，有关调制主体和调制受体的权利与义务的规范分布是不均衡的。在宏观调控法律规范中，往往是有关调控主体的权利规定较多，而对受控主体的权利则规定较少；在市场规制法律规范中，往往是对从事市场经营活动的受制主体的义务规定较多，而对规制主体和不从事市场经营活动的非营利性主体的权利则规定较多。这种情形在反不正当竞争法、消费者权益保护法等具体立法中都有充分体现。

通过上述描述可知，经济法的责任理论中存在着多种特殊性。这些特殊性是由经济法自身的特征或特质所决定的，是经济法区别于其他部门法的重要方面。这些特殊性的存在也正是经济法得以成为独立部门法的关键所在。

第二节　经济法责任的类型

在我国经济法的数十年发展历程中，经济法学界已经提出了很多新的责任形式，从而使得我国经济法责任的现有具体表现形式十分多样，如惩罚性赔偿、产品召回、结构控制（分拆垄断企业）、资格减免、信用减等、行为控制等，这些形式都大大丰富了法学理论体系中关于责任形式的内容。而且，伴随着我国经济的快速繁荣发展，相关制度和法律规范的不断完善，以及经济法理论研究的持续深入，经济法责任的具体表现还将继续增加。为了更好地理解、恰当地适用经济法责任，对其繁杂的具体形式加以提炼、拣选和归并，从而达到科学合理的类型化目的是非常有必要的。

一、经济法责任的基本类型

经济法责任根据不同的标准会有不同的分类，常见的基本分类有：

（一）按承责主体区分

按照承责主体的不同，可以将经济法责任分为调制主体的经济法责任，以及调制受体的经济法责任。如前所述，经济法上的主体可以分为调制主体和调制受体。并且，经济法责任并不同等适用于这两大类主体，而是各自有其特定的适用对象。

具体来说，调制主体的经济法责任，是指调制主体对其违反经济法义务或者不当行使经济法权利的行为应承担的法律后果。现行经济法实践中，调制主体承担经济法责任的具体方式主要有：没收违法所得、责令退回钱款、责令改正；撤销违法颁发的行政许可、通报批评、消除影响等。

调制受体的经济法责任，是指调制受体对其违反经济法义务的行为所承担的法律后果。与调制主体的经济法责任不同，调制受体的经济法责任因调制受体违反经济法义务，不履行或不适当履行经济法义务而产生，并不是因不当行使经济法权利而产生。

（二）按追责目的区分

按照追究责任的目的，可以把经济法责任分为赔偿性责任（或称“补偿性责任”）和惩罚性责任。

赔偿性经济法责任的目的在于对私人主体和公共主体因经济法违法行为而遭受的损失进行赔偿或补偿。需要注意的是，即使是在传统上被视为应当适用“填平”原则的民事赔偿责任的领域，责任主体也通常被施加了高于补偿标准的法律责任，其目的在于奖励提起诉讼的通常处于弱势地位的受害人，并对违法行为人形成威慑作用，其典型即为我国消费者权益保护法、食品安全法等规定的经营者对消费者承担的惩罚性赔偿。

惩罚性经济法责任的目的在于对经济法违法行为主体进行惩戒，有效避免和制止未来可能发生的同类违法行为。惩罚性经济法责任的承担方式主要包括：（1）终止或中止行为能力的方式，例如，责令停止开采，限期停产整顿等；（2）剥夺权利能力的方式，例如，撤销行政许可，吊销营业执照等；（3）经济惩罚方式，例如罚款等。

（三）按责任性质区分

依据责任的性质，还可以把经济法责任分为财产责任（或称“财产性责任”“经济责任”“经济性责任”）和非财产责任（或称“非财产性责任”“非经济责任”“非经济性责任”）。

财产责任就是指具有财产内容和财产属性的经济法责任，即由于违反法律义务而引起的物质利益上的法定不利后果。财产责任又可以被划分为补偿性财产责任和惩罚性财产责任，前者即由于违反法律义务而引起的在物质利益上承担弥补、赔偿损失的法定不利后果；后者即由于违反法律义务而引起的在物质利益上被惩戒、处罚的法定不利后果。

非财产责任就是指不具有财产内容或财产属性的经济法责任，即由于违反法律义务而引起的非物质利益上的法定不利后果。非财产责任又可以被划分为行为责任、信誉责任、人身责任与资格减免等内容。行为责任，是指由于违反法律义务而引起的必须为或者禁止为规定行为的法定不利后果。信誉责任，是指由于违反法律义务而引起的信用和声誉上的法定不利后果。资格减免责任，是指由于违反法律义务而引起的被限制或者取消从事相关活动所应具备的身份的法定不利后果。人身责任，是指由于违反法律义务而引起的被剥夺人身自由甚至生命的法定不利后果。

二、经济法独有的责任形式

经济法责任在实务中已经开创出了三大传统法律部门均不具有的独创性责任形式，主要有：

（一）惩罚性赔偿责任

经济法上的惩罚性赔偿制度最初源自英美法中特有的 punitive damages（exemplary damages / vindictive damages）制度。《元照英美法词典》中将“punitive damages 惩罚性损害赔偿（金）”解释为：“损害赔偿金的一种，与补偿性损害赔偿金［compensatory damages］相对，是指当被告以恶意、故意、欺诈或放任之方式实施行为而致原告受损时，原告可以获得的除实际损害赔偿金［actual damages］外的损害赔偿金。因其目的在于对被告施以惩罚，以阻止其重复实施恶意行为，并给他人提供警诫和保护公共和平，故惩罚性损害赔偿通常不适用于违约行为，而多适用于侵权行为。而且，单纯的过失［negligence］亦不能导致惩罚性损害赔偿。”〔1〕美国《惩罚性赔偿示范法》(Punitive Damages Standards Act）中将惩罚性赔偿（punitive damages）表述为，“是指在民事诉讼中因情节严重而判给原告方的损害赔偿，目的是对被告进行惩罚并提供额外的威慑，以阻止其今后的类似行为。”〔2〕我国于 1993 年通过的《消费者权益保护法》中首次引入该制度，目前已拓展到《食品安全法》《药品管理法》《旅游法》等法律法规，《民法典》中也有规定。作为一种“舶来”的制度，从大陆法系的公法、私法区分观念来看，惩罚性赔偿责任是一种兼有公法责任和私法责任属性的特殊法律责任形式，与经济法兼具公法、私法双重属性的性质十分契合，也与经济违法行为的特性直接相关。

1. 我国引入惩罚性赔偿制度的原因

首先，违反经济法的行为通常具有隐蔽性强，查处难度大的特点。违法行为可能以

---

〔1〕 薛波主编：《元照英美法词典》，法律出版社 2003 年第 1 版，第 1120 页。

〔2〕 原文为：“Section 2. {Definitions}For the purposes of this Act, the meaning of the terms specified shall be as follows: ...（E）‘Punitive damages’ includes exemplary or vindictive damages and means damages awarded against a party in a civil action because of aggravating circumstances in order to penalize and to provide additional deterrence against a defendant to discourage similar conduct in the future. Punitive damages do not include compensatory damages or nominal damages.”

明示的方式表现出来，更多的时候还可以通过默示的方式达成。例如，随着数字经济时代的来临，在算法技术的作用下，反垄断法领域的“默示共谋”问题日益突出，已经引起经济学界、法学界等诸多领域学者的广泛关注。默示的违反经济法的行为无疑极大增加了此类案件的查处难度和查处成本。其次，受违反经济法行为侵害的主体范围往往较广且具有不特定性，例如《消费者权益保护法》《竞争法》《证券法》中的受侵害主体通常为不特定多数的人。理论上虽然能够以一定的标准来划定消费者、竞争者、投资者……诸如此类违反经济法行为的受侵害者，但实际上，由于时间和举证等因素的困扰，受侵害者真正诉至法院的可能只是极少数人。加之违法行为定性上的技术性门槛的存在，某一涉嫌违反经济法的行为最终能否被司法机关或行政执法部门认定为违法，根本不在受害人的掌握之中，因此诉讼风险也极大。所以惩罚性赔偿也蕴含一定的鼓励之意，对这种诉讼给予与风险相匹配的利益，以形成一种激励型的诉讼机制。

2. 惩罚性赔偿与补偿性赔偿的比较

一般来讲，惩罚性赔偿是指法院所作出的赔偿数额超出了实际的损害数额的赔偿，它具有补偿受害人遭受的损失、惩罚和遏制不法行为等多重功能。补偿性赔偿是指以实际损失的发生为赔偿的前提，且以实际的损失为赔偿范围的赔偿。补偿性赔偿的目的是使受害人的实际损失全部得到补偿，而惩罚性赔偿的范围则不以实际损失为界限。

第一，惩罚性赔偿具有目的和功能的多样性。惩罚性赔偿的目的不仅是补偿受害人的实际损失，而且要惩罚和制裁违法行为人，而补偿性赔偿的目的仅仅是弥补受害人的实际损失。惩罚性赔偿更注重惩罚，在许多情况下，惩罚性赔偿是在补偿性赔偿不能有效地保护受害人和制裁违法行为人的情况下所适用的，它能够补充补偿性赔偿适用的不足。

第二，惩罚性赔偿的构成要件更复杂。补偿性赔偿以实际损失的发生为赔偿的前提，而惩罚性赔偿虽然也以实际损失的发生为适用的前提，但赔偿的数额要超过实际的损失，而且在确定赔偿数额时还要考虑违法行为人的主观过错程度、主观动机、赔偿能力等多种因素。另外，惩罚性赔偿和补偿性赔偿在赔偿的范围上也是不同的，惩罚性赔偿的范围通常由法律规定，而补偿性赔偿的范围可由当事人事先约定。

3. 惩罚性赔偿的作用

第一，惩罚性赔偿可以鼓励受害人勇于主张权利，从而增强经济法法律规范的效用。在某些情况下，违法行为人从违法行为中所获的利益是巨大的，而其给受害人所造成的损失却是难以证明的，或者即使能够证明也不是太多，受害人就可能不愿意为获得并不是太高的赔偿金而提起诉讼，甚至可能担心不能举证证明损害的存在而面临败诉的危险，从而不愿意诉讼。因此，惩罚性赔偿可以从利益的角度来鼓励受害人进行诉讼。当受害人提起诉讼可以获得比自己的实际损失高的赔偿时，从某个角度就意味着他已经得到了额外的利益，这个额外的利益会是自然人主体积极参与相关诉讼的推动力。而如果潜在的或者现实的受害者或第三人能够自愿地启动诉讼程序的话，实际上可以起到威慑违法行为人的目的，节省执法资源。

第二，惩罚性赔偿可以威慑行为人，减少了同样的违法行为再度发生的可能性。实际上，惩罚性赔偿只是手段，威慑才是目的。因为反垄断法所规制的联合限制竞争等行为不仅不应鼓励，而且有必要对从事这种行为的主体进行威慑，使其不敢再从事同样的违法行为，以免造成社会整体利益的再一次损失。因此，如果只要求违法行为人赔偿受害人的实际损失，违法行为人的违法行为就得不到有效的控制，他只要付出受害人实际损失的成本就可以，而在联合限制竞争行为中，违法行为人因限制竞争行为所得的利益很可能远远高于某一个受害人所受到的实际损失，行为人在承担了某一受害人的实际损失后，仍然非常愿意继续进行违法行为，太少的赔偿金不足以使此等行为消失，因此损害赔偿数额的确定必须高于或等于违法行为人因不法行为可获得的利益，使违法行为人不敢继续进行同样的行为。惩罚性赔偿对曾从事过违法行为的主体和其他的市场主体是一种强有力的威慑，使他们都不会从事同类的行为，从而实现了反垄断法的目的。

第三，惩罚性赔偿还具有对受害人的赔偿功能。惩罚性赔偿并不是独立的请求权，必须依附于补偿性的损害赔偿。也就是说，受害人必须具备补偿性赔偿的要件，才能够请求惩罚性赔偿，假如违法行为人的行为并没有给受害人造成任何损害，则受害人不能请求惩罚性赔偿。

（二）结构控制

结构控制，或称“企业拆分”，是经济法，特别是反垄断法上的一种特殊制裁手段，也是一种特有的责任形式。具体来说，结构控制指的是当市场上存在具有垄断地位的企业，限制或可能限制市场竞争时，反垄断法执行机构为了恢复市场的正常竞争状态，要求该垄断企业拆分为两家以上的企业或者出让一定的营业资产。结构控制有狭义和广义之分，狭义的结构控制仅仅指对垄断企业进行组织形态上的分立，即由一家企业分立为两家或两家以上的企业，分立后的各企业都具有独立的法人地位，且互不隶属。广义的结构控制，除了前述的狭义内容之外，还包括迫使垄断企业出让其一定的营业资产（资产剥离），以降低该企业的生产经营能力，从而使该企业丧失既有的垄断地位。

从世界范围来看，并非所有国家的反垄断法中都有结构控制（“企业拆分”）的相关规定。企业分拆原本是企业经营管理中采用的一种战略手段，分为横向分拆、纵向分拆及混合分拆，一般属于企业自主选择的形式整合。然而，在资本高度聚集的当前，一些发达国家的竞争法允许有权机关对垄断企业强行实施分解的组织行为，削弱其市场支配地位，消解垄断发生的经济基础。从美国的相关执法和司法实践来看，相较于高额罚款或刑事处罚，“拆分”是美国反垄断处罚制度中最具威慑力的手段。虽然我国的反垄断法目前尚未规定类似制度，但企业分拆作为一类行为责任所反映的特殊功能无疑是值得借鉴的。

从《谢尔曼法》《联邦贸易委员会法》到《克莱顿法》，以相应时期的典型立法为标志，美国所采取的拆分手段有着明显的时代差异。在立法模式上，主要表现为结构主义的垄断控制制度和行为主义的垄断控制制度。在理论层面上，反垄断通常被认为是一门经济和法律交叉的综合性社会学科。其中，结构主义立法的理论依据是哈佛学派所倡导的产业组织理论，同时，它也深刻地影响着美国早期反垄断法的制定与实施。产业组织理论认为，市场结构决定市场上企业的市场行为，企业的市场行为决定市场绩效，对产业结构的调整是维持有效竞争和提高经济效益的最佳途径。因此，在该理论的影响下，它们以市场结构为基础，主张对市场具有支配力量的企业实行拆分政策。通过拆分来改变市场结构，试图从市场竞争的源头遏制反垄断行为。与哈佛学派的主张不同，以乔治·斯蒂格勒（George Stigler）、德姆赛茨（H.Demsetz）和布罗曾（T.Broaen）等为代表的芝加哥学派主张一种竞争理论。他们认为，市场结构是市场内部各力量对比的反映，市场绩效决定市场结构，他们关注的核心问题是经济效率，并将“拆分”看作是一种无效率的行为，他们认为政府应该减少对市场的干预，慎用拆分措施。同时，芝加哥学派侧重于企业的市场行为，也为行为主义模式奠定了理论基础。无论是哈佛学派、芝加哥学派、后芝加哥学派，抑或是正在兴起的新布兰迪斯学派，“拆分”只是一种手段，重要的是反垄断法的价值目标。

（三）产品召回

产品召回，也称“缺陷产品召回”，是指产品的生产商、销售商或者进口商在其生产、销售或进口的产品存在危及消费者人身、财产安全的缺陷时，将该产品从市场上收回并进行免费修理或更换。强制召回制度从对竞争权的救济，以及对增量利益实现的保障两个方面体现了经济法的属性，属于调整人们实现和分享增量利益的关系的规范。

产品召回制度最早出现在美国于 1966 年制定的《国家交通与机动车安全法》中，此后，产品召回制度在食品、药品、肉制品、化妆品等领域的立法中也逐渐被引入。目前，已有很多国家设立了自己的产品召回制度。我国召回制度目前主要采用分散立法模式，在《消费者权益保护法》《产品质量法》和《食品安全法》等多部法律法规中均有相关规定，此外还有很多行政规章也规定了召回制度，如缺陷汽车产品召回管理规定、食品召回管理规定等。

召回的主体主要是生产者，销售者对于缺陷产品的召回具有协助的义务。召回可以分为两类，即主动召回和强制召回。主动召回是指制造商发现缺陷产品后，主动向主管部门报告，召回该产品的行为。或者主管部门发现缺陷产品后建议制造商召回，制造商接受建议，主管部门终止调查，进入主动召回程序，此时企业应立即着手制定召回计划，并实施召回。强制召回是指主管部门要求制造商召回，或法院通过判决要求制造商召回。强制召回一般适用在制造商故意隐瞒产品存在的缺陷或拒不履行报告和召回义务的情形。如在主管部门要求召回或法院通过判决要求召回的情况下，企业仍拒绝实施召回，则由政府强制企业进入召回实施阶段。在这种情况下，强制召回是社会整体利益最大化的要求。强制召回会对制造商的商誉造成严重影响。

产品召回制度的建立与实践，通过调整产品质量市场竞争关系，用经济法把市场主体在市场竞争中为实现经营利润和相应经营、竞争行为的权利、义务加以完善规定，使一切市场主体都能够在正常的市场竞争中，普遍地实现自己的利润或增量利益，各安其所，从而达到使市场竞争存利去敝、造福消费者的最终追求目标。

（四）资格减免与信用减等

所谓资格责任是指对严重违反经济法规范的主体实施法律地位或资质上的惩罚，以限制甚至剥夺违法主体的能力。

在经济法上，很多时候，财产责任的承担并不足以弥补相应的社会成本或损失，行为责任的承担也仍不足以达到使经济危害被禁于未然的目的，这可能就需要适用更为严厉的资格责任。具体又包括：

主体资格减免，即主体资格的减损或免除。基于保障国家利益和社会公共利益的考量，经济法对某些主体会有特殊的资格要求。这体现了"从契约到身份"的制度回归。由于责令违法主体停业整顿会使其主体资格短期受限，而吊销营业执照则使其主体资格永久丧失，因此，主体资格减免责任会直接影响违法主体的行为能力和经济收益，是其在违法情节严重时所应承担的更重的经济法责任。主体资格减免责任适用于经营者以及与经营者相关的责任人员，体现了通过限制违法主体的经营自由来规制市场行为、保障市场秩序的经济法治逻辑。例如，依据《出口管制法》第 39 条的规定，受到处罚的出口经营者，国家出口管制管理部门可以在 5 年内不受理其提出的出口许可申请；对其直接负责的主管人员和其他直接责任人员，可以禁止其在 5 年内从事有关出口经营活动，因出口管制违法行为受到刑事处罚的，终身不得从事有关出口经营活动。上述对经营者及其相关责任人员的主体资格限制，无论是短期的还是终身的，都会对违法主体产生重大的负面影响。此类责任虽未必影响人身自由，但一定会限制相关主体的经营自由。经营自由作为宪法上的基本权利，对其限制须满足合法性要求。因此，在经济法领域，与限制经营自由相关的主体资格减免责任，也要符合责任法定原则，它作为经济法不同于传统部门法的新型责任形式，体现的是经济法治逻辑。

信用减等也属于经济法新型责任形式。市场经济是信用经济，调制受体的信用和信誉会影响其交易机会和经济收益，因此，通过减损违法主体的信用等级，可以限制其交易自由并影响其收益水平，从而使其承担不利的经济后果和法律后果。基于经济法治逻辑，我国经济法领域的许多立法都规定了信用减等责任。例如，《政府采购法》第 77 条规定，对供应商采取不正当手段诋毁、排挤其他供应商等违法行为的，"列入不良行为记录名单"；《反不正当竞争法》第 26 条规定："经营者违反本法规定从事不正当竞争，受到行政处罚的，由监督检查部门记入信用记录，并依照有关法律、行政法规的规定予以公示"；《出口管制法》第 39 条规定："国家出口管制管理部门依法将出口经营者违反本法的情况纳入信用记录"。上述有关列入、记入或纳入信用记录的规定，相当于给违法者作出"标记"，会直接影响其信用并产生相应的负面影响。随着社会信用体系的建立和完善，建立信用机制、追究信用减等责任已成为信用治理或信用监管的重要手段。经济法领域的征信制度、信用评级制度、黑名单制度等，都涉及信用减等责任。随着责任制度的发展，未来还会出现信用减等的新形式，需要在法治框架下解决失信联合惩戒制度带来的新问题。为此，应加强信息、信用、信誉等方面的制度协同，使信用与经济实质真正匹配，促进信用减等的责任形式能够更好地发挥作用。

重要名词术语

经济法责任、惩罚性赔偿责任、结构控制、产品召回责任、资格减免、信用减等、行为控制

思考题

1. 简述经济法责任的特征。
2. 简述经济法责任的基本类型。
3. 请简述经济法责任独有的责任形式。

典型案例分析

案情

刘某在某超市购买 ×× 食品有限公司生产的芝麻糖 8 包，共支出 40 元。芝麻糖产品标签显示“执行标准：DB42/T278–2004”。刘某以标签所注明的产品执行标准已作废为由，向人民法院提起诉讼，请求判令被告某食品有限公司按照《食品安全法》的规定，赔偿自己 1000 元。

解析

《食品安全法》第 148 条第二款规定：“生产不符合食品安全标准的食品或者经营明知是不符合食品安全标准的食品，消费者除要求赔偿损失外，还可以向生产者或者经营者要求支付价款十倍或者损失三倍的赔偿金；增加赔偿的金额不足一千元的，为一千元。但是，食品的标签、说明书存在不影响食品安全且不会对消费者造成误导的瑕疵的除外。”

一审法院认为：“涉案产品虽然包装上标注存在瑕疵，但从检验报告看，某市食品药品检验检测中心对被告生产的芝麻糖进行抽样检验，检验结果为符合规定。食品安全标准应当包括与食品安全有关的标签、标识、说明书的要求，但标识错误不等同于食品不符合安全标准。原告不能举证证明涉案产品不符合食品安全标准。判决驳回刘某的诉讼请求。”

二审法院认为：“依照《食品安全法》第一百四十八条的规定，刘某的上诉请求应当符合两点：一是该商品不符合食品安全标准，二是该商品对刘某造成了损失。本案中证据表明，该商品虽然使用了标识错误的包装，但商品本身符合食品安全标准，刘某亦没有提供证据证实因该商品受到了损害，刘某的上诉理由不能成立，不予支持。判决：驳回上诉，维持原判。”

中　编

市场规制法

第六章　市场规制法的基本理论

【内容提示】

市场规制，就是依照市场商业道德规范、经济政策规范、经济法律规范等市场规则治理市场。市场规制法是调整市场规制关系的法律规范系统，主要规范企业等市场主体和政府管理监督市场的行为，属于微观经济领域内的经济法制度。市场规制法所规范和保护的是市场主体及其行为，是约束政府监管市场行为的法律制度。

市场规制法体系，是指各类市场规制法规范所构成的和谐统一的整体。市场规制关系就是市场规制法的调整对象，是国家在规制市场主体行为和市场监管主体行为过程中发生的经济协调与管理关系，主要包括商品生产经营规制关系、市场竞争关系、市场监管关系等方面，与之相应的市场规制法规范分别构成市场规制法的子系统，即市场规制法的部门法。

市场规制法是经济法体系中的主要组成部分，在现代经济生活和国家治理中的作用主要体现在四个方面：一是创造公平竞争的市场环境，协调经营者相互之间的利益关系；二是维护消费者的合法权益，协调经营者与消费者之间的利益关系；三是为政府对市场进行管理提供法律依据，规范和约束政府管理市场的行为；四是促进社会主义市场经济体制的建立和完善，推动社会主义市场经济的发展。

市场规制法宗旨，是指市场规制法所欲实现的目标，通常分为初级和终极两个层次。其中，初级宗旨主要是：通过规制垄断行为和不正当竞争行为，调整市场规制关系，恢复和维护公平竞争机制，提高市场配置资源的效率，保护经营者和消费者的权利和利益；终极宗旨主要是：通过初级宗旨的达成，不断解决个体营利性和社会公益性的矛盾，克服市场失灵，保障社会公益和基本人权，促进经济的稳定增长，实现经济和社会的良性互动和协调发展。

市场规制法基本原则，贯穿于市场规制法始终，既是立法机关制定市场规制法的指导思想，又是执法机关、司法机关进行执法、司法活动的基本依据，也是一切市场活动主体的基本行为准则。我国市场规制法基本原则主要有以下几项：一是尊重价值规律、供求规律和竞争规律，依法适度管理的原则；二是维护公平竞争的原则；三是保护弱者和消费者合法权益的原则；四是违法行为规制法定原则。

市场规制法体系就是由调整不同市场规制关系的法律规范而组成的有机统一体，其核心在于以法治思维和法治方式来维护市场配置资源的决定性作用，尤其是从维护市场秩序的各个方面分别立法。在这个有机整体中，以市场规制法基本原则为指导，各个组成部分相互协调、互相配合，共同实现政府维护市场秩序和公平交易的目的。根据市场规制法的调整对象的范围和基本内容，市场规制法体系主要由商品生产经营规制法、市场竞争法和市场监管法等部分构成。

市场规制法主体，是市场规制行为的施动者和受动者，并分别简称为规制主体和规制相对人。市场规制权是规制主体依法律的授权而享有的、规制市场竞争的权利。市场规制权的配置，包括市场规制权在不同的市场规制主体之间的横向配置和纵向配置。市场规制法责任，是市场规制法主体违反市场规制法义务而应承担的不利后果。市场规制法责任，是保障市场规制法的执法、司法和守法的重要制度，不可或缺。

经济体制改革是全面深化改革的重点，核心问题是处理好政府和市场的关系。处理好政府和市场的关系，需要充分发挥市场在资源配置中的决定性作用，更好发挥政府作用，推动有效市场和有为政府更好结合。政府和市场两方面作用之充分有效发挥需要法治环境。正是因此，市场经济就是法治经济。经济法通过发挥市场规制法的作用，实现对市场主体行为的引导和保护，促进了市场机制与政府宏观调控机制的良性互动。市场规制法是经济法的重要组成部分。本章主要阐述市场规制法的概念、调整对象、基本原则和体系结构等基本原理。

第一节　市场规制法的理论范畴

一、市场规制法的理论基础

（一）市场与市场机制

市场的概念虽有多种含义，但是通常可以归纳为如下 3 种：其一，市场是指聚集买卖双方以交换商品和劳务的实际场所。这是最早的，也是传统的市场概念，如农贸市场、家电小商品市场等。其二，市场是一种交易机制，即参与交易活动的所有买者和卖者之间的频繁交换共同决定商品和服务的价格与交易量的机制。市场遵循价值规律，通过许多交易活动影响和决定着资源配置，所以市场是对资源配置起决定性作用的“无形之手”，这是经济学上对市场的解释，通常说的“市场调节”“市场机制”中的市场就是经济学意义上的市场。其三，市场营销学上认为，市场就是指某项产品或劳务的现实的或潜在的购买者的集合，这是从企业或卖方的角度对市场的理解。

在市场经济条件下，社会再生产的生产、交换、分配和消费的全部活动，是受市场影响的，受市场的调节、支配和制约。市场的调节主要依靠市场内的价格、供求、竞争、风险等市场制约要素构成的调节机制发挥作用。所谓市场调节机制，是指市场机体内的价格、供求、竞争、风险、利率、工资等要素之间互为因果、互相制约的联系和作用。

价格是市场调节的一个核心因素。市场经济社会必须靠以价格体系为信号的市场调节机制来运行。价格被认为是用货币表示的一种产品和另一种产品的交换比率。价格体系可以解决经济社会生产什么、怎样生产和为谁生产的基本经济问题。价格体系由许多个别价格构成，而个别价格是由需求和供给决定的。可以说，市场的供求和竞争等要素都是围绕着价格展开的，市场竞争可以看作是各主体围绕着价格而进行的一场博弈。“价格是交换商品和服务所必须支付的代价。当供给和需求的力量可以自由发挥作用时，价格乃是稀缺程度的度量。价格是传递关键性经济信息的渠道。当一家厂商所使用的资源的价格很高时，该厂商就有节约使用这种资源的激励。当厂商的一种产品的价格很高时，该厂商就有多生产这种产品的激励，而消费者则有减少使用这种产品的激励。通过这些和其他方式，价格为我们的经济系统提供了有效使用资源的激励机制。”

竞争是自然、经济和社会中的普遍现象，也是市场核心机制。何谓竞争？“并逐曰竞，对辩曰争。”“竞，逐也。”从一般语词上讲，竞争是追求相同或相近的主体互相争胜的现象。市场竞争，又称商业竞争或经济竞争，是指经济利益互相对立的市场主体实施的所有以获取交易机会为目的的经济行为。通过消费者的“货币选票”，确认在市场竞争中的优胜者，并给予优胜者享有更多资源的机会，使优胜者得以利用其质量、技术、价格等方面效率更高的优势，发挥资源最大化的效益。市场竞争的机制，既凸显公平，又富于效率。这正是市场竞争普遍存在的内在合理性。

市场竞争的优胜者在市场份额得到扩大、市场地位得到提高后，不再愿意受主体平等、意思自治等交易规则的制约，试图利用自身的经济优势左右交易的关键条件，排除、限制竞争，获取超额利润。市场中常常可以见到防不胜防的伪劣商品及坑蒙拐骗、尔虞我诈行为，使消费者不放心消费甚至不敢消费。上述垄断行为、不正当竞争行为既妨碍交易公平，又危害市场效率。市场和市场竞争同样是双刃剑：正当的竞争增进公平，提升效率，促进经济发展；不正当的竞争或限制竞争，会妨碍公平、危害效率，阻碍经济发展、社会进步。为了解决市场竞争中的上述问题，有必要发挥国家的职能，通过制定和实施规范市场竞争行为的法律规范，适度介入市场，规制市场竞争。由此，产生了市场规制和市场规制法。

（二）市场规制法的历史与原因

1. 市场规制法的产生历史

市场经济的发展并非一帆风顺，其中充斥着各种扰乱市场秩序的行为，且诸如盗用他人的商标、商号和商业秘密，捏造不实信息诋毁其他经营者商誉等不正当竞争行为日益增多，对市场经济进一步发展造成干扰和影响。随着资本的积聚和集中，垄断组织经济实力越来越强，利用其经济实力限制竞争的现象越来越普遍，中小企业深受其害。在此背景下，社会要求禁止或限制不正当竞争行为和垄断行为的呼声也越来越高。

在中小企业、农业组织、消费者和一般公众强烈要求以及其他相关力量的推动下，根据联邦参议员谢尔曼 1888 年提出的议案，美国国会于 1890 年通过了《谢尔曼法》。这是市场规制法（特别是反垄断法）产生的标志，也是经济法产生的标志之一。1850 年，法国一法院将《法国民法典》第 1382 条关于侵权损害赔偿的条款适用于不正当竞争领域，判决不正当竞争行为人承担损害赔偿责任。该判决书中首次出现了“不正当竞争”的概念。德国对盗用他人商号或标志、诋毁商誉、侵害商业秘密等不正当竞争案件，不采用援引民法典的方式，而是试图通过制定专门的反不正当竞争法律予以规制。1896年，世界上第一部《反不正当竞争法》在德国诞生。

2. 我国市场规制法产生的原因

市场竞争在市场机制配置资源过程中发挥着关键作用。市场竞争的自由发展所出现的不正当竞争和垄断是市场竞争的异化，是市场失灵的体现。保护市场竞争免受异化力量的危害，需要有国家和政府介入并规制市场竞争行为。在法治国家，国家和政府的市场规制行为需要以法律规定为依据，因此制定了大量的市场规制的法律法规。这样，市场规制法便应运而生。

我国经过40多年的改革开放，市场规制法体系基本建立。但是，当前仍然面临着“市场秩序不规范，以不正当手段谋取经济利益的现象广泛存在……市场规则不统一，部门保护主义和地方保护主义大量存在；市场竞争不充分，阻碍优胜劣汰和结构调整”等问题，还需要进一步深化改革，完善市场规制法律制度，强化清理违反公平、开放、透明市场规则的政策文件，推进反垄断、反不正当竞争执法。要“加强和优化政府反垄断、反不正当竞争职能，打破行政性垄断，防止市场垄断，清理废除妨碍统一市场和公平竞争的各种规定和做法”。

（三）市场规制法的界定

市场规制法是调整市场规制关系的法律规范系统。但目前，我国学术界对“市场规制法”这一概念尚有争议，例如在各类经济法教材和著作中对我们前面界定的市场规制法的体系内容，采用了“市场调控法”“市场运行法”“市场竞争法”等概念。“市场调控法”这一概念，容易使人误解为国家宏观调控法的内容也属于“市场调控法”的范畴；“市场运行法”这一概念的含义更为宽泛，采用这一概念的学者将市场规制法的内容与合同法的内容放在一起，统称为“市场运行法”，即将经济法与民法的内容组合在一起，体系上显然不科学（尽管可能出于教材内容体系完整的需要而这样组合，但从法学体系上讲是不科学的）；“市场竞争法”这一概念的含义较为狭窄，虽然产品质量、商业广告、价格属于市场竞争的重要手段，但一般意义上理解的“市场竞争法”的内容应包括“反垄断法”“反不正当竞争法”，所以，“市场竞争法”这一概念难以概括市场规制法律制度的全部内容。因此，“市场规制法”的概念直观地明确了“市场规制法”的调整对象是市场规制关系，反映了我国市场经济发展的实际状况。

要理解市场规制法的概念，必须明确“规制”和“市场规制关系”两个关键词。“规制”一词的使用，主要借鉴日本的学术著作。日本学者植草益认为，“规制”一词来源于英文单词 regulation 或 regulatory constraint，其含义是有规定的管理，或有法规条例的制约。它与“管制”“控制”“制约”等概念紧密联系，但又有一定的区别。日本学术界一般将 regulation 译为“规制”，以区别于“管制”“控制”等概念。在我国，“规制”一词是20世纪80年代从日本引进的。规制作为法律用语，其含义是丰富的。据日本著名经济法学家金泽良雄先生解释：一般所谓“规制”，“在最狭义上，可以理解为是由于对一定行为规定了一定的秩序，而起到限制的作用”，广义上“可将‘国家的干预’换言为‘规制’。规制涉及消极的（权利限制）和积极的（促进保护）两个方面”。他认为经济法按其本质，应是以国家对经济干预之法为中心而形成的。

规制由“规”和“制”两个汉字组成。“规”是指规矩、规则、准则等社会规范，包括道德、政策、纪律、教规、法律等约束人们的行为规范。“制”作为动词，含有控制、制约、限制、禁止、调节、治理等意思。所谓规制，则是“依规而制、制以达规”，表示依规治理。所谓市场规制，就是依照市场商业道德规范、经济政策规范、经济法律规范等市场规则治理市场。在这种意义上理解规制，对经济法的性质具有重要的意义。

市场规制关系，是国家在规制市场主体行为和市场监管主体行为过程中发生的经济协调与管理关系。市场规制关系主要是国家或政府与市场主体之间的社会关系。具体包括商品生产经营规制关系、市场竞争规制关系、市场监管关系。国家制定或认可的调整市场规制关系的法律规范的总称或系统，就是市场规制法。也就是说，它是依照经济法规范治理市场的法律规范系统，是经济法处理政府与市场关系的法律手段。市场规制法所规范和保护的是市场主体及其行为，是约束政府监管市场行为的法律制度。市场规制法针对企业等市场主体和政府管理监督市场的行为，属于微观经济领域内的经济法制度。

（四）市场规制法的理论基础

市场规制法实际上是多学科综合作用的产物，因而有着复杂的理论基础。其中产业组织理论（Theory of Industrial Organization），是市场规制法产生的重要理论依据。产业组织理论是一门以微观经济学、博弈论、交易费用理论等为基础，以市场结构、市场行为和市场绩效为基本分析框架，以为国家的市场规制政策和法律制定提供建议为主要功能的应用经济学学科。学习和研究市场规制法的原理和制度，必须以产业组织理论为前提。产业组织理论，经历了以马歇尔的不完全竞争理论为代表的萌芽时期、以哈佛学派为代表的产生时期，现正处在以芝加哥学派、奥地利学派和新产业组织理论为代表的发展时期。市场结构、市场行为和市场绩效的理论是其基本框架，微观经济学原理、交易费用理论和博弈论等行为科学是其理论基础和研究方法。下面着重介绍市场结构、市场行为和市场绩效的分析范式。

（1）市场结构。市场结构是分析、判断经营者的市场行为的基础，界定相关市场又是分析市场结构的前提。影响市场结构的因素，主要有市场集中度、产品差异性和市场壁垒。根据上述 3 个方面的计量，可以判断该市场结构的基本形态。市场结构的基本形态有完全竞争、垄断竞争、寡头垄断和垄断四种。完全竞争（perfect competition）是一种理想的市场结构。在此类市场中，同质的商品有很多卖方或买方，买卖双方拥有完全的交易信息，没有一个卖方或买方能控制价格，市场没有壁垒。垄断竞争（monopolistic competition）是最常见的市场结构，商品之间的较大差异性和高度替代性并存，进入此类市场很容易且厂商之间没有勾结行为。在寡头垄断（oligopoly）的市场结构中，少数卖者控制了市场上大部分商品的供给，商品可以是同质的也可以是有差别的，如石油市场、电信市场。在垄断（monopoly）的市场结构中，一种商品只有一个卖者或买者，如城市自来水、管道天然气市场。垄断者能够决定市场价格。

（2）市场行为。市场行为，是经营者各种市场竞争行为的总称。依行为的内容，可分为价格行为、非价格行为和组织调整行为，这是市场行为的基本分类。其中，价格行为如价格歧视、价格固定、掠夺性定价等；非价格行为如广告行为、产品差异、研究与开发等；组织调整行为包括企业合并等。根据市场影响的时间周期不一样，可以分为短期行为、中期行为和长期行为。根据行为的主动性不同，还可以分为主动行为与被动行为。这三种分类，对于认识和判断垄断行为甚有裨益。

（3）市场绩效。市场绩效，是对市场结构和市场行为的市场效果评价。因此，市场绩效成为研究者政策建议的依据，也是决定反垄断规制措施的基础。市场绩效的评价，主要角度有：一是资源利用效率，是指生产要素的投入产出率。产出效率包括市场资源配置效率和企业内部效率。常被提及的“X 无效率”（X-inefficiency），就是指企业内部无效率，即企业开支超出实际所需成本的情形。二是技术进步，主要考察不同的市场结构或市场行为在提高产品和服务的技术含量并因此降低生产成本和价格等方面的绩效。三是分配公平，关注福利在社会集团、成员等不同主体之间的分配的公平、公正与否。

关于市场结构、市场行为和市场绩效三者间的关系，哈佛学派认为，市场结构决定了企业的市场行为，企业的市场行为又决定了市场绩效的好坏。所以，政府规制垄断的措施应以拆分等结构措施为主。芝加哥学派则认为，与其说存在着市场结构决定市场行为进而决定市场绩效，还不如说是市场绩效或市场行为决定了市场结构。而新产业组织理论则认为，市场结构取决于企业规模，而企业规模取决于交易费用，交易费用又取决于交易活动的复杂与不确定性程度。因此，垄断的标志是企业的行为，市场规制的重心应放在企业的市场行为上。关于市场绩效评价标准的重心，哈佛学派特别关注垄断利润，将市场绩效评价的重心放在资源配置效率和分配公平上，认为只有消除了垄断利润，资源配置才富有效率，才不致损害消费剩余，从而保障收入分配公平。芝加哥学派则特别关注技术进步。新产业组织理论则认为，市场绩效既要考虑企业的生产成本，还要侧重于交易费用的节约。哈佛学派、芝加哥学派和新产业组织理论的观点，分别对美国和其他一些国家不同时期的产业结构、产业组织与市场规制政策和法律的制定和实施产生了重大影响。

二、市场规制法的体系构成

市场规制法的体系，是指各类市场规制法规范所构成的和谐统一的整体。由于市场规制法是由不同类型的法律规范所构成的系统，各种类型的市场规制法规范便可分别构成市场规制法的子系统，即市场规制法的部门法。探讨市场规制法的体系，有助于我们理解市场规制法的边界和范围，理解市场规制法与宏观调控法的关系，为进一步认识市场规制法在价值、宗旨、原则、主体、权利、义务和责任等方面的特质提供理论基础。

（一）市场规制法的范畴与体系

如前所述，市场规制法是调整市场规制关系的法律规范系统，因而市场规制关系就是市场规制法的调整对象。具体而言，市场规制关系主要包括以下几个方面。

1. 商品生产经营规制关系

商品生产经营规制关系是指作为市场主体的生产经营者在生产经营活动中所发生的受国家以质量、价格、计量、标准、广告和特许经营法律、法规标准规制的经济关系。具体可分为三个部分：一是一般性的生产经营规制关系，主要是指市场主体接受国家在产品质量、安全、价格、计量、标准、广告、商标、经济合同等方面的规则性指引和管理所发生的规制关系。二是发生在不同产业或行业中的生产经营规制关系，主要是指工业、农业、服务业三大产业和金融、外贸等生产经营活动中所发生的规制关系。三是特许的生产经营规制关系，主要包括一些关乎国家经济命脉的国有资产、烟草、军工产品等须经特别许可方能进行生产经营的规制关系。

2. 市场竞争关系

市场竞争关系，即生产经营者之间的市场竞争关系。竞争机制是发挥市场配置资源的决定性作用的重要机制，也是将市场主体追求利润最大化的内在动力转化为面向市场竞争的外在压力，使企业和其他经济组织富有活力、积极进取的重要机制。但是竞争是把“双刃剑”，无限制的自由竞争所造成的各种“反竞争行为”，构成了对市场机制本身的直接破坏。比如市场经济的自由发展会产生垄断，垄断的出现会限制竞争机制发挥作用，抑制竞争的有效进行，阻碍市场对资源的优化配置而难以提高社会的经济效率。一旦竞争受到排斥，市场经济便丧失了维持经济秩序和保障自由的力量。同时，各市场主体以自身的利益为出发点，追求多元的利益目标，在追求利润最大化的过程中，必然存在着个人利益和他人利益、社会利益的矛盾。在利益的驱使下，个别竞争主体为了获得不正当的竞争优势、获取更多的本位利益，会采取牺牲其他经营者和消费者利益的手段，进行不正当竞争行为，如假冒商标、诋毁商誉、商业贿赂、虚假宣传等，这些都会破坏正常的市场竞争秩序。这种破坏又是内生于市场体制的，市场无法靠自己的力量消除这种破坏。此外，自由竞争所造成的市场主体对社会公共利益的忽视与损害构成了对市场机制持续、有效、健康运行的潜在制约。为维护公平竞争的市场秩序，使市场经济能够和谐发展，国家必须加强反垄断、反不正当竞争方面的立法，依法加强对市场竞争活动的规制，规范经营者的市场竞争行为，查处限制竞争行为和不正当竞争行为。

3. 市场监管关系

市场监管关系，是指国家行政机关在对市场主体是否遵从市场规则方面的法律、法规而进行的监察、督促和检查活动中产生的经济管理关系，实质上是一种市场执法关系。例如，包括银行业监管关系，证券业监管关系，保险业监管关系，商贸监管关系，土地监管关系，电信监管关系，电力监管关系以及产品质量、安全、价格、计量、标准、广告、商标、合同等方面的监管关系。市场监管关系主要是国家行政机关与市场主体之间发生的社会关系。

既然市场规制法所调整的是市场规制关系，根据部门法定义的逻辑规则，市场规制法，是调整在国家规制市场行为过程中发生的社会关系的法律规范的总称。需要强调的是，这是在部门法意义上即实质意义上市场规制法的定义。形式意义上的市场规制法，表现为一国或地区的反垄断和反不正当竞争的基本法律，如竞争法或反垄断法、反不正当竞争法。其中，采行统一立法模式的国家，其竞争法是比较完整的形式意义上的市场规制法。

（二）市场规制法的特别制度

国家对经济运行所进行的宏观调控行为和市场规制行为，即调制行为，产生宏观调控关系和市场规制关系，即调制关系。特别市场规制制度是与特别市场的特点密切结合并体现其个性的市场规制法律制度。理解特别市场规制制度的基本含义，需要从其与市场规制法律制度之间的关系角度展开。

首先，特别市场规制制度属于市场规制法律制度。特别市场规制制度，仍然是市场规制制度体系的一部分，而且并不是独立的一部分，是融合在市场规制各类法律制度之中的一部分。因此，在剖析市场规制法体系的构造时，并没有某个或某些单列的特别市场规制部门法。

其次，特别市场规制制度是市场规制法律制度在特殊市场中的体现，是体现特殊市场特点的市场规制法律制度。经过 100 多年的发展，人们对垄断行为中的滥用市场支配地位行为、垄断协议行为和违规的经营者集中行为的共性表现已有了显著的共识，美国、欧盟和我国等诸多国家和地区的反垄断立法，也已经形成了对垄断行为的规制制度体系，这是一般规制制度。但在近些年来蓬勃兴起的互联网平台经济领域，垄断行为的表现形式、行为主体、行为弊害和有利因素等，较之传统经济有明显的不同。在规制制度的设计上，就需要在一般规制制度的基础上，根据互联网平台经济的特点，制定适应其特点的行为方式认定、行为主体认定（包括相关市场、市场支配地位认定等）、行为弊害分析思路等方面的指南性的规定。这样，互联网平台经济领域特殊的反垄断规制制度，就成为特殊市场规制制度，即体现互联网平台经济个性的反垄断规制制度。这种共性与个性的区别，也体现了市场规制法律制度与特别市场规制制度之间的区别。

这一关系，从特别市场规制制度与市场规制法律制度的执行机构也可以得到印证。我国 2019 年修正的《反不正当竞争法》第 4 条规定："县级以上人民政府履行工商行政管理职责的部门对不正当竞争行为进行查处；法律、行政法规规定由其他部门查处的，依照其规定。"前者主要承担市场规制综合执法职责，但基于对特别市场进行特别规制的需要，其他法律、行政法规有时也规定了另外的主管部门承担对特别市场的特别规制职责。比如，我国银行、证券、保险、电信、电力、食品药品等特别市场，都有相对独立的主管部门。美国、德国、日本等国也基本相似。在美国，至少有 34 个机构承担着执行该国市场规制法律制度的职责，但职责范围广、综合性强的规制部门只有几个。

最后，特别市场规制法律制度是丰富和发展市场规制法律制度的主要领域。对某些市场之所以予以特别规制，既有其市场交易的标的重要、影响面大等因素，还与作为共性的市场规制法律制度在规制特殊市场时的制度供给不足有关。根据我国立法的传统，可以经过层级较低的立法进行规制制度的探索，在总结经验教训的基础上逐步上升到层级较高的规制制度。这样看来，一般市场规制制度与特别市场的特点结合的过程，既是市场规制制度具体化的过程，也是丰富和发展市场规制制度的过程。

三、市场规制法的地位与作用

（一）市场规制法的地位

市场规制法的地位，是指其在我国经济法律体系中的地位。市场规制法是经济法体系中的主要组成部分，是经济法的主要法律制度。

对经济法的调整对象及相应的体系，目前我国法学界仍有较大分歧。但市场规制关系和宏观经济调控关系属于经济法的调整对象，可以说已成为经济法学界大多数学者的共识。弥补市场缺陷，需由政府在尊重市场客观经济规律的前提下对经济进行适度干预，这已为世界上绝大多数市场经济国家所承认。经济法恰恰适应了这一要求，既突破了经济活动是市民的私事、国家不干预的观念，又突破了计划经济中国家无处不在的观念，使公法与私法适当融合、渗透，成为国家对经济依法、适度干预的重要法律部门。经济法一手牵着市民社会，一手牵着国家，用平衡、协调的方法把国家和市民社会和谐地糅合在一起。从经济法的主旨在于避免市场失灵和纠正政府失灵，以及国家对经济适度干预的角度看，市场规制法应属经济法这一独立法律部门的主要子部门之一。

经济法融公法和私法于一体，在尊重市场主体的私权利的前提下，以适度的公权力手段对市场经济进行必要的法律调整，适应了现代市场经济发展的需要。所以，经济法绝不是公法规范和私法规范的简单组合，更不是民法规范和行政法规范的简单组合。如果对《反不正当竞争法》《反垄断法》《产品质量法》《价格法》《消费者权益保护法》《广告法》等法律的规范形式进行实证分析，不难发现，大量的法律规范都是以维护市场正常秩序和社会公众利益、保护消费者权益为法益目标或立法宗旨的，以义务性规范和禁止性规范的形式，规定市场主体的各种相关的义务。这和民法规范主要以授权性规范的形式规定民事主体的私权利（包括有形、无形财产权和人身权）显然不同，也和行政法规范主要规定国家行政机关的权力和义务（包括职权和职责）显然不同。

市场规制法与宏观调控法都是以社会整体利益为本位，都具有公法与私法相互融合、渗透的特点，在调整对象上具有同质性，因此，它们在法律调整内容与方法等方面存在紧密联系。但是，在经济法体系中，市场规制法与宏观调控法又是两个相互独立的子系统。市场规制法主要调整微观经济管理关系，大多针对企业公司或其他经营者的经济行为，维护市场秩序。而宏观调控法主要调整宏观经济管理关系，调节的是社会宏观经济利益，主要规范和约束政府经济行为和政府管理宏观经济的行为，促进经济与社会全面、协调、健康和可持续发展。

（二）市场规制法的作用

市场规制法的作用主要体现在以下四个方面。

一是创造公平竞争的市场环境，协调经营者相互之间的利益关系。创造公平竞争的市场环境，是指通过立法和执法使一切市场主体处于平等的法律地位，服从同一法律制度，并坚决查处、制裁垄断和不正当竞争等不法行为，推动和保护正当竞争。

二是维护消费者的合法权益，协调经营者与消费者之间的利益关系。消费者的消费是经济发展的原动力，保护消费者的权益能鼓励消费者消费，扩大内需，从而刺激经济的发展。维护消费者的合法权益，必然要以经营者切实履行其应尽的合法诚实经营义务为基础，所以要通过立法明确经营者的义务。尤其是在我国消费者自我保护意识不强的情况下，增强消费者自我保护的法律意识，大力查处经营者损害消费者合法权益的违法行为，方便消费者为维护自己的合法权利提出申诉、申请仲裁或提起诉讼，显得尤为重要和迫切。这促使经营者为从市场争夺更多的消费者而面向内部加强和改善经营管理，切实转换经营机制，促进我国市场经济的健康发展。可以说，维护消费者权益是整个市场规制法的落脚点，消费者权益保护法自不用说，反垄断法和反不正当竞争法的作用亦在于促使生产者和经营者遵守市场规则、自由和公平地开展竞争，从而提供更多价廉、质优的产品，最终提高消费者的福利。因此，整个市场规制法都是以维护消费者权益为中心而构建起来的。

三是为政府对市场进行管理提供法律依据，规范和约束政府管理市场的行为。在市场经济条件下，政府对市场的管理不是万能的，必然要以不妨碍市场机制的正常发挥为前提，以弥补市场缺陷为目的。所以，必须通过立法明确政府对市场管理的职能机构、职能范围、方式和程序，既使其具有权威性、强制性，以维护市场的正常秩序，又避免主观、随意地滥用权力破坏市场机制的行为出现，建立必要的监督制约机制，从而防止因政府的过度干预而酿成“政府失败”的恶果。

四是促进社会主义市场经济体制的建立和完善，推动社会主义市场经济的发展。社会主义市场经济体制的改革和完善，必须更大程度地发挥市场在资源配置中的决定性作用，增强企业的活力和竞争力。市场机制是资源配置的重要手段，它通过供求、价格、竞争之间的相互作用与影响，推动资源的合理流动与分配，提高资源的使用效率，从而促进社会经济的发展。人们通常把市场机制的这种客观作用，形象地比喻为“无形之手”或“看不见的手”。市场规制法在“无形之手”对资源配置的基础上，通过立法、执法，充分发挥“有形之手”，从而排除“无形之手”在某些方面不能发挥作用的“功能性障碍”，整顿和规范市场经济秩序，打破行业垄断和地区封锁，促进统一、开放、竞争有序的现代市场体系的形成。

（三）市场规制法与相关法的关系

这样划分所揭示的市场规制法体系的构造中，没有包括形式意义上的《产品质量法》《证券法》《城市房地产管理法》等。这是因为这些法律中既有市场规制法规范，也有其他部门法规范。如果我们详细解剖这些法，就可以发现，《产品质量法》中既有产品质量安全规制方面的市场规制法规范，也有作为侵权责任法中特殊侵权责任之一的产品责任法规范；《证券法》中既有证券发行、上市、交易和上市公司收购等领域和环节的市场规制法规范，也有证券交易的合同法规范、证券公司的商法规范；《城市房地产管理法》中既有房地产开发、交易领域的市场规制法规范，也有房地产交易的合同法规范、房地产公司的商法规范。因此，并非所有的产品质量法规范、证券法规范、房地产法规范都可以纳入市场规制法体系。

第二节　市场规制法的宗旨和原则

市场规制法的宗旨和原则，是市场规制法基础理论中价值论的主要问题，所考察的是市场规制法与人类社会之间这种客体与主体之间的关系。探讨市场规制法的宗旨和原则，有助于增强市场规制法律实践的自觉性。

一、市场规制法的宗旨

市场规制法的宗旨，是指市场规制法所欲实现的目标。基于市场规制法在法的体系中的地位，其宗旨一方面要秉承法（特别是经济法）的宗旨，另一方面要体现市场规制法的个性。同时，市场规制法的宗旨，又是市场规制法调整对象在主客观关系上的延伸，是市场规制法规范的目的、功能的抽象体现。目前，市场规制法的宗旨，有必要从以下四个角度思考：

（1）从市场规制法的价值为宗旨提供的客观可能性角度考察。提炼市场规制法的宗旨，有必要将市场规制法的价值和人类社会的主观欲求联结考察。相对于宗旨，市场规制法的价值更具客观性。人们希望市场规制法达成的目标，必须建立在市场规制法具备满足人们这些希望的有用性基础之上。比如，我们不能希望市场规制法能够直接实现国民经济总量平衡、结构优化和促进就业等宏观经济目的。对市场规制法价值的考察可以有多个维度，但其公平价值、效率价值和秩序价值是不可或缺的：其公平价值体现在对实质公平、结果公平的侧重；其效率价值体现在提高资源配置效率、促进技术进步和增进社会福利；其秩序价值体现在恢复被垄断行为和不正当竞争行为破坏了的市场秩序，维护和增强市场机制的运行秩序。

（2）从人们对市场规制法的需求角度考察。这种需求往往在市场规制法产生前后能够最直观地体现出来。在美国的《谢尔曼法》和德国的《反不正当竞争法》制定之前，美国和德国（以至当时整个欧洲）大多数市场主体对托拉斯现象和不正当竞争现象的反感、对完全竞争和正当竞争状态的留恋、对自身近期利益与长远利益均衡最大化的欲望、对国家规制市场等公共物品的热切期盼和相应的警惕等，正是其生动的体现。

（3）从经济与社会互动角度考察。市场规制法经济方面的价值会扩展为社会价值，人们对市场规制法的欲求也会同时包括经济和社会两个方面。

（4）从直接和间接、初级和高级角度表达。既然市场规制法的宗旨是其所欲实现的目标，而目标既有近期与远期之分，又有直接与间接、初级与高级之别，那么市场规制法的宗旨也可以作相应的分类，比如将其分为初级宗旨和终极宗旨。

从上述多个角度思考和提炼的市场规制法宗旨，可以分初级和终极两个层次作如下表达。市场规制法的初级宗旨主要是：通过规制垄断行为和不正当竞争行为，调整市场规制关系，恢复和维护公平竞争机制，提高市场配置资源的效率，保护经营者和消费者的权利和利益。市场规制法的终极宗旨主要是：通过初级宗旨的达成，不断解决个体营利性和社会公益性的矛盾，克服市场失灵，保障社会公益和基本人权，促进经济的稳定增长，实现经济和社会的良性互动和协调发展。

二、市场规制法的基本原则

市场规制法的基本原则，是贯穿于市场规制法之中的，人们在市场规制法的立法、执法、守法过程中必须遵循的根本准则或者指导思想。它是由市场规制法的目的和调整对象的性质所决定的。市场规制法的原则既是立法机关制定市场规制法的指导思想，又是执法机关、司法机关进行执法、司法活动的基本依据，也是一切市场活动主体的基本行为准则。学习与研究市场规制法的基本原则是有其现实意义的：其一，市场规制法基本原则的确立，是我国市场规制法律体系走向完善和成熟的重要标志；其二，市场规制法基本原则可以作为执法、司法裁判的依据，它能够弥补我国市场规制法律、法规存在的较多缺陷和不足。目前，我国市场规制法基本原则主要有以下几项。

（一）尊重规律、依法适度管理原则

价值规律、供求规律和竞争规律是市场机制赖以存在和发挥作用的基本规律。任何违背这些客观规律的市场行为和市场管理行为，都是注定要失败的。市场规制法要保障市场经济活动更加“经济和理性”，提高经营者的整体效益和消费者的整体福利，必须遵循和体现相关的市场运行规律。市场规制法只有充分尊重和体现相关经济规律，才能引导市场主体依法从事经济合理行为，实现综合效益和宏观经济的目标，实现自身的各类调整目标。国家对市场进行管理是为了弥补市场不足而不是替代市场，所以，在强调管理的重要性的同时，也必须强调管理的合理性、适度性和有效性，把握好管理的范围、方式和力度，这就必须尊重市场客观经济规律。否则就会因国家对市场干预过度而否认市场运行规律，最终否认市场经济，也会导致使市场主体窒息、减少活力的严重后果。

依法适度管理就是要求国家对市场的管理要从维护良好的市场秩序这个立足点出发，并遵循市场运行的规律，把握适度、得当。国家对经济的管理必须在一定的“度”内，适度可以促进经济增长，而“过”和“不及”都会阻碍经济的发展。这个“度”是个弹性的标准，必须根据不同时期的经济发展情况和市场运行状况来判断。比如反垄断法的执行力度在不同时期相差较大，受到政府经济政策的影响。当然，政府不是万能的，也会产生“政府失灵”问题。一般认为，当政府能以最低的风险、成本和牺牲挽回最大的市场效率损失时，就是最佳、最理想的政府管理。

（二）维护公平竞争的原则

公平竞争原则是市场规制法确定的又一项基本原则，也是市场规制法反映社会化市场经济之内在要求的一项核心原则。所谓公平竞争是指市场竞争主体的法律地位平等和经济机会均等。在市场竞争中，一切竞争者处于平等的法律地位，服从同一法律规则。经济机会均等是指经营主体都有进入市场并进行平等竞争的机会。不允许某个竞争者独占机会，也不允许对任何竞争者进行歧视。维护公平竞争原则要求国家为当事人创造一个公平的竞争环境和条件，使他们能够在相同的条件和外部环境中参与竞争，促进竞争机制在市场中发挥积极作用。维护公平竞争原则和制度的出现，是通过国家的“有形之

手”来避免市场这一“看不见的手”所导致的弊端，同时又力求使“看不见的手”在最大范围内、最大限度上发挥作用的产物。在此原则中对公平竞争加上“维护”二字表明了市场规制法和国家在维护市场经济及其竞争秩序中的一种积极和能动的作用。市场规制法所维护的公平竞争既包括形式意义上的公平竞争，也包括实质意义上的公平竞争。这也符合经济法所追求的实质公平的理念。

（三）保护弱者和消费者合法权益的原则

在现代市场经济条件下，市场主体间的强者、弱者之分是客观存在的。强者拥有强大的经济实力和组织网络，在市场活动中居于显著优势地位；弱者或消费者不仅经济势力小，而且处于无组织的分散状态，因此，他们在市场活动中最容易受到伤害。这就要求国家从维护社会公平与正义出发，在立法、执法和法律救济等方面，对市场主体中的弱者一方给予特别保护。对弱者的保护实质上也是为市场竞争储备后生力量，为经济长远发展积累能量，因为今天的弱者可能明天就会变成强者。同时，保护市场上弱者的权益也体现了市场经济社会应该具有的社会良知，有利于社会的和谐、稳定。对消费者合法权益的保护，实质上是保护消费、促进消费，从而保护生产、促进生产，有利于社会经济的发展。所以，应该将保护弱者和消费者合法权益的原则确定为市场规制法的基本原则。

（四）违法行为规制法定原则

市场规制是国家介入市场运行、规范市场主体竞争行为的行为。在法治国家，这类行为必须有法律的明确授权，同时还应当由法律对其实体与程序进行明确界定。违法行为法定，即违法行为由法律明示。在市场经济条件下，由于市场瞬息万变，市场主体要及时作出经营决策并实施某种经营行为。要求法律将市场主体可以实施的行为都一一规定下来，是不可能的。法律可以做到的，只能是为市场主体规定不允许实施的行为划一个范围。即法律未明文规定禁止的行为，应视为合法行为，行为人应不受制裁。违法行为法定原则包含三个方面的基本要求：一是法无明文规定不制裁，即实施制裁必须有法定依据，没有法定依据不能实施制裁；二是市场管理机关必须在法定职权范围内实施制裁；三是市场管理机关实施制裁必须遵循法定程序，违反法定程序的，制裁行为即无效。由此可见，规制法定原则要求，规制市场竞争行为的主体、权力和程序等均需依照法律规定；非依法律规定，任何组织或个人不得规制市场主体的竞争行为。

第三节 市场规制法的体系结构和地位

一、市场规制法的调整方式

法是调整社会关系的规范，法律规范是由“假定—后果”构成的。不同类型的假定—后果，构成不同类型的规范，对规范的对象及其行为表达不同的倾向，并产生不同的作用。第一类是一般允许式，法律赋予人们可以作为或不作为的权利，一般在私法领域。第二类是一般禁止式，法律要求人们承担不为一定行为的义务，一般在公法领域。第三类是积极义务式，法律要求人们承担为一定行为的义务，在公法、私法领域都存在。这三类规范，形成法律的三类调整方式。市场规制法调整的是在国家规制市场竞争过程中发生的社会关系，即市场规制关系。市场规制法是公法，相应地，市场规制法的调整方式主要是一般禁止式、积极义务式，辅之以有条件的允许式。

（一）一般禁止式的调整方式

市场规制法是在自由竞争的市场经济后期出现的法现象。自由竞争的市场经济条件下，法律的调整方式以一般允许式为主，积极义务式为辅。当垄断、不正当竞争泛滥，市场机制名存实亡之时，就需要国家“有形之手”介入。其一般倾向当然是划定竞争的边界，禁止市场主体为某些行为。美国《谢尔曼法》第 1 条、第 2 条，分别禁止市场主体联合限制竞争、滥用市场支配地位；我国《反垄断法》第 16—19 条禁止垄断协议，第 22 条禁止滥用市场支配地位，皆是如此。《证券法》《广告法》等特别市场规制法律也是如此。这些法律规范在市场规制制度中比比皆是。

法律条文中的限制性条款，在限制范围内实质上是禁止。比如，我国《反不正当竞争法》对最高奖超过 50000 元的附奖促销行为予以禁止，从另一个角度看也是限制。

（二）积极义务式的调整方式

基于一般禁止，市场规制法在某些情况下还会赋予市场主体为特定行为的义务。比如，经营者集中达到申报标准的，参与集中的经营者有申报的义务。又如，在一般禁止协议的前提下，如果具备适用除外条件，可以对市场主体的相应行为予以豁免，但该主体应当履行举证和证明的义务。

此外，规制市场主体的市场行为需要有法律规定，还需要有相应的机构、人员实施。因此，市场规制法在规定规制主体职权的同时，还要规定相应的职责，这种职责也属于积极义务。如美国《谢尔曼法》第 4—6 条，设定了美国法院管辖权，也赋予了法院及其法官特定的行为义务。我国市场规制法律均有规制体制和程序的规定，这些规定均设定了有关部门及其工作人员为市场规制行为的义务。

（三）有条件的允许式的调整方式

市场规制法是公法，不会有私法的一般允许式。但在一般禁止的前提下，会对特定主体的特定行为予以允许。比如，我国《反垄断法》第 68 条、第 69 条对知识产权人、农产品相关经营者设定了有条件的允许。上述情形在特别市场规制法律中也比较常见。对经营者集中附条件的许可，也是此类调整方式。

上述 3 种方式，正体现了市场规制法“依规而制，制以达规”的特点。需要强调的是，较之宏观调控法的调整方式，市场规制法的调整方式具有显著的直接性。

二、市场规制法的体系结构

市场规制法是一个集合概念，包括我国在内的任何一个国家都没有制定一部统一的市场规制法，而是从维护市场秩序的各个方面分别立法。但是，市场规制法是一个有机的统一整体。在这个有机整体中，以市场规制法基本原则为指导，各个组成部分相互协调、互相配合，共同实现政府维护市场秩序和公平交易的目的。根据市场规制法的调整对象的范围和基本内容，市场规制法体系主要由以下几部分构成。

（一）商品生产经营规制法

1. 产品质量法

产品质量法是调整国家在对生产经营者的产品质量进行监管和对消费者产品权益进行保护的过程中所发生的社会关系的法律规范的总称。产品的高质量意味着高成本、高投入，这和市场主体追求利润的最大化相矛盾。产品质量高低是市场交易秩序优劣的一个基本尺度。产品质量法旨在保障进入市场的商品质量。同时，产品质量是市场竞争的一项主要内容。为了维护市场秩序，国家必须运用强制性的法律手段确保产品质量。因此，产品质量法是市场规制法的主要组成部分之一。

2. 价格法

价格法是调整生产经营者在价格形成和国家在价格监管过程中所发生的社会关系的法律规范的总称。价格关系是指与价格的制定、运行和监督检查有关的各种社会关系，具体包括：价格的制定关系、价格的运行关系、各级价格主管部门对价格的监督检查关系。我国价格法所称的价格包括商品价格和服务价格。所谓商品价格，是指各种有形产品和无形资产的价格。所谓服务价格，是指对各类有偿服务的收费。市场的核心是价格，市场配置资源的作用主要通过价格调节来实现。为了保持价格形成机制的健全，稳定市场物价，国家必须协调、监督和管理价格关系。因此，价格法是市场规制法的主要组成部分之一。

3. 广告法

广告法是调整广告关系的法律规范的总称。广告关系是指国家在对广告活动进行监督管理过程中所发生的社会关系。广告可以传播经济信息、促进市场交易、指导消费。我国的广告业发展迅速，但是在广告业的发展中也遇到了一些问题，危害最大的就是利用广告虚假宣传进行不正当竞争。因此，必须对利用广告进行不正当竞争的行为予以规制。广告法是市场规制法的基本内容。发展市场经济，必须制定和完善广告法，依法加强政府对广告的管理。

4. 商标法

商标法是指调整商标关系的法律规范的总称。商标法属于知识产权法领域的主要内容，但是从生产经营的角度来看，经营者对商标的使用与其生产经营活动密切相关，因此，商标法也是规制生产经营活动的重要法律制度。

5. 计量法和标准化法

计量法是调整计量关系的法律规范的总称。标准化法是调整国家在制定标准和实施标准化过程中所发生的社会关系的法律规范的总称。商品的生产和市场交易离不开计量和标准。因此，计量法和标准化法也是市场规制法的基本内容。

6. 经济合同法

合同法是民法和经济法综合调整的反映，而以民法和经济法综合调整市场经济关系则是社会发展和进步的要求。按照经济法的思想，现代市场经济生活中客观存在着一种不同于民事合同的经济合同，这种经济合同是经济法用以管理与协调商品交换和货币流通的一种积极手段，体现了市场经济与宏观调控的有机结合。经济合同主要包括两种类型：一是合同主体至少有一方是政府的经济合同，如政府采购合同，政府与社会资本合作协议（即 PPP 模式合同），平等的地区、部门和财政主体之间为实现一定经济目的而形成的经济协作合同。需要注意的是，政府作为一方主体参与经济合同法律关系时，并不是以管理者的身份出现，而是以经济法意义上的消费者主体或经营者主体的身份出现，这也是经济合同法归属于经济法范畴而非行政法范畴的重要原因。二是合同双方主体虽然都不包括政府，但合同的内容以及订立形式要接受政府监督和管理的经济合同，如供用电、水、气、热所订立的格式合同，建设工程合同，等等。调整上述经济合同关系的法律规范的总称即为经济合同法。我国现行《民法典》合同编中规定的部分具有管理性的经济合同性质的合同规范，可以从《民法典》合同编中剥离出来，与法律尚未规定的经济合同内容放在一起，统一由属于经济法部门的“经济合同法”来调整。

7. 产业经营规制法

上述生产经营规制法并不区分具体的行业性质，而是从产品、价格、广告、商标、计量、经济合同管理等方面对所有行业的生产经营行为进行法律规制。而产业经营规制法是指调整工业、农业、服务业中的生产经营规制关系的法律规范的总称，属于具体的市场规制法律制度的范畴。

8. 政府特许经营规制法

政府特许经营规制法，是指调整政府授予特许经营者特许经营权，允许其在能源、交通运输、水利、环境保护、市政工程等基础设施和公用事业等领域内进行特许经营活动中所发生的特许经营规制关系的法律规范的总称。例如，2015 年，经国务院同意，由国家发展和改革委员会、财政部、住房和城乡建设部、交通运输部、水利部、中国人民银行发布的《基础设施和公用事业特许经营管理办法》，就是为转变政府职能，强化政府与社会资本协商合作，保护社会资本合法权益，保证特许经营持续性和稳定性的，作为政府特许经营规制法的政府规章。

（二）市场竞争法

市场竞争法是调整经营者之间的市场竞争关系的法律规范系统。市场竞争关系就是竞争法的调整对象。市场竞争法主要由反不正当竞争法和反垄断法组成。反不正当竞争法主要是反对经营者出于获取不正当利益的目的，违反市场交易中的诚实信用原则和公认的商业道德，通过使用不正当竞争手段而获取相对竞争优势。而反垄断法是从保护市场竞争，防止和制止垄断行为，防止和制止滥用行政权力排除、限制竞争的行为出发，使市场保持足够的竞争者，以便使交易相对方和消费者在市场上有选择商品的机会，因此，反垄断法是维护经营者、消费者的合法权益和社会公共利益的法。

（三）市场监管法

市场监管法是调整市场监管关系的法律规范系统。所谓市场监管关系，如前所述，是指国家行政机关在对市场主体是否遵从市场规则方面的法律、法规而进行监察、督促和检查活动中所产生的经济管理关系，实质上是一种市场执法关系。市场监管法的调整对象，主要包括银行业监管关系、证券业监管关系、保险业监管关系、商贸监管关系、土地监管关系、电信监管关系、电力监管关系等。与此相适应，市场监管法体系包括银行业监管法、证券业监管法、保险业监管法、商贸监管法、土地监管法、电信监管法、电力监管法等。

最后需要指出的是，商品生产经营规制法、市场竞争法和市场监管法在市场规制法体系中环环相扣、互为补充，发挥各自不可替代的特有调整功能，构成一个完整的维护市场秩序和公平交易的法律规范系统。

第四节　市场规制法主要制度

一、市场规制法主体制度

法律关系中的主体，是法律所规范的特定行为的施动者和受动者。相应地，市场规制法的主体，是市场规制行为的施动者和受动者。尽管市场规制行为的施动者和受动者都被称为市场规制法的主体，但如果进一步细分，还可以将市场规制行为的施动者称为市场规制主体，而将市场规制行为的受动者称为市场规制相对人，并分别简称为规制主体和规制相对人。

（一）规制主体

规制主体，即市场规制主体，是市场规制行为的施动者。也就是说，所有依法为市场规制的行为人，都是市场规制法规范中的规制主体。综合各国市场规制法，规制主体的客观形态包括国家和政府。

1. 国家

国家成为经济法主体，是基于市场经济体制下解决市场失灵和政府失灵的需要。为了解决近代市场经济后期发生的一系列经济社会问题，国家作为国家利益和社会公共利益的最好代表，被要求对宏观经济运行实施调控，对市场运行实施规制。现代法治之下，国家介入市场，实施宏观调控行为和市场规制行为，必须依照法律的明确授权。在履行法定程序制定了相关的法律，授予了国家实施宏观调控和市场规制行为的权利和义务后，国家也就成为宏观调控和市场规制行为的施动者，成为调制主体。在市场规制领域，就体现为规制主体。

在美国，为了使中小企业、农业组织、消费者和一般公众免受日益蔓延的托拉斯之害，经过谢尔曼议员提议，国会通过《谢尔曼法》。正是该法律的制定，国家承担反托拉斯的责任并享有相应的权力，成为市场规制的主体。

2. 政府

当国家的权力在许多方面由政府行使时，政府也就成为国家介入市场、规制市场竞争行为的实际担当者和执行者。政府作为市场规制的主体时，既要全面、有效、合理地执行市场规制法律所赋予的职责，行使相应的权力，还要根据执行法律的需要制定层级低一些的规范性法律文件，如法规、规章。为了执行市场规制法律，政府既要调查、裁处垄断行为和不正当竞争行为，也要为了防范垄断和不正当竞争行为的发生而设置相应的申报、许可或核准程序。这样，在规制市场竞争行为过程中，会依法发生多种具体的法律关系，政府会充任不同的、具体的法律关系的主体。但无论政府作为哪一种具体的市场规制法律关系的主体，都仍然属于规制主体的角色。

当然，政府在作为市场规制主体时，既要接受市场规制法的约束，还要作为宪法、行政法主体，同时接受宪法、行政法规范的约束。这样，在其外观上，政府是一身二任或多任，同时充当着多重法律关系的主体。这也正如一个人，在不同角度或场合，充任不同的社会角色一样。需要明确的是，不能因为政府常常是宪法、行政法的主体，就认为它是以宪法、行政法主体的身份充任经济法主体的，更不可因此误以为市场规制法是行政法或所谓的经济行政法的一部分。部门法的界分须以调整对象为依据，主体的界分也不能仅以外观为标准。政府事实上以不同的角色充任着宪法关系、行政法关系、经济法关系、民商法关系等多个部门法法律关系的主体。

3. 行业协会在市场规制关系中的地位

行业协会是规制主体还是规制相对人，存在争议。如果考察行业协会的成立基础、权力来源、行业协会与协会成员的法理关系，我们会发现，行业协会的权力基于协会创始成员的授权，基于协会成员的共同协议——章程的约定。没有协会成员权利的让渡，就没有行业协会的“规制权”。从法理上看，不过是通过立法的形式赋予了行业协会本由政府享有和行使的权力。从此类立法的实际运行来看，行业协会行使规制权，也需要全过程接受政府主管部门的监督和制约。更重要的是，无论是何种形式，行业协会如果实施限制竞争行为或不正当竞争行为，都会受到政府主管部门的规制。比如，我国《反垄断法》第 14 条、第 21 条和第 56 条就规定，行业协会不得组织本行业的经营者从事垄断行为，否则应承担相应的法律责任。综上所述，行业协会在市场规制关系中处于规制相对人地位的观点，更有说服力。

（二）规制相对人

市场规制行为是直接针对市场竞争行为中垄断行为和不正当竞争行为的。市场竞争行为的主体，特别是从事垄断行为和不正当竞争行为的主体，是市场规制行为最主要的相对人。因此，规制相对人主要有经营者及经营者利益的代表者。

1. 经营者

经营者，是提供商品或营利性服务的组织或个人。这一界定，概括了经营者的如下特征：（1）以营利为目的。从事非营利类活动的如国家机关、志愿者，不是也不应该是经营者。（2）实现营利目的的载体或途径是提供商品或服务。虽然以营利为目的，但不是通过提供商品或服务作为载体或途径的，也不是经营者，如赌徒、盗窃者。（3）其自然形态既可以是组织，也可以是个人。这样规定，要比规定为单位、团体、法人等更具备开放性，更能揭示经营者不同于其他主体的内涵与特质。

需要强调的是，上述界定是实质界定，不以注册的身份为限。比如，高等学校注册为事业单位，事业单位是不以营利为目的的组织，如果以“事业单位”的定义为限，就无法理解高等学校开办高价培训班的行为。相反，按照上述关于经营者的定义，举办高价培训班的高等学校，此时即是经营者。而其作为普通高等教育本科生教育机构时，则不是经营者。这也体现了市场规制法重实质、轻形式的特点。

2. 经营者利益的代表者

尽管垄断、不正当竞争和侵犯消费者权益的行为人常常是经营者，但有时也可能不是经营者而是其利益的代表者。当其行为违反市场规制法应受到规制主体的规制时，实施该行为的经营者的利益代表者也就成为规制相对人。

比如，行业协会的决定和专业工作者协会起草、制定的专业规范（如行业标准、行业惯例等），如果构成垄断协议，它们也就成为市场规制的对象。但行业协会、专业工作者协会本身不是经营者，它们实施该行为时事实上是经营者的利益代表者。在反不正当竞争法、消费者权益保护法中，行业协会也常常成为规制对象。

又如，行政性垄断行为的实施者——地方政府和各级政府部门，本来是规制主体，而不是规制相对人，但如果它滥用行政权力限制市场竞争行为构成行政性垄断后，也就成为规制相对人。经营者是行政性垄断行为直接或间接的受益者。比如，某县财政局要求本县行政、事业单位接待用烟一律用本县某烟厂生产的香烟。此时，该县财政局实施了垄断行为，事实上成为该烟厂利益的代表者。

二、市场规制权配置机制

市场规制权是规制主体依法律的授权而享有的、规制市场竞争的权利。市场规制权具有法定性和一定的强制性，因而也是一种权力。市场规制权的配置，包括市场规制权在不同的市场规制主体之间的横向配置和纵向配置。

（一）市场规制权横向配置

市场规制权的横向配置，包括不同规制权在不同规制主体之间的配置和同一规制权在不同规制主体之间的配置。

市场规制权包括反垄断权、反不正当竞争权、消费者保护规制权和特别市场规制权。反垄断统一执法权由国家市场监督管理总局行使。国务院反垄断反不正当竞争委员会行使协调、调研和部分立法权。

反不正当竞争权中的商业混淆行为规制权、商业贿赂行为规制权、虚假宣传行为规制权、侵犯商业秘密行为规制权、不当附奖赠促销行为规制权、商业诋毁行为规制权、互联网特殊不正当竞争行为规制权，由国家市场监督管理总局综合行使，其他部委在本部门职责范围内行使。消费者保护规制权也是如此。

（二）市场规制权纵向配置

四类垄断行为的规制权，仅由国家市场监督管理总局行使。但是，根据工作需要，可以授权省、自治区、直辖市人民政府相应的机构，依照反垄断法规定负责有关反垄断执法工作。这意味着，反垄断权在中央，地方政府没有反垄断权。这样配置体现了反垄断法维护统一开放、竞争有序市场的宗旨。当然，国务院反垄断反不正当竞争委员会与执法机构之间存在一定程度的纵向关系，但执法权赋予执法机构，反垄断委员会仅行使执法的协调权，规则制定权则分级行使。

七类不正当竞争行为规制权的配置，适用地域管辖的原则。本行政区域内的，由本级政府市场监督管理部门行使；跨行政区域的，由共同的上一级市场监督管理机关行使。此外，国务院建立反不正当竞争工作协调机制，研究决定反不正当竞争重大政策，协调处理维护市场竞争秩序的重大问题。实践中，国家市场监督管理总局更多的是履行组织、指导、协调和监督的职责。

三、市场规制的程序机制

为了保障市场规制权的行使，同时为了防止市场规制主体滥用权力，损害市场主体的合法权益，根据规制法定原则，市场规制权力的行使，还必须依法定程序进行。市场规制程序制度，是市场规制制度的重要组成部分。

不同的市场规制权的行使，需要履行不同程序。以反垄断法为例，特定行为许可权、违法行为查处权、规则制定权等的行使，须履行不同的程序。经营者集中规制权中的经营者集中申报许可权，必须履行整套申报许可的程序。对应当申报而不申报的查处，则履行违法行为查处权行使的程序。这些程序中，包括一系列的实体条件、程序条件、环节及其时限、材料填写提交、保密等的规定。在特别市场规制制度中，证券的发行、上市等，涉及相应的市场规制权，也有一整套程序规则在规范。

由于不同类型的市场规制权履行不同的程序，并与相应的法律制度密切关联，限于篇幅，本部分不再展开，详见本书相应部分。

四、市场规制法的责任制度

市场规制法责任，是市场规制法主体违反市场规制法义务而应承担的不利后果。市场规制法责任，是保障市场规制法的执法、司法和守法的重要制度，不可或缺。

（一）归责原则

违反市场规制法义务的经营者，之所以应当承担法律责任，一方面在于该类行为破坏市场机制，危害公平竞争，侵犯了其他经营者、消费者的合法权益，毒化社会风气，具备承担法律责任的法理基础；另一方面，垄断行为或不正当竞争行为已经不只是一种道德概念，而是法律概念。规制主体和规制相对人违反了市场规制法的规定，违背了法定义务，应当承担法律所规定的不利后果。规定违反市场规制法规范的经营者应承担相应的法律责任，才能促使市场规制法规范发生潜在的威慑力和现实的惩罚力。

（二）责任类型

违反市场规制法的法律责任形式，可分为财产性责任和非财产性责任两类。财产性责任，如赔偿、强制超额赔偿、罚款、罚金等；非财产性责任，如声誉罚、自由罚、资格罚。

1. 财产性责任

违反市场规制法，根据情节可能承担赔偿、强制超额赔偿、罚款、罚金责任。

（1）赔偿。经营者通过实施垄断行为或不正当竞争行为，获得超额利润或者交易机会、竞争优势，而其他经营者、消费者的权利和利益却因此受到了损害。可见，垄断行为和不正当竞争行为与损害后果之间存在事实和法律上的因果关系，根据相应的法理，应当设定赔偿责任。实施各种不正当竞争行为、部分垄断行为的市场主体都可能承担赔偿责任。比如，日本《禁止私人垄断及确保公正交易法》第 25 条规定："①实施私人垄断或者不正当交易限制或者使用不公正的交易方法的事业者，对受害人承担损害赔偿责任。②事业者证明其无故意或过失的，亦不能免除前款规定的责任。"相应地，规制主体越权、滥权而致规制相对人受到损失的，依法应发生国家赔偿责任，这是赔偿的特殊情形。

（2）强制超额赔偿。对于违反反垄断法、反不正当竞争法，在交易中存在欺诈的故意并导致侵权的，通过强制超额赔偿以惩罚，确有必要。比如，经营者恶意实施侵犯商业秘密行为，情节严重的，可以按照 1 倍至 5 倍确定赔偿数额。又如，我国《消费者权益保护法》第 55 条规定："经营者提供商品或者服务有欺诈行为的，应当按照消费者的要求增加赔偿其受到的损失，增加赔偿的金额为消费者购买商品的价款或者接受服务的费用的三倍；增加赔偿的金额不足五百元的，为五百元。法律另有规定的，依照其规定。"此外，在商业贿赂行为中，受贿人为行贿人提供交易机会或竞争优势，违反公平竞争规则，实质上具有欺诈的属性。为此，设定强制超额赔偿责任既可以鼓励受害人起诉，也可以达到对现实和潜在违法者实施惩戒的效果。美国《克莱顿法》第 2—4 条界定不同情形的商业贿赂，并同时规定，凡因违反有关商业贿赂规定而遭受财产或营业损害的人，可以在被告居住的区、被发现的区或有代理机构的区向美国区法院提起诉讼，无论损害大小，一律给予其损害额 3 倍的赔偿，并由加害人支付诉讼费和合理的律师费用。《谢尔曼法》第 7 条规定："任何因反托拉斯法所禁止的事项而遭受财产或营业损害的人，可在被告居住的、被发现或有代理机构的区向美国区法院提起诉讼，不论损害大小，一律给予其损害额的 3 倍赔偿及诉讼费和合理的律师费。"

（3）罚款和罚金。各类垄断行为和不正当竞争行为不仅损害其他经营者、消费者的权利和利益，还会破坏公平竞争的市场秩序和社会管理秩序，对社会造成危害。如果仅仅采用赔偿、强制超额赔偿，还不足以弥补损失，也不足以使违法成本超过违法收益。为此，有必要设定罚款或罚金，以弥补社会成本。本项责任连同强制超额赔偿，加大了行为人的违法成本，可能为其带来负效益，有助于从经济上遏阻各种违反市场规制法的行为。这是大多数国家采用的普遍形式。如英国《药物法》（1968 年）、《药物广告法》（1994 年）和其他相关法律规定，如果医药公司为了推销其产品给购买药品的单位或医生提供免费旅游，免费饮料、食品及其他物品和代金券，其负责人将被处以最高额为 5000 英镑的罚款，还并处自由刑。我国《反垄断法》第 56 条、第 57 条均设定了罚款，其幅度为该经营者上一年度营业额的 1%—10%。我国 2019 年修正的《反不正当竞争法》有关罚款数额的规定也大幅度提高。

2. 非财产性责任

（1）声誉罚。通过作为规制主体的市场规制机关立案、调查和与其他相关机关一道的处罚，并向社会公布，会大大降低为垄断行为或不正当竞争行为的经营者的商誉。商誉降低，会减少甚至丧失此后交易机会。我国市场监督管理机关常常定期、不定期地向社会公布“十大案件”，实质上是在其他处罚的同时并处声誉罚。至于剥夺违法经营者的荣誉称号，更是声誉罚的直观运用。

（2）自由罚。市场主体的市场竞争行为严重违反市场规制法的规定，并同时达到刑法规定的要件时，即可能招致“双罚”——对单位和个人的罚金和对个人的自由罚。我国《刑法》第二编第三章“破坏社会主义市场经济秩序罪”中规定了 28 项罪名，绝大多数是严重违反市场规制法（含特别市场规制法）所致之罪。这些罪名都可能对直接行为的个人处以自由罚。

（3）资格罚。因为严重违反市场规制法，经营者可能会被市场规制主管部门处罚吊销营业执照，这是最严重的资格罚。其他情况，比如违反特别市场规制法规范达到一定程度，被主管机关降低从事特别市场经营的资质等级，或者暂停从事某类或某几类业务的资格，也是常见的资格罚。

（三）构成要件

虽然违反市场规制法中不同的部门法或者不同的法律规范，责任构成会有所不同，但其共性还是存在的。下面主要阐述其共性的内容。

1. 主体

绝大多数情形下是经营者，有些情形是其利益代表者，如联合限制竞争行为、行政性垄断行为。个别情形是经营者的工作人员和其他相关人，如商业贿赂中的受贿人。同时，规制主体违反实体和程序的规定进行市场规制，也会成为责任主体。

2. 主观方面

绝大多数情形是故意。反不正当竞争法责任中有部分情形，过失也会构成市场规制法责任，如诋毁商誉行为、侵犯商业秘密行为。

3. 客体

违反市场规制法的行为，所侵犯的客体既包括其他经营者的权利和消费者的权利，也包括市场竞争机制、公平竞争秩序，还包括法律所保护的其他社会关系（如一般社会管理关系）。

4. 客观方面

垄断行为和不正当竞争行为的客观方面不同，体现为具体行为方式或行为表现的不同。

（四）责任竞合

违反市场规制法的行为，在外观上往往同时是市场交易行为。这样，同一行为，从其作为竞争行为的角度观之，违反了市场规制法，承担市场规制法责任；从合同法、人身权法、知识产权法、民事侵权法角度观之，因其具有违约或侵权的特征，也可能同时构成违约责任和侵权责任，从而发生责任竞合。

责任竞合，不独存在于市场规制法责任与其他法责任之间，即使在同为民法的合同法、人格权法、知识产权法和侵权法相互之间，也很常见。但需要说明的是，由于市场规制法与其他法相比往往具有兜底性质，当市场规制法与其他法责任发生竞合时，适用市场规制法责任对于恢复、重建市场竞争秩序意义更显著。

重要名词术语

市场规制法、市场规制、市场规制关系、市场规制法体系、市场规制法主体、市场规制法宗旨、市场规制法原则、维护公平竞争、市场规制权、市场规制法责任

思考题

1. 市场规制法的理论基础是什么？
2. 市场规制法体系如何，主要作用是什么？
3. 市场规制法的调整对象和范围如何划定？
4. 市场规制法宗旨是什么？
5. 市场规制法的基本原则是什么？
6. 如何理解市场规制法与宏观调控法之间的关系？

第七章　反垄断法律制度

【内容提示】

反垄断法是反对限制竞争，维护自由、公平竞争和经济活力的法律规范的总称，主要维护宏观的竞争秩序，侧重追求整体和宏观的效率，实现动态的交易安全，因而反垄断法涉及的问题更具有全局性、宏观性、政策性，与整体的经济效率和社会公正息息相关。反垄断法是市场经济国家维护竞争秩序的基础性法律规范，其背后蕴含着经济运行中权利与权力之间的博弈与规范，其问世并不在于仅强调反垄断法之重要性，而是要构建能确保竞争自由的制度框架体系。

反垄断法适用除外，是指基于某种政策考虑，对特定行业、特定组织或特定行为不适用反垄断法的一项法律制度。适用除外的对象主要涉及对维护本国整体经济利益和社会公共利益有重大意义的行业或领域，以及对市场竞争关系影响不大，但对社会整体利益有益的限制竞争行为。反垄断法域外适用，是指一国依据某种原则将其反垄断法适用于在本国以外发生的某些垄断或限制竞争行为。其目的是防止在本国领域以外发生的垄断或限制竞争行为对本国经济造成的危害。

相关市场界定不是反垄断法中一项独立制度，却是建立和实施反垄断法各主要制度的基础。任何竞争行为均发生在一定的市场范围内，界定相关市场就是明确经营者竞争的市场范围。在禁止经营者达成垄断协议、禁止经营者滥用市场支配地位，以及控制具有或者可能具有排除、限制竞争效果的经营者集中等反垄断执法工作中，均可能涉及相关市场的界定问题。

反垄断法，是市场规制法重要组成部分之一，主要涉及反垄断法的基本原理、反垄断法的实体制度和反垄断法的程序制度。其中，垄断的定义，滥用市场支配地位、垄断协议、经营者集中和行政性垄断行为的行为表现，以及本身违法原则和合理分析原则、反垄断执法权力和执法程序、诉讼程序中的证据制度，需要重点理解和掌握。

垄断协议是指排除、限制竞争的协议、决定或者其他协同行为，主要分为横向垄断协议和纵向垄断协议两类。此外，我国《反垄断法》规定，行业协会不得组织本行业的经营者达成或者实施垄断协议。通常而言，垄断协议将破坏市场竞争机制，不利于社会的发展。特殊情形下，垄断协议也可能产生足够的积极效果，例如提高经济效率、维护特定社会公共利益，从而整体上促进社会与经济的发展。因此，反垄断法规定了垄断协议的豁免制度，在垄断协议的积极效果大于其排除、限制竞争影响时，排除反垄断法的适用。

禁止滥用市场支配地位制度是针对特定市场主体的行为规范制度，其要求具有市场支配地位的企业不得滥用支配地位实施破坏市场竞争的行为。滥用市场支配地位行为具体表现为不公平交易价格、掠夺性定价、拒绝交易、限定交易、搭售和差别待遇等。

经营者集中可能对市场的有效竞争带来负面影响，所以国家需要通过反垄断法律制度对之进行干预。按照参与集中的经营者之间在经济上的关系，可以将经营者集中分为横向集中、纵向集中和混合集中三大类，不同类型的集中交易对市场竞争会造成不同的影响，导致的不同反竞争效果。我国经营者集中规制的实体标准是“排除、限制竞争”。企业有权对经营者集中规制进行抗辩，具体包括效率抗辩、破产抗辩和公共利益抗辩等。执法部门对经营者集中进行审查后，若认定集中存在排除、限制竞争影响，可能会禁止集中，或者附加限制性条件批准交易（合并救济）。合并救济主要包括结构救济与行为救济两类。

行政性垄断是与经济性垄断相对的一个概念，前者的行为主体是行政机关和法律、法规授权的具有管理公共事务职能的组织。禁止行政性垄断的理由在于，限制竞争的力量并非仅仅来自市场主体，行政权力的滥用也可能破坏市场公平竞争。针对实践中行政机关以及法律、法规授权的具有管理公共事务职能的组织制定具有排除、限制竞争效果的政策性文件等行为，我国建立了公平竞争审查制度。公平竞争审查制度对于恰当处理政府与市场的关系，保持政府合理干预市场和防止政府滥用行政权力排除限制竞争之间的平衡具有重要意义。

健全的实施机制是充分发挥反垄断法基础性法律规范功能的有效保障。修订后的《反垄断法》特别指出“反垄断统一执法工作”由国务院反垄断执法机构负责，地方反垄断执法问题只能依法通过授权省级人民政府相应的部门来解决，同时要“健全行政执法和司法衔接机制”“加强反垄断执法司法”，在完善反垄断规则的基础上更好地推进反垄断执法和司法工作，以有效规制垄断行为、维护公平竞争秩序。

反垄断执法程序制度是反垄断法律制度中不可缺少的组成部分。《反垄断法》第六章专门规定了对涉嫌垄断行为的调查，确立了垄断案件调查的基本程序制度，建立了我国垄断案件调查程序法律制度的基本框架。此外，我国反垄断实践中还积极构建了市场竞争形势分析机制、重点行业竞争失序风险监测预警机制、市场竞争状况评估机制以及反垄断执法效果评估机制等监管机制，以更好地满足和维护高质量发展所必需的竞争性市场运行。

诉讼也是我国反垄断法实施的重要机制之一。反垄断法不仅明确了反垄断民事诉讼机制，即自然人、法人或者非法人组织因垄断行为受到损失以及因合同内容或者经营者团体的章程、决议、决定等违反反垄断法而发生争议，依据反垄断法向人民法院提起民事诉讼请求赔偿；同时，新修订的反垄断法建立了反垄断民事公益诉讼制度，有利于拓宽反垄断行为违法后果的救济渠道，维护人民群众合法权益和社会公共利益。

第一节 反垄断法基本原理

一、垄断的界定与类型

（一）经济学意义上的垄断

通常，垄断是作为竞争的对立面而存在的，表现为对竞争的排除或者限制。但实践中垄断有展现出千人千面的现象，不同的领域不同学科对垄断的认识和界定又呈现出很大的差异性，经济学尤其如此。经济学上的垄断一般是指从资本主义社会开始的经济现象，主要是指在自由竞争中通过内部积累和外部扩张而形成的垄断。但垄断并不是资本主义社会所特有的经济现象。正如经济学家指出的，垄断问题是一个古老的经济学命题。从文献的记载来看，大约从古希腊的亚里士多德和中国的孟子时代起，学者们就已经开始议论垄断问题了。亚里士多德的《政治学》第一卷第十二章和孟子的《孟子·公孙丑下》就分别记载了时代大致相同的古希腊奴隶社会和中国封建社会初期（战国时期）的典型垄断情形，后者还伴随着政府对垄断行为的管理。此后，以工商业活动的官方垄断即国家垄断为主的中国封建社会的垄断，以及主要以行会和私人垄断形式出现的西方国家封建社会的垄断都以各自的形式发展着。因此，在资本主义社会的现代垄断产生之前就已经有其他形式的垄断存在。这正如马克思在《哲学的贫困》中指出的："蒲鲁东先生所讲的只是由竞争产生的现代垄断。但是，大家知道，竞争是由封建垄断产生的。可见，原来竞争是垄断的对立面，并非垄断是竞争的对立面。因此，现代垄断并不是一个单纯的反题，相反地，它是一个真正的合题。"事实上，资本主义社会的自由竞争也正是在打破各种形式的封建垄断枷锁的基础上才充分开展起来的。

尽管垄断为经济学的核心概念之一，但是人们对它的具体理解和概括并不一致。相对来说，以下表述是在对各种"垄断特殊"进行归纳的基础上所得出的较为一般性的概括，即垄断是指"特定经济主体为了特定目的通过构筑市场壁垒从而对目标市场所做的一种排他性控制状态"。如果说这里的"特定经济主体""特定目的""通过构筑市场壁垒""目标市场"的运用都是为了最大限度地扩大垄断概念的涵盖面，避免以往垄断概念不能完全概括某些具体的特殊垄断的情形，那么"排他性控制状态"则注重垄断的结构（垄断状态）方面，而没有充分重视垄断概念对垄断行为的概括，因为"垄断结构与垄断行为没有必然联系，而且，垄断行为与垄断者的行为也根本不是一回事"。这比较典型地体现了现代经济学关注垄断问题的侧重点，即主要关注垄断作为市场结构的方面，这是微观经济学的市场结构理论以及产业组织理论所要解决的问题。正是在这个意义上，微观经济学一般将市场类型或者市场结构分为完全竞争市场、完全垄断市场、不完全竞争市场（垄断竞争市场）和寡头垄断市场。垄断的意义在于市场主体是少数甚至唯一的，对供给进而对价格进行控制，竞争则呈现相反的情形。

经济学上的垄断可以进行不同的分类。马克思在资本论中提到 3 种垄断，即自然垄断、偶然垄断和人为垄断，其中，"人为垄断"是指"资本主义生产方式本身造成的垄断”。有学者将经济学上的垄断分为以下 3 种类型：一是由生产技术上的规模导致的“自然垄断”（natural monopoly），二是由少数厂商的合谋行为导致的“行为垄断”（behavioral monopoly），三是由政府限制竞争的法令和政策导致的“法定垄断”（statutory monopoly）。法定垄断又分为增强效率的和损害效率的两类，前者又分为为了实现规模经济（在自然垄断行业）和为了外部经济的内在化（如专利权）两种情况。还有的学者从不同角度进行考察并据以对垄断进行更具体的公开，例如，按主体可以分为企业垄断、行会垄断和政府垄断，按性质可以分为经济集中型垄断和行政割据型垄断，按集中程度可以分为完全垄断、双头垄断、双边垄断、寡头垄断和垄断竞争。按组织形式可以分为卡特尔、辛迪加、托拉斯、康采恩以及混合联合公司，按成因可以分为自然垄断和人为垄断，按内容可以分为垄断结构和垄断行为，等等。对垄断进行分类是必要的，它有助于我们从不同的角度认识垄断。并区分不同的垄断而采取相应的法律对策。

（二）反垄断法意义上的垄断

上述从经济学角度对垄断的一般界定和分类，对于我们全面把握垄断的基本含义具有重要的意义，但反垄断法中的垄断与经济学中的垄断并不是一回事。

各国反垄断法中并没有关于垄断的一般性定义，而只是根据各自需要解决的主要问题侧重从某个方面或者角度对相关问题加以规定，并且各国因其具体国情、法律文化和垄断的主要表现等差异，对垄断有着不完全相同甚至完全不同的界定方法。同时，各国反垄断法对其所要解决的垄断问题也并非都冠以垄断的称谓。美国对垄断的规定主要体现在《谢尔曼法》的前两条。其第 1 条是直接针对联合或共谋限制贸易活动的情形，但未明确其具体构成，美国联邦最高法院在长期的审判实践中确定了“本身违法原则”和“合理原则”。其第 2 条是针对垄断化或者图谋垄断化的情形，也未明确界定其含义，而交由法院来解释，法院在不同时期分别采取了结构主义规制和行为主义规制来加以判定。此外，在《克莱顿法》和《罗宾逊—帕特曼法》等中，还分别对企业合并、价格歧视等垄断行为作了规定。因此，在美国反托拉斯的立法和判例中，其所规制的垄断大致包括横向限制竞争行为、纵向限制竞争行为、滥用市场优势以及企业合并等具体种类。德国《反限制竞争法》则分别规定了卡特尔协议、具有市场支配地位的企业滥用其地位以及企业合并等。其中，对卡特尔明确规定了合法的卡特尔形式；对构成支配地位的市场状态预先作了法律上的明文规定，并强调只有企业滥用支配地位才构成对反垄断法的违反。日本《禁止垄断法》则明确而详细地规定了私人垄断、不正当限制交易、垄断状态和不公正的交易方法等，采取了行为和结构的双重规制。

虽然各国反垄断法所规制的垄断的侧重点和具体形式不完全相同，但它们的重点一般均不放在市场结构上，而是放在市场行为上，并且主要着眼于其消极后果，因而受到法律禁止或限制的垄断要同时具备危害性和违法性的构成要件：前者是指某种行为或状态导致某一生产或流通领域的竞争受到实质性的限制和损害，后者则是指某种行为或状态违反了法律的明文规定。由此也决定了反垄断法并不反对所有的垄断（包括状态和行为），更不是一概地反对大企业，而是有自己特定的对象或范围，即只是控制、反对那些实质性限制和损害竞争且具有违法性的垄断状态和垄断行为。

综观各国反垄断法的规定，其所规制的垄断可分为垄断状态和垄断行为两个基本方面。与垄断状态相关的叫法还有垄断结构、垄断规模、市场支配地位等。对垄断状态进行规制就意味着，当一个企业或者少数几个企业在某种商品或服务领域的市场占有率达到或者超过一定比例，使该领域的竞争受到实质限制时，就被判定为构成垄断。按照反垄断法的规定，这种市场将要进行结构调整——分割垄断企业或者划出部分营业，以增加市场竞争主体，恢复有效竞争。值得注意的是，明确对市场状态本身进行直接规制的只有个别国家的反垄断法，日本《禁止垄断法》被认为是这种典型，属于纯粹结构主义的反垄断立法，但它关于垄断状态的规定迄今尚未真正被运用过。大多数国家的反垄断法并不认为单纯的垄断状态或者市场支配地位本身违法，而只将对这种垄断状态或者市场支配地位的滥用规定为违法，这实际上已是垄断行为的问题了，只是这种垄断行为以一定的垄断状态为前提，即结构性垄断行为。有的国家如美国。对垄断状态的态度并非体现在专门法律的明确规定中，而是由法院或者专门机构根据不同时期的经济形势对“垄断化或图谋垄断化”加以认定、处理，因而其态度是不一贯的。如美国法院在 1920 年美国诉美国钢铁公司案和 1945 年美国诉美国铝业公司案中就采取了截然不同的态度。于前者，法院宣称“法律不会仅因为企业的规模或具有尚未发挥的支配力而宣布该企业违法”；于后者，法院在判决中否定了被告作出的“企业具有大规模并非违法”的辩解，指出“没有一个垄断者不知道它自己所进行的是垄断行为”。但在 1964 年美国诉格里内尔（Grinnel）公司案中，美国法院又采取了与在 1945 年美国诉美国铝业公司案中不同的态度。虽然美国法院在此后的几十年一般并不认为企业拥有垄断地位本身违法，并且有放松企业兼并控制的迹象，但是由于美国反垄断法的实施中保留了分割、解散大企业的制裁措施，因而美国反垄断法仍然带有“准结构主义”的色彩，被认为是实际上执行得最为严厉的反垄断法。

事实上，垄断行为，尤其是反垄断法意义上的垄断，并不是漫无边际的“框”，只要经济生活中对“大”的不满皆可往里装，相反具有十足的“法定”色彩，也就是只有反垄断法明确规制的“垄断行为”才可能进入反垄断法评价或者否定的范畴。垄断行为则是具备市场支配地位（垄断地位）的企业滥用其垄断地位的限制竞争行为，或者以谋求获得垄断利益为目的的限制竞争行为。前者主要包括搭售以及附加其他不合理交易条件、差别待遇、掠夺性定价、强制交易、限制转售价格、独家交易等；后者则主要包括订立固定价格、限制产量、瓜分市场等各种卡特尔协议以及企业合并、股份保有、董事兼任等。有的学者进一步将垄断行为或限制竞争行为分为结构性行为和非结构性行为，结构性行为又包括利用市场支配地位的行为和利用市场优势地位的行为。显然，这里的垄断行为也不完全是垄断者的行为，但它们都统一于对竞争的限制这一共同基础。从实际情况来看，垄断行为是各国反垄断法的主要规制对象，在多数国家还是唯一的规制对象。虽然各国反垄断法对垄断状态的态度差异很大，但对垄断行为的态度是基本一致的，尽管在具体范围、构成要件和宽严程度等方面也各有其特点。

反垄断法所规制的垄断虽然可以分为垄断状态和垄断行为，但这两者并非截然分开的，相反，两者关系非常密切，常常互为因果。一方面，垄断状态是垄断行为所追求的目标；另一方面，垄断状态形成后又往往导致另一些垄断行为，比如搭售、差别待遇等（属于垄断地位滥用的情形）。因此，两者往往是结合在一起的，在确定某些垄断行为（结构性垄断行为）时需要对相关的垄断状态进行确定。例如在确定滥用市场支配地位行为时，首先就要确定行为主体在特定市场上是否存在某种垄断状态或者支配地位，在对企业合并行为进行控制时也需要对合并后的市场结构情况进行分析。当然，许多垄断行为，尤其是各种垄断协议，并不一定都发生在具有垄断状态的企业之间，只是在具有垄断状态的企业之间发生的这种行为对竞争的限制更明显。因此，在反垄断法中垄断行为与垄断状态的联系未必是一一对应的，也并不是必然的。

基于上述分析，反垄断法所规制的垄断可概括为特定主体在经济活动中排除、限制竞争的状态或行为，具体来说，是指企业或其他组织单独或者联合地采取经济的或者非经济的手段，在特定市场实行排他性控制，从而排除、限制竞争的状态或行为。它不仅表现为实质性限制竞争的状态（垄断状态），而且更多地表现为各种实质性限制竞争的行为（垄断行为）；它可以是单个企业的单独行为，也可以是两个或者两个以上企业之间的联合或者默契行为；它可以是企业或者其他市场经营主体以经济手段追求或滥用垄断地位的行为，即所谓的经济性垄断，也可以是非市场经营主体以非经济手段（超经济手段）从事的垄断行为，即所谓的行政性垄断。此外，由于反垄断法都有除外规定，因而广泛意义上的垄断除包括法律所禁止或限制的非法垄断，还包括法律所允许和保护的合法垄断：后者除了法律一般未予以明确规定的垄断状态，还包括法律明确规定的某些垄断行为。可见，这里的垄断定义是对反垄断法中各种具体垄断的一般性的概括。当然，如果某个国家的反垄断法完全是采取行为主义的，则其反垄断法所规制的垄断就可以仅被界定为垄断行为。例如，我国《反垄断法》在第 1 条立法目的、第 2 条适用范围中都明确规定的是“垄断行为”，并在第 3 条列举了该法规定的“垄断行为”的种类，即经营者达成垄断协议、经营者滥用市场支配地位，以及具有或者可能具有排除、限制竞争效果的经营者集中。此外，该法规制的垄断行为还包括行政机关和法律、法规授权的具有管理公共事务职能的组织滥用行政权力，排除、限制竞争的行为。

需要说明的是，有人主张在反垄断法中不使用垄断行为的概念，而使用限制竞争行为的概念来加以代替，从而将垄断的概念严格限制在经济学意义上，即主要表示垄断结构或者垄断状态，以避免概念使用上的混乱；有人甚至据此进一步认为我国并不需要制定反垄断法，而只需要制定反限制竞争法；有人虽然使用垄断行为的概念，但将其与限制竞争行为相并列，分别指代不同的情况。在反垄断法中，各种限制竞争行为也就是垄断行为。因为，从最一般的意义上来讲，垄断本来就是对竞争的排除或者限制，垄断与限制竞争的含义本来就是一致的。反垄断法没有必要人为地区分垄断与限制竞争行为。使用垄断行为的概念既可以与垄断状态相区别、相对应，又与反垄断法的名称相一致。

二、反垄断法的概念和特征

（一）反垄断法的概念

反垄断法，有实质意义和形式意义之分。实质意义上的反垄断法，是由反垄断法律规范所构成的系统，是部门法意义上的反垄断法。形式意义上的反垄断法，是指一国规制垄断行为的基本法律，如我国于 2007 年 8 月制定、2022 年 6 月修正的《反垄断法》。在此之前，我国制定的法律（如《价格法》《招标投标法》）、法规和规章中已有不少反垄断法律规范，这些规范属于实质意义上的反垄断法。

反垄断法是反对限制竞争，维护自由、公平竞争和经济活力的法律规范的总称。它与禁止以违反商业道德的手段从事市场竞争行为、维护公平竞争秩序的反不正当竞争法共同构成竞争法的基本内容。相对于反不正当竞争法来说，反垄断法主要维护宏观的竞争秩序，侧重追求整体和宏观的效率，实现动态的交易安全，侧重维护自由竞争，因此，反垄断法涉及的问题更具有全局性、宏观性、政策性，与整体的经济效率和社会公正息息相关。

反垄断法是通称，但它在不同的国家或者地区有着不同的称谓。例如：在美国一般称为反托拉斯法；德国的相关立法称为反限制竞争法，又通称反卡特尔法；欧盟和有些国家称为竞争法（此即狭义上的竞争法）；还有的称公平交易法、管制限制性商业行为法等。虽然名称各异，但它们所规制的对象是大致相同的，即各种垄断或者限制竞争行为。当然，在不同的称谓和立法体例下，它所包含的内容可能不完全相同。

虽然反垄断、维护竞争的思想可以追溯到古希腊奴隶社会和我国战国时期，这方面的法律规范最早可以追溯到古罗马时代，但是现代意义上的反垄断法是以 1890 年美国制定的《谢尔曼法》为标志的。在此后的 100 多年的时间里，反垄断法律制度在世界各国得到普遍的建立和发展。在早期，反垄断法主要集中在发达市场经济国家，成为这些国家保障和促进经济发展的重要政策法律工具。在一些西方国家，反垄断法被称为“经济宪法”“市场经济的基石”“自由企业大宪章”等，可见其对于市场经济发展的重要性。20 世纪 90 年代以来，越来越多的发展中国家也制定和实施了反垄断法，以保障和推动经济的改革和发展。目前大约有 130 个国家和地区有各自不同形式的反垄断法。

2007 年 8 月 30 日通过、2008 年 8 月 1 日起实施的《反垄断法》确立了我国反垄断法律制度的基本框架。2022 年 6 月 24 日，该法完成了首次修改，修正的内容自 2022 年 8 月 1 日起施行。我国的反垄断法的体系以《反垄断法》（此即所谓的形式意义上的反垄断法）为核心，包括相关法律、行政法规、部门规章和司法解释等多种法律渊源。在其他有关法律如《消费者权益保护法》《价格法》《招标投标法》《对外贸易法》等中有一些反垄断的法律规范。随着《反垄断法》的实施，相关配套的法规、规章、指南和司法解释也会陆续出台，其中，《国务院关于经营者集中申报标准的规定》已于 2008 年 8 月 3 日发布、施行，于 2018 年作出了小幅修订，2023 年对具体标准额进行了修订。

反垄断法兼有公法与私法的性质，但相较于反不正当竞争法来说更多地体现了公法的性质。这主要体现在反垄断法运用公法的方法调整市场竞争关系。相应地，凡是建立了反垄断法律制度的国家和地区，都有各自形式的反垄断行政执法机构。而在这一点上，反不正当竞争法的情况有些不同，因为有些国家（如德国）虽有反不正当竞争法，但没有专门的反不正当竞争执法机构。当然，反垄断法也运用私法的调整方法，主要体现为私人（竞争者和消费者）可以依法对垄断行为提起损害赔偿诉讼。反垄断法中的损害赔偿，除了补偿性的赔偿，一些国家和地区还规定了惩罚性的赔偿。这样，私人提起的反垄断民事诉讼与专门机构的反垄断执法相配合，共同维护市场竞争秩序。因此，反垄断法在性质上是以公法性质为主，同时兼有某些私法性质的。

（二）反垄断法的特征

与经济法之外的其他部门法如合同法、知识产权法等相比较，反垄断法具有经济法所具有的经济性、现代性等特征。与经济法内部的宏观调控法中的财政调控法、税收调控法、金融调控法等相比较，反垄断法具有市场规制法所具有的微观性、规制性等特征。

如果将反垄断法各个方面的特征进行综合，提炼出最能体现反垄断法特殊性的表征，主要有：一是与经济学关系密切。二是法律规范的确定性较弱。在法的各分支之中，法律规范的确定性各不相同，刑法相对而言确定性更强一些。反垄断法律规范的确定性较弱，这是由垄断行为及其经济环境、经济效果的复杂性所决定的。比如，我国《反垄断法》第 22 条在规定滥用市场支配地位行为时都用了“没有正当理由”或者“不公平的”等限定词。如何认定，均需个案分析。三是域外效力。能发生域外效力的法律规范是很少的。由于经济要素的流动往往不以国界为限，基于垄断行为的跨国界影响，一国反垄断执法、司法机关，可以对外国经营者在本国之外实施的垄断行为作出禁止或限制以至相应的处罚决定。

三、反垄断法的理论基础

一个国家的反垄断基本法律中要规定哪些制度，其来源从根本上讲是一国的经济、法治实践，直接意义上则是反垄断法的理论基础以及该国的经济法治特别是反垄断法治的需求。反垄断法以相应的法学理论、经济学理论和其他社会科学理论为基础。较之其他部门法，反垄断法受到经济学理论的影响最大。

（一）反垄断法的法学理论

前述经济法总论相关理论，事实上都是反垄断法制度制定和实施的理论基础。比如，政府与市场关系的理论，经济法价值、宗旨和原则的理论，都是反垄断法制度的重要基础。市场规制的基本理论，则对反垄断法制度的制定和实施具有更直接的意义。其中，有关市场规制法的主体、权利和义务、法律责任等，都是反垄断法制度制定和实施的直接基础。当然，法理学中的全部理论，宪法学中有关国家制度、国家与公民（国家与市场）等原理，民法学中的民法总论、合同法、侵权法等原理，以及行政法学中的行政法总论、行政程序法、行政处罚法等原理，等等，都是反垄断法制度的法学理论基础。

（二）反垄断法的经济学理论

经济学特别是其产业组织理论对垄断弊害、成因和规制路径有深入的、体系化的研究。从马歇尔提出“马歇尔冲突”（Marshall’s dilemma）并引发大论争，到斯拉法、张伯伦和琼·罗宾逊 1933 年对垄断与竞争作更深入研究，再到后来著名的哈佛学派、芝加哥学派、新产业组织理论等，产业组织理论的每一个大的发展，都对反垄断法的有关制度变革带来很大影响。产业组织理论不仅影响反垄断立法，还影响反垄断执法和司法。美国20世纪中期和末期，在竞争政策和反垄断执法、司法宽严把握上有很大区别，一个重要原因就是这两个时期分别是产业组织理论的哈佛学派和芝加哥学派占主导地位的时期。在垄断行为的认定中，界定相关市场、认定市场支配地位具有重要作用。在分析行为的利弊时，也需要分析该行为对竞争、消费者、产业等的损害或福利。而这些，都需要运用微观经济学和产业组织理论的相关知识、原理。本书第六章第一节中市场、市场结构以及产业组织理论等所涉及的内容，都属于反垄断法经济学基础的重要内容。

（三）反垄断法的其他相关理论

反垄断法律制度，总是在特定的市场中实施的。当该市场具有独特的技术特征时，就需要有适应该市场技术特征的反垄断制度。比如，电信市场的反垄断制度与能源市场的反垄断制度会有所不同，分别体现电信市场和能源市场不同的技术特征和经济特征。这些市场所涉及的相应的科学技术知识、理论便成为该市场反垄断制度制定和实施的理论基础。实施反垄断法，还要运用社会学、政治学等其他社会科学的理论。

四、反垄断法的基本定位

反垄断法是市场经济国家维护竞争秩序的基础性法律规范，有时也被称为“经济宪法”。但经济宪法事实上并不止于反垄断法，其背后蕴含着经济运行中权利与权力之间的博弈与规范，其问世并不在于仅强调反垄断法之重要性，而是要构建能确保竞争自由的制度框架体系。经济宪法致力于构建以维护竞争自由、发挥竞争效用的整体性制度框架和秩序政策，而反垄断法是市场经济国家打击垄断、维护竞争的有效工具。尽管反垄断法与经济宪法有契合之处，但仅在市场经济条件下竞争受到垄断侵害后方有用武之地。因此，对当下中国社会主义市场经济建设来说，不仅要推进反垄断法的有效实施，更要积极塑造切合自身发展的竞争秩序及与之相适应的秩序政策和制度框架，以促进经济体制改革的深化和国民经济的健康发展。

（一）反垄断法的制度定位

我国反垄断立法必须从我国国情出发，与社会主义市场经济相适应，在国家宏观调控指导下，统筹协调反垄断与实施国家产业政策和其他经济政策的关系，保护和促进公平有序的市场竞争，力图在发挥市场优化资源配置的同时预防和制止市场失灵现象的发生，因而反垄断法对尚处于转型期的中国来说不失为一部基础性的法律制度。反垄断法的根本目的，就是保护竞争，反对任何不合理的、没有法律依据的限制竞争行为。这是市场经济的内在要求和规律使然。我国反垄断法律制度既要符合国际惯例，严格禁止典型的、世界各国普遍共识的严重限制、排除竞争的垄断行为，又要针对我国企业作为市场主体尚不成熟，市场存在着竞争不充分、不适度的实际情况，特别是各类企业发展不平衡，竞争能力亟待提高的客观要求，在制度安排上力求明确，宽严适度，便于掌握和运用，以有助于培养企业依法自主、自律、自强的能力，有利于改进技术，提高产品质量，有利于保护消费者权益。这是国家经济政策法制化的体现，在一定程度上体现着市场经济建设中制度诉求，亦回应着国家经济发展的现实要求。经济生活中，国家不仅需要尊重市场这只“无形之手”，也要适度借用政府这只“有形之手”，从而使经济运行效率最大化。

由此可见，尽管“反垄断法是否为经济宪法”存有争论，但反垄断法之于市场经济的重要性是不可否认的，哪怕不同意“反垄断法是经济宪法”者。市场经济条件下，无论宏观调控抑或微观规制无不是为市场机制的正常运行服务，这是任何市场国家在维系其经济稳定、促进其经济增长的历程中无法背离的客观规律。因此，无论怎么强调保护竞争的法律之地位重要性都不为过，但问题的争论点在于学界纠缠于是否应定位于“经济宪法”，那么，经济宪法是什么、反垄断法与经济宪法究竟什么关系则成为厘清问题的关键。

（二）我国“经济宪法”的发展

我国正是因为反垄断法才使国人听闻“经济宪法”，但“经济宪法”并非发迹于21世纪初的反垄断立法之中，而是几乎与我国经济体制改革伴生。随着“实践是检验真理的唯一标准”之思想解放大讨论的推进，打破数十年僵化思想的束缚、通过改革开放救亡图存，成为新时期的共识。彼时紧要任务便是，既要大幅度改变当时落后的生产力，也要多方面改变生产关系，改变上层建筑，改变工农业企业的管理方式和国家对工农业企业的管理方式，改变人们的活动方式和思想方式。要从根本上解决问题，就需要按照商品经济客观规律来用经济办法来管理。对此，曾长期担任中央政府经济领导工作的薛暮桥先生就《关于经济体制改革的初步意见》作说明时指出，“所谓经济体制改革，是要解决在中国这块土地上，应当建立什么形式的社会主义经济的问题，这是社会主义建设的根本方针。将来起草的经济管理体制改革规划，是一部‘经济宪法’。……要解决国家的经济结构和经济活动的准则问题。”

在这一“重大转折时刻”，“经济宪法”的提出实际就是要对我国既有的经济秩序和体制进行重塑，以突破现实存在的束缚和藩篱、寻求符合人民群众福祉的秩序政策和制度框架。这从理论上要求中国语境中的“经济宪法”应具有两方面的功能，即：从宏观上来说，国家通过制定和实施“经济宪法”塑造合理的经济结构，厘清政府与市场之间的活动边界、明确政府与企业之间的权利（力）范畴，从而规约政府行为、激发企业积极性和创造性；从微观上来说，国家通过制定和实施“经济宪法”，为政府和企业行为提供行动指南，从而不仅促使政府依法行政，同时也鼓励和保护企业依法经营。因此，经济体制改革进程中，试图通过经济宪法形塑国家经济结构和经济活动的准则，其实质就是要构建适合我国国民经济有效运行的经济结构和秩序政策。

1993年，市场经济写入我国《宪法》并明确“国家实行社会主义市场经济”，其要义就是国家建立市场经济体制、更加重视市场机制的作用。“社会主义市场经济是法治经济”，即“受法律规范、引导、制约、保障，并严格按照法律运作的经济”。作为市场经济的核心机制，竞争是经济有效运行和资源优化配置所不可或缺的工具，因而竞争秩序成为解决法治经济建设中秩序政策问题的唯一可能，亦当然是经济宪法的要旨所在。故《宪法》进一步要求，国家加强经济立法、完善宏观调控，依法禁止任何组织或者个人扰乱社会经济秩序。唯有法治，方能全面而系统地确保市场竞争有序进行，形塑符合我国国情和经济发展需要的制度框架和实施机制。随着市场经济体制建设的推进，我国逐渐构建了以保护竞争机制、维护市场秩序为宗旨的规范体系，将国家经济政策中的目标价值和秩序诉求在制度实践中不断兑现、践行着经济宪法的初衷，即“要解决国家的经济结构和经济活动的准则问题”。因此，我国的“经济宪法”不是一部特定的法律，而是旨在推进和保障经济体制改革、塑造和完善市场经济体制的规范体系。确保合理的竞争格局、维护市场主体的竞争自由是这一体系的天然使命。

显然，我国语境中的“经济宪法”更侧重于或者说第一位的任务是，推进经济体制改革、塑造竞争性的经济结构和秩序环境。但无论何种语境下的“经济宪法”，都蕴含着对特定经济秩序的追求与安排。从应然层面来说，“经济宪法”旨在创建一个人们有理由认为符合辖区内所有成员可达成一致同意的立宪利益的经济秩序；从实然层面来说，“经济宪法”主要体现为矫正和维护特定经济秩序的制度框架和规范体系。应然意义上的“经济宪法”试图站在客观的甚至是超验的角度分析特定情境中经济秩序的自然状态，其目的在于为解释和发展实然的、制定法意义上的“经济宪法”提供标准，即当制定的“经济宪法”不合符合内生的“经济宪法”的时候，就应当按照内生的“经济宪法”来修订和完善立法者制定的“经济宪法”。竞争秩序的保护及其制度框架的形塑，不仅需要应然意义上“经济宪法”的构想和设计，更需要实然意义上“经济宪法”的落实和实施，因而“经济宪法”是维护竞争秩序这一经济社会价值理念的法治反映。

（三）反垄断法与“经济宪法”的关系

反垄断法是市场经济发展到一定高度的产物。其根本目的就是保护竞争，反对任何不合理的、没有法律依据的垄断行为。这是市场经济的内在要求和规律使然。反垄断法通过矫治和维护市场竞争，实现资源的优化配置，达到帕累托最优状态，促进整体效益最大化和社会福利增长。维护竞争秩序，是现代经济社会建立和调节合理的经济秩序的关键。作为打击垄断、保护竞争的反垄断法，自然是法治国家构建和维护其经济秩序的得力工具。因此，中国反垄断立法随着经济体制改革的深入而变得越发必要和紧迫，不仅肩负着规制传统意义上的经济垄断行为之使命，更要对行政垄断伸出规制之手，以求涤除经济体制改革中的障碍、保护经济运行中的竞争。但仅靠反垄断法无法胜任市场经济运行中的竞争保护之使命，反垄断法也仅是现代市场国家维持市场竞争的必要工具。

一国具有文本意义上的反垄断法并不难，促使文本上的反垄断法走向市场经济实践并有效规范市场竞争则非易事。这客观上要求，反垄断法是一国市场经济内在规律运行的必然要求和结果，其内含两方面规律性诉求：一是市场经济的内生性需求，即市场经济虽有高效的一面但亦因诸如垄断等市场失灵问题而致其效率减损，且自身无法自愈抑或成本过高，而由此内生出借助外力消解或弥补市场失灵的需求；二是公权力介入自觉性要求，即国家公权力因市场失灵而介入市场，但也存在政府失灵之风险，因而客观上要求国家公权力遵循法治理念，依法对自身规制行为予以规范。这是反垄断法产生的充分条件，但有了反垄断法并不意味着就能有效构造并维护合理的市场结构和竞争秩序。

反垄断法是针对市场经济条件下经营者排除、限制竞争的行为而提供诸如行政执法或私人诉讼等救济途径，以矫治和维护市场竞争之法。通览各经济体反垄断法，其最大贡献在于以禁止性的否定语言对市场运行中损害或可能损害竞争的行为做了类型化规范，但其规制范畴也是有限的，通常仅限于从经验分析中演绎而来的三类行为，如垄断协议、滥用市场支配地位和经营者集中等。然而，市场运行中，尤其是对新兴经济体来说，诸如政府补贴、产业振兴计划等政府干预措施也会戕害市场竞争，其后果甚至不弱于市场垄断行为，却很难通过反垄断法予以规制。即便像我国相继在《反不正当竞争法》和《反垄断法》中对诸如此类的行为予以规制，其效果也不甚理想。更何况，反垄断法本身的有效实施，尚需依赖于以竞争秩序为追求的体制和制度支撑。即唯有建立有效的市场经济体制，形成稳健的民主政治环境，法治为人所信仰，竞争的经济效应方能显现，进而客观上要求反垄断法对排除、限制竞争行为给予规制。即便如此，反垄断法也只是为判断某一行为是否构成垄断、是否合乎市场经济要求通过一种分析的框架或方法。

当然，若仅从实践角度，依据“宪法是国家根本大法”这一命题来类推说明，反垄断法是一国经济领域的根本大法，继而强调其在经济发展中的重要性，反垄断法的“经济宪法”之定位则勉强说得过去；但倘若从宪法功能即“保护私权、控制公权”的角度来主张“反垄断法是经济宪法”，则显得不合事理，且在某种程度上过分夸大了反垄断法的作用。竞争秩序的塑造与维护是一项系统工程，不仅仅体现为文字组合即法律文本，更是理念的集结体。这些理念是市场经济发展中建立在对自由与公平的信仰之上的，而文本本身只不过是这些理念的文字载体和不完整表述。作为静态的法律文本，反垄断法本身无法有效地塑造和维护市场竞争，通常以健全的体制和法治作为其发挥积极作用的制度前提和环境。由此可见，反垄断法与旨在塑造和维护竞争性体制并借此确保置身其中的市场主体之竞争自由的“经济宪法”并非一回事，也不可简单等同。这是由竞争在现代社会生活中的地位决定的。竞争表面上是不同主体之间利益的相互争夺或博弈，国家以公权力的方式对其进行规制直接原因是竞争运行过程中出现或可能出现危害竞争的问题，但其深层次的原因则在于竞争蕴含着现代国家或社会所热衷的自由与人权。竞争和经济自由就像是硬币的两面。依靠自由市场，就限制了政府的权力和保护了个人的自由。因此，市场经济运行中，不仅要依赖反垄断法规制垄断行为，更要通过塑造经济宪法维护竞争秩序，以确保现代经济社会中的自由、保障社会个体人权。

尽管从理论上分析和构建经济秩序时强调竞争秩序之重要性，但竞争秩序的塑造与维护却非仅依反垄断法所能为，反垄断法所能解决的是在市场经济条件下竞争受到损害的问题，而反垄断法能否发挥作用则与市场经济体制建立与成熟与否密切相关。由此看来，竞争秩序的构建非反垄断法一己之力所能为，其他诸如产权保障、契约自由和中立的裁判机构等要素亦是不可或缺的。国家从法治层面将市场经济确认为其经济体制，更是竞争秩序得以生成和运行的前提和基础。因此，反垄断法虽然对竞争秩序的确立和维护至关重要，但将其拔高为经济宪法有言过其实之嫌。竞争秩序的形成，需要国家从法治和体制层面进行打造，从而为竞争秩序的运行和维护提供良好的制度环境和救济途径。同时，反垄断法确实而有效的实施，需要国家将竞争作为其经济秩序的政策选择和价值追求。倘若既未确立健全的市场经济体制，亦未建立有效的法治体系，而片面强调反垄断法为经济宪法，不仅庸俗了经济宪法，还可能贻误了经济秩序健全之机，因而时至今日须谨慎对待反垄断法的“经济宪法”之美誉。

五、反垄断法的适用范围

（一）反垄断法的主要制度框架

尽管各国的反垄断法在立法模式和具体内容上存在差异，但是它们在基本的制度框架大致相同的。这种制度框架包括反垄断实体制度和反垄断实施制度两个基本的组成部分。

现代各国反垄断法的实体规范一般由禁止垄断协议制度、禁止滥用市场支配地位制度和控制经营者集中制度这三个最基本的方面组成。其他的一些具体制度都附属于这些基本制度或由这些基本制度派生出来。例如豁免与适用除外制度是反垄断法中的一个重要内容，但它们往往是分别附属于前面三个制度的，构成它们各自的有机组成部分，因而一般可不作为独立的基本制度存在。当然，这些基本制度在不同国家的侧重点可能不完全相同，而且，少数国家还有一些特别的制度，如日本反垄断法中的垄断状态规制制度。总体来说，这些规定各有其具体的价值目标，但又结合在一起，实现反垄断法的整体目标。其中，反垄断法对规模经济效益的维护主要是通过其允许垄断状态或垄断地位本身和豁免某些垄断行为的规定来实现的。这种协调使反垄断法对自由、公平竞争秩序的维护不以牺牲规模经济效益为代价，相反，可以在一定条件下和一定程度上实现两者的统一。

在我国，反垄断法律制度的实体内容除了上述各国所共同具有的基本内容，还有一个重要方面的内容，即对行政性垄断规制的规定。虽然行政性垄断不是中国所特有的，但是其在我国由传统计划经济体制向社会主义市场经济体制转轨过程中显得非常突出。在我国的《反垄断法》中，既在第 10 条原则禁止行政性垄断，又在第五章专章规定了“滥用行政权力排除、限制竞争”。因此，我国《反垄断法》的基本实体制度是由四个部分组成的，即禁止垄断协议制度、禁止滥用市场支配地位制度、控制经营者集中制度和禁止滥用行政权力排除限制竞争制度，它们构成了我国反垄断法的四大支柱。

虽然反垄断法中的实体制度是非常重要的，但是它们并非反垄断法的全部内容，这些实体制度只有与反垄断法的实施制度结合在一起，才能构成完整的反垄断法律制度。这里所说的实施制度包括反垄断法实体制度以外的其他制度，主要包括反垄断执法机构的设置及职责权限的制度、反垄断执法程序制度和反垄断法律责任制度，在不少国家还包括反垄断法的域外适用制度。这些实施制度虽然不像实体制度那样规定具体的市场竞争规则，但是对于这些规则的有效实施起着非常重要的作用，因而在整个反垄断法律制度中占有重要的地位。实际上，在很多国家的反垄断法中，这些实施制度的条文在数量上远远超过了实体制度的条文。例如，德国《反限制竞争法》除在第一编规定了作为实体制度的“限制竞争行为”，还在第二编专门规定了“卡特尔当局”，第三编专门规定了“程序”，而且仅“程序”部分的条文就远远超过了“限制竞争行为”部分的。相较之下，我国《反垄断法》在实施制度方面的规定比较简单，在反垄断执法程序方面的规则比较笼统，属于粗线条的。这对于我国反垄断法实体制度的有效实施会产生不利的影响，今后需要逐步加以完善。

（二）反垄断法的适用除外制度

各国反垄断法不仅规定明确禁止或限制的非法垄断行为，还有得到允许和保护的合法垄断，即反垄断法中有关于适用除外的规定。所谓适用除外，是指基于某种政策考虑，对特定行业、特定组织或特定行为不适用反垄断法的一项法律制度。适用除外的对象主要涉及对维护本国整体经济利益和社会公共利益有重大意义的行业或领域，以及对市场竞争关系影响不大，但对社会整体利益有益的限制竞争行为。各国反垄断法的适用除外规定主要采取两种方式：一是由反垄断法本身直接加以规定，二是在有关特别法中加以规定。此外，个别国家还通过司法判例确定某些领域不适用反垄断法。

谈到反垄断法的适用除外，就需要明确其与反垄断法上另一个重要的相近概念——豁免之间的关系。对于反垄断法的适用除外与豁免的关系，学者间的理解是很不一致的。有的认为两者是完全不同的，不能混淆；有的将两者完全等同看待，认为只是对同一概念的不同翻译；有的认为两者是包含关系，豁免只是适用除外的一种情形。有关立法中对这两个概念的使用也不是很严格、严谨。严格来说，反垄断法的适用除外和豁免确实是不同的，两者应是并列的关系。适用除外是指在反垄断法中或者通过其他法律特别规定某些行业或领域不适用反垄断法。而无须任何机关的许可，它又被称为“本来的适用除外”；而豁免的对象是依照反垄断法应当或可以禁止的行为，只是基于法律规定的免责条件，而不认定其违法，不追究其责任。豁免有时需要向特别机关申报并获得批准，它又被称为“后退的适用除外”。由于适用除外和豁免在本质上都不适用反垄断法，其作用和理论基础也基本相同，加上学术文献和相关立法中往往对这两者不作严格的区分，因而为行文的方便，本书也在广义上使用“适用除外”的概念，其既包括“本来的适用除外”（狭义上的适用除外），也包括“后退的适用除外”（豁免）。

适用除外制度是反垄断法中的一项重要的制度，对于促进国家经济发展、实现国家产业政策、维护社会公共利益具有重要作用。反垄断法中的适用除外制度保护特殊领域的垄断，容忍对竞争的一定限制，因此是“对反垄断法基本制度的修正，也是对反垄断法基本目的的‘反动’”，“属于垄断促进法的范畴”。其依据在于垄断的二重性以及反垄断法价值目标的非唯一性。一方面，垄断在使资源错误配置、消费者福利受损、技术进步迟滞等方面具有明显的消极作用，因此要通过制定和执行反垄断法对其进行限制或禁止；另一方面，垄断又具有产生规模经济效益、避免资源浪费以及在某些特殊行业和领域促进创新、推动国民经济的整体发展等积极作用。因此，在反垄断法中，维护和促进竞争是最基本的目标，但还必须同时考虑到一个国家或地区其他的经济社会目标，在某些情况下，允许限制竞争可能对整体经济或公共利益更有利。正如德国联邦卡特尔局指出：“竞争虽然是配置资源的最佳方式，但有些市场因其特殊的条件，优化资源的配置只有在限制竞争的条件下才能实现。在这种情况下，通过合作实现合理化就比自由竞争更可取。”适用除外制度在本质上是反垄断法的目标与其他经济、社会目标协调的结果，是法律权衡利弊后的理性选择。适用除外制度使反垄断法的双重职能得到实现，既能克服过度垄断造成的弊端，又能防止在反垄断的同时因过度竞争或盲目竞争而损害规模经济效益和社会公共利益，运用竞争的活力抵制垄断的停滞性，利用垄断的组织性克服竞争的无序性，真正实现“有效竞争”。

根据我国经济发展情况和市场运行水平，我国《反垄断法》再借鉴其他国家反垄断法制度和实践的基础上建立了适用除外制度，但这些规定是分散在法律不同地方的。

1. 特定行业自然垄断环节的经营者行为的适用除外

《反垄断法》第 8 条明确规定，国有经济占控制地位的关系国民经济命脉和国家安全的行业以及依法实行专营专卖的行业，国家对其经营者的合法经营活动予以保护，并对经营者的经营行为及其商品和服务的价格依法实施监管和调控，维护消费者利益，促进技术进步。这些行业的经营者应当依法经营，诚实守信，严格自律，接受社会公众的监督，不得利用其控制地位或者专营专卖地位损害消费者利益。这一规定实践中极易产生误解，实际上这一规定并非适用除外制度或豁免条款，也就是说前述规定的行业经营者必须严格遵守反垄断法的规定开展相应的经营活动，否则依然要受到反垄断法的规制。这一规定本质上仅具宣示性，因为我国《反垄断法》与绝大多数国家的反垄断法一样，并不反对垄断地位或市场支配地位本身，而只反对市场支配地位的滥用行为，因此这些特定行业的经营者，基于其自然垄断的特征或者某种特殊的性质而享有的垄断地位或市场支配地位本身并不违法，但其滥用这种地位的行为如垄断高价、搭售等仍然要受到反垄断法的规制。我国《反垄断法》第 8 条一方面明确了这些特定行业经营者的合法垄断地位，另一方面也明确强调这些特定行业经营者的垄断行为要受到监督。

我国诸如电力、铁路、油气等具有自然垄断性质的行业，以及其他关系国家安全和国民经济命脉的重点行业和领域，主要是由国有和国有控股企业经营的。依照有关法律、行政法规的规定，对于对公众健康和国家税收影响重大的烟草制品和盐业，实行专营专卖制度。对这些特定行业经营者依法从事的经营活动，国家当然要给予保护。同时，由于这些行业的竞争受到限制，因而更需要国家对其经营者的经营行为加强监管和调控，包括依照价格法的规定，实行政府定价或者政府指导价。并且，推进垄断行业改革，积极引入竞争机制，在这些行业中引导、推进经营者之间开展竞争，促进技术进步。2023 年 11 月召开的中央全面深化改革委员会第三次会议审议通过了《关于健全自然垄断环节监管体制机制的实施意见》并强调指出，电力、油气、铁路等行业的网络环节具有自然垄断属性，是我国国有经济布局的重点领域。要对自然垄断环节开展垄断性业务和竞争性业务的范围进行监管，防止利用垄断优势向上下游竞争性环节延伸。因此，对前述行业的经营者滥用其市场支配地位损害消费者利益的行为，仍应依法查处。

2. 依法行使知识产权行为的适用除外

知识产权是一种不同于有形财产的无形财产权，其与反垄断法之间的关系非常复杂，人们的认识和实务中的做法也不尽相同，但现在各国反垄断执法机构的认识和做法越来越接近。在我国《反垄断法》中对此问题作出澄清是非常有必要的。《反垄断法》第 68 条规定：“经营者依照有关知识产权的法律、行政法规规定行使知识产权的行为，不适用本法；但是，经营者滥用知识产权，排除、限制竞争的行为，适用本法。”该条规定既明确将正当行使知识产权的行为作为反垄断法的适用除外，又规定对滥用知识产权的垄断或限制竞争行为仍然进行反垄断法规制。

依据该条规定，经营者行使知识产权的行为，不论是自己行使还是通过许可的方式授权他人行使，只要是依照有关知识产权的法律、行政法规的规定进行的，这时对市场竞争产生的排除、限制性影响，将不会受到反垄断法的规制。但是，经营者如果滥用其知识产权，排除、限制竞争，将仍然受到反垄断法的禁止。对于什么样的行为构成滥用知识产权，排除、限制竞争的行为，法律并没有作出明确的规定，而需要由反垄断执法机构和人民法院根据行为的性质、对竞争的影响等因素来具体判断。需要说明的是，滥用知识产权，排除、限制竞争的行为不是一种独立的垄断行为类型，按其具体表现形式，分别属于垄断协议、滥用市场支配地位或者可能具有排除、限制竞争效果的经营者集中。

3. 农业生产经营活动的适用除外

农业既是国民经济的基础产业，又是国民经济的弱势产业。农业领域的经营活动本身的特点（如分散、小规模、受土地和气候等自然因素影响较大等）决定了农业是不适合过度竞争的产业，农业生产活动难以完全适用反垄断法的规定。我国的农业发展在总体上还比较落后，基础薄弱，国家更应采取多种保护措施加以保护。基于此，我国《反垄断法》第 69 条明确规定农业活动可以排除适用《反垄断法》，即“农业生产者及农村经济组织在农产品生产、加工、销售、运输、储存等经营活动中实施的联合或者协同行为，不适用本法”。

根据这一规定，农业生产者及农村经济组织在农产品生产、加工、销售、运输、储存等经营活动中实施的联合或者协同行为，不适用反垄断法。这里所称的农业，是大农业的概念，既包括农产品种植业，也包括林业、畜牧业和渔业。这里所称的农业生产者，既包括农民，也包括农业企业及其他直接从事农业生产经营活动的组织。这里所称的农村经济组织，既包括农民专业合作经济组织，也包括农村集体经济组织。

（三）反垄断法的域外适用制度

严格来说，反垄断法属于国内法，其关于禁止或限制垄断的各种规定主要是针对国内经济贸易的。但是，这并不意味着反垄断法对国际经济贸易不产生任何影响。事实上，由于反垄断法的性质和特点（如强行法规范、适用范围广泛、制裁严厉等）以及国际经济贸易的实际情况（存在大量的限制竞争行为、贸易保护主义盛行等），各国反垄断法在影响国内市场的同时，也对国际经济贸易秩序产生直接或间接、积极或消极的影响。从实际情况来看，各国反垄断法一方面允许甚至支持、鼓励本国企业对外国市场的垄断（一些国家在近年来有所改变），另一方面又严格管制外国企业对本国市场的垄断。这第二个方面就涉及反垄断法的域外适用问题。

所谓反垄断法的域外适用，是指一国依据某种原则将其反垄断法适用于在本国以外发生的某些垄断或限制竞争行为。其目的是防止在本国领域以外发生的垄断或限制竞争行为对本国经济造成的危害。根据传统国际法的原则，一国法律对在其领域内发生的行为具有约束力，此即属地管辖原则；一国法律对在其领域外的本国公民和法人的行为也具有约束力，此即属人管辖原则。而在现代国际法中，属地管辖原则被延伸，即一国不仅对在本国领域内的行为有管辖权，而且对那些发生在本国领域外但在本国完成或对本国有直接影响的行为都有管辖权。前者被称为客观地域管辖原则，后者被称为主观属地管辖原则。反垄断法的域外适用涉及的是主观属地管辖原则。由于这一原则适用的结果有可能使各国对同一事项都可以主张管辖权，因而难免会发生法律冲突。

为了取得一国的反垄断法对当事人在国外的行为行使域外管辖权的理论根据，国际法协会自 1964 年以来就对这个问题进行了反复的审议。在 1972 年的纽约大会上，对于一国就在国外实施的垄断或限制竞争行为取得管辖权的问题，确认了国际法上的几项理论。尽管这些理论未被条约化、法律化，但是，作为各国反垄断法域外适用的指导方针具有重大影响。这些理论是：（1）部分行为理论。该理论认为，当符合垄断行为构成要件的行为在国外发生，并且该行为至少有一部分是在国内实施时，可以承认域外管辖权。这种理论源于属地主义，是基于国内垄断行为的客观要件而把属地主义加以扩展的原理。对此理论，国际法学界在域外适用是要求在国内实施一部分垄断行为还是要求足够的行为效果问题上，还存在很大分歧。（2）行为归属理论。该理论把行为概念抽象化，把国内子公司和国外母公司在资本关系、组织机构、支配与服从等实质机能上看作一个有机联系的整体，因此，前者的垄断行为是按母公司的指示行事的，在确定国内子公司的行为归属于国外母公司时，即可在域外适用本国反垄断法。（3）效果理论。该理论认为，构成违反反垄断法行为的要件主要包括两方面：一是当事人在国外的行为；二是该行为在国内所产生的效果。其中，国内效果是决定因素。当国内的效果由国外的行为所直接产生，而且是作为当事人的主要意图的结果而产生时，就应当承认反垄断法的域外适用。可见，部分行为理论和行为归属理论都是主张依据当事人在本国内实施的垄断行为而行使域外管辖权的。两者的差异仅在于，一个是外国企业或公司自身在本国内实施垄断行为，另一个是支配自己的子公司实施垄断行为。因而，可以认为两者同属行为理论中的两种不同表现形式。而效果理论相反，把在本国内产生一定的“效果”看作是行使域外管辖权的决定因素，只要当事人的垄断行为的结果影响到本国市场或经济秩序并显示某种效果，即可行使域外管辖权。因此，效果理论与行为理论之间存在本质的差异。行为理论单方面强调构成垄断行为的客观要件，只要当事人实施了一国反垄断法所禁止的限制竞争行为，就可成为行使管辖权的对象，而不问其行为是否已经造成或将会造成危害自由竞争这一客观结果；而效果理论强调主、客观要件的因果联系，即当事人主观意图和客观效果这两方面的有机结合。

反垄断法的域外适用中影响最大也最有争议的是效果理论。这一理论最先不是制定法上的明文规定，而是美国法院在判例中发展起来的。1945 年美国联邦第二巡回上诉法院在美国诉美国铝公司案的判决中确立了美国反托拉斯法域外适用的“效果理论”。根据这一理论，在美国以外订立的合同或从事的行为，如果其意图影响且在事实上影响了美国的商业，那么法院就可以对该合同行为行使管辖权，追究有关公司的反托拉斯责任，而不论该行为者是否为美国国民。此后，美国根据这一影响理论，广泛地在其领土以外适用其反托拉斯法，追究外国企业的法律责任。当然，自 20 世纪 70 年代以来，美国在立法和司法中都对反垄断法的域外适用效力作出了一定的限制。美国法院在一些案件的审理中采取其他一些原则来对效果理论进行限制或修正，例如在某些情形下应当考虑国际礼让，要对美国利益和其他国家的利益进行比较分析。1977 年美国司法部公布的《国际经营的反托拉斯实施指南》进一步提出："外国交易一旦对美国商业发生实质性的和可以预见的影响，不问其发生在什么地方，均受美国法律管辖。"美国 1982 年的《对外贸易反托拉斯改进法》也指出："《谢尔曼法》实际上只适用于某些外国人的交易活动，即它们对美国国内、对美国的出口贸易或者对美国出口企业的出口机会，有着直接的、实质性的且可以合理预见的影响。"美国司法部和联邦贸易委员会 1995 年修订了 1977 年《国际经营的反托拉斯实施指南》，其中规定，如果第三国企业间的合并对美国国内、对美国的出口贸易或者对美国企业的出口机会，有着直接的、实质性的且可以合理预见的影响，得依据《克莱顿法》第 7 条决定是否批准合并。同时，该指南也指出，反托拉斯主管机构在执行反托拉斯法的时候应当考虑国际礼让。这也体现了一定的合理管辖的原则。但是，效果理论依然是美国反托拉斯法域外适用的最基本的依据。

美国依据效果理论将其反托拉斯法域外适用的做法，首先遭到了不少国家的反对和谴责。有些国家通过外交途径进行抗议，有些国家进行有针对性的法律抵制。例如，英国、加拿大和澳大利亚等国家针对美国的效果理论制定了抵制性的法规，禁止本国人向外国法院或当局提供有关反垄断案件的资料或提供其他的帮助，不承认和不执行外国法院对本国公司所作的此类判决。其中，英国 1980 年颁布的《保护贸易利益法》明确规定，外国法院或者代表外国法院所作出的在英国取得证据的请求，如果该项请求侵犯了英国的管辖权或者有损于英国的主权，英国法院不得根据 1975 年《证据（在外国诉讼）法》的规定发布执行该项请求的命令。该法还禁止英国法院执行外国法院关于惩罚性金钱损害赔偿的判决，并允许英国被告通过在英国法庭提出诉讼从最初原告那里索回超过应补偿部分的赔偿金。据估计，"对域外管辖实行'封锁'的外国法院的数量以五比一超过司法协助的数量，对域外管辖采取外交抗议的例子以三比一超过外交支持的例子"。这种情况也是美国后来一定程度上修正或限制其依据效果理论将反托拉斯法域外适用的一个重要原因。

但与此同时，一些国家和地区又纷纷仿效美国，也主张本国反垄断法的域外效力。如，德国《反限制竞争法》第 130 条第 2 款规定，本法适用于任何限制竞争的行为，即便它不在德国境内。欧盟委员会和欧洲法院也都主张其竞争法的域外效力，尽管各自所主张的理论依据并不完全一致。其中，欧盟委员会在有关案件的调查和处理中明确采用效果理论主张欧盟竞争法的域外适用，欧洲法院则一般避免直接适用效果理论，而创造了实际履行地原则和单一经济体原则等作为其竞争法域外适用的依据。其他一些国家的反垄断法也都规定了各自的域外适用效力。就连一些过去对美国反托拉斯法的效果理论持坚决抵制态度的国家如英国、加拿大和澳大利亚，不仅开始在一些涉及反垄断法域外适用的案件中与美国政府进行合作，而且在修订本国反垄断法时也增加了域外适用的规定，尽管有的没有明确使用效果理论这一概念。OECD 对其成员国竞争法的推荐意见——《竞争法基本框架》也指出，竞争法应适用于所有在国内产生实质性影响的事件，包括境外发生而在境内产生了后果的事件。这说明，主张反垄断法的域外适用已经成为各国反垄断法的普遍做法。

随着经济全球化的趋势日益明显和我国正式加入WTO，我国更大规模和更加频繁地参加国际经济贸易，国际市场的垄断行为对我国市场的影响也日益明显，尤其是国际卡特尔和跨国公司的大规模并购。例如，某日本公司与某法国公司是世界上生产某种特殊化学产品的主要厂家。日本公司已在中国开办生产该产品的企业，在中国境内无竞争，获利丰厚。法国公司打算在中国投资办厂生产同样的产品。日本公司得知该消息后，因害怕竞争者进入中国市场后影响其收益，遂在国外与法国公司协商，以给其一定的好处为代价，换取对方不再进入中国市场的承诺。被欧盟否决的美国通用电气与霍尼韦尔合并案和几乎遭欧盟否决的美国波音与麦道兼并案，虽然都发生在中国境外，但同样会对中国市场产生重大的影响。因此，只有规定我国反垄断法的域外效力，才能在对外开放中更好地维护我国的主权和经济利益。而且，在其他国家（尤其是我国的主要贸易伙伴）已经规定其反垄断法具有域外效力的情况下，我国也需要采取相对应的措施，以免在国际贸易活动中处于不利的地位。况且，国际社会对反垄断法的国际统一和协调虽已做过努力，但尚未产生，并且预计在短期内也难以产生一个具有正式国际约束力的统一竞争规则。在这种情况下规定国内反垄断法的域外适用，不仅是被迫采取的对等措施，而且可以起到对国际经济贸易中的垄断行为进行管制、维护国际竞争秩序的作用，在一定程度上也可起到促进国际反垄断统一立法的作用。

基于此，在我国反垄断法中规定其域外适用效力几乎是必然的选择，应当明确规定其适用于那些发生在外国但对我国的市场和消费者有着不利影响的限制竞争行为。这里的问题是，依据什么原则以及如何合理确立我国反垄断法的域外适用问题。这是因为，我国反垄断法在规定其域外适用效力时，既要维护本国的主权和经济利益，也要顾及别国的主权、经济利益和国际经济贸易秩序，尽量避免因片面的、极端的做法而引起不应有的法律冲突。

由于上述部分行为理论和行为归属理论在本质上都是主张依据当事人在本国内实施的垄断行为而行使域外管辖权的，因而依此确认本国反垄断法的域外管辖权应该没有问题。例如，实施垄断行为（如卡特尔协议）的外国当事人中有一部分或者有一方的行为是在中国境内实施的，或者是通过其分支机构在中国境内实施的，就可以依此原则域外适用我国反垄断法去追究那些外国企业或者外国母公司的责任。外国投资者并购中国境内企业就属于此种情形。

由于效果理论是目前许多国家反垄断法中明确规定的或在实际执法中依循的据以确定反垄断法域外适用的主要原则，因而我国在制定反垄断法时明确规定效果原则应该是没有问题的，也是无法避免的。这可以使我国反垄断法与其他采取同样原则的多数国家的反垄断法对等适用，可以使我国在跨国竞争活动中主动采取法律行动，维护国家经济安全和企业的正当权益，同时也有利于在平等协商的基础上与其他国家的竞争执法机构解决双方经贸活动中出现的问题，在有关国际协调中增加谈判筹码和提高自我保护能力。对此，我国《反垄断法》在第2条中也规定了我国反垄断法的域外效力，即“中华人民共和国境外的垄断行为，对境内市场竞争产生排除、限制影响的，适用本法”。这是一个明智的和必然的选择。

反垄断法的域外适用包括反垄断行政执法和反垄断司法诉讼两种途径。我国国务院反垄断执法机构可以根据反垄断法的域外效力，适用我国《反垄断法》，对发生在境外但对我国市场具有排除、限制竞争影响的垄断行为进行反垄断执法。同时，我国法院可以受理因垄断行为引发的民事纠纷。当垄断行为发生在我国境外时，反垄断法的域外适用条款为我国法院对涉外反垄断民事诉讼行使管辖权提供了法律依据。根据《民事诉讼法》第 29 条，“因侵权行为提起的诉讼，由侵权行为地或者被告住所地人民法院管辖”。最高人民法院《关于适用〈中华人民共和国民事诉讼法〉的解释》（法释〔2022〕11 号）第 24 条明确，侵权行为地包括侵权行为实施地和侵权结果发生地。因此，境外垄断行为对我国境内产生排除、限制竞争影响的结果发生地可以作为管辖权连结点，该地法院对涉外反垄断民事诉讼具有管辖权。同时，针对境外垄断行为的认定，应当以我国《反垄断法》为准据法。在 OPPO 公司诉西斯威尔国际有限公司滥用市场支配地位纠纷案中，法院确认了反垄断法的域外适用原则，并且垄断纠纷案件的管辖可以被诉垄断行为产生排除、限制竞争影响的结果地作为管辖连结点。最高人民法院《关于审理因垄断行为引发的民事纠纷案件应用法律若干问题的规定》（法释〔2020〕19 号）第 4 条规定：“垄断民事纠纷案件的地域管辖，根据案件具体情况，依照民事诉讼法及相关司法解释有关侵权纠纷、合同纠纷等的管辖规定确定。”本案中，OPPO 公司注册地址和主要经营场所均在中国，其起诉主张西斯威尔国际有限公司滥用市场支配地位的行为对 OPPO 公司在中国市场产生排除、限制竞争效果并造成经济损失，中国法院对此具有管辖权。

对比，笔者认为，可以考虑将该行为产生“直接的、实质性的且可以合理预见的”限制或者不利影响作为适用的基本要件。其中，“直接的”要求在中国市场上所发生的影响与行为之间有着直接的因果关系；“实质性的”要求对中国市场或中国的竞争或竞争者所产生的影响达到了相当的即“非不重要的”程度；“可以合理预见的”则要求以客观的一般人的标准来衡量是可以合理预见的，而不是以具体的行为人在主观上是否有意图在中国发生效果或以行为主观上有无预见在中国发生效果为准。同时，在具体执行中要求反垄断执法机构和法院权衡、分析多种相关因素，例如适用我国反垄断法是否会对其他国家的利益造成不合理的损害、我国的利益与其他国家利益的比较等。如果外国所涉及的利益较我国的利益明显重大时，那么我国应当基于“礼让”原则不宜对该案行使管辖权。这种利益衡量原则应作为上述基本要件的补充。这样，就可以比较合理地确定我国对外国企业在我国境外实施的某些限制竞争行为的管辖权，既可使我国的主权和经济利益得到维护，又不容易造成与他国的利益冲突或遭到他国的质疑。

同时，在规定了反垄断法域外效力的情况下，为了使本国的反垄断执法活动能够实际进行，尽量化解各国之间在域外适用领域的冲突和矛盾，就有必要寻求有效的国际合作。目前，反垄断法国际合作的基本特征是双边、区域以及多边层次的合作并存。这三种合作形式各有利弊，可以互相补充、共同存在。在短期在 WTO 等多边框架内难以形成有效的国际合作机制的情况下，有针对性地进行双边合作就是一个现实的选择。

六、相关市场的界定

（一）相关市场的概念与分类

反垄断法的核心是保护市场竞争，其对市场行为进行规制的依据在于行为对竞争造成的损害。任何竞争行为均发生在一定的市场范围内，为明确市场竞争行为的竞争损害，首先需要明确竞争行为所存在的市场范围。因此，相关市场的界定通常是对竞争行为进行分析的起点，是反垄断执法工作的重要步骤。

科学合理地界定相关市场，对识别竞争者和潜在竞争者、判定经营者市场份额和市场集中度、认定经营者的市场地位、分析经营者的行为对市场竞争的影响、判断经营者行为是否违法以及在违法情况下需承担的法律责任等关键问题，具有重要的作用。在禁止经营者达成垄断协议、禁止经营者滥用市场支配地位、控制具有或者可能具有排除、限制竞争效果的经营者集中等反垄断执法工作中，均可能涉及相关市场的界定问题。

《反垄断法》第 15 条第二款规定："本法所称相关市场，是指经营者在一定时期内就特定商品或者服务（以下统称商品）进行竞争的商品范围和地域范围。"据此，界定相关市场应当考量三个基本要素：（1）存在竞争关系的商品或服务的范围；（2）存在竞争关系的商品或服务所处的地域范围；（3）竞争所发生的一定时期。[1]可将其分别简称为相关商品市场、相关地域市场和相关时间市场。

相关商品市场，是根据商品的特性、用途及价格等因素，由需求者认为具有较为紧密替代关系的一组或一类商品所构成的市场。这些商品表现出较强的竞争关系，在反垄断执法中可以作为经营者进行竞争的商品范围。

相关地域市场，是指需求者获取具有较为紧密替代关系的商品的地理区域。这些地域表现出较强的竞争关系，在反垄断执法中可以作为经营者进行竞争的地域范围。

对于部分特殊的商品而言，当生产周期、使用期限、季节性、流行时尚性或知识产权保护期限等已构成商品不可忽视的特征时，界定相关市场还应考虑时间性，即相关时间市场。

此外，在技术贸易、许可协议等涉及知识产权的反垄断执法工作中，界定相关市场需要考虑知识产权、创新等因素的影响。相关商品市场可以是技术市场，也可以是含有特定知识产权的产品市场。相关技术市场是指由行使知识产权所涉及的技术和可以相互替代的同类技术之间相互竞争所构成的市场。

（二）界定相关市场的基本方法

替代性分析是界定相关市场的基本方法。在反垄断执法实践中，相关市场范围的大小主要取决于商品（地域）的可替代程度。在市场竞争中对经营者行为构成直接和有效竞争约束的，是市场里存在需求者认为具有较强替代关系的商品或能够提供这些商品的地域，因此，界定相关市场主要从需求者角度进行需求替代分析。当供给替代对经营者行为产生的竞争约束类似于需求替代时，也应考虑供给替代。

---

〔1〕 王晓晔：《反垄断法》，法律出版社 2011 年版，第 85 页。

需求替代是根据需求者对商品功能用途的需求、质量的认可、价格的接受以及获取的难易程度等因素，从需求者的角度确定不同商品之间的替代程度。原则上，从需求者角度来看，商品之间的替代程度越高，竞争关系就越强，就越可能属于同一相关市场。供给替代是根据其他经营者改造生产设施的投入、承担的风险、进入目标市场的时间等因素，从经营者的角度确定不同商品之间的替代程度。原则上，其他经营者生产设施改造的投入越少，承担的额外风险越小，提供紧密替代商品越迅速，则供给替代程度就越高，界定相关市场尤其在识别相关市场参与者时就应考虑供给替代。

第二节　反垄断法的实体制度

一、禁止垄断协议制度

（一）垄断协议概述

垄断协议，尤其是竞争者之间的横向垄断协议，往往构成对市场竞争机制最为直接、严重的破坏。因而，禁止垄断协议制度构成各国反垄断法的核心内容。部分国家甚至将垄断协议视为刑事犯罪，例如，美国《谢尔曼法》第 1 条规定，“任何妨碍州际或者与国外之间的贸易或商业的合同、托拉斯或者其他任何形式的联合或者共谋，都是违法的。任何人订立上述合同或者从事上述联合或者共谋，都是严重的犯罪。”〔1〕

1. 垄断协议的概念

垄断协议的核心是经营者为限制竞争而进行的共谋，其具体表现形式有多种。依据我国《反垄断法》第 16 条规定，垄断协议是指排除、限制竞争的协议、决定或者其他协同行为。对垄断协议的概念可以从以下几个方面进行解读。

第一，垄断协议的主体必须包括两个及两个以上具有独立性的经营者。反垄断法意义上的经营者应当同时具有法律和经济上的独立性。法律上不具有独立性的企业部分，如分公司、销售网点等，以及法律上独立但经济上不具有独立性的企业，如同属一个母公司的子公司，都不能被视为反垄断法意义上的独立经营者。因为他们被认为在市场竞争中不具有经营自主权，而与其总公司或母公司一起被视为一个独立的经营者。〔2〕这在欧盟法上被称为“单一经济体原则”，构成“单一经济体”的集团内企业被视为同一经营者，其内部的协议安排等行为不被视为垄断协议。

第二，垄断协议具体表现为协议、决定或其他协同行为。协议即合同，指经营者之间达成一致意见的意思表示，具体可以是书面、口头等形式。决定一般指行业协会、商会、联合会等企业联合组织制定的章程、规则、通知、标准等。其他协同行为是指经营

〔1〕 Section 1 of the Sherman Act（1890），15 U.S. Code § 1.

〔2〕 王晓晔：《反垄断法》，法律出版社 2011 年版，第 77 页。

者之间虽未明确订立协议或者决定，但实质上存在协调一致的行为。认定其他协同行为的考量因素包括：（1）经营者的市场行为是否具有一致性；（2）经营者之间是否进行过意思联络或者信息交流；（3）经营者能否对行为的一致性作出合理解释；（4）相关市场的市场结构、竞争状况、市场变化等情况。

第三，垄断协议应具有排除、限制竞争效果。经营者之间的协议、决定和其他协同行为并不必然为反垄断法所禁止，当其具有排除、限制竞争效果时，才构成反垄断法所禁止的垄断协议。这种排除、限制竞争效果并不一定需要实现，若经营者为排除、限制竞争目的而达成垄断协议，即使最终未能实施，也构成违法。

2. 垄断协议的基本分类

依据不同的分类标准，可对垄断协议进行不同分类。例如，依据垄断协议主体之间关系的不同，可将之分为横向垄断协议和纵向垄断协议；依据垄断协议内容是否直接涉及价格协调，可将之分为价格垄断协议和非价格垄断协议。对于反垄断法理论与实践意义更为重要的是第一种分类，具有直接竞争关系的经营者之间达成的协议被称为横向垄断协议，经营者与交易相对人达成的协议属于纵向垄断协议。与纵向协议相比，横向协议的限制竞争效果更加明显，其原理在于：横向协议的当事人是相互竞争的对手，其达成协议的目的往往就是获取不当市场势力，从而维护其共同利益；而纵向协议的当事人往往不具有共同经济利益，纵向协议的达成可能具有推动新企业进入市场、节约交易成本、减少“搭便车”等合理理由，有利于提高经济效率。

在横向协议与纵向协议二分的理论框架下，还存在另一种垄断协议表现形式——轴辐协议（hub-and-spoke）。轴辐协议是横向与纵向协议的混合形式，其典型表现为：作为“轴心”的经营者与多个作为“辐条”的经营者签订纵向协议，从而使得具有竞争关系的“辐条”经营者达成实质上的横向协议。[1]《反垄断法》修正前，其对垄断协议采取横向协议和纵向协议二分法，导致此类轴辐协议没有明确适用条款，部分垄断协议主体逃逸于《反垄断法》的制裁。[2]《反垄断法》于 2022 年修正后，新增第 19 条规定，经营者不得组织其他经营者达成垄断协议或者为其他经营者达成垄断协议提供实质性帮助。该条规定为轴辐协议的规制提供了法律依据。《禁止垄断协议规定》（2023 年）第 18 条进一步规定，经营者组织其他经营者达成垄断协议，包括下列情形：（1）经营者不属于垄断协议的协议方，在垄断协议达成或者实施过程中，对协议的主体范围、主要内容、履行条件等具有决定性或者主导作用；（2）经营者与多个交易相对人签订协议，使具有竞争关系的交易相对人之间通过该经营者进行意思联络或者信息交流，达成本规定第 8 条至第 13 条的垄断协议；（3）通过其他方式组织其他经营者达成垄断协议。《反垄断法》

---

〔1〕 参见美国玩具反斗城公司诉联邦贸易委员会案，Toys “R” Us v. FTC，221 F. 3d 928（7th Cir. 2000）。我国案例如湖南娄底保险业垄断协议案，参见《湖南查处首起垄断案件 7 单位被处罚金 219 万元》，载 https：//www.gov.cn/jrzg/2012-12/28/content_2301393.htm，2024 年 1 月 20 日访问。

〔2〕 王先林：《论我国垄断协议规制制度的实施与完善——以〈反垄断法〉修订为视角》，载《安徽大学学报（哲学社会科学版）》2020 年第 1 期；郝俊淇：《论我国垄断协议类型序列的立法完善》，载《中国政法大学学报》2022 年第 1 期。

第 19 条规定的经营者为其他经营者达成垄断协议提供实质性帮助，包括提供必要的支持、创造关键性的便利条件，或者其他重要帮助。

3. 本身违法原则和合理原则

排除、限制竞争与否是垄断协议违法性的判断标准。经过长期的反垄断实践，尤其是美国联邦最高法院的反垄断司法实践，人们对部分类型的垄断协议的竞争影响形成了一般性的认识，进而发展出了两种互补的垄断协议分析方法。第一种分析方法是，由于某些协议的性质和其必然结果明显会对竞争造成严重限制，以至于不需要通过对行业进行细致的研究就可以判定它们的非法性，即“本身违法原则”；第二种分析方法是，某些协议的竞争效果只能通过分析特定商业条件下的事实、限制行为的过程以及行为的目的等来进行评估，也即“合理原则”。〔1〕从各国反垄断理论与实践来看，一般均认可横向固定价格、限制产量、划分市场和部分联合抵制交易垄断协议适用本身违法原则。本身违法原则与合理原则各有利弊，前者基于实践经验快速做出判断，有利于节省执法与司法成本、提高效率，但容易导致“假阳性”结果；后者则注重对个案进行仔细分析，更具说服力且可以降低“假阳性”结果，但耗费执法司法成本。无论适用哪一种分析方法，其目的都是对协议的竞争影响进行判断。

值得注意的是，若将本身违法原则与合理原则放置一个光谱之上，尽管二者两端的差异表现得十分明显，但这两个极端之间存在极大的灰色地带。例如，搭售安排号称应当适用本身违法原则，但最基本的事实调查也要比固定价格行为复杂得多，甚至需要一些证明市场力量的证据。相比之下，纵向非价格限制号称适用合理原则，但超过 90% 的此类案件处理起来很轻松。〔2〕美国法院的实践表明，本身违法原则与合理原则之间的界限并不像我们可能预期的那样难以或者容易划分。从 20 世纪 80 年代开始，美国联邦最高法院更加重视采取一种中间状态的审查方式，以审查所谓“近乎赤裸裸”或“表面上看不合理”的限制，这被称为“快照”式或“快速审查”式（quick look）的方法或者“简略版”合理原则。在通常情况下，若某一行为的反竞争属性高度可疑，几乎到了仅行为本身就足以受到谴责的程度，则属于所谓“近乎赤裸裸”或“表面上看不合理”的限制。然而此时适用本身违法原则或许仍然存在疑虑，可能是因为对该限制行为的经验十分有限，我们至少需要考察被告对其限制行为所提出的抗辩理由。如果这种理由有可能成立，并且在不考虑被告可能具有市场支配力的情况下，所涉限制行为有可能会带来好处，那么就必须适用完整版的合理原则来展开深入调查。相反，如果被告提出的理由苍白无力，表明其行为的确是赤裸裸的限制竞争措施，则可以适用本身违法原则。从这个角度来看，真正的问题涉及证明责任的分配。在合理原则下，原告必须拿出证据证明被告存在市场力量和涉案行为初步看来具有反竞争效果，一旦原告完成了举证责任，则证明负担转移到被告。相对而言，“快速审查”给予原告在前期较小的举证负担，并给

〔1〕 National Society of Professional Engineersv. United States, 435 U.S. 679, 688-692, 98 S. Ct. 1355, 1363-1365（1978）.

〔2〕［美］赫伯特·霍文坎普：《美国反垄断法：原理与案例》（第 2 版），陈文煊、杨力译，中国人民大学出版社 2023 年版，第 223 页。

被告施加了更为沉重的举证责任。[1]需要说明的是，我国《反垄断法》第 20 条规定的垄断协议豁免制度适用于所有类型的垄断协议，因而我国不存在严格意义上的本身违法原则。

（二）横向垄断协议的法律规制

横向垄断协议，又称为卡特尔（cartel），指具有竞争关系的经营者之间达成的垄断协议，其主体是处于相同生产阶段、提供同类服务或产品的经营者。需要注意的是，反垄断法保护的竞争包括实际竞争和潜在竞争。这意味着，作为横向垄断协议主体的经营者，包括处于同一相关市场进行竞争的实际经营者和可能进入相关市场进行竞争的潜在经营者。例如，对于两个生产同类产品但在不同地域市场进行销售的企业，如果他们具备进入彼此地域市场的技术、财力等条件，他们之间的合作可能被视为横向垄断协议。相反，如果他们缺乏进入彼此地域市场的客观条件，则他们之间的合作可能不构成垄断协议。

《反垄断法》第 17 条规定了横向垄断协议的具体类型，具体包括：（1）固定或者变更商品价格；（2）限制商品的生产数量或者销售数量；（3）分割销售市场或者原材料采购市场；（4）限制购买新技术、新设备或者限制开发新技术、新产品；（5）联合抵制交易；（6）国务院反垄断执法机构认定的其他垄断协议。《禁止垄断协议规定》第 8—12 条对前 5 种具体的横向垄断协议进行了细化规定，第 16 条规定了认定其他垄断协议的考量因素。此外，基于数字经济的快速发展，《禁止垄断协议规定》第 13 条规定，具有竞争关系的经营者不得利用数据和算法、技术以及平台规则等，通过意思联络、交换敏感信息、行为协调一致等方式，达成横向垄断协议。

1. 固定或者变更商品价格

固定或变更商品价格的协议又称为价格卡特尔，是对竞争危害最为严重的垄断协议。其原因在于，对于市场经济而言，价格机制是最敏感、最有效的调节机制，价格是市场信息的传播者，引导着市场资源的合理配置。而竞争者之间的价格卡特尔构成对价格机制的直接严重破坏，导致其无法发挥正常功能。同时，价格卡特尔可能导致违法主体免受价格竞争压力，得以获得垄断利润，消费者将为此付出高昂代价。因此，各国反垄断执法机构一般对价格卡特尔行为适用本身违法原则，对其予以严厉处罚。竞争者之间达成价格卡特尔的典型表现包括：（1）固定或者变更价格水平、价格变动幅度、利润水平或者折扣、手续费等其他费用；（2）约定采用据以计算价格的标准公式、算法、平台规则等；（3）限制参与协议的经营者的自主定价权。

2. 限制商品的生产数量或者销售数量

限制商品的生产数量或者销售数量的协议又称为数量卡特尔，通过影响市场供求关系，数量卡特尔间接影响着价格机制。具体而言，生产数量或销售数量的减少，将导致价格的上涨。因此，实践中价格卡特尔常常伴随着数量卡特尔的存在，以防止内部成员

---

〔1〕［美］赫伯特·霍文坎普：《美国反垄断法：原理与案例》（第 2 版），陈文煊、杨力译，中国人民大学出版社 2023 年版，第 229 页。

为了追求自身利益而扩大生产，从而破坏价格卡特尔的稳定性。竞争者之间达成数量卡特尔的典型表现包括：（1）以限制产量、固定产量、停止生产等方式限制商品的生产数量，或者限制特定品种、型号商品的生产数量；（2）以限制商品投放量等方式限制商品的销售数量，或者限制特定品种、型号商品的销售数量。

3. 分割销售市场或者原材料采购市场

分割销售市场或者原材料采购市场的协议又称为划分市场协议。划分市场可以表现在产品销售或采购的多个维度，例如产品销售或采购的地理范围、时间范围、产品类别、产品数量和交易对象等。划分市场协议将直接减小竞争对手之间的竞争压力，同时也将减少消费者的选择机会，构成对竞争机制的严重破坏。其典型表现包括：（1）划分商品销售地域、市场份额、销售对象、销售收入、销售利润或者销售商品的种类、数量、时间；（2）划分原料、半成品、零部件、相关设备等原材料的采购区域、种类、数量、时间或者供应商；（3）关于分割销售市场或者原材料采购市场的禁止性规定适用于数据、技术和服务等。

4. 限制购买新技术、新设备或者限制开发新技术、新产品

竞争者之间达成限制购买新技术、新设备或者限制开发新技术、新产品的垄断协议，将降低市场主体的创新动力，属于严重损害市场竞争的行为。其典型表现包括：（1）限制购买、使用新技术、新工艺；（2）限制购买、租赁、使用新设备、新产品；（3）限制投资、研发新技术、新工艺、新产品；（4）拒绝使用新技术、新工艺、新设备、新产品。

5. 联合抵制交易

反垄断法上的联合抵制交易是指具有竞争关系的经营者达成协议，采取一致行动，拒绝与第三方进行交易。以抵制行为人与抵制对象之间关系的不同，可以区分横向联合抵制和纵向联合抵制行为。依据《禁止垄断协议规定》第12条规定，竞争者之间达成联合抵制交易垄断协议的典型表现包括：（1）联合拒绝向特定经营者供应或者销售商品；（2）联合拒绝采购或者销售特定经营者的商品；（3）联合限定特定经营者不得与其具有竞争关系的经营者进行交易。其中，前两项行为属于纵向联合抵制行为，第三项行为属于横向联合抵制行为。相对而言，反垄断法更加关注横向联合抵制，因为其行为目的很可能是排挤竞争对手，而纵向联合抵制可能是出于提高产品质量等合理理由。[1]

6. 国务院反垄断执法机构认定的其他垄断协议

《禁止垄断协议规定》第16条规定，对于《反垄断法》未明确列举的垄断协议，有证据证明排除、限制竞争的，应当予以禁止，具体由市场监管总局负责认定，认定时应当考虑下列因素：（1）经营者达成、实施协议的事实；（2）市场竞争状况；（3）经营者在相关市场中的市场份额及其对市场的控制力；（4）协议对商品价格、数量、质量等方面的影响；（5）协议对市场进入、技术进步等方面的影响；（6）协议对消费者、其他经营者的影响；（7）与认定垄断协议有关的其他因素。该规定同时适用于横向垄断协议和

〔1〕 王晓晔：《反垄断法》，法律出版社2011年版，第114—115页。

纵向垄断协议。

（三）纵向垄断协议的法律规制

1. 纵向垄断协议概述

纵向垄断协议是指市场上处于不同经济阶段的经营者之间达成的垄断协议，通常发生在具有交易关系的经营者之间，如生产商与批发商之间、批发商与零售商之间。与横向垄断协议不同，对纵向垄断协议至今没有普遍接受的经济理论。一般认为，价格卡特尔、数量卡特尔以及划分市场协议等横向垄断协议构成对市场竞争的严重破坏，因而适用本身违法原则。但对于纵向垄断协议而言，即便是对于纵向固定价格协议，也存在不同的理论观点。以美国芝加哥学派为代表的观点认为，纵向垄断协议的目的不是共同限制生产数量或抬高价格，相反，协议当事人的共同利益在于提高产出，纵向垄断协议普遍能够起到增大社会财富的作用。然而，以后芝加哥学派为代表的微观经济分析学派认为，不能对纵向垄断协议给予普遍肯定，而应当结合相关市场竞争状况、当事人的市场地位以及限制竞争的动机等因素，对具体行为进行个案分析。目前，后者的观点受到更普遍的认可。〔1〕在反垄断案件中，应当综合评价纵向垄断协议对竞争的消极与积极影响。总体而言，纵向垄断协议可能起到推动市场进入、减少“搭便车”、遏制价格飞涨、改善售后服务、增加品牌间竞争等积极效果，也可能造成市场封锁、推动价格卡特尔、限制品牌内竞争等排除、限制竞争影响。

以纵向垄断协议的内容是否直接对价格构成约束，可以将其分为纵向价格垄断协议和纵向非价格垄断协议。相对而言，纵向价格垄断协议对竞争的影响更明显，更加受到各国反垄断执法机构的关注。例如，欧盟《纵向协议集体豁免条例》第 4 条将固定转售价格或者限定转售最低价格的转售价格维持协议（不包括限定转售最高价格和价格推荐协议）视为核心限制，将其排除在集体豁免范围之外。〔2〕

我国《反垄断法》第 18 条规定，禁止经营者与交易相对人达成下列垄断协议：（1）固定向第三人转售商品的价格；（2）限定向第三人转售商品的最低价格；（3）国务院反垄断执法机构认定的其他垄断协议。可见，我国《反垄断法》只明确对固定转售价格和限定转售最低价格协议作出了禁止性规定，对于其他类型纵向价格协议和纵向非价格协议而言，需要适用垄断协议兜底条款进行分析，《禁止垄断协议规定》第 16 条规定了具体分析因素。此外，与第 13 条的规定类似，《禁止垄断协议规定》第 15 条对数字经济领域的纵向垄断协议特殊表现形式进行了规定：经营者不得利用数据和算法、技术以及平台规则等，通过对价格进行统一、限定或者自动化设定转售商品价格等方式，达成纵向垄断协议。

固定转售商品价格或者限定转售商品最低价格垄断协议的典型表现包括：（1）固定向第三人转售商品的价格水平、价格变动幅度、利润水平或者折扣、手续费等其他费

---

〔1〕 王晓晔：《纵向限制竞争协议的经济分析》，载《月旦民商法杂志》2004 年第 3 期。

〔2〕 Commission Regulation（EU）2022/720 of 10 May 2022 on the application of Article 101（3）of the Treaty on the Functioning of the European Union to categories of vertical agreements and concerted practices.

用；（2）限定向第三人转售商品的最低价格，或者通过限定价格变动幅度、利润水平或者折扣、手续费等其他费用限定向第三人转售商品的最低价格。《反垄断法》2022 年修正后新增第 18 条第二款规定，对于前述两类转售价格维持协议，经营者能够证明其不具有排除、限制竞争效果的，不予禁止。有观点认为，此条款的规定明确了纵向垄断协议的违法推定和举证责任分配问题，即前述两类转售价格维持协议被推定违法，若有证据证明其不具有排除、限制竞争效果，则不为《反垄断法》所禁止，证明责任由经营者或被告而非反垄断执法机构或原告承担。[1]此外，有学者认为，根据第 18 条第二款，豁免转售价格维持协议的前提是协议当事人证明该协议没有反竞争效果，这说明我国《反垄断法》与欧盟竞争法一样，安全港规则不适用于转售价格维持协议。[2]

2. 安全港规则

反垄断法禁止垄断协议以其具有排除、限制竞争的目的或者效果为前提。实践中，有些限制竞争的协议对市场竞争的影响不明显，因此不受到反垄断法的禁止，安全港规则即可发挥此类功能。安全港规则是指满足一定前提条件的协议，即可排除它们存在竞争损害或在无须评估具体市场情况即可认定其合法的规则。[3]通过明确不违反反垄断法的垄断协议范围，安全港规则一方面可以提高市场主体的可预期性，另一方面也可以节约反垄断执法资源。

我国《反垄断法》2022 年修正时增加了安全港规则，第 18 条增加第三款规定，经营者能够证明其在相关市场的市场份额低于国务院反垄断执法机构规定的标准，并符合国务院反垄断执法机构规定的其他条件的，不予禁止。由此可知，我国安全港规则仅适用于纵向垄断协议。此外，需要同时满足两个条件：第一，经营者在相关市场的市场份额低于国务院反垄断执法机构规定的标准；第二，符合国务院反垄断执法机构规定的其他条件。安全港规则适用的具体市场份额标准及其他条件仍有待反垄断执法机构作出细化规定。

（四）行业协会垄断行为的法律规制

根据《禁止垄断协议规定》第 21 条第二款的规定，行业协会是指由同行业经济组织和个人组成，行使行业服务和自律管理职能的各种协会、学会、商会、联合会、促进会等社会团体法人。行业协会在市场竞争过程中扮演着特殊的角色，一方面，行业协会是政府和经营主体之间的桥梁和纽带，在提供政策咨询、加强行业自律、促进行业发展、维护企业权益等方面发挥了重要作用；另一方面，行业协会可能不当干预市场竞争，尤其表现为行业协会组织会员企业达成实施垄断协议，损害市场公平竞争和消费者利益。因此，我国《反垄断法》第 21 条专门规定，行业协会不得组织本行业的经营者从事本章禁止的垄断行为。该条规定在《反垄断法》关于垄断协议的章节部分，因此前述关于禁止经营者达成垄断协议的规定同样适用于行业协会。《禁止垄断协议规定》第

〔1〕王先林：《竞争法学》（第四版），中国人民大学出版社 2023 年版，第 226 页。

〔2〕王晓晔：《我国〈反垄断法〉首次修改的亮点和问题》，载《竞争法律与政策评论》2022 年卷。

〔3〕王晓晔：《〈反垄断法〉（修正草案）的评析》，载《当代法学》2022 年第 3 期。

21条第一款规定，行业协会应当加强行业自律，引导本行业的经营者依法竞争，合规经营，维护市场竞争秩序。禁止行业协会从事下列行为：（1）制定、发布含有排除、限制竞争内容的行业协会章程、规则、决定、通知、标准等；（2）召集、组织或者推动本行业的经营者达成含有排除、限制竞争内容的协议、决议、纪要、备忘录等；（3）其他组织本行业经营者达成或者实施垄断协议的行为。

（五）垄断协议的豁免

通常而言，垄断协议将破坏市场竞争机制，不利于社会的发展。但特殊情形下，垄断协议也可能产生足够的积极效果，例如提高经济效率、维护特定社会公共利益，从而整体上促进社会与经济的发展。因此，反垄断法规定了垄断协议的豁免制度，在垄断协议的积极效果大于其排除、限制竞争影响时，排除反垄断法的适用。

《反垄断法》第20条第一款规定了可以获得豁免的垄断协议的类型，“经营者能够证明所达成的协议属于下列情形之一的，不适用本法第十七条、第十八条第一款、第十九条的规定：（一）为改进技术、研究开发新产品的；（二）为提高产品质量、降低成本、增进效率，统一产品规格、标准或者实行专业化分工的；（三）为提高中小经营者经营效率，增强中小经营者竞争力的；（四）为实现节约能源、保护环境、救灾救助等社会公共利益的；（五）因经济不景气，为缓解销售量严重下降或者生产明显过剩的；（六）为保障对外贸易和对外经济合作中的正当利益的；（七）法律和国务院规定的其他情形。”第20条第二款进一步规定了豁免的条件，属于前款第1项至第5项情形而得到豁免的，经营者还应当证明：（1）所达成的协议不会严重限制相关市场的竞争，这是豁免的消极条件；（2）能够使消费者分享由此产生的利益，这是豁免的积极条件。认定消费者能否分享协议产生的利益，应当考虑消费者是否因协议的达成、实施在商品价格、质量、种类等方面获得利益。

二、禁止滥用市场支配地位制度

禁止滥用市场支配地位制度是针对特定市场主体的行为规范制度，其要求具有市场支配地位的企业不得滥用支配地位实施破坏市场竞争的行为。该制度适用前提是特定企业具有市场支配地位，然后再分析其行为是否破坏市场竞争及其合理性。

（一）市场支配地位的认定

1. 市场支配地位的概念

市场支配地位体现为一种经济现象，即某个企业（或数个企业一起）在相关市场上具有一定支配力或控制力，使得竞争对手或交易对手难以对其竞争行为产生影响。欧盟委员会在1972年大陆罐一案的裁决中指出，如果企业凭借其市场份额或者与市场份额相关的因素，如技术秘密、取得原材料和资金的渠道以及商标权等其他重大优势，能够很大程度上决定相关产品的价格或者控制其生产与销售，这就存在着市场支配地位。[1]美国反垄断法通常不使用“市场支配地位”这一概念，而是使用垄断势力

〔1〕 王晓晔：《欧共体竞争法》，中国社会科学出版社2007年版，第177页。

（monopolypower）或市场势力（marketpower）的概念。

市场支配地位并不等于经济学意义上的垄断，具有市场支配地位的企业并不一定是相关市场的唯一竞争者，市场份额是认定市场支配地位的一个重要因素，但并非唯一因素。我国《反垄断法》第 22 条第三款规定："本法所称市场支配地位，是指经营者在相关市场内具有能够控制商品价格、数量或者其他交易条件，或者能够阻碍、影响其他经营者进入相关市场能力的市场地位。"

2. 市场支配地位的认定标准

在竞争法理论中，有三种认定市场支配地位的标准，即市场绩效、市场行为和市场结构标准。市场绩效标准是指根据企业在市场上的获利程度判断企业是否拥有市场支配地位。如果一个企业的利润率大幅超过其在竞争性市场条件下的应有程度，即认定该企业拥有市场支配地位。虽然该标准存在理论上的说服力，但不能作为法律上的判断标准。因为实践中，人们很难精确测定产品的边际成本，从而难以证明企业的大幅盈利多大程度上是来自市场支配地位。[1]市场行为标准是指根据企业的市场行为判断其是否拥有市场支配地位，如果企业的定价等经营决策不受其他市场主体的影响，则说明其拥有市场支配地位。然而，实际上不是企业的行为决定其市场地位，而是企业的市场地位决定其市场行为。因此，在美国与欧盟的反垄断司法实践中，企业的市场行为是认定其市场支配地位的重要考量因素，但并非决定性因素。市场结构标准是指依据企业在相关市场上的市场份额来判断其是否拥有市场支配地位，世界各国反垄断法在认定市场支配地位时都非常注重市场结构因素。

3. 我国的市场支配地位认定方法

我国《反垄断法》第 23 条规定了认定市场支配地位的考量因素，包括：（1）该经营者在相关市场的市场份额，以及相关市场的竞争状况；（2）该经营者控制销售市场或者原材料采购市场的能力；（3）该经营者的财力和技术条件；（4）其他经营者对该经营者在交易上的依赖程度；（5）其他经营者进入相关市场的难易程度；（6）与认定该经营者市场支配地位有关的其他因素。

基于市场结构标准在市场支配地位认定时的重要性，《反垄断法》第 24 条进一步规定了市场支配地位的推定制度。有下列情形之一的，可以推定经营者具有市场支配地位：（1）一个经营者在相关市场的市场份额达到 1/2 的；（2）两个经营者在相关市场的市场份额合计达到 2/3 的；（3）三个经营者在相关市场的市场份额合计达到 3/4 的。第 24 条第二款进一步规定，有前款第 2 项、第 3 项规定的情形，其中有的经营者市场份额不足 1/10 的，不应当推定该经营者具有市场支配地位。此外，依据第 24 条第三款的规定，市场支配地位的推定是可以推翻的，"被推定具有市场支配地位的经营者，有证据证明不具有市场支配地位的，不应当认定其具有市场支配地位"。

---

〔1〕［德］P. 贝伦斯：《对占市场支配地位企业的滥用监督》，载王晓晔主编：《反垄断法与市场经济》，法律出版社 1998 年版，第 203—204 页。

（二）滥用市场支配地位行为的法律规制

1. 滥用市场支配地位行为概述

如今大多数国家反垄断法中的滥用市场支配地位制度遵循了行为主义规制原则，而非结构主义。换言之，拥有市场支配地位本身并不违法，只有企业滥用其市场支配地位破坏市场竞争时，才认定其违法。滥用市场支配地位是指具有市场支配地位的经营者凭借该地位，在相关市场上不正当地限制竞争，损害其他经营者、消费者利益和社会公共利益的行为。〔1〕认定滥用市场支配地位行为，需要在市场支配地位的合理利用和滥用之间作出区分，但该分析过程往往并不容易。我国《反垄断法》在列举滥用市场支配地位行为表现时，使用了"不公平""没有正当理由"等限定词表明行为的滥用性质。《禁止滥用市场支配地位行为规定》（2023 年）则在具体滥用行为的规定中，分别列举了分析"不公平"的因素或常见的"合理理由"类型，方便分析具体行为是否构成滥用。

滥用市场支配地位的行为依其效果可分为排他性滥用和剥削性滥用。剥削性滥用是指具有市场支配地位的经营者利用其市场力量剥削交易相对人的行为，纯粹意义上的剥削性滥用行为不会产生竞争损害，其损害的只是公平交易。〔2〕剥削性滥用行为以不公平交易价格为代表。排他性滥用则是具有排除、限制竞争效果的行为，可以是企业排除其当前市场竞争对手的行为，如掠夺性定价。也可以是企业将市场势力不合理地扩大到其他市场的行为，如搭售行为。需要指出的是，二者并不是绝对意义上的区分，排他性滥用可能具有剥削性效果，剥削性滥用也可能具有排他性效果。例如，价格歧视既可以作为一种获取高额利润的剥削性行为，也可以作为一种排他手段，排除当前或上下游市场的竞争。〔3〕

2. 滥用市场支配地位行为类型

《反垄断法》第 22 条第一款规定："禁止具有市场支配地位的经营者从事下列滥用市场支配地位的行为：（一）以不公平的高价销售商品或者以不公平的低价购买商品；（二）没有正当理由，以低于成本的价格销售商品；（三）没有正当理由，拒绝与交易相对人进行交易；（四）没有正当理由，限定交易相对人只能与其进行交易或者只能与其指定的经营者进行交易；（五）没有正当理由搭售商品，或者在交易时附加其他不合理的交易条件；（六）没有正当理由，对条件相同的交易相对人在交易价格等交易条件上实行差别待遇；（七）国务院反垄断执法机构认定的其他滥用市场支配地位的行为。"此外，为应对数字经济发展对反垄断法带来的挑战，在 2022 年修法时，《反垄断法》新增第 22 条第二款规定："具有市场支配地位的经营者不得利用数据和算法、技术以及平台规则等从事前款规定的滥用市场支配地位的行为。"

（1）不公平交易价格

不公平交易价格是指具有市场支配地位的企业以不公平的高价销售商品（垄断高

---

〔1〕 王先林：《竞争法学》（第四版），中国人民大学出版社 2023 年版，第 245—246 页。

〔2〕 孟雁北：《反垄断法规制平台剥削性滥用的争议与抉择》，载《中外法学》2022 年第 2 期。

〔3〕 时建中主编：《〈中华人民共和国反垄断法〉专家修改建议稿及详细说明》，中国政法大学出版社 2020 年版，第 81—83 页。

价）或以不公平的低价购买商品（垄断低价）。因为高价销售和低价购买都是针对交易相对人，这种滥用行为又称为剥削性滥用。认定该行为的难点在于如何确定有效竞争市场条件下应有的价格水平，从而证明垄断高价或低价的不公平性。在实践中，反垄断执法部门主要从产品、空间或者时间的角度找出一个可比市场，此外还需要分析占市场支配地位企业向其交易对手索取的价格与其产品或服务成本之间的差距。依据《禁止滥用市场支配地位行为规定》第 14 条规定，认定“不公平的高价”或者“不公平的低价”，可以考虑下列因素：①销售价格或者购买价格是否明显高于或者明显低于其他经营者在相同或者相似市场条件下销售或者购买同种商品或者可比较商品的价格；②销售价格或者购买价格是否明显高于或者明显低于同一经营者在其他相同或者相似市场条件区域销售或者购买同种商品或者可比较商品的价格；③在成本基本稳定的情况下，是否超过正常幅度提高销售价格或者降低购买价格；④销售商品的提价幅度是否明显高于成本增长幅度，或者购买商品的降价幅度是否明显高于交易相对人成本降低幅度；⑤需要考虑的其他相关因素。涉及平台经济领域，还可以考虑平台涉及多边市场中各相关市场之间的成本关联情况及其合理性。认定市场条件相同或者相似，应当考虑经营模式、销售渠道、供求状况、监管环境、交易环节、成本结构、交易情况、平台类型等因素。

（2）掠夺性定价

掠夺性定价是指具有市场支配地位的企业没有正当理由，以低于成本的价格销售商品。为了限制竞争者的生产与销售，占市场支配地位的企业可能采取低价倾销策略，从而达到排挤竞争对手的效果。《禁止滥用市场支配地位行为规定》第 15 条规定，认定以低于成本的价格销售商品，应当重点考虑价格是否低于平均可变成本。平均可变成本是指随着生产的商品数量变化而变动的每单位成本。涉及平台经济领域，还可以考虑平台涉及多边市场中各相关市场之间的成本关联情况及其合理性。此外，并非所有的低价倾销策略都是违法的，其合理理由包括：降价处理鲜活商品、季节性商品、有效期限即将到期的商品或者积压商品，因清偿债务、转产、歇业降价销售商品，在合理期限内为推广新商品进行促销等。

（3）拒绝交易

拒绝交易是指具有市场支配地位的企业没有正当理由，拒绝与交易相对人进行交易，典型的拒绝交易是上游企业拒绝向下游企业供货。一般而言，企业拥有自主经营权，有权决定是否交易、与谁交易。然而，具有市场支配地位的企业实施拒绝交易行为有可能对市场竞争造成不利影响。尤其是当该企业与交易相对人同时在下游存在竞争时，拒绝交易行为可能对下游市场造成封锁。依据《禁止滥用市场支配地位行为规定》第 16 条规定，拒绝交易行为的典型表现包括：①实质性削减与交易相对人的现有交易数量；②拖延、中断与交易相对人的现有交易；③拒绝与交易相对人进行新的交易；④通过设置交易相对人难以接受的价格、向交易相对人回购商品、与交易相对人进行其他交易等限制性条件，使交易相对人难以与其进行交易；⑤拒绝交易相对人在生产经营活动中，以合理条件使用其必需设施。在依据前款第 5 项认定经营者滥用市场支配地位时，应当综合考虑以合理的投入另行投资建设或者另行开发建造该设施的可行性、交易相对人有效开展生产经营活动对该设施的依赖程度、该经营者提供该设施的可能性以及对自身生产经营活动造成的影响等因素。

（4）限定交易

限定交易，又称为强制交易、独家交易，是指具有市场支配地位的企业没有正当理由，限定交易相对人只能与其进行交易或者只能与其指定的经营者进行交易。限定交易行为可以是直接限定，也可以是采取惩罚性或者激励性措施等方式变相限定。实践中，具有市场支配地位的企业实施强制交易行为的手段包括订立独家供货或销售等排他性协议，或者通过给予交易相对人“忠诚折扣”来防止其与竞争对手进行交易。

（5）搭售

搭售是指具有市场支配地位的企业没有正当理由搭售商品，或者在交易时附加其他不合理的交易条件。搭售可以通过技术的方式和协议的方式进行，前者指企业通过技术手段将一种产品设计成只能与被搭售品相兼容，后者指企业通过协议的方式，要求买方购买一种产品的同时必须购买另一种产品。理论上，具有市场支配地位的企业实施搭售行为的本质就是将其在被搭售品市场上的市场势力不公平地辐射到搭售品市场上，从而限制该市场的竞争。

（6）差别待遇

差别待遇是指具有市场支配地位的企业没有正当理由，对条件相同的交易相对人在交易价格等交易条件上实行差别待遇。《禁止滥用市场支配地位行为规定》第 19 条第二款规定，条件相同是指交易相对人之间在交易安全、交易成本、规模和能力、信用状况、所处交易环节、交易持续时间等方面不存在实质性影响交易的差别。交易中依法获取的交易相对人的交易数据、个体偏好、消费习惯等方面存在的差异不影响认定交易相对人条件相同。

差别待遇行为主要表现在价格上，又称为价格歧视。例如，买方对购买相同等级、相同质量货物的买方要求支付不同的价格，或者买方对提供相同等级、相同质量货物的卖方支付不同的价格，从而使相同产品的卖方因销售价格不同或使相同产品的买方因进货价格不同而影响他们在市场上的竞争地位。

（7）其他滥用市场支配地位的行为

《禁止滥用市场支配地位行为规定》第 20 条规定，市场监管总局认定其他滥用市场支配地位行为，应当同时符合下列条件：①经营者具有市场支配地位；②经营者实施了排除、限制竞争行为；③经营者实施相关行为不具有正当理由；④经营者相关行为对市场竞争具有排除、限制影响。

三、控制经营者集中制度

（一）经营者集中概述

1. 经营者集中的概念

经营者集中是市场经济中的一种普遍现象，由于经营者集中可能对市场的有效竞争带来负面影响，所以国家需要通过反垄断法律制度对之进行干预。

经营者集中（concentration）不同于商法意义上的合并（merger）与收购（acquisition），它是反垄断法上的特有概念，我国《反垄断法》采用这一概念很大程度上是受欧盟竞争法的影响。依据欧盟《关于企业集中控制的139/2004号理事会条例》，如果通过以下方式之一使控制权发生永久性变化，则被视作发生了集中：（1）两家或多家以前独立的企业全部或部分合并；（2）已控制至少一家企业的一个或多个自然人，或者一家或多家企业，通过购买证券或资产、通过订立合同或其他方式，直接或间接取得一家或多家其他企业的全部或部分控制权。[1]根据欧盟竞争法学者的观点，经营者集中是指一家企业能够对另一企业施加支配性影响的所有方式。[2]

由于合并（merger）一词经常取广义，目前世界各国反垄断法更多的是使用合并一词。比如美国司法部与联邦贸易委员会2023年联合发布的《合并指南》，英国竞争与市场管理局2021年发布的《合并评估指南》。相应地，经营者集中规制在国外理论研究中往往被称为“合并控制”（merger control）。在我国的反垄断理论研究中，经营者集中经常被简称为企业合并或者企业并购。除特别说明外，下文的“合并”与“集中”在同一含义上交替使用。

2. 经营者集中的方式

结合各国反垄断法的规定，经营者集中主要包括以下几种方式：[3]

（1）组织合并。组织合并指相互独立的两个或多个经营者融合成一个经营者。组织合并可以是一个经营者取得一个或多个经营者，而被取得的经营者的法律主体资格消灭，或者两个或多个经营者都失去原有法律主体资格而合并为一个新的经营者，这两种情形相当于商法上的吸收合并与新设合并。

（2）通过取得股份或资产而取得对其他经营者的支配权。这种情况是指一个经营者取得一个或多个经营者的股份或资产，从而能够实现对其他经营者的支配。这种情形下，经营者之间往往不会改变各自的法律主体资格，只是一方通过股权或资产控制权的方式而对其他经营者进行实际控制，成为事实上的同一主体。

（3）通过合同等方式在经营者之间形成控制与被控制关系。经营者之间可以通过订立合同来实现相互之间实质上的联合。经营者之间的人事联合是这种经营者集中情形最为重要的方式，比如一家企业的董事会成员同时兼任另一家企业的管理机构成员，通过这种方式，这两家企业在保留各自独立法律人格的前提下就可以形成实质上的控制与被控制的关系。

（4）经营者之间建立合营企业（joint venture）。建立合营企业是经营者集中的重要方式之一，欧盟《关于企业集中控制的139/2004号理事会条例》指出，如果建立的合营企业永久性地履行一个独立自主经济实体的所有功能，则被视为经营者集中。这说明在欧盟竞争法中，只有全功能型合营企业（full-function joint venture）才被视为经营者集中。

---

〔1〕 Council Regulation（EC）No. 139/2004 on the control of concentrations between undertakings.

〔2〕 王晓晔：《反垄断法》，法律出版社2011年版，第263页。

〔3〕 王晓晔：《反垄断法》，法律出版社2011年版，第263—265页。

要构成全功能型合营企业需要满足三项条件：首先，两家或多家母公司共同控制一个合营企业；其次，合营企业作为独立经济实体从事经营活动；最后，合营企业的建立是长期性的。对于经营者之间建立非全功能型合营企业的行为，这个合营企业的建立可被视为母公司之间通过协议形式对其所建立的子公司施加影响，所以一般可依据垄断协议的相关规定进行规制。

我国《反垄断法》第 25 条规定，经营者集中是指以下 3 种情形：①经营者合并；②经营者通过取得股权或者资产的方式取得对其他经营者的控制权；③经营者通过合同等方式取得对其他经营者的控制权或者能够对其他经营者施加决定性影响。

3. 经营者集中的类型

按照参与集中的经营者之间在经济上的关系，可以将经营者集中分为横向集中、纵向集中和混合集中三大类。由于实践中很多集中交易同时具有横向、纵向与混合的特点，所以这种分类方式并不绝对。不同类型的集中交易对市场竞争会造成不同的影响，认识不同类型集中交易可能导致的不同反竞争效果，是经营者集中规制的科学性与合理性的基础。

（1）横向集中

横向集中又称为水平集中，是指生产或销售相同或相似产品的经营者之间的集中。横向集中最大的好处是有利于实现规模经济，降低单位产品的成本。但另一方面，由于这种集中将会减少甚至消灭市场上的竞争者，当市场上竞争者的数目过少乃至市场集中度过高时，市场的有效竞争就可能受到威胁。因此，各国反垄断法对横向集中都有着严格的限制。横向集中可能导致的反竞争效果主要有两种类型，即单边效应（unilateral effects）与协同效应（coordinated effects）。

横向合并可以通过消除合并当事人之间的竞争来加强合并后企业的市场势力，以这种方式产生的反竞争效果被称为单边效应。单边效应强调的是企业不与其他竞争对手协调的情况下，通过抬高价格、降低产量、减少创新或者减少激励措施等行为去损害消费者利益。横向合并中单边效应的出现主要是因为合并产生或加强了单一企业的市场地位，使得其有能力限制竞争。

横向合并也可能通过提高竞争者之间协调与相互依赖的程度去加强市场势力，这种方式导致的反竞争效果被称为协同效应。横向合并减少了竞争者的数量，导致市场竞争结构发生变化，这可能使得以前没有进行协作的企业有动机从事协调行为，提高产品价格。横向合并也可能提高那些在合并前就有协调行为的企业之间协作的程度，使得合并后这些企业的协同行为更容易、更稳定、更高效。

（2）纵向集中

纵向集中又称为垂直集中，是提供同一产品但处于不同生产阶段的企业之间的集中，比如生产商和原材料供应商之间的集中或者生产商与销售商之间的集中。

纵向集中可能导致的反竞争效果主要具体体现在封锁效应上。对纵向集中而言，封锁是指集中使得参与集中的企业的实际或潜在竞争对手在获取原材料或客户方面受到限制，削弱对手参与竞争的能力与动机，从而使得集中后的企业能够提高价格，进而损害竞争。具体而言，原材料封锁（input foreclosure）是指，纵向集中会限制下游竞争对手接触重要的原材料，从而提高竞争对手的成本，使得参与集中的企业在下游市场获得或增强市场势力。客户封锁（customer foreclosure）是指，纵向集中会限制上游竞争对手接近重要客户，从而使得参与集中的企业在上游市场获得或增强市场势力。

纵向集中后，如果竞争者能够识别并追求共同目标，通过威胁的方式避免竞争压力，则市场协同行为也可能出现。纵向合并可能使得竞争者之间的信息交换更为便利，使得达成一致行为更为容易。同时，纵向合并使得参与合并的企业容易获得竞争对手的敏感信息，从而增加市场透明度，这也促进了企业之间的协调。

（3）混合集中

混合集中是指既不存在横向竞争关系，也不存在纵向买卖关系的企业之间的集中。一般而言，混合集中对竞争造成负面影响的可能性很小，所以世界各国对这类集中交易往往持比较宽松的执法态度。但在数字经济领域，由于大型科技企业倾向于采取生态化发展战略，通过收购不同的数字服务企业来扩展其业务类型，建立自己的数字服务生态系统，使得各国反垄断执法机构越发关注数字经济领域的混合合并，尤其是大型科技企业对初创企业的“扼杀式收购”。

混合集中可能导致的反竞争效果也主要体现在封锁效应上，其理论依据主要是产品组合理论与杠杆理论。混合集中使得合并后企业扩大产品范围，多种产品可能会产生组合力量，由此形成或增强合并后企业的市场支配地位，从而损害竞争。欧盟 2008 年《非横向合并指南》指出，相互关联的市场上的产品如果形成组合，则合并后的企业可能有能力利用自己在一个市场上的强大地位而在另一个市场上取得杠杆效应，具体方式是通过捆绑销售、搭售或者其他排他行为。杠杆效应是指，通过搭售或者捆绑产品所具有的强势市场地位来提高另一个市场上的产品销量。有些情况下，混合集中后的捆绑销售和搭售有可能减少实际或潜在的竞争者数量，或者降低竞争的动力，这可能会减轻合并后企业的竞争压力，从而使其可以提高价格。

在某些情况下，混合集中也可能促进市场上协同行为的生成。在特定市场上，混合合并促进协同效应产生的一种方式是减少市场上有效竞争者的数量，只要数量下降到一定程度，企业之间心照不宣地合作就非常容易实现。同样，对没有参与合作的其他竞争对手来说，他们会认识到自己的处境更为艰难。因此，被封锁的竞争对手可能选择容忍协作行为的存在，转而在提高了的价格水平之下生存。此外，混合合并涉及多个市场上的竞争，还能提高惩戒机制的覆盖面和有效性，确保各方遵守协作条件，这也为协同行为的维系创造了条件。

4. 经营者集中的申报标准

目前世界上建立反垄断法律制度的国家和地区，大多针对经营者集中采用事前申报模式。事前申报模式是指达到法定标准的经营者集中必须在实施集中前向反垄断执法机构申报，只有在获得执法机构批准或者规定的等待期届满后才能实施集中。考虑到大部分经营者集中对市场竞争的影响不明显，同时执法资源也有限。所以，原则上，仅有达到法定申报标准的经营者集中才需向反垄断执法机构进行申报。《反垄断法》第 26 条规定，经营者集中达到国务院规定的申报标准的，经营者应当事先向国务院反垄断执法机构申报，未申报的不得实施集中。经营者集中未达到国务院规定的申报标准，但有证据证明该经营者集中具有或者可能具有排除、限制竞争效果的，国务院反垄断执法机构可以要求经营者申报。经营者未依照前两款规定进行申报的，国务院反垄断执法机构应当依法进行调查。

2024 年 1 月第二次修订的《国务院关于经营者集中申报标准的规定》第 3 条明确了经营者集中的申报标准："经营者集中达到下列标准之一的，经营者应当事先向国务院反垄断执法机构申报，未申报的不得实施集中：（一）参与集中的所有经营者上一会计年度在全球范围内的营业额合计超过 120 亿元人民币，并且其中至少两个经营者上一会计年度在中国境内的营业额均超过 8 亿元人民币；（二）参与集中的所有经营者上一会计年度在中国境内的营业额合计超过 40 亿元人民币，并且其中至少两个经营者上一会计年度在中国境内的营业额均超过 8 亿元人民币。营业额的计算，应当考虑银行、保险、证券、期货等特殊行业、领域的实际情况，具体办法由国务院反垄断执法机构会同国务院有关部门制定。"第 4 条规定："经营者集中未达到本规定第三条规定的申报标准，但有证据证明该经营者集中具有或者可能具有排除、限制竞争效果的，国务院反垄断执法机构可以要求经营者申报。"

（二）经营者集中规制的实体标准

经营者集中规制的实体标准是执法部门判断一项集中是否违反反垄断法的基础，它是执法部门决定特定的集中交易是否应该被禁止的关键。美国和欧盟的标准是目前世界上最具代表性的经营者集中规制实体标准，其他国家（地区）的实体标准基本上都在某种程度上参照了美、欧标准。

1. 美国的经营者集中规制实体标准

实质减少竞争标准，也称为 SLC 标准（substantially lessen competition test），该标准由美国 1914 年的《克莱顿法》正式确立。美国执法部门对特定的集中交易进行审查时，会考虑诸多因素，基于个案事实去综合评估集中交易是否会实质性减少竞争。

美国 2010 年《横向合并指南》的制度设计趋向一个事实为基、更富弹性的分析框架，涉及反竞争效果证据、目标消费者与价格歧视、市场界定、市场参与者与市场份额及市场集中度、单边效应、协同效应、强势买方、市场进入、效率、破产、竞争性买方合并以及部分收购等内容。[1]因此，美国执法部门将综合对这些因素进行分析，进而判断具体集中交易是否会实质性减少竞争。

例如，关于反竞争效果的证据，美国执法部门在判断一项合并可能导致的反竞争效果时，重点考虑的反竞争效果证据包括：（1）已完成的合并中实际产生的竞争效果，比如合并后的涨价。（2）基于经验的直接比较。执法部门会关注那些有助于判断合并竞争效果的有用历史信息，比如去评估相关市场中最近发生的合并、市场进入与市场退出等事件带来的影响。（3）相关市场中的市场份额及市场集中度。（4）合并企业之间的竞争

〔1〕 韩伟：《美国横向合并指南的最新修订及启示》，载《现代法学》2011 年第 3 期。

程度。(5)合并一方的破坏角色。执法部门会考虑一项合并是否会通过消除“背离企业”(maverick firm)[1]去减少竞争。

又如，关于市场集中度，美国执法部门通常使用 HHI 指数(Herfindahl-Hirschman Index)测算市场集中度，该指数通过相关市场中所有市场主体的市场份额的平方和来测算市场集中度。美国 2023 年《合并指南》恢复其 1982 年《合并指南》关于市场集中度测算的标准，认为 HHI 指数大于 1800 的市场属于高度集中市场，其增加超过 100 被认为是显著增长，使得高度集中市场的 HHI 指数增加超过 100 的合并被推定将实质性减少竞争或倾向于导致垄断。该指南还参考市场份额标准，认为如果合并后企业的市场份额超过 30%，且导致 HHI 增加 100 以上，则也被认为会实质性减少竞争或倾向于导致垄断。[2]

再如，关于市场进入，如果市场进入很容易，即使合并会产生一个在高度集中的市场中拥有很大市场份额的企业，市场进入也可能确保市场竞争机制在合并后持续有效的发挥。美国执法部门只对那些满足及时性、可能性与充分性要求的市场进入予以考虑。及时性方面，市场进入必须是“足够迅速”。可能性方面，如果市场进入对企业有利可图，则市场进入便具有可能性。而市场进入的盈利性则依赖于进入市场后企业可能的产出水平、价格等因素。充分性方面，如果市场进入至少能替代合并一方企业的规模或者实力，则市场进入便是充分的。如果一家或多家小规模企业没有巨大的竞争劣势，则这些企业的进入也可能是充分的。此外，美国执法部门还会考虑其他企业进入相关市场的历史经验，并对这些证据给予重点关注。

2. 欧盟的经营者集中规制实体标准

欧盟 2004 年《关于企业集中控制的 139/2004 号理事会条例》确定了严重妨碍有效竞争标准，即 SIEC 标准(significant impediment to effective competition test)。此前欧盟的实体标准是 1989 年《关于企业集中控制的 4064/89 号理事会条例》所确定的市场支配地位标准，即 MD 标准(market dominance test)。与 MD 标准相比，SIEC 标准把“严重妨碍共同体市场或其相当部分地域的有效竞争”作为结果，把“产生或增强企业的支配地位”仅作为严重妨碍有效竞争的原因之一，而非 MD 标准中将“产生或增强企业的支配地位”作为“严重妨碍共同体市场或其相当部分地域的有效竞争”的唯一条件。这样，欧委会将评估经营者集中的重心转移到相关市场是否仍然保持充分、有效的竞争，而非过度关注集中交易是否产生或增强了企业的支配地位。但 SIEC 标准并非完全忽视市场支配地位标准的价值，该标准仍强调“产生或增强市场支配地位”是“严重妨碍共同体市场或其相当部分地域的有效竞争”的主要原因之一。但 SIEC 标准显然包括了寡头市场中合并后企业并不具有严格意义上的支配地位时的反竞争效果，从而填补了立法漏洞。因此，SIEC 标准并非对旧标准的完全颠覆，而是拓宽了 MD 标准的范围。

---

〔1〕 背离企业是指那些在市场竞争中有利于消费者利益，相对其他竞争者而言扮演着破坏分子角色的企业，这些企业可能会抵制那些用于定价或在其他竞争条件上合作的行业标准。比如，一个企业可能通过新技术或者新商业模式来改变市场竞争条件，或者基于自身能力去扩大生产从而降低价格。

〔2〕 U.S. Department of Justice and the Federal Trade Commission, MergerGuidelines, 2023, pp. 5-6.

依据《关于企业集中控制的139/2004号理事会条例》，欧委会在评估经营者集中时，应考虑的因素包括：（1）在共同体市场内，特别是从所有相关市场结构和企业所处的共同体内部或外部市场的实际或潜在竞争的角度，维持和发展有效竞争的需要；（2）相关企业的市场地位及其经济和财务实力，供应商和用户的选择权及市场进入的障碍，相关产品与服务的供需趋势，中间商及终极消费者的利益，以及技术和经济进步对消费者的影响等。欧委会2004年与2008年的《横向合并指南》和《非横向合并指南》则对执法部门的具体考虑因素进行了详细说明。

2004年的《横向合并指南》指出，对于横向集中，欧委会将通过分析集中交易可能的反竞争效果、买方力量、市场进入、效率和破产等因素去判断集中交易是否严重妨碍有效竞争。市场份额和市场集中度水平是有关市场结构和合并各方与其竞争者的竞争地位的第一有效指标。合并可能的反竞争效果主要是单边效应和协同效应。在评估横向合并时，欧委会还会关注对合并可能导致反竞争效果的抵消性买方力量，并从及时性、充分性和可能性三个方面分析市场进入，从消费者是否受益、是否为合并特有以及是否具备可核实性等方面分析合并可能产生的效率，并在特殊情形下考虑破产企业的问题。

依据2008年《非横向合并指南》，欧委会在评估非横向合并时，会考虑合并可能产生的反竞争效果，也会考虑因为交易实质提高了效率并惠及消费者由此带来的促进竞争的效果。对于非横向合并，市场份额与市场集中度同样是衡量合并各方及其与竞争对手的市场势力及其对于竞争的重要性时的首要考虑因素。执法部门在评估是否导致原料封锁时，主要考虑合并企业是否具有封锁原料的能力、动机以及对有效竞争可能产生的总体影响。执法部门在评估是否导致客户封锁时，主要考虑合并企业封锁下游市场的能力、动机以及对有效竞争可能产生的总体影响。对于纵向合并的协同效应，欧委会主要考虑合并是否使得企业更容易就合作条件达成一致、是否对于违反协同的行为存在有效的监督机制与惩罚机制。

3. 我国的经营者集中规制实体标准

我国《反垄断法》第34条规定："经营者集中具有或者可能具有排除、限制竞争效果的，国务院反垄断执法机构应当作出禁止经营者集中的决定。"可见，我国经营者集中规制的实体标准是"排除、限制竞争"，这一标准与美国的"实质减少竞争标准"以及欧盟的"严重妨碍有效竞争标准"略有不同，我国没有对排除、限制竞争的程度作出规定，而美、欧的标准都强调了减少或阻碍竞争要达到足够严重的程度。[1]

《反垄断法》第33条规定，审查经营者集中，应当考虑下列因素：（1）参与集中的经营者在相关市场的市场份额及其对市场的控制力；（2）相关市场的市场集中度；（3）经营者集中对市场进入、技术进步的影响；（4）经营者集中对消费者和其他有关经营者的影响；（5）经营者集中对国民经济发展的影响；（6）国务院反垄断执法机构认为应当考虑的影响市场竞争的其他因素。2023年国家市场监督管理总局发布的《经营者集中审查规定》第33—37条对《反垄断法》第33条的规定进行了细化。

---

〔1〕王晓晔主编：《中华人民共和国反垄断法详解》，知识产权出版社2008年版，第184页。

评估参与集中的经营者对市场的控制力，可以考虑参与集中的经营者在相关市场的市场份额、产品或者服务的替代程度、控制销售市场或者原材料采购市场的能力、财力和技术条件、掌握和处理数据的能力，以及相关市场的市场结构、其他经营者的生产能力、下游客户购买能力和转换供应商的能力、潜在竞争者进入的抵消效果等因素。

市场集中度是我国反垄断执法机构评估经营者集中竞争影响时考虑的重要因素之一。通常情况下，相关市场的市场集中度越高，集中后市场集中度的增量越大，集中产生排除、限制竞争效果的可能性越大。评估相关市场的市场集中度，可以考虑相关市场的经营者数量及市场份额等因素。

评估经营者集中的竞争影响时，我国反垄断执法机构会考察潜在竞争者进入的抵消效果。如果集中所涉及的相关市场进入非常容易，未参与集中的经营者能够对集中交易方的排除、限制竞争行为作出反应，并发挥遏制作用。评估经营者集中对市场进入的影响，可以考虑经营者通过控制生产要素、销售和采购渠道、关键技术、关键设施、数据等方式影响市场进入的情况，并考虑进入的可能性、及时性和充分性。

经营者通过集中，可更好地整合技术研发的资源和力量，对技术进步产生积极影响，抵消集中对竞争产生的不利影响，并且技术进步所产生的积极影响有助于增进消费者利益。集中也可能通过以下方式对技术进步产生消极影响：减弱参与集中的经营者的竞争压力，降低其科技创新的动力和投入；参与集中的经营者也可通过集中提高其市场控制力，阻碍其他经营者对相关技术的投入、研发和利用。经营者集中审查时，应当全面考虑上述两方面的影响。

评估经营者集中对消费者的影响，可以考虑经营者集中对产品或者服务的数量、价格、质量、多样化等方面的影响。经营者集中可提高经济效率、实现规模经济效应和范围经济效应、降低产品成本和提高产品多样化，从而对消费者利益产生积极影响。集中也可能提高参与集中经营者的市场控制力，增强其采取排除、限制竞争行为的能力，使其更有可能通过提高价格、降低质量、限制产销量、减少科技研发投资等方式损害消费者利益。评估经营者集中对其他有关经营者的影响，可以考虑经营者集中对同一相关市场、上下游市场或者关联市场经营者的市场进入、交易机会等竞争条件的影响。

评估经营者集中对国民经济发展的影响，可以考虑经营者集中对经济效率、经营规模及其对相关行业发展等方面的影响。

（三）经营者集中规制的抗辩与救济

1. 经营者集中规制的抗辩

赋予企业对经营者集中规制进行抗辩的权利是世界各国的普遍做法，基于某些抗辩理由，即使合并交易可能产生排除、限制竞争影响，仍可能获得执法部门的批准。抗辩制度体现了竞争政策与国家其他政策之间的协调。

（1）效率抗辩

经营者集中可以提高企业的经济效率，通过互补资产来提升集中交易后企业的竞争力，并激励它们参与竞争。这将会促进企业降低产品价格、提高质量、改善服务或者增加新产品。因此，参与集中的经营者往往可以通过主张集中交易将产生特定的效率来对经营者集中规制进行抗辩。效率抗辩有两个核心要素需要考虑，即效率的特有性以及可证实性。特有性是指，执法部门只认可那些集中交易所特有的效率，即效率无法通过集中交易之外的合理方式实现。可证实性是指，集中交易所特有的效率应该是可以被认知的效率，它必须是经过证明的。实践中，效率的证实以及对其进行量化是非常困难的。这主要是因为效率信息具有明显的偏在特点，即它们仅被参与集中的经营者所掌握。所以，参与集中的经营者必须具体说明其关于效率的主张，以便执法部门能够通过合理方式证明它们所提出的各项效率的可能性以及重要性。效率抗辩时，需要说明效率如何实现、何时实现，以及实现的成本。效率抗辩还要说明各项效率何以能够提高参与集中的经营者的能力，以及它们如何去增强经营者的竞争能力与动机，它们为何是集中交易所特有的效率。如果效率含混不清，或者不能通过合理方式予以证明，则经营者关于效率的主张就不会被执法部门所考虑。

（2）破产抗辩

所谓破产抗辩，是指参与集中的经营者以其中一方是即将破产的企业为由进行抗辩。通过破产抗辩，一项被确定为具有反竞争效果的集中交易也可能被豁免。如果企业面临破产时能够被其他企业收购，这对于债权人、企业所有人以及雇员往往都具有积极意义，也可以避免出现失业等社会问题。但从反垄断法的角度来看，破产收购也可能导致特定企业市场势力的增加，从而损害市场有效竞争。依据美、欧等国家与地区的反垄断规则，适用破产抗辩一般要满足三方面的条件：首先，宣称即将破产的企业如果不能被另一企业接管，则其在不久的将来就会因财务困境而被迫退出相关市场；其次，除申报的集中外，没有其他反竞争影响更小的替代性方案；最后，如果没有集中交易，破产企业的资产将会不可避免地退出相关市场。如果满足前述条件，则执法部门可能会批准合并交易。

（3）公共利益抗辩

一些国家的反垄断法规定，在特殊情况下，损害竞争的经营者集中如果有利于整体经济或者社会公共利益，也可以获得批准。例如，德国《反对限制竞争法》就规定，在个别情况下，经营者集中对整体经济的利益可以抵消对竞争的限制，或者经营者集中符合重大的社会公共利益，经申请，联邦经济部长可以批准为联邦卡特尔局所禁止的集中交易。除德国外，认可公共利益抗辩的国家还包括以色列、巴巴多斯、菲律宾、北马其顿、巴基斯坦等，其普遍关注的是由经营者集中带来的价格水平、产品质量或数量、提供特殊商品或服务的规律性以及条件等的变化是否会损害公众的利益，或者是否会使消费者或经济体系受到损害。发展中国家或者经济水平与我国相似或偏低的国家普遍注重大众利益，因此对公共利益抗辩的运用就更为明显。[1]一般而言，公共利益通常涉及直接关系到社会全体成员的共同利益、经济秩序、不特定多数人的经济和文化教育利益以及与基本法律价值相联系的个人利益等。反垄断执法机构在审查经营者集中时除了需要

---

〔1〕 史建三：《完善我国经营者集中实质审查抗辩制度的思考》，载《法学》2009 年第 12 期。

考虑反垄断法维护竞争的因素外，还需要慎重考虑反垄断法之外的这些因素。[1]

2. 经营者集中规制的救济

执法部门对经营者集中进行审查后，若认定集中存在严重排除、限制竞争影响，可能会禁止集中。为使得集中得到批准，当事人可能会承诺对交易结构进行修改或者承诺交易完成后实施或者不实施特定的行为。当事人通过提出承诺去争取交易被批准的过程，理论上称为合并救济（merger remedies）。执法部门经评估如果认可救济措施，便会考虑附加限制性条件批准交易进行。结构救济与行为救济是合并救济的基本类型。结构救济涉及改变参与集中的经营者的产权配置的结构性措施，包括完全或部分剥离一个正常运营的业务部门。行为救济则旨在限制参与集中的经营者的行为，比如经营者承诺不实施某些行为或者与第三方订立特定的协议。

从世界各国反垄断执法部门的实践来看，以资产剥离[2]为代表的结构救济最受执法部门的青睐。一般而言，由于横向集中更容易产生或加强企业的市场支配地位，所以对横向集中可能导致的反竞争效果，一般会优先考虑结构救济。

行为救济可以结合集中交易的具体情况在救济措施上不断创新，因此其形式具有开放性，无法被完全列举。开放承诺（access commitments）、非歧视条款、购买承诺、防火墙条款（firewall provisions）、透明度条款、反报复条款、限制再雇用核心员工条款等是行为救济的典型形式。行为救济一般适用于救济纵向集中与混合集中导致的反竞争效果，因为这两种集中一般不会对参与集中的经营者的市场份额造成直接影响，所以往往不需要通过结构救济直接对集中后的市场结构变化进行干预。

但是，一些案件中，当结构救济不可行或者不适当时，行为救济也可能被适用。比如，有些案件中，因为案件涉及的产业特点等原因，待剥离资产很难发现适当的买家，导致资产剥离不具有可行性。这种情况下，如果行为救济足以处理竞争问题，则应优先适用。

3. 我国经营者集中规制的抗辩与救济

（1）我国经营者集中规制的抗辩。

我国《反垄断法》第 34 条规定：“经营者能够证明该集中对竞争产生的有利影响明显大于不利影响，或者符合社会公共利益的，国务院反垄断执法机构可以作出对经营者集中不予禁止的决定。”《经营者集中审查规定》第 37 条规定，评估经营者集中的竞争影响，还可以综合考虑集中对公共利益的影响、参与集中的经营者是否为濒临破产的企业等因素。

《经营者集中审查规定》第 38 条明确了参与集中的经营者的抗辩权利：“市场监管总局认为经营者集中具有或者可能具有排除、限制竞争效果的，应当告知申报人，并设定一个允许参与集中的经营者提交书面意见的合理期限。参与集中的经营者的书面意见

---

〔1〕 王晓晔主编：《中华人民共和国反垄断法详解》，知识产权出版社 2008 年版，第 187 页。

〔2〕 结构救济中剥离的可能是资产，也可能是构成独立业务单位的资产组合，此处资产采广义，包含业务的含义。

应当包括相关事实和理由，并提供相应证据。参与集中的经营者逾期未提交书面意见的，视为无异议。”

由于我国相关规则对于效率抗辩、破产抗辩和公共利益抗辩的规定还比较原则，因此现阶段抗辩制度在我国的可操作性还不是很强。以公共利益抗辩为例，由于目前我国相关立法并没有规定公共利益的具体含义，公共利益抗辩需要满足的具体要件并没有明确的规定。所以，公共利益抗辩在我国的落实，还有待执法部门出台更为具体的实施指南。

（2）我国经营者集中规制的救济

经营者集中规制的救济制度在我国被称为经营者集中附加限制性条件制度，其直接法律依据是《反垄断法》第 35 条，该条规定：“对不予禁止的经营者集中，国务院反垄断执法机构可以决定附加减少集中对竞争产生不利影响的限制性条件。”《经营者集中审查规定》第 39 条规定，为减少集中具有或者可能具有的排除、限制竞争的效果，参与集中的经营者可以向市场监管总局提出附加限制性条件承诺方案。市场监管总局应当对承诺方案的有效性、可行性和及时性进行评估，并及时将评估结果通知申报人。市场监管总局认为承诺方案不足以减少集中对竞争的不利影响的，可以与参与集中的经营者就限制性条件进行磋商，要求其在合理期限内提出其他承诺方案。

《经营者集中审查规定》进一步对附加限制性条件制度予以了明晰，该规定第 40 条明确了限制性条件的三种类型：①剥离有形资产，知识产权、数据等无形资产或者相关权益（以下简称剥离业务）等结构性条件，剥离业务一般应当具有在相关市场开展有效竞争所需要的所有要素，包括有形资产、无形资产、股权、关键人员以及客户协议或者供应协议等权益。剥离对象可以是参与集中经营者的子公司、分支机构或者业务部门等。②开放其网络或者平台等基础设施、许可关键技术（包括专利、专有技术或者其他知识产权）、终止排他性或者独占性协议、保持独立运营、修改平台规则或者算法、承诺兼容或者不降低互操作性水平等行为性条件。③结构性条件和行为性条件相结合的综合性条件。《经营者集中审查规定》第 42 条规定，对于具有或者可能具有排除、限制竞争效果的经营者集中，参与集中的经营者提出的附加限制性条件承诺方案能够有效减少集中对竞争产生的不利影响的，市场监管总局可以作出附加限制性条件批准决定。参与集中的经营者未能在规定期限内提出附加限制性条件承诺方案，或者所提出的承诺方案不能有效减少集中对竞争产生的不利影响的，市场监管总局应当作出禁止经营者集中的决定。

四、禁止行政性垄断制度

（一）行政性垄断概述

行政性垄断是与经济性垄断相对的一个概念，二者的区别在于实施排除、限制竞争行为的主体不同。前者的行为主体是行政机关和法律、法规授权的具有管理公共事务职能的组织，后者的行为主体则是经营者。禁止行政性垄断的理由在于，限制竞争的力量并非仅仅来自市场主体，行政权力的滥用也可能破坏市场公平竞争。特别在经济体制转轨国家中，由于多年来计划经济的思想观念，或者由于尚不具备成熟的市场条件，国家经济生活中的限制竞争行为甚至主要并非来自市场主体，而是来自行政机关。此外，相较于经济性垄断，行政性垄断所依靠的是行政权力，其对市场竞争的破坏往往更加严重且持久。因此，监督政府的行为，防止政府滥用行政权力扭曲市场竞争，成为我国反垄断法的重要内容之一。

《反垄断法》第 10 条规定，行政机关和法律、法规授权的具有管理公共事务职能的组织不得滥用行政权力，排除、限制竞争。对此，可从三个方面进行理解。

第一，行政性垄断的主体是行政机关和法律、法规授权的具有管理公共事务职能的组织。理论上，这里的行政机关不包括中央人民政府，即国务院。作为我国最高行政机关，国务院实施的限制竞争行为被视为国家垄断，受到全国人民代表大会监督。但国务院所属各部门可以成为行政性垄断的主体。法律、法规授权的具有管理公共事务职能的组织是指，本身不属于行政机关，但依照法律、行政法规或地方性法规的授权而享有一定行政权力的组织，如证监会、疾控中心等事业单位。

第二，行政性垄断行为源自对行政权力的滥用。行政机关和法律、法规授权的具有管理公共事务职能的组织实施的限制竞争的行为并非一律违反《反垄断法》，其对市场经济活动的干预可能来自法律的授权。行政权力的滥用主要包括“不合法”和“不合理”两类。“不合法”包括没有法律授权、超越法律授权、违反法定标准等；而“不合理”则主要是指违反市场规律和政府理性目标。[1]行政性垄断行为可以表现为具体行政行为，也可能是抽象行政行为。

第三，行政性垄断行为具有排除、限制竞争效果。与经济性垄断行为一样，行政性垄断行为也关注行为的竞争效果。如果行政行为仅损害特定主体的利益，而没有破坏市场竞争秩序，则不构成行政性垄断行为。

（二）行政性垄断行为的法律规制

《反垄断法》第五章对 7 类行政性垄断行为作出了禁止性规定，《制止滥用行政权力排除、限制竞争行为规定》（2023 年）对这 7 类行政性垄断行为作出了细化规定。

（1）禁止指定交易。行政机关和法律、法规授权的具有管理公共事务职能的组织不得滥用行政权力，限定或者变相限定单位或者个人经营、购买、使用其指定的经营者提供的商品。这种行为与滥用市场支配地位制度中的限定交易行为类似，排除了被指定者之外的经营者在相关市场公平竞争的机会。

（2）禁止妨碍经营者进入相关市场或实施不平等待遇。行政机关和法律、法规授权的具有管理公共事务职能的组织不得滥用行政权力，通过与经营者签订合作协议、备忘录等方式，妨碍其他经营者进入相关市场或者对其他经营者实行不平等待遇，排除、限制竞争。此类行为与前述指定交易行为的不同之处在于，指定交易行为由行政主体单独实施，而前者则是行政主体联合市场经营主体共同实施的。

（3）禁止妨碍商品自由流通。行政机关和法律、法规授权的具有管理公共事务职能

〔1〕 黄欣、周昀：《行政垄断与反垄断立法研究》，载《中国法学》2001 年第 3 期。

的组织不得滥用行政权力，实施下列行为，妨碍商品在地区之间的自由流通：①对外地商品设定歧视性收费项目、实行歧视性收费标准，或者规定歧视性价格；②对外地商品规定与本地同类商品不同的技术要求、检验标准，或者对外地商品采取重复检验、重复认证等歧视性技术措施，限制外地商品进入本地市场；③采取专门针对外地商品的行政许可，限制外地商品进入本地市场；④设置关卡或者采取其他手段，阻碍外地商品进入或者本地商品运出；⑤妨碍商品在地区之间自由流通的其他行为。

（4）禁止排斥或限制参加招投标等经营活动。行政机关和法律、法规授权的具有管理公共事务职能的组织不得滥用行政权力，以设定歧视性资质要求、评审标准或者不依法发布信息等方式，排斥或者限制经营者参加招标投标以及其他经营活动。例如，禁止排斥或者限制外地经营者参与本地特定的招标投标活动和其他经营活动，禁止设定与实际需要不相适应或者与合同履行无关的资格、技术和商务条件。

（5）禁止限制或强制外地企业在本地投资或设立分支机构。行政机关和法律、法规授权的具有管理公共事务职能的组织不得滥用行政权力，采取与本地经营者不平等待遇等方式，排斥、限制、强制或者变相强制外地经营者在本地投资或者设立分支机构。例如，禁止对外地经营者在本地投资的规模、方式以及设立分支机构的地址、商业模式等进行限制或者提出不合理要求，或者对外地经营者在本地的投资或者设立的分支机构在投资、经营规模、经营方式、税费缴纳等方面规定与本地经营者不同的要求，在安全生产、节能环保、质量标准、行政审批、备案等方面实行歧视性待遇。

（6）禁止强制经营者从事垄断行为。行政机关和法律、法规授权的具有管理公共事务职能的组织不得滥用行政权力，强制或者变相强制经营者从事本法规定的垄断行为。行政主体强制经营者从事垄断行为，不仅侵害了经营者的经营自主权，而且会破坏市场公平竞争秩序。

（7）禁止实施抽象行政性垄断行为。行政机关和法律、法规授权的具有管理公共事务职能的组织不得滥用行政权力，制定含有排除、限制竞争内容的规定。具体包括办法、决定、公告、通知、意见、会议纪要、函件等形式。实践中，行政主体的抽象行政性垄断行为往往同时违反前述其他禁止性规定。例如，在一个行政性垄断案例中，某市政府印发天然气管理办法，明确要求进驻该市开展天然气经营的企业，其公司注册地必须在该市。此后，该市相关部门与注册在该市的企业签订天然气市场特许经营权协议。上述行为不仅构成抽象行政性垄断行为，同时违反前述第 5 项禁止限制外地企业在本地经营的规定。

（三）公平竞争审查制度

1. 公平竞争审查制度概述

公平竞争审查是竞争政策工具的一种，是指竞争执法部门或其他相关部门通过分析、评价拟定中或现行法律法规和政策可能或已经产生的竞争影响，提出不妨碍法律法规和政策目标实现而对竞争损害最小替代方案的制度。[1] 我国的公平竞争审查制度是以

〔1〕 王先林：《公平竞争审查制度与我国反垄断战略》，载《中国市场监管研究》2016 年第 12 期。

澳大利亚国家竞争政策体系中的竞争审查制度和经济合作与发展组织（OECD）的竞争评估制度为蓝本建立的，旨在对经济治理中的政府相关行为进行规范。[1]不同的是，域外对法律法规等政策的竞争审查或竞争评估制度多由专门的竞争执法部门进行，而我国的公平竞争审查以政策制定机关自我审查为原则。

在我国，依据《公平竞争审查制度实施细则》（以下简称《细则》），公平竞争审查是指，行政机关以及法律、法规授权的具有管理公共事务职能的组织，在制定市场准入和退出、产业发展、招商引资、招标投标、政府采购、经营行为规范、资质标准等涉及市场主体经济活动的规章、规范性文件、其他政策性文件以及“一事一议”形式的具体政策措施时，评估相关政策措施是否排除、限制竞争，开展前置审查的内部监督活动。

公平竞争审查制度对于恰当处理政府与市场的关系，保持政府合理干预市场和防止政府滥用行政权力排除限制竞争之间的平衡具有重要意义。应当坚持竞争政策的基础性地位，通过公平竞争审查制度对政府运用行政权力行为进行事前评估，通过反垄断执法对政府滥用行政权力实施垄断行为进行事后规制，共同构建起“自我完善 + 监督改正”的政府行为监督体系。[2]

2. 公平竞争审查制度的主要内容

（1）审查对象

《反垄断法》第 5 条规定，行政机关和法律、法规授权的具有管理公共事务职能的组织在制定涉及市场主体经济活动的规定时，应当进行公平竞争审查。《细则》第 2 条进一步明确，“涉及市场主体经济活动”是指市场准入和退出、产业发展、招商引资、招标投标、政府采购、经营行为规范、资质标准等涉及市场主体经济活动，目前应当进行公平竞争审查的“规定”则只包括规章、规范性文件、其他政策性文件以及“一事一议”形式的具体政策措施等法律效力层级较低的规范。随着未来公平竞争审查制度立法层级的提高，其对审查对象范围的规定可能进一步扩张。例如，市场监管总局于 2023 年 5 月公布的《公平竞争审查条例（征求意见稿）》便将行政法规纳入公平竞争审查的范围。[3]

（2）审查方式

公平竞争审查以政策制定机关的自我审查为主，可以选择委托第三方机构进行审查。在法定条件下，则应当进行第三方评估。依据《细则》第 3 条规定，涉及市场主体经济活动的行政法规、国务院制定的政策措施，以及政府部门负责起草的地方性法规、自治条例和单行条例，由起草部门在起草过程中按照本细则规定进行公平竞争审查；以

---

〔1〕 金善明：《公平竞争审查机制的制度检讨及路径优化》，载《法学》2019 年第 12 期。

〔2〕 张晨颖：《竞争中性的内涵认知与价值实现》，载《比较法研究》2020 年第 2 期。

〔3〕《公平竞争审查条例（征求意见稿）》第 2 条规定：行政机关和法律、法规授权的具有管理公共事务职能的组织（以下统称政策制定机关）开展公平竞争审查，适用本条例。

本条例所称公平竞争审查，是指政策制定机关对拟制定的涉及经营主体经济活动的行政法规、规章、规范性文件、其他政策性文件以及“一事一议”等形式的具体政策措施（以下统称政策措施）是否排除、限制竞争进行评估，开展前置审查的内部监督活动。

县级以上地方各级人民政府名义出台的政策措施，由起草部门或者本级人民政府指定的相关部门进行公平竞争审查，起草部门在审查过程中，可以会同本级市场监管部门进行公平竞争审查；以多个部门名义联合制定出台的政策措施，由牵头部门负责公平竞争审查，其他部门在各自职责范围内参与公平竞争审查，政策措施涉及其他部门职权的，政策制定机关在公平竞争审查中应当充分征求其意见。

应当进行第三方评估的情形包括：①政策制定机关拟适用例外规定的；②被多个单位或者个人反映或者举报涉嫌违反公平竞争审查标准的。

（3）审查标准

政策制定机关在开展公平竞争审查时，应当全面准确把握审查内容，科学评估有关政策措施对公平竞争的影响。具体包括市场准入和退出、商品和要素自动流动、影响生产经营成本以及影响生产经营行为四类标准。

第一，市场准入和退出标准。例如，政策制定机关不得设置不合理或者歧视性的准入和退出条件；未经公平竞争不得授予经营者特许经营权；不得限定经营、购买、使用特定经营者提供的商品和服务；不得设置没有法律、行政法规或者国务院规定依据的审批或者具有行政审批性质的事前备案程序；不得对市场准入负面清单以外的行业、领域、业务等设置审批程序。

第二，商品和要素自由流动标准。例如，政策制定机关不得对外地和进口商品、服务实行歧视性价格和歧视性补贴政策；不得限制外地和进口商品、服务进入本地市场或者阻碍本地商品运出、服务输出；不得排斥或者限制外地经营者参加本地招标投标活动；不得排斥、限制或者强制外地经营者在本地投资或者设立分支机构；不得对外地经营者在本地的投资或者设立的分支机构实行歧视性待遇，侵害其合法权益。

第三，影响生产经营成本标准。例如，政策制定机关不得违法给予特定经营者优惠政策；安排财政支出一般不得与特定经营者缴纳的税收或非税收入挂钩；不得违法违规减免或者缓征特定经营者应当缴纳的社会保险费用；不得在法律规定之外要求经营者提供或扣留经营者各类保证金。

第四，影响生产经营行为标准。例如，政策制定机关不得强制经营者从事《反垄断法》禁止的垄断行为；不得违法披露或者违法要求经营者披露生产经营敏感信息，为经营者实施垄断行为提供便利条件；不得超越定价权限进行政府定价；不得违法干预实行市场调节价的商品和服务的价格水平。

（4）例外规定

公平竞争审查是行政主体出台涉及市场主体经济活动的政策措施的必要前提，未经公平竞争审查的，不得出台。原则上，经审查具有排除、限制竞争效果，应当不予出台或者调整至符合相关要求后出台。但考虑到保护国家安全、公共安全等重大社会利益的需要，公平竞争审查制度作出了例外规定，经公平竞争审查认为具有排除、限制竞争效果，但符合例外规定的，可以实施。

《细则》第 17 条规定，属于下列情形之一的政策措施，虽然在一定程度上具有限制竞争的效果，但在符合规定的情况下可以出台实施：①维护国家经济安全、文化安全、科技安全或者涉及国防建设的；②为实现扶贫开发、救灾救助等社会保障目的；③为实现节约能源资源、保护生态环境、维护公共卫生健康安全等社会公共利益的；④法律、行政法规规定的其他情形。

例外规定的适用也有严格限制。第一，政策制定机关应当说明相关政策措施对实现政策目的不可或缺，没有竞争影响更小的替代方案。第二，政策制定机关应当在书面审查结论中说明政策措施是否适用例外规定。认为适用例外规定的，应当对符合适用例外规定的情形和条件进行详细说明。第三，应当明确合理的政策措施实施期限和终止条件；实施期限到期或者满足终止条件的，应当及时停止实施。第四，政策制定机关应当逐年评估适用例外规定的政策措施的实施效果，形成书面评估报告。实施期限到期或者未达到预期效果的政策措施，应当及时停止执行或者进行调整。

第三节　反垄断法的实施机制

反垄断法是市场经济国家维护市场竞争秩序的基础性法律规范，健全的实施机制是充分发挥基础性法律规范功能的有效保障。2007 年出台的《反垄断法》基本建立了反垄断法实施体制机制，2022 年修订时进一步完善了相应的实施机制，为更好地反垄断法的作用提供制度基础。这主要体现在两大方面：一方面，规定“反垄断工作坚持中国共产党的领导”。我国不断建立健全社会主义市场经济体制，全面深化经济体制改革，坚持市场化、法治化原则，强化竞争政策基础地位，制定和实施与社会主义市场经济相适应的竞争规则，完善宏观调控，健全统一、开放、竞争、有序的市场体系。另一方面，明确“国务院反垄断执法机构负责反垄断统一执法工作”。修订后的《反垄断法》特别指出“反垄断统一执法工作”由国务院反垄断执法机构负责，地方反垄断执法问题只能依法通过授权省级人民政府相应的部门来解决，但实践中老生常谈的反垄断执法与行业监管问题并未明确。与此同时，《反垄断法》强调要“健全行政执法和司法衔接机制”“加强反垄断执法司法”，在完善反垄断规则的基础上更好地推进反垄断执法和司法工作，以有效规制垄断行为、维护公平竞争秩序。

一、反垄断执法体制与机制概述

“徒法不能以自行。”自由、公平的竞争秩序的确立与维护仅有反垄断法实体规范本身是不够的，还需要有相应的执法机构保证这些规范的有效执行。设置专门的反垄断执法机构是反垄断法作为现代经济法的典型和核心部分不同于民商法的一个重要方面。民商法一般只需规定实体的权利、责任等问题，在遇有违法情形时由受害者请求司法机关给予民事救济，无须规定专门的执行机构；而反垄断法因体现了国家对市场经济的积极干预，除了需要当事人的自觉遵守与民事救济，一般还要有一个专门机构负责执法。因此，建立完善的执法体制对于反垄断法的有效实施是至关重要的。这主要涉及反垄断执法机构的设置、其内部的组成以及与外部其他机构之间的关系。

（一）我国反垄断执法体制

建立什么样的反垄断执法体制一直是我国制定反垄断法过程中的重点和难点问题，备受各方关注。在这方面，多数学者的意见是明确的和一致的，即不要在现有机构中指定反垄断执法机构，而宜在反垄断法中创设一个统一、独立和权威的执法机构。但是，由于新设机构的难度比较大，加上相关部门有自己的考虑，因而一些相关政府部门都主张在现有执法机构中指定，并且从职能相近程度和历史渊源等角度主张应由本部门负责反垄断执法。在由政府部门主导的历次起草文本中基本上都规定执法机构由国务院规定。

《反垄断法》最终确立了反垄断委员会与反垄断执法机构共存的“二元模式”，或者说建立了所谓的“双层次多机构”的执法体制。第 12 条规定：“国务院设立反垄断委员会，负责组织、协调、指导反垄断工作，履行下列职责：（一）研究拟订有关竞争政策；（二）组织调查、评估市场总体竞争状况，发布评估报告；（三）制定、发布反垄断指南；（四）协调反垄断行政执法工作；（五）国务院规定的其他职责。国务院反垄断委员会的组成和工作规则由国务院规定。”第 13 条规定：“国务院反垄断执法机构负责反垄断统一执法工作。国务院反垄断执法机构根据工作需要，可以授权省、自治区、直辖市人民政府相应的机构，依照本法规定负责有关反垄断执法工作。”

根据 2008 年 7 月和 8 月先后公布的国务院有关机构的“三定”方案，国家工商行政管理总局、国家发展和改革委员会和商务部分别负责相关的反垄断执法工作。其中，国家工商行政管理总局负责垄断协议，滥用市场支配地位，滥用行政权力排除、限制竞争的反垄断执法（价格垄断行为除外）等方面的工作；国家发展和改革委员会依法查处价格垄断行为；商务部依法对经营者集中行为进行反垄断审查。这样，我国既不是实行反垄断执法机构与反不正当竞争执法机构的完全合一，也不是实行反垄断执法机构与反不正当竞争执法机构的完全分立，而是实行既分立又交叉（国家工商行政管理总局及其授权的省级工商行政管理部门负担大部分的反不正当竞争执法和部分的反垄断执法职责）的机制。这使我国的竞争执法体制比较复杂，反垄断法的有效实施面临着挑战。

从实际需要来看，我国应该单独创设专门的、统一的执法机构，并使其拥有包括对地方各级政府及其部门和国务院各部门的排除、限制竞争行为直接进行处理的广泛权力。现在《反垄断法》采取在国务院设立反垄断委员会负责领导、组织、协调反垄断工作，又由国务院规定具体的反垄断执法机构负责反垄断执法工作的体制。虽然这一架构是多方协调之下的结果，已经来之不易，但是对于有效执行反垄断法来说，这会带来许多问题。国务院反垄断委员会主要是一个协调性的机构，本身不负责具体的执法工作，其在反垄断法实施中的作用就很有限。更重要的是，按照这样的架构，具体的反垄断执法工作将由现有的多家机构承担，这必然会影响反垄断执法工作的集中统一进行，例如价格垄断行为和非价格垄断行为有时就很难截然分开，因此相互之间的衔接协调就显得很重要。虽然《反垄断法》建立的国务院反垄断委员会在目前难以发挥执行反垄断法的实质性作用，但是在存在多家执法机构的情况下，该委员会的协调作用也是很重要的，特别是它为今后的改革预留了空间。从根本和长远出发，我国还是需要建立一个统一的、独立的、权威的反垄断执法机构。

针对我国原有的反垄断执法体制，为使其能够有效发挥作用，需要理顺一系列的关系，包括国务院反垄断委员会与国务院反垄断执法机构之间的关系，三个主要的反垄断执法机构（国家工商行政管理总局、国家发展和改革委员会、商务部）之间的关系，管制性产业的监管机构与三个主要的反垄断执法机构之间的关系，国务院反垄断执法机构与其授权的执行反垄断工作的省级人民政府的相应机构之间的关系，以及反垄断行政执法机构与司法机关（法院）之间的关系。其中，管制性产业的监管机构与反垄断执法机构之间的关系，也就是对设立了专门监管机构的行业的垄断行为是由国务院反垄断执法机构还是由有关行业监管机构进行调查和处理的问题，非常敏感、复杂，存在很多争议，涉及部门之间的权限划分问题，并且在反垄断法起草过程中，有关条文也是经常变化的。《反垄断法（草案）》曾经规定：对本法规定的垄断行为，有关法律、行政法规规定应当由有关部门或者监管机构调查处理的，依照其规定。有关部门或者监管机构应当将调查处理结果通报国务院反垄断委员会。有关部门或者监管机构对本法规定的垄断行为未调查处理的，反垄断执法机构可以调查处理。反垄断执法机构调查处理时，应当征求有关部门或者监管机构的意见。虽然最后通过的《反垄断法》取消了这个规定，但在该法实施的过程中，这个问题仍然存在，需要协调解决。由于反垄断法在性质上属于市场经济的基本的、具有普遍性意义的法律规则，因而它应统一实施于各个行业和部门，反垄断执法机构的职权也不应被各个行业监管机构所分解，以利于反垄断法的统一实施。即使考虑到这些行业的特殊性，行业监管机构也可以参与各自行业内的反垄断执法，但是这也不应排除反垄断执法机构的执法，并且应真正实现它们之间权限的合理划分和实施过程中的协调合作。在这种情况下，需要国务院反垄断委员会切实履行其组织、协调、指导反垄断工作的职责，保证反垄断执法的顺利进行。

在《反垄断法》实施 10 年之际，我国反垄断执法体制迎来了重大的改革。根据 2018 年 3 月第十三届全国人大第一次会议通过的《国务院机构改革方案》，“将国家工商行政管理总局的职责，国家质量监督检验检疫总局的职责，国家食品药品监督管理总局的职责，国家发展和改革委员会的价格监督检查与反垄断执法职责，商务部的经营者集中反垄断执法以及国务院反垄断委员会办公室等职责整合，组建国家市场监督管理总局，作为国务院直属机构”。同时，国务院反垄断委员会的具体工作由国家市场监督管理总局承担。这意味着将结束此前 10 年中国存在三家反垄断执法机构的状况。反垄断执法机构的统一有利于对垄断行为的有效规制。

为适应“强化反垄断”的要求，进一步落实党中央、国务院充实反垄断监管力量与强化竞争政策基础地位的战略部署，持续提高我国反垄断执法的专业性和执法效率，2021 年 11 月 18 日，国家反垄断局正式挂牌成立，局长由市场监管总局副局长、国务院反垄断委员会秘书长担任。原先市场监管总局下设的反垄断局调整成三个司局，它们分别是：反垄断执法一司、反垄断执法二司和竞争政策协调司。这样就确立了以国家反垄断局为核心、三个司局级单位具体负责反垄断执法的新模式。三个司局级单位的工作分工如下：反垄断执法一司，负责垄断协议、滥用市场支配地位以及滥用知识产权排除、限制竞争等反垄断执法工作，还负责对组织实施数字经济领域垄断协议、滥用市场支配地位的执法。此外，其还负责指导地方查处垄断协议、滥用市场支配地位案件，组织协调对跨省（自治区、直辖市）垄断协议、滥用市场支配地位案件的查处。反垄断执法二司，负责对经营者集中行为进行反垄断审查、查处违法实施的经营者集中案件，查处未达申报标准但可能排除、限制竞争的经营者集中案件。此外，其还负责开展数字经济领域经营者集中反垄断审查、监督执行经营者集中附加限制性条件并指导企业在国外的反垄断应诉和合规工作。竞争政策协调司，负责统筹推进竞争政策实施与反垄断综合协调工作、指导地方开展反垄断工作、牵头拟订反垄断制度措施和指南、组织实施公平竞争审查制度并督促指导各部门和地方开展公平竞争审查工作。该司还负责滥用行政权力排除、限制竞争的反垄断执法工作，承担反垄断案件内部法制审核工作并承担竞争政策和反垄断国际合作与交流工作。此外，其还承担国务院反垄断委员会日常工作。反垄断的相关工作由分工明确的三个业务司分别负责，将有利于反垄断执法工作的精细化和常态化。此外，在机构协调和整合执法资源方面，以国家局的名义推进反垄断法的实施可以更好地协调行业主管部门与市场监管部门的关系；在查处行政垄断案件的过程中，也可以更有力地推进纠正政府部门涉嫌滥用行政权力排除、限制竞争的行为。

可以说，国家反垄断局的正式成立是继 2018 年反垄断执法机构改革之后，我国反垄断执法体制建设工作中的又一重大制度构建，这对加快建立全方位、多层次、立体化反垄断监管体系，实现事前事中事后全链条全领域监管，营造公平、透明、可预期的反垄断执法环境，起到了重要的指导与推动作用。

需要注意的是，反垄断执法属于中央事权，原则上由国务院反垄断执法机构承担。但是，国务院反垄断执法机构根据工作需要，可以授权省、自治区、直辖市人民政府相应的机构，依照本法规定负责有关反垄断执法工作。市场监管总局于 2018 年 12 月 28 日印发《关于反垄断执法授权的通知》，授权各省、自治区、直辖市人民政府市场监督管理部门，负责本行政区域内有关反垄断执法工作。但是，此前经营者集中反垄断审查仍然是由市场监管总局统一进行的。为深入推进公平竞争政策实施，提升经营者集中反垄断审查效能，2022 年 7 月市场监管总局发布《关于试点开展委托实施部分经营者集中案件反垄断审查的公告》，于 2022 年 8 月 1 日起试点委托北京市、上海市、广东省、重庆市、陕西省市场监督管理局开展部分适用经营者集中简易程序的案件反垄断审查工作。试点期间，市场监管总局根据工作需要，将部分简易案件委托试点省级市场监管部门负责审查。市场监管总局统一受理经营者集中申报并在试点省级市场监管部门审查意见基础上作出审查决定。试点省级市场监管部门按照市场监管总局统一的经营者集中工作规则，进行材料审核、立案审查，并在规定时限内完成审查，将审查报告和稽查建议报市场监管总局。市场监管总局作出审查决定后，试点省级市场监管部门将审查决定送达申报人。试点期间，市场监管总局将加强对试点省级市场监管部门的指导，确保审查工作统一、规范、高效。试点期限为 2022 年 8 月 1 日—2025 年 7 月 31 日。

（二）我国反垄断执法机构

反垄断执法机构为履行其反对垄断（包括行政性垄断），维护自由、公平竞争秩序的职责，就必须拥有相应的权力。各国反垄断执法机构拥有的权力不尽相同，但大体上包括调查、检查、处罚、采用强制措施、审核批准、作出裁决以及制定规章等方面的权力。我国《反垄断法》没有专门集中规定反垄断执法机构的具体职责、权限，但相关条文分散地体现了这些内容，如调查涉嫌垄断行为、受理并审查经营者集中的申请以及对垄断行为进行处理等。对于国家机关来说，其职责与权限是一个问题的两个方面，其享有的任何权力相对于国家来说又是其应尽的职责。根据《反垄断法》的相关规定，反垄断执法机构的职权包括以下内容。

第一，调查检查权。反垄断执法机构为履行其职能，对市场竞争参与者的行为是否违反《反垄断法》的规定进行调查了解和检查监督，是其最基本的权力，也是行使其他职权的前提。通过调查和检查，反垄断执法机构可以及时了解和掌握市场主体在竞争中的表现。《反垄断法》第 47 条规定："反垄断执法机构调查涉嫌垄断行为，可以采取下列措施：（一）进入被调查的经营者的营业场所或者其他有关场所进行检查；（二）询问被调查的经营者、利害关系人或者其他有关单位或者个人，要求其说明有关情况；（三）查阅、复制被调查的经营者、利害关系人或者其他有关单位或者个人的有关单证、协议、会计账簿、业务函电、电子数据等文件、资料；（四）查封、扣押相关证据；（五）查询经营者的银行账户。采取前款规定的措施，应当向反垄断执法机构主要负责人书面报告，并经批准。"其中，查封、扣押涉及行政强制措施。反垄断执法机构在行使这项权力的过程中虽然不影响相对人实体上的权利和义务，但却令其负担一些程序上的义务，如必须配合调查、检查，如实说明情况和提供有关资料等。《反垄断法》第 50 条规定："被调查的经营者、利害关系人或者其他有关单位或者个人应当配合反垄断执法机构依法履行职责，不得拒绝、阻碍反垄断执法机构的调查。"

第二，审核批准权。这主要涉及那些对经营者集中等方面的协议或者决定进行调查并作出批准或者不批准决定的权力，以及审查垄断协议是否构成法定豁免或例外的权力。在作出这样的决定时，反垄断执法机构要根据《反垄断法》的规定，并考虑到特定时期的国家经济形势和产业政策等情况。因而，这一权力的行使有较大的弹性，反垄断执法机构的自由裁量余地较大。正是这种情况决定了反垄断法具有灵活性、政策性和行政主导性等特点。

第三，处理决定权。反垄断执法机构对于被调查的经营者承诺在其认可的期限内采取具体措施消除该行为后果的，可以决定中止调查；经营者履行承诺的，反垄断执法机构可以决定终止调查。反垄断执法机构对涉嫌垄断行为调查核实后，认为构成非法垄断行为的，有权进行禁止并作出处理决定。认为未实施垄断行为，或者虽然实施垄断行为但依法不应追究法律责任的，裁定行为不违法。作出违法决定的，应当制作处理决定书，并可向社会公布。

第四，行政处罚权。反垄断执法机构在依法经调查确认行为人构成对反垄断法的违反的情况下，有权依法对违法者施加行政制裁措施，如责令停止违法行为、没收非法所得、罚款、责令停止实施集中、限期处分股份或者资产、限期转让营业以及采取其他必要措施恢复到集中前的状态等。这是反垄断执法机构的一种制裁性权力，是反垄断法具有强制性的典型表现，是阻止垄断违法行为的有效措施。由于这种权力的行使直接影响到相对人实体上的权利（剥夺或限制一定的权益），因而其必须严格依法行使。

此外，国务院反垄断执法机构还有权在《反垄断法》规定的范围内就具体实施《反垄断法》制定行政规章，以利于《反垄断法》的实施，指导和规范市场主体的竞争行为。2023 年 3 月市场监管总局发布了《制止滥用行政权力排除、限制竞争行为规定》《禁止垄断协议规定》《禁止滥用市场支配地位行为规定》《经营者集中审查规定》4 部与新《反垄断法》相配套的规定，自 2023 年 4 月 15 日起施行。这些规章除了细化相关实体制度，还分别就各自领域的反垄断执法权限和程序等问题进行规定。

反垄断执法机构在行使职权的过程中，也必须依法履行相应的义务。例如，反垄断执法机构应当为举报人保密；反垄断执法机构及其工作人员对执法过程中知悉的商业秘密、个人隐私和个人信息依法负有保密义务。

二、反垄断执法程序机制

（一）反垄断执法程序机制概述

反垄断执法程序制度是反垄断法律制度中不可缺少的组成部分。《反垄断法》第六章专门规定了对涉嫌垄断行为的调查，确立了垄断案件调查的基本程序制度。此外，在《反垄断法》其他部分的制度中也有与调查程序直接相关的内容。例如，第四章关于经营者集中控制制度中有很多是程序问题；又如，第 56 条第三款关于垄断协议法律责任制度中的宽恕或者宽大规则也涉及相应的程序问题。此外，《反垄断法》第 53 条还借鉴有关国家和地区的经验，规定了我国关于垄断案件的协商和解的程序制度。

需要说明的是，《反垄断法》规定的垄断案件的调查程序不适用于国务院反垄断委员会，该委员会的组成和工作规则由国务院规定。而且，《反垄断法》第六章规定的垄断案件调查程序只适用于垄断协议、滥用市场支配地位和经营者集中这三类垄断案件，原则上不适用于行政性垄断案件，后者仍然适用处理行政机关之间关系的法律程序。不过，为了提高行政性垄断规制制度的法律约束力和反垄断执法机构的权威性，2022 年修改后《反垄断法》时增加了行政性垄断被调查者的配合调查义务和对涉嫌违法主体的约谈。第 54 条规定："反垄断执法机构依法对涉嫌滥用行政权力排除、限制竞争的行为进行调查，有关单位或者个人应当配合。"第 55 条规定："经营者、行政机关和法律、法规授权的具有管理公共事务职能的组织，涉嫌违反本法规定的，反垄断执法机构可以对其法定代表人或者负责人进行约谈，要求其提出改进措施。"《制止滥用行政权力排除、限制竞争行为规定》进一步进行了明确和细化。这显然有利于加强对行政性垄断行为的调查和处理。

总体来说，《反垄断法》建立了我国垄断案件调查程序法律制度的基本框架，其在总体上是合理的、可行的。但是，由于我国的《反垄断法》制定不久，而且相关程序规则是比较原则性的，加上反垄断执法机构欠缺执法经验，因而在《反垄断法》的实施中还会面临很多需要进一步解决的问题。

首先，《反垄断法》规定的程序制度与一般行政程序制度的关系问题。由于中国反垄断执法机构在基本性质上属于行政机关，因而其所进行的反垄断案件的调查是按照行政程序进行的，于是，反垄断执法机构调查垄断案件的程序，《反垄断法》有特别规定的，当然适用该特别规定：没有特别规定的，要适用《行政许可法》《行政处罚法》《行政复议法》等行政程序法律的一般规定。例如，《反垄断法》没有规定听证制度，但是如果对具体垄断案件的调查符合《行政处罚法》中有关听证的要求的，也要依《行政处罚法》的规定进行听证。又如，反垄断执法机构在案件调查中作的决定是具体行政行为，经营者、利害关系人对决定不服的，可以依法申请行政复议和提起行政诉讼。对此，《反垄断法》第 65 条只是分别就情形作了简单的规定，即：对反垄断执法机构依法作出的有关经营者集中的处理决定不服的，可以先依法申请行政复议；对行政复议决定不服的，可以依法提起行政诉讼。对反垄断执法机构作出的其他决定不服的，可以依法申请行政复议或者提起行政诉讼。至于行政复议和行政诉讼中的其他相关问题，当然就应适用《行政复议法》和《行政诉讼法》的一般规则。

其次，反垄断程序规则的进一步细化问题。由于《反垄断法》规定的程序规则相对比较简单，而程序规则与公正、效率等基本法律价值的实现直接相关，也涉及反垄断执法机构的具体行政行为的合法性问题，且中国是一个成文法国家，因而需要对有关垄断案件调查的程序规则进一步细化。在具体的形式上，由国务院制定或者由部门制定、国务院批准相关行政法规比较理想，因为在中国行政法规也是法院处理案件的依据之一。由国务院反垄断执法机构依职权制定执法程序方面的行政规章也是可以考虑的，它至少可以保证执法的具体程序规则的统一、透明。目前这方面的细化规则都是由市场监管总局以行政规章的形式规定的。

最后，反垄断执法机构的非正式调查程序问题。一些国家的反垄断执法机构，尤其是日本公正交易委员会，在重视正式调查程序外，也重视对非正式调查程序的利用。这对于增强经营者对自己市场行为合法性的预见性，预防非法垄断行为的发生和继续，提高经营者的守法意识，具有重要的意义。在中国反垄断法开始实施不久的阶段，通过受理经营者的咨询、自愿提请的审查以及磋商和劝告等非正式程序来处理有关垄断问题更具有特别的意义。这对反垄断执法机构提出了新的、更高的要求，需要其增强服务意识。这项工作做好了，不仅有利于反垄断法的实施，维护市场竞争秩序，而且有利于改变反垄断执法机构只是经营者“天敌”（单纯处罚者）的形象，其同样可以成为经营者的朋友。

（二）反垄断执法调查程序

调查的前提是立案。一般来说，反垄断执法机构据以立案所获得的信息主要来自两个渠道：一是一般人的举报，二是依其职权通过探查所获得的信息等。从有关国家以往被处理过的案例来看，在所有的案件线索当中，来自一般人的举报是最主要和最基本的。在美国和日本，任何人在认为有违反反垄断法的事实存在时，均可以向委员会举报，并要求采取适当的措施。而且，在这里，法律并没有对举报的形式加以限定，也就是说，无论举报人采用书面形式还是以电话、电子邮件等其他形式进行举报，反垄断执法机构均应予以受理。

根据我国《反垄断法》第 46 条的规定，反垄断执法机构依法对涉嫌垄断行为进行调查；对涉嫌垄断行为，任何单位和个人有权向反垄断执法机构举报；反垄断执法机构应当为举报人保密；举报采用书面形式并提供相关事实和证据的，反垄断执法机构应当进行必要的调查。

对于立案的案件，反垄断执法机构应启动调查程序。一般来说，反垄断执法机构在掌握了某一经营者实施的行为具有违法嫌疑的情况之后，就可以决定对其开始进行相应的调查。在一些国家，具体的调查活动基本上都是由调查官来负责实施的。这些专门负责对每个具体案件进行调查的调查官，都是由反垄断执法机构根据规定从其内部职员中指定的，例如，日本公正交易委员会是从审查局和地方事务所的职员中指定调查官的。在这里，调查官主要通过行使法定的审查权限，开展具体的调查活动。对此，我国《反垄断法》没有进一步具体的规定。

反垄断执法机构在案件的调查中，需要享有必要的权限，采取必要的措施，以确保案件调查的顺利进行。如上节所述，我国《反垄断法》第 47 条规定了反垄断执法机构调查涉嫌垄断行为可以采取的 5 项措施，并规定采取这些措施应当向反垄断执法机构主要负责人书面报告，并经批准。我国《反垄断法》第 50 条规定：被调查的经营者、利害关系人或者其他有关单位或者个人应当配合反垄断执法机构依法履行职责，不得拒绝、阻碍反垄断执法机构的调查。

但是，反垄断执法机构在案件调查中也需要履行法定的义务，遵循法定的程序，并确保行动相对人的合法权益不受侵犯。根据我国《反垄断法》第 48—51 条的规定，反垄断执法机构调查涉嫌垄断行为，执法人员不得少于 2 人，并应当出示执法证件；执法人员进行询问和调查，应当制作笔录，并由被询问人或者被调查人签字；反垄断执法机构及其工作人员对执法过程中知悉的商业秘密、个人隐私和个人信息依法负有保密义务；反垄断执法机构在审理过程中应当给予被调查的经营者、利害关系人陈述意见和提出申辩的机会；被调查的经营者、利害关系人有权陈述意见；反垄断执法机构应当对被调查的经营者、利害关系人提出的事实、理由和证据进行核实。

反垄断执法机构经过调查，确认行为人有非法垄断行为时，可以就该行为开始审理程序。在反垄断执法机构内部，审理机构与调查机构应当是分设的，以便于形成执法上的分工和相互之间的监督制约。在调查程序中已经查明的事实可以作为审理的依据。在审理程序中，又可以分为审理的开始、审理的展开和审理的结束几个阶段。审理结束，同时就伴随着相应的裁决。反垄断执法机构经过审理后，依法作出书面裁决，并终结审理程序。认定当事人实施了非法垄断行为的，裁定停止违法行为，并给予罚款和其他处罚措施。认定当事人未实施非法垄断行为的，或者虽然实施了但依法不应追究的，裁定当事人的行为不构成违法。裁决书作出后，经反垄断执法机构负责人签字并加盖公章后送达当事人。裁决自作出之日起生效，并予以公告。

对此，我国《反垄断法》第 52 条只作了原则规定：反垄断执法机构对涉嫌垄断行为调查核实后，认为构成垄断行为的，应当依法作出处理决定，并可以向社会公布。因此，法律没有要求每一个反垄断处罚决定书都必须向社会公布。但是，从加强法制和竞争文化宣传，增强反垄断执法透明度，并便于接受社会监督的角度来看，反垄断执法机构对每一起处罚决定书都及时公布是受到欢迎的。实际上，国家工商行政管理总局网站于 2013 年 7 月 29 日开通了“竞争执法公告”，全文公布工商行政管理机关所有已查结的垄断案件处理决定。目前，市场监管总局的网站首页还设有专门的“强化反垄断”频道，及时公布各种执法信息。

（三）反垄断执法中的承诺制度

在一般情况下，反垄断案件在被正式受理后，就要进入调查程序，并且要经过审理、作出裁决才能结束。这需要经过比较长的过程，往往耗时费力。一些国家和地区为解决这个问题，允许反垄断执法机构在反垄断案件的调查过程中、最后的裁决作出之前，与被调查者进行协商和解。如果经过协商，被调查者同意停止或者改变被指控的行为，并保证今后不再从事违反反垄断法的行为，反垄断执法机构就可以停止调查，撤销案件。不同的国家（地区）在这方面的具体操作上有些细微差别，但基本精神是一致的。有的由反垄断执法机构与被调查者直接达成和解即可生效，有的要求双方达成的和解协议还要经过法院批准才能最终生效。通过协商和解的非正式程序结束反垄断案件的调查，对于被调查者来说，可以避免漫长的调查和诉讼程序对自己的经营活动的影响，还可以避免通过正式程序最后可能要承担的严重后果，只需承诺自己现在及将来不再实施某种行为即可；对于反垄断执法机构来说，可以在达到让被调查者停止违法垄断行为的目的的情况下，尽快了结该类案件，以便集中精力于那些重要的、复杂的、对方又不愿让步的案件。

我国《反垄断法》第 53 条借鉴了有关国家和地区的经验，规定了垄断案件调查中协商和解的程序制度，或者称为经营者的承诺制度。其内容是：对反垄断执法机构调查的涉嫌垄断行为，被调查的经营者承诺在反垄断执法机构认可的期限内采取具体措施消除该行为后果的，反垄断执法机构可以决定中止调查。中止调查的决定应当载明被调查的经营者承诺的具体内容。反垄断执法机构决定中止调查的，应当对经营者履行承诺的情况进行监督。经营者履行承诺的，反垄断执法机构可以决定终止调查。有下列情形之一的，反垄断执法机构应当恢复调查：（1）经营者未履行承诺的；（2）作出中止调查决定所依据的事实发生重大变化的；（3）中止调查的决定是基于经营者提供的不完整或者不真实的信息作出的。

在我国《反垄断法》的制度设计中，将是否接受和解的主动权完全赋予了反垄断执法机构，以便其视情况（主要看是否因此损害社会公共利益）作出是否接受和解的决定。这样，是否进入和解程序不是被调查人的一项权利，如果因公共利益需要通过正式的法律途径解决反垄断问题，那么反垄断执法机构可以不接受和解，继续进行调查、处理。同时，这里的和解协议也不需要经过法院的批准，在反垄断执法机构与被调查者之间直接达成即生效，以提高效率，并确保反垄断执法机构的权威性。

三、反垄断监管和执法机制

全面深化改革和中国式现代化对反垄断监管和执法提出了更严要求、更新标准和更高目标。国家制定和实施竞争政策，是为了弥补市场失灵，维护市场竞争，保持宏观经济稳定，而不是要代替市场，更不是以行政意志代替市场规律，因而需要进一步完善竞争政策实施体系、优化其实施机制。就我国反垄断监管实践来看，除了反垄断执法和司法实践，我国反垄断实践中还积极采取以下监管机制，以更好地满足和维护高质量发展所必需的竞争性市场运行。

（一）市场竞争形势分析机制

市场竞争形势分析机制旨在通过分析市场竞争状况，查找重点行业和关键产业中存在的反竞争风险和问题，为竞争政策的制定和实施提供宏观指导和客观引导，更好维护市场竞争秩序、促进企业依法合规经营活动。当前，我国经济安全、产业安全风险不断加大，通过形势分析能够更好地把握竞争治理的精髓和任务所在，提高把握全局、服务大局的能力，更好服务“国之大者”。竞争政策的制定和实施，需掌握宏观经济、行业运行及发展、企业生产经营等情况，通过形势分析，不断加深竞争政策制定者和执行者对企业、产业和经济的理解，提高竞争政策制定和实施的精准性、权威性和效率性。这就要求，市场竞争形势分析机制应立足微观、注重中观、把握宏观，结合国际国内政治经济形势，从竞争政策实施情况、行业状况、宏观政策等不同维度，分析我国竞争治理面临的外部环境和客观形势，找出竞争治理涉及的政治、经济、技术等方面原因和因素，及时发现重点行业或关键领域中损害竞争的苗头性、倾向性和潜在性问题，提出有针对性且行之有效的政策建议。

一方面，建立健全市场竞争形势分析机制需要遵循以下几点原则：（1）立足大局。按照国家竞争政策和反垄断工作安排，结合当前国内经济发展和国际政治经济形势，以维护市场竞争秩序、促进规模经济发展、保障产业安全为目的，加强市场竞争形势分析和研究。（2）问题导向。在现行反垄断法框架和工作基础上，关注国外产业政策、竞争政策变动，从行业数据变化中发现竞争问题，加强对产业布局、产业发展问题研究，提出有针对性的意见建议。（3）实事求是。数据实、情况实，判断要准、观点要真、视野要宽，分析的针对性、系统性、有效性和前瞻性要强。（4）及时高效。按时高质量完成形势分析工作，对于工作中发现的重大变化，注重对动机、原因及影响作出准确研判，及时开展研究，并尽快形成分析结论。

另一方面，明确市场竞争形势分析的逻辑和框架。市场竞争形势分析旨在聚焦经济安全，找出风险点，逐步构建和确立和完善我国市场竞争形势分析框架和体系，因而需要重点从以下几点展开：（1）构建分析模式。分析国际政治及经贸关系等对我国相关产业的影响；分析行业指标变动原因及影响，研判产业发展趋势和风险；提出意见建议。（2）完善指标体系。主要包括宏观指标、行业指标、审查数据。（3）拓宽数据渠道。通过审查工作、统计数据、行业调研、委托研究等方式获取数据。（4）加强成果转化和运用。形成市场竞争形势分析成果，及时反馈到竞争政策的制定和实施相关部门，以更好地指导和推进竞争治理工作。

（二）重点行业竞争失序风险监测预警机制

排除限制竞争行为通常对市场竞争造成直接的损害和影响，导致效率减损和消费者福利降低，因而成为竞争治理的关注重点。中国式现代化进程中的竞争治理，不能仅强调通过反垄断监管执法来纠正业已发生的垄断行为，更要考虑通过预防性措施来将排除限制竞争的行为控制在早期，甚至刚有苗头时就将其控制并扼杀。为此，2021 年 12 月，国务院印发的《“十四五”市场监管现代化规划》明确指出，要“加强重点行业和领域市场竞争状况评估，及时跟进分析细分领域竞争状况，提高垄断和不正当竞争风险监测预警能力”。这实际是要求我国高质量发展阶段竞争治理不能仅仅局限于以执法来应对和处罚实际发生的排除、限制竞争行为，而要通过探索建立重点行业垄断和竞争失序风险监测预警机制来提升竞争治理水平、增强风险防范和化解能力，因而应以《反垄断法》有关“垄断行为”分析模式、判断标准和考虑因素等规定，来构建和细化重点行业垄断和竞争失序风险监测预警机制的规则及其运行体系。

因此，我国重点行业竞争失序风险监测预警机制和体系至少需要从以下四方面展开并构建相应的框架体系：（1）加强风险监测预警组织管理体系建设。竞争治理不是孤立存在的，仅靠反垄断监管执法无法胜任，需要与其他经济部门或行业密切关联，因而需要构建合理的组织管理体系，以更加高效合理地推进和开展重点行业竞争失序风险监测预警工作。（2）建立健全风险监测预警运行体系。这是构建和完善我国重点行业竞争失序风险监测预警体系的核心所在，不仅能贯彻落实国家关于建设现代经济体系、完善高标准市场体系的战略要求，而且要根据具体经济发展需要来选择和设置相应的监测预警指标，以切实有效地监测和跟踪国民经济发展中重点行业竞争动态和市场风险，为竞争治理提供适时动态和事实依据。（3）完善风险应急处置业务体系。实践中，一旦监测到潜在风险，就应迅速启动相应的预警方案和应急措施，以有效防范和及时化解风险。风险处置合理与否，不仅关系到经济发展的秩序，更是关系到行业发展的市场环境，甚至是经济安全，因而应将风险应急处置业务体系纳入重点行业竞争失序风险监测预警机制和体系建设之中。（4）优化风险信息和数据发布或共享体系。风险监测预警机制的构建需多元并举，充分应用现代科技手段，不断提高风险监测预警的技术水平，促进风险监测预警的信息化、数字化和智能化，及时发布预警信息，共享数据信息，以更为准确合理地研判相关行业中风险发生的可能性和趋势。

当然，构建重点行业竞争失序风险监测预警机制和体系是项长期而复杂的系统工程，仅有上述四方面子体系建设未必能够有效适应经济运行中竞争治理的要求，因而应动态地构建和完善重点行业竞争失序风险监测预警现代化体系，以提高我国重点行业竞争失序风险监测预警能力和违法行为处置能力、增强竞争治理能力和质量。

（三）市场竞争状况评估机制

市场经济的健康发展，离不开竞争政策的高效实施。但相较于竞争政策实施来说，摸清重点行业市场竞争状况远比推进竞争政策实施、推动反垄断执法更为重要和急迫。对重点行业本身的客观情况摸底和评估，是进一步完善相应监管政策并深化实施的基础，有助于竞争决策机构更好地了解和把握某一特定市场或领域的市场结构、潜在的高风险反竞争行为等情况，为相关机构的决策和政策执行提供事实依据和客观素材。市场竞争状况评估通常需要重点关注诸如企业行为、市场结构、信息失灵、消费者行为、公共部门干预市场以及消费者损害行为等因素，同时，应当充分重视“经济分析”的作用。做好市场竞争状况评估，能够为相应的治理工作提供基础，为高质量竞争治理提供事实依据。

实践中，市场竞争状况评估已经成为竞争政策实施的重要机制。在现行法律框架内，构建评估体系、设计指标并依法采集或收集相应数据，通过经济学分析、行业分析等方法来尽量反映市场竞争状况的客观现实，是市场竞争状况评估工作的基本思路和重要方法。不过，尽管经济学分析等方法在反垄断实践中越来越受到重视，但也应注意其必须在反垄断法规则之下才能更好地发挥作用。因此，我国应当进一步完善市场竞争状况评估制度和机制，综合运用多元化的分析方法，加强对重点行业进行更加全面的市场竞争状况评估，减少误差、避免误判。唯有此，方能将市场竞争状况评估成果转化为竞争治理的机制和工具，也才能更加科学和精准地深化重点行业反垄断监管。

（四）反垄断执法效果评估机制

反垄断监管执法的目的既不是停留在监管层面也非止于执法这一维度，而是要通过监管或执法来矫治市场中的竞争损害行为、恢复和维护市场竞争，确保有效的竞争性市场运行，以提高经济运行效率、实现高质量发展。但实践中，对某一涉嫌违法垄断予以查处的行政执法是否实现立法目标和执法预期，无法仅从法律文本或处罚决定书本身得出相应的结论，而需要通过诸如反事实对比等分析方法来评估执法效果。竞争政策是促进市场竞争、提高经济运行效率的重要手段，对其实施效果进行量化评估，有助于提高反垄断机构决策的科学化和合理化，还有助于监督反垄断机构有效履责。因此，为更加有效地增强反垄断执法效果，评估关注点主要包括但不限于：（1）处罚对象是否停止违法行为并依法整顿、建立相应的合规管理体系；（2）案件行为所涉行业以及上下游等相关行业的市场竞争状况是否得以改善；（3）执法后，经济运行效率、消费者权益和社会福利等是否得到提升。这实际体现了反垄断监管执法的作用范式，即以点带面、以微观规制来提升宏观质效，但能否实现预设目标，唯有评估方能知之；若有不妥，需及时采取措施予以矫正和补救。

由此可见，反垄断执法效果评估，不仅包含微观意义上特定企业内部违法行为整改评估和合规管理体系评估，还包括执法后相关行业竞争状况评估，甚至还包括社会福利改善情况的评估。尽管反垄断执法效果评估呈现出多元化、多维度和多层次的属性，但基本的评估逻辑、分析模式和指标体系等与前述市场竞争形势分析、监测预警和市场竞争状况评估等制度机制仍有诸多相似之处，因而在执法效果评估不妨予以吸收借鉴、构建完善执法效果评估。这就要求，执法效果评估，既要考虑事后评估的特殊性，也要考虑效果评估的使命所在。执法效果评估不是简单地以定性分析的方式去论证或强调执法的正确性和合理性，而是应通过定性和定量分析相结合的方式相对客观中立地分析执法效果如何，从而了解和把握执法本身的合法性和合理性、分析和探索法律制度本身是否存在问题，以更好地改进执法、完善立法。

四、反垄断诉讼制度

通过民事诉讼、行政诉讼和刑事诉讼的方式实施反垄断法，统称为反垄断诉讼。以民事诉讼方式实施反垄断法，在管辖、证据、赔偿等方面均与一般民事诉讼制度有较大不同。实践中，反垄断诉讼绝大多数是民事诉讼。为此，下面集中阐述反垄断民事诉讼特别制度。

（一）反垄断民事诉讼的管辖

1. 受理

原告直接向人民法院提起民事诉讼，或者在反垄断执法机构认定构成垄断行为的处理决定发生法律效力后向人民法院提起民事诉讼，并符合法律规定的其他受理条件的，人民法院应当受理。

2. 一审管辖

第一审垄断民事纠纷案件，由知识产权法院，省、自治区、直辖市人民政府所在地的市、计划单列市中级人民法院以及最高人民法院指定的中级人民法院管辖。经最高人民法院批准，基层人民法院可以管辖第一审垄断民事纠纷案件。

3. 地域管辖和移送

垄断民事纠纷案件的地域管辖，根据案件具体情况，依照《民事诉讼法》及相关司法解释有关侵权纠纷、合同纠纷等的管辖规定确定。

民事纠纷案件立案时的案由并非垄断纠纷，被告以原告实施了垄断行为为由提出抗辩或者反诉且有证据支持，或者案件需要依据反垄断法作出裁判，但受诉人民法院没有垄断民事纠纷案件管辖权的，应当将案件移送有管辖权的人民法院。

两个或者两个以上原告因同一垄断行为向有管辖权的同一法院分别提起诉讼的，人民法院可以合并审理。两个或者两个以上原告因同一垄断行为向有管辖权的不同法院分别提起诉讼的，后立案的法院在得知有关法院先立案的情况后，应当在 7 日内裁定将案件移送先立案的法院；受移送的法院可以合并审理。被告应当在答辩阶段主动向受诉人民法院提供其因同一行为在其他法院涉诉的相关信息。

（二）反垄断民事诉讼的证据制度

1. 举证责任分配

（1）原告承担的举证责任。被诉垄断行为属于《反垄断法》第 22 条第一、二款规定的滥用市场支配地位的，原告应当对被告在相关市场内具有支配地位和其滥用市场支配地位承担举证责任。原告可以以被告对外发布的信息作为证明其具有市场支配地位的证据。被告对外发布的信息能够证明其在相关市场内具有支配地位的，人民法院可以据此作出认定，但有相反证据足以推翻的除外。

（2）被告承担的举证责任。在反垄断民事诉讼中，被诉垄断行为属于《反垄断法》第 17 条规定的横向垄断协议的，被告应对该协议不具有排除、限制竞争的效果承担举证责任。在对滥用市场支配地位行为提起的民事诉讼中，被告以其行为具有正当性为由进行抗辩的，应当承担举证责任。被诉垄断行为属于公用企业或者其他依法具有独占地位的经营者滥用市场支配地位的，人民法院可以根据市场结构和竞争状况的具体情况，认定被告在相关市场内具有支配地位，但有相反证据足以推翻的除外。

2. 专家证人

为更好地审理涉及专业技术、经济问题的垄断案件，当事人可以向人民法院申请1—2名具有相应专门知识的人员出庭，就案件的专门性问题进行说明。

3. 经济分析报告和鉴定

当事人可以向人民法院申请委托专业机构或者专业人员就案件的专门性问题作出市场调查或者经济分析报告。经人民法院同意，双方当事人可以协商确定专业机构或者专业人员；协商不成的，由人民法院指定。

人民法院可以参照《民事诉讼法》及相关司法解释有关鉴定意见的规定，对前述规定的市场调查或者经济分析报告进行审查判断。

（三）反垄断民事诉讼的赔偿制度

被告实施垄断行为，给原告造成损失的，根据原告的诉讼请求和查明的事实，人民法院可以依法判令被告承担停止侵害、赔偿损失等民事责任。根据原告的请求，人民法院可以将原告因调查、制止垄断行为所支付的合理开支计入损失赔偿范围。

（四）违反《反垄断法》的合同、章程等的效力认定

当事人之间的合同、行业协会的章程或决议等，如果违反《反垄断法》或其他法律、行政法规的强制性规定，人民法院应当认定其无效。但是，该强制性规定不导致该民事法律行为无效的除外。

（五）反垄断民事诉讼中的诉讼时效

因垄断行为产生的损害赔偿请求权的诉讼时效期间，从原告知道或者应当知道权益受到损害以及义务人之日起计算。原告向反垄断执法机构举报被诉垄断行为的，诉讼时效从其举报之日起中断。反垄断执法机构决定不立案、撤销案件或者决定终止调查的，诉讼时效期间从原告知道或者应当知道不立案、撤销案件或者终止调查之日起重新计算。反垄断执法机构调查后认定构成垄断行为的，诉讼时效期间从原告知道或者应当知道反垄断执法机构认定构成垄断行为的处理决定发生法律效力之日起重新计算。

原告知道或者应当知道权益受到损害以及义务人之日起超过3年，如果起诉时被诉垄断行为仍然持续，被告提出诉讼时效抗辩的，损害赔偿应当自原告向人民法院起诉之日起向前推算3年计算。自权利受到损害之日起超过20年的，人民法院不予保护；有特殊情况的，人民法院可以根据权利人的申请决定延长。

（六）反垄断民事公益诉讼制度

反垄断民事公益诉讼制度是2022年《反垄断法》修订新增的实施机制，即《反垄断法》第60条增设一款规定："经营者实施垄断行为，损害社会公共利益的，设区的市级以上人民检察院可以依法向人民法院提起民事公益诉讼。"这一新增规定有利于拓宽反垄断行为违法后果的救济渠道，维护人民群众合法权益和社会公共利益。这实际上正式确立了我国的反垄断民事公益诉讼制度。垄断行为的危害具有高发性、隐藏性、涉众

性，很多垄断行为通常伤害不特定多数人的利益，完全依靠个体路径的民事诉讼往往效果较差、成本高昂。引入公益诉讼后，符合法律规定条件的组织可以发挥监督市场、保护消费者的重要作用。在反垄断领域确立民事公益诉讼制度，有利于发挥检察机关的法律监督职能，提高经济运行效率，更好地保护市场公平竞争和保护国家利益、社会公共利益。

民事检察公益诉讼是具有中国特色的法律制度。党的十八届四中全会审议通过的《中共中央关于全面推进依法治国若干重大问题的决定》明确要求“探索建立检察机关提起公益诉讼制度”。全国人民代表大会常务委员会在2015年发布了《关于授权最高人民检察院在部分地区开展公益诉讼试点工作的决定》，对检察机关开展公益诉讼进行为期2年的试点。2017年6月，第十二届全国人大常委会第二十八次会议修改《民事诉讼法》，从法律上确立了检察机关提起民事公益诉讼制度，对检察机关提起公益诉讼的范围、程序作了规定。《民事诉讼法》第58条规定，对污染环境、侵害众多消费者合法权益等损害社会公共利益的行为，法律规定的机关和有关组织可以向人民法院提起诉讼。人民检察院在履行职责中发现破坏生态环境和资源保护、食品药品安全领域侵害众多消费者合法权益等损害社会公共利益的行为，在没有前款规定的机关和组织或者前款规定机关和组织不提起诉讼的情况下，可以向人民法院提起诉讼。2018年3月《最高人民法院、最高人民检察院关于检察公益诉讼案件适用法律若干问题的解释》、2021年7月《人民检察院公益诉讼办案规则》明确了检察机关办理公益诉讼案件的基本原则，细化了公益诉讼案件调查方式和保障措施。

2019年10月，中国共产党第十九届中央委员会第四次会议通过的《中共中央关于坚持和完善中国特色社会主义制度 推进国家治理体系和治理能力现代化若干重大问题的决定》要求“拓展公益诉讼案件范围”。作为具有鲜明中国特色的法律制度，民事检察公益诉讼的价值导向在于维护社会公共利益，助力国家治理。由于垄断行为造成的损害一般是不特定的，其损害范围往往具有广泛性特征，特别是在数字经济快速发展的当下，大型数字平台企业实施的垄断行为经过平台的规模效应和网络外部性等，造成的损害范围和影响愈发扩大，并可能危及社会公众。因此，2022年修改《反垄断法》时，在传统反垄断公共实施和私人实施之外，新增检察机关提起反垄断公益诉讼，可以更好地应对垄断行为造成的社会公共利益损害。需要注意的是，仅有设区的市级以上的人民检察院才能提起民事公益诉讼。关于具体提起民事检察公益诉诊的程序，可以直接适用《民事诉讼法》和《最高人民法院、最高人民检察院关于检察公益诉讼案件适用法律若干问题的解释》等法律和司法解释的规定。

由人民检察院成为反垄断民事公益诉讼人是非常有必要的。首先，从效果性方面来看，检察机关提起反垄断民事公益诉讼是对反垄断执法力度不足的必要补充，且检察机关在人、财、诉讼能力方面都具备基本的条件。我国检察机关在公益诉讼方面积累了大量的经验，也投入了一定的资源，成为推动公益诉讼的中坚力量。当前，检察公益诉讼制度已经成为我国维护社会公共利益的利器，在多个领域全面铺开。目前，检察机关已经形成“4+5”的公益诉讼格局，即生态环境和资源保护、食品药品安全、国有财产保护、国有土地使用权出让 4 个诉讼法明确列举的领域，以及英烈权益保护、未成年人保护、安全生产、个人信息保护、军人地位和权益保护 5 个单行法授权的领域。本条的增订将使反垄断成为检察公益诉讼进一步探索和发挥功用的新领域。其次，反垄断案件涉及的被告往都是大型企业、超级平台，具有强大的抗衡力量，限定在一定级别的检察机关能够保证博弈的均衡。最后，将检察机关设定在一定层级也可以防止滥诉问题，符合现代诉讼法的基本理论。

值得关注的是，我国反垄断公益诉讼主要针对经营者实施的垄断行为，并不针对行政机关和法律、法规授权的具有管理公共事务职能的组织实施的垄断行为，因此属于一种反垄断民事公益诉讼，而非反垄断行政公益诉讼。同时，反垄断公益诉讼与其他类型的公益诉讼也是和而不同：一方面，反垄断公益诉讼属于公益诉讼的子类，也要遵守共同性的规范，保障程序正义和诉讼秩序。2021 年，最高人民检察院发布了《人民检察院公益诉讼办案规则》，对检察公益诉讼的管辖、回避、立案、调查、提起诉讼、出席第一审法庭、上诉、诉公监督、公告等问题进行了统一规范，反垄断公益诉讼也要遵守这些规定。另一方面，相比其他类型的公益诉讼，反垄断公益诉讼具有一定专业性，市场结构和集中度的分析、相关市场的界定、垄断行为的认定、竞争损害测度、正当理由抗辩体系、行为救济和结构性救济的设计等问题都较为复杂，很多分析往往涉及法律与经济分析。

五、反垄断法律责任制度

（一）责任制度概述

法律责任制度作为法律区别于其他社会规范的根本标志之一和法律规范逻辑因素（假定、处理、制裁）之一，自然也应是反垄断法中必不可少的组成部分。这方面的法律制度是否科学、合理，在很大程度上决定了反垄断法实体规范能否以及在多大程度上得到有效实施。从各国反垄断法的规定来看，由于垄断行为具有侵犯他人民事权益和危害社会公共利益、破坏经济秩序的多重危害性，因而反垄断法中的法律责任是兼有民事责任、行政责任和刑事责任的综合性法律责任体系。它们对于加重违法者的成本负担，促使经营者谨慎行事都是必不可少的。

与反不正当竞争法更多地运用私法的调整方法、侧重于采取民事责任形式不同，反垄断法更多地运用公法的调整方法、侧重于采取行政责任形式；同时，各国不同的法律传统和对反竞争行为的不同态度等多种因素，也决定了各国反垄断法在具体规定法律责任时呈现出较大的差异，很多国家在这方面经历了一个发展演变的过程。例如，英国的竞争立法一直以对反竞争行为的宽容而著称：在 1998 年《竞争法》之前，英国的竞争法对反竞争行为没有规定任何经济处罚，企业只是被告知要终止被发现的反竞争行为，而没有中间措施和第三方救助方式。由于垄断协议或滥用市场支配地位行为可以给企业带来巨额利润，在这种激励与约束明显不对等的条件下，企业自然会倾向于从事反竞争行为。从这种意义上看，英国过去的竞争立法为反竞争行为牟取暴利客观上提供了便利。1998 年英国《竞争法》开始引入经济处罚条款，违反该法关于禁止性协议和禁止滥用市场支配地位规定的行为将导致经济惩罚，处罚上限为违法企业在英国国内营业额的10%。同时，1998年《竞争法》提出，利益相关第三方有权向法庭提出损害赔偿请求，或要求减轻限制性协议所带来的负面影响。2002年《企业法》则进一步加重了对反竞争行为的惩罚力度，增加了对反竞争行为的刑事处罚条款，参与卡特尔活动的违法者将有可能受到5年监禁及无上限的罚款。该法还引入了对公司董事高达15年的解职惩罚措施，对受到反竞争行为损害的第三方的诉讼行为也作出了更为便利的制度安排。2002年《企业法》还取消了1998年《竞争法》对部分行业反竞争行为适用范围的限制，保证了各行业在更为公平的基础上进行竞争。但是，根据该法，如被调查的企业向公平交易办公室提供有关卡特尔行为的全面资料，并在调查过程中采取非常合作的态度，就可能被免予起诉。

（二）行政责任

在反垄断法中，行政责任占有重要地位。行政责任由法定的行政机关或其委托的组织以国家名义追究，是以惩戒和威慑为主要目的的法律责任形式。行政责任形式无须由当事人申请，而由有关行政机关依职权主动适用，故具有直接性和及时性，这对于及时恢复被非法垄断行为破坏了的市场秩序是非常有效的。它一般适用于涉及公众或社会利益、受害人不一定特定化、社会危害性尚未达到适用刑罚程度的反竞争行为。

从其他国家和地区反垄断法的规定和执行情况来看，反垄断法中的行政责任一般多采用罚款的形式。但具体的行政责任形式是多样的，大致包括：（1）劝告。它是对违法者停止违法行为的行政建议，具有法律约束力。对于尚未实施的非法垄断行为或虽已实施但未造成严重后果的非法垄断行为，由反垄断执法机构及时进行劝告，是一种及时、灵活、有效、实用的行政措施。（2）发布停止非法垄断行为的禁令。对于行政性垄断行为、违法卡特尔、滥用市场支配地位等非法垄断行为，反垄断执法机构在劝告无效或不宜采用劝告措施时可以直接向违法者下达禁令，责令违法者立即停止实施各种非法垄断行为。（3）行政罚款。它是指反垄断执法机构对违法卡特尔、滥用市场支配地位以及未获批准而进行的企业合并等非法行为处以一定数额的罚款，属行政处罚之一种。需要说明的是，对于行政性垄断行为，因其主体为政府机构，故可对其发布禁令，但却不可以对其处以行政罚款，因为这既没有实际意义，也不具有可行性。（4）没收违法所得。没收违法所得又称征收违法额外利益，它是指反垄断执法机构将行为人通过非法垄断行为所获得的利益予以追缴，并上交国库。（5）发布竞争恢复措施令。它是针对特定垄断企业所规定的一种结构调整性质的措施，其目的是通过恢复竞争性的市场结构来恢复市场上的有效竞争。（6）责令暂停营业以及吊销营业执照。对于企业的一些严重非法垄断行为，尤其是一些"屡教不改"的垄断行为，如对反垄断执法机构下达的禁令置若罔闻、不予执行的行为，反垄断执法机构可以考虑在必要的情况下责令其暂停营业，直至吊销其营业执照。吊销营业执照的处罚决定应由法定的专门机关实施。（7）责令改正。反垄断执法机构对于受检查者、受调查者无正当理由拒绝调查，拒不到场陈述意见，拒不提供有关账册、文件等资料和证物的，有权责令其改正，并处以一定数额的罚款。

此外，有些国家的法律还规定，对于违反反垄断法的企业高级管理人员还可解除其执业资格。例如，英国2002年《企业法》修改了1986年《公司董事解职法》，规定公平贸易办公室可以提请法庭解除违反竞争法律的董事执业资格。如果调查证实公司董事确有触犯竞争法律的行为，那么法庭就要向相关的董事个人出具竞争非称职指令（CDO），将其解职。公司董事解职的最长时间为15年，在这期间如果其担任公司董事或从事与公司管理有关的工作将被视为违法。公平贸易办公室除可以向法庭申请竞争非称职指令外，也可以接受个人的竞争非称职承诺（CDU），后者与前者具有同样的效力，不同之处是后者是个人向公平贸易办公室作出的具有约束力的承诺，而不是由法庭出具的命令。

对于行政责任的形式，我国《行政处罚法》第9条共规定了6种行政处罚形式，即警告、通报批评，罚款、没收违法所得、没收非法财物，暂扣许可证件、降低资质等级、吊销许可证件，限制开展生产经营活动、责令停产停业、责令关闭、限制从业，行政拘留，以及法律、法规规定的其他行政处罚。根据垄断行为的特点，在我国《反垄断法》中，对于经济性垄断也规定了以罚款为主的行政责任形式，包括责令停止违法行为、没收非法所得、罚款、撤销登记、责令停止实施集中、限期处分股份或者资产、限期转让营业以及采取其他必要措施恢复到集中前的状态等。对于所涉及的罚款，反垄断执法机构在确定具体罚款数额时，应当考虑违法行为的性质、程度和持续的时间等因素。对行政性垄断，则规定"上级机关责令改正"和"对直接负责的主管人员和其他直接责任人员依法给予处分"。这里的责令改正，既适用于行政主体以具体行政行为方式作出的垄断行为，也适用于行政主体以抽象行政行为方式作出的垄断行为。2001年4月国务院发布的《关于禁止在市场经济活动中实行地区封锁的规定》（2011年修订）第21条规定：对实施地区封锁的行政主体，可以处以通报批评的行政责任。对于直接负责的主管人员和其他直接责任人员依法律程序，根据情节轻重，给予降级或撤职的行政处分。

我国《反垄断法》在第56—58条分别规定了经营者非法从事垄断协议、滥用市场支配地位和经营者集中的行政责任，第61条规定了行政机关和法律、法规授权的具有管理公共事务职能的组织滥用行政权力，实施排除、限制竞争行为的行政责任。该法第59条还规定，对三种垄断行为的罚款，反垄断执法机构确定具体罚款数额时，应当考虑违法行为的性质、程度、持续时间和消除违法行为后果的情况等因素。

此外，2022年修改后的《反垄断法》第63条还确立了罚款的特别威慑制度，即"违反本法规定，情节特别严重、影响特别恶劣、造成特别严重后果的，国务院反垄断执法机构可以在本法第五十六条、第五十七条、第五十八条、第六十二条规定的罚款数额的二倍以上五倍以下确定具体罚款数额"。第64条还建立了违法经营者的信用记录制度，即"经营者因违反本法规定受到行政处罚的，按照国家有关规定记入信用记录，并向社会公示"。

（三）民事责任

民事责任是由受害一方以私人名义向加害一方追究，以财产补偿为主要目的，既可由加害人自动履行，也可由国家强制追究的法律责任形式。虽然民事责任在反垄断法中所占比重没有在反不正当竞争法中所占的比重大，但是反垄断法同样需要民事责任形式，这是由反垄断法的利益保护结构以及民事责任的特有功能所决定的。就总体而言，反垄断法为维护自由、公平的市场竞争秩序，实现社会公平、正义，其所保护的利益是多重的，除了国家利益和社会公共利益，还有经营者（竞争者）和消费者的利益，而且在许多情况下，国家利益和社会公共利益就是在经营者和消费者的合法权益中得到体现的，因为，如果经营者和消费者的利益受到垄断行为的损害而得不到有效的救济、补偿，那么社会经济秩序就会遭到破坏，这方面的国家利益和社会公共利益也就无从谈起。而在切实保护作为受害人的经营者和消费者的合法权益方面，民事责任措施具有不可替代的功能，它通过以损害赔偿为主的一系列制裁措施，在惩罚违法者、维护国家利益和社会公共利益的同时，也使受害经营者和消费者的损失得到补偿，甚至是超额赔偿。因此，在反垄断法中规定民事责任也是不可缺少的。

关于民事责任的具体形式，我国《民法典》规定了 11 种。而在反垄断法的民事责任中，损害赔偿是最基本的形式。在多数国家，反垄断法中的损害赔偿民事责任实行实际损害赔偿原则，即赔偿以受害人的实际损害为限或以侵权人因侵权所获得的利润来计算，但也有些国家和地区对垄断行为造成的损失采取惩罚性赔偿原则。例如，美国《谢尔曼法》第 7 条即规定：任何因反托拉斯法所禁止的事项而遭受财产或营业损害的人，可在被告居住的、被发现或有代理机构的区向美国区法院提起诉讼，不论损害大小，一律给予其损害额的 3 倍赔偿及诉讼费和合理的律师费。

在我国《反垄断法》中，仅第 60 条第一款规定了民事责任，即“经营者实施垄断行为，给他人造成损失的，依法承担民事责任”。这一规定比较笼统，在反垄断民事诉讼实践中有一系列问题需要进一步明确。这主要涉及：（1）反垄断民事案件的管辖和受案范围：是采取一般案件的管辖原则还是采取类似专利案件的指定管辖原则；如果实行指定管辖原则，是针对所有反垄断民事案件适用还是要考虑不同类型的垄断行为而区别对待；人民法院可以受理的反垄断民事案件的类型有哪些。（2）反垄断民事诉讼的原告资格的界定：主要是消费者和间接购买者等能否提起反垄断民事诉讼，以及能够提起诉讼的经营者的范围和条件问题。（3）垄断行为的民事责任形式：主要是人民法院除了可以给予受害人以损害赔偿救济，如何给予禁令、确认协议无效等救济，以及如何具体适用这些民事救济，包括损害赔偿如何计算。（4）人民法院在反垄断民事诉讼中可以认定的垄断行为的范围：主要包括人民法院在反垄断民事诉讼中是否可以认定反垄断法明确列举情形以外的其他垄断行为。（5）反垄断行政执法和民事诉讼的协调与衔接：主要是在一个程序中认定的事实和对行为的定性在另一个程序中如何处理。此外，在反垄断民事诉讼中，当事人如何举证、人民法院如何认定证据也是一个非常重要的问题。这些问题在短期内难以通过完善立法来解决，因此最高人民法院及时制定有针对性的司法解释就显得非常重要。

在我国反垄断立法的过程中，对于是否要规定惩罚性赔偿和无过错责任原则等问题是有意见分歧的。由于《反垄断法》中并没有特别规定惩罚性赔偿，因而目前我国反垄断法中的损害赔偿也应以赔偿实际损失为原则。实行惩罚性赔偿必须有法律的明确规定，而且要严格控制在特定的情况下。同样，由于《反垄断法》中没有规定无过错责任原则，因而我国反垄断民事责任的承担应适用一般的归责原则即过错责任原则。实际上，多数国家的反垄断法也是实行过错责任原则的，即原告必须证明被告的行为存在故意或过失，被告才承担相应的损害赔偿责任。但日本《禁止垄断法》第 25 条第 2 款对垄断行为规定了无过错责任原则，即“事业者证明其无故意或过失的，亦不能免除前款规定的责任”。

关于损害赔偿请求权的主体，原则上说，凡是因违反反垄断法的行为而受到损害的人都应是损害赔偿的请求权人。对于竞争者（经营者）来说，其作为对垄断行为行使损害赔偿请求权的主体是毫无疑问的。而一般消费者，特别是间接购买者能否成为这种损害赔偿请求权的主体是需要明确的。我国《反垄断法》中没有明确规定消费者是对垄断行为行使损害赔偿请求权的主体，但也没有规定只限于“被侵害的经营者”，而是规定“他人”，可以将其理解为包括消费者在内。因此，不论是经营者还是消费者，只要能够证明其因为非法垄断行为而受到损害，都应有权请求民事赔偿。事实上，这一点在许多国家都是很明确的。从保护受害者的诉权和有效制裁垄断行为实施者的角度出发，包括间接购买者在内的消费者也应是对垄断行为行使损害赔偿请求权的主体。

对于经营者或者消费者提起反垄断民事诉讼是否需要反垄断执法机构认定非法垄断行为成立这一前置条件，各个国家和地区的做法是不一致的。美国等多数国家没有这一前置条件，但在一些国家（如德国、日本、新加坡等）设置了这一条件。这两种做法各有其理由，不规定前置条件的主要理由是保障受到垄断行为侵害的经营者和消费者能够充分地行使其诉讼权利，也弥补专门反垄断执法机构力量的不足，以便有效实施反垄断法；而不规定前置条件的主要理由是反垄断法的专业性强，由专门执法机构进行认定可以保证反垄断法实施的准确性和统一性，并防止一些竞争者和消费者滥用诉权对经营者造成不应有的损害。不过，一些原来规定了前置条件的国家（如韩国）后来也取消了这一限制，因此总的趋势是不需要这一前置条件。我国《反垄断法》在起草过程中曾经规定了行政裁决的前置条件，但后来也取消了，因此我国的经营者或者消费者提起反垄断民事诉讼不以反垄断执法机构认定经营者的行为违法为前提。

由于我国《反垄断法》不仅包括市场主体的垄断行为即经济性垄断行为，还包括行政主体的垄断行为即行政性垄断行为，因而除了一般民事赔偿，还存在国家赔偿的问题。对行政性垄断行为而言，其妨碍企业竞争所造成的损害应属于我国《国家赔偿法》第 3 条所确定的行政赔偿范围。行政赔偿责任是国家行政机关及其工作人员违法行使职权，侵犯公民、法人或组织的人身权或财产权并造成损害，由国家承担的赔偿责任。当国家行政机关及其工作人员违法行使公共权力形成垄断并导致行政相对方财产损害时，国家应承担赔偿责任，即行政性垄断的损害赔偿责任。当具体行政性垄断行为侵害了行政相对人的利益时，行政相对人可以在行政性垄断行为被确认违法之后，单独向赔偿义务机关提出行政赔偿请求，赔偿义务机关履行了赔偿义务，赔偿请求人又无异议的，行政性垄断损害赔偿的责任便得到实现；若赔偿义务机关拒绝赔偿或赔偿请求人对赔偿数额有异议的，赔偿请求人就可以向上级行政机关申请复议，或向人民法院提起诉讼。行政相对人也可以依据《行政复议法》和《行政诉讼法》提起行政复议或行政诉讼，并根据《国家赔偿法》的规定获得赔偿。

在反垄断法中，损害赔偿与排除侵害两种民事责任形式的主要差别体现在：第一，损害赔偿因不同的原因而发生，不限于法律的明文规定；而排除侵害限于法有明文规定的情形。第二，损害赔偿主要是损害的填补，主要方法是回复原状或金钱赔偿，属于间接、温和的手段；而排除侵害是积极排除侵害状态的权利，属于直接、激烈的手段。第三，损害赔偿是以有无故意、过失或是否归责来决定责任的有无；而排除侵害不论侵害方有无过失、是否可归责，均应予排除侵害。第四，损害赔偿是有损失始有赔偿，故以有损害为前提；而排除侵害只问侵害是否存在，不问损害是否发生。

为正确审理因垄断行为引发的民事纠纷案件，最高人民法院《关于审理因垄断行为引发的民事纠纷案件应用法律若干问题的规定》（法释〔2012〕5 号，本章以下简称《垄断司法解释》）于 2012 年 5 月 3 日发布，于 2020 年修正。该司法解释根据反垄断法的规定，结合《侵权责任法》《合同法》《民事诉讼法》等相关法律，规定了起诉、案件受理、管辖、举证责任分配、诉讼证据、民事责任及诉讼时效等问题，建立了我国反垄断民事诉讼制度的基本框架，进一步明晰了反垄断法相关规定的具体含义。其主要内容包括以下几方面。

（1）关于垄断民事纠纷案件的基本类型与原告资格。《垄断司法解释》第 1 条规定了垄断民事纠纷案件的两种基本类型：一是因垄断行为受到损失而引起的诉讼，通常属于侵权之诉；二是因合同内容、行业协会的章程等违反《反垄断法》而发生争议所引起的诉讼，这种情况既可能是合同之诉，也可能是其他诉讼。根据该条的规定，在反垄断民事诉讼中，只要原告有证据证明因垄断行为受到损失，或者因合同内容、行业协会的章程等违反《反垄断法》而发生争议，均可以提起诉讼，要求垄断行为人承担民事责任。

（2）关于原告的起诉方式。《垄断司法解释》第 2 条规定，原告既可以直接向人民法院提起民事诉讼，也可以在反垄断执法机构认定构成垄断行为的处理决定发生法律效力后向人民法院提起民事诉讼。只要符合法律规定的受理条件，人民法院均应当受理。也就是说，反垄断民事诉讼不以行政执法程序为前置条件。

（3）关于垄断民事纠纷案件的管辖。《垄断司法解释》第 3 条规定：第一审垄断民事纠纷案件，由知识产权法院，省、自治区、直辖市人民政府所在地的市、计划单列市中级人民法院以及最高人民法院指定的中级人民法院管辖。经最高人民法院批准，基层人民法院可以管辖第一审垄断民事纠纷案件。这就确定了垄断民事纠纷案件的集中管辖制度。这是考虑到垄断民事纠纷案件有其特殊性，主要体现为其较高的专业性、复杂性和较大的影响力。

（4）关于举证责任问题。从反垄断民事诉讼实践来看，原告取证难、证明垄断行为难已经成为反垄断民事司法的难题。如果不缓解这一难题，垄断行为受害人的权益就难以得到有效维护，反垄断民事司法的职能和作用就难以有效发挥。为此，《垄断司法解释》根据《反垄断法》《民事诉讼法》的有关规定及法律原则和精神，对举证责任分配、免证事实、专家证据等问题作了解释和细化。在举证责任分配方面，《垄断司法解释》区分不同的垄断行为类型，明确了当事人的举证责任分配。被诉垄断行为属于《反垄断法》第 13 条第一款第 1—5 项规定的垄断协议的，被告应对该协议不具有排除、限制竞争的效果承担举证责任。被诉垄断行为属于《反垄断法》第 17 条第一款规定的滥用市场支配地位的，原告应当对被告在相关市场内具有支配地位和其滥用市场支配地位承担举证责任。被告以其行为具有正当性为由进行抗辩的，应当承担举证责任。被诉垄断行为属于公用企业或者其他依法具有独占地位的经营者滥用市场支配地位的，人民法院可以根据市场结构和竞争状况的具体情况，认定被告在相关市场内具有支配地位，但有相反证据足以推翻的除外。原告可以以被告对外发布的信息作为证明其具有市场支配地位的证据。被告对外发布的信息能够证明其在相关市场内具有支配地位的，人民法院可以据此作出认定，但有相反证据足以推翻的除外。同时，《垄断司法解释》还引导当事人通过专家证人、专家意见的方式帮助查明案件事实。这些措施的引入，对于适当降低原告的证明难度具有一定作用。

（5）关于垄断行为人的民事责任承担。《垄断司法解释》规定：被告实施垄断行为，给原告造成损失的，根据原告的诉讼请求和查明的事实，人民法院可以依法判令被告承担停止侵害、赔偿损失等民事责任。根据原告的请求，人民法院可以将原告因调查、制止垄断行为所支付的合理开支计入损失赔偿范围。被诉合同内容、行业协会的章程等违反《反垄断法》或者其他法律、行政法规的强制性规定的，人民法院应当依法认定其无效。

（6）关于垄断行为的诉讼时效。《垄断司法解释》规定：因垄断行为产生的损害赔偿请求权的诉讼时效期间，从原告知道或者应当知道权益受到侵害以及义务人之日起计算。原告向反垄断执法机构举报被诉垄断行为的，诉讼时效从其举报之日起中断。反垄断执法机构决定不立案、撤销案件或者决定终止调查的，诉讼时效期间从原告知道或者应当知道不立案、撤销案件或者终止调查之日起重新计算。反垄断执法机构调查后认定构成垄断行为的，诉讼时效期间从原告知道或者应当知道反垄断执法机构认定构成垄断行为的处理决定发生法律效力之日起重新计算。原告起诉时被诉垄断行为已经持续超过 3 年，被告提出诉讼时效抗辩的，损害赔偿应当自原告向人民法院起诉之日起向前推算 3 年计算。

目前，最高人民法院正在结合 2022 年修正的《反垄断法》，制定新的司法解释。

此外，2022 年修正的《反垄断法》第 60 条第二款还规定了反垄断民事检察公益诉讼制度，即“经营者实施垄断行为，损害社会公共利益的，设区的市级以上人民检察院可以依法向人民法院提起民事公益诉讼”。民事检察公益诉讼是具有中国特色的法律制度。党的十八届四中全会审议通过的《中共中央关于全面推进依法治国若干重大问题的决定》明确要求“探索建立检察机关提起公益诉讼制度”。全国人大常委会在 2015 年发布了《关于授权最高人民检察院在部分地区开展公益诉讼试点工作的决定》，对检察机关开展公益诉讼进行为期 2 年的试点。2017 年 6 月，全国人大常委会通过了《关于修改〈中华人民共和国民事诉讼法〉和〈中华人民共和国行政诉讼法〉的决定》，正式从法律层面确立了民事、行政检察公益诉讼制度。2019 年 10 月，《中共中央关于坚持和完善中国特色社会主义制度 推进国家治理体系和治理能力现代化若干重大问题的决定》要求“拓展公益诉讼案件范围”。作为具有鲜明中国特色的法律制度，民事检察公益诉讼的价值导向在于维护社会公共利益，助力国家治理。由于垄断行为造成的损害一般是不特定的，其损害范围往往具有广泛性特征。特别是在数字经济快速发展的当下，大型数字平台企业实施的垄断行为经过平台的规模效应和网络外部性等，其造成的损害范围和影响越发扩大，并可能危及社会公众。因此，我国《反垄断法》修正时在传统反垄断公共实施和私人实施之外，新增检察机关提起反垄断公益诉讼，可以更好地应对垄断行为造成的社会公共利益损害。需注意的是，根据规定，仅有设区的市级以上人民检察院才能提起民事公益诉讼。关于具体提起民事检察公益诉讼的程序，可以直接适用《民事诉讼法》和最高人民法院、最高人民检察院《关于检察公益诉讼案件适用法律若干问题的解释》（法释〔2020〕20号）等法律和司法解释的规定。

（四）刑事责任

刑事责任是由司法机关以国家名义对被定罪的被告人追究和执行剥夺财产、自由、生命的法律责任形式。其基本功能也是其制裁性和威慑性，是一种终极性的法律调整。在经济文化迅速发展、社会及其成员的素质不断提高的情况下，“泛刑罚化”和淡化自由刑、生命刑的“刑罚罚金化”是两个并行不悖的趋势。但对于在反垄断法中是否应规定刑事责任，学者间的看法和各国的做法是不完全一致的。

一般来说，某一不法行为是否需要刑法的介入，即是否需要设置刑事责任，应依据理论与社会现实及伦理道德等价值判断标准来衡量、决定，而其衡量标准主要有四个方面，即：（1）不法行为所破坏之法益的价值与程度（“结果非价”）；（2）不法行为对行为客体之侵害危险性（“行为非价”）；（3）行为人在良知上之可责性（“良知非价”）；（4）刑罚之不可避免性（“社会非价”）。对照这些标准，有学者论证了垄断行为的“应刑罚性”：垄断行为侵害的自由竞争是一项重大的法益；自由竞争的机制是极容易受到垄断行为侵害的，在市场经济条件下人们是不可能容忍垄断行为的；从事垄断行为的经营者在主观上具有非常明显的恶意；对垄断行为适用刑罚亦具有不可避免性，仅仅规定公法上的行政责任往往还是不充分的，并不能够有效遏制垄断行为的发生。

目前，多数国家和地区的反垄断法都明确规定了刑事责任，但对适用于垄断行为的刑事责任一般只规定了罚金和监禁两种责任形式。在美国，《谢尔曼法》第1条和第2条为垄断或限制竞争行为规定了刑事责任，《克莱顿法》和《联邦贸易委员会法》等也都规定了相应的刑事责任，主要针对那些被确定为构成本身违法即性质严重的违法行为。美国司法部和法院近年来不断对包括国际卡特尔在内的非法垄断行为追究刑事责任。在日本，《禁止垄断法》规定：对私人垄断、不当交易限制和经营者团体的竞争限制行为，处3年以下的徒刑或500万日元以下的罚金；对国际卡特尔、限制经营者团体的人数、限制组成经营者团体的机能和活动的行为，处2年以下的徒刑或300万日元以下的罚金；对于违反禁止控股公司、限制公司持有股份和干部兼任的，处1年以下的徒刑或200万日元以下的罚金。对于违反《禁止垄断法》的行为，不能由公正交易委员会直接处以刑罚，而应当由公正交易委员会向检察总长告发，由检察官向法院起诉，法院通过审判对违法者给予刑事制裁。根据日本《禁止垄断法》第90条的规定，如果公正交易委员会不告发，检察官不能依职权主动向法院提起诉讼。

而在德国，刑事责任虽然可运用于几种特定的不正当竞争行为，但不适用于垄断或限制竞争行为。德国《反限制竞争法》没有规定刑事责任。但是，这并非因为其对垄断行为适用刑罚的不可避免性有不同的认识，而主要是基于对罪与非罪界限模糊这一技术难题的考虑。并且，德国的情况现在也发生了一些变化，在反垄断的其他相关法律（如《反腐败法》）中规定了对某些垄断行为的刑事责任。《德国刑法典》第298条也规定了广告中限制竞争行为的刑事责任。

我国《反垄断法》一开始没有规定垄断行为的刑事责任，只是在一些单行法中对具体限制竞争行为的刑事责任作了明确规定。比如《招标投标法》第53条规定："投标人相互串通投标或者与招标人串通投标的……构成犯罪的，依法追究刑事责任……"而串通投标行为属于比较典型的协议限制竞争的行为。但在2022年修正后的《反垄断法》第67条规定了刑事责任，即"违反本法规定，构成犯罪的，依法追究刑事责任"。这意味着我国反垄断法正式确立了行政、民事和刑事"三位一体"的法律责任体系。但根据刑法的罪刑法定原则，究竟何种垄断行为构成刑事违法，以及需要承担何种刑事责任，尚需《刑法》的进一步明确。从这个意义上说，此次《反垄断法》修正引入刑事责任，为将来与《刑法》相关罪名的对接预留了"窗口"，但在此之前，除了串通招投标行为、构成妨害公务罪的妨碍反垄断调查行为等，经营者的其他垄断行为暂时还无法受到刑事制裁。需注意的是，即使我国《反垄断法》引入了刑事制裁制度，反垄断的刑事责任应有其限度，其措施、手段的运用应进行科学合理的安排，以期与行政责任和民事责任共同达到整体的最优威慑效果。尤其要注意必须严格限定其适用范围，主要针对那些属于本身违法的垄断协议，并且只对情节特别恶劣、危害特别大的反竞争行为适用，也仅限于罚金和监禁两种责任形式。

重要名词术语

横向垄断协议、纵向垄断协议、滥用市场支配地位、经营者集中、行政性垄断、公平竞争审查

思考题

1. 简述垄断协议的概念、分类与分析原则。
2. 横向垄断协议的典型表现包括哪些?
3. 简述纵向垄断协议制度中的安全港规则。
4. 简述市场支配地位认定的标准与认定方法。
6. 滥用市场支配地位行为的典型表现包括哪些?
7. 简述经营者集中规制的实体标准。
8. 简述经营者集中规制的抗辩与救济。

9. 简述我国的公平竞争审查制度。

典型案例分析

A 集团控股有限公司在中国境内网络零售平台服务市场垄断案

2021 年 4 月 10 日，国家市场监督管理总局对 A 集团控股有限公司在中国境内网络零售平台服务市场滥用市场支配地位案作出行政处罚决定（国市监处〔2021〕××号），下文为处罚决定书的节选内容。

一、本案相关市场

根据《反垄断法》和《国务院反垄断委员会关于相关市场界定的指南》规定，同时考虑平台经济特点，结合本案具体情况，本案相关市场界定为中国境内网络零售平台服务市场。

（一）本案相关商品市场为网络零售平台服务市场。调查过程中，当事人提出，本案相关商品市场应界定为 B2C 网络零售平台服务市场，理由是 B2C 网络零售平台服务与 C2C 网络零售平台服务在商业定位和商业模式上存在较大差异，不具有合理的替代关系。

本机关认为，本案相关商品市场应界定为网络零售平台服务市场。网络零售平台服务是指网络零售平台经营者为平台内经营者和消费者进行商品交易提供的网络经营场所、交易撮合、信息发布等服务，具体包括商品信息展示、营销推广、搜索、订单处理、物流服务、支付结算、商品评价、售后支持等。网络零售平台服务市场属于双边市场，服务平台内经营者和消费者两个群体，其显著特征是具有跨边网络效应，使双边用户对网络零售平台服务的需求具有紧密关联。因此，界定本案相关市场，需要考虑平台双边用户之间的关联影响。从经营者和消费者两个角度分别进行需求替代分析和供给替代分析，界定本案相关商品市场为网络零售平台服务市场。

（二）本案相关地域市场为中国境内。

二、当事人在相关市场具有支配地位

调查过程中，当事人提出其不具有市场支配地位，理由：一是衡量网络零售平台服务市场份额的指标多元且不统一，不能以单一指标推定当事人具有支配地位；二是平台服务市场高度依赖信息技术发展，第三方支付和社会化物流等快速发展，大大降低了行业准入门槛，新竞争者持续进入并快速发展；三是新兴平台的发展使经营者销售渠道多元化，对单一平台的依赖性有限，降低了经营者的迁移成本。

本机关认为，分析认定当事人是否具有市场支配地位需对有关因素进行综合考虑。当事人长期占有较高市场份额，且具有很高的市场认可度和消费者黏性，平台内经营者迁移成本较高，当事人提出的理由不成立。根据《反垄断法》第 18 条、第 19 条的规定，本机关认定，当事人在中国境内网络零售平台服务市场具有支配地位。

（一）当事人的市场份额超过 50%。一是从平台服务收入情况看。2015—2019 年，当事人网络零售平台服务收入在中国境内 10 家主要网络零售平台合计服务收入中，份额分别为 86.07%、75.77%、78.51%、75.44%、71.17%。二是从平台商品交易额看。2015—2019 年，当事人网络零售平台商品交易额在中国境内网络零售商品交易总额中，份额分别为 76.21%、69.96%、63.58%、61.70%、61.83%。

（二）相关市场高度集中。根据平台服务收入市场份额，2015—2019 年，中国境内网络零售平台服务市场的 HHI 指数（赫芬达尔—赫希曼指数）分别为 7408、6008、6375、5925、5350，CR4 指数（市场集中度指数）分别为 99.68、99.46、98.92、98.66、98.45，显示相关市场高度集中，竞争者数量较少。近 5 年来，当事人市场份额较为稳定，长期保持较强竞争优势，其他竞争性平台对当事人的竞争约束有限。

（三）当事人具有很强的市场控制能力。一是当事人具有控制服务价格的能力。二是当事人具有控制平台内经营者获得流量的能力。三是当事人具有控制平台内经营者销售渠道的能力。

（四）当事人具有雄厚的财力和先进的技术条件。

（五）其他经营者在交易上高度依赖当事人。一是当事人平台对平台内经营者具有很强的网络效应和锁定效应。二是当事人平台是品牌形象展示的重要渠道。三是平台内经营者从当事人平台转换到其他平台的成本很高。

（六）相关市场进入难度大。进入网络零售平台服务市场不仅需要投入大量资金建设平台，建立物流体系、支付系统、数据系统等设施，还需要在品牌信用、营销推广等方面持续投入，进入相关市场成本较高。同时，网络零售平台须在平台一边获得足够多的用户，才能实现有效的市场进入。目前，中国境内网络零售平台获客成本逐年提高，潜在进入者达到临界规模的难度不断增大。

（七）当事人在关联市场具有显著优势。当事人在物流、支付、云计算等领域进行了生态化布局，为当事人网络零售平台服务提供了强大的物流服务支撑、支付保障和数据处理能力，进一步巩固和增强了当事人的市场力量。

综上所述，根据《反垄断法》第 18 条、第 19 条规定，认定当事人在中国境内网络零售平台服务市场具有支配地位。

三、当事人实施滥用市场支配地位行为的事实和依据

经查，自 2015 年以来，当事人为限制其他竞争性平台发展，维持、巩固自身市场地位，滥用其在中国境内网络零售平台服务市场的支配地位，实施“二选一”行为，通过禁止平台内经营者在其他竞争性平台开店和参加其他竞争性平台促销活动等方式，限定平台内经营者只能与当事人进行交易，并以多种奖惩措施保障行为实施，违反《反垄断法》第 17 条第一款第（四）项关于“没有正当理由，限定交易相对人只能与其进行交易”的规定，构成滥用市场支配地位行为。

（一）禁止平台内经营者在其他竞争性平台开店。为增强自身竞争力，削弱其他竞争性平台的市场力量，当事人对核心商家提出禁止在其他竞争性平台开店的要求。

一是在协议中直接规定不得在其他竞争性平台开店。自 2015 年以来，当事人在与部分核心商家签订的《战略商家框架协议》《联合生意计划》《战略合作备忘录》等多种协议中，明确规定核心商家不得进驻其他竞争性平台、专注于在当事人平台开展网络零

售业务，或者将当事人平台作为中国境内唯一的网络销售渠道、不考虑自行或由代理商通过其他网络零售平台进行交易、改变现有网络零售渠道需经当事人同意等，达到使核心商家仅在当事人平台经营的目的。

二是口头提出不得在其他竞争性平台经营要求。

（二）禁止平台内经营者参加其他竞争性平台促销活动。为获取竞争优势，当事人重点对平台内核心商家提出不得参加其他竞争性平台重要促销活动的要求。一是在协议中直接规定不得参加其他竞争性平台促销活动。二是口头提出不得参加其他竞争性平台促销活动要求。

（三）当事人采取多种奖惩措施保障“二选一”要求实施。当事人一方面通过流量支持等激励性措施促使平台内经营者执行“二选一”要求；另一方面通过人工检查和互联网技术手段监控等方式，监测平台内经营者在其他竞争性平台开店或者参加促销活动情况，并凭借市场力量、平台规则和数据、算法等技术手段，对不执行当事人相关要求的平台内经营者实施处罚，包括减少促销活动资源支持、取消参加促销活动资格、搜索降权、取消在平台上的其他重大权益等。上述处罚措施大幅降低消费者对被处罚平台内经营者的关注度，对其正常经营造成重大不利影响，同时具有很强的威慑效果，使得更多平台内经营者不得不执行当事人提出的“二选一”要求。

四、当事人行为排除、限制了市场竞争

当事人限制平台内经营者在其他竞争性平台开店或者参加其他竞争性平台促销活动，形成锁定效应，以减少自身竞争压力，不当维持、巩固自身市场地位，背离平台经济开放、包容、共享的发展理念，排除、限制了相关市场竞争，损害了平台内经营者和消费者的利益，削弱了平台经营者的创新动力和发展活力，阻碍了平台经济规范有序创新健康发展。

（一）排除、限制了中国境内网络零售平台服务市场竞争。

当事人限定平台内经营者只能与其进行交易，不能进驻其他竞争性平台或者在其他竞争性平台开展促销活动，直接削弱了其他竞争性平台与当事人进行公平竞争的能力和相关市场竞争程度，不当提高了潜在竞争者的市场进入壁垒，破坏了公平、有序的市场竞争秩序。

一是排除、限制了相关市场经营者之间的公平竞争。当事人要求平台内经营者不得在其他竞争性平台开店或者不得参加其他竞争性平台的促销活动，不当抑制了其他竞争性平台可能获得的经营者供给，削弱了其他竞争性平台的竞争能力，排除、限制了市场公平竞争。同时，由于平台经济具有跨边网络效应，相关行为在直接导致其他竞争性平台上经营者流失的同时，也会进一步减少其他竞争性平台上的消费者数量，使平台内经营者和消费者数量减少形成循环反馈，削弱其他竞争性平台的竞争能力，严重排除、限制相关市场经营者之间的公平竞争。

二是排除、限制了相关市场潜在竞争。由于平台经济具有网络效应和规模经济特点，新进入的平台服务提供者需要积累一定规模的用户才能有效进入市场。当事人对部分平台内经营者提出不得进驻其他竞争性平台、将当事人作为中国境内唯一线上销售渠道等要求，在将经营者锁定在自身平台的同时，不当增加了相关市场潜在进入者与相关经营者达成合作协议的难度，使其难以获取进入市场开展竞争所需的必要资源，提高了市场进入壁垒，排除、限制了相关市场的潜在竞争。

（二）当事人有关行为直接限制了平台内经营者的经营自主权，削弱了商品的品牌内竞争，损害了平台内经营者利益。

（三）当事人有关行为妨碍了网络零售平台服务市场的资源优化配置，抑制了市场主体活力，限制了平台经济创新发展。

（四）当事人有关行为限制了消费者自由选择权和公平交易权，从长远看会对社会总体福利水平带来潜在损害。

五、行政处罚依据和决定

根据《反垄断法》相关规定，综合考虑当事人违法行为的性质、程度和持续的时间，同时考虑当事人能够按照要求深入自查，停止违法行为并积极整改等因素，本机关对当事人作出如下处理决定：

（一）责令停止违法行为。

1. 不得限制平台内经营者在其他竞争性平台开展经营；不得限制平台内经营者在其他竞争性平台的促销活动。

2. 当事人应当自收到本行政处罚决定书之日起 15 日内，向本机关提交改正违法行为情况的报告。

3. 根据《行政处罚法》坚持处罚与教育相结合的原则，本机关结合调查过程中发现的问题，制作《行政指导书》，要求当事人从严格落实平台企业主体责任、加强内控合规管理、保护消费者权益等方面进行全面整改，依法合规经营。

（二）对当事人处以其 2019 年度中国境内销售额 4557.12 亿元 4% 的罚款，计 182.28 亿元（大写：壹佰捌拾贰亿贰仟捌佰万元）。

第八章　反不正当竞争法律制度

【内容提示】

反不正当竞争法是竞争法的重要组成部分，旨在通过制止不正当竞争行为，鼓励和保护公平竞争秩序。我国《反不正当竞争法》制定于市场经济体系建设初期，一开始就肩负有促进我国社会主义市场经济健康发展的历史使命，此后分别于2017年和2019年进行了两次修订。

我国《反不正当竞争法》采取“一般条款＋具体列举”的方式禁止经营者从事不正当竞争行为，促进竞争机制价值的发挥。《反不正当竞争法》第2条是一般条款，从抽象层面对构成反不正当竞争法意义上的不正当竞争行为进行了概括界定。法院可以依据该条款认定实践中所新出现的不正当竞争行为类型，从而确保了反不正当竞争法的开放性。《反不正当竞争法》第2章是关于不正当竞争行为具体条款的规定，具体规定了7种不正当竞争行为类型。

本章第一节是关于反不正当竞争法基础理论的内容，梳理了国内外反不正当竞争法律制度的发展，探讨了反不正当竞争法的性质与地位，分析了反不正当竞争法的价值目标，阐释了与反不正当竞争法一般条款以及竞争关系这两大问题相关的基本理论，最后介绍了我国《反不正当竞争法》的实施机制以及法律责任制度。

本章第二节至第八节的内容分别结合我国《反不正当竞争法》第二章所规定的不正当竞争行为，展开了理论分析和探讨。具体而言，第二节是关于商业混淆行为法律规制的内容，重点分析了商业混淆行为的一般构成要件以及商业混淆行为的具体表现。第三节是关于商业贿赂行为法律规制的内容，重点厘清了商业贿赂与相关概念的关系，分析了商业贿赂行为的构成要件。第四节是关于虚假或引人误解商业宣传行为法律规制的内容，重点介绍了虚假或引人误解商业宣传行为的构成要件。第五节是关于侵犯商业秘密行为法律规制的内容，本节围绕商业秘密的界定、侵犯商业秘密的行为表现形式、侵犯商业秘密的举证责任等重点问题展开分析介绍。第六节是关于不当有奖销售行为法律规制的内容，重点介绍了不当有奖销售行为的表现形式。第七节是关于商业诋毁行为法律规制的内容，重点探讨了商业贿赂行为的认定。第八节是关于互联网新型不正当竞争行为法律规制的内容，重点结合典型的互联网新型不正当竞争行为类型展开分析。

本章结合我国《反不正当竞争法》的相关规定，对反不正当竞争法的基本理论与制度实践展开了较为全面、深入地阐释。

第一节 反不正当竞争法概述

一、反不正当竞争法律制度发展

（一）典型国家反不正当竞争法律制度发展

竞争是市场经济的灵魂。资本主义革命的发展推动了市场自由竞争制度的建立。法国通过大革命废除了行会的垄断，确立了商业自由原则，鼓励所有行业展开自由竞争。经营者为了争夺交易机会而展开激烈竞争。但与正当竞争行为相伴随的是大量的不正当竞争行为，一些经营者采取不诚信、违背商业道德的方式展开竞争。在早期，这主要表现为仿冒混淆行为，这侵犯了其他经营者的商标权。当时许多国家选择通过传统法律来予以调整。

法国反不正当竞争法是从《法国民法典》第 1382 条和第 1383 条发展起来的。[1]1804 年《法国民法典》第 1382 条规定："任何行为如致使他人受到损害，则因自己过失而导致行为发生的人应对该他人负赔偿责任。"第 1383 条规定："任何人不仅对其行为造成的损害负赔偿责任，而且对因其懈怠或疏忽大意造成的损害负赔偿责任。"[2]法国法院依据这两条规定迅速发展形成了反不正当竞争的私法体系，其涵盖的范围如此之广以至于无法进行界定。法国逐渐形成一种共识，那就是经营者在资本主义革命后所获得的经济自由和自由竞争的特权应当仅限于其通过自己的劳动和优点所进行的竞争努力，而非通过攫取竞争对手的劳动成果来获得商业优势。这就形成了早期的一项基本规则，那就是经营者不得滥用竞争自由的权利，例如不得模仿或不当利用竞争对手在商业上的成功模式。基于该基本规则，法国法院在没有其他专门立法的情况下，选择依据《法国民法典》第 1382 条和第 1383 条禁止了当时实践中几乎所有的不正当竞争行为。[3]

德国最初也是通过一般侵权法来审理不正当竞争案件。但由于德国侵权法要比《法国民法典》第 1382 条和第 1383 条窄，因此不足以有效禁止不正当竞争行为。1896 年，德国制定了《反不正当竞争法》，但由于该法仅对具体不正当竞争行为进行了列举，因此很难对新出现的不正当竞争行为进行有效规制，这就迫切需要在反不正当竞争法中引入一般条款。最终，德国于 1909 年 6 月 7 日制定了新的《反不正当竞争法》，引入了一般条款，该法在 2004 年以前都一直有效。[4]1909 年《反不正当竞争法》第 1 条规定："在商业活动中，对于经营者基于竞争之目的而从事的违背良好道德（good morals）的行为，

---

〔1〕 Walter J. Derenberg, *The Influence of the French Code Civil on the Modern Law of Unfair Competition*, American Journal of Comparative Law 4, no. 1 (Winter 1955): 1–34, p.1.

〔2〕《法国民法典》，罗结珍译，北京大学出版社 2010 年版，第 351 页。

〔3〕 Walter J. Derenberg, *The Influence of the French Code Civil on the Modern Law of Unfair Competition*, American Journal of Comparative Law 4, no. 1 (Winter 1955): 1–34, pp.2–3.

〔4〕 Jochen Glockner, *The scope of application of the UCP Directive - "I know what you did last summer"*, International Review of Intellectual Property and Competition Law 2010, 41 (5), 570–592, footnote 2.

可以责令停止，并要求其赔偿损失。”[1]依据这种一般条款，德国法院确立了类似于英美判例法的案件类型。[2]

英国并没有制定专门的反不正当竞争法，而是由法院通过审理假冒（passing off）侵权之诉来禁止不正当竞争行为。假冒侵权诉讼形成于 19 世纪，其背后的法理为“一个人不能以仿冒他人商品的方式来销售自己的商品”。换言之，假冒侵权之诉旨在禁止商人 B 制造与商人 A 具有联系的假象，以此来保护商人 A 的利益，商人 B 不能在未征得商人 A 同意的情况下从商人 A 的声誉或信誉中获益。[3]在 Advocaat 案中，法院提出了提起假冒侵权之诉需满足的 5 项构成要件：（1）存在虚假陈述；（2）这种虚假陈述是由经营者在交易过程中作出的；（3）虚假陈述针对的对象为经营者的潜在客户或者购买该经营者所提供商品或服务的最终消费者；（4）这种虚假陈述将会损害其他经营者的商业或信誉（这种损害应当是一种可以合理预见的后果）；（5）这种虚假陈述给提起诉讼的经营者的商业或信誉造成了实际损害，在预防性诉讼（in a quiatimet action）情形下，这种虚假陈述将可能给提起诉讼的经营者的商业或信誉造成损害。[4]1990 年的 Jif Lemon 案确立了 3 项构成要件，即原告的商品或服务具有商业信誉，被告从事了虚假陈述行为，原告因被告的虚假陈述行为而遭受到了损害。[5]尽管英国在审判中形成了大量的关于假冒侵权之诉的判例，但很难因此而发展成禁止不正当竞争行为的一般性法律。

美国反不正当竞争法是作为弥补早期保护商标的商标法的不足而发展起来的。美国 1881 年《商标法》对商标的保护十分有限，仅保护那些最终能够被注册的商标。而对于那些无法注册的“商品名称”（trade name），则由此后所形成的反不正当竞争法进行保护。这种对商品名称的保护是反不正当竞争法最初保护的全部范围。[6]在 1898 年前后，美国法院开始逐渐承认并审理不正当竞争纠纷案件，不正当竞争行为被认定为是一种构成欺诈的侵权行为，这使得法院能够依据道德准则来判断行为是否构成不正当，并且在没有先例的情况下审理新出现的各种欺诈行为。在此过程中，“商誉”理论逐渐确立。由于商誉并非仅仅体现在商品名称中，而是同样可以体现在商品的标签、包装、颜色、装饰、样式和外观等各方面，因此不正当竞争法的保护范围就扩展到之前狭窄的商品名称之外。随着反不正当竞争法的不断扩张，经营者发现提起反不正当竞争诉讼能够规避商标法的严格要求，更容易得到法院的支持。美国联邦最高法院 1918 年审理的 International News 案被认为是美国反不正当竞争普通法扩张的顶点。[7]然而，在 1938 年

---

〔1〕 Joseph E. Davies, Trust Laws and Unfair Competition, Government Printing Office, 1916, p. 806.

〔2〕 Frauke Henning-Bodewig, Heijo E. Ruijsenaars, *Alternative Protection for Product Designs: A Comparative View on German and Benelux Law*, 83 Trademark Reporter. 439, 447 (1993).

〔3〕 Thomas Farkas, *Does the United Kingdom Need a General Law against Unfair Competition? A Fashion Industry Insight: Part* 1, European Intellectual Property Review, 2011, 33 (4), 227-237, p. 235.

〔4〕 Erven Warnink BV v J Townend & Sons (Hull) Ltd., [1979] A.C. 731, 742.

〔5〕 Reckitt & Colman Products Ltd v Borden Inc (No.3), [1990] R.P.C. 341, 406.

〔6〕 Christine Haight Farley, *The Lost Unfair Competition Law*, 110 Trademark Reporter 739, p. 746 (2020).

〔7〕 Christine Haight Farley, *The Lost Unfair Competition Law*, 110 Trademark Reporter 739, pp. 750-755 (2020).

的 Erie Railroad 案中，美国联邦最高法院指出"并不存在联邦一般普通法"。[1]这对美国联邦层面反不正当竞争普通法的发展产生了极为负面的影响，推翻了反不正当竞争领域中的大量联邦判例。为了消除 Erie 案的影响，美国国会最终于 1946 年制定了《兰哈姆法》。[2]禁止不正当竞争行为的内容规定在《兰哈姆法》第 43（a）条。[3]《兰哈姆法》明确规定其立法宗旨之一就是保护从事商业活动的人免受不正当竞争行为的损害。[4]

（二）国际反不正当竞争法律制度

1.《巴黎公约》中的反不正当竞争法律制度

为了解决工业产权的国际保护问题，1883 年 3 月 20 日，法国、荷兰、意大利、瑞士等 11 个国家在巴黎签署了《巴黎公约》。1883 年《巴黎公约》并未规定禁止不正当竞争的内容。1900 年布鲁塞尔修订会议对《巴黎公约》进行修订，增加一条即第 10 条之二，规定成员国在反对不正当竞争方面应当给予其他成员国公民以国民待遇。[5]1911 年华盛顿修订会议对第 10 条之二进行了修改，要求成员国应当确保向其他成员国国民提供有效保护，避免其遭受不正当竞争行为的损害。同时，此次修订还将《巴黎公约》的保护对象扩展至"制止不正当竞争"（规定在第 2 条，1925 年海牙修订以后调整至第 1 条第 2 款）。[6]《巴黎公约》中关于反不正当竞争的内容主要是在 1925 年的海牙修订会议上引入的，新增第 10 条之二第 2 款和第 3 款［在新增该两款之后，此前的第 10 条之二的内容也就相应成为第 10 条之二第 1 款］。《巴黎公约》第 10 条之二第 2 款规定："工商业活动中凡违反诚实习惯做法的竞争行为构成不正当竞争行为。"第 10 条之二第 3 款规定："以下行为应特别予以禁止：①以任何方式产生与竞争对手商品的混淆；②在商业经营中可能使竞争对手的商品声誉受损的虚假陈述。"[7]第 10 条之二第 2 款是一个一般性条款，而第 3 款则列举了混淆和诋毁两种具体的不正当竞争行为类型，是一种具体条款。1958 年里斯本修订会议增加一项，作为第 10 条之二第 3 款第 3 项，该项规定的是虚假宣传不正当竞争行为。该项禁止"在商业经营中进行可能使公众对商品的性质、制造方法、特征、用途或数量产生误解的表示或陈述"。[8]至此，《巴黎公约》中关于反不正当竞争的规定最终成型，此后并未再进行修改。

作为最早对反不正当竞争进行规定的国际条约，《巴黎公约》中关于反不正当竞争的规定经历了长期的发展演变，在此过程中也有大陆法系与英美法系国家之间的博弈。最终，《巴黎公约》第 10 条之二形成了第 2 款一般条款与第 3 款具体条款并存的立法模式。这不仅为此后其他国际条约中反不正当竞争内容规定提供了借鉴，也成为许多国家

---

〔1〕 Erie R. Co. v. Tompkins, 304 U.S. 64, 78（1938）.

〔2〕 David B. Wolf, *"Effective Protection Against Unfair Competition" Under Section 44 of the Lanham Act*, 82 Trademark Reporter 33, pp. 33–34（1992）.

〔3〕 Lanham Act of 1946, § 43（a）, 15 U.S.C. § 1125（a）.

〔4〕 Lanham Act of 1946, § 45, 15 U.S.C. § 1127.

〔5〕 Brussels Act（1900）, https://www.wipo.int/wipolex/en/text/287735.

〔6〕 Washington Act（1911）, https://www.wipo.int/wipolex/en/text/287796.

〔7〕 The Hague Act（1925）, https://www.wipo.int/wipolex/en/text/287779.

〔8〕 Lisbon Act（1958）, https://www.wipo.int/wipolex/en/text/287778.

反不正当竞争立法所遵循的范式，[1]在反不正当竞争立法方面具有重要影响。

2.《与贸易有关的知识产权协定》中的反不正当竞争法律制度

《与贸易有关的知识产权协定》(Agreement on Trade-related Aspects of Intellectual Property Rights，简称TRIPS协定)首次将知识产权规则引入多边贸易体系。[2]TRIPS协定中关于反不正当竞争的规定主要体现在地理标识(第22条)和未披露信息(第39条)保护方面，此外，第2条还一般性地指向《巴黎公约》中的相关规定，包括有关反不正当竞争的规定。

TRIPS协定第2条第1款规定："就本协定第二、三、四部分而言，成员国应当遵守《巴黎公约》(1967)第1条至第12条以及第19条的规定。"这实际上将《巴黎公约》的实体性条款整体纳入了TRIPS协定中。TRIPS协定第22条是关于地理标识保护的规定，其中第1款对地理标识进行了界定。由于地理标识能够给经营者带来巨大的经济利益和竞争优势，因此某些经营者会不当使用地理标识。为了禁止该种不正当竞争行为，TRIPS协定第22条第2款明确规定，就地理标识而言，成员国应当向利害关系方提供法律手段以防止以下两种行为：(a)在商品的标识或说明中使用任何手段表明或暗示所涉商品来源于真实原产地以外的某一地理区域，从而使公众对该商品的地理来源产生误解；(b)构成《巴黎公约》(1967)第10条之二所列举的不正当竞争行为的任何使用。[3]该款规定构成了地理标识的一般保护标准。

TRIPS协定第39条是关于未披露信息保护的规定，"未披露信息"与现今所指的商业秘密没有本质区别。TRIPS协定是首次对商业秘密进行保护的国际性规定。[4]TRIPS协定第39条第2款规定："自然人和法人应当有可能防止其合法控制的信息在未经其同意的情况下，以一种违反诚实商业行为的方式被他人披露、获取或使用，只要这种信息满足以下要件：(a)具有秘密性，即其作为一个整体，或者各部分的精确排列和组合，尚不为通常处理该种信息的人所普遍知悉或轻易获得；(b)因其为秘密而具有商业价值；(c)合法控制该信息的权利人根据相关情况采取了合理措施以保持该信息处于秘密状态。"TRIPS协定对"违反诚实商业行为的方式"进行了进一步解释，认为应至少包括诸如违反合同、违反保密要求以及诱导违约这些行为，此外还包括第三方获取未披露信息的情形，该第三方知道或因疏忽而未能知道在获取这种信息的过程中涉及前述行为。TRIPS协定中关于商业秘密构成要件的界定，为之后许多国家国内法所借鉴。

(三)我国反不正当竞争法律制度发展

改革开放以后，竞争逐渐摆脱意识形态的束缚。随着经济体制改革的不断推进，20世纪80年代我国逐渐从此前高度集中的计划经济体制逐步向有计划的商品经济体制转

---

〔1〕 Twenty-five years of protection against unfair competition，International Review of Intellectual Property and Competition Law 1995，26(6)：782-801，792.

〔2〕 Intellectual property：protection and enforcement，https：//www.wto.org/english/thewto_e/whatis_e/tif_e/agrm7_e.htm.

〔3〕 Article 22 of the TRIPS Agreement，https：//www.wto.org/english/docs_e/legal_e/trips_e.htm#art3.

〔4〕 孔祥俊：《WTO知识产权协定及其国内适用》，法律出版社2002年版，第285页。

变，在此过程中企业逐渐获得独立性，企业之间为争夺交易机会开始展开激烈竞争，与之伴随地也出现了许多不正当竞争行为，损害了其他经营者的合法权益以及消费者利益，严重破坏了公平竞争秩序。这在客观上要求我国加强反不正当竞争法律制度建设。

我国反不正当竞争法律制度最初是由地方展开探索的。1985 年 11 月，武汉市人民政府制定并发布《武汉市制止不正当竞争行为试行办法》，这是我国首部关于反不正当竞争的地方性立法。1987 年 10 月 15 日，上海市人民政府制定并发布《上海市制止不正当竞争暂行规定》。1989 年 2 月 3 日，江西省人民政府制定并发布《江西省制止不正当竞争试行办法》。这些地方性反不正当竞争立法在制止不正当竞争行为方面发挥了积极作用，同时也在反不正当竞争立法方面进行了富有成效的探索，积累了宝贵经验。但这种地方立法层级过低，缺乏系统性、协调性和权威性，而且对于全国性、跨区域性的不正当竞争行为，这些地方立法也无法进行有效规制。这亟须从全国层面展开反不正当竞争方面的立法。

1987 年，国务院首次提出要制定反不正当竞争条例，1991 年底，全国人大常委会正式将《制止不正当竞争法》列入立法规划，并确定国家工商行政管理局为起草单位。1992 年 10 月，国家工商行政管理局起草了《反不正当竞争法》（征求意见稿）。1993 年 5 月，国务院讨论通过了《中华人民共和国反不正当竞争法（草案）》，并于 6 月将该草案提请第八届全国人大常委会第二次会议审议。1993 年 9 月 2 日，第八届全国人大常委会第三次会议审议通过了《中华人民共和国反不正当竞争法》，并于同年 12 月 1 日起施行。

1993 年《反不正当竞争法》的制定正值我国社会主义市场经济体制建立初期，因此对鼓励和保护公平竞争，保障社会主义市场经济健康发展，发挥了重要作用。不过，也正是由于该法制定时间较早，对不正当竞争行为本质的把握仍存在不足，因此该法中关于禁止不正当竞争行为的规定也存在诸多不完善之处，影响了反不正当竞争法效果的发挥。同时，随着社会主义市场经济尤其是互联网的快速发展，市场中也出现了一些新形式的涉嫌不正当竞争行为。

《反不正当竞争法》的修订早在 2003 年就已经开始。2003 年，第十届全国人大常委会将修改反不正当竞争法正式列入五年立法规划。2006 年，原国家工商行政管理总局形成了《反不正当竞争法（修订稿）》。反不正当竞争法修订进程真正迎来新的契机是在 2013 年，党的十八届三中全会通过《中共中央关于全面深化改革若干重大问题的决定》，提出要建设统一开放、竞争有序的市场体系，改革市场监管体系，反对不正当竞争。2015 年 12 月 30 日，原国家工商行政管理总局向国务院报送了《反不正当竞争法（修订草案送审稿）》，2016 年 11 月 23 日经国务院常务会议通过《反不正当竞争法（修订草案）》。2017 年 2 月，第十二届全国人大常委会第二十六次会议对国务院提请审议的《反不正当竞争法（修订草案）》进行了初次审议；2017 年 8 月，常委会第二十九次会议对修订草案进行了再次审议；2017 年 10 月底至 11 月初，常委会第三十次会议对修订草案进行了第三次审议，表决通过了修订后的《反不正当竞争法》，自 2018 年 1 月 1 日起施行。2019 年，为了回应中外各方对商业秘密保护问题的关注，《反不正当竞争法》

再次专门针对商业秘密相关条款展开修订。2019 年 4 月 23 日，第十三届全国人大常委会第十次会议通过修改《反不正当竞争法》的决定。

随着新经济、新业态、新模式的层出不穷，利用数据、算法、平台规则等实施的新型不正当竞争行为亟待规制。国家市场监管总局于 2022 年 11 月 22 日公布了《反不正当竞争法（修订草案征求意见稿）》，开启了我国《反不正当竞争法》的第三次修订进程。

二、反不正当竞争法的性质与地位

（一）反不正当竞争法的性质

反不正当竞争法是竞争法的重要组成部分。竞争法包括反不正当竞争法和反垄断法。反不正当竞争法调整的是经营者之间的竞争关系，旨在通过禁止不正当竞争行为，维护市场公平竞争秩序。反不正当竞争法具有公私融合的属性，是经济法的重要组成部分。反不正当竞争法的公法属性，主要体现在政府对市场竞争秩序进行积极干预，制止不正当竞争行为方面。不正当竞争行为不仅损害了作为私主体的其他经营者的合法权益，而且也损害了公平的市场竞争秩序，阻碍了社会主义市场经济的健康发展，这就需要国家对这种损害社会公共利益的不正当竞争行为予以有效规制。维护市场公平竞争、促进社会主义市场经济健康发展，是我国政府的一项重要经济职能。反不正当竞争法的私法属性，主要体现在不正当竞争纠纷仍然是作为私主体的经营者之间的一种纠纷，经营者实施的不正当竞争行为本质上也是一种侵权行为。这就决定了受不正当竞争行为损害的经营者可以通过提起民事诉讼的方式请求法院判令实施不正当竞争行为的经营者承担停止侵权、赔偿损失、消除影响等民事责任，这与其他类型的民事侵权救济没有区别。

（二）反不正当竞争法与反垄断法的关系

反不正当竞争法与反垄断法的共同点主要体现在以下几个方面：第一，二者都属于竞争法，都旨在通过调整经营者之间的竞争关系，维护市场竞争秩序，保护经营者和消费者的合法权益，促进社会主义市场经济健康发展。第二，二者都体现了政府对市场竞争的干预。政府需要对经营者之间的市场竞争活动展开积极有效的干预，而实施反不正当竞争法和反垄断法，则是政府维护市场竞争秩序的重要体现。第三，二者存在一定的竞合。某些行为可能同时涉嫌构成不正当竞争和垄断。其中最典型的就是《反不正当竞争法》第 12 条互联网新型不正当竞争行为中的“强迫用户修改、关闭、卸载其他经营者合法提供的网络产品或者服务”和“恶意对其他经营者合法提供的网络产品或者服务实施不兼容”行为，如果经营者具有市场支配地位，其可能同时构成滥用市场支配地位行为。

反不正当竞争法和反垄断法的区别主要体现在以下几个方面：第一，二者保护竞争的侧重点不同。反垄断法主要保护自由竞争，解决的是竞争有无的问题；而反不正当竞争法主要保护公平竞争，解决的是竞争是否公平的问题。但也不能将这种区分标志绝对化。反垄断法也保护公平竞争，反不正当竞争法也保护自由竞争。第二，二者对道德因素的考虑不同。反不正当竞争法注重道德因素的考虑。在法院认定新型不正当竞争行为时，商业道德是一个重要的考量因素。但在反垄断法的适用中，无论是执法机关还是法院，在认定垄断行为时，将主要依据各垄断行为的构成要件尤其是相关行为是否具有排除、限制竞争效果来展开分析，鲜有考虑道德因素。第三，二者所调整的竞争关系中竞争损害的类型不同。反不正当竞争法所调整的不正当竞争行为，主要是势力较弱的经营者针对势力较强的经营者所实施的，表现为侵扰型的特征。反垄断法所调整的垄断行为，则主要是势力较强的经营者针对势力较弱的经营者所实施的，表现为压迫型的特征。第四，二者所调整的竞争行为的范围不同。《反不正当竞争法》所调整的不正当竞争行为的类型，主要规定在第二章中。但除此以外，法院还可以依据《反不正当竞争法》第 2 条一般条款认定其他新型不正当竞争行为。这就使得《反不正当竞争法》所调整的不正当竞争行为类型具有开放性。而反垄断法所调整的垄断行为类型主要包括：经营者达成垄断协议；经营者滥用市场支配地位；具有或可能具有排除、限制竞争效果的经营者集中。我国《反垄断法》并没有一般条款，无论是反垄断执法机构还是法院，都无法认定其他形式的垄断行为类型。《反垄断法》所调整的垄断行为类型具有封闭性，仅限于反垄断法所规定的 3 种垄断行为类型。

（三）反不正当竞争法与知识产权法的关系

知识产权本身是经营者所拥有的一种竞争优势，而经营者实施不正当竞争行为，就是为了不当获取竞争优势或者削弱其他经营者的竞争优势，因而不正当竞争行为往往也是针对拥有某种知识产权的经营者实施的，禁止这类不正当竞争行为，也就保护了知识产权。知识产权法是权利保护法，保护知识产权人所拥有的知识产权这一绝对权。一般认为，反不正当竞争法在知识产权法保护之外提供了一种补充保护。这种补充保护可以从两种意义上来理解。一是在知识产权法完全无法提供保护的情况下，由反不正当竞争法提供“雪中送炭”式的补充性保护。对于那些不属于知识产权法所禁止且不符合我国《反不正当竞争法》第二章所具体列举情形的相关不当行为，仍然可以从《反不正当竞争法》第 2 条一般条款中寻找到规制依据。二是在知识产权法能够提供保护的情况下，由反不正当竞争法提供“锦上添花”式的额外保护。这种情形实质上是知识产权法与反不正当竞争法竞合的体现。在涉案行为可能同时构成知识产权侵权及不正当竞争时，属于请求权竞合，权利人可以明确主张是通过相关知识产权法还是反不正当竞争法保护其权益，选择法律保护依据。

尽管反不正当竞争法和知识产权法都能够实现对知识产权人合法权益的保护，但二者之间仍然存在明显区别，最主要的就是反不正当竞争法并不仅仅保护作为知识产权人的经营者的合法权益，也以保护公平的市场竞争秩序作为首要价值目标，这也是反不正当竞争法最本质的特征，是其立法之本。曾经在一段时间内，我国法院在审理不正当竞争纠纷案件时遵循的是知识产权法的绝对权利保护思路。2017 年《反不正当竞争法》修订，第 2 条第二款修改将“扰乱市场竞争秩序”置于“损害其他经营者的合法权益”之前，这种修改并不仅仅是一种单纯的顺序调整，而是表明立法者突出了反不正当竞争法的竞争法属性。如果经营者实施的相关行为损害了其他经营者的利益，但并没有对竞争秩序本身造成损害，那么这种行为很有可能是一种正当的竞争行为，或者不属于反不正当竞争法调整，而应当由受损害的经营者依据其他法律主张自己的合法权益。

三、反不正当竞争法价值目标

我国《反不正当竞争法》第1条是关于反不正当竞争法立法目的的规定，同时也反映了我国《反不正当竞争法》所追求的价值目标。

（1）促进社会主义市场经济健康发展。我国《反不正当竞争法》制定于市场经济体系建立初期，从一开始就担负起保障和促进社会主义市场经济健康发展的历史重任。竞争是市场经济的最基本特征，只有通过竞争才能够实现资源的优化配置。从全球来看，实行市场经济的国家，绝大多数都制定了专门的竞争法来调整市场竞争关系，推动市场经济的健康发展。

（2）鼓励和保护公平竞争，制止不正当竞争行为。经营者之间为争夺交易机会而依法展开公平竞争，能够通过竞争实现优胜劣汰，优化资源配置，是经济发展的动力之所在。反不正当竞争法为经营者展开公平竞争确定了基本准则，通过“一般条款+具体列举”的方式禁止经营者从事不正当竞争行为，鼓励和保护公平竞争，促进竞争机制价值的发挥。

（3）保护经营者的合法权益。反不正当竞争法并不保护经营者因公平竞争而遭受的损害。反不正当竞争法保护经营者的合法权益，是指反不正当竞争法保护那些遭受不正当竞争行为损害的经营者的合法权益。反不正当竞争法的这种保护既包括直接保护，也包括间接保护。所谓直接保护，主要是指行政机关和司法机关依照反不正当竞争法处理不正当竞争纠纷时保护受不正当竞争行为损害的经营者的合法权益。所谓间接保护，主要是指行政机关和司法机关处理不正当竞争纠纷，维护公平市场竞争秩序，从而使得那些依法公平竞争的经营者能够在该良好的公平竞争环境中得以正常、免受不正当竞争行为干扰的发展，从而获取正当的经济利益。

（4）保护消费者的合法权益。反不正当竞争法对消费者利益的保护，主要是通过制止不正当竞争行为，维护公平竞争秩序而得以实现的，促使消费者能够从经营者之间的公平竞争中获得价格更低、质量更好、品种更多的商品。需要指出的是，对于仅损害消费者利益但并未损害市场竞争秩序的行为，不应当适用反不正当竞争法，消费者所遭受的损害，可以依据消费者权益保护法等其他相关法律提起诉讼主张赔偿。

四、反不正当竞争法一般条款

反不正当竞争法一般条款是立法者为了解决无法详尽每一种不正当竞争行为类型的问题，从而在反不正当竞争法中对不正当竞争行为构成要件进行凝练而成的条款，该条款从抽象层面对构成反不正当竞争法意义上的不正当竞争行为进行了概括界定。最早规定反不正当竞争法一般条款的是《巴黎公约》第10条之二第2款，该款规定：“工商业活动中凡违反诚实习惯做法的竞争行为构成不正当竞争行为。”

我国1993年《反不正当竞争法》第2条第一款规定：经营者在市场交易中，应当遵循自愿、平等、公平、诚实信用的原则，遵守公认的商业道德。第二款对不正当竞争进行了定义，即本法所称的不正当竞争，是指经营者违反本法规定，损害其他经营者的合法权益，扰乱社会经济秩序的行为。从形式上看，《反不正当竞争法》第 2 条也属于一般条款，第一款从法律原则和商业道德的层面对经营者提出了基本要求，而经营者未遵守这些法律原则和商业道德所从事的行为，实际上也就构成了不正当竞争行为。第二款则直接从受损害法益的角度对不正当竞争行为进行了界定。尤其是第一款规定，与《巴黎公约》第 10 条之二第二款规定具有高度的吻合性。不过，从立法者的立法本意来看，并不具有将 1993 年《反不正当竞争法》第 2 条作为一般条款的意图。立法者认为，《反不正当竞争法》第 2 条第二款中的“违反本法规定”，是指违反《反不正当竞争法》第二章的规定，而不是其他，需依法制裁的不正当竞争行为仅限于第二章所规定的各种行为，不允许执法机关随意认定。〔1〕可见，立法者主要是反对执法机关依据《反不正当竞争法》第 2 条认定第二章所规定不正当竞争行为以外的其他不正当竞争行为。

事实上，这种担忧是多虑的。因为 1993 年《反不正当竞争法》法律责任部分，并没有针对经营者违反《反不正当竞争法》第 2 条设定相应的处罚，根据行政处罚法定主义，执法机关并不能依据《反不正当竞争法》第 2 条对经营者处以相应行政处罚。然而，司法机关则并不面临这种限制。1993 年《反不正当竞争法》第 20 条规定，“经营者违反本法规定，给被侵害的经营者造成损害的，应当承担损害赔偿责任”，“被侵害的经营者的合法权益受到不正当竞争行为损害的，可以向人民法院提起诉讼”。不正当竞争行为是一种侵权行为，民法中的侵权法不实行法定原则，即使《反不正当竞争法》第二章中没有规定的不正当竞争行为，法院也可以予以认定，并追究民事责任。〔2〕

我国法院早在 2000 年就开始适用《反不正当竞争法》第 2 条认定新型不正当竞争行为。在北京金融城公司诉财智公司不正当竞争纠纷案中，法院依据《反不正当竞争法》第 2 条第一款关于竞争原则的抽象规定认定财智公司的深层链接行为构成不正当竞争行为。〔3〕这是法院适用《反不正当竞争法》第 2 条认定新型不正当竞争行为的一种有益尝试。真正提出适用《反不正当竞争法》第 2 条一般条款实质性条件的，是 2010 年 10 月 18 日审结的山东省食品进出口公司等诉青岛圣克达诚贸易有限公司、马达庆不正当竞争纠纷申请再审案。在该案中，最高人民法院指出，适用《反不正当竞争法》第 2 条第一款和第二款认定构成不正当竞争应当同时具备以下条件：一是法律对该种竞争行为未作出特别规定；二是其他经营者的合法权益确因该竞争行为而受到了实际损害；三是该种竞争行为因确属违反诚实信用原则和公认的商业道德而具有不正当性或者说可责性。〔4〕最高人民法院在该案中就适用《反不正当竞争法》第 2 条认定不正当竞争行为所提出的适用条件具有重要影响。《反不正当竞争法》第 2 条自此逐渐独立成为认定不正

---

〔1〕 孙琬钟主编：《反不正当竞争法实用全书》，中国法律年鉴社 1993 年版，第 26 页。

〔2〕 孔祥俊：《反不正当竞争法新原理：总论》，法律出版社 2019 年版，第 230 页。

〔3〕 北京金融城网络有限公司诉成都财智软件有限公司不正当竞争纠纷案，北京市第二中级人民法院（2000）二中知初字第 122 号民事判决书。

〔4〕 山东省食品进出口公司、山东山孚日水有限公司、山东山孚集团有限公司诉青岛圣克达诚贸易有限公司、马达庆不正当竞争纠纷申请再审案，最高人民法院（2009）民申字第 1065 号民事裁定书。

当竞争行为的依据，成为真正意义上的一般条款。地方法院也逐渐开始适用《反不正当竞争法》一般条款认定不正当竞争行为。这集中体现在互联网领域，该领域出现了越来越多的互联网特有的新型不正当竞争行为，不属于《反不正当竞争法》第二章中所列举的不正当竞争行为类型。法院大量适用《反不正当竞争法》第 2 条认定不正当竞争行为，第 2 条作为一般条款在司法适用中认定新型不正当竞争行为的价值日益增大。

不过，法院在适用《反不正当竞争法》第 2 条一般条款时，也逐渐暴露出一些问题。许多法院过多考虑经营者利益，忽视反不正当竞争法的行为法属性，将重心放在特定权益和权益合法性上，忽视有关行为本身正当性的考虑因素，在竞争行为正当性的判断上具有太强的权益保护色彩，致使在不正当竞争行为认定上易于扩大化或者滑向类似绝对权保护的错误方向。〔1〕法院在审判中坚持侵权判断思维，对涉案行为对竞争秩序的影响分析不够。2017 年《反不正当竞争法》修订对第 2 条第二款作出了相应修改。修订后的《反不正当竞争法》第 2 条第二款将“扰乱市场竞争秩序”置于“损害其他经营者的合法权益”之前，强调了不正当竞争行为首先是一种损害市场竞争秩序的行为，避免此前司法实践中仅因相关行为损害了其他经营者的合法权益就将其认定为不正当竞争行为的侵权判断思路。

五、反不正当竞争法中的竞争关系

早期理论认为，如果经营者之间不具有竞争关系，那么双方之间就不存在不正当竞争，因此也不应当适用反不正当竞争法。并且，这种竞争关系被理解为应当是同业竞争关系。我国最早在不正当竞争纠纷中对竞争关系展开分析的是中显公司诉 LG 社等不正当竞争纠纷案。二审法院认为，制造不同产品的经营者之间不能形成竞争关系，故 LG 社的行为不构成对中显公司的不正当竞争。〔2〕可见，法院所理解的竞争关系，是狭义的同业竞争，经营者之间只要不具有同业竞争关系，就不存在不正当竞争。不过，也有法院开始认识到，竞争关系并不以经营者的经营范围相同为限。在浩大公司与豪达公司不正当竞争纠纷案中，法院认为，认定是否构成竞争关系以及判定是否存在不正当竞争行为不应以经营范围是否相同为限，《反不正当竞争法》第 2 条并未限定仅同业竞争者才构成不正当竞争，双方当事人的经营范围是否相同，并不影响判定不正当竞争行为的构成。〔3〕

在兰建军、杭州小拇指汽车维修科技股份有限公司诉天津市小拇指汽车维修服务有限公司等侵害商标权及不正当竞争纠纷案中，法院认为，反不正当竞争法所调整的竞争关系的主体应为市场经营者之间，而市场主体之间竞争关系的存在，并非仅以相同行业

---

〔1〕孔祥俊：《反不正当竞争法新原理：总论》，法律出版社 2019 年版，第 238—239 页。

〔2〕郑州中原显示技术有限公司诉韩国 LG 电子株式会社、北京北辰益山广告有限公司不正当竞争纠纷案，北京市高级人民法院（1997）高知终字第 58 号民事判决书。

〔3〕江苏浩大铜业股份有限公司与南通豪达电器有限公司不正当竞争纠纷案，江苏省高级人民法院（2003）苏民三终字第 89 号民事判决书。

或服务类别为限。[1]该案例被最高人民法院列为指导案例，因此对之后法院在竞争关系问题的认定方面具有重要指导意义。随着互联网的不断发展，该行业内的不正当竞争纠纷也日益增多，法院在审理此类纠纷时，也对竞争关系提出了一些新的认定理论。在金山公司与合一公司不正当竞争纠纷上诉案中，二审法院认为，竞争关系的构成不取决于经营者之间是否属于同业竞争，亦不取决于是否属于现实存在的竞争，而应取决于经营者的经营行为是否具有“损人利己的可能性”。[2]“损人利己的可能性”理论的提出，使得竞争关系的认定变得更加宽泛，只要经营者之间具有某种利益关系，那么一方经营者就有可能通过从事不正当竞争行为损害对方经营者的利益而为自己谋取竞争优势。因此，竞争关系的认定实质上已经不再成为“阻碍”不正当竞争行为认定的一个决定因素。

修订后的《反不正当竞争法》第 2 条第二款对不正当竞争行为作出了界定：“本法所称的不正当竞争行为，是指经营者在生产经营活动中，违反本法规定，扰乱市场竞争秩序，损害其他经营者或者消费者的合法权益的行为。”该款使用的是“损害其他经营者”而非“损害竞争者”的合法权益的表述，从字面上来看并不要求不正当竞争纠纷双方之间具有狭义上的直接竞争关系。《最高人民法院关于适用〈中华人民共和国反不正当竞争法〉若干问题的解释》第 2 条进一步明确，与经营者在生产经营活动中存在可能的争夺交易机会、损害竞争优势等关系的市场主体，人民法院可以认定为《反不正当竞争法》第 2 条规定的“其他经营者”。一般而言，存在“争夺交易机会”关系的经营者之间往往具有直接竞争关系，而如果经营者之间并不具有直接竞争关系，但一方经营者从事的不正当竞争行为会损害另一方经营者的“竞争优势”，则这种利益的此消彼长往往意味着双方之间存在间接竞争关系。当然，这种区分也并非绝对。市场主体之间的竞争关系包括直接竞争和间接竞争，并不以经营者属于同业竞争为限。

六、我国《反不正当竞争法》实施机制及法律责任

（一）我国《反不正当竞争法》实施机制

1. 反不正当竞争法的行政执法

反不正当竞争法的行政执法，是指由行政机关针对涉嫌不正当竞争行为展开调查并作出相应处理决定。我国《反不正当竞争法》第 4 条规定：“县级以上人民政府履行工商行政管理职责的部门对不正当竞争行为进行查处。”查处不正当竞争行为既是行政机关所享有一项权力，也是其负有的维护市场公平竞争秩序的一项义务。执法机构查处不正当竞争行为时，只能依据《反不正当竞争法》第二章查处所规定的不正当竞争行为类型，而不能依据《反不正当竞争法》第 2 条一般条款认定新型不正当竞争行为。因为《反不正当竞争法》并没有针对违反第 2 条一般条款设定相应的行政处罚，依据行政处

---

〔1〕 杭州小拇指汽车维修科技股份有限公司等与天津市小拇指汽车维修服务有限公司等侵害商标权及不正当竞争纠纷上诉案，天津市高级人民法院（2012）津高民三终字第 0046 号民事判决书，最高人民法院指导案例 30 号，最高人民法院审判委员会讨论通过，2014 年 6 月 26 日发布。

〔2〕 北京金山安全软件有限公司等与合一信息技术（北京）有限公司不正当竞争纠纷上诉案，北京市第一中级人民法院（2014）一中民终字第 3283 号民事判决书。

罚法定主义，执法机构并不能对《反不正当竞争法》第二章以外的其他不正当竞争行为处以相应行政处罚。

反不正当竞争执法机构可以依据自己掌握的线索主动对涉嫌不正当竞争行为展开调查，及时进行干预，恢复市场公平竞争秩序，也可以根据相关单位、经营者或者个人的举报而展开调查。对涉嫌不正当竞争行为，任何单位和个人有权向监督检查部门举报，监督检查部门接到举报后应当依法及时处理。反不正当竞争执法机构在对涉嫌不正当竞争行为展开调查时，有权采取适当的措施。监督检查部门调查涉嫌不正当竞争行为，应当遵守行政强制法和其他有关法律、行政法规的规定，并应当将查处结果及时向社会公开。监督检查部门及其工作人员对调查过程中知悉的商业秘密负有保密义务。

对于特定行业内的不正当竞争行为，究竟是由反不正当竞争执法机构还是由行业监管机构负责查处，在实践中存在不同观点。1993 年《反不正当竞争法》第 3 条第二款规定："县级以上人民政府工商行政管理部门对不正当竞争行为进行监督检查；法律、行政法规规定由其他部门监督检查的，依照其规定。"2017 年修订后的《反不正当竞争法》第 4 条仅作了文字上的调整。对于其他特定行业的不正当竞争行为，如果法律、行政法规规定由其他部门进行查处的，则依照其规定。在实践中，涉及的主要争议是银行、证券和保险等行业的不正当竞争行为究竟是由行业监管机构还是反不正当竞争执法机构进行管辖。行业监管机构和反不正当竞争执法机构在对特定行业内的不正当竞争行为进行查处时，都具有各自的优势。我国设立专门的行业监管机构，目的就在于对这些行业进行专门的全面监管，这自然也包括反不正当竞争方面的监管。而且，《反不正当竞争法》也明确规定，"法律、行政法规规定由其他部门查处的，依照其规定"，因此，只要特定行业内的法律、行政法规规定由相关行业监管机构负责查处，包括不正当竞争行为的查处，则应当由行业监管机构负责不正当竞争行为的查处。不过，鉴于反不正当竞争执法机构在不正当竞争行为的认定方面具有优势，行业监管机构在查处涉嫌不正当竞争行为时，可以征询反不正当竞争执法机构的意见，加强协同监管。事实上，修订后的《反不正当竞争法》第 3 条第二款也明确规定："国务院建立反不正当竞争工作协调机制，研究决定反不正当竞争重大政策，协调处理维护市场竞争秩序的重大问题。"这也为行业监管机构和反不正当竞争执法机构的协同监管提供了法律依据。

2. 反不正当竞争法的司法适用

反不正当竞争法的司法适用，是指由法院审理不正当竞争纠纷并作出相应判决，以此保护市场公平竞争秩序。根据反不正当竞争诉讼性质的不同，可以将其分为反不正当竞争民事诉讼、反不正当竞争行政诉讼和反不正当竞争刑事诉讼三种类型。

反不正当竞争民事诉讼，主要是指受不正当竞争行为损害的经营者向法院提出诉讼请求，由法院依法审理和裁判不正当竞争争议。修订后的《反不正当竞争法》第 17 条第一款规定："经营者违反本法规定，给他人造成损害的，应当依法承担民事责任。"至于承担何种形式的民事责任，则由原告依据不正当竞争行为的类型和性质向法院提出，法院根据具体案情依法予以确定。修订后的《反不正当竞争法》第 17 条第二款规定，经营者的合法权益受到不正当竞争行为损害的，可以向人民法院提起诉讼。因此，《反不正当竞争法》第 17 条是反不正当竞争民事诉讼的法律依据。因不正当竞争行为提起的民事诉讼，由侵权行为地或者被告住所地人民法院管辖。当事人主张仅以网络购买者可以任意选择的收货地作为侵权行为地的，人民法院不予支持。

反不正当竞争行政诉讼，主要是指经营者对反不正当竞争执法机构所作出的决定不服，从而向法院提起的诉讼。虽然受不正当竞争行为损害的经营者也可能不满反不正当竞争执法机构所作出的决定，例如执法机构认定相关行为不构成不正当竞争行为，从而向法院提起诉讼，但在司法实践中，反不正当竞争行政诉讼主要是指反不正当竞争执法机构认定经营者所实施的行为构成不正当竞争并对其作出了行政处罚，经营者对此不满而提起诉讼。《反不正当竞争法》第 29 条规定，当事人对监督检查部门作出的决定不服的，可以依法申请行政复议或者提起行政诉讼。这是由法院对反不正当竞争执法机构的执法进行司法审查。

反不正当竞争刑事诉讼，主要是指公诉人针对构成犯罪的不正当竞争行为提起公诉，由法院依据刑法进行审理的诉讼行为。不正当竞争行为也可能构成犯罪，不过，依据罪刑法定原则，构成犯罪的不正当竞争行为的类型，仍然需要依据刑法予以认定。对于这些构成犯罪的不正当竞争行为，由检察机关向法院提起公诉，法院依据刑法进行审理并作出判决。

（二）我国反不正当竞争法法律责任

我国《反不正当竞争法》规定了民事责任、行政责任和刑事责任 3 种法律责任。由于刑事责任的认定与追究，主要是依据刑法进行，反不正当竞争法规定刑事责任只是一种宣示性规定，违反反不正当竞争法的行为构成刑法中犯罪行为的，应当依据刑法追究相应刑事责任。反不正当竞争法分别针对每一种不正当竞争行为规定了行政责任具体承担方式。在本部分，本书仅就不正当竞争行为的一般民事责任和行政责任进行介绍，对于具体不正当竞争行为的特殊民事责任和行政责任，将在后文对每一种具体不正当竞争行为进行分析时予以阐释。

1. 民事责任

《反不正当竞争法》第 17 条第一款规定，经营者违反本法规定，给他人造成损害的，应当依法承担民事责任。这是从事不正当竞争行为的经营者承担民事责任的法律依据。“违反本法规定”，既包括违反《反不正当竞争法》第 2 条一般条款规定，也包括违反《反不正当竞争法》第二章具体条款规定。经营者违反《反不正当竞争法》规定实施不正当竞争行为，给其他经营者造成损害的，应当依法应当承担民事责任。《民法典》第 179 条规定了民事责任的承担方式。这些承担民事责任的方式，可以单独适用，也可以合并适用。由于经营者实施的不正当竞争行为往往会给其他经营者造成经济上的损失，因此赔偿损失是经营者承担民事责任的主要方式之一。《反不正当竞争法》第 17 条第三款对赔偿数额的计算作出了规定：因不正当竞争行为受到损害的经营者的赔偿数额，按照其被侵权所受到的实际损失确定；实际损失难以计算的，按照侵权人因侵权所获得的利益确定。赔偿数额还应当包括经营者为制止侵权行为所支付的合理开支。2019 年《反不正当竞争法》修订在 2017 年修订的基础上，增加了恶意侵犯商业秘密的惩罚性赔偿规定。《反不正当竞争法》第 17 条第四款还针对商业混淆行为和侵犯商业秘密行为规定了法定赔偿。不过,《最高人民法院关于适用〈中华人民共和国反不正当竞争法〉若干问题的解释》第 23 条规定，对于《反不正当竞争法》第 2 条、第 8 条、第 11 条、第 12 条规定的不正当竞争行为，权利人因被侵权所受到的实际损失、侵权人因侵权所获得的利益难以确定，当事人主张依据《反不正当竞争法》第 17 条第四款确定赔偿数额的，人民法院应予支持。这大大扩展了法定赔偿的范围。

2. 行政责任

反不正当竞争法行政责任既包括经营者违反反不正当竞争法而产生的行政法律责任，也包括行政机关及其工作人员等在行政管理过程中因违法失职、滥用职权等而产生的行政法律责任。《反不正当竞争法》第 18—24 条分别对经营者违反《反不正当竞争法》第 6—12 条实施的不正当竞争行为应当承担的行政责任作出了规定。针对经营者所实施的不正当竞争行为，行政机关处以的行政处罚主要包括责令停止违法行为、没收违法商品、没收违法所得、罚款、消除影响、吊销营业执照等，根据具体的不正当竞争行为选择适用。

《反不正当竞争法》第 25 条规定，经营者违反反不正当竞争法规定从事不正当竞争，有主动消除或者减轻违法行为危害后果等法定情形的，依法从轻或者减轻行政处罚；违法行为轻微并及时纠正，没有造成危害后果的，不予行政处罚。《反不正当竞争法》修订增加该条从轻、减轻或不予行政处罚的规定，给予了执法机关一定的自由裁量权，有利于执法机关根据具体案情灵活适用。随着国家信用管理体系的不断完善，信用记录在惩戒失信人方面发挥的作用也越来越重要。经营者从事不正当竞争行为，也是一种失信行为，对其进行信用惩戒，能够更好发挥信用的约束作用。《反不正当竞争法》修订增加一条作为第 26 条规定，经营者违反反不正当竞争法规定从事不正当竞争，受到行政处罚的，由监督检查部门记入信用记录，并依照有关法律、行政法规的规定予以公示。在执法机关对涉嫌不正当竞争行为展开调查时，经营者及相关利害关系人应当积极予以配合。为了确保执法机关调查的顺利进行，如果经营者及相关利害关系人进行阻挠，则应承担相应的行政责任。《反不正当竞争法》第 28 条规定，妨害监督检查部门依照本法履行职责，拒绝、阻碍调查的，由监督检查部门责令改正，对个人可以处 5000 元以下的罚款，对单位可以处 5 万元以下的罚款，并可以由公安机关依法给予治安管理处罚。

3. 刑事责任

1993 年《反不正当竞争法》第 21 条、第 22 条、第 31 条和第 32 条有关于刑事责任的规定。修订后的《反不正当竞争法》第 31 条规定，违反本法规定，构成犯罪的，依法追究刑事责任。这只是关于刑事责任的笼统规定，并不符合《刑法》第 3 条中的“法律明文规定为犯罪行为的”，不能直接依据《反不正当竞争法》中的这种宣示性规定追究从事不正当竞争行为经营者的刑事责任，而只能依据刑法中的相关具体条款。例如，违反《反不正当竞争法》第 7 条从事商业贿赂的行为，构成犯罪的，应当依据《刑法》第 163 条、第 164 条等规定追究刑事责任。

经营者违反反不正当竞争法从事不正当竞争行为，可能面临同时承担两种或三种法律责任。例如因被其他经营者提起民事诉讼而需要承担赔偿损失的民事责任，因执法机构对其进行处罚而需要承担缴纳罚款的行政责任，因构成犯罪而需要承担缴纳罚金的刑事责任，而经营者的财产可能无法同时履行 3 种法律责任之下的金钱义务时，就产生了冲突。为了解决这一问题，修订后的《反不正当竞争法》增加一条作为第 27 条规定，经营者违反本法规定，应当承担民事责任、行政责任和刑事责任，其财产不足以支付的，优先用于承担民事责任。此即民事责任优先原则。之所以确立民事责任优先原则，主要是为了更好保护受不正当竞争行为损害的其他经营者的合法权益，相对于国家而言，个体经营者的财产损失承受能力更弱。经营者因承担民事责任而无法缴纳罚款和罚金，这本身并不会致使国家出现经济困难。但如果经营者因缴纳罚款和罚金之后无力再赔偿其他经营者因不正当竞争行为所遭受的损失，则很有可能使得其他经营者陷入极大的经济困境，甚至濒临破产而退出市场。此外，确定民事责任优先原则，也能够更好地调动其他经营者制止不正当竞争行为的积极性。

第二节　商业混淆行为法律规制

一、商业混淆行为法律规制概述

（一）商业混淆行为的概念

商业混淆行为，是指在生产经营活动中，经营者擅自使用与他人有一定影响标识相同或近似的标识，从而引人误认为是他人商品或者与他人存在特定联系的行为。

对于商业混淆行为，竞争法学界还使用了“市场混淆行为”“仿冒混淆行为”“商业标志混淆”等其他表述，但这些不同表述所界定的行为没有本质差别，都认定是一种“混淆”行为，只不过是对这种混淆行为的描述因角度和侧重点等的不同而使用了不同的定语。本书采用“商业混淆行为”概念，主要是为了与反不正当竞争法中的其他不正当竞争行为如“商业贿赂行为”“虚假或引人误解的商业宣传行为”“侵犯商业秘密行为”“商业诋毁行为”的表述相协调。

（二）商业混淆行为的一般构成要件

根据我国《反不正当竞争法》第 6 条规定，认定商业混淆行为需要根据以下要件进行综合判断。

第一，行为主体为经营者。所谓经营者，是指从事商品生产、经营或者提供服务（所称商品包括服务）的自然人、法人和非法人组织。从事混淆行为的主体进行混淆的目的在于为自己牟取不当竞争优势，这就决定了这种行为应当发生在生产经营活动中，行为者应当是从事商品生产或者经营的主体。如果从事混淆行为的主体并不从事商品生产、经营，则其进行的混淆行为并不会对市场竞争秩序造成损害，而只可能构成一般的侵权行为，不属于反不正当竞争法意义上的商业混淆行为。

第二，被混淆的对象为他人所拥有的有一定影响的标识。被混淆的标识应“有一定影响”。如果他人的标识不具有一定影响，则表明对这种标识进行混淆无法给混淆者带来经济利益，即便其进行混淆也不会对市场竞争秩序造成损害。根据《最高人民法院关于适用〈中华人民共和国反不正当竞争法〉若干问题的解释》第 4 条，具有一定的市场知名度并具有区别商品来源的显著特征的标识，人民法院可以认定为“有一定影响的”标识，在认定是否具有市场知名度时，应当综合考虑我国境内相关公众的知悉程度，商品销售的时间、区域、数额和对象，宣传的持续时间、程度和地域范围，标识受保护的情况等因素。需要注意的是，经营者对不具有一定影响标识进行混淆虽然不构成反不正当竞争法意义上的商业混淆行为，但却仍可能构成一般侵权行为。被混淆的对象为他人有一定影响的标识，但并不要求这种标识一定是商业标识，即并非必然要求他人将这种标识用于生产经营活动。因此，经营者不但不能仿冒他人用于生产经营活动的有一定影响的标识，也不得仿冒他人虽未用于生产经营活动但也有一定影响的标识。[1] 从事商业混淆的经营者应当将被仿冒的标识用于生产经营活动，否则其就不是商业混淆行为，而只是普通混淆行为，构成一般侵权行为。被混淆的标识主要包括商品标识、主体标识和互联网领域的特殊标识三类。

第三，经营者从事商业混淆行为的方式是进行“相同”或者“近似”的擅自使用。首先，这种使用是“擅自”进行的，即未征得权利人的同意而进行的使用。如果经营者征得了权利人的同意，例如双方签订了授权协议，则经营者所进行的使用就不构成“擅自使用”。关于“使用”的认定，《最高人民法院关于适用〈中华人民共和国反不正当竞争法〉若干问题的解释》第 10 条规定，在中国境内将有一定影响的标识用于商品、商品包装或者容器以及商品交易文书上，或者广告宣传、展览以及其他商业活动中，用于识别商品来源的行为，人民法院可以认定为《反不正当竞争法》第 6 条规定的“使用”。这种“使用”既可以是在相同或类似的商品上进行使用，也可以是在非相同、非类似商品上使用；既包括使用完全一样的标识，也包括使用在视觉上基本无差别的标识。在实践中，经营者往往并非完全复制他人的商业标识，而是会或多或少地进行一定调整，但在整体上看与他人的商业标识近似，这同样可能误导公众，导致混淆。如果被控侵权的标识与他人有一定影响的标识在视觉上基本无差别，则可以认定经营者擅自使用了与他人有一定影响的标识相同的标识；如果被控侵权的标识与他人有一定影响的标识相比较，其文字的字形、读音、含义或者图形的构图及颜色，或者其各要素组合后的整体结构相似，或者其立体形状、颜色组合近似，易使相关公众对商品的来源产生误认或者认为其来源与他人有一定影响标识的商品有特定的联系，则可以认定经营者擅自使用了与他人有一定影响的标识近似的标识。认定标识相同或者近似，应当以相关公众的一般注意力为标准；既要进行对标识的整体比对，又要进行对标识主要部分的比对，比对应当在比对对象隔离的状态下分别进行。

第四，商业混淆行为的结果是引人误认为是他人商品或者与他人存在特定联系。是

〔1〕 王瑞贺：《中华人民共和国反不正当竞争法释义》，法律出版社 2018 年版，第 16 页。

否构成商业混淆行为，还需要从结果上进行判断。这种结果主要包括两种情形，一是引人误认为是他人商品，即造成商品来源上的混淆，“引人误认为”中的“人”，应当采取一般消费者标准。二是引人误认为与他人存在特定联系，即商品之外的某种联系，可以视为是某种“身份”上的联系。引人误认为与他人存在特定联系，包括误认为与他人具有商业联合、许可使用、商业冠名、广告代言等特定联系。

二、商业混淆行为表现

鉴于在前文中已经对商业混淆行为的一般构成要件作了阐述，在以下分析具体商业混淆行为时，本书将主要围绕各具体商业混淆行为的特殊构成要件展开，不再分析“擅自使用”“有一定影响”“引人误认为是他人商品或者与他人存在特定联系”这些商业混淆行为一般构成要件。

（一）商品标识混淆行为

商品标识混淆行为是指经营者擅自使用与他人有一定影响的商品名称、包装、装潢等相同或者近似的标识，引人误认为是他人商品或者与他人存在特定联系。这是实践中最为典型的商业混淆行为。

（1）商品名称混淆。商品名称是商业标记的一种形式。商品名称应当具有区别商品来源的显著特征，而不能是同类商品的通用名称。通用名称是一定范围内普遍使用的名称，其本身并不具有识别特定商品来源和商品提供者的功能。在我国司法实践中，“雪花粉”“84 消毒液”“优盘”“金骏眉”“鲁锦”等都被认定为是通用名称。不过，包含通用名称的商品名称可能具有识别商品来源的功能，例如，“宁夏红·枸杞酒”是由地名、颜色和通用名称组成的，该商品形成了显著的、区别于其他同类枸杞酒产品的特征，因此是反不正当竞争法所保护的商品名称。仿冒他人的“商品名称”可能构成不正当竞争行为，而商品名称往往是未注册商标。《最高人民法院关于适用〈中华人民共和国反不正当竞争法〉若干问题的解释》第 13 条规定：“经营者实施下列混淆行为之一，足以引人误认为是他人商品或者与他人存在特定联系的，人民法院可以依照反不正当竞争法第六条第四项予以认定：……（二）将他人注册商标、未注册的驰名商标作为企业名称中的字号使用，误导公众。”因此，如果经营者将他人的注册商标登记为自己的企业字号，误导公众，将构成不正当竞争行为，具体适用《反不正当竞争法》第 6 条第 4 项兜底条款。

（2）商品包装混淆。当商品包装具有独特性，具有区别商品来源的显著特征，并且有一定影响时，这种包装就有可能成为其他经营者混淆的对象。商品包装是指为识别商品以及方便携带、储运而使用在商品上的辅助物和容器。能够区别商品来源的包装，往往是经过创造性改变的包装，而不是同类商品的惯用包装。受制于商品特性所限，商品包装的种类并非很多，例如采用易拉罐包装的饮料，采用长方体纸盒包装的药品等，经营者往往很难对商品包装进行结构性或技术性改变，而只能采用同类商品所通用的包装。正是因为如此，在司法实践中许多涉案商品包装被认定并不具有区别商品来源的显著特征。但如果经营者有独特的包装设计，使其具有区别商品来源的显著特征，并具有一定影响，就能够成为反不正当竞争法所保护的对象。

（3）商品装潢混淆。商品装潢是指为识别与美化商品而在商品或者其包装上附加的文字、图案、色彩及其排列组合。商品装潢的首要作用在于识别，以区别于其他商品，其次才是美化，通过优美的外观设计来吸引消费者注意，加深消费者印象。独特性的、优美的商品装潢能够成为具有重要价值的无形财产，给经营者带来巨大的商业利益，但也可能因此而成为其他经营者仿冒混淆的对象。商品包装上附加的文字、图案、色彩及其排列组合所构成的装潢，如其能够区别商品来源，即属于反不正当竞争法所保护的有一定影响的商品装潢。在经营活动中，经营者提供营利性服务的整体形象如店面装饰等也可能构成具有独特风格的整体营业形象，具有识别服务来源的作用，因而构成一种为反不正当竞争法所保护的服务装潢。

（二）主体标识混淆行为

主体标识混淆行为是指经营者擅自使用他人有一定影响的企业名称（包括简称、字号等）、社会组织名称（包括简称等）、姓名（包括笔名、艺名、译名等），引人误认为是他人商品或者与他人存在特定联系。

（1）企业名称混淆。企业名称是经营者区别于其他经营者的重要商业标识，是指示经营者所提供的商品来源的显著识别标识。企业名称一般由行政区划名称、字号、行业或者经营特点、组织形式组成。例如，"天津市亨得利钟表眼镜有限公司"这一企业名称，"天津市"是行政区划名称，"亨得利"是字号，"钟表眼镜"指代行业，"有限公司"是组织形式。字号是企业名称中最具识别性的核心组成部分，是区分不同市场主体的重要依据。此外，如果经营者在经营活动中广泛使用企业名称简称，为相关公众所知悉，与企业名称全称之间建立了稳定的关联关系，具有可以识别经营主体的商业标识意义，则也应当予以保护。

（2）社会组织名称混淆。某些社会组织具有较高的社会知名度，经营者擅自使用这些社会组织名称，同样能够达到误导公众的效果。由于社会组织本身并不从事实际的商品生产活动，因此经营者擅自使用有一定影响的社会组织名称，主要目的在于引人误认为该经营者或其商品与相关社会组织之间存在特定联系，从而以相关社会组织的声誉或信誉为自己进行"背书"，这也构成不正当竞争行为。2017年《反不正当竞争法》修订后，增加了"社会组织名称（包括简称等）"混淆情形。

（3）自然人姓名混淆。姓名被用于指代、称呼、区分特定的自然人，姓名权是自然人对其姓名享有的重要人格权。随着社会经济的发展，自然人姓名的商业化利用问题也日益突出，一些自然人姓名中的财产利益凸显，例如某些著名运动员的姓名具有巨大的广告效应和商业价值。姓名权人在一定程度上可以对自己的姓名进行商业利用，允许他人使用自己的姓名并取得一定的经济收益。[1]经营者擅自使用有一定影响的自然人的姓名，往往能够借此提高自身商品的知名度，将这些自然人姓名所具有的名人效应转移到相关商业领域，导致相关公众误认为是这些有一定影响的自然人

〔1〕 黄薇主编：《中华人民共和国民法典人格权编释义》，法律出版社2020年版，第101—102页。

的商品，或者与这些自然人存在代言、许可等特定联系，从而构成一种不正当竞争行为。自然人可能基于某些方面原因的考虑会选择使用笔名或艺名，并且经过长期使用笔名或艺名的社会知名度要远远高于其本名，相关公众也更熟悉并习惯以笔名和艺名指代该自然人。例如，著名作家杨绛的本名为杨季康，著名演员成龙的本名为陈港生，这些笔名或艺名已经具有了相当高的社会知名度，为相关公众所知悉。经营者擅自使用这些笔名或艺名，同样能够达到混淆的效果，因此对于这些有一定影响的笔名和艺名也应当予以保护。此外，某些外国自然人在中国也具有较高社会知名度，经营者也可能擅自使用这些外国自然人的外文姓名和中文译名以误导公众。根据司法机关的意见，外国自然人姓名的中文译名应当符合三项条件：①该译名在我国具有一定的知名度，为相关公众所知悉；②相关公众使用该译名指代该外国自然人；③该译名已经与该外国自然人之间建立了稳定的对应关系。[1]

从我国《反不正当竞争法》第 6 条第 2 项规定的表述来看，其并未像第 6 条第 1 项规定“近似”使用，这似乎意味着对主体标识的混淆应当是相同使用。然而在实践中，对企业名称（包括简称、字号等）、社会组织名称（包括简称等）、姓名（包括笔名、艺名、译名等）的近似使用往往同样可能达到混淆的效果，如不加以禁止，则侵权人只需要做些许调整就能够规避法律的规定，从而不构成擅自进行相同使用的不正当竞争行为。与商品的包装、装潢不同，企业名称、社会组织名称和姓名主要是由文字构成，而商品包装、装潢则包括文字、图案、色彩等及其排列组合。只要侵权人商品的包装、装潢在视觉上与权利人商品的包装、装潢基本无差别，则仍可被认定是“相同”。然而对于主要由文字构成的企业名称、社会组织名称和姓名，“相同”的认定并不能扩展适用“视觉上基本无差别”这一广义标准，而只能依据狭义的“字面相同”的标准。因此，并不能通过解释的方式将擅自使用基本无差别的企业名称、社会组织名称和姓名的行为认定为“相同”使用，而只能被认定为是“近似”使用，如果其产生了混淆的效果，则同样构成不正当竞争行为。《最高人民法院关于适用〈中华人民共和国反不正当竞争法〉若干问题的解释》第 11 条规定，经营者擅自使用与他人有一定影响的企业名称（包括简称、字号等）、社会组织名称（包括简称等）、姓名（包括笔名、艺名、译名等）、域名主体部分、网站名称、网页等近似的标识，引人误认为是他人商品或者与他人存在特定联系，当事人主张属于《反不正当竞争法》第 6 条第 2 项、第 3 项规定的情形的，人民法院应予支持。因此，经营者擅自对他人有一定影响的主体标识进行相同使用或者近似使用，引人误认为是他人商品或者与他人存在特定联系，均构成不正当竞争行为，这就基本与《反不正当竞争法》第 6 条第 1 项的规定保持一致。例如，经营者虽然没有使用与“湘阁里辣”完全相同的标识，但其所使用的“湘锅裡辣”“湘锅里辣”中存在两个甚至三个字与原告字号完全相同，而且在含义上二者指向内容基本一致，这种近似使

〔1〕迈克尔·杰弗里·乔丹与国家工商行政管理总局商标评审委员会等商标争议行政纠纷再审案，最高人民法院（2016）最高法行再 27 号行政判决书。

用同样容易导致公众混淆，构成不正当竞争行为。[1]

（三）互联网领域特殊标识混淆行为

随着互联网经济的发展，经营者的经营范围也逐渐从单纯的线下向线上扩展，线上的域名、网站名称和网页等也具有识别经营者及其商品来源的功能。对他人有一定影响的域名、网站名称和网页等进行仿冒，也会产生误导公众的效果，构成不正当竞争。我国修订后的《反不正当竞争法》增加了互联网领域特殊标识混淆行为的规定，第 6 条第 3 项禁止经营者"擅自使用他人有一定影响的域名主体部分、网站名称、网页等"，顺应了互联网经济条件下禁止新型仿冒混淆行为的实践需要。

中文域名是中国互联网域名体系的重要组成部分，但实践中仍然主要使用的是英文域名，由字母、数字和连接符"-"组成。域名中能够区分不同经营者的部分，是域名的主体部分。经营者在选择域名主体部分时，往往将中文的商标或字号等转化为汉语拼音或进行翻译，例如"huawei"是"华为"的汉语拼音，而"bytedance.com"中的"bytedance"，则可视作是对"字节跳动"的一种翻译。正是因为如此，经营者擅自使用他人有一定影响的域名主体部分，不仅会侵犯他人的商标权，还会造成公众误解构成不正当竞争行为。

网站是由一系列风格、版式相同或类似的网页所组成。网站是经营者对外展示商品、宣传公司形象的重要窗口。网站就如同是经营者线下的店铺，而网站和网页的布局、配色、栏目设置等，就如同是经营者线下店铺的装潢，如果经过长期使用已经为公众所知悉，具有一定的影响，则该网站和网页作为整体也能够发挥识别商品来源或经营主体的功能。经营者擅自使用他人有一定影响的网站名称、网页等，也会产生混淆的效果，构成不正当竞争。

域名、网站和网页，仍主要是基于电脑端而存在的，而在移动端则主要表现为各种应用程序（App）。在移动端仿冒他人的 App 等，与在电脑端仿冒他人的网站、网页等，会产生相同的误导公众、造成混淆的效果。因此，对于移动端存在的擅自使用他人有一定影响的 App 等，也应当被认定为构成不正当竞争。

同样地，如果经营者擅自使用与他人有一定影响的域名主体部分、网站名称、网页等近似的标识，引人误认为是他人商品或者与他人存在特定联系，也应当认定为不正当竞争行为，而不能依据《反不正当竞争法》第 6 条第 3 项从字面上理解为必须是进行相同使用。

（四）其他混淆行为

由于实践中还可能出现在修法时立法者尚未预见的其他形式混淆行为，为防止挂一漏万，《反不正当竞争法》在修订时增加了兜底条款，作为《反不正当竞争法》第 6 条第 4 项，即"其他足以引人误认为是他人商品或者与他人存在特定联系的混淆行为"。其他混淆行为仍然是以仿冒他人的某种标识来实现的，只不过被仿冒的这种标识是《反

〔1〕东莞市湘阁里辣餐饮管理有限公司、东莞市万江湘锅里辣餐饮店侵害商标权及不正当竞争纠纷案，广东省东莞市第一人民法院（2022）粤 1971 民初 28705 号民事判决书。

不正当竞争法》第 6 条前 3 项所规定的商品标识、主体标识和互联网领域特殊标识以外的其他某种标识，并且这种标识也应当有一定影响。例如，随着人工智能的发展，语音指令等作为人机交互的重要媒介，也能够成为识别商品来源及其经营主体的重要标识。在《反不正当竞争法》修订后，在“小度”语音指令不正当竞争纠纷案中，[1] 法院就适用该兜底条款将百度公司小度智能音箱等 AI 电子产品的“xiaoduxiaodu”语音指令纳入反不正当竞争法的保护范畴。

三、商业混淆法律责任

（一）民事责任

经营者违反《反不正当竞争法》第 6 条规定实施混淆行为，损害其他经营者的合法权益，应当依法承担民事责任。《反不正当竞争法》第 17 条第三款对赔偿数额的计算作出了一般性规定。在商业混淆案件中，为了更好地保护经营者的合法权益，同时参照《商标法》的相关规定，《反不正当竞争法》修订时增加了商业混淆不正当竞争行为的法定赔偿额规定。2017 年修订后的《反不正当竞争法》第 17 条第四款规定，经营者违反本法第 6 条、第 9 条规定，权利人因被侵权所受到的实际损失、侵权人因侵权所获得的利益难以确定的，由人民法院根据侵权行为的情节判决给予权利人 300 万元以下的赔偿。2019 年修订后将法定赔偿的最高限额从 300 万元提高至 500 万元。仿冒混淆商品进入最终的流通阶段，离不开下游的销售商，甚至在实践中，有的商业混淆行为是直接由销售商实施的。权利人也可依据《反不正当竞争法》第 17 条要求销售商承担相应民事责任。此外，故意为他人实施混淆行为提供仓储、运输、邮寄、印制、隐匿、经营场所等便利条件的，权利人也可要求其承担相应的连带责任。

（二）行政责任

《反不正当竞争法》第 18 条对从事商业混淆不正当竞争行为的经营者所应当承担的行政责任作出了规定。经营者违反《反不正当竞争法》第 6 条规定实施混淆行为的，由监督检查部门根据具体情况给予以下行政处罚：（1）责令停止违法行为。（2）没收违法商品。（3）罚款。监督检查部门可以并处罚款。并处罚款的金额根据是否有违法经营额以及违法经营额的数额而有所不同：违法经营额 5 万元以上的，可以并处违法经营额 5 倍以下的罚款；没有违法经营额或者违法经营额不足 5 万元的，可以并处 25 万元以下的罚款。（4）吊销营业执照。对于情节严重的混淆行为，监督检查部门还可以吊销经营者的营业执照。此外，《反不正当竞争法》第 18 条第二款规定，经营者登记的企业名称违反本法第 6 条规定的，应当及时办理名称变更登记；名称变更前，由原企业登记机关以统一社会信用代码代替其名称。

（三）刑事责任

经营者实施商业混淆行为，构成犯罪的，依据刑法承担相应刑事责任。例如，商业

---

〔1〕 百度在线网络技术（北京）有限公司诉北京子乐科技有限公司等不正当竞争纠纷案，北京市海淀区人民法院（2019）京 0108 民初 63253 号民事判决书。

混淆行为可能构成假冒注册商标罪。虽然假冒注册商标行为主要依据商标法进行调整，但经营者将他人的注册商标登记为自己的企业字号，误导公众，也可构成商业混淆的不正当竞争行为。

第三节 商业贿赂行为法律规制

一、商业贿赂行为法律规制概述

（一）商业贿赂行为的概念

商业贿赂行为，是指经营者为谋取交易机会或者竞争优势，通过采取财物或者其他手段贿赂能够影响交易的相关单位或者个人的行为。

商业贿赂是贿赂行为的一种。商业贿赂发生在商业活动中，这是商业贿赂区别于其他贿赂活动的重要特征。通常而言，商业贿赂也包括商业行贿和商业受贿。在1993年《反不正当竞争法》及其相关配套规定下，商业贿赂既包括商业行贿行为，也包括商业受贿行为。不过，修订后的《反不正当竞争法》关于商业贿赂的规定则主要将商业贿赂限定在商业行贿这一种行为上。理论界有观点认为,《反不正当竞争法》将商业贿赂限定为商业行贿，原因在于受贿者的直接目的不是谋取交易机会或者竞争优势，而是满足自己的物质和非物质欲望，因此，商业受贿并不具有不正当竞争的性质，不属于反不正当竞争法的调整范围，而主要应由刑法等其他法律予以规制。〔1〕本书认为，商业行贿行为与商业受贿行为密不可分。商业行贿行为扭曲了公平竞争的市场机制，扰乱了市场竞争秩序，商业受贿行为在客观上同样产生了干扰正常市场竞争秩序的后果，而非仅仅只是满足受贿主体的物质和非物质欲望。如果只是单方面惩戒商业行贿行为，而对商业受贿行为放任不管，将无法有效解决商业贿赂问题。对于商业受贿主体，如果其受贿行为构成犯罪的话，固然可以依据刑法追究其刑事责任，但如果尚未达到入罪的门槛，而且又缺乏相应的行政责任，则商业受贿主体很有可能逃脱处罚。因此，反不正当竞争法仍然应当规制商业受贿行为。

（二）商业贿赂与回扣、折扣和佣金

1. 商业贿赂与回扣

我国1993年《反不正当竞争法》将回扣作为一种典型的商业贿赂行为进行了专门规定。依据《关于禁止商业贿赂行为的暂行规定》，回扣是指经营者销售商品时在账外暗中以现金、实物或者其他方式退给对方单位或者个人的一定比例的商品价款。而认定回扣的重要要件是“账外暗中”。账外暗中是指未在依法设立的反映其生产经营活动或

〔1〕《经济法学》编写组:《经济法学》，高等教育出版社2018年版，第272页；江帆主编:《竞争法》，法律出版社2019年版，第112页。

者行政事业经费收支的财务账上按照财务会计制度规定明确如实记载，包括不记入财务账、转入其他财务账或者做假账等。“账外暗中”中的“账外”与“暗中”二者不能割裂开来进行理解，而是一个整体术语。

收受回扣的对象是对方单位或者个人。向对方单位的相关个人给予回扣在实践中较为常见，经营者通过收买对方单位的相关个人，以谋取与对方单位进行交易的机会。这种行为不仅损害了对方单位的利益，也损害了市场公平竞争秩序。收受回扣的对象还包括对方单位。该“对方单位”可能是对方单位内的某个部门，将所收受回扣作为部门的小金库，用于部门福利发放等。例如，药品生产企业向医院内的科室给予财物，科室以科室名义收受，且利益归科室的，可构成向对方单位支付回扣的行为。另外，收受回扣的单位本身可能并不是经营者的直接交易方，对方单位只是受相关主体的委托从事相关事务，对方单位利用自身的这种撮合交易的权力而收受经营者给予的回扣，促成经营者和相关主体之间的交易，损害相关主体的利益。例如，商场为吸引旅行社组织旅行团到商场购物，往往按旅行团人数以“人头费”等名义或按游客购物成交额的一定比例给旅行社一定的财物，这实际上就是一种回扣。由于收受回扣只是商业贿赂的一种典型形式，将商业贿赂限定为该种典型形式过于单一。并且“账外暗中”的限定也可能导致商业贿赂的认定过于机械，无论是账外还是账内，也无论是否入账，只要是通过贿赂而非公平竞争的方式谋取交易机会，都可能构成商业贿赂。此外，将收受回扣的对象限定为“对方单位或者个人”，在实践中如果将“对方单位”限定为作为直接交易相对方的对方单位，则可能会将交易双方之间的正常让利行为认定为回扣，不当干扰正常商业行为。而其他一些与交易密切相关的主体也可能成为行贿的对象。鉴于此，《反不正当竞争法》修订后，不再直接规定回扣，而是列举了受贿主体的类型，这样更能把握商业贿赂的本质，涵盖各种类型的商业贿赂行为。

2. 商业贿赂与折扣

根据我国修订后的《反不正当竞争法》第 7 条第二款，经营者在交易活动中，可以以明示方式向交易相对方支付折扣。经营者向交易相对方支付折扣的，应当如实入账。接受折扣的经营者也应当如实入账。所谓折扣即商品购销中的让利，是指经营者在销售商品时，以明示并如实入账的方式给予对方的价格优惠，包括支付价款时对价款总额按一定比例即时予以扣除和支付价款总额后再按一定比例予以退还两种形式。所谓明示和入账，是指根据合同约定的金额和支付方式，在依法设立的反映其生产经营活动或者行政事业经费收支的财务账上按照财务会计制度规定明确如实记载。交易双方之间就交易价格等交易条件展开博弈是正常的市场现象，在买方市场条件下，卖方经营者之间为了获得交易机会，往往会展开激烈的价格竞争，这也是竞争的价值之所在。经营者向交易相对方支付折扣，是其在价格方面所作的让利，也是其竞争力的重要体现。只要经营者所支付的折扣是以明示方式进行并如实入账，就是一种正当的竞争。如果经营者在账外、暗中给予交易相对方折扣，交易相对方收受折扣后也没有如实入账，则这种折扣就是非法的，不过这并不意味着其就必然构成商业贿赂，但有可能构成违反财务会计、税收制度的违法行为。

3. 商业贿赂与佣金

根据我国修订后的《反不正当竞争法》第 7 条第二款，经营者在交易活动中，可以以明示方式向中间人支付佣金。经营者向中间人支付佣金的，应当如实入账。接受佣金的经营者也应当如实入账。有些经营者为了获取交易机会，往往会委托中介人为自己寻找合适的交易相对人，并向其支付相应的报酬，这样能够提高发现交易机会的可能性。经营者与中间人所达成的合同，也即中介合同。我国《民法典》并没有对中介人的资格进行限制，自然人也可以进行中介服务。我国《反不正当竞争法》也没有对“中间人”的资格进行限定。不过，国家工商行政管理局 1996 年制定的《关于禁止商业贿赂行为的暂行规定》第 7 条第二款规定：“本规定所称佣金，是指经营者在市场交易中给予为其提供服务的具有合法经营资格中间人的劳务报酬。”根据该款规定，中间人应当具有“合法经营资格”。判断佣金是否合法，关键在于甄别经营者是否会以支付佣金之名行商业贿赂之实，即分析收受佣金的主体是不是商业受贿的主体，或者与商业受贿主体之间存在利益输送关系。

二、商业贿赂行为的构成要件

在立法尚未将商业受贿纳入反不正当竞争法调整范围前，本书所分析的商业贿赂也暂仅指经营者的商业行贿行为，而不包括商业受贿行为。依据修订后的《反不正当竞争法》第 7 条，商业贿赂行为的构成要件主要包括以下几个方面。

1. 实施商业贿赂行为的主体为经营者

实施商业贿赂行为的经营者，是指从事商品生产、经营或者提供服务的自然人、法人和非法人组织。在实践中，经营者的工作人员为完成销售指标、获取业务提成、实现职务升迁等个人目的，也可能进行商业贿赂，有意见认为，不能将此种情形的商业贿赂认定为经营者的行为，只要经营者建立了较为完善的反商业贿赂制度，对工作人员展开过反商业贿赂培训，就应当免除经营者的责任。虽然不排除在实践中确实可能存在经营者的工作人员违背经营者的反商业贿赂制度而私自进行商业贿赂的情形，但这仍是经营者对工作人员管理不严所致。另外，从利益角度来看，只有当工作人员自行出资进行商业贿赂的收益大于其出资成本时，其才有动机进行商业贿赂。然而在实践中，商业贿赂的金额往往很高，由员工自行投入较大金额进行商业贿赂以追求职务升迁这些尚存在不确定性的目标，这种情形却并不常见。即便存在这种情形，工作人员自行进行的商业贿赂行为也能够直接或间接为经营者谋取交易机会或竞争优势，因此工作人员所进行的商业贿赂行为原则上也应当视为是经营者的行为。如果不做这种制度安排，则经营者很有可能在形式上建立完备的反商业贿赂制度，严格禁止工作人员私自进行商业贿赂，但实质上却放任甚至鼓励工作人员进行商业贿赂，在享受工作人员商业贿赂给自己带来好处的同时又能逃避经营者的责任。因此，为了避免经营者的这种机会主义，原则上也应当将工作人员从事的商业贿赂行为视为经营者的行为。当然，如果有证据证明工作人员所进行的商业贿赂行为与为经营者谋取交易机会或竞争优势无关，例如其目的是为其他经营者谋取交易机会或者竞争优势，则不能将工作人员的商业贿赂行为视为经营者的行为。

2. 经营者实施商业贿赂行为的目的在于谋取交易机会或竞争优势

经营者实施商业贿赂的目的非常明确，即通过付出相对较小的行贿成本而获得更大的利益，这种利益既可能表现为直接的交易机会，也可以表现为相对间接的竞争优势，这也是商业贿赂区别于其他贿赂行为的本质特征。所谓谋取交易机会，是指经营者通过商业贿赂行为，取得或增加与交易相对方达成交易的可能性，至于双方之间最终是否达成交易并不影响商业贿赂行为的认定。所谓谋取竞争优势，是指经营者通过商业贿赂行为，取得相较于现实竞争者或潜在竞争者更优的竞争地位，从而致使竞争对手处于相对劣势的地位。由于反不正当竞争法将谋取交易机会和谋取竞争优势作为商业贿赂的两种并行的可能目的，因此谋取竞争优势就不应当再包括直接的谋取交易机会本身，而应当是指直接交易机会以外的某种竞争优势，例如获得了某种准入权、排他权或优先权等，当然，这种竞争优势最终会反映到交易机会的获取上。通常而言，经营者实施商业贿赂行为是为了谋取其在正常竞争条件下所无法获得的交易机会或竞争优势，正是因为如此，经营者才选择采取商业贿赂这种违法方式，这会排挤掉那些竞争实力更强但并未进行商业贿赂的经营者，干扰了竞争机制的正常运行。不过，经营者有时为了确保万无一失，在正常竞争条件下自身原本完全能够获得交易机会或竞争优势的情况下，可能仍然选择进行贿赂，但这并不影响其构成商业贿赂行为。

3. 经营者实施商业贿赂行为的手段表现为采用财物或其他手段

经营者实施商业贿赂时，往往会根据商业受贿方的喜好而有针对性地进行行贿。通常而言，经营者会采取提供财物的手段进行行贿。财物包括现金和实物，也包括可以用金钱计算数额的财产性利益，如含有金额的会员卡、代币卡（券）等。有时经营者为掩人耳目，会假借促销费、宣传费、赞助费、科研费、劳务费、咨询费、佣金等名义，或者以报销各种费用等方式，给付商业受贿方财物。除了提供财物，经营者还会采取其他手段实施商业贿赂行为，例如提供国内外各种名义的旅游、考察、房屋装修、汽车使用权等。总之，无论是采取何种形式，只要对商业受贿方有价值，都可能被用于商业贿赂。

4. 商业贿赂行为针对特定对象实施

修订后的《反不正当竞争法》第 7 条对商业行贿行为的针对对象也即商业受贿主体进行了明确列举。商业贿赂行为针对的对象也是认定商业贿赂行为的重要因素。商业贿赂的对象包括以下三类主体。

（1）交易相对方的工作人员。依据 1993 年《反不正当竞争法》，商业贿赂的对象包括“对方单位”，也即交易相对方，而修订后的《反不正当竞争法》则仅规定“交易相对方的工作人员”，从而将交易相对方排除在商业贿赂的对象之外。商业贿赂行为的本质是经营者通过不当手段贿赂交易相对方的工作人员或其他能够对交易相对方产生影响的单位或个人，从而使得交易相对方违背自身的真实意愿而与进行商业贿赂的经营者展开交易，交易相对方对于这种商业贿赂并不知情，这种商业贿赂行为将给交易相对方造成损害。如果经营者直接给予交易相对方财物或折扣等，则不能认定为是商业贿赂行为，因为在市场交易活动中，一方给予另一方相应财物或折扣，实际上就是一种让利行为，是正常的市场现象。如果将这种行为也认定为商业贿赂行为，将会不当干扰正常的商业交易。“将给予对方单位的财物也视为商业贿赂，与合同自由存在一定的冲突，扩大了商业贿赂的范畴。”〔1〕作为商业贿赂对象的交易相对方工作人员，通常是交易相对方内部在交易决策方面拥有一定决定权的人员，其既有可能是交易相对方内长期拥有某种固定决策权的人员，如公司的高管人员，也可能是交易相对方内仅临时拥有某种职权的一般工作人员，如受交易相对方指派办理相关事务的采购人员等。

（2）受交易相对方委托办理相关事务的单位或者个人。此处所指的受交易相对方委托办理相关事务的单位或者个人，是交易相对方外部的受委托的相关单位或个人。这种委托关系的建立，既包括双方之间达成了委托合同这种情形，也包括双方之间所形成的事实上的委托关系，例如学校采购教材、教具、校服或者其他物品，实际上即是受学生的委托而代为购买，如果教材、教具或校服等的供应商向学校给予财物或其他经济利益，借此获取交易机会，或提供质次价高的商品，则损害了学生的利益，构成商业贿赂。

（3）利用职权或者影响力影响交易的单位或者个人。这类主体一般独立于交易双方，与所进行的交易没有直接关系，但能够通过自己所拥有的职权或者影响力而对交易相对方的工作人员或受交易相对方委托办理相关事务的单位和个人产生影响，促成经营者与交易相对方之间的交易。国家机关、国有企业、企事业单位、人民团体或者国家工作人员，都可能成为这类主体。

三、商业贿赂法律责任

（一）民事责任

经营者违反《反不正当竞争法》第 7 条规定实施商业贿赂行为，给他人造成损害的，应当依据《反不正当竞争法》第 17 条规定承担相应民事责任。实施商业贿赂行为的经营者的竞争对手，如有证据证明自身遭受商业贿赂行为损害的，可以提起诉讼要求经营者承担相应民事责任。由于商业贿赂行为也会给交易相对方造成损害，如其有证据能够证明自身遭受的损害，也可提起诉讼要求经营者承担民事责任。

（二）行政责任

根据《反不正当竞争法》第 19 条，经营者违反第 7 条规定贿赂他人的，由监督检查部门根据具体情况给予以下行政处罚：（1）没收违法所得。经营者进行商业贿赂的目的是借此获得交易机会或竞争优势，并享受由此而带来的利益，这种利益并非经营者通过公平竞争所获得，是一种非法利益，应当予以没收。（2）罚款。执法机构应根据具体情节处以 10 万元以上 300 万元以下罚款。（3）吊销营业执照。对于情节严重的商业贿赂行为，执法机关可以吊销经营者的营业执照。情节严重主要是指经营者多次进行行贿，行贿的对象众多，或者行贿的金额较大等。

---

〔1〕 刘继峰：《竞争法学》，北京大学出版社 2018 年版，第 312 页。

（三）刑事责任

《最高人民法院、最高人民检察院关于办理商业贿赂刑事案件适用法律若干问题的意见》规定，商业贿赂犯罪涉及《刑法》规定的以下八种罪名：（1）非国家工作人员受贿罪（《刑法》第163条）；（2）对非国家工作人员行贿罪（《刑法》第164条）；（3）受贿罪（《刑法》第385条）；（4）单位受贿罪（《刑法》第387条）；（5）行贿罪（《刑法》第389条）；（6）对单位行贿罪（《刑法》第391条）；（7）介绍贿赂罪（《刑法》第392条）；（8）单位行贿罪（《刑法》第393条）。经营者违反《反不正当竞争法》规定实施商业贿赂行为，构成犯罪的，依据刑法的相关条款追究其刑事责任。

第四节 虚假或引人误解商业宣传行为法律规制

一、虚假或引人误解商业宣传行为法律规制概述

（一）虚假或引人误解商业宣传行为的概念

虚假或引人误解的商业宣传行为，是指经营者通过广告、商品本身或者其他方法对商品的相关信息作与实际情况不符或者导致消费者误解的宣传的行为。

经营者和消费者之间存在明显的信息不对称问题。经营者通过广告等方式向消费者提供有关商品的客观、真实信息，能够更好地向消费者推广自己的商品，促使消费者作出更加理性的消费决策，也有助于缩小经营者与消费者之间的信息鸿沟。然而，在实践中，一些经营者为了吸引消费者购买自己的商品，往往夸大自己商品的优点，并刻意隐瞒自己商品的缺点，通过虚假或引人误解的商业宣传，欺骗、误导消费者。虚假或引人误解的商业宣传行为不仅损害了消费者的利益，而且也损害了其他依法经营的竞争对手的合法权益，攫取了其他竞争对手的交易机会，扰乱了市场竞争秩序，是一种典型的不正当竞争行为。

（二）虚假或引人误解商业宣传行为的规制发展

1993年《反不正当竞争法》第9条第一款规定："经营者不得利用广告或者其他方法，对商品的质量、制作成分、性能、用途、生产者、有效期限、产地等作引人误解的虚假宣传。""引人误解的虚假宣传"表明，经营者实施的商业宣传行为构成不正当竞争行为，必须同时满足"虚假宣传"和"引人误解"两个条件。但是，经营者进行的虚假宣传行为，即便没有产生引人误解的后果，仍然是一种违背商业道德的不法行为，也应当从法律上予以禁止，将其认定为不正当竞争行为。此外，经营者实施的某些真实宣传的行为也可能产生引人误解的后果，例如经营者可能仅宣传对其有利的信息，而刻意隐瞒对其不利的信息，而这种不利的信息对消费者的消费决策可能产生重要影响，即构成重大遗漏。经营者将某些在科学上尚没有定论的观点当作定论事实用于商品宣传，或者以歧义性的语言进行商品宣传，也可能导致误导消费者的后果，而这些宣传本身都很难被界定

为是虚假宣传。总之，坚持“引人误解的虚假宣传”标准，一方面将纵容那些不具有引人误解后果的虚假宣传行为；另一方面也无法将那些实际具有引人误解后果的非虚假宣传行为纳入规制范围。

修订后的《反不正当竞争法》第 8 条第一款规定：“经营者不得对其商品的性能、功能、质量、销售状况、用户评价、曾获荣誉等作虚假或者引人误解的商业宣传，欺骗、误导消费者。”依据该款规定，“虚假”和“引人误解”不再是统一整体要件，而是成为并列关系，虚假的商业宣传和引人误解的商业宣传，各自均可构成不正当竞争行为，只要其产生了“欺骗、误导消费者”的后果。

二、虚假或引人误解商业宣传行为构成要件

1. 实施虚假或引人误解商业宣传行为的主体为经营者

经营者往往亲自对自己的商品或服务进行虚假或引人误解的商业宣传，以此来诱使消费者与自己展开交易。在实践中，也有一些经营者选择委托其他经营者帮助自己进行虚假或引人误解的商业宣传，并且这已经形成了一个“黑灰产”。这既存在于线下的传统经济中，也存在于线上的电子商务中。这些帮助其他经营者进行虚假或者引人误解的商业宣传的经营者，虽然不是针对自己的商品展开的，但其效果是类似的，是虚假或引人误解商业宣传行为的重要参与方，也应当予以禁止。《反不正当竞争法》修订后增加了一款，即第 8 条第二款，该款规定：“经营者不得通过组织虚假交易等方式，帮助其他经营者进行虚假或者引人误解的商业宣传。”从而将帮助其他经营者进行虚假或者引人误解商业宣传的经营者也纳入规制范围。

2. 虚假或引人误解商业宣传的对象是经营者商品的相关信息

与商品有关的相关信息是消费者决定是否购买商品的重要考量因素。经营者对这些相关信息进行虚假或者引人误解的商业宣传，就能够达到诱使消费者进行购买的目的。1993 年《反不正当竞争法》第 9 条所列举的与商品相关的信息包括“商品的质量、制作成分、性能、用途、生产者、有效期限、产地等”。随着商业的发展，商品其他维度的信息对消费者购买决策作出的影响也日益凸显，例如商品的销售状况以及用户评价等。修订后的《反不正当竞争法》第 8 条将经营者进行虚假或引人误解商业宣传的商品相关信息调整为“商品的性能、功能、质量、销售状况、用户评价、曾获荣誉等”。这是一种不完全列举，使用“等”字，能够将未来可能出现的新维度信息也纳入进来。从这些所列举的商品相关信息来看，主要包括三类：一是关于商品自身的自然属性，如商品的性能、功能、质量、成分、用途、有效期限等，这些维度方面的信息直接关系到商品的使用价值。二是关于商品的相关市场信息，主要包括商品的价格、销售状况、用户评价等。价格是消费者购买商品时最为重要的考量因素之一，关于商品的销售状况、用户评价等，也是消费者尤其是通过电商平台购物的消费者重点关注的信息。三是关于商品生产者、销售者等方面的主体信息。一般而言，企业规模越大、资质等级越高、所获荣誉越多，则其所生产的商品品质越有保障，因为资质、荣誉等是关于经营主体维度方面的信息，往往都是基于经营者所生产的商品而作出的评价。当然，二者之间不具有必然的

关联性，一些曾经具有很高社会知名度的企业，也可能因质量把控不严，也生产了许多质量低劣的商品，造成了严重的社会后果。

3. 虚假或引人误解商业宣传的手段主要是通过广告、商品本身或者其他方式实施

（1）通过广告实施。修订后的《反不正当竞争法》删除了 1993 年《反不正当竞争法》第 9 条第二款“广告的经营者不得在明知或者应知的情况下，代理、设计、制作、发布虚假广告”的规定，这主要是因为广告法对此已经作出了规定。此外，修订后的《反不正当竞争法》第 20 条第二款规定：“经营者违反本法第八条规定，属于发布虚假广告的，依照《中华人民共和国广告法》的规定处罚。”这种修改并不意味着经营者不能通过广告实施虚假或引人误解的商业宣传，也不意味着经营者通过广告实施的这种商业宣传仅受广告法而不受《反不正当竞争法》规制。广告法主要是从规范广告活动、促进广告业健康发展的角度对虚假或引人误解的虚假广告进行规制，而反不正当竞争法则主要是从维护市场公平竞争秩序的角度禁止虚假或引人误解的广告宣传，二者的侧重点不同，可以实现规制上的互补。

（2）通过商品本身实施。商品本身也承载了许多信息，这主要通过商品包装上的文字、图片等来向消费者进行传递。经营者可能在商品的包装上对商品名称或者企业名称等进行虚假或引人误解的商业宣传，让消费者误认为是他人有一定影响的商品名称或企业名称等，但这种行为实际已经构成违反《反不正当竞争法》第 6 条的商业混淆行为，因此，通过商品本身实施的虚假或引人误解商业宣传的内容，并不包括商品名称或企业名称等。修订后的《反不正当竞争法》第 8 条第一款所列举的商品性能、功能、质量、曾获荣誉等往往是经营者通过商品本身实施虚假或引人误解商业宣传的内容，除此以外，还包括生产日期、主要成分、产地、规格、等级、企业承诺等信息。

（3）通过其他方式实施。例如经营者在自己的经营场所内向消费者进行解释、说明时，会直接捏造相关事实以欺骗消费者。随着网络直播行业的发展，一些经营者自己或者聘请主播对自己的商品进行虚假或引人误解的虚假宣传。

4. 虚假或引人误解商业宣传的后果为欺骗、误导消费者，并对消费者的消费决策产生了实质性影响

只有经营者进行的商业宣传产生了欺骗、误导消费者的后果，或者具有欺骗、误导消费者的可能性，并致使消费者最终作出了违背真实意愿的消费决策，才能够被认定为构成不正当竞争的虚假或引人误解商业宣传行为。而经营者实施的商业宣传行为是否会产生欺骗、误导消费者的后果，最终还是需要结合经营者所实施的商业宣传的内容，分析其是否构成“虚假”或者“引人误解”。对于“虚假”商业宣传的判断，关键在于其内容不真实，与实际情况不符，经营者往往捏造、虚构或歪曲事实。例如有的经营者宣传自己的商品获得专利、获得国际大奖等，但实际却并没有获得任何专利和大奖。虽然虚假商业宣传往往也会导致消费者被误导的后果，但由于虚假宣传是一种严重违背商业道德的不法行为，应当予以严厉禁止，因此即便经营者实施的虚假宣传行为没有实际产生误导消费者的后果，亦不影响对其违法性的认定。不过，对于那些明显夸张的商业宣传，不足以造成公众误解的，则不能认定为虚假广告。依据《最高人民法院关于适

用〈中华人民共和国反不正当竞争法〉若干问题的解释》第 17 条第一款，“引人误解的商业宣传”主要包括以下几种典型情形：（1）对商品作片面的宣传或者对比。如经营者往往通过发布对比广告的方式进行商业宣传。这种对比广告不仅可能构成引人误解的商业宣传，还有可能构成商业诋毁。（2）将科学上未定论的观点、现象等当作定论的事实用于商品宣传。例如养乐多宣传“益生菌在新冠病毒防治中有重要作用”这一在科学上并没有定论的观点。[1]（3）使用歧义性语言进行商业宣传。经营者往往使用模糊性、多义性或模棱两可的语言进行商业宣传，从而导致消费者产生误解。（4）其他足以引人误解的商业宣传行为。引人误解的商业宣传形式很多，不一而足，在实践中还存在其他形式的引人误解的宣传方式。与虚假宣传不同，引人误解的商业宣传行为应产生了误导消费者的后果，或者具有这种可能性，应当根据日常生活经验、相关公众一般注意力、发生误解的事实和被宣传对象的实际情况等因素，对引人误解的商业宣传行为进行认定。

三、虚假或引人误解商业宣传法律责任

（一）民事责任

经营者违反《反不正当竞争法》第 8 条规定实施虚假或引人误解商业宣传行为，给他人造成损害的，应当依据《反不正当竞争法》第 17 条规定承担相应民事责任。具体的赔偿数额计算，仍需依据《反不正当竞争法》第 17 条第三款规定进行。虽然《反不正当竞争法》第 17 条第四款并未规定虚假或引人误解商业宣传不正当竞争行为的赔偿数额计算可以适用该款规定的法定赔偿，但《最高人民法院关于适用〈中华人民共和国反不正当竞争法〉若干问题的解释》第 23 条却作了扩张。依据该解释第 23 条，对于《反不正当竞争法》第 2 条、第 8 条、第 11 条、第 12 条规定的不正当竞争行为，权利人因被侵权所受到的实际损失、侵权人因侵权所获得的利益难以确定，当事人主张依据《反不正当竞争法》第 17 条第四款确定赔偿数额的，人民法院应予支持。因此，如果权利人因虚假或引人误解商业宣传行为受到的实际损失、侵权人因侵权行为所获得利益难以确定的，可以适用 500 万元以下的法定赔偿。

（二）行政责任

《反不正当竞争法》第 20 条对从事虚假或引人误解商业宣传不正当竞争行为的经营者以及通过组织虚假交易等方式帮助其他经营者进行虚假或引人误解商业宣传的经营者所应当承担的行政责任作出了规定，由监督检查部门根据具体情况给予以下行政处罚：（1）责令停止违法行为。即责令经营者停止对其商品作虚假或引人误解的商业宣传，或者通过组织虚假交易等方式帮助其他经营者进行虚假或者引人误解的商业宣传。（2）罚款。根据违法情节的轻重，监督检查部门可以对经营者处以 20 万元以上 100 万元以下的罚款；情节严重的，可以处 100 万元以上 200 万元以下的罚款。（3）吊销营业执照。经营者往往是通过广告方式进行虚假或引人误解商业宣传，为了更好地与广告法相衔接，修订后的《反不正当竞争法》第 20 条第二款规定，经营者违反《反不正当竞争法》

---

〔1〕“养乐多被罚 45 万！宣传益生菌防治新冠”，载 https：//m.thepaper.cn/baijiahao_14401118。

第8条规定，属于发布虚假广告的，依照《广告法》的规定处罚。

（三）刑事责任

经营者从事虚假或引人误解商业宣传构成犯罪的，依法承担相应刑事责任。经营者从事虚假或引人误解商业宣传行为，可能构成虚假广告罪。《刑法》第222条规定，广告主、广告经营者、广告发布者违反国家规定，利用广告对商品或者服务作虚假宣传，情节严重的，处二年以下有期徒刑或者拘役，并处或者单处罚金。同时根据《刑法》第231条规定，单位犯本罪的，对单位判处罚金，并对其直接负责的主管人员和其他直接责任人员，依照上述规定处罚。

第五节 侵犯商业秘密行为法律规制

一、侵犯商业秘密行为法律规制概述

（一）侵犯商业秘密行为概念

侵犯商业秘密行为，是指经营者为了获取竞争优势，通过不正当手段获取商业秘密，或者披露、使用或者允许他人使用其通过不正当手段获取的商业秘密或其合法掌握的商业秘密的行为。

商业秘密是经营者的核心竞争力所在，能够给商业秘密权利人带来竞争优势。与专利、商标等知识产权是通过公开换取法律的保护不同，商业秘密最为有效的保护方式是权利人自行进行保护。侵犯商业秘密的方式多种多样，但无论其表现形式为何，都危害了商业秘密的秘密状态，损害了商业秘密给权利人所带来的价值，使得权利人丧失竞争优势，损害了公平的竞争秩序，是一种不正当竞争行为。

（二）商业秘密的界定

商业秘密具有严格的认定标准。一般认为，商业秘密应当具有“三性”，即秘密性、价值性和保密性。我国《反不正当竞争法》第9条第四款规定：“本法所称的商业秘密，是指不为公众所知悉、具有商业价值并经权利人采取相应保密措施的技术信息、经营信息等商业信息。”

1. 秘密性

商业秘密本质上是商业领域中的一种“秘密”，这要求这种商业信息应当处于一种秘密状态。我国《反不正当竞争法》将秘密性界定为“不为公众所知悉”。“不为相关公众所知悉”，并非要求商业秘密权利人以外的所有自然人都不知悉，而是只要不为“所属领域的相关人员普遍知悉”即可。不为公众所“知悉”，既包括不为所属领域相关人员实际掌握，也包括无法为所属领域相关人员轻易获取。如果所属领域相关人员通过检索或者相关技术手段能够轻易获取，则这种信息也不构成商业秘密。如果商业秘密属于技术信息，则不为公众所知悉的对象应当是指具体的技术信息内容，而非技术信息的名

称或代号。[1]如果相关信息已经“为公众所知悉”，则可以排除其秘密性。《最高人民法院关于审理侵犯商业秘密民事案件适用法律若干问题的规定》第 4 条列举了“为公众所知悉”的典型情形：（1）该信息在所属领域属于一般常识或者行业惯例的；（2）该信息仅涉及产品的尺寸、结构、材料、部件的简单组合等内容，所属领域的相关人员通过观察上市产品即可直接获得的；（3）该信息已经在公开出版物或者其他媒体上公开披露的；（4）该信息已通过公开的报告会、展览等方式公开的；（5）所属领域的相关人员从其他公开渠道可以获得该信息的。不过，将为公众所知悉的信息进行整理、改进、加工后形成的新信息，如果不为所属领域的相关人员普遍知悉和容易获得的，应当认定该信息不为公众所知悉。

2. 价值性

商业秘密具有商业价值，能够给权利人带来现实的或潜在的经济利益或竞争优势。1993 年《反不正当竞争法》第 10 条第三款关于商业秘密价值性的表述为“能为权利人带来经济利益、具有实用性”。虽然商业秘密通常都具有实用性，并且能够因此而给权利人带来经济利益，但并非总是如此，例如，试验失败的相关数据。不过，这种试验失败的数据能够避免权利人再走弯路，促使其重新调整相关参数。因此，这种信息本身虽然不能直接给权利人带来经济利益，也无法直接进行应用，但从试错的角度而言，这种信息能够避免权利人进一步遭受损失，并给权利人带来竞争优势。因此，修订后的《反不正当竞争法》使用“具有商业价值”的表述更为准确。商业秘密的商业价值，既可以是现实的，也可以是潜在的。

3. 保密性

维持商业秘密的秘密状态，在很大程度上又取决于权利人是否采取了有效的保密措施。如果权利人不采取有效保密措施，则无异于在主观上放任他人获取该商业秘密，继而又主张法律对该秘密提供保护。1993 年《反不正当竞争法》第 10 条对商业秘密保密性的规定为“经权利人采取保密措施”。修订后的《反不正当竞争法》修改为“经权利人采取相应保密措施”，增加了“相应”，以体现出对权利人采取保密措施的合理性、有效性的要求。当然，也不能因此而对权利人提出过高的保密性要求，只要其所采取的保密措施在正常情况下足以防止秘密被泄露，就可认定其采取了相应保密措施。《最高人民法院关于审理侵犯商业秘密民事案件适用法律若干问题的规定》第 5 条第二款规定，人民法院应当根据商业秘密及其载体的性质、商业秘密的商业价值、保密措施的可识别程度、保密措施与商业秘密的对应程度以及权利人的保密意愿等因素，认定权利人是否采取了相应保密措施。权利人采取保密措施的方式有很多，例如与员工签订保密协议，限定能够接触商业秘密的人员范围等。

商业秘密本质上是一种商业信息。这种商业信息的类别很多，我国《反不正当竞争法》将其主要划分为两大类，即技术信息和经营信息。《最高人民法院关于审理侵犯商业

---

〔1〕河北华穗种业有限公司与武威市搏盛种业有限责任公司侵害技术秘密纠纷案，最高人民法院（2022）最高法知民终 147 号民事判决书。

秘密民事案件适用法律若干问题的规定》第1条分别针对技术信息和经营信息进行了列举。根据该司法解释，技术信息是指与技术有关的结构、原料、组分、配方、材料、样品、样式、植物新品种繁殖材料、工艺、方法或其步骤、算法、数据、计算机程序及其有关文档等信息。经营信息是指与经营活动有关的创意、管理、销售、财务、计划、样本、招投标材料、客户信息（包括客户的名称、地址、联系方式以及交易习惯、意向、内容等信息）、数据等信息。1993年《反不正当竞争法》和2017年修订后的《反不正当竞争法》均将商业秘密的类型限定为“技术信息和经营信息”，2019年修订后的《反不正当竞争法》进一步完善了商业秘密的定义，将商业秘密定义中的“技术信息和经营信息”修改为“技术信息、经营信息等商业信息”，使商业秘密的定义具有开放性，能够将技术信息、经营信息外的其他符合“三性”的商业信息也纳入商业秘密的保护范围，从而能够为权利人提供更加全面的保护。

二、侵犯商业秘密行为表现形式

2019年修订后的《反不正当竞争法》第9条第一款规定经营者不得实施4种具体的侵犯商业秘密行为，此外，第二款和第三款还规定了两种视为侵犯商业秘密的情形。据此，可以将我国侵犯商业秘密行为划分为以下几种类型。

（一）经营者不当获取商业秘密

经营者通过不正当手段获取商业秘密破坏了商业秘密的秘密状态，这本身就是一种侵犯商业秘密的行为，同时也为经营者或其他主体从事其他侵犯商业秘密行为提供了条件。根据2019年《反不正当竞争法》第9条第一款第1项，经营者不当获取商业秘密的手段主要包括“盗窃、贿赂、欺诈、胁迫、电子侵入或者其他不正当手段”。所谓“盗窃”，是指经营者以非法占有为目的，窃取权利人商业秘密的行为。在实践中，经营者往往以复印、照相、发送邮件等方式窃取权利人的商业秘密，使得商业秘密脱离权利人的原始控制。所谓“贿赂”，是指经营者通过向掌握商业秘密的相关人员提供财物或其他利益以获取商业秘密。所谓“欺诈”，是指经营者通过编造虚假信息或隐瞒事实真相的方式，致使掌握商业秘密的相关人员因陷入错误判断而向经营者提供商业秘密。所谓“胁迫”，是指经营者通过威胁、恐吓等不法手段对掌握商业秘密的相关人员的思想施加强制，使其产生恐惧心理并因此而向经营者提供商业秘密。所谓“电子侵入”，是指经营者通过技术手段非法侵入商业秘密权利人的计算机设备、电子设备、网络设备、存储设备等非法获取商业秘密。不当获取商业秘密的手段形式多样，无法穷尽列举，因此用“其他不正当手段”进行兜底，主要是指经营者以违反法律规定或者公认的商业道德的方式获取权利人的商业秘密。

（二）经营者不当获取商业秘密后的非法披露或使用

虽然经营者不当获取商业秘密损害了权利人商业秘密的完整性，因而本身就构成一种侵犯商业秘密行为，但在实践中，许多经营者的目的并非仅仅在于不当获取商业秘密，而在于在此基础上从事进一步的侵权行为。我国《反不正当竞争法》第9条第一款第2项规定的进一步侵权行为包括“披露、使用或者允许他人使用”通过不当手段获取的权利人商业秘密。这种进一步侵权行为是之前不当获取商业秘密侵权行为的一种继续，使得权利人遭受进一步的、扩大的损害。

经营者在不当获取商业秘密后所进行的“披露”，是指经营者通过某种方式将权利人的商业秘密公之于众。这种披露行为将完全破坏权利人商业秘密的秘密性。经营者所进行的这种披露，并非要求向所有社会公众进行披露，其向“所属领域的相关人员”进行披露就达到了致使权利人商业秘密为公众所知悉的限度。经营者不当获取商业秘密的目的，往往在于使用商业秘密，这既包括经营者自己使用，也包括经营者允许他人使用。只要经营者或他人在生产经营活动中直接使用商业秘密，或者对商业秘密进行修改、改进后使用，或者根据商业秘密调整、优化、改进有关生产经营活动，就应当认定为使用。经营者自己使用或允许他人使用的行为，会将蕴含在商业秘密中的商业价值转化为经营者或他人的竞争优势，损害了权利人的利益，干扰公平竞争秩序。

（三）经营者合法获取商业秘密后的非法披露或使用

在前两种侵犯商业秘密行为情形中，经营者获取权利人的商业秘密本身是非法的。而在本情形中，经营者获取权利人商业秘密本身则是合法的，但其负有保密的义务。这种保密义务可能直接来自相关法律规定，也可能源于其与商业秘密权利人之间的合同约定。然而，在实践中，当事人双方可能并未在合同中约定保密义务。为了更好地保护商业秘密权利人利益，《最高人民法院关于审理侵犯商业秘密民事案件适用法律若干问题的规定》第 10 条第二款规定，当事人未在合同中约定保密义务，但根据诚信原则以及合同的性质、目的、缔约过程、交易习惯等，被诉侵权人知道或者应当知道其获取的信息属于权利人的商业秘密的，人民法院应当认定被诉侵权人对其获取的商业秘密承担保密义务。

《反不正当竞争法》第 9 条第一款第 3 项规定，经营者不得“违反保密义务或者违反权利人有关保守商业秘密的要求，披露、使用或者允许他人使用其所掌握的商业秘密”。需要说明的是，商业秘密权利人的员工、前员工等和合法掌握商业秘密的主体，如果其本身并未“从事商品生产、经营或者提供服务”，则不构成经营者，即便其非法披露、使用或者允许他人使用其所掌握的商业秘密，也不适用《反不正当竞争法》第 9 条第一款第 3 项，因为包括第 3 项在内的第 9 条第一款所禁止的是“经营者”实施的侵犯商业秘密的行为。非经营者实施的相关侵犯商业秘密的行为，需适用《反不正当竞争法》第 9 条第二款。经营者合法获取商业秘密后进行的非法披露或使用，与经营者非法获取商业秘密后进行的非法披露或使用，在披露或使用的行为表现方面没有本质差别。

（四）经营者间接侵犯商业秘密行为

2019 年《反不正当竞争法》修订后增加了经营者间接侵犯商业秘密行为类型，具体规定在《反不正当竞争法》第 9 条第一款第 4 项。根据该项规定，经营者不得“教唆、引诱、帮助他人违反保密义务或者违反权利人有关保守商业秘密的要求，获取、披露、使用或者允许他人使用权利人的商业秘密”。经营者所从事的“教唆”“引诱”“帮助”行为系共同侵权行为。间接侵犯商业秘密行为系由两类主体共同实施，即实施“教唆、引诱、帮助”行为的经营者，以及“违反保密义务或者违反权利人有关保守商业秘密的要求”的“他人”。由于实施“教唆”“引诱”“帮助”的主体应当为经营者，因此《反不正当竞争法》第9条第一款第4项中的“他人”，并不要求必然是经营者，例如可以是并未“从事商品生产、经营或者提供服务”的员工或前员工等，这与《反不正当竞争法》第9条第一款第3项的行为主体应当是经营者不同。对于《反不正当竞争法》第9条第一款第4项所规定的间接侵犯商业秘密行为，可以将其分解为以下几种接续发生的行为来予以理解。

第一，经营者实施了“教唆”“引诱”“帮助”行为。被“教唆”“引诱”“帮助”的对象是负有保密义务或应遵守权利人有关保守商业秘密要求的“他人”。“教唆”是指对他人进行开导、说服，或者通过刺激、怂恿等方法使他人违反保密义务或违反权利人有关保守商业秘密的要求。“引诱”是指通过诱导、劝导等方法促使他人违反保密义务或违反权利人有关保守商业秘密的要求。“帮助”是指向他人提供工具或指导等，以便使他人能更加容易地进行披露商业秘密等行为。

第二，他人因经营者的“教唆”“引诱”“帮助”而违反保密义务或者违反权利人有关保守商业秘密的要求，实施了披露、使用或者允许他人使用其所掌握的商业秘密的行为。可见，他人所实施的这种侵犯商业秘密行为，实际上就是《反不正当竞争法》第9条第一款第3项所规定的行为。只不过实施第3项规定违法行为的主体为经营者，而且其是单独实施，没有受到“教唆”“引诱”“帮助”，并不存在共同侵权行为。而实施第4项规定违法行为的“他人”，并非必须是经营者，而且其是在其他经营者“教唆”“引诱”“帮助”实施的。需要指出的是，如果他人违反保密义务或者违反权利人有关保守商业秘密的要求实施的侵犯商业秘密行为与经营者实施的“教唆”“引诱”“帮助”行为没有任何联系，而是他人另行实施的，则不应要求实施“教唆”“引诱”“帮助”行为的经营者承担侵权责任。这与刑法中的教唆犯罪存在明显区别，在刑法中，即便被教唆人没有按照教唆人的意图实施犯罪行为，教唆人的教唆行为仍然可能构成教唆未遂的犯罪。[1] 在这种情况下，他人违反保密义务或者违反权利人保守商业秘密的要求实施的侵权行为就单独构成违反《反不正当竞争法》第9条第一款第3项的行为。

第三，经营者不当获取了权利人的商业秘密，并在此基础之上可能进一步从事披露、使用或允许他人使用该商业秘密的行为。经营者无法直接通过不当手段获取权利人商业秘密，否则将直接落入《反不正当竞争法》第9条第一款第1项的规制范围。经营者通过“教唆、引诱、帮助他人违反保密义务或者违反权利人有关保守商业秘密的要求”这种间接方法来获取商业秘密，如他人受到教唆、引诱、帮助而违反保密义务或权利人有关保守商业秘密的要求披露了商业秘密，则经营者将获取这种商业秘密。可见，经营者通过这种间接方式获取商业秘密也是一种以不正当手段获取权利人商业秘密的表现，属于《反不正当竞争法》第9条第一款第1项中的“其他不正当手段”，但由于第9条第一款第4项专门对此种不当获取商业秘密的方式作出了规定，因此不应再归为第1项的“其他不正当手段”。经营者通过这种间接方式不当获取商业秘密之后，可能在此基础上进一步从

〔1〕 参见黄薇主编:《中华人民共和国民法典侵权责任编释义》，法律出版社2020年版，第20页。

事披露、使用或者允许他人使用权利人商业秘密的侵权行为。需要特别指出的是，经营者在教唆、引诱、帮助他人违反保密义务或者违反权利人有关保守商业秘密的要求后，借此不当获取了商业秘密，在此基础上从事的进一步侵犯商业秘密的行为，已经是一种直接侵犯商业秘密的行为，而不能再将其定性为间接侵犯商业秘密行为。间接侵犯商业秘密仅是指经营者教唆、引诱、帮助他人违反保密义务或者违反权利人有关保守商业秘密的要求的行为。

（五）非经营者侵犯商业秘密行为

1993 年《反不正当竞争法》和 2017 年修订的《反不正当竞争法》第 9 条第一款禁止的都是“经营者”实施侵犯商业秘密的行为，这就要求相关主体必须“从事商品生产、经营或者提供服务”。然而，在实践中，一些并不“从事商品生产、经营或者提供服务”的主体，也可能从事类似的侵犯商业秘密的行为，这对商业秘密权利人所造成的损害并不会因为其主体身份不是经营者而产生明显的本质不同。在司法实践中，一些当事人也以自己不属于经营者而主张自己不符合侵犯商业秘密行为的主体要件。〔1〕为了更好地保护商业秘密权利人的利益，制止非经营者所实施的侵犯商业秘密行为，2019 年《反不正当竞争法》修订，在第 9 条中增加 1 款作为第二款，将经营者以外的其他自然人、法人和非法人组织纳入侵犯商业秘密责任主体的范围。2019 年修订后的《反不正当竞争法》第 9 条第二款规定：“经营者以外的其他自然人、法人和非法人组织实施前款所列违法行为的，视为侵犯商业秘密。”从而将侵犯商业秘密的责任主体由经营者扩大到全部的自然人、法人和非法人组织。非经营者实施的侵犯商业秘密行为的类型与经营者侵犯商业秘密的行为类型相同，只要符合《反不正当竞争法》第 9 条第一款中所列行为类型的，均构成侵犯商业秘密行为。

（六）第三人获取来源违法的商业秘密及非法披露或使用

第三人在明知或应知他人实施侵犯商业秘密行为后，仍然从该他人处获取商业秘密，以及对该商业秘密进行披露、使用或者允许他人使用，这进一步扩大了商业秘密的被知悉范围，损害权利人的利益。第三人所实施的这种行为的前提是他人已经实施了侵犯商业秘密行为。而他人实施侵犯商业秘密行为的行为表现就包括向社会公众（自然包括第三人）进行披露，以及允许他人（自然也包括第三人）使用等。第三人通过他人侵犯商业秘密的行为而获取商业秘密，或者在此基础上披露、使用或允许他人使用，可以视作他人侵犯商业秘密这种违法行为的一种继续，也应当被认定为侵犯商业秘密行为而加以禁止。需要明确的是，第三人并没有直接采取盗窃等不正当手段获取权利人的商业秘密，否则就直接构成《反不正当竞争法》第 9 条第一款第 1 项所规定的行为。第三人获取商业秘密的方式，是在他人已经实施侵犯商业秘密行为后，从该他人处获取。第三人也并未参与他人实施的侵犯商业秘密行为，没有实施教唆、引诱或帮助等行为，否则又将落入《反不正当竞争法》第 9 条第一款第 4 项的调整范围。

---

〔1〕参见陈家辉等与邱诗海侵犯技术秘密纠纷上诉案，广东省高级人民法院（2012）粤高法民三终字第 543 号民事判决书。

2019 年《反不正当竞争法》第 9 条第三款规定："第三人明知或者应知商业秘密权利人的员工、前员工或者其他单位、个人实施本条第一款所列违法行为，仍获取、披露、使用或者允许他人使用该商业秘密的，视为侵犯商业秘密。"由于《反不正当竞争法》第 9 条第一款规定的是"经营者"所实施的侵犯商业秘密行为，主体必须是经营者，据此，第 9 条第三款中的"商业秘密权利人的员工、前员工或者其他单位、个人"也应当为经营者。然而，这种限定并不合理。如果非经营者实施侵犯商业秘密的行为，第三人从该非经营者处获取商业秘密，以及之后所从事的披露、使用或允许他人使用该商业秘密，这本身也是一种侵犯商业秘密的行为，并不因为他人是否为经营者而有所不同。况且，2019 年修订后的《反不正当竞争法》第 9 条第二款也增加了非经营者侵犯商业秘密的规定。只要第三人明知或应知商业秘密的来源为违法的，其仍然获取、披露、使用或允许他人使用的行为就应当受到谴责，构成侵犯商业秘密行为，而无论提供这种来源违法的商业秘密的主体究竟是经营者还是非经营者。因此，《反不正当竞争法》第 9 条第三款可以修改为"第三人明知或者应当知道他人实施本条第一款、第二款所列违法行为，仍获取、披露、使用或者允许他人使用该商业秘密的，视为侵犯商业秘密"。

三、侵犯商业秘密举证责任

在侵犯商业秘密民事诉讼中，商业秘密权利人与被诉侵权人之间的举证责任分配，是侵犯商业秘密案件审判中的核心问题。2019 年《反不正当竞争法》修订后专门增加一条，即第 32 条，对侵犯商业秘密的民事审判程序中举证责任的转移作了规定。侵犯商业秘密民事案件中主要涉及两个基本问题，一是权利人所主张的相关信息是否构成商业秘密；二是如果权利人主张的相关信息构成商业秘密，那么被诉侵权人的行为是否构成侵犯商业秘密行为。《反不正当竞争法》第 32 条第一款和第二款分别就这两个方面争议性问题的举证责任作出了规定。

（一）关于是否构成商业秘密的举证责任

根据《反不正当竞争法》第 32 条第一款，"商业秘密权利人"应当"提供初步证据，证明其已经对所主张的商业秘密采取保密措施，且合理表明商业秘密被侵犯"。由于权利人主张的相关信息是否构成商业秘密尚未经过法院最终认定，因此严格来说，《反不正当竞争法》第 32 条第一款中不应当使用"商业秘密权利人"的表述，而应当使用"权利人"的表述。权利人只需提供初步证据证明其已经对所主张的商业秘密采取保密措施，从字面意义上来看，似乎权利人只需要提供初步证据证明其采取了保密措施即可，而无须对其所主张的商业秘密的秘密性以及价值性这两个要件进行证明。但这种理解也可能与第一款的规定不符，因为第一款要求权利人证明其已经对"所主张的商业秘密"采取保密措施，因此，既然权利人主张其所拥有的相关信息构成商业秘密，那么也必须严格依据商业秘密所具有的"三性"来进行举证，而非仅仅证明其采取了保密措施。在司法实践中，权利人在起诉时，通常也会对其所主张的信息具有秘密性、价值性和保密性进行举证，以证明该信息构成商业秘密。《反不正当竞争法》第 32 条第一款在减轻权利人举证责任方面的规定，最主要体现在"提供初步证据"的要求上，这降低了证明标准，使得法院无法再以举证不足而直接驳回权利人起诉。第32条第一款中所规定的“且合理表明商业秘密被侵犯”，事实上应当是权利人证明被诉侵权人存在侵犯商业秘密的行为，而这也与第32条第二款中的“商业秘密权利人提供初步证据合理表明商业秘密被侵犯”存在重叠。鉴于此，在第一款中不应当再作该规定，而应当集中在要求权利人提供初步证据证明其所主张的相关信息属于商业秘密。

如果权利人已经提供初步证据证明其所主张的相关信息属于商业秘密，则举证责任转移到被诉侵权人一方，由其举证证明相关信息并不属于商业秘密。《反不正当竞争法》第32条第一款中规定，“涉诉侵权人应当证明权利人所主张的商业秘密不属于本法规定的商业秘密”。由于权利人只需提供初步证据证明其所主张的信息属于商业秘密，这减轻了权利人的举证责任，对应地，这将对被诉侵权人提出更高的举证要求，被诉侵权人应当对权利人所主张的信息不构成商业秘密进行举证，否则将承担举证不能的不利后果。事实上，《反不正当竞争法》之所以要适当减轻权利人的举证责任，也是因为商业秘密的某些认定要件很难从权利人的角度予以证明，其中最为明显的就是秘密性的证明。商业秘密的秘密性，也即不为公众所知悉，这是一个消极事实，权利人难以证明。然而，从被诉侵权人的角度而言，其只要举证证明权利人所主张的信息存在“为公众所知悉”的一种情形，即可推翻权利人关于其信息具有秘密性的主张。

（二）关于是否构成侵犯商业秘密行为的举证责任

在审判中，如果法院认定权利人主张的信息构成商业秘密，则需进一步对被诉侵权人的行为是否构成侵犯商业秘密行为展开分析。根据《反不正当竞争法》第32条第二款规定，商业秘密权利人应当提供初步证据合理表明商业秘密被侵犯，而涉嫌侵权人则应当证明其不存在侵犯商业秘密的行为。第二款具体列举了商业秘密权利人提供证据的三种类型，由于第三种类型“有其他证据表明商业秘密被涉嫌侵权人侵犯”实际上是一个兜底规定，因此接下来重点结合前两种类型展开分析。第一种类型的证据实际上是推定存在侵犯商业秘密行为，而第二种类型的证据则是直接认定存在侵犯商业秘密行为。

1. 侵犯商业秘密的推定

由于侵犯商业秘密的不正当竞争行为具有很强的隐蔽性，要求权利人证明涉嫌侵权人采取了不正当手段获取商业秘密，会明显加重权利人的举证责任，而且也会造成实践中权利人维权难的问题。鉴于此，修订后的《反不正当竞争法》调整了权利人和涉嫌侵权人之间的举证责任分配制度。依据《反不正当竞争法》第32条第二款第1项，商业秘密权利人提供初步证据合理表明商业秘密被侵犯，提供证据表明涉嫌侵权人有渠道或者机会获取商业秘密，且其使用的信息与该商业秘密实质上相同，则涉嫌侵权人应当证明其不存在侵犯商业秘密的行为。“涉嫌侵权人有渠道或者机会获取商业秘密，且其使用的信息与该商业秘密实质上相同”，此即“接触＋实质相同”的推定模式。一般而言，如果涉嫌侵权人有渠道或者机会接触到商业秘密，并且使用的信息与该行业秘密实质上相同，则可以推定涉嫌侵权人以违法手段获取了商业秘密并进行违法使用。

当然，对于依据“接触＋实质相同”规则而被推定侵犯商业秘密的涉嫌侵权人，仍可以举证以证明自己不存在侵犯商业秘密的行为。这既包括对“接触＋实质相同”本身进行反驳，即证明自己没有渠道或机会获取商业秘密，以及证明自己所使用的信息和权利人的商业秘密并不构成实质相同，也包括提供证据以证明自己所使用的信息具有合法来源，例如证明自己曾获得权利人的许可，或者证明该信息是通过自己的研发等而独立获取。此外，被诉侵权人通过反向工程获得被诉侵权信息，也是一种正当的抗辩。所谓反向工程，是指通过技术手段对从公开渠道取得的产品进行拆卸、测绘、分析等而获得该产品的有关技术信息。但涉嫌侵权人不得滥用反向工程抗辩，即被诉侵权人以不正当手段获取权利人的商业秘密后，又以反向工程为由主张未侵犯商业秘密。

2. 侵犯商业秘密的直接认定

如果商业秘密权利人有证据直接证明其商业秘密被侵犯，则无须通过间接推定的方法来予以证明。依据《反不正当竞争法》第 32 条第二款第 2 项，商业秘密权利人提供初步证据合理表明商业秘密被侵犯，提供证据“表明商业秘密已经被涉嫌侵权人披露、使用或者有披露、使用的风险”，涉嫌侵权人应当证明其不存在侵犯商业秘密的行为。由于商业秘密一旦被披露、使用，其对权利人的商业价值和给权利人带来的竞争优势将迅速消失，因此，即便涉嫌侵权人尚未实际披露、使用，只要存在这种风险，也构成侵犯商业秘密行为。对于商业秘密权利人的这种指控，涉嫌侵权人应当证明其不存在侵犯商业秘密的行为，否则将承担举证不能的不利后果。

四、侵犯商业秘密行为法律责任

（一）民事责任

经营者、经营者以外的其他相关主体、第三人违反《反不正当竞争法》第 9 条规定侵犯商业秘密，给商业秘密权利人造成损害的，应当依据《反不正当竞争法》第 17 条规定承担相应民事责任。因商业秘密被侵犯而受到损害的权利人的具体赔偿数额，仍须依据《反不正当竞争法》第 17 条第三款规定进行确定。2019 年《反不正当竞争法》修订后，在第三款中增加了侵犯商业秘密的惩罚性赔偿规定，即经营者恶意实施侵犯商业秘密行为，情节严重的，可以在所确定数额的 1 倍以上 5 倍以下确定赔偿数额。另外，依据《反不正当竞争法》第 17 条第四款，经营者、经营者以外的其他相关主体、第三人违反《反不正当竞争法》第 9 条规定，权利人因被侵权所受到的实际损失、侵权人因侵权所获得的利益难以确定的，可以由人民法院根据侵权行为的情节判决给予权利人法定赔偿，2019 年《反不正当竞争法》修订将法定赔偿金额的上限从 2017 年所规定的 300 万元提高到 500 万元。商业秘密权利人除了请求法院判决侵权人承担赔偿损失的民事责任外，还可以请求法院判决侵权人承担停止侵害的民事责任，以及请求法院判决侵权人返还或者销毁商业秘密载体，清除其控制的商业秘密信息。

（二）行政责任

《反不正当竞争法》第 21 条对经营者以及其他自然人、法人和非法人组织违反《反不正当竞争法》第 9 条规定实施侵犯商业秘密行为所应当承担的行政责任作出了规定，由监督检查部门根据具体情况给予以下行政处罚：（1）责令停止违法行为。即责令经营者以及其他自然人、法人和非法人组织立即停止实施侵犯商业秘密行为。（2）没收违法所得。这是 2019 年《反不正当竞争法》修订后增加的行政处罚方式。（3）罚款。根据违法情节的轻重，监督检查部门可以对侵犯商业秘密的经营者以及其他自然人、法人和非法人组织处以 10 万元以上 100 万元以下的罚款；情节严重的，处 50 万元以上 500 万元以下的罚款。

（三）刑事责任

经营者从事侵犯商业秘密行为构成犯罪的，依法承担相应刑事责任。《刑法》第 219 条是关于侵犯商业秘密罪的规定，依据该条第一款，有下列侵犯商业秘密行为之一，情节严重的，处 3 年以下有期徒刑，并处或者单处罚金；情节特别严重的，处 3 年以上 10 年以下有期徒刑，并处罚金：（1）以盗窃、贿赂、欺诈、胁迫、电子侵入或者其他不正当手段获取权利人的商业秘密的；（2）披露、使用或者允许他人使用以前项手段获取的权利人的商业秘密的；（3）违反保密义务或者违反权利人有关保守商业秘密的要求，披露、使用或者允许他人使用其所掌握的商业秘密的。由于《刑法》第 219 条所列举的 3 种侵犯商业秘密行为类型仅对应《反不正当竞争法》第 9 条第一款前 3 项行为，因此第 9 条第一款第 4 项所规定的教唆者、引诱者或帮助者，以及第 9 条第二款所规定的经营者以外的其他自然人、法人和非法人组织，第 9 条第四款规定的第三人，均不构成犯罪。同时根据《刑法》第 220 条规定，单位犯侵犯商业秘密罪的，对单位判处罚金，并对其直接负责的主管人员和其他直接责任人员，依照《刑法》第 219 条规定处罚。

第六节　不当有奖销售行为法律规制

一、不当有奖销售行为法律规制概述

（一）不当有奖销售行为概念

不当有奖销售，是指经营者为销售商品或者获取竞争优势，采取违背诚实信用和公平竞争原则的方式向消费者提供奖金、物品或者其他经济利益的行为。

有奖销售是经营者通常所采取的一种重要促销手段，能够活跃商品交易，也是经营者向消费者让利的一种体现。根据有奖销售的具体形式，可以将其划分为抽奖式有奖销售和附赠式有奖销售两种类型。抽奖式有奖销售是指经营者以抽签、摇号、游戏等带有偶然性或者不确定性的方法，决定消费者是否中奖的有奖销售行为。附赠式有奖销售是指经营者向满足一定条件的消费者提供奖金、物品或者其他利益的有奖销售行为。随着互联网的发展，一些经营者为了推广客户端、提高阅读量等，往往会向消费者提供某种礼品，这实际上也是经营者通过向消费者提供奖品、奖金等以谋取潜在交易机会或提高自身竞争优势的行为，与传统的有奖销售没有本质区别。

有些经营者一方面希望享受有奖销售带来的好处，另一方面又不愿意承担有奖销售的成本。还有些经营者将有奖销售异化为一种博彩活动。由于有奖销售政策主要是由经

营者单方面制定实施的，这给某些经营者提供了操纵有奖销售的空间，从而产生了诸多不当有奖销售行为。这不仅损害了消费者的利益，而且也因为这种不当有奖销售行为使得许多消费者从竞争对手转向自己，不当攫取了竞争对手的交易机会，损害了公平的市场竞争秩序。我国 1993 年《反不正当竞争法》第 13 条明确禁止经营者从事三种不当有奖销售行为:（1）采用谎称有奖或者故意让内定人员中奖的欺骗方式进行有奖销售；（2）利用有奖销售的手段推销质次价高的商品；（3）抽奖式的有奖销售，最高奖的金额超过 5000 元。2017 年《反不正当竞争法》进行修订时对该条作出了以下修改：一是增加了一种不当奖售的情形，即经营者“所设奖的种类、兑奖条件、奖金金额或者奖品等有奖销售信息不明确，影响兑奖”。二是删除了经营者“利用有奖销售的手段推销质次价高的商品”这种不当奖售情形，因为该种行为的本质主要是销售了质次价高的商品，有奖销售只是其利用的手段。虽然禁止经营者不当奖售也能在某种程度上解决经营者销售质次价高商品这一问题，但更为根本和有效的方式仍然是通过《产品质量法》和《消费者权益保护法》等法律。基于以上原因，《反不正当竞争法》修订时删除了该种情形的不当奖售类型。三是将抽奖式有奖销售的最高奖金额上限从 5000 元上调至 5 万元，因为随着 20 多年经济社会的发展人们的收入已经有了大幅增长，以及考量到通货膨胀等因素，5000 元的上限显然已经过低。

（二）不当有奖销售行为的损害

首先，不当奖售行为损害了消费者利益。有些经营者为了引诱消费者购买商品，采取欺诈或误导性方式进行有奖销售，使得消费者根本无法中奖，或者所中奖项与经营者所宣称的奖品存在严重不符，这使得消费者无法享受有奖销售促销行为的好处。

其次，不当奖售行为损害了公平竞争秩序。对于那些通过不正当方式影响消费者兑奖的经营者而言，其通过这种方式逃避或减少了奖售成本，相比于那些从事正当奖售的经营者而言，将具有成本优势，并将其转化为竞争优势，这损害了经营者之间的公平竞争。另外，某些具有雄厚财力基础的经营者，往往会以各种巨额奖金来引诱消费者与其进行交易，而那些中小经营者则往往并没有足够的经济基础持续提供这种巨额奖金，结果将导致消费者均涌向能够提供巨额奖金的经营者。由于顾客流失，交易机会减少，可能导致这些无力进行巨额奖售的中小经营者被迫退出市场。这实际上也是大的经营者滥用经济优势的表现，损害了公平竞争秩序，偏离了围绕商品的品质和价格展开竞争的要求。

最后，不当奖售行为产生了不良市场导向。有奖销售只是一种促销手段，经营者之间的竞争，仍然应当以提高商品质量、降低商品价格、丰富商品类型、完善商品功能等为重点，这是经营者提升自身竞争力的“本”。如果经营者舍本逐末，竞相在如何进行有奖销售方面展开竞争，则偏离了竞争的本质。尤其是经营者采取不正当方式进行有奖销售引诱消费者进行消费，使得许多消费者违背消费的初衷，购买许多原本不需要或超出正常消费需求的商品，造成了资源的浪费，也破坏了市场竞争价值的发挥。

二、不当有奖销售行为表现形式

（一）不透明有奖销售

经营者进行有奖销售，应当就有奖销售的相关情况如所设奖的种类、参与条件、奖金金额、奖品数量、中奖概率、活动范围、兑奖时间等信息进行全面、准确地披露，以保障消费者的知情权。这些信息是消费者决定是否参与有奖销售活动的重要依据，如果经营者不提供完整准确的信息，则可能导致消费者违背自己的真实意愿而参加有奖销售活动，并影响消费者兑奖。《反不正当竞争法》第 10 条第 1 项禁止经营者在进行有奖销售时存在“所设奖的种类、兑奖条件、奖金金额或者奖品等有奖销售信息不明确，影响兑奖”的情形。《规范促销行为暂行规定》第 13 条进一步具体规定：“经营者在有奖销售前，应当明确公布奖项种类、参与条件、参与方式、开奖时间、开奖方式、奖金金额或者奖品价格、奖品品名、奖品种类、奖品数量或者中奖概率、兑奖时间、兑奖条件、兑奖方式、奖品交付方式、弃奖条件、主办方及其联系方式等信息，不得变更，不得附加条件，不得影响兑奖，但有利于消费者的除外。在现场即时开奖的有奖销售活动中，对超过五百元奖项的兑奖情况，应当随时公示。”在商业实践中，有些经营者进行的有奖销售所提供的奖品并非金钱或实物的商品，而是某些代金券等，需要消费者再次消费才能够使用。这些类型的有奖促销策略也为许多经营者从事不当奖售提供了空间，损害了消费者利益。鉴于此，《规范促销行为暂行规定》第 14 条规定：“奖品为积分、礼券、兑换券、代金券等形式的，应当公布兑换规则、使用范围、有效期限以及其他限制性条件等详细内容；需要向其他经营者兑换的，应当公布其他经营者的名称、兑换地点或者兑换途径。”

（二）欺诈性有奖销售

《反不正当竞争法》第 10 条第 2 项规定，经营者不得采用谎称有奖或者故意让内定人员中奖的欺骗方式进行有奖销售。依据该项规定，欺诈性有奖销售又可以具体划分为以下两种情形。第一，谎称有奖。所谓谎称有奖，是指原本并没有相关奖品等，经营者却向消费者作出有奖承诺的行为。这既包括完全没有任何奖品等，也包括没有某几类或某几个等级的奖品等。在后一种情形中，经营者并非完全没有安排相关的奖品，而只是对于特定类型的奖项并没有准备相应的奖品，例如经营者虽然宣传有特定奖、一等奖，但实际却并没有投放特定奖、一等奖的奖券，也未准备相应的奖品。第二，故意让内定人员中奖。在该种情形中，经营者并不存在谎称有奖的情形，而是正如其对外宣传的那样设定了各类奖项，并准备了相应的奖品。但为了“肥水不流外人田”，经营者安排由内定的自己人中奖。经营者通常是让内定人员中等级更高、奖金金额等更大的奖项，对于等级更低、奖金金额更小的奖项，则任由一般消费者获得。经营者内定的人员，可能是内部员工，但为了避嫌，经营者也可能指定与自己没有公开关系的单位或者个人，以此来营造中奖者为普通消费者的假象。由于普通消费者一般很难了解经营者与内定中奖者之间的关系，尤其是当内定中奖者是经营者指定的相关单位或个人时，经营者所从事的这种故意让内定人员中奖的不当奖售行为就更具隐蔽性从而难以被发现。

（三）高额抽奖式有奖销售

经营者进行抽奖式有奖销售，如果所设定的最高奖的金额过高，则会产生诸多问题。首先，这种过高的奖金金额将在消费者群体中引发强烈的博彩心理，从而导致消费者的不理性消费，使得消费者购买商品或接受服务偏离了消费的目的，转而超出正常消费需要大量购买商品，以期提高中奖的概率，这将造成商品的浪费。其次，由于实力较弱的中小经营者往往无力承担过高的奖金金额，由此而可能导致顾客转向进行高额抽奖式有奖销售的大经营者，这可能导致中小经营者被排挤出市场，从而干扰了经营者之间的公平竞争。最后，经营者进行高额抽奖式有奖销售的成本，最终都会通过涨价等方式转嫁给购买商品的消费者。然而，毕竟能够中高额奖金的消费者仅为极少数，绝大多数未中高额奖金的消费者将承担这种高额抽奖式有奖销售的成本，不得不支付更高的价格。我国《反不正当竞争法》修订后将抽奖式有奖销售的最高奖金额从此前的 5000 元提高到 5 万元，超过 5 万元，即构成不正当竞争行为。

需要说明的是，最高奖金额超过 5 万元构成不当奖售行为，仅适用于抽奖式有奖销售，旨在避免或减少抽奖式有奖销售中的博彩成分。附赠式有奖销售的奖品金额超过 5 万元不适用该规定，因为经营者普遍性地给予达到条件的所有购买者以超过 5 万元的奖励，本质上可以看作是经营者的一种降价行为，并不具有博彩成分。

在实践中，有些经营者所设定的最高奖金额超过 5 万元，以高额奖金来吸引消费者，但待消费者抽中最高奖之后，又以自身所设定的最高奖金额超过反不正当竞争法所规定的最高限额，违反了效力性强制性规定，主张该有奖销售行为不受法律保护，希望以此来避免支付高额的奖金。经营者的这种主张不应得到法律支持。因为《反不正当竞争法》关于抽奖式有奖销售最高奖金额不得超过 5 万元的规定，属于管理性规定，而不是效力性规定。如果经营者所设定的奖品金额超过《反不正当竞争法》所规定的最高限额，则其应当受到监管部门的处罚，但这并不导致抽奖活动的无效，经营者仍然应当向中奖消费者给付所承诺的奖品。[1] 如果允许经营者肆意以奖金金额超过 5 万元为由而拒绝履行支付奖金义务，也有悖诚实信用原则。因此，即便经营者在抽奖式有奖销售中所设定的奖金金额超过《反不正当竞争法》所规定的最高限额，经营者仍然应当向中奖者支付所承诺的奖金。

三、不当有奖销售行为法律责任

（一）民事责任

经营者违反《反不正当竞争法》第 10 条规定进行有奖销售，给他人造成损害的，应当依法承担民事责任。在司法实践中，经营者所进行的不当奖售行为往往会损害消费者利益，例如经营者的有奖销售信息不明确影响消费者兑奖，或者谎称有奖，或者在抽奖式有奖销售中设定超过 5 万元的奖金金额但事后又拒绝向消费者支付奖金，消费者可

---

〔1〕 参见监利新天地房地产开发有限公司、卓中海物权保护纠纷案，湖北省高级人民法院（2019）鄂民申 475 号民事裁定书。

依据《反不正当竞争法》提起诉讼。经营者所进行的不当奖售行为也可能损害其他经营者的合法权益，其他经营者可以向人民法院提起诉讼。不过，从司法实践来看，直接由其他经营者提起的诉讼较少。因经营者不当奖售行为受到损害的经营者的赔偿数额，应当依据《反不正当竞争法》第 17 条第三款规定予以确定。

（二）行政责任

《反不正当竞争法》第 22 条对经营者违反《反不正当竞争法》第 10 条规定进行有奖销售所应当承担的行政责任作出了规定，由监督检查部门给予以下行政处罚：（1）责令停止违法行为。即责令经营者立即停止不当有奖销售行为。（2）罚款。依据经营者不当奖售行为的违法事实、情节等，处以 5 万元以上 50 万元以下罚款。

（三）刑事责任

由于《刑法》中并没有规定经营者所从事的不当奖售行为构成犯罪，根据罪刑法定原则，从事不当奖售行为的经营者不会因为该行为本身而承担相应刑事责任。

第七节　商业诋毁行为法律规制

一、商业诋毁行为法律规制概述

（一）商业诋毁行为概念

商业诋毁行为，是指经营者通过编造、传播虚假信息或者误导性信息，损害竞争对手商业信誉、商品声誉的行为。

商业信誉和商品声誉是经营者所拥有的一种重要无形资产，是经营者在长期的市场经营活动中通过自身不断努力而获得的，是市场对经营者的商品或服务的一种认可。拥有良好商业信誉和商品声誉的经营者将具有更大的竞争优势，更容易获得消费者的信赖。对于消费者而言，选择具有良好商业信誉的经营者和良好商品声誉的商品，可以节约搜索成本，并获得品质有保障的商品。正是由于商业信誉和商品声誉的建立并非短期内能够完成，而且也非易事，一些经营者怠于通过自己的努力获取商业信誉和商品声誉，同时为了打击竞争对手，削弱竞争对手的竞争优势，选择通过编造、传播虚假信息或误导性信息等，对竞争对手进行商业诋毁。这种行为不仅严重损害了竞争对手的利益，而且也违背商业道德，严重干扰了公平的竞争秩序。

我国 1993 年《反不正当竞争法》第 14 条规定："经营者不得捏造、散布虚伪事实，损害竞争对手的商业信誉、商品声誉。"该条规定并没有列举商业诋毁行为的具体表现，因此该条规定实际上是原则性的概括性规定，属于一般条款，具体何种行为构成商业诋毁行为，需要依据该条规定予以具体认定。根据该条规定，只有当经营者捏造、散布的是"虚伪事实"，才可能构成商业诋毁行为。然而在实践中，经营者所散布的信息可能是客观事实，但经营者通过在文字表述上做文章，刻意引起他人误解，使他人对竞争对手做出不良社会评价，这同样会损害竞争对手的商业信誉和商品声誉。“捏造、散布虚伪事实”只是经营者损害竞争对手商业信誉、商品声誉的行为表现之一，但并非唯一的行为。由于“捏造、散布虚伪事实”的表述适用情形偏窄，而且存在逻辑矛盾，[1] 2017年修订后的《反不正当竞争法》第11条规定：“经营者不得编造、传播虚假信息或者误导性信息，损害竞争对手的商业信誉、商品声誉。”因此，经营者编造、传播“误导性信息”，损害竞争对手商业信誉、商品声誉的行为，也构成商业诋毁行为。

（二）商业诋毁与虚假或引人误解商业宣传

商业诋毁与虚假或引人误解商业宣传之间的联系主要表现在：第一,二者都构成不正当竞争行为，损害了市场公平竞争秩序。商业诋毁行为损害了竞争对手的商业信誉、商品声誉，削弱了竞争对手的竞争优势，致使竞争对手丧失交易机会，扰乱了市场竞争秩序。虚假或引人误解的商业宣传欺骗、误导了消费者，不当夺取了其他正当经营的经营者的交易机会，同样严重扰乱了市场竞争秩序。第二,二者的手段类似，都主要通过编造、传播虚假或引人误解的信息来实现。商业诋毁的行为表现为编造、传播虚假信息或者误导性信息，而虚假或引人误解商业宣传的行为表现类似，经营者对自己的商品性能等相关信息作虚假或引人误解的商业宣传，其同样存在编造的行为。第三,二者存在一定的竞合。经营者在对自己的商品进行虚假或引人误解商业宣传时，可能会同时对竞争对手进行商业诋毁，最典型的情形就是比较广告。

商业诋毁与虚假或引人误解商业宣传之间的区别主要表现在：第一，行为针对的对象不同。商业诋毁主要是针对竞争对手或其商品所实施的，而虚假或引人误解商业宣传主要是针对经营者自己的商品所进行的。第二,二者的行为方式不同。商业诋毁是通过贬低竞争对手来变相抬高自己，而虚假或引人误解商业宣传则是通过直接美化自己的商品来不当抬高自己。第三,二者损害的法益并不完全相同。二者在损害的法益方面也存在一定区别：商业诋毁行为损害了竞争对手的商业信誉、商品声誉，虚假或引人误解商业宣传损害了包括消费者知情权在内的消费者利益。

（三）商业诋毁与商业言论自由

言论自由是公民依据宪法所享有的一项基本权利。从内容上看，言论中包括政治言论、商业言论、学术言论等多种具体类型。在市场经济条件下，商业言论往往也构成言论的一个重要类型。[2]商业言论是指经营者对于市场经济中的各种问题，由通过言语方式表达其思想和见解的自由。商业言论自由是言论自由在市场经济中的具体体现，是市场经济发展的必然要求。保障经营者的商业言论自由，能够促使经营者主动向市场披露有关商品的信息等，减少信息不对称问题，同时也能够发挥经营者作为市场主体内在监督功能的独特优势，实现对其他经营者的有效约束。但是，正如言论自由存在界限一样，商业言论自由也有边界。经营者虽然享有商业言论自由，但在行使这种权利，针对其他经营者尤其是针对同业竞争者发表相关言论时，应当尽到更高的谨慎注意义务。正如法院在吕燕等与深

[1] 王瑞贺主编:《中华人民共和国反不正当竞争法释义》，法律出版社2018年版，第39页。

[2] 许崇德等编:《宪法》，中国人民大学出版社2007年版，第211页。

圳影儿时尚集团有限公司商业诋毁纠纷上诉案中所指出的，经营者在市场活动中所享有的商业言论自由，应以不侵犯其他经营者合法权益和不扰乱正常市场竞争秩序为限，经营者虽然有权评价其他经营者的商品、服务或者经营活动，但这一评论自由必须以客观真实、公允中立、诚实信用为原则。[1]应当在保护经营者的商业言论自由与维护市场公平竞争秩序二者之间实现平衡。

二、商业诋毁行为的认定

1. 商业诋毁行为主体为经营者

商业诋毁行为的主体只能为从事商品生产、经营或者提供服务的自然人、法人和非法人组织。非经营者如消费者等对其他经营者所实施诋毁行为虽然不构成商业诋毁，但可能构成侵犯名誉权行为。经营者指定内部员工或者委托其他非经营者实施商业诋毁行为的，应当认定为该经营者所实施的商业诋毁行为。

2. 商业诋毁的对象为竞争对手

传统上，竞争对手是指与自己生产、销售相同或近似商品的经营者，这是狭义上的竞争对手，即同业经营者。在实践中，经营者实施的商业诋毁行为往往也是直接针对同业竞争对手。然而，随着商业实践的发展，竞争关系不再局限于狭义的同业竞争关系，某些从传统上看彼此之间并不具有竞争关系的经营者之间，也可能因技术发展、消费习惯改变等而具有直接竞争关系。因此，尽管商业诋毁的对象仍然主要是竞争对手，但执法机关、司法机关不能拘泥于狭义的同业竞争，而是应当从广义上理解竞争关系，只要经营者之间具有利益关系，在争夺交易机会或获取竞争优势方面存在竞争，就应当认定为竞争对手。经营者在进行商业诋毁时，可能并未直接指明竞争对手的名称。但是，如果根据经营者所发布的信息及描述等，相关公众能够识别这种信息所针对的具体对象，则也构成商业诋毁。

3. 商业诋毁的行为表现为编造、传播虚假信息或者误导性信息

所谓“编造”，是指经营者无中生有地捏造虚假信息，或者通过断章取义、故意歪曲等方式对相关信息、素材进行编辑。这是商业诋毁行为的源头。所谓“传播”，是指经营者通过各种媒介将所编造的虚假信息或误导性信息公之于众。传播的方式很多，例如发布广告、向竞争对手的客户寄送信函等，随着网络的不断发展，经营者也越来越多地通过微博、微信、短视频等自媒体向社会公众发布相关信息。“编造、传播”的主体可能是同一经营者，也可能是不同经营者。具体可以分为以下几种情形：（1）经营者既编造又传播虚假或误导性信息。这种情形较为典型，可能构成商业诋毁。（2）经营者仅编造虚假或误导性信息但并未进行传播。如果经营者未积极主动进行传播，则他人自然也无从知晓这种信息，这一般不会对市场竞争造成影响，不构成商业诋毁。但是，如果经营者放任他人较为容易地获取这种信息，这实际上也构成一种变相的传播，可能构成

---

〔1〕 吕燕等与深圳影儿时尚集团有限公司商业诋毁纠纷上诉案，广东省高级人民法院（2021）粤民终 382 号民事判决书。

商业诋毁。（3）经营者仅传播虚假或误导性信息。在这种情形下，经营者只是传播了由他人所编造的虚假或误导性信息，则可能构成商业诋毁。编造这种虚假或误导性信息的主体既可以是其他经营者，也可以是非经营者。例如，如果消费者编造了虚假信息并进行传播，某经营者在获知该信息后也进行进一步传播，则经营者传播的行为本身可能构成商业诋毁。

经营者编造、传播的是“虚假信息”或者“误导性信息”。所谓虚假信息，是指内容不真实、与客观事实不符的信息。所谓误导性信息，是指信息虽然本身可能真实，但可能是片面的、有歧义的，或者是尚没有定论的，经营者编造、传播这种信息，容易使社会公众产生错误的认知和理解。通常而言，诋毁行为所使用的语言大多是对被诋毁对象的一种负面评价，对被诋毁对象进行污蔑、贬低、攻击和侮辱等。但在商业诋毁中，经营者有时使用一些不带任何负面评价的表述，往往也能够达到让公众对竞争对手产生误解的效果。

4. 商业诋毁的后果是损害了竞争对手的商业信誉、商品声誉

商业信誉和商品声誉都是公众对于经营者及其商品的一种社会评价。从广义上来讲，商业信誉是公众对经营者的一种总体性评价，既包括对经营者主体身份的一种评价，也包括对经营者所提供商品的一种评价，因此商业信誉包含商品声誉。但从狭义上而言，商业信誉是在商品声誉之外关于经营者主体身份的一种评价。我国《反不正当竞争法》区分了商业信誉和商品声誉，因此是从狭义上理解商业信誉。经营者的商业信誉，更多的是与经营者的人格权相联系，是对经营者身份的一种评价，可以看作对“人”的评价。而商品声誉则主要是围绕经营者所提供商品而产生的评价，可以看作对“物”的评价。

经营者对竞争对手进行商业诋毁，目的就在于通过损害竞争对手的商业信誉、商品声誉，使得社会对经营者的评价由此前的一种正资产转化为一种负资产，削弱竞争对手的竞争力。经营者对竞争对手的商业信誉、商品声誉的损害有不同形式。竞争对手的商业信誉遭到损害后，将很难再获得客户的信赖，无法继续原有交易或展开新的交易等。竞争对手的商品声誉遭到损害后，很有可能出现产品大量积压，消费者不再购买其商品，经营者遭遇大量的退货等。商业诋毁造成的损害，既有可能是损害个体经营者的商业信誉，经营者所生产的个别商品的声誉，也有可能损害的是整个行业经营者的商业信誉，整个品类商品的声誉。商业诋毁所造成的损害既包括实际的损害，也包括造成损害的可能性。

三、商业诋毁法律责任

（一）民事责任

经营者违反《反不正当竞争法》第 11 条规定损害竞争对手商业信誉、商品声誉，给他人造成损害的，应当依法承担民事责任。竞争对手的合法权益受到商业诋毁行为损害的，可以向人民法院提起诉讼。因商业诋毁行为受到损害的竞争对手的赔偿数额，应当依据《反不正当竞争法》第 17 条第三款规定予以确定。虽然《反不正当竞争法》第

17 条第四款并未规定商业诋毁不正当竞争行为的赔偿数额计算可以适用该款规定的法定赔偿，但《最高人民法院关于适用〈中华人民共和国反不正当竞争法〉若干问题的解释》第 23 条却作了扩张。依据该解释第 23 条，对于《反不正当竞争法》第 2 条、第 8 条、第 11 条、第 12 条规定的不正当竞争行为，权利人因被侵权所受到的实际损失、侵权人因侵权所获得的利益难以确定，当事人主张依据《反不正当竞争法》第 17 条第四款确定赔偿数额的，人民法院应予支持。因此，如果权利人因商业诋毁行为受到的实际损失、侵权人因侵权行为所获得利益难以确定的，可以适用 500 万元以下的法定赔偿。

（二）行政责任

《反不正当竞争法》第 23 条对经营者违反《反不正当竞争法》第 11 条规定损害竞争对手商业信誉、商品声誉所应当承担的行政责任作出了规定，由监督检查部门给予以下行政处罚：（1）责令停止违法行为。即责令经营者立即停止编造、传播虚假信息或者误导性信息的行为。（2）消除影响。即责令实施商业诋毁的经营者在一定范围内采取适当方式消除对竞争对手商业信誉、商品声誉的不利影响，以使其商业信誉、商品声誉得以恢复。（3）罚款。依据经营者商业诋毁行为的违法事实、情节等，处以 10 万元以上 50 万元以下罚款；情节严重的，处 50 万元以上 300 万元以下的罚款。这里的“情节严重”，主要包括以下情形，例如经营者编造、传播虚假信息或者误导性信息行为给竞争对手造成了重大经济损失的，利用互联网等公开损害竞争对手商业信誉、商品声誉从而造成大范围传播的，造成竞争对手停业、停产甚至破产的，等等。

（三）刑事责任

经营者实施商业诋毁行为，给他人造成重大损失或者有其他严重情节的，可能构成犯罪。我国《刑法》第 221 条规定了损害商业信誉、商品声誉罪。该条规定：“捏造并散布虚伪事实，损害他人的商业信誉、商品声誉，给他人造成重大损失或者有其他严重情节的，处二年以下有期徒刑或者拘役，并处或者单处罚金。”该条规定仍然是与 1993 年《反不正当竞争法》第 14 条规定相衔接而作的犯罪化规定，从第 221 条的条文内容看，构成损害商业信誉、商品声誉罪的行为表现方式为“捏造并散布虚伪事实”。虽然《反不正当竞争法》修订后将编造、传播“误导性信息”也纳入损害商业信誉、商品声誉的行为类型，但《刑法》在此后的修正中却并没有作相应调整。根据罪刑法定原则，只有经营者“捏造并散布虚伪事实”这种行为类型才可能构成犯罪。不过，鉴于《反不正当竞争法》已经作出了修改，而《刑法》第 221 条又是以《反不正当竞争法》中的相关条款为依据而作的犯罪化规定，同时，经营者编造、传播“误导性信息”也可能造成严重后果，今后《刑法》修正时可以对第 221 条作出相应修改。

第八节　互联网新型不正当竞争行为法律规制

一、互联网新型不正当竞争行为法律规制概述

（一）互联网新型不正当竞争行为概念

互联网新型不正当竞争行为，是指互联网经营者利用技术手段，妨碍、破坏其他经营者合法提供的网络产品或者服务正常运行的行为。

互联网所构筑的网络空间，已经成为经营者展开竞争的重要场所。为了争夺交易机会，一些经营者利用技术手段采取不正当的方式对其他经营者正常的经营活动进行阻碍和破坏，这严重干扰了互联网市场的公平竞争秩序。《反不正当竞争法》修订时专门增加一条，即第 12 条，以调整网络领域中的不正当竞争行为。互联网领域的不正当竞争行为可以大致划分为两类：一是传统不正当竞争行为在互联网领域的延伸，即经营者通过互联网实施传统的不正当竞争行为。《反不正当竞争法》第 6—11 条所规制的传统不正当竞争行为都可以通过互联网实施。二是互联网新型不正当竞争行为，即互联网领域所特有的、经营者利用互联网技术所实施的不正当竞争行为。为了更好预防和制止经营者通过互联网实施不正当竞争行为，2024 年 5 月 6 日，国家市场监督总局制定公布了《网络反不正当竞争暂行规定》，自 2024 年 9 月 1 日起施行。

修订后的《反不正当竞争法》第 12 条第一款规定："经营者利用网络从事生产经营活动，应当遵守本法的各项规定。"该款更多地属于一种宣示性规定，本身并不太可能成为执法或判决的依据。违反该款的行为，也必然会违反《反不正当竞争法》第 6—11 条或者第 12 条第二款这些更加具体的条款，后者可以作为直接的执法或判决依据。即便是涉案行为不符合《反不正当竞争法》第 6—11 条以及第 12 条第二款规定的行为类型，也可以适用《反不正当竞争法》第 2 条，第 2 条作为一般条款虽然本身也具有抽象性，但相比于《反不正当竞争法》第 12 条第一款而言则要相对具体，在司法实践中是法院裁判的法律依据。不过，《反不正当竞争法》第 12 条第一款作为一种宣示性规定仍然有其自身的价值，其表明了《反不正当竞争法》对经营者利用互联网从事不正当竞争行为的一种否定。

修订后的《反不正当竞争法》第 12 条第二款规定的是互联网领域特有的、与互联网紧密相关的不正当竞争行为，也即互联网新型不正当竞争行为，也可以称作狭义上的互联网不正当竞争行为。本节所分析的主要是《反不正当竞争法》第 12 条第二款所规定的这种互联网新型不正当竞争行为。

（二）互联网新型不正当竞争行为构成要件

1. 主体要件

互联网新型不正当竞争行为的行为主体和损害对象均为互联网经营者。互联网新型不正当竞争行为的实施主体为互联网经营者，即利用互联网技术提供互联网服务的竞争。虽然随着互联网的不断发展，传统行业的许多经营者也选择通过互联网来宣传、销

售自己的商品，但这些经营者本身并不是互联网经营者，其虽然利用了互联网技术，但所提供的并非互联网服务，而仍然是传统的商品。受到互联网新型不正当竞争行为损害的对象，也应当是互联网经营者。互联网竞争具有跨界竞争和流量竞争的特点。不同互联网经营者尽管在服务形式、服务内容等方面存在差别，但在互联网经济条件下，不同互联网经营者都是通过提供核心平台服务来吸引用户，获取流量。因此，非同业互联网竞争者之间在争夺用户、流量等方面存在竞争关系。

2. 主观要件

互联网经营者实施互联网新型不正当竞争行为，通常都是故意为之。由于互联网不正当竞争行为是经营者利用技术手段所实施的，其往往涉及复杂的网络技术，例如《反不正当竞争法》第 12 条第二款第 1 项所列举的插入链接、强制进行目标跳转等行为，需要经营者精心设计、筹划才能实现，并达到“妨碍”“破坏”的效果，是经营者积极主动追求的结果，因此只能是故意为之。

3. 客观要件

行为表现为经营者利用技术手段，通过影响用户选择或者其他方式实施。经营者实施的互联网新型不正当竞争行为具有很强的技术性，经营者必须是利用了互联网领域内的特有技术手段实施，例如利用插件在其他经营者的网站上插入链接，通过广告屏蔽功能过滤视频网站的广告，利用手机 App 唤醒策略实施流量劫持，等等，这些行为都具有很强的技术特征。需要指出的是，互联网新型不正当竞争行为所使用的技术，必须是互联网的某种底层技术。如果经营者只是使用了一般互联网服务，例如通过电子邮箱向竞争对手的客户发布侵权警告，或者通过短视频对自己的商品进行虚假宣传等，虽然也利用了某种互联网技术，但这只是使用了互联网的通用服务，而非底层技术，因此不构成互联网新型不正当竞争行为。

4. 后果要件

行为的后果是妨碍、破坏了其他经营者合法提供的网络产品或者服务正常运行。“妨碍、破坏其他经营者合法提供的网络产品或者服务正常运行”这一规定涵盖的情形事实上非常广泛，只要互联网经营者的行为对其他经营者合法提供的网络产品或者服务的正常运行产生了妨碍、破坏效果，就有可能构成不正当竞争行为。这就首先需要认定其他经营者所提供的网络产品或者服务本身是否合法，从而能够得到法律的保护。这主要涉及的是“合法性”的判断，而不涉及其他经营者提供网络产品或者服务的方式等是否合理的认定。互联网新型不正当竞争行为妨碍、破坏了其他经营者合法提供的网络产品或服务的正常运行，对于此处的“正常运行”，应当作广义理解，既包括网络产品的正常使用，也包括网络产品的正常下载、安装等，只要产生了不当干扰，就可以认定为构成了妨碍、破坏。

二、互联网新型不正当竞争行为的表现

《反不正当竞争法》第 12 条第二款前 3 项列举了经营者利用技术手段，妨碍、破坏其他经营者合法提供的网络产品或者服务正常运行的 3 种具体行为，这是对我国此前实

践中所出现的典型互联网新型不正当竞争行为的总结。此外，随着互联网行业的不断发展，新的不正当竞争行为类型也不断涌现，为了避免挂一漏万，《反不正当竞争法》还规定了兜底条款，即第 12 条第二款第 4 项。

（一）流量劫持行为

我国《反不正当竞争法》第 12 条第二款第 1 项规定："经营者不得利用技术手段，通过影响用户选择或者其他方式，实施下列妨碍、破坏其他经营者合法提供的网络产品或者服务正常运行的行为：（一）未经其他经营者同意，在其合法提供的网络产品或者服务中，插入链接、强制进行目标跳转。"经营者违背其他经营者的意愿，在其他经营者合法提供的网络产品或者服务中插入链接、强制进行目标跳转，其目的在于将用户从其他经营者的网络产品上不当引导到自己的网络产品上，攫取了其他经营者的网络流量，因此也被称为流量劫持行为。需要注意的是，其他经营者所提供的网络产品或者服务本身应当是合法的。除此以外，认定这种流量劫持行为，还需要把握以下几点。

首先，经营者的行为并未获得其他经营者的同意。如果经营者在未征得其他经营者同意的情况下在其他经营者的网络产品中插入链接，将违背其他经营者的意愿。"强制进行目标跳转"，这本身就意味着是违背其他经营者意愿实施的。

其次，经营者进行流量劫持所采取的手段是插入链接、强制进行目标跳转这两种方式。（1）插入链接。经营者在其他经营者的网页等上面插入超链接，就可以将用户引导到自己的网页等上来，实现流量的引入。《最高人民法院关于适用〈中华人民共和国反不正当竞争法〉若干问题的解释》第 21 条第二款规定，仅插入链接，目标跳转由用户触发的，人民法院应当综合考虑插入链接的具体方式、是否具有合理理由以及对用户利益和其他经营者利益的影响等因素，认定该行为是否违反《反不正当竞争法》第 12 条第二款第 1 项的规定。据此，如果经营者仅插入链接，并由用户选择是否进行目标跳转，那么这种行为并不必然违法，法院需要分析相关因素之后再对其违法性进行认定。同时，从该款表述来看，似乎经营者可以插入链接并直接实现目标跳转，但这种未经用户触发的自动跳转，本身就构成"强制进行目标跳转"，因此不应将其界定为插入链接行为。（2）强制进行目标跳转。这种方式是指经营者通过技术手段，使得用户在浏览其他经营者的网页等时，在未经用户直接操作的情况下，直接跳转到自己的网页等上，实现流量的劫持。《最高人民法院关于适用〈中华人民共和国反不正当竞争法〉若干问题的解释》第 21 条第一款规定，未经其他经营者和用户同意而直接发生的目标跳转，人民法院应当认定为《反不正当竞争法》第 12 条第二款第 1 项规定的"强制进行目标跳转"。

最后，经营者所实施的流量劫持行为妨碍、破坏了其他经营者合法提供的网络产品或者服务的正常运行。其他经营者对于自己合法提供的网络产品或者服务具有经营自主权和控制权，经营者在其他经营者的网络产品上插入链接，影响了其他经营者的网页布局和美观，并诱导用户离开其他经营者的网页等，转向自己的网络产品，截取了其他经营者的用户流量。经营者实施的强制进行目标跳转行为，迫使用户放弃使用其他经营者的网络产品，损害了用户的知情权和选择权，同时这种行为直接抢夺了其他经营者的交易机会，损害了其他经营者的合法权益和竞争秩序。

（二）排他性行为

我国《反不正当竞争法》第 12 条第二款第 2 项规定："经营者不得利用技术手段，通过影响用户选择或者其他方式，实施下列妨碍、破坏其他经营者合法提供的网络产品或者服务正常运行的行为：……（二）误导、欺骗、强迫用户修改、关闭、卸载其他经营者合法提供的网络产品或者服务。"经营者通过技术手段误导、欺骗、强迫用户修改、关闭、卸载其他经营者合法提供的网络产品或者服务，一旦其目的得以实现，则其他经营者合法提供的网络产品或服务将被"修改、关闭、卸载"，导致用户会不同程度地放弃使用其他经营者的网络产品，这实际上就相当于排挤了其他经营者，本质上是一种排他性行为。将这种行为认定为是一种不当干扰行为并不准确。因为一方面，不当干扰意含着其他经营者的网络产品仍然能够运行，只不过是其正常运行受到了干扰，但"关闭""卸载"已经很难称作是一种不当干扰，至少对受到这种不正当竞争行为影响的用户而言，其他经营者的网络产品已经因为这种"关闭""卸载"而面临生死存亡。另一方面，插入链接、强制进行目标跳转行为也是一种不当干扰，而且更契合不当干扰的内涵，不当干扰行为不能仅仅指称《反不正当竞争法》第 12 条第二款第 2 项中的不正当竞争行为。

根据用户受到经营者行为影响的类型不同，可以将《反不正当竞争法》第 12 条第二款第 2 项所规定的不正当竞争行为分为两类：（1）欺骗、误导型排他性行为，即经营者利用技术手段，欺骗、误导用户修改、关闭、卸载其他经营者合法提供的网络产品或者服务。在该种情形下，用户之所以对其他经营者合法提供的网络产品等进行修改、关闭或卸载，主要是因为受到了经营者的欺骗或误导。由于互联网产品通常都具有较高的技术性，用户对于互联网产品背后的技术往往知之甚少，而经营者正是利用这种信息不对称，利用技术手段对用户进行欺骗或误导，通常是向用户传递有关其他经营者网络产品的虚假或误导性的负面信息，致使用户产生安全等方面的担忧，进而修改、关闭或卸载其他经营者的网络产品。由于经营者向用户所发布的信息是虚假的、误导性的，因此经营者的这种行为可能同时损害其他经营者的商业信誉、商品声誉，从而构成违反《反不正当竞争法》第 11 条的商业诋毁行为。（2）强迫型排他性行为，即经营者利用技术手段，强迫用户修改、关闭、卸载其他经营者合法提供的网络产品或者服务。从事强迫型排他性行为的经营者往往拥有某种较强的市场力量或市场地位，即某种相对优势地位，但经营者尚不具有市场支配地位，否则将适用《反垄断法》。但由于相对优势地位与市场支配地位之间存在一定的模糊地带，从而导致强迫型排他性行为与滥用市场支配地位行为可能存在竞合。

（三）恶意不兼容

我国《反不正当竞争法》第 12 条第二款第 3 项规定："经营者不得利用技术手段，通过影响用户选择或者其他方式，实施下列妨碍、破坏其他经营者合法提供的网络产品或者服务正常运行的行为：……（三）恶意对其他经营者合法提供的网络产品或者服务实施不兼容。"该种类型不正当竞争行为的规定，主要是针对"3Q 大战"中所反映出来的“二选一”行为进行调整。在该案中，如果用户选择继续使用360杀毒软件，则无法使用QQ软件服务，从而导致这两种软件的不兼容。这属于电脑端的软件不兼容。然而，随着平台经济的不断发展，尤其是移动端的兴起，出现了新的不兼容的形式，例如内容屏蔽、不予直链、关闭应用编程接口（API）等平台封禁行为。

经营者不兼容的主观方面表现为恶意。经营者恶意不兼容，实际上就是一种故意不兼容。如果是因为技术条件等客观因素限制而导致经营者无法对其他经营者合法提供的网络产品进行兼容，则经营者就不存在不兼容的恶意。判断经营者不兼容是否出于恶意，可以考察经营者是否专门针对某特定主体，是否给用户造成了严重的不便，是否产生了严重的社会不良影响等。

（四）其他妨碍、破坏行为

由于法律无法对快速发展的互联网行业中所出现的其他不正当竞争行为进行预测并一一列举，因此采取兜底条款，以保证《反不正当竞争法》适用的开放性。《反不正当竞争法》第12条第二款第4项规定：“经营者不得利用技术手段，通过影响用户选择或者其他方式，实施下列妨碍、破坏其他经营者合法提供的网络产品或者服务正常运行的行为：……（四）其他妨碍、破坏其他经营者合法提供的网络产品或者服务正常运行的行为。”这些不正当竞争行为并不属于《反不正当竞争法》第12条第二款前3项所规定的不正当竞争行为类型，但在本质上与前3项所规定的不正当竞争行为相同，都是经营者利用技术手段妨碍、破坏其他经营者合法提供的网络产品或者服务的正常运行，这损害了其他经营者的正当经营，并为自身谋取了不当利益，严重扰乱了市场竞争秩序。法院和执法机构依据《反不正当竞争法》第12条第二款第4项这一兜底条款审理、查处了许多互联网新型不正当竞争行为。这些新的不正当竞争行为所使用的技术也层出不穷。在实践中，这种不断涌现的其他形式的妨碍、破坏行为不一而足，只要其不属于《反不正当竞争法》第12条第二款前3项所规定的行为，且符合第12条第二款一般构成要件的行为，均可以适用《反不正当竞争法》第12条第二款第4项规定认定为不正当竞争行为。

三、互联网新型不正当竞争行为法律责任

（一）民事责任

经营者违反《反不正当竞争法》第12条规定妨碍、破坏其他经营者合法提供的网络产品或者服务正常运行，给他人造成损害的，应当依法承担民事责任。其他经营者的合法权益受到互联网新型不正当竞争行为损害的，可以向人民法院提起诉讼。因互联网新型不正当竞争行为受到损害的其他经营者的赔偿数额，应当依据《反不正当竞争法》第17条第三款规定予以确定。虽然《反不正当竞争法》第17条第四款并未规定互联网新型不正当竞争行为的赔偿数额计算可以适用该款规定的法定赔偿，但《最高人民法院关于适用〈中华人民共和国反不正当竞争法〉若干问题的解释》第23条却作了扩张。依据该解释第23条，对于《反不正当竞争法》第2条、第8条、第11条、第12条规定的不正当竞争行为，权利人因被侵权所受到的实际损失、侵权人因侵权所获得的利益

难以确定，当事人主张依据《反不正当竞争法》第17条第四款确定赔偿数额的，人民法院应予支持。因此，如果权利人因互联网不正当竞争行为受到的实际损失、侵权人因侵权行为所获得利益难以确定的，可以适用500万元以下的法定赔偿。

（二）行政责任

《反不正当竞争法》第24条对经营者违反《反不正当竞争法》第12条规定妨碍、破坏其他经营者合法提供的网络产品或者服务正常运行所应当承担的行政责任作出了规定，由监督检查部门给予以下行政处罚：（1）责令停止违法行为。即责令经营者立即停止妨碍、破坏其他经营者合法提供的网络产品或者服务正常运行的行为。（2）罚款。依据经营者妨碍、破坏行为的违法事实、情节等，处以10万元以上50万元以下罚款；情节严重的，处50万元以上300万元以下的罚款。这里的“情节严重”，主要是指妨碍、破坏的程度很大，给其他经营者造成了严重损失等。

（三）刑事责任

经营者实施妨碍、破坏其他经营者合法提供的网络产品或者服务正常运行行为，给他人造成重大损失或者有其他严重情节的，有可能构成《刑法》中的破坏计算机信息系统罪。依据我国《刑法》第286条，违反国家规定，对计算机信息系统功能进行删除、修改、增加、干扰，造成计算机信息系统不能正常运行，对计算机信息系统中存储、处理或者传输的数据和应用程序进行删除、修改、增加的操作，故意制作、传播计算机病毒等破坏性程序，影响计算机系统正常运行，后果严重的，处五年以下有期徒刑或者拘役；后果特别严重的，处五年以上有期徒刑。单位犯本罪的，对单位判处罚金，并对其直接负责的主管人员和其他直接责任人员，依照上述规定处罚。

重要名词术语

反不正当竞争、一般条款、竞争关系、商业混淆、商业贿赂、虚假或引人误解商业宣传、商业秘密、不当有奖销售、商业诋毁、互联网新型不正当竞争行为

思考题

1. 反不正当竞争法律制度国际发展规律。
2. 反不正当竞争法与反垄断法、知识产权法之间的关系。
3. 反不正当竞争法一般条款的理解与适用。
4. 竞争关系在不正当竞争行为认定中的地位。
5. 反不正当竞争执法与行业监管之间的关系。
6. 商业混淆行为的构成要件及行为表现。
7. 商业贿赂行为的构成要件。
8. 虚假或引人误解商业宣传行为的构成要件。
9. 侵犯商业秘密行为的构成要件及举证责任分配。
10. 不当有奖销售行为的表现形式。

11. 商业诋毁行为的认定要件。
12. 互联网不正当竞争行为的构成要件及行为表现。
13. 不正当竞争行为的法律责任承担方式。

典型案例分析

西某某股份公司、西某某（中国）有限公司与宁波奇某电器有限公司、昆山新某某电器有限公司等侵害商标权及不正当竞争纠纷案

核准注册在洗衣机商品上的涉案注册商标“西某某”由西某某股份公司（简称西某某公司）及西某某（中国）有限公司（简称西某某中国公司）享有专用权，经过长期使用具有较高知名度。西某某公司及西某某中国公司的字号“西某某”亦具有一定的影响。宁波奇某电器有限公司（简称奇某公司）在其生产销售的洗衣机产品、产品外包装及相关宣传活动中使用了“上海西某某电器有限公司”标识；个人独资企业昆山新某某电器有限公司（简称新某某公司）销售了前述被诉侵权产品。西某某公司及西某某中国公司以奇某公司、新某某公司的前述行为侵害了其注册商标专用权并构成不正当竞争为由提起本案诉讼，请求赔偿经济损失 1 亿元及合理开支 163000 元。江苏省高级人民法院一审认为，奇某公司、新某某公司的行为构成商标侵权及不正当竞争，全额支持了西某某公司及西某某中国公司的赔偿请求。奇某公司等不服，提起上诉。

最高人民法院二审认为，奇某公司在洗衣机机身上、商品外包装及宣传活动中使用“上海西某某电器有限公司”，分别对西某某公司构成商标侵权及《反不正当竞争法》第 6 条第二项、第四项规定的不正当竞争行为。鉴于奇某公司在诉讼中拒不提供与侵权行为相关的财务资料，一审法院将在案的媒体报道内容作为销售总额的计算依据，并按照 1/15 计算被诉侵权产品的销售额占比，进而确定赔偿额的做法并无不当。虽现有证据无法证明侵权获利及侵权损失，但足以认定奇某公司因生产、销售被诉侵权产品而获得的利益明显超过《反不正当竞争法》第 17 条第四款规定的法定赔偿最高限额，综合考虑西某某公司及西某某中国公司企业名称具有较高的知名度，奇某公司具有明显的主观恶意、侵权规模、侵权持续时间，并结合洗衣机产品的利润率等因素，一审确定的赔偿数额并无不当。最高人民法院二审判决，驳回上诉，维持原判。

本案是打击仿冒混淆行为的典型案例。本案中，人民法院认定将与他人有一定影响的企业名称中的字号及注册商标相同或相近似的标识作为字号使用，并从事经营活动的行为构成《反不正当竞争法》第 6 条规定的不正当竞争行为。同时，在现有证据无法证明侵权获利及实际损失具体数额的情况下，人民法院细化了确定赔偿数额的考量因素。本案裁判对混淆行为的认定、赔偿数额的计算等法律适用问题具有示范意义。

第九章 消费者保护法律制度

【内容提示】

消费者概念的确定系在民法体系下完成，其群体利益的界定又具竞争法意义，事实上形成了消费者权益保护的二元式法律体系结构。各国对于是否在民法之外采用特别的成文法体系也有着各自不同的选择。一方面，通过民法对消费者个体提供法律救济，另一方面，在民法成文法体系之外颁行特别的消费者保护法，针对消费者在购买、使用或接受时的弱势地位，通过特别法的形式予以补强，并基于此确立了消费者保护法与民法、反垄断法、反不正当竞争法之间的关系。同时，消费者保护的原则也体现了其民法及竞争法属性，其中诚信原则具有核心地位。

中国消费者保护法遵循着二元化保护体系，并颁布了《消费者权益保护法》作为特别法为消费者提供更为具体的保护。国际层面，联合国、有关国际组织及有关地区组织在搭建消费者权益保护框架方面作出了不同程度的努力。

消费者的权利主要包括安全保障权、知情权、自主选择权、公平交易权以及其他相关权利。作为消费者权利体系的核心组成部分，知情权对于整个消费者保护的法律体系构筑都具有重要的意义：消费者知情权是消费者行使自由选择权的前提，公平交易权是对消费者自由选择权提供的进一步保障。消费者其他权利涉及消费者的社会权利、人格权及监督权。在互联网条件下，为有效保障消费者权利，消费者保护法就“冷静期”及垃圾信息进行了特别规定。

与消费者权利对应的就是经营者的义务。规定经营者义务在相当的程度上是为了确保消费者权利得以实现。经营者对消费者所负安全保障义务、说明义务、公平交易义务及接受监督义务与消费者权利相互对应。同时，经营者势必要对其提供商品或服务承担持续性的质量担保义务，在出现问题的时候对该等商品或服务予以“召回”，以保障消费者的人身和财产安全，“三包”义务明确了经营者在出现质量问题时必须采取的措施，格式条款的相关制度保障了消费者的公平交易权。另一方面，消费者保护组织的设立和运行也在社会和法律层面保障了消费者权利。

在涉及消费者保护的法律中，往往采用民事规则和行政监管规则混编的方式完成其文本构建。消费者和经营者发生纠纷的，在自行解决相关纠纷之外，主要通过投诉、诉讼和仲裁来获得相关行政救济和民事救济。

消费者是市场机制运转是否通畅的重要尺度。经济法的重心立于市场，消费者是经营者在市场上相互竞争的目标，经营者争相为自己产品或服务争取到消费者并与之达成交易。具体到反垄断法和反不正当竞争法，消费者保护成为这两部重要法律的立法宗旨之一。另外，面对专业分工、精细经营的经营者，消费者的地位呈天然弱势，在民法体系之外为消费者保护提供救济措施，也成为经济法的一大任务。

第一节 消费者保护法基本原理

作为经济法的重要部门法，消费者保护法需要明确消费者概念，这是消费者保护法律体系得以建立的基石。而各法域不同的消费者保护立法体例，体现着消费者保护法律性质的不同认识及处理方式的差异。

一、消费者与消费者保护法

为明确消费者保护法的对象，消费者概念的定义至关重要，这也间接决定了消费者保护法体系的构成。

（一）消费者概念

合理地确定消费者的范围至关重要。一方面，界定了消费者范围，才能明确消费者与商品或服务提供者之间是否存在实质性地位不对等情形。另一方面，界定了消费者范围，才能决定对之提供相关法律救济的时机及具体方式，从而在民法制度的基础上确立消费者保护的法律体系。

《消费者权益保护法》第 2 条明确了其适用范围，将消费者界定为“为生活消费需要购买、使用商品或者接受服务”的主体。虽然并非直接定义，但是这种间接的概括构成了相关立法设计、司法实践及学理探讨的基础。

首先，消费者一般限定为自然人。与专业化、组织化的商品或服务提供者相比，获取并消费相关商品或服务的自然人地位弱势，符合在民法基础上予以附加保护的条件。对于一般的消费行为，将消费者限定为自然人，符合“生活消费”的需求。实践中，雇主购买相关商品或服务供其员工使用，实际消费该等商品或服务的员工作为自然人享有消费者地位，但对于雇主能否作为消费者援引《消费者权益保护法》主张权利，在理论和实践中都存在一定程度的争议。一方面，雇主作为组织化的营利主体，其拥有比自然人更强的专业判断力，似乎没有必要在民法架构之外再行通过《消费者保护法》对之提供额外的保护；另一方面，在雇主是自然人时，其能否因购买该等商品或服务取得消费者身份，却又是一个可以商榷的问题。

其次，消费者的目的是“生活消费”。“生活消费”是商品和服务生产或提供的目的，最终体现了商品和服务的价值。生产或提供商品和服务是营利行为，否则就无法持续性生产或提供相关商品或服务，而营利性主体间所具备或应该具有的专业性和风险承受能力，都不是对商品和服务进行“生活消费”的消费者所能比拟的。对于前者，现行的民法体系就能够提供足够的救济措施，而对于进行“生活消费”的主体，考虑到其专业性及风险承受力与营利主体的差异，通过法律制度设计对其提供额外的保护是必要和正当的，并不会干扰市场的有效运作，反而更有助于体现商品和服务的真实市场价值。这样，“生活消费”就界定了《消费者保护法》对市场进行干预的目的和界限，体现着其对整个民事法律体系的依附及补充关系。

最后，购买、使用或接受相关商品和服务都可以构成消费者。从民法角度出发，购买体现着消费者与经营者的合同关系，而“使用”或“接受”则体现了经营者通过商品或服务对消费者进行侵权的可能。购买和使用或接受的行为由同一消费者作出，符合商品和服务流通的最终归宿。但生活消费中商品和服务的使用者并不限定于购买人本身。在家庭消费场景中更是如此。因此，承认购买、使用或接受商品和服务都可以成为消费者，才能使得法律为消费者提供更为完备的保护。

需要指出的是，根据《消费者权益保护法》第 62 条的规定，消费者保护法也适用于“农民购买、使用直接用于农业生产的生产资料”。这也是注意到中国农民相对农业生产资料经营者的弱势地位，为了保障农业生产，借助消费者保护法对农民提供了特别的保护。

（二）消费者保护的法律体系构成

一方面，从消费者的界定可以看出，消费者权益保护法与民法的关系十分紧密。另一方面，在市场竞争中，消费者群体也是一个十分重要的概念。只有对消费者个人的利益与消费者群体的利益结合起来，通过消费者保护的二元化法律体系，才能对消费者权益提供晚上的法律保障。

保护消费者权益离不开成熟的民法体系支撑。单纯从民法的角度观察，消费者只是合同关系或者侵权关系的一方当事人。在这个意义上，现成的民法体系能够给其提供足够的法律救济。但在商品或服务的生产或创设链条中，营利及专业的主体之间不存在一般化的法律地位不对等情形；只有非专业及非营利的最终消费者面对向其提供该等商品或服务的，会产生法律不对等的现象。在合同关系或者侵权关系双方法律地位明显不对等的情形下，通过特别的法律规定对该等民事法律关系予以进一步界定和支持，避免单纯适用相关民事法律制度后产生显失公平的情形。

在市场竞争中，经营者之间存在横向竞争关系，而这种横向竞争关系的目的争夺消费者，从而使得经营者与消费者形成了纵向关系。此时，消费者作为一个群体的权益才具有法律意义：市场经营者之间激烈竞争，是要取得消费者群体的青睐；如果只是争取某个消费者，达成消费合同后竞争就宣告结束，唯有瞄准消费者群体才能进行持久竞争，才能使得竞争发挥优胜劣汰的效能。此时，对消费者群体的保护，是为了确保竞争的自由和公平。无论反不正当竞争法和反垄断法，都将保护消费者权益作为其宗旨之一，在具体适用中关注市场竞争机制中群体意义上的消费者权益保护，而非具体消费行为中个体意义上的消费者权益保护。

这样，民法及民法基础上的消费者权益保护法基于合同法或侵权法保障消费者个体权益，而反不正当竞争法及反垄断法通过维护自由及正当的竞争而保护消费者群体权益，事实上形成了消费者权益保护的二元式法律体系结构。

二、消费者保护法的立法体例

事实上的二元式消费者权益保护法律体系下，反垄断法和反不正当竞争法对消费者群体权益的保护有其自身逻辑，而各国对于是否在民法之外采用特别的成文法体系也有着各自不同的选择。

（一）消费者保护的两种立法体制

因为针对个体消费者提供的法律救济措施植根于民法中的合同法及侵权法制度，所以在民法之外是否有必要颁行消费者权益保护特别法，目前存在着两种立法体例。

一方面，通过民法对消费者个体提供法律救济，不再另行制定消费者保护的特别法律。基于民法中相关合同及侵权的特别规定，对民法之中的诚信原则进行强调，在普通民法规范的基础上兼顾到消费者的相对弱势地位，从而在民法适用于消费者相关合同及侵权争议时能够充分避免显失公平的情形。《德国民法典》是这方面的范例。

另一方面，在民法成文法体系之外颁行特别的消费者保护法，针对消费者在购买、使用或接受时的弱势地位，通过相关制度设计予以补强，从而在成文法的意义上搭建出独立于民法成文法体系之外的消费者权益保护法体系。但其终究还是民法的特别法，其没有特别规定的，还可以适用民法合同法及侵权法部分相关规定。我国于 1993 年 10 月 31 日通过《消费者权益保护法》，后分别于 2009 年 8 月 27 日及 2013 年 10 月 25 日进行了修正，共分为 8 章 62 条，就消费者保护的总则、消费者的权利、经营者的义务、国家对消费者合法权益的保护、消费者组织、争议的解决及法律责任等 7 个方面，对消费者个体利益的保护进行了详细的规定，建立了典型的消费者保护特别法律制度。

（二）消费者保护法与反垄断法之间的关系

从消费者利益在竞争中的作用而言，反垄断法对自由竞争的维护就是在保护消费者利益。《反垄断法》第 1 条将“维护消费者利益”作为其立法宗旨之一，并在对“专营专卖”行业的规制、垄断协议、滥用市场支配地位及经营者集中部分具体强调了对消费者利益的保护。这是针对消费者群体利益而言的。

而在滥用市场支配地位部分，反垄断法可能会直接调整经营者与消费者之间的关系。诸如“搭售”等行为可能会让单个消费者直接根据反垄断法的规定对经营者提起权利主张。最高人民法院发布的指导案例表明，消费者个人可以直接根据《反垄断法》主张自己的权利受到损害，而无须再行援引《消费者权益保护法》主张权利。

（三）消费者保护法与反不正当竞争法的关系

《反不正当竞争法》在第 1 条确立了三重保护宗旨，其第 2 条又可被司法机关作为一般条款予以适用。这两条规定和第二章的具体行为规定一起，确定了反不正当竞争法行为规范的架构。

与消费者权益保护法不同，反不正当竞争法着重从市场竞争的角度考察消费者是否受到影响。而消费者作为一个群体的权益才具有竞争法意义，关注的是群体意义上的消费者权益保护，而不是个体意义上的消费者权益保护。具体而言，如《反不正当竞争法》第 1 条所述，反不正当竞争法保护“经营者”及“消费者”的“合法权益”，并保护公平竞争。表面看来，这三叠利益形成三角关系，但这是一个不能互相转动的三角：顶角位置的，必须是“公平竞争”或通过“公平竞争”实现的“公共利益”，这就决定了底下的两角，无论是保护“经营者”或“消费者”“合法权益”，都需要满足“公平竞争”的需要。

我国《反不正当竞争法》第1条已经确立了三重保护宗旨。我国法学界的主流观点也认为，反不正当竞争法应该保护消费者利益。[1]《反不正当竞争法》在2017年修改后在第2条第二款增加了“消费者的合法权益”这一表述，在立法层面最终确立一般条款的二元化结构，为一般条款的适用提供了完善的规则体系；同时，在其对第二章具体条款的修改中，对“不当商业宣传”进行了修改，并在第8条第二款规定了“组织虚假交易”行为，进行了基于二元结构的一般条款具体化尝试，为进一步的消费者权益保护打下了基础。

（四）消费者保护法与民法之间的关系

消费者保护法原本就是民法的一部分。在成文法上将消费者保护法独立成法，就得确立消费者保护法与民法之间特别法与一般法之间的关系。这也意味着，消费者保护法的规定将得到优先适用，而消费者保护法没有规定的，才适用民法的相关规定；不但如此，消费者保护法中的原则和制度，都可以回溯到民法加以解释，从而这就为消费者保护法提供了坚实的体系性支撑。

（五）中国消费者保护法的体系构成

总体而言，中国消费者保护法还是遵循着二元化保护体系。基于民法的消费者保护法对消费者个人提供法律保护，而反垄断法及反不正当竞争法共同为消费者群体提供保护。

狭义上的消费者保护法就是1993年颁布后于2013年修正的《消费者权益保护法》。该法植根于《民法典》中的原则和合同及侵权相关制度，对消费者权益保护规定了详细的专门法律制度，根据消费者维权的特点确立了消费者保护协会的相关制度，从而建立起完备的消费者权益保护体系。究其实质，该法律还是一部个人权利保护法，作为民法的特别法为消费者个人提供法律保障。除此之外，《产品质量法》及《食品安全法》也针对具体的层面对消费者给予保障。

广义上的消费者保护法还包括反垄断法及反不正当竞争法在内的消费者群体权益保护法律。两者在市场竞争的语境下对消费者的群体利益进行保护。但由于反垄断法所针对的滥用市场支配地位也涉及经营者对具体消费者个体实施的垄断行为，所以并不排除消费者个人根据反垄断法以交易相对人的身份主张自己的权利。但此时，提起主张的个人是以交易相对方的身份提起，而非消费者，所以严格而言，这与《消费者权益保护法》为消费者个人提供的法律保障截然不同。需要注意的是，在反不正当竞争法的法律架构下，《广告法》的施行也在很大程度上为消费者群体提供了进一步的保护。

---

〔1〕代表观点参见郑友德、范长军：《反不正当竞争法一般条款具体化研究》，载《法商研究》2005年第5期，第131页。

这样，在消费者保护的二元化体系下,《民法典》《消费者权益保护法》及相关的《产品责任法》和《食品安全法》一起为消费者个人提供法律保护，其依据是相关合同法及侵权法制度；而《反垄断法》《反不正当竞争法》及《广告法》为消费者群体提供保护，其宗旨是为了保护自由及公平的市场竞争。本章主要讨论的是《消费者权益保护法》所确立的原则及各项制度。

三、消费者保护法的原则

作为民法的特别法,《消费者权益保护法》的原则主要来源于民法体系。但基于消费者与经营者,《消费者权益保护法》的原则会强调对消费者的保护。同时，反不正当竞争法架构中相关制度也会对消费者个体的权益造成影响，故《消费者权益保护法》也需要对反不正当竞争法中的相关原则加以考虑。

（一）消费者保护法中的反不正当竞争法原则

经营者通过商业宣传追逐消费者群体，消费者个体基于该等商业宣传与具体经营者达成交易，从而成为《消费者权益保护法》所保护的消费者。虚假商业宣传，是《反不正当竞争法》及《广告法》所规制的行为，影响的是消费者群体的利益。消费者给予该等虚假商业宣传购买经营者相关商品或服务后受到损失的，就成为《消费者权益保护法》对该消费者个体提供法律救济的理由。通过虚假宣传禁止规定引入《消费者权益保护法》，补全了反不正当竞争法到消费者个人权利保护之间的链条。

（二）消费者保护法中的民法原则

《消费者权益保护法》第 4 条规定：“经营者与消费者进行交易，应当遵循自愿、平等、公平、诚实信用的原则。”这实际是民法原则在《消费者权益保护法》中的具体化。

自愿原则实际上充分体现了缔约自由原则。缔约自由是合同法中的基本原则。《消费者权益法》基于经营者与消费者之间实质地位不对等的情形，强调缔约自由，实际上隐含着经营者对消费者知情权及选择权的尊重。

平等原则充分说明了消费者保护相关法律的作用。正因为消费者与经营者之间的不对等地位，所以消费者相关法律需要明确消费者的相关权利，并为经营者施加一定义务，以取得民事关系中本应存在的平等地位。

一般平等主体之间的法律关系中，当事人都是在充分了解相关情形和信息之间对自己权利进行的处分。公平原则隐含着地位不对等当事人之间强势一方行为需要考虑到对弱势一方的影响，实际上对平等当事人之间的风险自负情形进行了一定的限制，具体表现为消费者的公平交易权。

而诚信原则作为民事法律中的基本法律原则，尤其适用于经营者与消费者这种当事人实质地位不对等的情形。强势一方在利用自己的优势时也必须考虑到弱势一方的利益，以诚信原则维护经营者与消费者之间法律关系对于市场竞争机制的推动作用，而非相反。

（三）诚信原则在消费者保护法中的作用

在《消费者权益保护法》引用及强调的民法原则中，诚信原则毫无疑问居于核心地位。

一方面，诚信原则在当事人地位不对等的情形中尤有意义。特别是在那些一方当事人在法律关系中占据主导甚至控制地位的时候，一方当事人的行为需要考虑另一方当事人的利益，不能以非诚信的方式谋取自己的利益。

另一方面，诚信原则在经营者与消费者之间的交易得到贯彻，就会保障市场竞争机制的质量，并推动整个经济的健康发展。在市场竞争中，消费者作为群体是目的，作为个体是终点。《消费者权益保护法》强调诚信原则，就是确保消费者个体获得优质的商品和服务，并在其中作出知情、自主的决定。这样，整个市场竞争的结果就是一个更加健康、更具活力的市场。强调诚信原则，就是确保消费者保护法体系与整个竞争法体系在价值取向上的一致，在个体权益得到保障的基础上实现自由、公平的竞争。

四、消费者权益的国际保护

国际贸易的发展使得消费者保护成为一个国际课题。同时因为消费者保护法总体属于民法或合同法及侵权法体系，很大程度上又只能通过国内法加以解决。但联合国、有关国际组织及有关地区组织在搭建消费者权益保护框架方面做出了不同程度的努力。

（一）《联合国消费者保护准则》

1985 年 4 月 9 日，联合国大会以第 39/248 号决议通过了《联合国消费者保护准则》，从而首次确立了一整套国际消费者保护法律原则。《联合国消费者保护准则》的目的包括保护消费者的健康和安全不受危害；促进和保护消费者的经济利益；使消费者取得充足资料，让他们能够按照个人愿望和需要作出掌握情况的选择；消费者教育；提供有效的消费者赔偿办法，以及有组织消费者团体或组织的自由，而这种团体对于影响到他们的决策过程有表达意见的机会。

在《联合国消费者保护准则》通过之后，随着数字时代的来临，消费者保护场景产生了翻天覆地的变化，金融领域的消费者保护问题也愈加突出。为了反映这些变化，《联合国消费者保护准则》分别于 1999 年及 2015 年增加了相关条款，设置了良好商业做法，金融消费者保护及电子商务的相关规定，从而使得《联合国消费者保护准则》适应了国际贸易及技术演进的客观要求。

但是，《联合国消费者准则》仅是联合国通过的消费者保护“软法”原则，仅供各国在立法及采取法律措施保护消费者时进行参考，并不具备约束力。尽管如此，《联合国消费者准则》在通过及修改的进程中体现了包括发展中国家在内各利益相关方的诉求，反映了国际贸易的发展及技术的变迁，成为各国通过自己消费者保护法律时的重要参考。

（二）欧盟消费者保护相关指令

欧盟消费者保护法主要由《不公平商业做法指令》《消费者权利指令》《价格标示指令》及《不公平合同条款指令》四大指令构成。

《不公平商业做法指令》系指欧洲议会及欧盟理事会于 2005 年 5 月 11 日通过的第 2005/29/EC 号《关于内部市场中的不公平商业行为以及关于修订欧共体第 84/450/EEC

号指令、欧洲议会及欧盟理事会第 97/7/EC 号指令、第 98/27/EC 号指令、第 2002/65/EC 号指令以及第 2006/2004 号条例的第 2006/29/EC 号指令之指令》。《不公平商业做法指令》，植根于完全协同化原则，旨在欧盟内部市场内消除市场障碍，为消费者和经营者提供确定的交易环境，从而搭建了规制欧盟经营者与消费者交易中不公平做法的法律框架。该指令适用于交易前、中、后 3 个阶段的一切不公平商业做法，旨在保护消费者的经济利益。其原则性规定涵盖了针对消费者的广泛不公平做法，具有相当的弹性。

《消费者权利指令》系指欧洲议会及欧盟理事会于 2011 年 10 月 25 日通过的第 2011/83/EC 号《关于消费者权利及修订欧共体理事会第 93/13/EEC 号指令、欧洲议会及欧盟理事会第 1999/44/EC 号指令并废止欧共体理事会第 85/577/EEC 号指令、欧洲议会及欧盟理事会第 97/7/EC 号指令之指令》。《消费者权利》指令适用于经营者与消费者达成的合同。值得注意的是，《消费者权利指令》虽然将消费者限定为自然人，但其本身并不排除成员国通过国内法将非自然人也纳入消费者范畴进行保护。

《价格标示指令》系指欧洲议会及欧盟理事会于 1998 年 2 月 16 日通过的第 98/6/EC 号《消费品价格标示的消费者保护指令》。《价格标示指令》要求经营者以“毫不含混，容易辨识及清楚易读”的方式标明其所提供商品的售卖价格和计量单位，以向消费者提供统一及透明的信息，使得消费者可以轻松地对商品价格进行评估和比较，从而作出更为知情的消费决定。

《不公平合同条款指令》系指欧共体理事会于 1993 年 4 月 5 日通过并经欧洲议会和欧盟理事会第 2011/83/EC 号指令修订的《消费合同不公平条款指令》。《不公平合同条款指令》针对经营者与消费者之间所订立合同中不公平条款向消费者提供保护，是在内部市场公平对待消费者的核心法律措施。30 多年以来，《不公平合同条款指令》被欧盟法院多个判决加以阐释和发展，为消费者提供了有力的保护。

2018 年，欧盟委员会推出所谓“消费者新政”，针对欧盟范围内损害消费者权益的行为，提议加强欧盟范围内的消费者保护执法，并在市场发展的趋势下实现欧盟消费者保护规则的现代化。随后，通过了《欧盟消费者保护改善及现代化指令》及《代表诉讼指令》。

《欧盟消费者保护改善及现代化指令》系指欧洲议会及欧盟理事会于 2019 年 11 月 27 日通过的（EU）2019/2161 号《关于联盟消费者保护规则执行改善和现代会及修订欧共体理事会第 93/13/EEC 号、欧洲议会及欧盟理事会第 98/6/EC 号、第 2005/29/EC 号及 2011/83/EC 号指令之指令》，对《消费者权利指令》做了修订，以更好地保护消费者。

《代表行动指令》系指欧洲议会及欧盟理事会于 2020 年 11 月 25 日通过的（EU）2020/1828 号《关于消费者群体权益代表诉讼及废止第 2009/22/EC 号指令之指令》，确保成员国提供保护消费者群体利益的代表诉讼机制。

欧盟四大指令及“消费者新政”一起，为欧盟消费者提供了充分、全面的权益保护架构，在比较法上有很强的借鉴意义。

（三）消费者保护相关国际组织

与消费者保护相关的国际组织最典型的当属国际消费者协会（Consumers International），

其总部设在英国伦敦。国际消费者协会前身是成立于 1960 年的国际消费者联盟组织（International Organisation of Consumers Unions），其时由美国、西欧及澳大利亚的 5 家消费者组织建立。很快发展成为一个全球消费者组织的协会，目由来自 100 多个国家的 200 多个消费者组织组成。中国消费者协会于 1987 年 9 月被国际消费者协会接受为正式成员。

国际消费者协会是一个独立的、不以营利为目的的、无政治倾向的世界消费者组织。其宗旨是在世界范围内协助各国消费者组织及政府做好保护消费者利益的工作，促进对产品比较方面的国际合作；收集、整理、交换各国有关消费者运动的情况；出版刊物，开展消费教育；组织各国有关保护消费者合法权益问题的研讨会；在注入世界卫生组织、联合国儿童基金会及世界贸易组织等国际机构中代表消费者，协助世界上不发达地区的消费者组织开展工作。

为了更好地开展消费者权益保护活动，1983 年，国际消费者协会决定将每年的 3 月 15 日作为"国际消费者权益日"。在这一天，各国消费者组织集中宣传消费者的权利，显示消费者力量的强大。其中包括发布新闻公报、向公众介绍消费者组织的活动情况；宣传消费者组织为保卫消费者的合法权益都做了哪些工作；并通过报刊、广播电台、电视节目进行宣传，组织有关消费者合法权益的演说，以提高消费者的认识。自 1986 年始，每逢国际消费者权益日，中国消费者协会与全国各地消协联合，通过街头宣传、举办展览、专题讲座、文艺晚会、知识竞赛等形式，开展维权宣传活动，是非常有意义的消费者权益保护教育活动。

第二节　消费者权利

消费者权利是消费者保护法的重心。在经营者与消费者实质地位不对等的情形下，《消费者权益保护法》通过列明及强调消费者的相关权利，从而实现对消费者权益的有效保障。

一、消费者权利的组成

《消费者权益保护法》第二章列举了消费者的权利。主要包括安全保障权、知情权、自主选择权、公平交易权以及其他相关权利。

（一）安全保障权

《消费者权益保护法》第 7 条规定了消费者享有安全保障权。具体而言，就是指消费者在消费相关商品或服务的，享有人身、财产不受损害的权利。该权利包含两方面的内容。一方面，消费相关商品或服务时不会导致消费者遭受人身伤害或财产损失；另一方面，所消费的商品或服务不会对消费者造成人身伤害或财产损失。实践中，前者往往指在经营者销售商品或提供服务的场所的安全，后者多指所销售商品或提供服务本身的安全。

安全保障权体现着对消费者保护的特别要求。平等的民事法律关系当事方彼此之间并没有这种特别要求。在经营者向消费者销售商品或提供服务时，经营者是为了营利而销售商品或提供服务，而消费者是为了生活消费去购买商品或接受服务。在这个意义上说，经营者并没有为了消费者而改变自己的经营活动，而消费者须为了获得该等商品或服务而购买或接受服务，这是在其平常生活之外需要额外做出的举动。因此，购买或接受服务的消费者就享有安全保障权，其没有义务承担消费过程中发生的人身伤害或财产损害。至于商品或服务本身给消费者可能带来的人身伤害或财产损失，也被一般的民法体系所涵盖，反倒并没有多少特别之处。

需要注意的是，安全保障义务涵盖于消费前、中、后 3 个阶段。尤其在消费前阶段，消费者仅仅是潜在消费者，还没有与经营者达成交易，但如果经营者诸如场所环境、商业组织等缺陷造成了消费者的人身伤害或财产损失的，消费者的安全保障权就已存在，可以就该等伤害或损失向经营者提起损害赔偿的权利要求。这样，消费者进入经营者的商铺买东西，如果因为商铺场所不安全，导致消费者购买东西之前人身受到伤害或者财物受到损失的，依据《消费者权益保护法》，经营者需要对消费者承担损害赔偿责任。

（二）知情权

《消费者权益保护法》第 8 条规定了消费者的知情权："消费者享有知悉其购买、使用的商品或者接受的服务的真实情况的权利。"第 8 条第二款紧接着更加具体第规定了知情权涉及的诸多方面：价格、产地、生产者、用途、性能、规格、等级、主要成份、生产日期、有效期限等。

1. 与其他权利相平衡的知情权

一般而言，知情权是当事人为达成合意的必然要求。在双方当事人地位对等的情形下，双方自然会对相关情形进行了解，无须法律特别进行提醒。而在法律地位不对等的情形下，强调弱势一方的知情权，就是为了帮助其了解交易的标的、条件及其他必要事项，以便在双方达成真正的合意。换言之，知情权是为了达成交易之必要，其范围不能超出该限度。第 8 条第二款的描述符合这一要求，实属必要。

消费者权利体系下，作为一个核心组成部分，知情权对于整个消费者保护的法律体系构筑都具有重要的意义。它一方面须承认传统民法对于消费者保护的影响，另一方面又为广告法、反不正当竞争法及反垄断法的相关制度提供了正当依据或观察维度。在这个意义上，无论在立法层面还是司法或行政实践层面，都需要在确立消费者知情权的同时，平衡不同利益诉求，确立其边界。如果只强调知情权而忽视其确立过程，不考虑知情权与其他权利的平衡，则容易造成知情权对整个消费者保护法律体系的冲撞，不但损害知情权本身的法律确定性，也无法在个体及群体层面实现为消费者提供有效保护。

2. 知情权与商业宣传

但实践中消费者知情权不仅是在消费时的知情权，还涉及消费前的知情权。经营者在找到具体对策前，就不得不与中国广告法及反不正当竞争法下的商业宣传建立连接。

《消费者权益保护法》中的消费者是现实的消费者，其已经或将通过购买或使用行为而明确了其个体身份，对此并不存在问题。而在《反不正当竞争法》《广告法》及《反垄断法》中，消费者往往是一个群体性概念，是“经济秩序”抑或是“竞争秩序”中的一个利益相关方，其具体范围实际上并不明确。所以，确立消费者知情权，就不可能不涉及消费者群体。在某种意义上，知情权在涉及整个消费者群体时要比仅针对消费者个人更有意义：后者是一个静态的概念，实际上可以通过民法或者合同法制度予以解决；而前者只能通过明确消费者知情权在整个市场竞争中的作用才能够确立，是一个动态的概念，直接体现了经营者群体与消费者群体之间的关系：出于竞争需要，针对潜在消费者群体，经营者为了吸引消费者购买或使用其商品或服务而主动释放信息——这样，消费者知情权就具有十足的竞争法意义。也就是说，在群体意义上确立消费者知情权，就要先确定潜在消费者群体范围，并在此基础上判断知情权是否必要或足够，超越潜在消费者群体范围谈论消费者知情权没有意义。而对于潜在消费者概念的确定及其影响，尤以广告法中的相关制度规定最为典型。

广告法所规制的广告针对潜在消费者。之所以将广告法放置于消费者知情权构建体系中，一方面是因为广告一般具有要约邀请的性质，是一种公开的信息展示，其目的就是吸引消费者；另一方面，《广告法》文本也确认了自己消费者权益保护的角色:《广告法》不但于第 1 条明确了其目标是“保护消费者的合法权益”，还于第 56 条明确了虚假广告造成消费者损害的民事责任。在某种意义上，《广告法》是通过对广告内容的规制实现了对消费者信息权的有效保护。因此，确定潜在消费者群体就成为广告法层面确立消费者知情权的重要议题。

《广告法》对广告内容的要求就是“真实性”。对此，《广告法》要求广告真实、合法，不能含有“虚假或者引人误解的内容”，“欺骗和误导”消费者。[1]在此基础上，《广告法》第二章提出了针对性的具体要求。但需要注意的是：作为要约邀请的一种表现形式，广告本身是一种夸张的意思表示。之所以夸张，就在于广告在经营者向消费者提供商品或服务的过程中所发挥的作用：经营者借助夸张的表达方式，吸引眼球，希冀唤起潜在消费者对其商品或服务的兴趣，以便该等潜在消费者最终选择自己，成为自己现实的消费者。在这个意义上，“王婆卖瓜，自卖自夸”，合理的夸张是正常的，并不影响潜在消费者对商品或服务情形的真实认识。此时，消费者知情权的意义就在于使得消费者能够明白广告信息的夸张之处在哪里。换言之，如果说广告是经营者向潜在消费者讲的笑话，它必须得好笑；如果笑话不好笑，经营者的努力就归于失败，其原本夸张的表达会被观众视为事实的表述，经营者可能会为此承担责任。由此可见，广告针对群体是否认为广告具有夸张效果，就成为意思表示是否夸张的判断标准。广告所针对的就是潜在消费者，其群体范围可能要根据每一个广告的具体情形而定，绝对的标准在此并不适用。因此，判断广告内容是否符合“真实性”的要求，就是对具体情形中的潜在消费者群体范围进行分析和判定，以判断这种夸张性是否适当，或者，该群体是否理解广告中的表述

---

〔1〕 参见《消费者权益保护法》第 3 条、第 4 条。

是一种“夸张”或“商业吹嘘”。

从法律文本而言，考虑到其规制对象的特殊性，《广告法》主要是通过广告内容规范、广告与内容的分立原则及分类规制实现消费者知情权的确立。虽然在很多情形下，《广告法》承认存在不同类型的潜在消费者群体，但是在很多方面，《广告法》似乎并没有考虑到潜在消费者具体群体范围对广告内容“真实性”的影响，而是直接通过法条确立消费者的知情权。

3. 知情权的法律意义

对于消费者个人而言，知情权和自由选择权都是静态的。充分行使或实现完全救济之后，尘埃落定，消费所针对的交易结束。但是对消费者整体而言，知情权和自由选择权永远是一种动态的过程。只有消费者群体中不断有人行使知情权之后做出自由选择，存在一种持续性的消费关系后，经营者之间的竞争才有意义——他们必须为了明天竞争，而不仅仅是为了眼前的一笔交易，所以得考虑其行为的长远意义。这样，对于消费者群体而言，基于知情权之上的自由选择权，就具有了十足的竞争法意义。此时，法律必须超越具体消费者个体，考察某项信息怎样影响消费者的知情权，从而最终影响消费者的选择。

经营者对潜在消费者提供信息，或主动披露信息，是为了潜在消费者做出决定，成为自己的消费者。一方面，法律要求经营者提供或披露真实的信息以供潜在消费者做出决定。另一方面，为了促使消费者能够自主做出决定，法律针对不同的消费者群体规定了信息披露或广告的不同要求，这就是基于不同情形下自由选择权的不同要求，确立相应的消费者知情权。法律如果低估了消费者的判断力，就会对这种“叫卖式”的方式产生许多不必要的担心。在这方面，广告代言人制度也许是另一个比较典型的说明。2015年修改后的《广告法》不但引入广告代言人作为广告法律关系的主体，还规定将广告代言人使用自己代言的产品作为合法要件之一。如此，唐国强就是失去了代言蓝翔技校的资格，而唐自己的代言本不会对公众和潜在投资者造成误导。实际上，很多时候，广告主之所以使用明星作为广告代言人，就是看中了明星可以最大范围地吸引到公众或潜在消费者对自己产品的注意，而非荐证效果。如要求广告代言人在吸引到足够公众注意后，再让其承担荐证责任，实际上是将消费者等同于明星粉丝，低估了消费者对广告代言人的判断力，抑制了广告市场自我调节机制，并对消费者群体的判断力和整个市场竞争体制表现出了十足的不信任，无法建立适合市场运行机制的消费者知情权体系。

综上所述，如利用诸如绝对化用语禁止等类似规定确立消费者群体的知情权，或者在知情权的基础之上再采取对消费者额外的保护措施，必须先确定潜在消费者范围，依照该等潜在消费者群体平均个体的理性理解，才能判定消费者知情权有无被损害，并确立相关行政规则的界限；除此之外，不存在其他的决定性标准，否则，就有可能把商业性的吹嘘误判为虚假信息，可能误解某些商业推广行为的效果，并对之予以禁止，从而抑制广告市场的活力，使得广告在消费市场上不能够充分发挥起作用。

消费者知情权的意义，就能够使得消费者自主决定，购买或使用经营者的商品或服务，行使自己的自由选择权。在这个意义上，消费者知情权是行使自由选择权的前提，不存在消费者知情权，就不存在消费者能自主作出选择。在某种意义上，这两个权利是紧密地联系在一起的，联合国《消费者保护准则》采取的“知情选择/决定”（informed decision）[1]这个概念就完美地诠释了这两者之间的关系：知情权基础上的自由选择权就是使得消费者能够作出知情的决定。

4. 知情权的范围

法律必须确立符合自由选择权要求的知情权。自由选择权的结果往往是一个消费合同的缔结，潜在消费者转为消费者本人。在合同法而言，合同双方提供的信息能让双方达成真正的合意。除此之外，诈欺制度的存在有效保障了合同当事人的利益。而在消费者权益保护法，基于对消费者弱势地位的认知，《消费者权益保护法》规定了经营者需要主动向消费者提供的详细信息，而不仅仅是消费者所要求的信息。这两部法律的知情权重点，实际上聚焦于一个已经站在经营者商品前的消费者，准备缔结合同，经营者在此时提供了什么信息；相应的自由选择权内容就是：在得到这些信息后，要不要缔结合同。而在此之前，经营者面向一个潜在的消费者群体，需要该经营者寻找到真正愿意购买自己商品的消费者。

广告作为一种要约邀请，更是经营者为吸引消费者注意而主动进行的一种信息披露。广告法确立消费者知情权，就是承认经营者有吸引潜在消费者关注的同时，还要保证消费者能够有效行使自由选择权。因此，广告法所关注的自由选择权就是：在得到这些信息后，要选择哪家/类经营者。

这样，对不同的消费者群体，就需要量身定做相应的知情权内容，使得相关消费者能够有效行使自由选择权。香烟外包装对“吸烟有害健康”的提示，医疗广告不得保证疗效，保健食品广告应当显著标明“本品不能代替药物”，婴儿乳制品广告不能声称“全部或部分替代母乳”，农药广告不能对功效进行保证，酒类广告不能“诱导、怂恿或者宣传无节制饮酒”，教育培训广告不得“作出明示或者暗示的保证性承诺”，招商等有投资回报预期的商品或服务广告应当进行风险提示或警示，房地产广告的“房源信息应当真实”并不得含有“升值或者投资回报的承诺”，种子广告不得对经济效益“进行分析、预测或者作保证性承诺”。这些要求都充分考虑到潜在消费者群体的认知、预期，规定了需要向其披露的内容或者不能含有的误导语句。

（三）自主选择权

《消费者权益保护法》第9条规定了消费者的自主选择权：“消费者享有自主选择商品或者服务的权利。”消费者的自主选择权包含两方面的内容：自主选择经营者，自主决定是否与经营者达成交易。这都需要消费者在消费前获取充分的信息，也需要与《广告法》建立强力的联系。

潜在消费者的自由权并不一定会因其知情而得到保障，即使决定时知情，也不一定当然引致自由选择。实际上，虽然消费者明知某种选择对自己不利，却在很多情形下仍

---

〔1〕“消费者能获得适足信息，使他们能根据个人愿望和需要作出知情选择。”参见《联合国消费者保护准则》第5条（e）项。

然如此选择。人只有在理性主导下才能趋利避害，而人是会犯错、会冲动的。在禁止香烟广告之前，要求在香烟外包装及广告中上加注健康提示，实际上已经为消费者提供了正反两面的信息，但是，如果消费者吸烟成瘾，即使其知晓吸烟对人体的危害，仍然会由于自己生理和心理的压力而选择吸烟，其虽然知情，但并非自由；即便是潜在消费者，虽然其了解吸烟的危害，但这种危害毕竟缓慢显现于将来，并无切身之痛，即使提示，也是泛泛而言，很难引起其足够警醒，而吸烟行为所具有的独特文化意涵却显得极具诱惑力，使得不少人成长为新的“瘾君子”，此时，虽然决定自由，但知情并不充分。这时，法律可以做的，就是让消费者充分有效地知情，以知情地自由决定。当然，可以禁止香烟的销售和使用，但社会代价和监督成本太高。于是，关闭烟草产品通过公开广告进行商业宣传的渠道，让一般消费者脱离烟草广告吸引，同时不限制具有强烈需求的消费者主动购买及消费烟草，以期消费者能够形成相对自由、知情的决定。

某些时候，虽然消费者知情，也做出了决定，但决定和知情不存在关联性，欠缺自由要素。对此，无论是《消费者权益保护法》《广告法》还是《反不正当竞争法》，都无明确规定。但在现实中，这种情形并不鲜见。

例如，情境一：甲见义勇为将乙救出，之后向乙推销其所经营的产品，乙购买了该产品，虽然该产品并不适合自己使用。情境二：某地油条爆出一例质量问题，一著名快餐企业发布一视频广告：一戴红领巾男孩说要去吃油条，父母大惊欲阻止，小男孩一笑，说是要去该快餐吃油条，父母长出一口气。情境三：一杀毒软件公司选择性地对一网络搜索服务商的搜索结果进行警示性表示，引导用户安装自己的浏览器及其他相关产品。

情境一中，甲向乙推销产品是在见义勇为之后，不存在对乙的胁迫问题；情境二中，广告只是说自己的油条安全，也不存在直接的贬低；情境三中，杀毒软件商指出了搜索结果可能的风险，并没有胁迫用户安装自己的产品。在 3 个情境中，消费者虽然知情，但在做决定时，并不自由。情境一中，甲利用了乙获救后的感激之情，使其接受了对自己无用的商品；情境二中，快餐企业利用公众在食品安全事件后的恐慌宣传自己的食品，有可能使得消费者对包括个体食品摊贩等其他食品提供者的接受度进一步降低，对消费者的选择权构成了进一步的影响；情境三中，杀毒软件公司利用对搜索结果的警告性标识推广自己的浏览器及其他相关产品，突出并利用了用户和潜在消费者的不安全感，从而限制了后者的自由决定权。

3 种情境涉及知情权，更关注自由选择权。在 3 种情境下，消费者虽然知情，或出于情感，或出于固有的恐惧感，使得其决定失去了自主性，就谈不上自由选择。这种自主性的丧失是真实存在的。但是目前法律并没有提供具体而明确的救济措施。情境一中，实际上涉及合同法相关制度，但合同法并没有“不当影响”制度，单单引用消费者权益保护法中的“自由选择权”制度能否解决相关问题，不无疑问；情境二利用并放大公众对食品安全事件所引起的担忧，诱导公众更多地选择自己的产品，此时，并不存在具体的消费者个体，不存在类型化认知的前提下，消费者个体也很难证明其自由选择权受到了限制；情境三与情境二存在相同的困境，不存在一个能证明自己失去自由选择权的消费者个体，而群体消费者的利益受损也很难予以证明——如果借助反不正当竞争法一般条款予以规制，需要司法机关对此予以确认予以救济，而目前尚无支持案例。

这意味着，有必要确立消费者虽知情但自由选择权遭到限制的救济方式。其前提就需要明确所针对的行为类型。除了情形一中所针对的是消费者个人外，情境二及情境三实际上针对的是消费者群体。如果说情境一尚有消费者权益保护法确立的自由选择权可以适用，涉及具体交易的完结，那么在情境二和情境三中，经营者所发布广告或信息就是为了唤起并利用消费者心中暗藏的恐惧，使其暂时失去独立决定的能力，迫使消费者优先选择自己的产品，这事关动态竞争过程。对于情境二和情境三，消费者权益保护法所确立的消费者权利体系并不能自动适用，必须通过广告法或反不正当竞争法的规制，确保竞争正当性，从而解决消费者虽然知情却不能自主决定的问题。

这样，所谓竞争正当性，就意味着经营者在竞争过程中不得阻碍消费者自主决定的权利。情境二和情境三中，经营者通过发布某种操控性信息，影响消费者自主决定的能力，从而取得针对竞争对手的优势地位。在不存在具体消费者个体利益受到影响的情境下，这实际上损害了消费者群体的利益：其因为受操纵性信息的影响无法独立自主决定。虽然在实践中并没有具体禁止经营者发布操控性信息或广告，但在广告法和反不正当竞争法的现有规定中，实际上对经营者发布操纵性信息的规制都留有空间。

广告法中对“真实”的界定是：“不得含有虚假或者引人误解的内容，不得欺骗、误导消费者。”操纵性信息虽然不一定虚假，但却有极大的误导性。其中的关联就是：该等信息瞄准的是在该等信息影像下失去自主决定性的消费者群体，因此具有误导性。这又一次回到了以下问题：需要根据具体情势确定消费者群体的范围。另一方面，在一些具体规定中，广告法似乎考虑到了对消费者自由选择权的压迫性影响。对于针对未满14周岁未成年人的广告，法律规定不得劝诱其要求家长购买广告商品或服务。虽然反不正当竞争法并没有规定阻碍消费者自主决定权的行为类型，却将保护消费者合法权益列为法律的三重目标之一，并含有和广告法相同的“欺骗、误导消费者”的内容。但在实践中，对于消费者保护维度下通过信息披露操纵消费者选择的不当竞争类型，司法机关似乎并不确定，而是设法将相关的行为纳入经营者直接竞争的关系加以考察。百度插标案中，奇虎对竞争对手搜索结果略显夸张的插标，利用消费者对不安全网站的恐惧，推广自己的浏览器。这实际上影响了消费者的自主决定权，取得对竞争对手的竞争优势。而最高院在对该案再审的裁定书中间，虽然对北京高院提出的“非公益必要不干扰原则”不置可否，但还是认为软件杀毒商不能未经网络搜索服务商同意提供标注服务，选择从经营者直接竞争的角度判断“插标”行为是否正当。[1]整个论证裁定过程中间，消费者的利益及选择缺位。这就产生了两方面的问题：一方面，如果用户选择在自己启动网络搜索后的结果中插标，是否可行？另一方面，奇虎对百度搜索结果的插标，是利用消费者对不安全网页的恐惧，通过夸大风险而推广自己的浏览器，使得消费者的自由选择

〔1〕 再审申请人奇虎公司与被申请人百度网讯公司、百度在线公司及一审被告奇智公司不正当竞争纠纷案，最高人民法院（2014）民申字第873号民事裁定书。

权受到了限制，从而影响了竞争，这与百度是否同意插标无关。

《反不正当竞争法》第 1 条将消费者“合法权益”作为其保护目标之一，并在 2017 年修订后在第 2 条明确：损害消费者“合法权益”也会构成不正当竞争。反不正当竞争法第八条将“欺骗、误导”消费者的虚假宣传作为不正当竞争的一种行为类型，但第 20 条将“虚假广告”的处罚援引于广告法。虽然有学者认为第 8 条和第 20 条可以对广告以外的推广行为进行规制，之前的实践中也存在依据第 8 条判定相关竞争行为不当的案例。但广告与其他推广行为的区别为何？司法机关并未提供确定答案。司法机关在引述该条款处理相关案件时，如果司法机关能按照《反不正当竞争法》第 1 条、第 2 条的规定，确定消费者的“合法权益”，依据第 8 条和第 20 条的规定，在反不正当竞争法层面建构消费者的知情权体系，引入妨碍消费者“自由决定权”或“自主决定权”的案例类型，将补足反不正当竞争法的适用维度，为《广告法》等其他相关法律提供足够的上位法支撑。而这种制度一旦建立，必然会对前述第 2 种和第 3 种情境操纵性信息的合法性予以否定，从而保障消费者自由决定权，推动市场竞争更健康地向前发展。

（四）公平交易权

《消费者权益保护法》第 10 条规定享有公平交易的权利：“消费者在购买商品或者接受服务时，有权获得质量保障、价格合理、计量正确等公平交易条件，有权拒绝经营者的强制交易行为。”

公平交易的权利实际上还是对消费者自由选择权提供的进一步保障。在消费者选择经营者并决定与之达成交易后，其交易关系的内容在很大程度上是有经营者所控制及决定的。一方面这是因为经营者在经营过程中积累了丰富的经验，与仅基于生活消费而偶尔购买的消费者相比，更能专业合理地确定交易的具体条款；另一方面，这也充分说明了消费者在交易当中与经营者专业技能及谈判能力的不对等。此时，对交易内容有控制力的一方当事人基于诚信原则，其行为需要考虑交易对方的利益。因此，赋予消费者公平交易权，使其自由选择权最终的交易结果也能够得到法律保障。但是由于公平交易权概念并非具体，而且在纠纷出现时需要裁判机关大量介入当事人的交易细节，所以主要适用的范围还是经营者通过格式合同与消费者缔约的情形。

（五）其他权利

《消费者权益保护法》第二章还规定了消费者的其他权利。主要涉及消费者的社会权利、人格权及监督权。

消费者的社会权利主要由两部分构成：成立消费者组织的权利及自我教育权。《消费者权益保护法》第 12 条规定：“消费者享有依法成立维护自身合法权益的社会组织的权利。”《消费者权益保护法》第 13 条规定：“消费者享有获得有关消费和消费者权益保护方面的知识的权利。消费者应当努力掌握所需商品或者服务的知识和使用技能，正确使用商品，提高自我保护意识。”一方面，倡导及保障消费者成立消费者组织，可以有效地弥补消费者与经营者在专业、经验及谈判能力等方面的不对等；另一方面，规定消费者自我教育权，就是希望通过各方面的信息普及及消费者教育，促使消费者在进行消费时更专业、更理性，以便在社会层面提高消费者在交易中的地位。

消费者在交易中的人格权受到保护。《消费者权益保护法》第 14 条规定："消费者在购买、使用商品和接受服务时，享有人格尊严、民族风俗习惯得到尊重的权利，享有个人信息依法得到保护的权利。"实际上，在任何民事关系中间，当事人的人格权都是得到法律保护的。具体到消费者与经营者之间的法律关系，由于法律地位的不对等，消费者的人格权在一些场合可能会被忽视甚至遭到侵犯。诸如搜身及扣留的案例充分说明了消费者的弱势地位。《消费者权益保护法》对这种权利的强调，既便于被侵权的消费者提起权利主张，也有助于加强对消费者人格权的尊重和保护意识。

消费者对消费者权益保护工作有监督的权利。在消费者权益被经营者损害的情形下，个体消费者的寻求法律救济的渠道、精力和资源都是有限的。而消费交易所涉金额相对而言有限，这进一步限制了消费者寻求法律救济的动力。在消费者个人权益与消费者群体利益紧密相关的情形下，往往是通过能够提供行政救济的国家机关维护自己的权益。在此前提下，行政机关的维权效率对于消费者权益保护至关重要。因此，《消费者权益保护法》第 15 条第二款规定："消费者有权检举、控告侵害消费者权益的行为和国家机关及其工作人员在保护消费者权益工作中的违法失职行为，有权对保护消费者权益工作提出批评、建议。"

二、新技术条件下消费者权利的发展

互联网丰富和发展了消费者远程购物的形态，其去中心化的结构使得消费者更容易获取心仪的商品或服务。但是，互联网条件下也产生了新的问题。一方面，远程购物使得消费者无法确切了解其所购买的商品或服务，并容易产生冲动消费。另一方面，新技术条件下使得经营者可以搜集到消费者许多个人数据，这些个人数据可能会被用来做商业推销使用，消费者对此享有哪种权利，也是法律需要权衡的问题。

（一）冷静期

《消费者权益保护法》第 25 条规定："经营者采用网络、电视、电话、邮购等方式销售商品，消费者有权自收到商品之日起七日内退货，且无需说明理由，但下列商品除外：（一）消费者定作的；（二）鲜活易腐的；（三）在线下载或者消费者拆封的音像制品、计算机软件等数字化商品；（四）交付的报纸、期刊。"其他根据商品性质并经消费者在购买时确认不宜退货的商品，不适用无理由退货。

为了使得潜在消费者做出知情的决定，需要向消费者提供充分的信息。传统的场景下，消费者所得到的信息是否充分，比较容易判断。但是在互联网情境下，尤其是远程交易场景下，知情权是否被充分满足存在着不确定之处。远程交易是一种非当场交易，经营者固然十分清楚其销售的商品或服务，而不在场的消费者则仅能依照经营者的描述满足知情权，然后再作出"知情"的决定。如果法律没有更多的规定，与传统的消费相比，远距离消费的"知情"是有未实地验看的瑕疵的。这样，在互联网购物的消费者做出选择时，其"知情"无法达到十足的程度。此时，法律必须以某种形式对消费者的知情权予以补足，否则其自由选择权毫无意义。

因此，《消费者权益保护法》规定了 7 天无理由退换货制度，也称冷静期制度。在消费者收到商品后，冷静期制度给予远距离购物消费者一定期间对相关商品和服务予以体验，如不符合其预期，可以无理由退换货。考虑到消费者决定购买或使用有关商品或服务时与经营者的信息不对称情形，冷静期制度有两个意义：一方面，冷静期可以补足消费者知情权的缺陷，使得消费者对其所购买的商品做到真正知情；另一方面，冷静期可以帮助消费者克服因信息不对称所产生购物的冲动。只不过无理由退换货使得消费者有机会在事后再行知情选择。不可否认，经济需要冲动和投机，这些和风险相伴相生的活动体现了行为方对风险的理解，但远距离购物的消费者与主动承担风险以期获取利益的投机者远远不同。对于远距离购物而言，消费者无法亲身体验自己所要购买的商品，经营者的展示和广告就是消费者做出购买决定的全部依据。因为信息缺乏，消费行为很大程度上来自于消费者对未来所获得商品满意度的一种预期和冲动。对于这种因为信息不对称而产生的消费冲动，为了对地位较弱的当事方予以保护，法律不得不对这种冲动予以适当抑制，这就是规定冷静期制度的必要性。同时，消费者利用冷静期制度退货并非毫无成本。“消费者退货的商品应当完好。经营者应当自收到退回商品之日起七日内返还消费者支付的商品价款。退回商品的运费由消费者承担；经营者和消费者另有约定的，按照约定。”这样，冷静期制度使得消费者支付一定代价选择解除合同的权利，是符合民法典下合同法相关制度的，在一定程度上保护了双方当事人的合理预期。

总体来看，冷静期制度是针对消费者个人的一种制度设计。在消费者知情权不能充分满足自由选择权需要时，通过对消费者提供特别的保护，追求消费者最终能作出“知情”选择。面对技术急速发展的趋势，法律不得不通过制度变通来实现对消费者个人权益的适当保护，通过事后的自由选择权实现消费者“知情”的结果，实现当事人之间的真实合意。在这个意义上，冷静期制度是一种“合意”本身在互联网条件下的一种延伸和发展，具有很强的民法色彩。[1]

（二）对垃圾信息的规制

互联网发展的根基就是广告。基于广告，互联网使得消费者或潜在消费者获得了两种自由：消费者免费获得信息，消费者自由发布信息。这样，利用互联网发布广告的可能不仅仅是传统意义的经营者，还可以是为互联网提供内容的普通用户。如果该普通用户提供的内容被诸多用户所关注，其自然会引起广告经营者的特别关注。市场为了对提供优质内容的用户进行奖励，就得寻找一种机制，使得用户本来免费提供的有价值内容转换为有价格的内容：广告经营者依托该用户内容发布广告而直接使该内容提供者获得补偿，其他用户仍然可以免费获得该等内容；或者该内容提供者直接向获得其内容的其他用户收取费用。对于一个尚在成长期的个人内容提供者而言，显然前者更符合实际。因此，互联网发展的商业逻辑极大地加强了广告经营者的力量，而非相反。一方面，法律需要承认广告对整个互联网产业及生态的强大推动力；另一方面，法律须通过对消费者知情权的有效建构，确保在经济、社会等条件急速变化的同时，消费者的固有权利不

〔1〕 德国的冷静期制度作为民法典的一部分存在。对此的背景介绍，请见台湾大学法律学院、台大法学基金会编译：《德国民法典》，北京大学出版社 2017 年版，第 221 页以下。

会被不当稀释。

新技术的发展也使得消费者面临各种商业信息的推送。这种推送的确便于消费者和经营者达成交易，但也构成对消费者个人信息进行商业处理的问题。对此，《消费者权益保护法》第 29 条第三款规定："经营者未经消费者同意或者请求，或者消费者明确表示拒绝的，不得向其发送商业性信息。"这样，就赋予消费者对于商业信息的默示拒绝权。未经消费者同意而发送的商业信息，自然就构成垃圾信息。

商业信息是和一般的言论表达相区分的。商业信息对有关商品和服务具有"推销"或"宣传"作用。然而，仅从商业信息的功能出发，远远不能满足信息识别的需要。一方面，仅仅因言论推崇一项商品或详细描述相关购买信息，就将之判定为商业信息，实际上否定了消费者或评测人员对优秀商品或服务的推崇或详细描述作为编辑控制内容的正当性，势必会大幅压缩言论表达的空间。另一方面，"推销"或"宣传"也关乎信息内容，在具体案件中考察信息内容以判定其是否构成"推销"或"宣传"，是个纯粹的事实问题，不确定性极强。在这个意义上，为他人传递相关信息的，编辑控制是信息识别的核心标准，信息提供者为取得他方支付对价等经济原因而放弃独立编辑控制所呈现的信息就是商业信息。

对垃圾信息的规制是从个人信息的保护实现的，而垃圾信息本身可能会挤占消费者接受信息的空间，从而影响消费者权益保护。在这个意义上，对垃圾信息的规制具有双重的意义：既保护了消费者的个人信息，又间接保障了消费者对信息通信渠道的使用效率。

第三节　消费者权利的保护

《消费者权益保护法》所规定的消费者权利对应的就是经营者的义务，而消费者保护组织的设立和运行也在社会和法律层面保障了消费者权利。

一、概述

民法意义上，消费者权利的保护就是通过合同法及侵权法机制的运行予以实现。但在消费者地位无法同经营者对等的情形下，民法体系所提供的这种事后法律救济方式就显得有些昂贵。从历史上来看，消费者权益的保护往往伴随着公众对消费者权益的认识和消费者运动的开展。这样通过消费者协会等消费者组织为消费者权益保护提供某种程度的集体保障机制，就成为一个选择。另外，既然已经规定了消费者权利，为了避免消费者只能通过事后的法律救济方式去主张，可以直接对应地规定经营者的义务，为行政救济措施提供必要的依据，同时也可以通过经营者本身的合规制度来实现对消费者权益的保护。经营者的义务及消费者保护组织相关制度，为消费者权利的实现提供了更加切实的保障。

二、经营者义务

为了确保消费者权利的实现,《消费者权益保护法》需要强调与之相对应的经营者义务。通过消费，经营者销售的商品或提供的服务嵌入消费者的生活中，保证这些商品和服务的质量对于消费者而言就极为重要。《消费者权益法》特别规定了经营者对于缺陷产品和服务有义务及时采取措施，强调了其经营者的质量担保义务，设置了特殊的下次举证责任，并规定了“三包”制度，特别指出格式条款中经营者承担的义务。

（一）与消费者权利相对应的义务

规定经营者义务在相当的程度上是为了确保消费者权利得以实现。《消费者权益保护法》规定的很多消费者义务都与消费者权利一一相对。

经营者对消费者负有安全保障义务。《消费者权益保护法》第 18 条规定：“经营者应当保证其提供的商品或者服务符合保障人身、财产安全的要求。对可能危及人身、财产安全的商品和服务，应当向消费者作出真实的说明和明确的警示，并说明和标明正确使用商品或者接受服务的方法以及防止危害发生的方法。宾馆、商场、餐馆、银行、机场、车站、港口、影剧院等经营场所的经营者，应当对消费者尽到安全保障义务。”这种安全保障义务在诸如《电子商务法》等多部消费者相关规定中得以强调。

经营者对消费者负有说明义务，以落实消费者的知情权。《消费者权益保护法》第 20 条规定：“ 经营者向消费者提供有关商品或者服务的质量、性能、用途、有效期限等信息，应当真实、全面，不得作虚假或者引人误解的宣传。经营者对消费者就其提供的商品或者服务的质量和使用方法等问题提出的询问，应当作出真实、明确的答复。经营者提供商品或者服务应当明码标价。”《消费者权益保护法》第 21 条规定：“经营者应当标明其真实名称和标记。租赁他人柜台或者场地的经营者，应当标明其真实名称和标记。”《消费者权益保护法》第 28 条规定：“采用网络、电视、电话、邮购等方式提供商品或者服务的经营者，以及提供证券、保险、银行等金融服务的经营者，应当向消费者提供经营地址、联系方式、商品或者服务的数量和质量、价款或者费用、履行期限和方式、安全注意事项和风险警示、售后服务、民事责任等信息。”但是，知情权并不意味着消费者可以对任何信息都有权获知。一方面，对于消费者个体而言，为满足消费者知情权，经营者向消费者提供的信息仅限于使得消费者就该交易达成知情的决定。经营者有权不向消费者提供与本次交易及消费者使用商品和服务无关的信息。另一方面，作为消费者群体，如果法律承认甚至要求某条信息为消费者知情权所涵盖，则法律默认该信息为消费者行使自由选择权所必需，这势必会影响整个市场经营者的竞争行为。消费者的知情权须与消费者自由选择权相关，而自由选择权须与消费行为相关，否则知情权范围无法确定。在个体与群体知情权保护方面，中国的法律实践并不平衡。中国的消费者个体知情权体系已然建立，并在实践中借助民法的坚实基础予以有效落实。但在对市场竞争至关重要的群体消费者知情权体系而言，虽然成文法体系堪称完备，但在实践中，并没有将消费者群体在具体场景中加以明确，从而造成了对消费者知情能力的低估，扩张了政府干预的范围，带来了法律适用与立法目的不相符的局面，使得其具体适用捉襟见肘，不能够及时地对新技术发展带来的挑战和问题予以回应。

经营者负有公平交易义务，以实现消费者的自由选择权和公平交易权。《消费者权益保护法》第 16 条规定："经营者向消费者提供商品或者服务，应当依照本法和其他有关法律、法规的规定履行义务。经营者和消费者有约定的，应当按照约定履行义务，但双方的约定不得违背法律、法规的规定。经营者向消费者提供商品或者服务，应当恪守社会公德，诚信经营，保障消费者的合法权益；不得设定不公平、不合理的交易条件，不得强制交易。"

对于消费者的监督权，经营者有接受监督的义务。《消费者权益保护法》第 17 条规定："经营者应当听取消费者对其提供的商品或者服务的意见，接受消费者的监督。"但是该义务仅仅是原则性规定，在实践中仅依据该条规定，消费者无法有效提起相关权利主张。

（二）对缺陷产品和服务及时采取措施的义务

与经营者不同，消费者购买商品或者接受服务，是为了使用该等商品和服务。而该等商品和服务经常嵌入消费者的日常生活之中，成为消费者生活的重要工具或者辅助设施。例如出行用的交通工具等。该等商品或服务一旦在消费者完成购买及接受服务行为之后出现质量问题，将对消费者的人身和财产安全造成威胁。为此，经营者势必要对这些商品或服务承担持续性的质量担保义务，在出现问题的时候对该等商品或服务予以"召回"，以保障消费者的人身和财产安全。

《消费者权益保护法》第 19 条规定："经营者发现其提供的商品或者服务存在缺陷，有危及人身、财产安全危险的，应当立即向有关行政部门报告和告知消费者，并采取停止销售、警示、召回、无害化处理、销毁、停止生产或者服务等措施。采取召回措施的，经营者应当承担消费者因商品被召回支出的必要费用。"

（三）质量担保及瑕疵举证责任

与民法中的买卖合同一样，经营者作为卖方需要对消费者承担质量担保义务。但与民法中的质量担保义务不同，经营者对消费者的质量担保义务更多地以满足法律对相关商品和服务的强制性规定，并将经营者在与消费者达成交易之前的声明（包括广告）也纳入其中，在尊重当事人缔约自由的同时又隐含着对消费者公平交易权的尊重。另外，由于消费者对相关商品或服务可能并不具有专业的知识，无法在接受商品或服务时对其质量作出及时有效的判断。为此，有必要对合同法中接受货物或服务的法律意义作出相应的变通，在一定期间采用举证责任倒置的方法，让经营者证明自己所提供商品或服务的质量等特征符合合同及法律的要求，对消费者进行更为有效的保护。

《消费者权益保护法》第 23 条规定："经营者应当保证在正常使用商品或者接受服务的情况下其提供的商品或者服务应当具有的质量、性能、用途和有效期限；但消费者在购买该商品或者接受该服务前已经知道其存在瑕疵，且存在该瑕疵不违反法律强制性规定的除外。经营者以广告、产品说明、实物样品或者其他方式表明商品或者服务的质量状况的，应当保证其提供的商品或者服务的实际质量与表明的质量状况相符。经营者提供的机动车、计算机、电视机、电冰箱、空调器、洗衣机等耐用商品或者装饰装修等服务，消费者自接受商品或者服务之日起六个月内发现瑕疵，发生争议的，由经营者承担有关瑕疵的举证责任。”

（四）“三包”

消费合同一般金额较小，消费者本身又缺乏相关知识和资源，消费者在商品和服务出现问题后维护自己权益的门槛过高，这会导致消费者在质量问题发生后往往选择放弃自己的权利。这既不利于消费者权益的保护，也不利于市场竞争的健康发展反过来会影响产业的成长和社会福利的提高。

为此，法律需要明确质量问题发生后经营者应该采取的措施，并将之固定为经营者的一般性义务。在尊重消费者知情权和自由选择权达成的消费交易中，法律需要对质量问题发生后消费者可以享有的权利作出特定的要求，让经营者承担相关义务，直接对质量问题予以解决，从而实质上保护消费者的权益。《消费者权益保护法》第 24 条规定："经营者提供的商品或者服务不符合质量要求的，消费者可以依照国家规定、当事人约定退货，或者要求经营者履行更换、修理等义务。没有国家规定和当事人约定的，消费者可以自收到商品之日起七日内退货；七日后符合法定解除合同条件的，消费者可以及时退货，不符合法定解除合同条件的，可以要求经营者履行更换、修理等义务。依照前款规定进行退货、更换、修理的，经营者应当承担运输等必要费用。”这就是所谓的“三包”义务。“三包”义务明确了经营者在出现质量问题时必须采取的措施，有效保障了消费者权益，是消费者公平交易权的延伸。

（五）格式条款

经营者在经营活动中为了节约缔约成本，通常采用格式合同的方式达成交易。在与其他经营者进行交易时，处于对等地位的交易对手有能力影响格式合同的修改和完善，但在消费合同，因为消费者地位的弱势，使得消费者很少能改变经营者的格式合同相关条款。如果该等条款不利于消费者权益的保护，基于其公平竞争权，也应当对其法律效力进行限制，这也是消费者公平交易权在经营者义务中的延伸。

《消费者权益保护法》第 26 条规定："经营者在经营活动中使用格式条款的，应当以显著方式提请消费者注意商品或者服务的数量和质量、价款或者费用、履行期限和方式、安全注意事项和风险警示、售后服务、民事责任等与消费者有重大利害关系的内容，并按照消费者的要求予以说明。经营者不得以格式条款、通知、声明、店堂告示等方式，作出排除或者限制消费者权利、减轻或者免除经营者责任、加重消费者责任等对消费者不公平、不合理的规定，不得利用格式条款并借助技术手段强制交易。格式条款、通知、声明、店堂告示等含有前款所列内容的，其内容无效。”以此为依据，法院通过许多重要的、有社会影响的判决，推翻了不公平、不合理格式条款的法律效力，有力保障了消费者权益。

（六）其他义务

与消费者的人格权保护相对，经营者有尊重消费者人格权的义务。《消费者权益保护法》第 27 条规定："经营者不得对消费者进行侮辱、诽谤，不得搜查消费者的身体及其携带的物品，不得侵犯消费者的人身自由。”可以看出，《消费者保护法》尤其强调了侵犯消费者人格权的具体行为和表现，具有非常强的实践操作性。

在传统销售场景下，消费者与销售者在同一现场完成交易，消费者在付款之外无须提供其他个人信息给销售者，在此情况下，消费者在对商品或服务进行评价和提出要求时，因其身份并不能被销售者所确定，所以并不会担心销售者对其评价不快而进行报复。但在电子商务情境下，消费者需要销售者将所购商品运送到其指定地点，该等地点通常是其家庭住址或者工作地点，且需要提供其他手机号码等即时联系方式，因此销售者可以高度确定消费者的身份与现实情况：如果销售者与消费者因交易产生纠纷，消费者对销售者的产品或服务给予差评，销售者对消费者采取报复措施的可能性就大大上升。这种情况也适用于快递业，且在快递包裹流转过程中，消费者体现在包裹之上的信息被多人所获知，甚至泄露予同包裹投递业务无关的第三人，带来的风险超出了销售者、投递者及消费者所能控制的范围。

中国个人信息保护立法开始得并不算晚。2013 年 10 月《消费者权益保护法》修订，其中增加了第 29 条，确立了经营者“保护消费者个人信息的义务”（以下简称“个人信息保护专条”），明确了经营者处理个人信息的基本原则和信息保密义务，并专门就商业性信息规定了消费者默示拒绝权，搭建了保护消费者个人信息的基本法律架构。《消费者权益保护法》第 29 条规定：“经营者收集、使用消费者个人信息，应当遵循合法、正当、必要的原则，明示收集、使用信息的目的、方式和范围，并经消费者同意。经营者收集、使用消费者个人信息，应当公开其收集、使用规则，不得违反法律、法规的规定和双方的约定收集、使用信息。经营者及其工作人员对收集的消费者个人信息必须严格保密，不得泄露、出售或者非法向他人提供。经营者应当采取技术措施和其他必要措施，确保信息安全，防止消费者个人信息泄露、丢失。在发生或者可能发生信息泄露、丢失的情况时，应当立即采取补救措施。”除了《消费者权益保护法》，之前通过的《网络安全法》也对网络运营者收集使用个人信息规定了基本原则，并强调了被收集者在这一过程中的同意权。在《个人信息保护法》通过前，有关法律都对“个人信息保护”着墨颇多，体现了中国法律对个人信息保护一直保持着足够的关注。值得注意的是，《网络安全法》将个人信息保护的相关内容纳入“网络运行安全”及“网络信息安全”的章节，是将“个人信息保护”作为“网络安全”的组成部分来看待的。这似乎是“个人信息保护”的总体法律定位，也符合个人乃至消费者在使用互联网过程中的基本期待。

三、消费者保护组织

在经营者向消费者提供商品和服务以后，该等商品和服务退出市场，经营者也完成了自己在市场上对该等商品和服务所承担的生产、销售等功能。与专业、资金雄厚经营者相比，消费者在一个个消费合同中以个人的身份出现；就合同金额来讲，消费合同的与一般商业合同相差悬殊。在这个意义上，消费者就有通过一定的集体组织形式来进行权益维护的需要。

（一）消费者保护组织的法律地位

消费者组织是保护消费者利益的组织，并基于其社会组织的身份对经营者生产和销售的行为进行有效的监督。《消费者权益保护法》第36条规定："消费者协会和其他消费者组织是依法成立的对商品和服务进行社会监督的保护消费者合法权益的社会组织。"中国消费者协会于1984年12月经国务院批准成立。消费者协会和其他消费者组织是依法成立的对商品和服务进行社会监督的保护消费者合法权益的社会组织。目前，全国县以上消费者协会已达3138个，其中省、自治区、直辖市31个。

（二）功能及意义

消费者协会作为消费者集体组织，既可以从宏观的角度参与法律法规的制定，对消费者提供必要的社会支撑；也可以从微观的角度对消费者与经营者之间的纠纷进行调节，并支持其诉讼。

《消费者权益保护法》第37条规定："消费者协会履行下列公益性职责：（一）向消费者提供消费信息和咨询服务，提高消费者维护自身合法权益的能力，引导文明、健康、节约资源和保护环境的消费方式；（二）参与制定有关消费者权益的法律、法规、规章和强制性标准；（三）参与有关行政部门对商品和服务的监督、检查；（四）就有关消费者合法权益的问题，向有关部门反映、查询，提出建议；（五）受理消费者的投诉，并对投诉事项进行调查、调解；（六）投诉事项涉及商品和服务质量问题的，可以委托具备资格的鉴定人鉴定，鉴定人应当告知鉴定意见；（七）就损害消费者合法权益的行为，支持受损害的消费者提起诉讼或者依照本法提起诉讼；（八）对损害消费者合法权益的行为，通过大众传播媒介予以揭露、批评。各级人民政府对消费者协会履行职责应当予以必要的经费等支持。消费者协会应当认真履行保护消费者合法权益的职责，听取消费者的意见和建议，接受社会监督。依法成立的其他消费者组织依照法律、法规及其章程的规定，开展保护消费者合法权益的活动。"

消费者保护组织在为消费者提供帮助时需要准确界定有关消费者权益。消费者权益可以分为短期权益与长期权益，个体权益与群体权益。从消费者个人而言，其关注点在于获得特定于自身利益的时效，就会出现该等利益与其长期权益或消费者群体权益不符之情形。就消费者个人而言，其所能获得的服务没有最经济，只有更经济，免费更好，这种诉求无可厚非。如果经营者与消费者个人订有合同或存在其他法律关系，消费者可以以个人名义或者申请取得消费者保护组织的帮助，通过合同或有关法律关系主张自己的权利，遵循意思自治原则，就是维护消费者个人权益的合法途径，消费者保护组织自己不应主动介入和干涉。如果经营者某项行为并不会在法律意义上影响消费者个人权益（消费者个人没有既存法律关系对经营者提出权利主张），但是对消费者群体利益会有影响，不存在其他救济方式的，消费者保护组织可以介入，保护消费者群体利益。

我国的消费者保护组织主要是消费者保护协会及其各地的分支机构。其运行和经费来源在相当程度上都取得市场监督管理部门的支持。正因为如此，为了防止消费者协会利用其身份介入市场，影响竞争，所以有必要对消费者协会的商业活动进行必要限制。《消费者权益保护法》第37条规定："消费者组织不得从事商品经营和营利性服务，不得以收取费用或者其他牟取利益的方式向消费者推荐商品和服务。"

第四节 消费者权利的法律救济

作为特别的民事法律权利，对消费者权利提供的法律救济与其他民事权利相比大同小异。《消费者权益保护法》第 39 条规定："消费者和经营者发生消费者权益争议的，可以通过下列途径解决：（一）与经营者协商和解；（二）请求消费者协会或者依法成立的其他调解组织调解；（三）向有关行政部门投诉；（四）根据与经营者达成的仲裁协议提请仲裁机构仲裁；（五）向人民法院提起诉讼。"这样，除了消费者和经营者自行解决相关纠纷之外，主要通过投诉、诉讼和仲裁来获得相关行政救济和民事救济。

一、概述

实际上，在涉及消费者保护的法律中，往往采用民事规则和行政监管规则混编的方式完成其文本构建。两套规则并非各自为政。只有民事规则无法提供足够或有效救济的前提下，行政监管规则的适用方有意义。例如，如果消费者将某种推广行为或代言行为视为商业吹嘘和夸张宣传，并没有受到"欺骗"或"误导"，再依据行政规则对之进行处罚，就须在对消费者群体提供救济之外寻求其他的规则价值。

二、行政救济

就侵权性质而言，反不正当竞争法的保护利益是二元化的：经营者在竞争中的合法权益及消费者集体在竞争中的合法权益。如果某项行为损害了经营者的利益，在一个运行良好的市场上，其可以敏锐地发现并采取相关救济措施，而反不正当竞争法就为其提供了充分的支撑。而如果侵犯了消费者个人的利益，消费者个人可以通过消费者权益保护法所搭建的法律体系中主张有关法律救济，其中，由于消费者个人维权的成本和所得并不匹配，除了基于代表诉讼或公益诉讼对之提供法律救济措施外，还可以通过提供行政救济的方式保护消费者个人权益。

（一）事前救济

行政救济对消费者权益的保护主要以事前救济体现。比较法而言，行政机关介入平等主体间具体竞争行为时享有自由裁量权并非孤例。相反，德国将反不正当竞争法特定救济措施限定于民事领域反而比较少见。美国联邦贸易委员会在消费者保护及反不正当竞争领域不断发布相关规定或指引意见，使得相关法律在商业模式和技术演进中保持足够的韧性，有效弥补了普通法及成文法的不足。但是，如果要对美国联邦贸易委员会的指引和决定加以研究的话，会发现其出发点要么是相关行为对消费者的影响，要么是其他经营者出于成本或其他考虑而不愿提出法律主张使得消费者全体利益遭受损失的情形。和中国行政执法部门一样，美国联邦贸易委员会职权还同时涉及消费者保护，因此其不必在消费者个人或群体权益之间的分别纠缠不休，直接就市场中的消费者相关事项行使职权。这样，经营者通过商业侵权制度或者《兰哈姆法案》的虚假或误导性宣传对不正当竞争行为提出权利主张，美国联邦贸易委员会主要基于消费者保护的逻辑对反不正当竞争行为进行规制，从而既保障了经营者对自己权利处置的自主性，又在保护消费者权益基础上通过行政措施的介入保证了公平竞争。换言之，如果行政执法部门在行使其职权，对互联网领域不正当竞争行为进行规制的，其出发点和界限就是：消费者权益。

与《消费者权益保护法》不同，《反不正当竞争法》着重从市场竞争的角度考察消费者是否受到影响。而消费者作为一个群体的权益才具有竞争法意义：市场经营者之间激烈竞争，是要取得消费者群体的青睐；如果只是争取某个消费者，达成消费合同后竞争就宣告结束，唯有瞄准消费者群体才能进行持久的竞争，才能发挥竞争优胜劣汰的效能。所以反不正当竞争法和反垄断法一样，关注的是群体意义上的消费者权益保护，而不是个体意义上的消费者权益保护。这样，损害消费者群体权益的，其他经营者其实有充足的动机对此寻求法律救济。不可否认，消费者群体利益有时候存在一定的外部性，如果经营者不去主张消费者群体利益遭受损害，而是出于成本考虑直接采用与竞争对手相似的不当行为，其自身利益不见得会受到损失，但消费者群体利益的损失显而易见，更其恶化；竞争虽然在此时仍然存在，但不会对消费者及公共利益产生正面助益。此时，消费者保护领域的代表诉讼和公益诉讼都可以成为选择的救济机制，但建立起政府机构介入的行政救济机制，也是一种选择。美国联邦贸易委员会在美国反不正当竞争法体系下的角色和作用表明，在对经营者权利予以充分尊重的基础之上，反不正当竞争法行政救济体制时可以起到不可替代的积极作用。换言之，只有在消费者群体利益有被侵害的危险时，行政救济才成为可能。对此，中国法院也有着清楚的认识，在“百度插标”案件中，最高人民法院在最终判决中并没有接受“非公益不干扰”原则，而是通过尊重消费者选择权的论述，间接地确立了竞争过程中消费者群体利益可以作为标准判定相关行为是否正当。但是，最高人民法院在判决中对之并未加以明确。《反不正当竞争法》在 2017 年正式修订确定了三重保护目标后，尚待最高人民法院以公报案例的形式明确司法实践中的适用路径。如果判决中对消费者群体利益保护取得共识，将有效应对损害消费者群体利益的不当竞争行为。

（二）事后救济

消费者享有的监督权具体在个人消费者权益保护方面主要体现在投诉和举报。投诉和举报使得个人消费者有机会启动事后的行政救济措施。但行政机关在接到有关投诉和举报后，其须根据《消费者权益保护法》及行政法的相关规定决定是否提供行政救济措施。对于消费者要求行政机关采取行政措施予以救济的，《消费者权益保护法》第 46 条规定：“消费者向有关行政部门投诉的，该部门应当自收到投诉之日起七个工作日内，予以处理并告知消费者。”

在采取事后的行政措施予以救济方面，《消费者权益保护法》还是强调民事救济措施的有限性。首先，《消费者权益保护法》第 56 条以列举的形式规定了市场监督管理部门可以提供行政救济的情形：（1）提供的商品或者服务不符合保障人身、财产安全要求的；（2）在商品中掺杂、掺假，以假充真，以次充好，或者以不合格商品冒充合格商品的；（3）生产国家明令淘汰的商品或者销售失效、变质的商品的；（4）伪造商品的产地，伪造或者冒用他人的厂名、厂址，篡改生产日期，伪造或者冒用认证标志等质量标志的；（5）销售的商品应当检验、检疫而未检验、检疫或者伪造检验、检疫结果的；（6）对商品或者服务作虚假或者引人误解的宣传的；（7）拒绝或者拖延有关行政部门责令对缺陷商品或者服务采取停止销售、警示、召回、无害化处理、销毁、停止生产或者服务等措施的；（8）对消费者提出的修理、重作、更换、退货、补足商品数量、退还货款和服务费用或者赔偿损失的要求，故意拖延或者无理拒绝的；（9）侵害消费者人格尊严、侵犯消费者人身自由或者侵害消费者个人信息依法得到保护的权利的；（10）法律、法规规定的对损害消费者权益应当予以处罚的其他情形。其次，《消费者权益保护法》第58条承认了民事救济方式在损害赔偿情形下的优先地位："经营者违反本法规定，应当承担民事赔偿责任和缴纳罚款、罚金，其财产不足以同时支付的，先承担民事赔偿责任。"最后，《消费者权益保护法》第59条保证了当事人对行政处罚决定的诉讼权："经营者对行政处罚决定不服的，可以依法申请行政复议或者提起行政诉讼。"

三、民事救济

对消费者权益遭到损害所提供的救济方式，主体还是民事救济，这是由消费关系的性质所决定的。但是，《消费者权益保护法》不但保护消费者个人的权益，由于其与《广告法》及《反不正当竞争法》之间不可避免地建立相关联系，所以还要保护消费者群体的利益。这样，就产生了消费者权益保护请求主体的二元化体系，并在实践中发展出了独特的损害赔偿请求权。

（一）请求主体的二元化

消费者因其权益遭到损害而产生对经营者的损害赔偿等请求本质属民事权利主张，基于消费者个体与经营者之间的合同或侵权关系而产生。此时，依照民事主体的救济方式，可以对消费者个人予以民事救济。

但消费者权益保护就无法回避对消费者群体利益的保护。如何在法律实施中体现消费者群体利益是一个重要的现实问题。囿于消费者个人提起权利主张的成本，除了相关经营者提出诉讼之外，美国法通过联邦贸易委员会为消费者提供行政救济的同时，也对违反赞助披露制度的经营者予以行政处罚，以维护相关竞争的正当性。在德国，消费者个人无法基于反不正当竞争法向不正当竞争行为人提出停止侵害请求权和损害赔偿请求权。在受影响的经营者向掩饰商业目的的行为人提出停止侵害请求权和损害赔偿请求权之外，仅有法律认可的消费者团体才可以在消费者群体利益受到损害时向相关行为人主张停止损害请求权。在我国，《民法典》和《消费者权益保护法》并立，且市场监督管理总局同时负责消费者权益保护及反不正当竞争法中的行政救济事宜，与美国联邦贸易委员会的职权设置十分相似。就行政救济而言，消费者权益保护法中消费者个人权利保护及反不正当竞争法中消费者群体权利保护集中于同一监管机构，更符合中国现有的行政机制安排，美国路径因此更有现实意义。而在民事救济层面，德国反不正当竞争法中合格消费者团体的停止损害请求权可能更具借鉴意义。需要指出的是，《消费者权益保护法》已经确立了公益诉讼机制，虽然它主要是为了解决消费者个人维权成本的问题，但将诉权集中于特定机构及团体的安排，客观上也使得经营者免于不当的诉累，且更符合保护消费者群体利益的竞争法逻辑，也有在未来通过成文法的修订而引入反不正当竞争法体系的必要。该等公益诉讼一旦成立，法院判定相关行为是否正当的前提就是：相关消费者群体是否因经营者的行为而受到损害，从而影响具体消费者权利的实现。

（二）损害赔偿请求权

为了方便消费者提起损害赔偿请求，对于商品或服务的生产者或销售者，消费者都可以对之提出权利主张。《消费者权益保护法》第 40 条规定："消费者在购买、使用商品时，其合法权益受到损害的，可以向销售者要求赔偿。销售者赔偿后，属于生产者的责任或者属于向销售者提供商品的其他销售者的责任的，销售者有权向生产者或者其他销售者追偿。消费者或者其他受害人因商品缺陷造成人身、财产损害的，可以向销售者要求赔偿，也可以向生产者要求赔偿。属于生产者责任的，销售者赔偿后，有权向生产者追偿。属于销售者责任的，生产者赔偿后，有权向销售者追偿。消费者在接受服务时，其合法权益受到损害的，可以向服务者要求赔偿。"

此外，对于特殊情形，《消费者权益保护法》也对消费者的损害赔偿请求权作了相关细化规定。这些规定主要是方便消费者提起损害赔偿请求，并在一定程度上保证消费者损害赔偿请求的实现。

《消费者权益保护法》第 41 条规定："消费者在购买、使用商品或者接受服务时，其合法权益受到损害，因原企业分立、合并的，可以向变更后承受其权利义务的企业要求赔偿。"《消费者权益保护法》第 42 条规定："使用他人营业执照的违法经营者提供商品或者服务，损害消费者合法权益的，消费者可以向其要求赔偿，也可以向营业执照的持有人要求赔偿。"

《消费者权益保护法》第 43 条规定："消费者在展销会、租赁柜台购买商品或者接受服务，其合法权益受到损害的，可以向销售者或者服务者要求赔偿。展销会结束或者柜台租赁期满后，也可以向展销会的举办者、柜台的出租者要求赔偿。展销会的举办者、柜台的出租者赔偿后，有权向销售者或者服务者追偿。"

《消费者权益保护法》第 44 条规定："消费者通过网络交易平台购买商品或者接受服务，其合法权益受到损害的，可以向销售者或者服务者要求赔偿。网络交易平台提供者不能提供销售者或者服务者的真实名称、地址和有效联系方式的，消费者也可以向网络交易平台提供者要求赔偿；网络交易平台提供者作出更有利于消费者的承诺的，应当履行承诺。网络交易平台提供者赔偿后，有权向销售者或者服务者追偿。网络交易平台提供者明知或者应知销售者或者服务者利用其平台侵害消费者合法权益，未采取必要措施的，依法与该销售者或者服务者承担连带责任。"

《消费者权益保护法》第 45 条规定："消费者因经营者利用虚假广告或者其他虚假宣传方式提供商品或者服务，其合法权益受到损害的，可以向经营者要求赔偿。广告经营者、发布者发布虚假广告的，消费者可以请求行政主管部门予以惩处。广告经营者、发布者不能提供经营者的真实名称、地址和有效联系方式的，应当承担赔偿责任。广告经营者、发布者设计、制作、发布关系消费者生命健康商品或者服务的虚假广告，造成消费者损害的，应当与提供该商品或者服务的经营者承担连带责任。社会团体或者其他组织、个人在关系消费者生命健康商品或者服务的虚假广告或者其他虚假宣传中向消费者推荐商品或者服务，造成消费者损害的，应当与提供该商品或者服务的经营者承担连带责任。”

（三）其他

消费者权益保护民事救济，也离不开消费者协会等组织发起的代表诉讼。该等代表诉讼保护的是消费者群体的利益。《消费者权益保护法》第 47 条规定：“对侵害众多消费者合法权益的行为，中国消费者协会以及在省、自治区、直辖市设立的消费者协会，可以向人民法院提起诉讼。”实践中，基于公益诉讼机制，检察院机构也成为为保护消费者而发起诉讼的当事一方。在这个意义上，消费者群体诉讼的民事救济渠道是畅通的，关键在于确认消费者群体利益究竟为何，以便在为消费者群体利益提供诉讼机制的同时，平衡产业发展的利益，使得消费者的长远权益能够在代表诉讼或公益诉讼中得到真正的体现。

另外，为鼓励消费者维权，《消费者权益保护法》及其相关法律确认了惩罚性赔偿制度。《消费者权益保护法》第 55 条规定：“经营者提供商品或者服务有欺诈行为的，应当按照消费者的要求增加赔偿其受到的损失，增加赔偿的金额为消费者购买商品的价款或者接受服务的费用的三倍；增加赔偿的金额不足五百元的，为五百元。法律另有规定的，依照其规定。”同时规定：经营者明知商品或者服务存在缺陷，仍然向消费者提供，造成消费者或者其他受害人死亡或者健康严重损害的，受害人有权要求经营者依法赔偿损失，并有权要求所受损失二倍以下的惩罚性赔偿。对于食品安全领域，《食品安全法》甚至规定了十倍消费金额的惩罚性赔偿制度。这些惩罚性赔偿制度对违法提供商品和服务的经营者构成了有力的威慑。但同时，也为职业打假人利用该制度逐利提供了依据。此时，回归消费者保护的宗旨，合理认定消费者身份，可能是惩罚性赔偿制度能够有效维护消费者权益的前提条件。

重要名词术语

消费者、消费者知情权、消费者自由决定权、经营者安全保障义务、冷静期、三包、惩罚性赔偿

思考题

1. 请简述消费者保护法的体系构成。
2. 请论述消费者保护法的基本原则。
3. 请论述消费者知情权与自主选择权之间的关系。
4. 请从消费者保护的角度论述对垃圾信息的规制。
5. 请论述经营者对消费者承担的义务。

6. 请论述消费者保护组织的功能和意义。

7. 请论述消费者民事救济的请求主体二元化。

典型案例分析

2017 年 9 月 29 日，就北京物某商业集团股份有限公司与吴某某买卖合同纠纷（以下简称“物某与吴某某案”），北京市第一中级人民法院判决，北京物某商业集团股份有限公司（以下简称“物某”）所售进口麦片没有加注“Partially Produced with Genetic Engineering”中文标示，“违反食品安全法，属于不符合食品安全标准的食品”。据此，购买了该等麦片 24 盒的吴某某作为消费者，可以“要求赔偿损失外，还可以要求其支付价款十倍的赔偿金”。物某与吴某某案并非特例。

在物某与吴某某案中，北京市一中院认为：如果食品没有加注中文转基因提示，就不符合食品安全标准。这个推理过程非常直接。的确，转基因一直是中国公众比较关心的议题。中国对转基因管理采取非常严格的监管制度。其中就包括对转基因产品的强制标示制度。表面而言，转基因标示似乎主要涉及消费者的知情权。但在判决中，北京市一中院还认为，这也关乎消费者的自由选择权。换言之，转基因标示便于区分转基因与非转基因产品，并使得消费者在此基础上进行选择。但是，北京市一中院害认为，如转基因标示不显著、不易识别，则违反了食品安全法，属于不符合食品安全标准的食品。由是，从知情权到自由选择权，从强制性显著标示到构成食品安全标准的组成部分，转基因标示的方式和意义在法律逻辑上得到了空前的强化；不显著标示就使得食品不安全。这种司法论断隐含的态度就是：转基因不安全，标示的目的就是提醒消费者该产品不安全，如购买，则买者后果自负；因此，转基因标示须强制，须醒目。对于转基因产品而言，这如果不是一种“歧视”，也是一种“隔离”。这种法律逻辑固然呼应着公众对转基因产品的不了解和恐惧，但司法判断的依据是事实，还是公众的情绪？

消费者的知情权须与消费者自由选择权相关，而自由选择权须与消费行为相关，否则知情权范围无法确定。在任何国家，转基因产品的批准和上市都遵循严格的检验和监管程序，就人类所知而言，转基因产品和非转基因产品在安全性上并无差别。即使那些禁止种植转基因作物的国家也没有对之予以反驳。在这个意义上，就消费而言，转基因产品与非转基因产品并无二致。这样，要求对转基因食品进行标注，就如同极端女权主义者要求在产品说明中标注产品制作员工性别一样，无法自圆其说。[1] 更何况转基因食品进入食物链后，在哪一个节点上进行标注，都无法去除公众的恐慌，而全流程标注显然是不可能的。[2]

---

〔1〕 对于欧盟转基因强制标注后“风险防范原则”的逻辑及其国际法困境，请见张忠民：《论转基因食品标识制度的法理基础及其完善》，载《政治与法律》2016 年第 5 期，第 121 页起。而有学者也主张消费者有权知晓食品加工过程中的有关信息。高秦伟：《消费者知情权保护与食品科技的规制》，载《学术研究》2018 年第 7 期，第 48 页。

〔2〕 美国 S764 法案直接将源于用转基因饲料所饲养动物的食品移除出强制标识的种类，改为“禁止标识”种类。7. U.S.C. 1039b,(b) (2)(A).

消费者是否行使自由选择权与食品是否安全是两个截然不同的问题，两者并不存在必然的联系。即使基于社会文化、公众认识，认为转基因食品与传统食品并不等同，需要将之确认为知情权所涵盖的内容，对转基因的标识也只是影响自由选择权的因素。如未标注，消费者可以要求撤销购买合同；经营者构成欺诈的，按照消费者权益保护法的相关规定，可以给予消费者三倍赔偿。法律无法因此而认定所涉食品不安全，更不能牵强地在标注与安全性之间建立因果关系。

如果一定要引用食品安全法的相关规定，直接将未能遵守强制标注的产品列为不安全产品，实际上是在法律层面做了一个判断：转基因产品不安全——这一论断无法得到专业部门及科学界的支持。这种对法律的解释迎合了公众因对相关技术缺乏了解的恐慌，却失去了事实的支持，鼓励了不当竞争行为。现实中，由于过分强调转基因标示，一些商家利用公众对健康的关切，将自己的产品标示为非转基因，并说自己的产品“更健康、更安全”。这引起了农业部的关注，要求禁止对并无转基因产品的类别中标榜自己产品非转基因，并在存在转基因产品的类别中不得宣称非转基因产品“更健康、更安全”，以免误导消费者。[1]但是，这些商家的标示及其“更健康、更安全”的陈述正是诸如物某与吴某某案判决中的逻辑所在，它与专业部门的判断相冲突，加固了公众对转基因的恐慌感；而这种恐慌感的存在，使得消费者在转基因产品和非转基因产品之间做选择时，作出的并非知情决定。这样，标榜非转基因的产品即使不进一步说明，也轻松地取得对转基因产品的竞争优势。而这种竞争优势显而易见绝非正当。

对于利用公众对某些技术的成见进行商业宣传的行为，《反不正当竞争法》并无具体规定。在农业部就非转基因产品发出的函件中，至少明确了两点：一方面，不能强调产品本身固有的特点：不存在转基因技术应用类型的产品标榜自己是非转基因，字面上并没有错，但对自己产品强调非转基因这一事实，实际暗示其他经营者产品是应用转基因技术的，从而产生误导效果。另一方面，对于该类型产品确有转基因应用、某项产品可以披露自己的“非转基因”身份的，不得标榜该产品“更健康、更安全”，因为这无法得到证明。如果说后一种类型可以通过反不正当竞争法和广告法的适用加以否定，而前者需要法院发展出相应的案例类型来为经营者提供确定的行为标准。遗憾的是，在中国转基因监管制度尚待完善的情境下，法院被拖入标注瑕疵与食品安全之间关系的界定纷争中，无暇他顾。

〔1〕 农业部向国家工商总局发送的《农业部办公厅关于商请对涉及转基因广告加强管理的函》（农办科函〔2014〕76号）。

第十章　产品质量、广告与价格法律制度

【内容提示】

产品质量法意义上的产品，是指经过加工、制作，用于销售的产品。产品质量是指产品性能在正常使用条件下，满足人们合理需要所必须具备的各种物质、技术、心理和社会特性的总和。产品质量法是调整在生产、流通和消费过程中因产品质量所发生的社会关系（产品质量关系）的法律规范的总称。产品质量监督管理制度是指产品质量立法确立的对产品质量的形成、维持和提高进行监督管理的主体、方式、程序等方面的制度安排，具体包括产品质量标准制度、产品质量认证制度、产品质量检验制度、产品质量监督检查制度、缺陷产品召回制度等。产品质量义务包括生产者的产品质量义务和销售者的产品质量义务。产品质量责任是指生产者、销售者以及其他对产品质量负有义务者违反产品质量法规定的义务而应承担的法律责任，包括产品质量的民事责任、行政责任和刑事责任。

我国《广告法》适用的广告，限于商业广告。广告包含 4 项构成要素，即广告主体、广告信息、广告媒介、广告费用。广告法是调整广告经营关系和广告监督管理关系的法律规范的总称。广告准则是指各类广告应当遵循的基本标准和具体要求。广告准则既是广告活动的行为规范，也是广告监管机关监管广告的依据。根据我国《广告法》的规定，可以将广告准则归纳为一般准则和特殊准则。广告监督管理是指广告法规定的行政主管部门依据广告准则、广告行为规范和其他相关规定，对广告活动进行监督管理行为的总称。广告审查是指在广告发布前对广告的内容依照法律、行政法规的规定进行审核、查验的活动。

价格体现商品的交换价值，是商品与货币交换比例的指数。价格有狭义和广义之分，狭义的价格是指商品价格和服务价格。价格法是指国家为调整与价格的制定、执行、监督有关的各种经济关系而制定的法律规范的总称。我国《价格法》根据不同的定价主体和价格形成的途径，将价格划分为市场调节价、政府指导价和政府定价三种基本价格形式。经营者从事的不正当价格行为有多种表现形式，《价格法》禁止的不正当价格行为有操纵市场价格行为、低价倾销行为、哄抬价格行为、价格欺诈行为、价格歧视行为、变相提价和变相压价行为、暴利价格行为等。

第一节　产品质量法律制度

一、产品质量法律制度概述

（一）产品和产品质量

现代社会，人们须臾离不开产品，对产品的依赖超过了以往任何时期。[1]随着科技与经济的发展，人类可利用的资源越来越多，生产的产品日益丰富，与此同时，对人身或财产造成损害的潜在风险也不断增多。缺陷产品威胁着人类的安全。

1. 产品的内涵和特征

产品，是产品质量法的核心范畴，可以从自然属性和法律属性分别予以界定。就自然属性而言，产品是指自然物之外的人类劳动产生的一切物质资料，它是人类生存和发展的物质条件，用于满足人类生产和生活的需要。就法律属性而言，产品是指经过加工、制作，用于销售的物品，但并不包括所有物品。法律上的“产品”由产品质量法律明确界定其内涵与外延。

然而，对产品的法律界定与一国的社会制度、意识形态、价值观念和经济发展水平直接相关，因此其内涵和外延在各国和地区均有所不同。[2]美国1979年《统一产品责任示范法》将产品界定为“任何具有真正法律价值的，为进入市场而产生的，能够作为组装整件或者部件、零件交付的物品，但人体组织、器官、血液组成部分除外”。1985年的《欧盟产品责任指令》规定：“产品是指初级农产品和狩猎物以外的所有动产，即使已被组合在另一动产或不动产之内。”近年来，为了进一步保护消费者和用户的人身和财产安全，国际上不断扩大“产品”的外延，对“产品”趋向于做广义解释。[3]

我国《产品质量法》第2条第二款对“产品”作了相对狭义的界定：“本法所称产品是指经过加工、制作，用于销售的产品。”第三款规定：“建设工程不适用本法规定；但是，建设工程使用的建筑材料、建筑构配件和设备，属于前款规定的产品范围的，适用本法规定。”

可见，我国《产品质量法》所规定的“产品”及其范围，具有以下特征：[4]（1）产品须是经过加工、制作的物品。未经过加工的天然品，如原煤、原矿、天然气、石油等，不属于“产品”范围。未经过加工、制作的农产品，如农、林、牧、渔业初级产

---

〔1〕参见赵相林、曹俊主编：《国际产品责任法》，中国政法大学出版社2000年版，第1页。

〔2〕参见朱崇实、卢炯星主编：《经济法》，厦门大学出版社2007年版，第452页。

〔3〕例如，在一些国家和地区，煤气、自来水、电、一些智力产品、人体器官、血液等逐渐纳入“产品”范围。

〔4〕参见漆多俊主编：《经济法学》（第4版），高等教育出版社2019年版，第152—153页。

品和猎物，也不属于“产品”的范围。[1]所谓“加工、制作”，是指改变原材料、毛坯或半成品的形状、性质，使之达到规定要求的各种工作。[2]（2）产品须是用于销售的物品。自产自用的物品，不在其列。纯粹为科学研究而加工、制作的物品，也不包括在其中。换言之，产品不仅须被生产者生产制造出来，还须经流通环节（销售）进入消费领域。（3）不动产不作为“产品”对待。建设工程虽然具有生产、加工和商品属性，但与一般的产品不同，具有相对独立的质量标准，应当单独立法加以调整。但建设工程中使用的建筑材料、建筑配件或设备，适用《产品质量法》。（4）军工产品以及核设施、核产品，不包括在《产品质量法》所称“产品”之中。军工产品，即武器装备、弹药及配套产品，包括专用的原材料、元器件等，属于限制或禁止流通物，无法律明确规定不得生产或消费，均不包括在“产品”之列，其质量监督办法，由国务院、中央军委另行制定。但军工生产的民用产品适用《产品质量法》。[3]

2. 产品质量的含义和特性

所谓产品质量，是指产品性能在正常使用条件下，满足人们合理需要所必须具备的各种物质、技术、心理和社会特性的总和。[4]产品质量具有下列特性：（1）适用性，又称功能性，指产品在一定条件下实现预定目的或具备规定用途的能力，是产品质量的最主要特性，产品之所以能为人所用，就在于它具备一定的功能或用途。例如，电灯可以发光，药品可以治病等。（2）安全性，指产品在使用过程中不存在危及人身、财产安全的危险。（3）可靠性，指产品在正常使用条件下，产生预定功能、实现预定目的的概率。它一般表现为可靠度、平均寿命、平均无故障使用时间、可靠寿命等。（4）担保性，指产品符合生产者在产品或者其包装上注明采用的产品标准，符合以产品说明、实物样品等方式表明的质量状况。（5）经济性，指消费者以最小的购买支出获得最大的产品性能上的满足。一般表现为产品的性价比高、价廉物美等经济特性。（6）可维修性，指产品发生故障后能被迅速修好并恢复功能。

标准、计量、质量等概念虽然各不相同，但又相互依存。它们的共同载体是产品，都是为了提高产品质量。标准是质量的依据，计量是质量的技术基础，没有高标准，没有统一准确的计量，也就没有高质量的产品。产品质量问题大体上也可分为两类，即产品不适用和产品不安全。产品不适用多因产品瑕疵而形成，产品不安全则由于产品缺陷而发生。瑕疵与缺陷是两个不同的关于产品质量的概念。

---

〔1〕 我国于2006年制定了《农产品质量安全法》，专门适用于农产品。《产品质量法》之所以将农产品排除在产品范围外，主要是由于农产品是未加工过的天然产品，容易产生潜在的缺陷却难以确定缺陷的来源以及责任者。换言之，农产品质量安全与普通工业产品的质量安全有很大区别，所以在立法上分别规定。

〔2〕 参见刘文琦：《产品责任法律制度比较研究》，法律出版社1997年版，第134页。

〔3〕《产品质量法》第73条规定：“军工产品质量监督管理办法，由国务院、中央军事委员会另行制定。因核设施、核产品造成损害的赔偿责任，法律、行政法规另有规定的，依照其规定。”

〔4〕 国际标准化组织颁布的ISO 8402—1994《质量术语》这一标准中，对质量的定义是：“产品和服务满足规定或者潜在需要的特征和特性的总和。”

（二）产品质量法

1. 产品质量法的概念和特点

产品质量法是调整在生产、流通和消费过程中因产品质量所发生的社会关系（即产品质量关系）的法律规范的总称。作为产品质量法调整对象的产品质量关系，主要包括两个方面：（1）产品质量监督管理关系，是国家产品质量监督管理部门在实施产品质量法的过程中与生产者、销售者之间发生的管理与被管理关系。（2）产品质量责任关系，是产品的生产者、销售者和产品的用户、消费者之间因产品缺陷产生的损害赔偿关系。进而言之，产品质量法是兼具国家监管和市场运行两个方面的法律规范体系，其结构为“产品质量监督管理法”+“产品责任法”。[1]

我国于1993年出台了《产品质量法》，后于2000年、2009年、2018年历经三次修正。《产品质量法》是我国产品质量领域的基础性法律，也是一部颇具经济法理念的市场秩序监管法。[2]此外，产品质量制度还包括《计量法》《标准化法》《农产品质量安全法》《食品卫生法》《药品管理法》《认证认可条例》《产品标识标注规定》《产品质量国家监督抽查管理办法》《缺陷汽车产品召回管理规定》《农产品质量安全法》等法律法规。《民法典》《消费者权益保护法》等法律中的相关规定，也是实质意义上的产品质量法的组成部分。

我国产品质量法具有以下特点：（1）治理综合化。我国产品质量法要求动员国家、社会、企业、个人等上下内外一切力量，进行全方位的综合治理，并综合运用民事、行政、刑事等多种法律手段，解决产品质量问题。（2）管理系统化。从产品生产起始，至产品运输、保管、销售等各个环节，进行系统的管理和监督，努力保证产品质量，减少产品质量问题发生，最大限度地保护用户、消费者利益。（3）功能社会化。我国的产品质量法既要明确产品责任，保护用户、消费者的利益，又要维护社会经济秩序和社会利益，将对社会个体利益的保护和对社会整体利益的保护协调结合起来。[3]

2. 产品质量法的立法目的和指导原则

我国《产品质量法》第1条规定：“为了加强对产品质量的监督管理，提高产品质量水平，明确产品质量责任，保护消费者的合法权益，维护社会经济秩序，制定本法。”该规定体现了产品质量法的立法目的。其中，加强对产品质量的监督管理、提高产品质量水平、明确产品质量责任，是制定产品质量法的直接目的（基础性目的/客观功用价值）；保护消费者的合法权益、维护社会经济秩序，是制定产品质量法的间接目的（高

〔1〕在市场经济较为发达的工业国家，大多以产品责任立法为主，而我国则表现为全面的产品质量管理立法，既包括生产者或销售者对其生产或销售的产品应当承担的责任，也包括生产者和销售者如何管理产品质量、国家各级管理部门如何监督产品质量以及衡量产品质量的基准、质量保证等一系列制度。参见李昌麒主编：《经济法学》（第3版），法律出版社2016年版，第288页。

〔2〕参见徐孟洲、谢增毅：《一部颇具经济法理念的产品质量法——兼评我国〈产品质量法〉的修改》，载《法学家》2001年第5期。

〔3〕参见刘文华主编：《经济法》（第6版），中国人民大学出版社2019年版，第224页。

层次目的 / 主观评判价值）。[1]

我国产品质量法的指导原则是：（1）贯彻“质量第一”的原则。发展社会主义市场经济，建设质量强国，不断提高产品质量，满足最广大人民群众日益增长的高水平的物质需要，是我国的一项基本政策，也是我国产品质量立法必须长期坚持的战略方针。（2）贯彻维护消费者合法权益的原则。产品质量法，实质上就是产品质量责任法。而产品质量责任，集中体现的是对消费者的责任。产品质量法维护消费者的权益，保护消费者人体健康和人身、财产安全权，知情权，选择权，陈述意见权和损害赔偿请求权等，均应通过产品质量法予以实现。（3）实行统一立法、区别管理的原则。为了贯彻这一原则，国家对可能危及人体健康和人身、财产安全的产品，分别专门制定并实行强制性标准，对其他产品，则主要采取国际通行的企业质量体系认证、产品质量认证等引导方法，加强对市场商品的监督。（4）实行奖优罚劣的原则。国家一方面要奖励优质产品和质量管理先进的企业和个人，另一方面要严厉制裁制假、售假的生产者和销售者，以维护社会主义市场经济秩序。[2]

二、产品质量监督管理制度

产品质量监督管理制度，是指产品质量立法确立的对产品质量的形成、维持和提高进行监督管理的主体、方式、程序等方面的制度安排。《产品质量法》对产品质量监督管理制度专章予以规定，明确了产品质量监督管理的具体措施，设定了产品质量违法行为的法律责任。

（一）产品质量监督管理体制

产品质量监督体制，是指国家在开展产品质量监督管理过程中设置的管理机构以及处理各管理机构之间权责关系的制度。我国《产品质量法》第 8 条确立了“统一管理、分工负责”的监督管理体制，即“国务院市场监督管理部门主管全国产品质量监督工作。国务院有关部门在各自的职责范围内负责产品质量监督工作。县级以上地方市场监督管理部门主管本行政区域内的产品质量监督工作。县级以上地方人民政府有关部门在各自的职责范围内负责产品质量监督工作”。根据 2018 年 3 月 17 日第十三届全国人大第一次会议表决通过的《国务院机构改革方案》，将国家工商行政管理总局的职责、国家质量监督检验检疫总局的职责、国家食品药品监督管理总局的职责等加以整合，组建国家市场监督管理总局，作为国务院直属机构。同时，将国家质量监督检验检疫总局的出入境检验检疫管理职责和队伍划入海关总署。国家认证认可监督管理委员会、国家标准化管理委员会职责划入国家市场监督管理总局。产品质量监督管理机构主要行使以下职权：一是产品质量监督，二是产品质量违法案件查处。

---

〔1〕 关于经济法的价值、宗旨（目的）的论述，参见张守文：《经济法理论的重构》，人民出版社 2004 年版，第 287 页以下。

〔2〕 参见杨紫烜、徐杰主编：《经济法学》（第 7 版），北京大学出版社 2015 年版，第 181 页。

（二）产品质量标准制度

标准是对重复性事物和概念所作的统一规定。产品质量标准，指对产品的结构、规格、质量、检验方法等作出的技术性要求与规定。对产品质量实行标准化管理，是促进技术进步、改进产品质量、提高社会经济效益的基本保障。我国产品质量标准分为国家标准、行业标准、地方标准、团体标准、企业标准。国家标准分为强制性标准、推荐性标准，行业标准、地方标准是推荐性标准。[1]强制性标准，企业必须执行。不符合强制性标准的产品，禁止生产、销售和进口。

我国《产品质量法》第13条第一款规定："可能危及人体健康和人身、财产安全的工业产品，必须符合保障人体健康和人身、财产安全的国家标准、行业标准；未制定国家标准、行业标准的，必须符合保障人体健康和人身、财产安全的要求。"第二款规定："禁止生产、销售不符合保障人体健康和人身、财产安全的标准和要求的工业产品。具体管理办法由国务院规定。"由此可见，保障人体健康和人身、财产安全的标准，是强制性标准。具体而言，下列标准属于强制性标准：药品标准，食品卫生标准，兽药标准，产品及产品生产、销售、储运和使用中的安全、卫生标准，劳动安全、卫生标准，运输安全标准；工程建设质量、安全、卫生标准及国家需要控制的其他过程建设标准；环境保护的污染物排放标准和环境质量标准；重要的涉及技术衔接的通用技术标语、符号、代号（含代码）、文件格式和制图方法；国家需要控制的通用的试验、检验方法标准；互换配合标准；国家需要控制的重要产品质量标准。国家强制性标准的代号为"GB"。

推荐性标准，是指国家鼓励、引导企业采用的标准。企业是否采用，由企业自主决定。推荐性国家标准的代号为"GB/T"。

（三）产品质量认证制度

所谓认证，是指由认证机构证明产品、服务、管理体系符合相关技术规范的强制性要求或者标准的合格评定活动。质量认证是国际上通行的提高产品、服务的质量和管理水平的重要手段，对从源头上确保产品安全、规范市场行为、指导消费和促进对外贸易，具有重要作用。我国《产品质量法》规定了两种认证：企业质量体系认证和产品质量认证。

1. 企业质量体系认证

企业质量体系认证，是指认证机构依据国际通用的"质量管理和质量保证系列标准"，对企业的质量体系和质量保证能力进行审核，并颁发认证证书，证明企业质量体系和质量保证能力符合相关要求的制度。《产品质量法》第14条规定："国家根据国际通用的质量管理标准，推行企业质量体系认证制度。企业根据自愿原则可以向国务院市场监督管理部门认可的或者国务院市场监督管理部门授权部门认可的认证机构申请企业质量体系认证。经认证合格的，由认证机构颁发企业质量体系认证证书。"

企业质量体系认证以自愿为原则。认证程序是：（1）由企业自愿提出认证申请，提

[1] 参见《标准化法》第2条。

交认证申请书并与认证机构签署认证协议；（2）由认证机构进行审核，包括文件审核和现场审核；（3）由认证机构对符合条件的企业进行注册，颁发企业质量体系认证证书。企业获得企业质量体系认证证书后，每年还应接受认证机构的年度审查，每隔 3 年进行一次复审。

2. 产品质量认证

产品质量认证，是指认证机构依据产品标准及相应的技术要求，对申请认证的产品进行检验，对符合相应标准和技术要求的企业颁发认证证书和标志予以证明的制度。我国《产品质量法》第 14 条第二款规定："国家参照国际先进的产品标准和技术要求，推行产品质量认证制度。企业根据自愿原则可以向国务院市场监督管理部门认可的或者国务院市场监督管理部门授权的部门认可的认证机构申请产品质量认证。经认证合格的，由认证机构颁发产品质量认证证书，准许企业在产品或者其包装上使用产品质量认证标志。"此外，《认证认可条例》《强制性产品认证管理规定》等对产品质量认证作出了具体规定。

（1）认证原则。我国实行自愿认证与强制认证相结合原则。一般产品是否认证，由企业自行决定。涉及人类健康和安全、动植物生命和健康以及环境保护和公共安全的产品，实行强制认证。这就是"中国强制性认证"（China Compulsory Certification，简称"3C 认证"或"CCC 认证"）。[1]

（2）认证依据。产品质量依据具有国际水平的国家标准、行业标准及其他补充技术标准加以认证。对我国名、特产品，依据经国家市场监督管理总局确认的标准认证。对于我国与国外认证机构签订合作认证协议的产品，依据协议中约定的标准认证。

（3）认证机构。在我国开展产品质量认证的机构，是经过国家认证认可监督管理委员会（隶属于国家市场监督管理总局）认可的认证机构。认证机构必须独立、客观公正地开展认证活动，不得与行政机关存在资产、管理方面的利益关系。

（4）认证内容。我国产品质量认证分为安全认证和合格认证。安全认证，是依据有关安全标准对产品进行认证，只对产品涉及人身安全、财产安全的项目进行认证。合格认证，是依据有关综合性标准对产品的全部性能进行的达标认证，证明该产品的质量已符合某质量标准的要求。

（四）产品质量检验制度

产品质量检验，是指按照特定的标准，对产品质量进行检测，以判明产品是否合格的活动。这里的"标准"，可以是国家标准、行业标准、地方标准、团体标准、企业标准，但有强制性标准的产品，必须按强制性标准检验。产品质量检验，包括两种：一是生产经营者自行检验，即生产经营者生产、经销的产品，其质量应当检验合格，不得以不合格产品冒充合格产品；二是第三方检验，即由生产方和购买方以外的产品质量检验

---

〔1〕根据这一制度，国家对必须经过认证的产品，统一产品目录，统一技术规范的强制性要求、标准和合格评定程序，统一标志，统一收费标准；统一的产品目录由国务院认证认可监督管理部门会同国务院有关部门制定、调整，由国务院认证认可监督管理部门发布，并会同有关方面共同实施；列入目录的产品，必须经国务院认证认可监督管理部门指定的认证机构进行认证。

机构对产品质量进行检验。

与生产经营者自行检验不同，第三方检验通常只在特定的情况下、针对特定的产品适用；并且其直接目的，主要不在于建立生产经营者的质量保证体系，而在于获取特定产品的质量信息，以便为产品质量纠纷处理和产品质量监管提供决策的依据。产品质量发生争议后，由当事人申请或争议处理机关决定将争议产品提交检验机构检验，是最常见的一种第三方检验。《产品质量法》对第三方检验的规定，集中体现在产品质量检验机构的组织和活动要求上，具体涉及以下几项内容：（1）产品质量检验机构的资格。产品质量检验机构必须具备相应的检测条件和能力，经省级以上人民政府市场监督管理部门或其授权的部门考核合格后，方可承担产品质量检验工作。法律、行政法规对产品质量检验机构另有规定的，依照有关法律、行政法规的规定执行。（2）产品质量检验机构的性质。从事产品质量检验的社会中介机构必须依法设立，不得与行政机关和其他国家机关存在隶属关系或者其他利益关系。（3）产品质量检验机构的工作规范。即必须依照有关标准，客观、公正地出具检验结果。〔1〕

（五）产品质量监督检查制度〔2〕

产品质量监督检查是一项强制性的行政措施，目的在于保障市场流通中的产品符合相关的质量要求，督促企业严把产品质量关。《产品质量法》规定，国家对产品质量实行以抽查为主要方式的监督检查制度。监督抽查对象有3类：（1）可能危及人体健康和人身、财产安全的产品；（2）影响国计民生的重要工业产品；（3）消费者、有关组织反映有质量问题的产品。

1. 监督抽查的组织和实施

组织监督抽查的市场监督管理部门应当根据本级监督抽查年度计划，制定监督抽查方案和监督抽查实施细则。监督抽查方案应当包括抽查产品范围、工作分工、进度要求等内容。监督抽查实施细则应当包括抽样方法、检验项目、检验方法、判定规则等内容。抽查的样品应当在市场上或者企业成品仓库内的待销产品中随机抽取。监督抽查工作由国务院市场监督管理部门规划和组织。县级以上地方市场监督管理部门在本行政区域内也可以组织监督抽查。国家监督抽查的产品，地方不得另行重复抽查；上级监督抽查的产品，下级不得另行重复抽查。根据监督抽查的需要，可以对产品进行检验。检验抽取样品的数量不得超过检验的合理需要，并不得向被检查人收取检验费用。监督抽查所需检验费用按照国务院规定列支。

2. 监督抽查的产品质量不合格的处理

对依法进行的产品质量监督检查，生产者、销售者不得拒绝。依法进行监督抽查的产品质量不合格的，由实施监督抽查的市场监督管理部门责令其生产者、销售者限期改正。逾期不改正的，由省级以上人民政府市场监督管理部门予以公告。公告后经复查仍不合格的，责令停业，限期整顿。整顿期满后经复查产品质量仍不合格的，吊销营业

---

〔1〕 参见《产品质量法》第19条、第20条、第21条。

〔2〕《产品质量监督抽查管理暂行办法》（2019）。

执照。

此外，为了使社会及时了解产品质量状况，充分发挥产品质量抽查的督促作用，《产品质量法》第 24 条还规定，国务院和省、自治区、直辖市人民政府的市场监督管理部门应当定期发布其监督抽查的产品的质量状况公告。

（六）缺陷产品召回制度

产品召回，是指对于流通中存在设计、制造系统性缺陷的产品，在可能导致损害发生的情况下，经营者采取发布公告、通知等措施收回缺陷产品，并免费修理或更换的制度。

产品召回制度是企业承担社会责任最直接、最切实的具体体现。这一制度在市场经济发达国家已是一项相当普遍的制度。我国《消费者权益保护法》第 19 条确立了一般产品召回制度，规定经营者发现其提供的商品或者服务存在缺陷，有危及人身、财产安全危险的，应当立即向有关行政部门报告和告知消费者，并采取停止销售、警示、召回、无害化处理、销毁、停止生产或者服务等措施。采取召回措施的，经营者应当承担消费者因商品被召回支出的必要费用。此外，汽车〔1〕、药品〔2〕、食品〔3〕等缺陷产品的召回制度也已基本确立。

缺陷产品的召回有主动召回和强制召回（指令召回 / 责任召回）两种不同方式。两种召回都要履行必需程序，如报告、发布信息、停止经营和销售、实施产品召回、召回评估和监督、召回后的处理和法律责任等。

三、经营者的产品质量义务

产品质量义务，是指产品质量法律关系的主体，必须为一定质量行为或者不为一定质量行为，以满足对方的利益需要。产品质量法律关系的主体，主要指产品的生产者和销售者。

（一）生产者的产品质量义务

1. 产品质量保证义务

《产品质量法》第 26 条规定，生产者应当对其生产的产品质量负责，其产品质量应当符合下列要求：（1）不存在危及人身、财产安全的不合理的危险，有保障人体健康和人身、财产安全的国家标准、行业标准的，应当符合该标准；（2）具备产品应当具备的使用性能，但是，对产品存在使用性能的瑕疵作出说明的除外；（3）符合在产品或者其包装上注明采用的产品标准，符合以产品说明、实物样品等方式表明的质量状况。

2. 产品标识合法义务

产品标识，是指用于识别产品或其特征、特性所做的各种表示的统称。产品标识提供了产品的使用、保养、质量等信息，可指导消费者正确消费。根据《产品质量法》第

---

〔1〕 详细可参见《缺陷汽车产品召回管理条例》（2012）和《缺陷汽车产品召回管理条例实施办法》（2015）。

〔2〕 详细可参见《药品召回管理办法》（2022）。

〔3〕 详细可参见《食品召回管理办法》（2020）。

27 条、第 28 条的规定，产品或者其包装上的标识必须真实，并符合下列要求：（1）有产品质量检验合格证明。（2）有中文标明的产品名称、生产厂厂名和厂址。（3）根据产品的特点和使用要求，需要标明产品规格、等级、所含主要成分的名称和含量的，用中文相应予以标明；需要事先让消费者知晓的，应当在外包装上标明，或者预先向消费者提供有关资料。（4）限期使用的产品，应当在显著位置清晰地标明生产日期和安全使用期或者失效日期。（5）使用不当，容易造成产品本身损坏或者可能危及人身、财产安全的产品，应当有警示标志或者中文警示说明。裸装的食品和其他根据产品的特点难以附加标识的裸装产品，可以不附加产品标识。此外，易碎、易燃、易爆、有毒、有腐蚀性、有放射性等危险物品以及储运中不能倒置和其他有特殊要求的产品，其包装质量必须符合相应要求，依照国家有关规定作出警示标志或者中文警示说明，标明储运注意事项。

3. 不作为义务

根据《产品质量法》第 29—32 条的规定，生产者不得从事下列行为：（1）不得生产国家明令淘汰的产品；（2）不得伪造产地，不得伪造或者冒用他人的厂名、厂址；（3）不得伪造或者冒用认证标志等质量标志；（4）不得掺杂、掺假，不得以假充真、以次充好，不得以不合格产品冒充合格产品。

（二）销售者的产品质量义务

根据《产品质量法》第 33—39 条的规定，销售者的产品质量义务包括：（1）产品质量检查义务。销售者应当建立并执行进货检查验收制度，验明产品合格证明和其他标识。（2）产品质量保持义务。销售者应当采取措施，保持销售产品的质量。（3）产品质量标识义务。销售者销售产品的标识，应当符合《产品质量法》第 27 条的规定。（4）不作为义务。销售者不得销售国家明令淘汰并停止销售的产品和失效、变质的产品；不得伪造产地，不得伪造或者冒用他人的厂名、厂址；不得掺杂、掺假，不得以假充真、以次充好，不得以不合格产品冒充合格产品。

四、产品质量责任制度

（一）产品质量责任的特征

产品质量责任，是指生产者、销售者以及其他对产品质量负有义务者违反产品质量法规定的义务而应承担的法律责任，包括产品质量的民事责任、行政责任和刑事责任。

产品质量责任与产品责任相比，具有以下特征：（1）产品质量责任是一种经济法责任。产品质量责任既包括产品质量的违约和侵权责任，又包括产品质量的行政和刑事责任，具有综合性特征，反映了国家为了社会公共利益的需要以公共权力干预社会经济生活的公法属性。产品责任则是一种特殊的民事侵权责任，具有私法责任的性质。（2）产品质量责任的归责依据是产品质量法。是否承担产品质量责任，取决于当事人是否违反了产品质量法规定的义务。只要违反了产品质量义务，无论是否存在过错、是否造成实际损害，均应承担产品质量责任。而产品责任则是以民事侵权法为归责依据，以产品存在缺陷并造成他人实际损害为前提。（3）产品质量责任具有积极的防御功能，贯穿产品的设计、销售、使用等环节的全过程。产品质量责任具有事前预防功能，但不排斥事后的救济功能。而产品责任只是一种侵权赔偿责任，是一种在缺陷产品给他人造成实际损害后的消极补救责任。[1]

（二）产品质量民事责任

产品质量法中，生产者、销售者的民事责任可分为产品瑕疵担保责任和产品缺陷损害赔偿责任。

1. 产品瑕疵担保责任

产品瑕疵担保责任是一种违约责任。产品“瑕疵”，是指产品质量不符合法律规定或当事人约定的质量标准。在产品买卖关系中，生产者、销售者依法或依合同应对消费者、使用者作出质量承诺或保证。这种担保分为明示担保和默示担保。生产者、销售者提供的产品若违反该质量担保，即应依法承担产品瑕疵担保责任。

我国《产品质量法》第 40 条规定，销售者对以下情形应承担产品瑕疵担保责任：（1）不具备产品应当具备的使用性能而事先未作说明的；（2）不符合在产品或者其包装上注明采用的产品标准的；（3）不符合以产品说明、实物样品等方式表明的质量状况的。销售者负责修理、更换、退货、赔偿损失后，属于生产者的责任或者属于向销售者提供产品的其他销售者（简称供货者）的责任的，销售者有权向生产者、供货者追偿。

2. 产品缺陷损害赔偿责任

产品缺陷损害赔偿责任，又称产品责任，是指因缺陷产品侵害了他人的人身、财产权，依法应承担的民事赔偿责任。

（1）产品责任的归责原则

我国《产品质量法》对产品责任采用了“以无过错责任为主，以过错责任为辅”的归责原则。该法第 41 条规定生产者承担无过错责任，即无论生产者有无过错，只要因产品缺陷造成他人人身、财产损害，即应承担赔偿责任，但法律规定免责的情形除外。作为无过错责任原则的例外，该法第 42 条规定，销售者对于因过错使产品存在缺陷致他人损害，或者销售者不能指明缺陷产品的生产者或供货者，应承担损害赔偿责任。

（2）产品责任的构成要件

承担产品责任应满足如下要件：

一是产品存在缺陷。所谓产品缺陷，是指产品存在危及人身、财产安全的不合理危险；产品有保障人体健康和人身、财产安全的国家标准、行业标准的，指产品不符合该标准。[2]产品缺陷一般表现为 3 种：一是设计缺陷，指产品因设计不当产生的不合理危险。二是制造缺陷，又称结构缺陷、生产缺陷，指产品因工艺操作失误或质量管理不善而产生的不合理危险。三是警示缺陷，又称指示缺陷，指产品因缺少必要的说明或警告而对使用者构成的不合理危险。

---

〔1〕 参见漆多俊主编：《经济法学》（第 4 版），高等教育出版社 2019 年版，第 160 页。

〔2〕 产品缺陷不同于前述产品瑕疵。“瑕疵”是合同法上的概念，指产品质量不符合法律规定或当事人约定的质量标准。“缺陷”是产品质量法上的概念，指产品存在不合理的危险性。产品有“瑕疵”，但不一定会存在“缺陷”。

二是产品存在人身伤害、财产损害的事实。只有产品给他人造成人身或财产损害，生产者、销售者才应承担赔偿责任。

三是产品缺陷与损害事实之间存在因果关系。损害事实是由产品缺陷造成的，生产者、销售者才承担赔偿责任。如果损害事实是由其他原因造成的，比如外力的破坏、受害人的故意等，生产者、销售者不承担赔偿责任。

（3）产品责任的承担主体

因产品存在缺陷造成人身、财产损害的，受害人可以向产品的生产者索赔，也可以向产品的销售者索赔。属于产品生产者的责任，产品销售者先行赔偿后，可以向生产者追偿。

《产品质量法》第 41 条规定，因产品存在缺陷，造成人身、缺陷产品以外的其他财产损害的，生产者应承担损害赔偿责任。但是，生产者能证明有下列情形之一的，不承担赔偿责任：一是未将产品投入流通的；二是产品投入流通时，引起损害的缺陷尚不存在；三是生产者将产品投入流通时的科学技术水平尚不能发现缺陷存在的。

《产品质量法》第 42 条规定，销售者承担的赔偿责任是一种过错责任，以主观存在故意或过失为承担责任的前提条件。销售者承担赔偿责任的情形如下：一是由于销售者的过错使产品存在缺陷，造成他人人身、财产损害；二是销售者不能指明缺陷产品的生产者，也不能指明缺陷产品的供货者。

产品质量认证机构违反产品质量法的有关规定，对不符合认证标准而使用认证标志的产品，未依法要求其改正或取消其使用认证标志的，对因产品不符合认证标准而给消费者造成的损失，与生产者、销售者承担连带责任。

社会团体、社会中介机构对产品质量作出承诺、保证，而该产品又不符合其承诺、保证的质量要求，给消费者造成损失的，与产品的生产者、销售者承担连带责任。

（4）产品责任的赔偿范围

产品缺陷损害赔偿的范围，包括人身损害赔偿、财产损害赔偿和精神损害赔偿。关于人身损害赔偿，《产品质量法》第 44 条第一款规定：“因产品存在缺陷造成受害人人身伤害的，侵害人应当赔偿医疗费、治疗期间的护理费、因误工减少的收入等费用；造成残疾的，还应当支付残疾者生活自助具费、生活补助费、残疾赔偿金以及由其扶养的人所必需的生活费等费用；造成受害人死亡的，并应当支付丧葬费、死亡赔偿金以及由死者生前扶养的人所必需的生活费等费用。”关于财产损害赔偿，《产品质量法》第 44 条第二款规定：“因产品存在缺陷造成受害人财产损失的，侵害人应当恢复原状或者折价赔偿。受害人因此遭受其他重大损失的，侵害人应当赔偿损失。”关于精神损害赔偿，产品缺陷致使受害人人格利益受到损害，特别是造成人身伤害时，生产者或销售者应当承担精神损害赔偿责任。

（三）产品质量行政责任

产品质量行政责任是指生产者、销售者因违反产品质量监督管理法律法规，而应承担的不利法律后果。

1. 生产者、销售者须承担产品质量行政责任的情形

（1）生产、销售不符合保障人体健康和人身、财产安全的国家标准、行业标准的产品。

（2）生产者、销售者在产品中掺杂、掺假，以假充真、以次充好，或者以不合格产品冒充合格产品。

（3）生产国家明令淘汰的产品。

（4）销售失效、变质的产品。

（5）生产者、销售者伪造产品产地，伪造或者冒用他人厂名、厂址，伪造或者冒用认证标志等质量标志。

（6）产品标识、有包装的产品标识不符合《产品质量法》的有关规定。

2. 生产者、销售者的产品质量行政责任形式

生产者、销售者承担产品质量行政责任的形式主要包括责令停止生产、责令停止销售、没收违法生产或销售的产品、没收违法所得、罚款、责令公开更正和吊销营业执照等。

（四）产品质量刑事责任

生产者、销售者实施下列违法行为，构成犯罪的，应当依法追究刑事责任：（1）生产、销售不符合保障人体健康和人身、财产安全的国家标准、行业标准的产品的；（2）在产品中掺杂、掺假，以假充真、以次充好，或者以不合格产品冒充合格产品的；（3）销售失效、变质的产品。

1997 年修订后的《刑法》为了严惩生产、销售伪劣产品的行为，在《刑法》分则第三章第一节中专门规定了“生产、销售伪劣商品罪”。该节共有 9 个定罪量刑的罪名，包括：生产、销售伪劣产品罪，生产、销售假药罪，生产、销售劣药罪，生产、销售不符合卫生标准的食品罪，生产、销售有毒有害食品罪，生产、销售不符合标准的医用器材罪，生产、销售不符合安全标准的产品罪，生产、销售伪劣农药、兽药、化肥、种子罪，生产、销售不符合卫生标准的化妆品罪。构成上述犯罪，对单位判处罚金，对直接负责的主管人员和其他责任人员依法追究刑事责任。

第二节　广告法律制度

一、广告法律制度概述

（一）广告概念和功能

1. 广告的含义和构成要素

广告即广而告之。广告是传播信息的一种方式，其目的在于推销商品、劳务，影响舆论，博得政治支持、推进一种事业，或引起刊登广告者所希望的其他反响或目的。换

言之，企事业单位、机关、团体或自然人为了特定的目的，通过一定的媒介或形式向社会公众传播某种信息的宣传活动，均为广告。广义上的广告，包括商业广告（经营性广告）、公益广告，甚至包括宣传挂失、寻人、征婚等内容的社会服务广告和政府公告。

我国《广告法》意义上的广告是指狭义上的广告，仅限于商业广告。《广告法》第2条第一款规定："在中华人民共和国境内，商品经营者或者服务提供者通过一定媒介和形式直接或者间接地介绍自己所推销的商品或者服务的商业广告活动，适用本法。"在市场经济活动中，最常见、最可能给消费者和社会公众造成影响的，主要是商业广告。商业广告的性质、特点和监督管理与政府公告、公益广告等其他广告不同，不宜在《广告法》中一并规定。[1]因此，如无特别说明，本节所称广告皆指商业广告，所讨论的广告法律制度是指商业广告法律制度。

一般来说，广告包含以下四项构成要素：

（1）广告主体。广告主体，即广告活动的主体，包括广告主、广告经营者、广告发布者、广告代言人。广告主，是指为推销商品或者提供服务，自行或者委托他人设计、制作、发布广告的自然人、法人或其他组织。广告经营者，是指接受委托提供广告设计、制作、代理服务的自然人、法人或者其他组织。广告发布者，是指为广告主或者广告主委托的广告经营者发布广告的自然人、法人或者其他组织。广告代言人，是指广告主以外的，在广告中以自己的名义或者形象对商品、服务作推荐、证明的自然人、法人或者其他组织。

（2）广告信息。广告信息是广告的主要内容，包括商品或者服务的性能、功能、产地、用途、质量、成分、价格等方面的信息。这些信息有助于消费者作出是否消费的选择。

（3）广告媒介。广告作为非个体传播的信息，其借助的传播媒介有两类：一类是大众传播媒介，如电视、广播、报纸、互联网等；[2]另一类是自筹式传播媒介，如路牌、张贴、直邮等。

（4）广告费用。广告区别于其他信息传播形式的最重要的特征在于，广告主须给付设计、制作、发布广告的费用。如果某种信息的传播并未以广告命名，但广告主实际上支付了由此产生的费用，应将其视为广告；反之，则不构成广告。

在这四个要素中，广告主体特别是广告主是广告活动的主导者，法律须尽可能全面地规定其权利、义务，以此确保广告活动符合市场规律要求，维护交易秩序。广告信息指涉商品或者服务的性能、功能、品质等状况，有可能出现虚假或者误导性宣传，这是广告法律制度规范的重点。广告媒介作为广告信息的载体，是广告宣传活动的活跃要素，需要承担相应的法律义务。广告收费须公平合理，才能保证广告业健康发展，不至于扰乱市场秩序。[3]

---

〔1〕参见《经济法学》编写组：《经济法学》（第2版），高等教育出版社2018年版，第317页。

〔2〕如今，互联网作为一种新型媒介，被越来越多地用于发布网络广告，即互联网信息服务提供者通过互联网在网站或网页上以标识、按钮、文字链接、电子邮件等形式发布广告。

〔3〕参见杨紫烜主编：《经济法》（第5版），高等教育出版社2014年版，第220页。

2. 广告的功能

广告的功能是指通过广告传播的内容，对传播的对象和社会环境所产生的作用和影响，主要包括经济功能，以及社会、心理等其他功能。[1] 其中，经济功能是广告的最主要功能。广告的经济功能主要体现在以下三个方面：

首先，广告有利于沟通产销，满足需求、刺激需求、创造新需求。生产与消费在时间上、空间上具有不同一性。广告作为信息传播的手段之一，可以缩短生产与消费之间的距离。经营者可以借助广告了解消费者的各种需求，组织有针对性的生产。消费者也可以通过广告提高对产品的认识，优化消费选择。广告还可以起到创造流行、造就时尚的作用，许多流行性产品的出现，与广告的大量宣传密不可分。

其次，广告对经济发展具有促进作用。广告是世界上最大的“无烟产业”之一，不仅在广告行业创造了巨大的财富，而且也带动了其他很多行业的发展。广告通过各种形式的媒体介绍商品或服务，引发消费者的兴趣和购买欲望，从而刺激需求，使得规模生产得以进行。同时，广告可以加剧市场竞争，从单纯的价格竞争延展到广告以及质量、配套服务等非价格竞争，迫使经营者不断改进技术，提高生产效率，进而推动社会生产力发展。

最后，广告具有“承诺”功能，是企业对社会作出的保证书。通过广告，企业可以向大众展示自己的宗旨、成就、信誉等，从而树立企业的良好形象，扩大企业的知名度。为了达到上述目的，企业须以诚实信用为原则，着力于提高自身实力，在市场上公平竞争、锐意进取。

（二）广告法的概念及其沿革

广告法是调整广告经营关系和广告监督管理关系的法律规范的总称。广告经营关系是广告主、广告经营者、广告发布者之间发生的经济关系。广告监督管理关系是广告监督管理机关对广告活动进行监督管理的过程中发生的经济关系。广告法既是广告主、广告经营者、广告发布者进行广告活动的行为准则，也是广告监督管理机关对广告活动实施监督管理的法律依据。为了进一步规范广告活动，促进广告业的健康发展，保护消费者的合法权益，维护社会经济秩序，发挥广告在社会主义市场经济中的积极作用，1994 年 10 月 27 日，第八届全国人大常委会第十次会议通过了《中华人民共和国广告法》，并自 1995 年 2 月 1 日起施行。该法的通过和施行，标志着我国广告法律制度建设进入了日益成熟的阶段。此后，《广告法》经过 2015 年、2018 年和 2021 年三次修正，渐趋成熟和完善。从广告法的配套性立法来看，我国现行有效的部门规章主要包括《互联网广告管理办法》《医疗广告管理办法》《医疗器械广告管理办法》等，地方性法规主要包括《浙江省广告管理条例》《江苏省广告条例》《重庆市户外广告管理条例》等。

总体而言，这些广告法律规范在实践中起到了以下关键作用：一是规范广告活动，促进广告业健康发展；二是保护消费者的合法权益，维护市场竞争秩序；三是激发广告作为市场经济“催化剂”和社会生产力“助推器”的积极作用。

---

〔1〕 参见刘继峰：《经济法学》，中国政法大学出版社 2019 年版，第 350—352 页。

（三）《广告法》与相关法的关系

《广告法》与《反不正当竞争法》《消费者权益保护法》同为维护市场竞争秩序、保障消费者利益的法律，存在较为紧密的关系。

1.《广告法》与《反不正当竞争法》的关系

广告作为一种商业宣传方式，当其以虚假或者引人误解的内容欺骗、误导消费者时，可以同时受到广告法和反不正当竞争法的调整，产生规范竞合（法条竞合）。例如，《广告法》第28条第一款规定："广告以虚假或者引人误解的内容欺骗、误导消费者的，构成虚假广告。"同时，《反不正当竞争法》第8条第一款规定："经营者不得对其商品的性能、功能、质量、销售状况、用户评价、曾获荣誉等作虚假或者引人误解的商业宣传，欺骗、误导消费者。"对于规范竞合的处理，有两个原则：一是特别法优先于一般法；二是重法优先于轻法。在一定意义上，《广告法》是鼓励和保护广告业公平竞争的"反不正当竞争法"，相较于具有一般法属性的《反不正当竞争法》，它是制止广告业不正当竞争行为的特别法，因而具有适用上的优先性。进一步看，相较于《反不正当竞争法》第20条关于虚假宣传法律责任的规定，《广告法》第55条关于虚假广告法律责任的规定更具梯次性，违法者可能据此承担更严重的法律责任，因而《广告法》也具有适用上的优先性。

2.《广告法》与《消费者权益保护法》的关系

规范广告活动、保护消费者的合法权益是《广告法》的重要立法目标，在此意义上，可以说《广告法》和《消费者权益保护法》都是广义上的消费者保护法。不过，二者对消费者利益的保护方式存在区别。在《广告法》上，消费者利益是通过规范广告活动、维护市场竞争机制、促进广告业健康发展而产生的间接利益（反射性利益）；《消费者权益保护法》通过赋予消费者安全权、知情权、自主选择权、公平交易权等权利，设定经营者相应的义务，对消费者利益给予直接的保护。

二、广告准则

广告准则，是指各类广告应当遵循的基本标准和具体要求。广告准则既是广告活动的行为规范，也是广告监管机关监管广告的依据。根据我国《广告法》的规定，可以将广告准则归纳为一般准则和特殊准则。

（一）广告的一般准则

广告的一般准则，是反映广告本质及内容的指导原则，是各类广告以及广告活动都应当遵循的普遍标准和要求。[1]

1. 广告真实性准则

广告应当实事求是地介绍商品或者服务。《广告法》第4条规定，广告不得含有虚假或者引人误解的内容，不得欺骗、误导消费者；广告主应当对广告内容的真实性负责。广告真实性准则包含以下几个方面的要求：

---

〔1〕《广告法》第3条规定，广告应当真实、合法，以健康的表现形式表达广告内容，符合社会主义精神文明建设和弘扬中华民族优秀传统文化的要求。

（1）广告的引证内容应当真实。《广告法》第 11 条第二款规定，广告使用数据、统计资料、调查结果、文摘、引用语等引证内容的，应当真实、准确，并表明出处。引证内容有适用范围和有效期限的，应当明确表示。此外，《广告法》第 12 条规定，广告中涉及专利产品或者专利方法的，应当标明专利号和专利种类。未取得专利权的，不得在广告中谎称取得专利权。禁止使用未授予专利权的专利申请和已经终止、撤销、无效的专利作广告。

（2）广告不能含有虚假、夸大不实的内容。《广告法》第 28 条第一款规定，广告以虚假或者引人误解的内容欺骗、误导消费者的，构成虚假广告。第二款规定，广告有下列情形之一的，为虚假广告：①商品或者服务不存在的；②商品的性能、功能、产地、用途、质量、规格、成分、价格、生产者、有效期限、销售状况、曾获荣誉等信息，或者服务的内容、提供者、形式、质量、价格、销售状况、曾获荣誉等信息，以及与商品或者服务有关的允诺等信息与实际情况不符，对购买行为有实质性影响的；③使用虚构、伪造或者无法验证的科研成果、统计资料、调查结果、文摘、引用语等信息作证明材料的；④虚构使用商品或者接受服务的效果的；⑤以虚假或者引人误解的内容欺骗、误导消费者的其他情形。

（3）广告代言须真实。《广告法》第 38 条第一款规定，广告代言人在广告中对商品、服务作推荐、证明，应当依据事实，符合本法和有关法律、行政法规规定，并不得为其未使用过的商品或者未接受过的服务作推荐、证明。

（4）有关媒介传播效果的资料应当真实。《广告法》第 36 条规定，广告发布者向广告主、广告经营者提供的覆盖率、收视率、点击率、发行量等资料应当真实。

2. 广告准确性准则

广告对商品或者服务的介绍应力求清楚，不得含糊其词、模棱两可。广告的准确性准则包含以下几个方面的要求：

（1）广告表述应当准确、清晰、易懂。《广告法》第 8 条规定，广告中对商品的性能、功能、产地、用途、质量、成分、价格、生产者、有效期限、允诺等或者对服务的内容、提供者、形式、质量、价格、允诺等有表示的，应当准确、清楚、明白。广告中表明推销的商品或者服务附带赠送的，应当明示所附带赠送商品或者服务的品种、规格、数量、期限和方式。

（2）广告应当具有可识别性。《广告法》第 14 条规定，广告应当具有可识别性，能够使消费者辨明其为广告。大众传播媒介不得以新闻报道形式变相发布广告。通过大众传播媒介发布的广告应当显著标明“广告”，与其他非广告信息相区别，不得使消费者产生误解。[1]

---

〔1〕 新闻广告是指大众传播媒介以新闻报道的形式发布的商业广告。它利用消费者对新闻真实性、客观性的信赖，将广告信息通过新闻形式发布，使消费者误认为广告信息是对事实的客观陈述、介绍，从而毫无怀疑地接受了商品、服务的有利信息。新闻广告之所以是违法的，就在于它不具有广告的可识别性。

3. 广告合法性准则

这里所谓合法，是指广告对真实、准确、可识别以外的其他法定要求的遵守或者不违背。广告的合法性准则包含以下几个方面的要求：

（1）广告的内容和形式必须合法。《广告法》第 9 条规定，广告不得有以下情形：①使用或者变相使用中华人民共和国的国旗、国歌、国徽，军旗、军歌、军徽；②使用或者变相使用国家机关、国家机关工作人员的名义或者形象；③使用“国家级”“最高级”“最佳”等用语；④损害国家的尊严或者利益，泄露国家秘密；⑤妨碍社会安定，损害社会公共利益；⑥危害人身、财产安全，泄露个人隐私；⑦妨碍社会公共秩序或者违背社会良好风尚；⑧含有淫秽、色情、赌博、迷信、恐怖、暴力的内容；⑨含有民族、种族、宗教、性别歧视的内容；⑩妨碍环境、自然资源或者文化遗产保护。此外，《广告法》第 10 条规定，广告不得损害未成年人和残疾人的身心健康。

（2）广告活动必须合法。根据《广告法》相关规定，广告活动所应当遵循的合法性要求包括但不限于：①广告主、广告经营者、广告发布者从事广告活动，应当遵守法律、法规。②广告行业组织依照法律、法规和章程的规定，制定行业规范，加强行业自律，促进行业发展，引导会员依法从事广告活动，推动广告行业诚信建设。③广告主委托设计、制作、发布广告，应当委托具有合法经营资格的广告经营者、广告发布者。④广告主或者广告经营者在广告中使用他人名义或者形象的，应当事先取得其书面同意；使用无民事行为能力人、限制民事行为能力人的名义或者形象的，应当事先取得其监护人的书面同意。⑤法律、行政法规规定禁止生产、销售的产品或者提供的服务，以及禁止发布广告的商品或者服务，任何单位或者个人不得设计、制作、代理、发布广告。⑥不得在中小学校、幼儿园内开展广告活动，不得利用中小学生和幼儿的教材、教辅材料、练习册、文具、教具、校服、校车等发布或者变相发布广告，但公益广告除外。⑦在针对未成年人的大众传播媒介上不得发布医疗、药品、保健食品、医疗器械、化妆品、酒类、美容广告，以及不利于未成年人身心健康的网络游戏广告。针对不满 14 周岁的未成年人的商品或者服务的广告不得含有下列内容：劝诱其要求家长购买广告商品或者服务；可能引发其模仿不安全行为。⑧有下列情形之一的，不得设置户外广告：利用交通安全设施、交通标志的；影响市政公共设施、交通安全设施、交通标志、消防设施、消防安全标志使用的；妨碍生产或者人民生活，损害市容市貌的；在国家机关、文物保护单位、风景名胜区等的建筑控制地带，或者县级以上地方人民政府禁止设置户外广告的区域设置的。⑨任何单位或者个人未经当事人同意或者请求，不得向其住宅、交通工具等发送广告，也不得以电子信息方式向其发送广告。以电子信息方式发送广告的，应当明示发送者的真实身份和联系方式，并向接收者提供拒绝继续接收的方式。⑩利用互联网发布、发送广告，不得影响用户正常使用网络。在互联网页面以弹出等形式发布的广告，应当显著标明关闭标志，确保一键关闭。公共场所的管理者或者电信业务经营者、互联网信息服务提供者对其明知或者应知的利用其场所或者信息传输、发布平台发送、发布违法广告的，应当予以制止。

4. 广告活动公平性准则

这里所谓公平，是指广告主、广告经营者、广告发布者从事广告活动应当遵循公平原则和诚实信用原则。广告活动公平性准则包含以下几个方面的要求：

（1）广告活动应当是平等自愿的。广告活动主体（广告主、广告经营者、广告发布者）的地位是平等的，分别享有权利的同时承担义务。广告活动是主体间自愿的行为，遵循等价有偿的原则，不允许任何强迫、干涉。为此，《广告法》第 30 条规定，广告主、广告经营者、广告发布者之间在广告活动中应当依法订立书面合同。

（2）广告活动应当符合公平竞争的要求。公平竞争是中国特色社会主义市场经济的内在要求、基本原则和核心价值，也是广告活动的基本要求。为此，《广告法》第 31 条规定，广告主、广告经营者、广告发布者不得在广告活动中进行任何形式的不正当竞争。

（3）广告不得含有贬损性内容。《广告法》第 13 条规定，广告不得贬低其他生产经营者的商品或者服务。现实中，最常见的方式是以比较广告的方式达到贬损同业竞争者的目的。所谓比较广告，是指在制作广告时，将自己的商品或者服务与同类商品或者服务进行比较，从而突出自己商品或者服务的特点，以此影响消费者的消费决策或其他经济行为的广告。比较广告分为任意比较广告和具体比较广告。[1]通常而言，任意比较广告只要有科学的依据和证据，不为法所禁止。由于具体比较广告极易损害其他经营者商业信誉、商品声誉，将其他经营者置于竞争劣势而不当地增加自身竞争优势，造成广告市场竞争秩序混乱，因此法律一般对具体比较广告予以禁止。

（二）广告的特殊准则

广告的特殊准则，是指某些特殊商品和服务广告应当遵循的特殊标准和要求。《广告法》对以下特殊商品和服务广告规定了特殊准则。

1. 药品类广告的特殊准则

《广告法》第 15 条规定，麻醉药品、精神药品、医疗用毒性药品、放射性药品等特殊药品，药品类易制毒化学品，以及戒毒治疗的药品、医疗器械和治疗方法，不得作广告。上述特殊药品以外的处方药，只能在国务院卫生行政部门和国务院药品监督管理部门共同指定的医学、药学专业刊物上发布广告。

《广告法》第 16 条规定，医疗、药品、医疗器械广告不得含有下列内容：①表示功效、安全性的断言或者保证；②说明治愈率或者有效率；③与其他药品、医疗器械的功效和安全性或者其他医疗机构比较；④利用广告代言人作推荐、证明。药品广告的内容不得与国务院药品监督管理部门批准的说明书不一致，并应当显著标明禁忌、不良反应。处方药广告应当显著标明“本广告仅供医学药学专业人士阅读”，非处方药广告应当显著标明“请按药品说明书或者在药师指导下购买和使用”。推荐给个人自用的医疗器械的广告，应当显著标明“请仔细阅读产品说明书或者在医务人员的指导下购买和

---

〔1〕 所谓任意比较广告，是指生产经营者在其广告中与不特定的同行业竞争对手的商品或者服务进行比较的广告；而具体比较广告，是指生产经营者在其广告中“指名道姓”地与竞争对手的商品或者服务进行比较的广告。

使用”。医疗器械产品注册证明文件中有禁忌内容、注意事项的，广告中应当显著标明“禁忌内容或者注意事项详见说明书”。

《广告法》第 17 条规定，除医疗、药品、医疗器械广告外，禁止其他任何广告涉及疾病治疗功能，并不得使用医疗用语或者易使推销的商品与药品、医疗器械相混淆的用语。

2. 保健食品和母乳代用品广告的特殊准则

《广告法》第 18 条规定，保健食品广告不得含有下列内容：①表示功效、安全性的断言或者保证；②涉及疾病预防、治疗功能；③声称或者暗示广告商品为保障健康所必需；④与药品、其他保健食品进行比较；⑤利用广告代言人作推荐、证明；⑥法律、行政法规规定禁止的其他内容。此外，保健食品广告应当显著标明“本品不能代替药物”。

《广告法》第 19 条规定，广播电台、电视台、报刊音像出版单位、互联网信息服务提供者不得以介绍健康、养生知识等形式变相发布医疗、药品、医疗器械、保健食品广告。

《广告法》第 20 条规定，禁止在大众传播媒介或者公共场所发布声称全部或者部分替代母乳的婴儿乳制品、饮料和其他食品广告。

3. 农用产品广告的特殊准则

《广告法》第 21 条规定，农药、兽药、饲料和饲料添加剂广告不得含有下列内容：①表示功效、安全性的断言或者保证；②利用科研单位、学术机构、技术推广机构、行业协会或者专业人士、用户的名义或者形象作推荐、证明；③说明有效率；④违反安全使用规程的文字、语言或者画面。

《广告法》第 27 条规定，农作物种子、林木种子、草种子、种畜禽、水产苗种和种养殖广告关于品种名称、生产性能、生长量或者产量、品质、抗性、特殊使用价值、经济价值、适宜种植或者养殖的范围和条件等方面的表述应当真实、清楚、明白，并不得含有下列内容：①作科学上无法验证的断言；②表示功效的断言或者保证；③对经济效益进行分析、预测或者作保证性承诺；④利用科研单位、学术机构、技术推广机构、行业协会或者专业人士、用户的名义或者形象作推荐、证明。

4. 烟草和酒类广告的特殊准则

《广告法》第 22 条规定，国家禁止在大众传播媒介或者公共场所、公共交通工具、户外发布烟草广告；禁止向未成年人发送任何形式的烟草广告；禁止利用其他商品或者服务的广告、公益广告，宣传烟草制品名称、商标、包装、装潢以及类似内容。烟草制品生产者或者销售者发布的迁址、更名、招聘等启事中，不得含有烟草制品名称、商标、包装、装潢以及类似内容。

《广告法》第 23 条规定，酒类广告不得含有下列内容：①诱导、怂恿饮酒或者宣传无节制饮酒；②出现饮酒的动作；③表现驾驶车、船、飞机等活动；④明示或者暗示饮酒有消除紧张和焦虑、增加体力等功效。

5. 教育、培训广告的特殊准则

《广告法》第 24 条规定，教育、培训广告不得含有下列内容：①对升学、通过考试、获得学位学历或者合格证书，或者对教育、培训的效果作出明示或者暗示的保证性承诺；②明示或者暗示有相关考试机构或者其工作人员、考试命题人员参与教育、培训；③利用科研单位、学术机构、教育机构、行业协会、专业人士、受益者的名义或者形象作推荐、证明。

6. 有投资回报预期的商品或者服务广告的特殊准则

《广告法》第 25 条规定，招商等有投资回报预期的商品或者服务广告，应当对可能存在的风险以及风险责任承担有合理提示或者警示，并不得含有下列内容：①对未来效果、收益或者与其相关的情况作出保证性承诺，明示或者暗示保本、无风险或者保收益等，国家另有规定的除外；②利用学术机构、行业协会、专业人士、受益者的名义或者形象作推荐、证明。

7. 房地产广告的特殊准则

《广告法》第 26 条规定，房地产广告和房源信息应当真实，面积应当表明为建筑面积或者套内建筑面积，并不得含有下列内容：①升值或者投资回报的承诺；②以项目到达某一具体参照物的所需时间表示项目位置；③违反国家有关价格管理的规定；④对规划或者建设中的交通、商业、文化教育设施以及其他市政条件作误导宣传。

三、广告监督管理

广告监督管理，是指广告法规定的行政主管部门依据广告准则、广告行为规范和其他相关规定，对广告活动进行监督管理行为的总称。

（一）广告监督管理体制

广告监督管理体制，是指广告监督管理机关的设置及其职权划分的制度。根据《广告法》第 6 条的规定，国务院市场监督管理部门主管全国的广告监督管理工作，国务院有关部门在各自的职责范围内负责广告管理相关工作。县级以上地方市场监督管理部门主管本行政区域的广告监督管理工作，县级以上地方人民政府有关部门在各自的职责范围内负责广告管理相关工作。

广告监督管理机关的职权主要包括：对某些特殊商品和服务广告在发布前依法予以审核、查验其内容；对从事广告发布业务的广播电台、电视台、报刊出版单位，依照法定的条件和程序进行广告发布登记；受理广告违法行为的投诉、举报，同时建立健全广告监测制度并完善监测措施，及时发现广告违法行为的线索；对涉嫌广告违法行为进行调查；认定广告违法行为并实施行政处罚。

（二）广告审查

广告审查，是指在广告发布前对广告的内容依照法律、行政法规的规定进行审核、查验的活动。它是广告监管中的事前预防机制，目的在于通过审查，防患于未然，确保广告符合真实、准确、合法等准则，从而防止广告违法行为的发生。

1. 广告审查的范围

并非所有广告都需要进行审查。某些特殊广告，如药品、医疗器械、农药、兽药以及保健食品等广告，内容与人民生命财产安全密切相关，一旦发生违法行为，所造成的损害不可估量且难以恢复。而此类商品或服务的销售能够带来较大的经济利润，广告活动主体为最大限度实现利益，往往有发布虚假不实等违法广告的倾向。有鉴于此，《广告法》第46条规定，发布医疗、药品、医疗器械、农药、兽药和保健食品广告，以及法律、行政法规规定应当进行审查的其他广告，应当在发布前由广告审查机关（广告监督管理机关）对广告内容进行审查；未经审查，不得发布。[1]

2. 广告审查的程序

对特殊商品的广告审查的基本程序包括：

（1）申请。广告审查申请由广告主向广告审查机关提出。广告主提出申请时，应当同时向广告审查机关提交有关证明文件：一是广告主合法经营资格的证明文件，如营业执照、生产许可证或经营许可证等；二是与申请审查的特殊商品广告内容有关的证明文件，如证明该商品合法性的文件、证明该商品品质的文件等。

（2）审查。广告审查机关应结合广告主提交的有关证明文件，对申请发布的特殊商品的真实性和合法性进行全面的审查，具体包括广告主的主体资格是否合法、广告内容是否客观；广告的证明文件是否齐全、广告的表现形式是否合法等。

（3）决定。广告审查机关在对广告内容进行审查后，应当依照法律、行政法规作出审查决定，批准或不予批准发布该特殊广告；同时，为了确保广告审查制度的贯彻落实，还必须要求任何单位和个人不得伪造、变造或者转让广告审查决定的文件。

（三）广告监测

所谓广告监测，是指为确保广告发布质量、及时发现违法广告，减少违法广告带来的负面影响，由广告监督管理机关采用现代化技术手段，建立和完善能及时发现问题的、全国统一的广告监测网络，对发布的广告内容进行监测和检查。《广告法》第49条第二款规定，市场监督管理部门应当建立健全广告监测制度，完善监测措施，及时发现和依法查处违法广告行为。

早在1996年，国家工商行政管理局就颁布实施了《关于规范广告监测工作的通知》，提出逐步形成全国统一的广告监测网络的要求，并对广告监测范围、监测工作流程、监测设备、监测结果的使用问题，作出了统一的规定。该通知要求各地对辖区内广告发布的情况，在较短期限内及时检查，对违法广告提出处理意见。同时，对广告发布质量的总体状况和违法趋势及对策等，做出质和量的评价，处理成为规范的监测数据，进入计算机网络，成为自下而上、自上而下的全国性网络，进而建立能够主动出击、快速反应的广告监管体系。

（四）广告违法行为的查处

涉嫌违反广告法的行为，由县级以上市场监督管理部门依法进行调查，并对认定为违反广告法的行为，根据法律规定和违法情况的不同，给予责令停止发布广告、责令改

---

〔1〕 在广告审查中，政府不可能也不必要对一切广告予以审查，而在广告活动主体内部建立广告审查员机制，由广告经营者、广告发布者对其设计、制作、代理、发布的一切广告进行自我审查，不仅可以弥补广告审查机关审查意愿不足或审查资源不够的局限，而且可以让广告活动主体充分发挥自我负责、自我预防的作用。

正、责令消除影响、没收违法所得、没收广告费用、罚款、暂停广告发布业务、撤销广告审查批准文件、吊销广告发布登记证件、吊销营业执照等行政处罚。

（五）广告活动的社会监督

广告监督管理不仅是政府相关部门的职权范围，还需要社会公众的参与。《广告法》第 53 条规定，任何单位或者个人有权向市场监督管理部门和有关部门投诉、举报违反广告法的行为，市场监督管理部门和有关部门应当向社会公开受理投诉、举报的电话、信箱或者电子邮件地址。接到投诉、举报的部门应当自收到投诉之日起 7 个工作日内予以处理并告知投诉、举报人。

此外，消费者协会作为对商品或服务进行监督、保护消费者权益的社会组织，应当充分发挥监督作用，加强对广告行为的监管。根据我国《广告法》第 54 条的规定，消费者协会和其他消费者组织对违反本法规定，发布虚假广告侵害消费者合法权益，以及其他损害社会公共利益的行为，依法进行社会监督。

第三节 价格法律制度

一、价格法律制度概述

（一）价格以及相关概念的界定

1. 价格的含义和作用

价格体现商品的交换价值，是商品与货币交换比例的指数。价格充当着市场经济的“晴雨表”，价格信号的正常显现与传递是市场经济得以健康运行的基本条件。市场经济条件下，排除个别简单原始的自给自足经济外，生产都是为了交换，交换的形式就是以用于交换的产品（商品）与作为一般等价物的货币，通过体现交换商品价值的一定比例关系实现对接，而体现这一比例关系的指数就是该商品的价格。[1] 因此，价格是商品价值的货币表现，是生产者、经营者、消费者等经济关系各环节的利益主体相互联结的重要媒介。同时，由于价格随着市场供求、竞争状况等因素不断波动，能够灵敏地反映市场信息，从而可以有效地调节各有关主体的市场行为，因而价格对于引导生产、活跃流通、指导消费具有基础性的作用。

---

〔1〕 商品具有双重性：使用价值和价值。使用价值是人们可直接知晓、可具体控制的；而价值是凝结在商品中的一般人类劳动。这种凝结的一般劳动，既不能通过商品自身体现出来，也不能由生产者（及经营者）决定其大小与有无。它只能通过市场交换，以及与其他商品的交换比例才能体现出来。这种使用价值之间的交换比例即交换价值。人类社会自有商品以来，交换价值形式不断变化、发展，由最初的物物交换直到一般等价物——货币的出现（货币形式自身也在变化发展），一切商品都需要通过与货币交换才能体现自己的价值。质言之，体现交换价值的即价格。

2. 价格的范围和构成

价格有狭义和广义之分。狭义的价格是指商品和服务价格。广义的价格还包括生产要素的价格，如劳动力价格（工资），资金的价格（利率），外汇的价格（汇率）等。我国《价格法》所指的价格是狭义的商品价格和服务价格。《价格法》第 2 条规定："在中华人民共和国境内发生的价格行为，适用本法。本法所称价格包括商品价格和服务价格。商品价格是指各类有形产品和无形资产的价格。服务价格是指各类有偿服务的收费。"其中，有形产品的价格，包括农产品价格、工业产品价格、日常生活用品价格等；无形资产的价格，包括专利技术价格、信息资料价格等；服务价格，包括交通运输、邮电通信等经营性收费，以及医疗、卫生、教育等事业性收费。由于利率、汇率、保险费率、证券和期货的价格等有很大的特殊性，需要专门的法律规定和调节，所以《价格法》未将其纳入调整范围。〔1〕

商品的价格构成，是指构成价格的各个要素在价格中的组成情况。我国《价格法》并未明确规定价格构成，仅在第 8 条规定："经营者定价的基本依据是生产经营成本和市场供求状况。"国务院于 1987 年颁布的《价格管理条例》（现行有效）对此规定相对明确，即"商品价格构成包括生产商品的社会平均成本、税金、利润以及正常的流通费用"。

3. 价格体系

所谓价格体系，是指价格的种类和各种价格形式之间的相互关系的总和。价格体系包括按国民经济部门区分的价格体系、按商品流通过程区分的价格体系以及按价格管理形式区分的价格体系。

按国民经济部门区分的价格体系中包括：农产品价格、工业品价格、交通运输价格、建筑产品价格、饮食服务价格等。按商品的流通过程或流通环节区分的价格体系中包括：工业品出厂价格和农产品收购价格、调拨价格、批发价格、零售价格，以及商品的地区差别价格、季节差别价格。按价格管理形式区别的价格体系中包括：市场调节价、政府指导价、政府定价。市场调节价属于非计划价格；政府指导价、政府定价属于计划价格。

（二）价格管理体制

价格管理体制是国家管理价格的基本原则、方法，价格管理机构职责权限的划分及价格管理手段和监督检查等制度的总称。价格管理体制与一国经济体制直接相关。当前价格管理体制主要有以下 3 种模式。〔2〕

1. 集中统一型的价格管理体制

集中统一型的价格管理体制实行于高度集中统一的集权型经济管理体制的国家。1978 年以前我国主要采取这一模式。其特点是价格管理以行政管理方法为主，价格管理

---

〔1〕 另外，国家的各类行政收费和事业单位的收费情况比较复杂，有的属于价格性质的收费，有的属于税收性质的收费，需要区别情况，进行清理、规范和严格管理，所以其管理办法要由国务院另行制定。参见杨紫烜、徐杰：《经济法学》（第 7 版），北京大学出版社 2015 年版，第 465 页。

〔2〕 参见李昌麒主编：《经济法学》（第 3 版），法律出版社 2016 年版，第 381—382 页。

权集中于中央，国家直接规定和调整各种商品和服务的价格。其优点是有利于保持价格的基本稳定和人民生活的安定。但生产经营者不享有定价权，整体经济的运行缺乏生机和活力，是比较僵化的价格管理体制。

2. 分散型的价格管理体制

分散型的价格管理体制实行于市场经济比较发达的国家。其特点是除少数商品的价格由国家进行一定的干预外，绝大部分商品和服务价格由生产经营者自主确定。这一模式的优点是价格在市场竞争中形成，直接受价值规律的支配，由市场供求关系自发调节，有利于充分发挥价格的杠杆作用。但价格变动幅度过大，不利于国家的宏观调控，也容易造成社会劳动的浪费。

3. 混合型的价格管理体制

混合型的价格管理体制介于集中统一型和分散型价格管理体制之间。其特点是多种价格形式并存，既有政府的统一定价，又有经营者自行确定的价格。这种管理体制既保证了国家宏观调控措施的贯彻执行，又能充分发挥价格的杠杆作用。我国《价格法》所规定的我国目前的价格管理体制就属于这种类型。该法第 3 条第一款规定："国家实行并逐步完善宏观经济调控下主要由市场形成价格的机制。价格的制定应当符合价值规律，大多数商品和服务价格实行市场调节价，极少数商品和服务价格实行政府指导价或者政府定价。"

（三）价格法的概念

价格法，是指国家为调整与价格的确定、执行、监督有关的各种经济关系而制定的法律规范的总称。价格法的调整对象为价格关系，具体包括：（1）各级价格主管部门及其他有关部门内部价格权限划分关系；（2）各级价格主管部门及其他有关部门与经营者之间在确定、调整和执行商品价格或非商品收费中发生的价格关系；（3）各级价格主管部门及其他有关部门与经营者之间的价格监督管理关系；（4）经营者相互之间以及他们与消费者之间因提供商品或服务而发生的价格关系。

1987 年 9 月国务院颁布的《价格管理条例》确立了我国最初的价格管理制度，它对加强价格管理，推动价格改革，促进商品经济发展，产生了积极作用。随着改革的深化，社会主义市场经济体制的建立，该条例已不能适应新的经济形势发展的需要。1997 年 12 月，第八届全国人大常委会第二十九次会议通过了《价格法》，自 1998 年 5 月 1 日起施行。随后有关部门又颁布了一系列配套的规范性文件，如《关于制止低价倾销行为的规定》《价格监测规定》《价格违法行为行政处罚规定》等，为价格执法和调控工作提供了较为全面的法律依据。价格法律制度的确立，有利于国家运用法律手段保证贯彻党和国家的价格方针政策，加强价格管理，规范价格行为，发挥价格合理配置资源的作用，稳定市场物价总水平，保护消费者和经营者的合法权益，促进社会主义市场经济健康发展。但正如《中共中央 国务院关于推进价格机制改革的若干意见》指出："一些重点领域和关键环节价格改革还需深化，政府定价制度需要进一步健全，市场价格行为有待进一步规范。"如何在法治轨道上持续改进优化价格机制及其作用实效，是新时代加快完善社会主义市场经济的重要任务。[1]

二、价格形式的法律规定

我国《价格法》根据不同的定价主体和价格形成机制，将价格划分为市场调节价、政府指导价和政府定价 3 种基本价格形式。其中，市场调节价是主要的价格形式，绝大多数商品和服务项目均实行市场调节价。只有不适于在竞争中形成价格的极少数商品和服务项目才实行政府指导价和政府定价。

（一）市场调节价

1. 市场调节价的含义和特征

《价格法》第 3 条第二款规定："市场调节价，是指由经营者自主制定，通过市场竞争形成的价格。"这一概念包含如下的内涵：（1）市场调节价是由经营者自主制定的价格。市场调节价是由经营者依法根据生产经营成本和市场供求状况，按照自己的意志制定的价格。经营者的定价权不受任何单位和个人的干涉。（2）市场调节价是一种竞争价格。经营者享有自主的定价权，是市场调节价发挥作用的必要而非充分条件。只有市场充分竞争，才能防止自主定价权演化为垄断权，从而确保市场调节价发挥合理配置资源作用。（3）市场调节价是经营者依法确定的价格。经营者虽然是自主确定价格，不受任何单位和个人的干涉，但经营者必须遵守国家的法律、法规及有关政策，不得实施任何价格违法行为，否则将承担相应的法律责任。

市场调节价具有以下特征：（1）市场调节价具有不稳定性。由于市场调节价受到市场供求的直接影响，因此一般随着市场供求变化而频繁地变化。（2）市场调节价具有多样性。由于市场上供应的商品非常丰富，不仅品种繁多，质量不一，而且产生渠道不同，这决定了市场调节价的多样性。[2]

2. 市场调节价的范围

我国《价格法》第 6 条规定："商品价格和服务价格，除依照本法第十八条规定适用政府指导价或者政府定价外，实行市场调节价，由经营者依照本法自主制定。"按照这一条的规定，市场调节价的范围是指未列入政府指导价和政府定价范围内并适合在市场竞争中形成的商品和服务价格。列入政府指导价和政府定价范围的商品和服务在《价格法》第 18 条中明确予以规定。

3. 经营者确定市场调节价的基本依据

《价格法》第 8 条规定："经营者定价的基本依据是生产经营成本和市场供求状况。"其中，生产经营成本是指与生产经营有关的各项费用。基于成本构成理论，生产经营成本包括变动成本和固定成本两部分。经营者定价时首先考虑的是变动成本。销售收入首先补偿的也是变动成本，剩余的部分才补偿固定成本。市场供求状况是影响价格形成的另一重要因素。当商品供不应求时，价格上涨；当商品供过于求时，价格下跌。因此，

---

〔1〕 参见漆多俊主编：《经济法学》（第 4 版），高等教育出版社 2019 年版，第 338—339 页。

〔2〕 参见李昌麒主编：《经济法学》（第 3 版），法律出版社 2016 年版，第 385 页。

经营者在市场竞争中定价时，必须考虑供求关系，以追求利润的最大化。

（二）政府指导价

1. 政府指导价的含义和特征

《价格法》第 3 条第四款规定：“政府指导价，是指依照本法规定，由政府价格主管部门或者其他有关部门，按照定价权限和范围规定基准价及其浮动幅度，指导经营者制定的价格。”政府指导价主要有以下两个特征：

（1）政府指导价的定价主体是政府价格主管部门或者其他有关部门与经营者。政府价格主管部门或者其他有关部门按照《价格法》规定的定价权限和范围，确定基准价及其浮动幅度，在此基准价及其浮动幅度的范围内经营者有权自主确定市场交易价格。政府制定的基准价及其浮动幅度只具有指导性。

（2）政府指导价是宏观控制与微观灵活相结合的产物。实行政府指导价的商品的品种、基准价、浮动幅度、差率大小等均由国家价格管理部门或者其他有关部门根据宏观调控的需要加以确定，任何单位和个人均应严格执行，不得擅自变更。如确实需要调整，应按照价格管理权限和审批程序办理。但经营者有权在国家规定的价格浮动范围内，根据自身的生产情况和市场供求状况确定具体的销售价格，以创造有利的生产经营条件。

2. 政府指导价的主要形式

政府指导价主要有以下 3 种形式：

（1）浮动价格。浮动价格是指政府对销售的商品和服务，规定基准价格和浮动幅度，允许经营者根据市场供求状况，在该幅度内自行制定和调整价格的价格形式。这种价格既有利于稳定市场价格，又有利于经营者根据不同的产销情况确定具体的销售价格。

（2）最高限价。最高限价是指政府对经营者销售某些商品的价格规定最高的限度，经营者只能在国家规定的价格限度内销售商品的价格形式。这一价格形式是政府加强价格管理、制止哄抬物价、保持市场价格基本稳定的重要手段。

（3）最低保护价。最低保护价是指政府对经营者销售的商品价格规定最低限度，经营者只能高于政府规定的价格限度出售商品的一种价格形式。这种价格形式对保护生产经营者的积极性、扶植地区经济发展具有重要作用。

3. 政府指导价的范围

按照《价格法》第 18 条的规定，政府指导价的范围限于下列 5 类商品和服务价格：（1）与国民经济发展和人民生活关系重大的极少数商品价格；（2）资源稀缺的少数商品价格；（3）自然垄断经营的商品价格；（4）重要的公用事业价格；（5）重要的公益性服务价格。上述商品和服务均是供给弹性小或需求弹性小、自然垄断性强、对生产和生活影响较大的商品和服务。对这部分商品和服务的价格由政府加以指导，有利于物价稳定和经营持续发展。

4. 政府指导价的定价权限和划分

按照《价格法》第 19 条的规定，政府指导价的定价权限和具体适用范围，以中央和地方的定价目录为依据。中央定价目录由国务院价格主管部门制定、修订，报国务院批准后公布。地方定价目录由省、自治区、直辖市人民政府价格主管部门按照中央定价目录规定的定价权限和具体适用范围制定，经本级人民政府审核同意，报国务院价格主管部门审定后公布。省、自治区、直辖市人民政府以下各级地方人民政府不得制定定价目录。中央和地方的定价目录关系到社会主义市场经济条件下政府直接管理价格的程度和范围问题，一般随着市场经济的发展而及时调整，以保障定价目录与社会主义市场经济发展程度相适应。〔1〕

5. 制定政府指导价的基本依据

根据《价格法》第 21 条的规定，制定政府指导价应当依据有关商品或者服务的社会平均成本和市场供求状况、国民经济与社会发展要求以及社会承受能力，实行合理的购销差价、批零差价、地区差价和季节差价。因此，制定政府指导价应当考虑以下 3 项因素：

（1）有关商品或者服务的社会平均成本。属于政府指导价的商品和服务项目，大多属于关系国计民生的重要品种或具有自然垄断性的品种，只能以社会平均成本为依据制定价格，使经营者获得大致相当的利润水平，从而推动其通过加强管理、技术更新、降低个别成本、扩大生产的方式获得较多利润。

（2）市场供求状况。政府指导价，虽然受定价主体和社会平均成本的限制，但定价的原则和办法，在允许的范围内也可体现价值规律，反映市场供求，以减小指导价格明显高于或低于市场价格而对社会产生的不良后果。

（3）国民经济与社会发展需求以及社会承受能力等。政府管理价格，一方面要注意保护经营者的利益；另一方面要从宏观上注意如何才能有利于国民经济和社会的发展，只有这样，才能使价格的宏观调控作用得以充分发挥。

6. 政府指导价的制定程序

按照《价格法》第 22 条的规定，政府价格主管部门和其他有关部门制定政府指导价、政府定价，应当开展价格、成本调查，听取消费者、经营者和有关方面的意见。可见，制定政府指导价格不仅要遵循法定的管理权限，而且必须执行法律规定的定价程序。政府指导价的制定和调整一般遵循以下程序：

（1）提出调整或定价申请

一般情况下，由经营者向价格主管部门提出调、定价申请，价格主管部门也可以根据国家经济政策和市场变化，直接调整定价水平。另外，根据《价格法》和部分省的地方法规的规定，消费者也可以对正在执行的政府指导价提出调整建议。

（2）价格、成本调查

价格主管部门接受申请或根据有关政策和经济形势发展的需要，初步决定调整价格后，应当进行价格、成本调查，对商品和服务生产经营过程中价格和成本构成因素情况

---

〔1〕 现行《中央定价目录》（国家发展和改革委员会令第 31 号）于 2019 年 12 月 18 日经国家发展和改革委员会第 5 次委务会议审议通过，并经国务院批准，自 2020 年 5 月 1 日起施行。2015 年公布的《中央定价目录》（国家发展和改革委员会令第 29 号）同时废止。

进行了解、审核，以便提高政府制定价格的科学性。调查要求充分了解经营者的生产经营成本、利润、税金等有关资料，研究价格调整的必要性和定价、调价的依据，多听消费者和有关方面的意见和建议，尽可能让拟调整价格使经营者和消费者双方满意。按照《价格法》的规定，政府价格主管部门开展对政府指导价的价格、成本调查时，有关单位应当如实反映情况，提供必需的账簿、文件以及其他资料。

（3）召开价格听证会

根据《价格法》第23条的规定，制定关系群众切身利益的公用事业价格、公益性服务价格、自然垄断经营的商品价格等政府指导价、政府定价，应当建立听证会制度，由政府价格主管部门主持，征求消费者、经营者和有关方面的意见，论证其必要性、可行性。召开价格听证会有利于广泛听取社会各方面的意见，增加政府指导价制定过程的透明度，使最终制定的价格具有较高的科学性、合理性和可行性。

（4）制定并公布价格

政府价格主管部门在进行价格、成本调查审核和公开的价格听证会后，应当根据审核结果、听证会意见，决定是否制定或调整价格以及制定或调整的价格水平，并以正式文件的形式公布调整的价格。

（三）政府定价

《价格法》第3条第五款规定："政府定价，是指依照本法规定，由政府价格主管部门或者其他有关部门，按照定价权限和范围制定的价格。"政府定价的基本特征是政府作为定价主体对必要的商品和服务直接制定价格，具有强制性和稳定性。有关政府定价的范围、定价权限划分、基本依据、制定程序等，与政府指导价格的上述内容并无不同，这里不再赘述。

三、经营者的价格行为

（一）经营者定价的原则与基本依据

经营者销售商品和服务的价格应由其自主决定和实施，这是市场经济、市场主体的应有之义。但在现代市场经济中，经营者的价格权利不是绝对的、不受任何限制的权利。《价格法》第7条、第8条分别规定了经营者定价时应遵循的原则和基本依据，经营者定价，应当遵循公平、合法和诚实信用的原则，并以生产经营成本和市场供求状况为基本依据。

（二）经营者的价格权利

《价格法》第6条规定了经营者享有的一般价格权利，即自主定价权。根据该条规定，"商品价格和服务价格，除依照本法第十八条规定适用政府指导价或者政府定价外，实行市场调节价，由经营者依照本法自主制定"。第11条则详细列举了经营者进行价格活动时可享有的具体权利：（1）自主制定属于市场调节的价格；（2）在政府指导价规定的幅度内制定价格；（3）制定属于政府指导价、政府定价产品范围内的新产品的试销价格，特定产品除外；（4）检举、控告侵犯其依法自主定价权利的行为。

此外，在政府定价、政府指导价范围内的产品，经有关部门鉴定、审批后，经营者可行使一定产品定价权、确定处理产品（指残损、废旧商品，冷背商品）定价权，以及价格建议权。

（三）经营者的价格义务

经营者的价格义务，是指经营者在确定商品或服务的价格时依法对消费者、其他经营者和国家所承担的为或不为一定行为的约束。《价格法》规定经营者的主要价格义务是：（1）合理定价的义务。《价格法》第9条规定，经营者应当努力改进生产经营管理，降低生产经营成本，为消费者提供价格合理的商品和服务，并在市场竞争中获取合法利润。（2）诚实定价的义务。《价格法》第10条规定，经营者应当根据其经营条件建立、健全内部价格管理制度，准确记录与核定商品和服务的生产经营成本，不得弄虚作假。（3）依法定价的义务。《价格法》第12条规定，经营者进行价格活动，应当遵守法律、法规，执行依法制定的政府指导价、政府定价和法定的价格干预措施、紧急措施。（4）明码标价的义务。《价格法》第13条规定，经营者销售、收购商品和提供服务，应当按照政府价格主管部门的规定明码标价，注明商品的品名、产地、规格、等级、计价单位、价格或者服务的项目、收费标准等有关情况。经营者不得在标价之外加价出售商品，不得收取任何未予标明的费用。

四、不正当价格行为

除上述义务外，经营者还应承担不为不正当价格行为的义务。"不正当价格行为"是我国《价格法》确立的重要法律概念，但该法并未对这一概念予以明确定义，只是在第14条列举了不正当价格行为，包括操纵市场价格行为、低价倾销行为、哄抬价格行为、价格欺诈行为、价格歧视行为、变相提价和变相压价行为、暴利价格行为等。基于上述所列举的行为，不正当价格行为应是指"经营者以不正当手段并通过价格形式实施的损害国家利益或消费者及其他经营者合法权益并为法律、行政法规所禁止的行为"。[1]

（一）相互串通、操纵市场价格行为

《价格法》第14条第1项是关于制止相互串通、操纵市场价格的规定，即禁止经营者"相互串通，操纵市场价格，损害其他经营者或者消费者的合法权益"。相互串通、操纵市场价格是指发生在经营者之间的，基于他们有共同的利益关系，相互勾结、彼此配合，联手操作、垄断市场，控制市场价格，打击其他经营者，谋取不正当利益的行为。由于这种行为采用了价格的形式，通过价格活动来实施，因此被归入不正当价格行为。参与这一不正当价格行为的经营者至少是两个以上。"串通"一般指暗中的勾结，但也包括"半明半暗"甚至公开的勾结，关键在于参与者之间是否进行了意思联络、相互配合、操纵市场价格。

经营者相互串通操纵市场价格的行为的目的在于排斥正当竞争的经营者、垄断市场经营、控制市场价格进而抬高价格，从而在消费者身上榨取更多的利润。对于这种阻碍市场经济发展，损害其他经营者或者消费者的不正当价格行为，应当予以禁止并惩处违法

---

〔1〕 漆多俊主编：《经济法学》（第4版），高等教育出版社2019年版，第341页。

者。[1]

（二）低价倾销行为

《价格法》第 14 条第 2 项规定了低价倾销禁止，除依法降价处理鲜活商品、季节性商品、积压商品等正当理由外，经营者不得为了排挤竞争对手或者独占市场，以低于成本的价格倾销，扰乱正常的生产经营秩序，损害国家利益或者其他经营者的合法权益。这一法律规定包含以下几层含义：

第一，低价倾销是无正当理由的低价销售行为。低价倾销与依法降价处理鲜活商品、季节性商品、积压商品等低价销售行为不同。后者是正当的价格行为，此时的低价销售商品是出于避免或减少损失或防止损失扩大，具备正当的理由，符合商业管理和经济规律。

第二，低价倾销是为了排挤竞争对手或者独占市场。从事低价倾销行为的经营者的目的在于排挤竞争对手、限制市场竞争、企图由自己独占市场，最终可能形成垄断高价，损害消费者和其他经营者的合法权益。

第三，低价的标志是价格低于成本。经营者只有其生产经营成本获得补偿，才能维持简单再生产。在价格中应当包含生产和销售中耗费的费用，这是商品定价的最低经济界限。一旦低于成本经营者将无利可图，这与其追求利润最大化的目标相背离，缺乏合理正当性的基础。因此，《价格法》以是否低于成本判断是否存在倾销行为，而不仅以价格的高低予以认定。[2]

第四，低价倾销的后果是扰乱正常的生产经营秩序，损害国家利益或者其他经营者的合法权益。经营者以低于成本的价格大量抛售商品，势在排挤竞争对手，以求独占市场，限制正常的市场竞争，干扰资源的合理配置，甚至扰乱了生产力的合理布局。低价倾销只是暂时放弃部分可得的利润，最终是为了实现扰乱正常的生产经营秩序，排斥竞

---

〔1〕 实际上，相互串通、操纵市场价格行为也可能构成我国《反垄断法》所禁止的垄断协议以及滥用共同市场支配地位行为。参见时建中：《共同市场支配地位制度拓展适用于算法默示共谋研究》，载《中国法学》2020 年第 2 期。

〔2〕《关于制止低价倾销行为的规定》（国家发展计划委员会令第 2 号，现行有效）第 7 条规定："以低于成本的价格倾销商品的行为是指：（一）生产企业销售商品的出厂价格低于其生产成本的，或经销企业的销售价格低于其进货成本的；（二）采用高规格、高等级充抵低规格、低等级等手段，变相降低价格，使生产企业实际出厂价格低于其生产成本，经销企业实际销售价格低于其进货成本的；（三）通过采取折扣、补贴等价格优惠手段，使生产企业实际出厂价格低于其生产成本，经销企业实际销售价格低于其进货成本的；（四）进行非对等物资串换，使生产企业实际出厂价格低于其生产成本，经销企业实际销售价格低于其进货成本的；（五）通过以物抵债，使生产企业实际出厂价格低于其生产成本，经销企业实际销售价格低于其进货成本的；（六）采取多发货少开票或不开票方法，使生产企业实际出厂价格低于其生产成本，经销企业实际销售价格低于其进货成本的；（七）通过多给数量、批量优惠等方式，变相降低价格，使生产企业实际出厂价格低于其生产成本，经销企业实际销售价格低于其进货成本的；（八）在招标投标中，采用压低标价等方式使生产企业实际出厂价格低于其生产成本，经销企业实际销售价格低于其进货成本的；（九）采用其他方式，使生产企业实际出厂价格低于其生产成本，经销企业实际销售价格低于其进货成本的。"《禁止滥用市场支配地位行为规定》（国家市场监督管理总局令第 66 号）第 15 条规定："禁止具有市场支配地位的经营者没有正当理由，以低于成本的价格销售商品。认定以低于成本的价格销售商品，应当重点考虑价格是否低于平均可变成本。平均可变成本是指随着生产的商品数量变化而变动的每单位成本。涉及平台经济领域，还可以考虑平台涉及多边市场中各相关市场之间的成本关联情况及其合理性。"

争而获取独占利润的目标，缺乏商业上的合理性。

（三）哄抬价格行为

《价格法》第 17 条第 3 项规定禁止哄抬物价，即禁止经营者“捏造、散布涨价信息，哄抬价格，推动商品价格过高上涨”。哄抬物价的经营者使用的手段是捏造、散布涨价信息，目的在于制造和利用消费者担心价格上涨的心理，造成市场上的紧张气氛，引诱消费者增加购买，以便乘机抬价，囤积惜售，推动价格过高的上涨，从而牟取更多的利润。禁止哄抬价格行为对于在特别时期稳定市场价格、防止市场混乱、稳定社会公众的信心具有积极意义。

（四）价格欺诈行为

《价格法》第 17 条第 4 项规定禁止价格欺诈，即禁止经营者“利用虚假的或者使人误解的价格手段，诱骗消费者或者其他经营者与其进行交易”。价格欺诈指经营者在价格领域中弄虚作假，诱骗他人在交易中上当，从而获取不正当利益的行为。《价格法》中所指的利用虚假的或者使人误解的价格手段，包括但不限于下列表现形式：（1）虚列生产经营成本抬高定价，蒙骗他人；（2）先是提高价格，然后声称优惠打折；（3）名为处理商品，实际上是原价销售；（4）以虚假的价格信息误导对方，一旦成交，即迫使对方接受高价；（5）在商品包装和标注上造成价格的误解。

（五）价格歧视行为

《价格法》第 17 条第 5 项规定禁止价格歧视，即禁止经营者“提供相同商品或者服务，对具有同等交易条件的其他经营者实行价格歧视”。价格歧视是发生在经营者之间的不正当价格行为，其发生的前提条件是提供相同商品或者服务，由此得以比较价格差异，衡量是否存在歧视。向同一对象销售不同的商品，如经营自行车和经营空调，便难以确定所收取的价格是否存在歧视。价格歧视只有在同一个经营者向两个以上具有同等交易条件的其他经营者供货时才发生。禁止价格歧视限制的是对具有相同交易条件的经营者采取不公平的待遇，特别是缺少市场竞争力的小规模的经营者。

（六）变相提价和变相压价行为

《价格法》第 17 条第 6 项规定禁止变相提价和变相压价，即禁止经营者“采取抬高等级或者压低等级等手段收购、销售商品或者提供服务，变相提高或者压低价格”。商品或者服务的等级通常反映实际的质量状况，进而决定商品价格。如脱离实际太高或压低等级并据此确定价格，显然将欺骗、误导消费者，谋取不正当利益。如将三等品作为一、二等品或将残次品作为合格品定价，将非天然的产品按天然产品抬高价格，将服务行业中低质量的服务等级抬高为高质量等级的服务等，都是以次充好、以劣充优的不正当的价格行为。同样，向农民收购农副产品时，将质量等级高的压低为质量等级差的，将含杂质成分低的视为含杂质成分高的，从而压低收购价格，同样构成欺诈行为，损害了商品生产者的正当利益。经营者所采取抬高还是压低等级的方式一般视情况而定，服务于形成不公平交易、获取不正当利益的最终目的。

（七）价格暴利行为

《价格法》第 17 条第 7 项规定了价格暴利行为的禁止，即禁止经营者“违反法律、法规的规定牟取暴利”。价格暴利行为直接表现为商品经营者凭借优势地位，通过与处于弱者地位的消费者所缔结的、给付显著不均衡的价格约定所获取的超额非法利润。在实践中，价格暴利存在诸多的表现形式，《价格法》并未一一加以规定。

《制止牟取暴利的暂行规定》（2011 年修订）第 5 条规定，商品的价格和服务的收费标准（统称价格），应当符合下列要求：（1）某一商品或者服务的价格水平不超过同一地区、同一期间、同一档次、同种商品或者服务的市场平均价格的合理幅度；（2）某一商品或者服务的差价率不超过同一地区、同一期间、同一档次、同种商品或者服务的平均差价率的合理幅度；（3）某一商品或者服务的利润率不超过同一地区、同一期间、同一档次、同种商品或者服务的平均利润率的合理幅度。但是，生产经营者通过改善经营管理，运用新技术，降低成本，提高效益而实现的利润率除外。

《制止牟取暴利的暂行规定》第 8 条规定，生产经营者不得以下列手段非法牟利：（1）不按照规定明码标价或者在明码标示的价格之外索要高价；（2）谎称削价让利，或者以虚假的优惠价、折扣价、处理价、最低价以及其他虚假的价格信息，进行价格欺诈；（3）生产经营者之间或者行业组织之间相互串通，哄抬价格；（4）违反公平、自愿原则，强迫交易对方接受高价；（5）采取其他价格欺诈手段。

重要名词术语

产品和产品质量、产品质量标准、产品质量认证、产品召回、广告和广告主体、广告准则、广告审查、价格形式、不正当价格行为

思考题

1. 我国《产品质量法》适用于哪些产品？
2. 如何理解产品质量责任与产品责任的区别？
3. 什么是产品召回制度？
4. 如何理解产品质量认证和企业质量体系认证？
5. 如何理解广告的一般准则和特殊准则？
6. 如何理解《广告法》与《反不正当竞争法》《消费者权益保护法》的关系？
7. 如何理解广告审查制度的适用范围和适用程序？
8.《价格法》规定的价格形式有哪些？
9.《价格法》规定的不正当价格行为有哪些？

典型案例分析

案例一　王某某诉重庆啤酒集团常州某湖啤酒有限公司产品生产者责任纠纷案

2013 年 7 月 19 日，原告王某某从常州市武进区嘉泽建忠南货店购买了被告某湖公司生产的某湖牌爽啤。第二天中午，原告与家人在家招待客人，啤酒瓶放置在桌子底下

靠原告右脚处，该酒瓶不知何原因就爆炸了，导致原告右脚严重受伤。当时意外发生之后，原告就打电话通知建忠南货店店主姚某某过来看现场情况，他看完之后当即把原告送到了湟里卫生院治疗。因为情况比较严重，根据医生建议，原告后转至常州市第二人民医院阳湖分院进行手术治疗，事后原告没有报警。现双方因赔偿事宜协商未果，故原告起诉要求被告赔偿其各项损失合计 73690.83 元，诉讼费由被告负担。被告某湖公司辩称：对爆炸事故发生的事实没有异议，我公司同意赔偿原告的损失，但对原告主张的一些赔偿项目有异议。

经审理查明：2013 年 7 月 20 日中午，原告在家中吃午饭时，放置在桌子底下由被告生产的某湖牌爽啤的啤酒瓶突然发生爆炸，致原告右脚受伤。事发后，原告被送至常州市武进区湟里卫生院治疗，后又至常州市第二人民医院阳湖分院、常州市武进区社区卫生服务站等进行数次治疗。2014 年 2 月 24 日，江苏立洋律师事务所委托常州市德安医院司法鉴定所对原告的伤残程度、误工期、护理期、营养期进行了医学评定，鉴定意见为：被鉴定人王某某因人体操作致右踝关节功能丧失达 25%以上，但不足 50%，构成十级残疾，其受伤后需设置的误工期以 90 日为宜，护理期以 30 日为宜，营养期以 30 日为宜。以上事实有出院记录、医疗费发票、病历、鉴定意见书及当事人的陈述等在卷佐证。

案例分析

因产品存在缺陷造成他人损害的，生产者应当承担侵权责任。缺陷是指产品存在危及人身、他人财产安全的不合理的危险。因缺陷产品致人损害的侵权诉讼，由产品的生产者就法律规定的免责事由承担举证责任。本案中，被告对其生产的产品致原告身体受损的事实没有异议，故其理应对原告因此造成的损失负赔偿责任。根据《产品质量法》第 44 条规定，原告的各项损失，由法院结合证据及原、被告的诉辩意见进行确定：（1）医疗费，法院核定为 6679.83 元。（2）误工费，原告虽已过 60 周岁，但其与丈夫一直共同经营常州市武进区湟里某小百货店，仍有一定的收入，可适当赔偿误工费，故法院参照本市最低工资标准每月 1480 元计算其误工费，误工期限为鉴定的 90 天，故误工费为 4440 元。（3）护理费，计算标准按双方一致认可的每天 73 元计算，期限按鉴定的 30 天，故护理费为 2190 元。（4）营养费，计算标准按每天 12 元，期限为鉴定的 30 天，故营养费为 360 元。（5）器具费，因原告无法提供医嘱及正规发票，故法院不予支持。（6）交通费，法院酌定为 400 元。（7）鉴定费 2100 元，因证据充分，法院予以支持。（8）残疾赔偿金，结合原告的户籍性质及伤残等级，故原告按 2013 年度江苏省城镇居民人均可支配收入 32538 元的标准计算 15 年计 48807 元是符合法律规定的，法院予以支持。（9）精神损害抚慰金，结合原告的伤残等级、年龄、职业等，法院酌定为 5000 元。综上所述，原告的各项损失合计 69976.83 元，应由被告某湖公司予以赔偿。

《产品质量法》的制定是为了加强对产品质量的监督管理，提高产品质量水平，明确产品质量责任，保护消费者的合法权益，维护社会经济秩序。产品缺陷是指产品存在危及人身、他人财产安全的不合理的危险。在有国家标准、行业标准的情况下，如果不符合该标准，就可以直接认定产品有缺陷；而即使符合标准，若受害人能够提供证据证明产品存在危及人身、他人财产安全的不合理危险，则应仍得认定产品有缺陷，也就是说，即使符合国家标准、行业标准，也不能当然地认定产品没有缺陷。

案例二　朱某某诉南宁市某床垫厂广告侵权纠纷案

2008 年 3 月 6 日，南宁市某床垫厂与朱某某签订协议，约定朱某某出席该厂于 2008 年 3 月 8 日举行的开业 5 周年庆典活动，该厂支付 7 万元作为报酬。该协议还约定厂方可使用朱某某的签字、合影作为企业内部文化展示和宣传，但不得冠以“形象代言人”等名号夸大宣传。前述活动结束后，某床垫厂依约向朱某某支付了 7 万元报酬，随后将朱某某的签名、肖像及参加上述活动的合影印制成宣传单和宣传画册放置于该厂所销售的床垫内及各销售网点，并制作成墙体广告。其中，某床垫厂于 2011 年 7 月 18 日与南宁某广告有限责任公司签订了一份《车椅套广告发布合同》，约定该厂委托某广告公司在拥有广告经营使用权的快班车上发布快班车车椅头套广告，其中广告采用床垫厂的样稿，未经该厂同意，广告公司不得改动广告样稿。广告公司有权审查床垫厂的广告内容和表现形式，对不符合法律、法规的广告内容和表现形式，广告公司应作出修改，床垫厂作出修改前，广告公司有权拒绝发布。但发布广告之前，必须经床垫厂方签字认可后方能发布。之后，广告公司根据前述合同约定制作了车椅头套投放使用于广西某汽车运输集团有限公司所营运的快班车上。

2014 年 1 月 10 日，朱某某以床垫厂违反双方签订的协议约定使用其肖像及签名，且与广告公司、汽车运输公司共同构成对原告肖像权、姓名权及名誉权的侵权为由向法院起诉，要求：床垫厂支付违约金 14 万元并赔偿经济损失 80 万元、精神损害抚慰金 5 万元，立即停止侵害、消除影响，并在媒体上公开赔礼道歉，被告广告公司和运输公司对上述请求承担连带责任等。

案例分析

根据朱某某与床垫厂的协议约定，该厂有权使用朱某某参加其协议约定活动的合影、签名作为广告宣传使用，但应避免社会公众产生朱某某为床垫厂的企业进行代言宣传的误解，其宣传内容仅应表达在朱某某参加并出席床垫厂企业活动的范畴内。现床垫厂在制作宣传单和墙体广告时均使用了朱某某的单独形象，并使用了朱某某签名用于制作宣传单、墙体广告和客车座椅枕头套，其表现形式上虽未明确将朱某某标注为其产品的形象代言人，但仍容易使社会公众形成朱某某为床垫厂产品代言的误解，均违反了《协议书》的约定，已构成侵权。

广告公司及汽车运输公司分别作为客车座椅枕头套广告的广告经营者和广告发布者，均未对床垫厂制作广告的形式可能违反床垫厂与朱某某之间协议约定提出建议，审查义务的履行存在瑕疵，应当对侵犯朱某某的姓名权承担相应的责任。另外，我国《广告法》第 34 条规定：“广告经营者、广告发布者应当按照国家有关规定，建立、健全广告业务的承接登记、审核、档案管理制度。广告经营者、广告发布者依据法律、行政法规查验有关证明文件，核对广告内容。对内容不符或者证明文件不全的广告，广告经营者不得提供设计、制作、代理服务，广告发布者不得发布。”

由于虚假广告的社会危害性较大，我国《广告法》的规定更多是针对虚假广告的规制约束，因此该法第 34 条中规定广告经营者、广告发布者的审查义务通常限于“查验有关证明文件”和“核对广告内容”。其中，对于“有关证明文件”的理解，结合《广告法》第 33 条规定，即广告主或者广告经营者在广告中使用他人名义或者形象的，应当事先取得其书面同意，以及第 65 条第 4 项的规定，即在广告中未经同意使用他人名义或者形象的依法承担民事责任，可以引申为使用他人名义、形象的授权文件。

本案中，床垫厂在委托广告公司发布客车座椅枕套时已经提供了其与朱某某所签订的协议书，证明其享有使用朱某某肖像及姓名的权利，而广告公司及汽车运输公司作为专业的广告发布经营者及发布者，应当对朱某某与床垫厂协议中针对广告表现形式的特别约定有清晰的认识，其在审查床垫厂提供的协议书时应据此审慎地针对床垫厂提供的广告样稿提出建议，以避免所发布的广告侵犯朱某某的姓名权，但广告公司及汽车运输公司未尽到此审慎的审查义务，故应承担相应的赔偿责任。

在床垫厂与广告公司之间约定的合同条款中，广告公司对床垫厂提供的广告样稿修改权限受到较大限制，影响了广告公司及汽车运输公司对上述审查义务的履行，因此法院在考量广告公司及汽车运输公司承担的责任时据此酌情减轻了两个企业的责任。

案例三　市场监管总局公布一批涉疫物资价格违法典型案例

2022 年，针对部分药品等涉疫物资价格异常波动情况，市场监管总局部署全国市场监管系统集中摸排哄抬价格线索，进一步加大价格监管执法力度，立案并查处了一批涉嫌哄抬价格等违法行为。

（1）北京某通百姓平安大药房有限公司大幅提高售价哄抬价格案。2022 年 12 月 13 日，北京市市场监管局对北京某通百姓平安大药房有限公司进行执法检查。经查，当事人在京东商城开设“百姓平安大药房旗舰店”销售药品连花清瘟，2022 年 12 月 2 日—2022 年 12 月 6 日，连花清瘟颗粒（规格：6g × 10 袋 / 盒）进货价格 23.57 元 / 盒，销售价格分别为 58 元 / 盒、80 元 / 盒、104 元 / 盒，最高进销差价率达 341%；连花清瘟胶囊（规格：0.35g × 48 粒 / 盒）进货价格 18.50 元 / 盒，销售价格为 118 元 / 盒，进销差价率达 538%。当事人在成本未明显增加的情况下大幅度提高药品销售价格，进销差价率远高于同时期周边市场同类药品，涉嫌构成哄抬价格违法行为。目前，案件调查终结，北京市市场监管局已向当事人送达行政处罚告知书，拟给予当事人警告和罚款 30 万元的行政处罚。

（2）北京某某之家医疗用品有限公司朝阳第一分店大幅提高售价哄抬价格案。2022 年 12 月 8 日，北京市朝阳区市场监管局根据举报线索，对北京某某之家医疗用品有限公司朝阳第一分店进行执法检查。经查，2022 年 12 月 1—7 日，当事人复星新冠抗原检测试剂盒（规格：25 人份 / 盒）的进货价格分别为 61.25 元 / 盒、67.5 元 / 盒以及 75 元 / 盒，而在美团平台销售标价达 229 元 / 盒。由于销售优惠不同，实际销售单价分别为 179 元 / 盒、216.5 元 / 盒以及 229 元 / 盒，远高于同时期周边市场同类商品，涉嫌构成哄抬价格违法行为。目前，案件调查终结，朝阳区市场监管局已向当事人送达行政处罚告知书，拟给予当事人警告和罚款 20 万元的行政处罚。

（3）老百姓大药房连锁（天津）有限公司某某店捆绑销售哄抬价格案。2022 年 12 月 8 日，天津市市场监管综合行政执法总队对老百姓大药房连锁（天津）有限公司某某店进行执法检查。通过查看连花清瘟胶囊质量验收单、销售流水、销售小票、进货票据及监控视频等，查实该药店在销售连花清瘟胶囊的过程中强制搭售指定商品，涉嫌构成哄抬价格违法行为。目前，案件调查终结，天津市市场监管委已向当事人送达行政处罚告知书，拟给予当事人警告和罚款 50 万元的行政处罚。

（4）京东大药房（天津）有限公司某分公司不按规定明码标价案。2022 年 12 月 10 日，天津市和平区市场监管局对京东大药房（天津）有限公司某分公司进行执法检查。经查，该公司现场销售部分药品存在未明码标价以及商品与价签不对位等情况，涉嫌构成不按规定明码标价违法行为。目前，案件调查终结，天津市和平区市场监管局已向当事人送达行政处罚告知书，拟给予当事人警告和罚款 3000 元的行政处罚。

（5）浙江省湖州市南浔某中西医结合诊所散布虚假涨价信息哄抬价格案。2022 年 12 月 8 日，浙江省湖州市南浔区市场监管局执法人员在进行网络巡查时，发现某中西医结合诊所在抖音平台上传视频，散布连花清瘟等涉疫药品即将全面、大幅度涨价的信息，吸引患者“囤药”。同日，市场监管执法人员对该诊所进行了现场检查，发现其在诊疗服务区张贴告示，称“因库存有限、进货困难，连花清瘟、双黄连口服液、维 C 银翘片、板蓝根冲剂 4 种涉疫药品，将于 12 月 10 日起涨价”。该诊所利用抖音和张贴告示的方式传播虚假涨价信息，影响面广、性质恶劣，严重扰乱了市场价格秩序，涉嫌构成哄抬价格违法行为。目前，案件调查终结，浙江省湖州市南浔区市场监管局已向当事人送达行政处罚告知书，拟作出罚款 10000 元的行政处罚。

（6）广东省深圳市某某堂大药房连锁有限公司大幅提高售价哄抬价格案。2022 年 12 月 12 日，深圳市市场监管局对深圳市某某堂大药房连锁有限公司进行执法检查。经查，该公司 12 月 1—4 日采购连花清瘟胶囊成本为 14—18.65 元 / 盒，成本上升幅度为 33%。自 12 月 5 日起，其线上销售价格从 39.8 元 / 盒提高至 78 元 / 盒，销售价格涨幅为 96%，销售价格涨幅为成本涨幅的 2.9 倍。该经营者成本虽有增加，但商品价格上涨幅度明显高于成本增长幅度，在疫情防控期间大幅提高连花清瘟胶囊销售价格，涉嫌构成哄抬价格违法行为。目前，案件调查终结，深圳市市场监管局已向当事人送达行政处罚告知书，拟作出罚款 20 万元的行政处罚。

下　编

宏观调控法

第十一章　宏观调控法的基本原理

【内容提示】

宏观调控是指在市场经济条件下，国家为了预防和克服市场失灵所导致的在经济总量、结构等宏观方面的失衡、失调和无序，运用计划（规划）、财政、税收、金融等手段调节、控制宏观经济运行，使之朝着所预期的平衡、协调和有序方向发展的一系列行为。宏观调控的主导一方是国家，具有国家主体性；宏观调控追求社会总供给和总需求的平衡，具有目标的均衡性；宏观调控的手段具有综合性，且原则上以间接手段为主。宏观调控的目标主要包括总量均衡和物价稳定，结构优化以及经济增长和分配公平，充分就业，国际收支平衡等。政府在进行宏观调控时同样会出现“失灵”，而防范或匡正政府失灵的最有效办法就是将政府宏观调控纳入法治轨道，提升其法治化水平。

宏观调控法是调整在国家对宏观经济运行进行调节和控制过程中发生的经济关系的法律规范的总称。与民商法、反垄断法、管制法等其他法律相比，宏观调控法的特征在于，它是确认并规范政府干预的“授权法”和“限权法”，是追求“公益性”的法，是一种“中介性”的法，是具有突出的“政策性”的法。宏观调控法的基本原则包括调控法定原则、有限干预原则、合理适度原则、相互协调原则。宏观调控法的调整方法是指对宏观调控法的调整对象（即宏观调控关系）施加有影响力的法律后果的方式、手段的总和。

从理论上讲，宏观调控法的体系构成，包括以宏观调控基本法为统领的各项宏观调控专门法。制定宏观调控基本法的主要任务是确定宏观调控的基本原则，明确宏观调控的范围、主体、手段、程序、责任等基本制度。宏观调控专门法主要包括发展规划法、财政调控法、金融调控法、产业调控法等。宏观调控法的基本制度，是贯穿各宏观调控专门法的普遍性制度，或可称之为宏观调控法的“四梁八柱”，主要包括宏观调控主体制度、宏观调控权配置制度、宏观调控程序制度、宏观调控综合协调制度、宏观调控监督救济制度、宏观调控法律责任制度。

第一节　宏观调控的理论基础

现代市场经济是有宏观调控的市场经济。党的第十八届三中全会通过的《中共中央关于全面深化改革若干重大问题的决定》指出，“健全以国家发展战略和规划为导向、以财政政策和货币政策为主要手段的宏观调控体系，推进宏观调控目标制定和政策手段运用机制化，加强财政政策、货币政策与产业、价格等政策手段协调配合，提高相机抉择水平，增强宏观调控前瞻性、针对性、协同性”。党的十八届四中全会通过的《中共中央关于全面推进依法治国若干重大问题的决定》进一步提出，“依法加强和改善宏观调控”。党的二十届三中全会通过的《中共中央关于进一步全面深化改革 推进中国式现代化的决定》重申并强调，“科学的宏观调控、有效的政府治理是发挥社会主义市场经济体制优势的内在要求。必须完善宏观调控制度体系，统筹推进财税、金融等重点领域改革，增强宏观政策取向一致性”。

一、宏观调控的含义、特点和目标

（一）宏观调控的含义

宏观调控是宏观经济调控的简称。[1] 在经济学中，“宏观调控”几乎可与“国家干预”“政府调节”等通用，政府为弥补市场缺陷对国民经济进行“调节”（adjustment）和“控制”（control）的各种措施都可归纳为“宏观调控”。一般认为，宏观调控是指在市场经济条件下，国家为了预防和克服市场失灵所导致的在经济总量、结构等宏观方面的失衡、失调和无序，运用计划（规划）、财政、税收、金融等手段调节、控制宏观经济运行，使之朝着所预期的平衡、协调和有序方向发展的一系列行为。简而言之，宏观调控是指国家从经济运行的全局出发，运用各种宏观经济手段，对国民经济总体的供求关系进行管理（调节和控制），以实现经济总量平衡和经济结构优化的基本目标。

宏观经济调控理论，于20世纪30年代由英国著名的经济学家凯恩斯提出，其标志性的著作是《就业、利息和货币通论》。1929—1933年的经济危机猛烈地冲击着自由竞争和自由经营的传统理论，“看不见的手”已逐渐失去了对自由市场经济的调节作用，经济学家开始认识到完全的自由市场经济并非完美无缺，必须由其他调节方式加以弥补，在这种情况下，凯恩斯提出了一套与传统经济学不同的理论，认为经济衰退的主要原因是商品总需求的减少。若要解决资本主义的危机和失业问题，维持国民经济的平衡，就需要增加需求，即促进经济增长是实现供给与需求总量平衡的基础，方法是扩大政府开支，实行财政赤字，刺激经济。[2] 尽管进入20世纪70年代以后，西方市场经济国家出现了失业与通货膨胀并存的“滞胀”现象，凯恩斯主义理论受到新的挑战，但依然对所有市场经济的国家产生了深远的影响。

（二）宏观调控的特点

基于其概念内涵，宏观调控具有如下的特点：

---

〔1〕 所谓宏观经济，是微观经济的对称，指整个社会范围的经济活动，如社会总供给和总需求的关系，国民收入分配中的消费、储蓄和投资总量的关系，社会再生产中的物资平衡、信贷平衡和财政平衡，货币流通量和物价水平的关系，经济增长与经济波动等。参见《辞海》（上），上海辞书出版社2009年版，第1551页。

〔2〕 参见［英］约翰·梅纳德·凯恩斯：《就业、利息和货币通论》，陆梦龙译，江西教育出版社2014年版，第95页以下。

第一，宏观调控的主导一方是国家，具有国家主体性。宏观调控涉及对一国经济总量和经济结构的调节和控制，这种“宏观性”意味着，唯有国家（具体由国家最高权力机关和中央政府等承担），才能制定施行纠正总量、结构失衡的宏观经济政策、法律制度及相应措施。宏观调控是国家经济职能的重要组成部分。[1]但国家宏观调控不等于政府调控。虽然中央政府是基于宪法和法律授权对国家宏观经济进行调控的实施主体，其作用举足轻重，但政府调控的实施主体一般仅限于中央行政机关，并不涵盖（也无法替代）国家最高权力机关通过经济立法、审查批准和监督等方式对宏观经济的调控。

第二，宏观调控追求社会总供给和总需求的平衡，具有目标的均衡性。相较于反垄断、行业监管等直接的经济干预，宏观调控的对象不是微观主体的具体经济行为，而是社会总供给和总需求的平衡。社会总供给和总需求的平衡包含相互联系、相互制约的多个方面，如经济总量平衡、经济结构平衡、国际收支平衡、就业充分、物价稳定、收入分配公平、经济稳定持续增长等。社会总供给与总需求的平衡是一个矛盾运动的过程。国家的宏观经济决策通过市场转化为各种市场信号，形成要素流动和投资决策的指示器，将企业的经济行为纳入宏观调控的轨道。随着供求关系的变化，市场主体会作出新的反应，形成新的市场信号，并反馈给宏观调控主体。宏观调控主体经过处理，作出新的宏观经济调控决策。如此循环往复，使社会总供给与总需求逐步趋于平衡。[2]

第三，宏观调控的手段具有综合性，且原则上以间接手段为主。宏观调控作为国家对整个国民经济综合的、总量的调控，其调控手段必然是综合性的，既包括法律手段，也包括经济手段、行政手段等多种手段。在市场经济条件下，宏观调控手段在原则上应以经济政策手段、法律手段等间接的手段为主。行政手段等直接手段的运用相对有限，如采取直接关停并转、限购限价、冻结等措施。宏观调控手段的间接性意味着，一方面，宏观调控主要是一种“参数调控”，即国家向市场输入保证国家经济调控目标实现的经济参数，使它们在市场经济中发生内部机理变换，最终输出符合宏观调控需求的市场信号，达到对市场主体经营决策进行引导的目的；另一方面，宏观调控大多是基于经济利益的“引导调控”，即利用各经济主体的利益欲望，通过改变经济利益关系，激励各经济主体的行为，使其基本符合国家宏观调控的要求。

（三）宏观调控的目标

经济的运行状况，微观上表现为产业组织、市场交易及其相应竞争的自由性和公平性；宏观上表现为总量、结构、增长、物价、就业和国际收支等方面的平衡性和稳定性。[3]宏观调控的目标，主要包括以下方面：

1. 总量均衡和物价稳定

总供给与总需求的均衡，是宏观经济总量最基本的平衡。总供给是某一时期一个国家或地区各企业愿意生产的商品与服务的价值的总和。总需求是某一时期一个国家或地

〔1〕 不过，宏观调控不是现代国家经济职能的全部。作为现代国家经济职能的国家调节，除宏观调控外，还包括经济监管或规制（如反垄断监管、行业监管）、对某些经济活动的直接参与（如国家投资经营）等。

〔2〕 参见李昌麒主编：《经济法学》（第 3 版），法律出版社 2016 年版，第 310 页。

〔3〕 参见《经济法学》编写组：《经济法学》（第 2 版），高等教育出版社 2018 年版，第 109 页。

区计划或需要开支的总数。宏观经济均衡，是指意愿总需求等于意愿总供给的 GDP 水平。在均衡时，意愿的消费、政府支出、投资和净出口的总量正好等于在当前价格水平下企业所愿意出售的商品和服务的总量。物价水平的基本稳定是总量平衡的主要表现之一。[1] 因此，实现总量平衡的目标，既要防止通货膨胀，又要克服通货紧缩。无论是通货膨胀还是通货紧缩，都会影响市场主体对经济运行前景的判断和信心，扭曲资源配置，对经济发展和社会稳定产生负面影响。

2. 结构优化以及经济增长和分配公平

经济结构，是指一国或地区各经济要素及其在产业、地区之间分布的比例。经济结构包括产业结构、产品结构、劳动力结构、技术结构、地区结构等。结构优化，即优化各经济要素及其在产业、地区之间分布的比例。衡量经济结构优化与否的标志，主要是宏观经济的效率和公平，即经济的持续增长和收入分配的公平。

3. 充分就业

传统经济学用“充分就业”来描述不存在（或仅存在最少量）非自愿失业情况下的就业水平。[2]易言之，充分就业指有能力并愿意参加工作者，都能在较合理的条件下，随时可以获得适当的工作机会。

4. 国际收支平衡

国际收支是指一定时期内一个国家与其他国家商品买卖、服务贸易、政府交易、资本流动等所形成的结果。国际收支平衡是指一国对其他国家的全部货币收入和货币支出相抵，略有顺差或逆差。国际收支能否平衡，要受到本国经济总量、经济结构、国民收入和人均收入、币值等因素变化的影响，还会受到国际贸易、国际经济周期以至于外汇投机等因素的影响。在经济全球化的今天，国际收支是否平衡会对本国经济运行影响更为直接、巨大，是保持国家宏观经济稳定的一项重要条件。

以上是宏观调控的基本目标，由此还进一步衍生了环境友好、资源能源可高效持续利用、统筹城乡发展和区域发展等宏观调控的目标。

二、宏观调控的理论依据

虽然市场机制是资源配置的有效手段，却并非完美无缺、全知全能，“看不见的手”有时可能引导经济走上错误的道路，产生市场失灵。宏观调控因此成为国家应对市场失灵的必要举措。

（一）市场失灵的一般理论

所谓市场失灵，是指缘于市场机制本身的某些缺陷和外部条件的某种限制，使得单

---

〔1〕 从各国的实际情况来看，中央银行在制定货币政策时，一般要求把物价上涨率控制在 2%—3%就可谓是稳定。

〔2〕 当代经济学一般用“最低可持续失业率”（Lowest Sustainable Rate of Unemployment，LSUR）的概念来描述可以长期持续的最高的就业水平。据经济学的统计和测算，一般来说，可持续的失业率保持在 5%以内，可视为充分的就业。

纯的市场机制无法将资源配置到最优的状态。[1]由于市场存在着外部性、有些交易的成本过高以及信息不对称等弊端，单纯依赖市场进行资源配置和利益分配无法达到理想的效果。在现代市场经济下，垄断企业排除限制竞争、收入分配两极分化、公共产品供给不足以及社会产品总供给和总需求失衡等问题无法由市场机制本身加以解决，只能由国家从宏观上对经济予以调节和控制，以防止经济的大起大落、失衡失序。

关于市场失灵的表现，通常认为：（1）市场的不完全，主要是指市场容易形成垄断，尤其是自然垄断的情形。（2）市场的不普遍，主要表现为价格机制的缺位。（3）信息失灵，主要是指信息不充分、信息不对称以及信息不准确。（4）外部性，又称外部效应，是指市场主体无须承担其行为的一切后果，或不能获得其行为所产生的一切利益的情形，包括负的外部效应和正的外部效应两种情形。负的外部性的存在往往会强化对不良行为的刺激，而正的外部性的存在则会导致对良好行为的激励不足，两者都将导致资源配置的低效率。（5）公共产品，是相对于私人产品而言的，是指不把任何人排斥在享受之外的产品，具有非排他性和非竞争性，单纯依靠市场会导致公共产品的不足。（6）经济周期，通常是指在市场经济的生产和再生产过程中，周期性地出现经济扩张与市场紧缩交替更迭循环往复的现象。[2]

从市场经济与宏观调控的关系看，市场经济与宏观调控相互依存，市场经济的发展需要宏观调控的保障。不过，需要强调的是，宏观调控是市场机制的有益补充，但不能替代市场机制。宏观调控的存在价值是弥补市场失灵，它应当以市场调节为基础，作为市场调节的补充手段而存在。这就决定了宏观调控必须尊重、符合并善于利用市场规律。[3]

（二）宏观经济层面的市场失灵

就宏观经济层面而言，市场失灵主要表现为总供需失衡、产业结构不合理、区域经济发展不平衡、过度投机滋生经济泡沫、贫富分化等问题。[4]

1. 市场难以自动实现社会总量的平衡

从微观层面来看，市场机制所产生的效率无疑是最有效的。然而，市场参与者追求自身或个体利益和效率的最大化，无法同时实现宏观经济效益和效率的最大化。受市场机制作用的企业以追求利润为目的，所掌握的宏观经济信息不完备（包括不全面、不准确、不及时），无法把握国民经济的全局，也缺乏激励从国民经济综合平衡的角度安排经济活动，从而可能导致全社会的供求失调。[5]

---

〔1〕诺贝尔经济学奖获得者斯蒂格利茨将市场失灵概括为公共产品短缺、外部性问题、信息严重不完善、垄断尤其是自然垄断等方面。参见［美］斯蒂格利茨：《政府为什么干预经济》，郑秉文译，中国物资出版社1998年版，第69页。

〔2〕参见李昌麒、刘瑞复主编：《经济法》，法律出版社2004年版，第35—37页。

〔3〕参见王全兴、管斌：《宏观调控法论纲》，载《首都师范大学学报（社会科学版）》2002年第3期。

〔4〕参见吴弘主编：《宏观调控法学：市场与宏观调控法治化》，北京大学出版社2018年版，第13—19页。

〔5〕参见陈婉玲：《从单一干预到微观规制与宏观调控的辩证统一》，载《现代法学》2007年第6期。

2. 市场难以自动合理调整产业（经济）结构

导致产业结构失衡的主要原因有：其一，不同产业之间在某一时期的收益率存在明显差异，逐利性驱使市场主体流入收益率更高的产业，从而导致此类产业饱和进而出现产能过剩；其二，不同产业的准入门槛存在明显差异，一般的市场参与者倾向于进入门槛较低的产业（往往是低端产业），导致其出现产能过剩。由于市场运行的惯性，加之各类体量庞大的资本沉积在落后的传统产业中，不合理的产业结构难以依靠市场自身进行合理调整。因此，宏观调控是推进产业结构转型升级和经济高质量发展的重要动力。

3. 市场难以自动实现区域经济协调发展

由于地理位置和自然禀赋的差异，一国内不同区域经济发展不均衡具有常态性、长期性，是市场机制作用的必然产物。[1]区域发展差异过大，不仅可能引发投入不足等宏观经济问题，从而影响整个国民经济的健康发展，而且还可能降低微观经济单位和要素的收益，使市场机制的作用发挥受阻。单纯的市场机制无法实现区域经济的协调发展。一旦一国区域经济发展差距过大或不断扩大，政府有必要通过宏观调控手段或措施，促进区域经济的协调或平衡发展。

4. 市场难以抑制过度投机而易形成经济泡沫

在经济学上，"泡沫"是指资产价值超越实体经济，因而极易缺乏持续发展能力的经济状态。经济泡沫大都由大量的过度投机活动形成并维持。在现代经济条件下，各种金融工具和金融衍生工具的出现以及金融市场的自由化、国际化，使得泡沫经济的发生更为频繁，波及范围更加广泛，危害程度更加严重。各国股市、房市泡沫的形成和破裂均是典型的事例。市场自身不仅无法抑制经济泡沫的生长，相反，可能加速经济泡沫的扩张。因此，当市场出现普遍的非理性的投机现象时，政府有必要采取调控措施引导市场行为，抑制过度投机。

5. 市场易加剧社会贫富的分化

市场机制遵循"丛林规则""优胜劣汰、弱肉强食"。由于市场主体拥有生产要素的数量和质量有别、个人能力存在差异，参与市场竞争的结果必然有所不同，从而造成贫富差距日益悬殊。[2]宏观调控要扶持、救济弱者，使残酷的市场竞争不乏对个人尤其是对弱势群体的扶持。宏观调控以实现社会公平为目标。[3]只有政府采取税收、财政转移支付等宏观调控手段，才能有效地防止社会贫富分化的加剧。

三、宏观调控的类型和措施

（一）宏观调控的学理分类

依据手段载体的不同，可将宏观调控分为基于经济手段的宏观调控、基于法律手段的宏观调控、基于行政手段的宏观调控。基于经济手段的宏观调控，是指国家在自觉依

〔1〕参见张可云主编：《区域经济政策》，商务印书馆2005年版，第1页。

〔2〕参见顾功耘主编：《经济法教程》（第2版），上海人民出版社2006年版，第17页。

〔3〕参见邱本：《自由竞争与秩序调控》，中国政法大学出版社2001年版，第329页。

据和运用价值规律的基础上借助经济杠杆、经济政策、经济计划（规划）等调节作用，通过经济利益的导向影响和调节宏观经济活动的措施。基于法律手段的宏观调控，是指依靠法治力量，通过经济立法和司法执法，运用经济法治调节经济关系和经济活动，以达到宏观调控目标的措施。基于行政手段的宏观调控，是指依靠行政机构，采取命令、指示、规劝等行政方式调节经济活动，以达到宏观调控目标的措施。[1]

依据调控的主体以及调控的内容，可将宏观调控分为宏观调控决策和宏观调控执行。宏观调控决策是指宏观调控决策主体把宏观调控的规则制定成具有普遍约束力的规范性文件，为相对方提供指引、评价、预测其经营管理行为的依据。宏观调控执行是指宏观调控执行机构为了执行宏观调控法律、法规和政策所采取的具体执行措施。

依据宏观调控的作用机制，可将宏观调控分为直接宏观调控和间接宏观调控。直接宏观调控直接作用于特定的调控对象，如政府投资、招标采购等，具有约束力强、动员和集中生产要素速度快、调控效率高、调控目标的实现效果直接等特点。间接宏观调控作用于非特定的市场主体，通过间接地引导来影响市场主体的市场行为，如政府通过制定规划、产业政策指导目录等引导市场主体做出进入或退出相关市场的经济决策等。

依据宏观调控的性质，可将宏观调控分为指令性（强制性）宏观调控和引导性（非强制性）宏观调控。指令性宏观调控多采用行政手段，通过制定方针政策，并以下达命令、指示、决定、通知、指令性计划等形式，消除不利于市场机制发挥作用的障碍，以此保障国民经济的正常运行。引导性宏观调控多采用经济手段，通过调整政府投资规模与结构、财政支出规模与结构、国家物资储备规模与结构以及税率、汇率、利率等工具，引导、影响市场主体的预期和行为，促进总供给与总需求的总量平衡和结构平衡。[2]

（二）宏观调控的主要措施

宏观调控措施，是指为实现宏观调控目的所采取的方法、措施。从国内外的国家经济干预来看，宏观调控措施主要包括计划调控、财政调控、税收调控、金融调控等。

计划调控，也称规划调控，主要包括国家通过制订、实施国民经济和社会发展计划的方式引导市场主体行为，以保障经济总量平衡、保障社会公共利益、引导投资和促进经济结构合理化。此外，计划调控还包括经济资源的调查、经济信息的统计和测算、对市场主体少数重大投资和交易行为的指导等。

财政调控是为实现政府宏观调控目标所采用的各种财政措施。一般把财政调控分为三大类，即预算调控、财政支出调控、财政收入调控。其中，财政支出调控包括政府采购调控和转移支付调控。财政收入调控包括税收调控和国债调控。

金融调控是对金融活动中的关键因素和环节予以调节，从而促进宏观经济的发展实现预期目标。金融调控工具包括存款准备金、再贴现和公开市场政策（俗称中央银行货币政策工具的“三大法宝”），以及直接信用控制、间接信用控制、消费者信用控制、证

〔1〕参见吴弘主编:《宏观调控法学：市场与宏观调控法治化》，北京大学出版社2018年版，第108—109页。

〔2〕参见吴弘主编:《宏观调控法学：市场与宏观调控法治化》，北京大学出版社2018年版，第110—111页。

券市场信用控制、不动产市场信用控制等。

四、宏观调控的法治化及其理论依据

党的二十大报告提出，“全面依法治国是国家治理的一场深刻革命，关系党执政兴国，关系人民幸福安康，关系党和国家长治久安。必须更好发挥法治固根本、稳预期、利长远的保障作用，在法治轨道上全面建设社会主义现代化国家”。[1]宏观调控旨在保持经济总量的基本平衡，促进经济结构的优化，引导国民经济持续、快速、健康发展，推动社会全面进步，其效果和质量直接影响社会主义现代化国家建设的成效，因此应当将宏观调控纳入“法治轨道”，[2]不断提升宏观调控的法治化水平，以此保障宏观调控目标的实现。尽管我国 1993 年《宪法》修正案将“国家加强经济立法，完善宏观经济调控”写入国家根本大法，然而，我国宏观调控远未纳入法治化的轨道，[3]相应的立法体系不健全，政府运用宏观调控手段及其相关措施缺少必要的约束，具有较大的随意性，[4]预期调控目标未能实现的现象并不鲜见。为确保调控目标的实现，宏观调控的权限配置、调控手段及其适用条件、应遵循的程序方法等均应当通过立法加以规范和约束，最终实现宏观调控的法治化。

（一）政府失灵的一般理论

市场机制的运作失灵，需要政府加以干预或协调。但政府亦非万能，同样存在有限理性。政府“失灵”难以避免，而防范或匡正政府失灵的最有效办法就是将政府干预经济行为（包括政府宏观调控）纳入法治轨道，提升其法治化水平。

政府失灵，也称政府缺陷，既包括政府干预不到位，又包括政府干预错位，还包括政府干预不起作用。简而言之，政府失灵是政府的局限性所造成的后果。政府失灵很容易表现在以下几个方面：政府运行效率低下，官僚机构膨胀，政府过度干预，政府提供的公共产品不足，政府不受产权约束，政府信息不完善，预算编制和分配偏离社会需要，权力寻租，等等。[5]因此，在市场机制中，国家（政府）既要对具有盲目性、自发性的自由竞争状态进行调整，实现经济稳定协调发展，又要审慎地运用法律对具有过度

---

〔1〕 习近平：《高举中国特色社会主义伟大旗帜 为全面建设社会主义现代化国家而团结奋斗——在中国共产党第二十次全国代表大会上的报告》（2022 年 10 月 16 日），载《人民日报》2022 年 10 月 26 日，第 1 版。

〔2〕 “在法治轨道上”这一政策表述与“全面建设社会主义现代化国家”这一发展目标紧密地结合在一起，充分反映了法治中国建设对中国式现代化的法治保障作用是全方位、全覆盖、无死角的，体现了“全面依法治国”中的“全面”的深刻而丰富的理论和实践内涵。参见莫纪宏：《在法治轨道上全面建设社会主义现代化国家的法理意蕴》，载《广东社会科学》2023 年第 1 期。

〔3〕《中共中央关于全面推进依法治国若干重大问题的决定》（2014 年 10 月 23 日发布）明确提出“依法加强和改善宏观调控”，其深层含义就是宏观调控的法治化水平有待提升。

〔4〕 例如，近年来我国一系列涉及市场与宏观调控的实践，如以限贷、限购、限价为特征的房地产市场调控，以强行救市应对股灾的紧急状态调控，以补贴等优惠措施进行招商竞争的区域性调控等，尽管皆取得了一定的成效，但也暴露出调控主体混乱、调控职权和职责不清、调控手段和措施的运用过于频繁、不同的调控部门之间缺乏有效协调或配合等问题。

〔5〕 参见李昌麒、刘瑞复主编：《经济法》，法律出版社 2004 年版，第 38 页；王全兴：《经济法基础理论专题研究》，中国检察出版社 2002 年版，第 85—86 页。

运用权力倾向、存在自身利益和偏好的政府经济行为特别是政府宏观调控进行控制，防止因权力过度膨胀和权力至上而损害市场主体利益、妨碍市场机制对资源的基础性配置作用。

（二）宏观调控中的政府失灵

政府在实施宏观调控的过程中同样可能出现“失灵”。宏观调控中的政府失灵主要表现在政府的有限理性、权力寻租或滥用、政府部门目标和利益失调等方面。[1]

1. 政府的有限理性致使宏观调控失当

传统理论对政府行为的研究是基于理性经济人的假设展开的，认为政府是理性的，通过政府的干预可以有效地克服市场缺陷。然而，现实中的政府不可能是全知全能和完全理性的。导致政府在宏观调控中有限理性的主要因素在于：一是政府宏观经济信息不完备，包括信息不全面、不准确和信息不对称；[2] 二是受主客观因素制约，宏观调控决策者的认知有限；三是政府宏观调控不中立。由于有限理性，政府针对经济问题采取的宏观调控措施可能失当甚至无效，无法有效地解决市场失灵，甚至反而可能加剧市场失灵。

2. 缺乏约束的政府出现权力寻租或权力滥用

宏观调控意味着政府权力介入市场，而权力天然具有被寻租[3]或滥用的风险。市场主体受其利润最大化目标的驱使，必然寻求租用政府权力的机会。调控主体的调控权具有一定的强制性，在调控过程中居于主导地位，调控主体与调控受体的法律地位不平等，在缺乏约束的情况下极易导致权力寻租、权力被俘、权力滥用、低效运行等逆向效应，致使经济发展同时面临市场失灵和政府失灵的双重风险。[4]

3. 不同调控部门的目标与利益的差异易影响调控质效

宏观调控涉及财政、税收、价格、利率、汇率等多种手段的综合运用，相应的权力分属于不同的政府部门。各个宏观调控部门有着相对独立的宏观调控目标和部门利益。在自身利益的驱动下，不同的政府部门为了实现各自的调控目标，所采取的调控措施可能无法相互协调配合，甚至发生一定的矛盾冲突，相互削弱彼此的政策效应，更可能导致部门之间的相互推诿或不配合，进而影响宏观调控的整体质量和效率。

4. 宏观调控决策不当产生巨大的负外部性

宏观调控的对象是国民经济整体，针对的是社会产品和服务的总需求、总供给、经济结构等事关经济全局的经济变量，对经济的影响具有全局性、长期性和涉众性。宏观

---

〔1〕参见吴弘主编：《宏观调控法学：市场与宏观调控法治化》，北京大学出版社 2018 年版，第 21—25 页。

〔2〕参见徐孟洲、谢增毅：《中国宏观经济调控立法研究》，载徐杰主编：《经济法》（第 3 卷），法律出版社 2002 年版，第 228 页。

〔3〕寻租是指利用资源通过政治过程获得特权从而构成对他人利益的损害，且该损害大于租金获得者收益的行为。参见过勇、胡鞍钢：《行政垄断、寻租与腐败——转型经济的腐败机理分析》，载《经济社会体制比较》2003 年第 2 期。

〔4〕因此，“必须以权力约束权力”，对宏观调控关系的法律调整，重点在于控制政府的宏观调控行为，宏观调控法首先是规范和管理调控者的法。参见李昌麒、胡光志：《宏观调控法若干基本范畴的法理分析》，载《中国法学》2002 年第 2 期。

调控措施一旦运用不当，对国民经济产生的负面影响、对经济组织或个人权利造成的损害将无法估量，事后恢复或补救的难度极大或成本极为高昂。因此，宏观调控政策具有极大的外部性，其制订实施应当相当谨慎和理性。〔1〕

因此，政府实施宏观调控解决市场失灵问题的同时可能发生政府失灵，需要法治防范和化解。市场经济本质上是法治经济，宏观调控应严格遵循“法无授权不可为”的原则。政府宏观调控源于法律授权，并受制于法律约束。也就是说，宏观调控法既是授权法，更是限权法，其基本宗旨在于尊重和保障公民和社会经济组织的正当、合法权益。

第二节　宏观调控法的原理解析

一、宏观调控法的内涵、特征和定位

（一）宏观调控法的内涵

宏观经济调控法（简称宏观调控法）是经济法的重要组成部分，也是宏观调控法治化的法律载体。

作为部门法或实质意义上的宏观调控法，是指调整在国家对宏观经济运行进行调节和控制过程中发生的经济关系的法律规范的总称。形式意义上的宏观调控法，广义上包括规范国家宏观调控行为的法律、法规等规范性文件；狭义上则仅指宏观调控基本法律，如德国的《经济稳定与增长促进法》、美国的《充分就业和国民经济平衡增长法》等。〔2〕迄今为止，我国立法体系中还没有一部统一的宏观调控法或宏观调控基本法，大部分宏观调控的法律规范散见于各个专门性的经济法律中，如《预算法》《中国人民银行法》《企业所得税法》《中小企业促进法》《对外贸易法》《价格法》等。

宏观调控法对国家的调控行为予以规范、调整后形成宏观调控法律关系。宏观调控法律关系由宏观调控的主体、客体和内容三个要素构成。宏观调控关系的主体是指依法享有宏观调控的相关权限，能够综合运用各种手段影响国民经济运行的法定的国家宏观经济管理机关或享有相应权力的社会中间主体，前者如中国人民银行、国家发展和改革委员会、财政部、商务部等，后者如政策性银行、政府采购中心等。宏观调控关系的客体是指国民经济的总体活动，包括国民经济与社会发展计划、财政税收关系、货币信贷关系、投资关系、涉外经济管理关系等直接影响国民经济整体运行和社会稳定的问题。宏观调控关系的内容包括国家运用计划（规划）、经济政策和各种调节手段，来引导和促进社会发展。

---

〔1〕 参见谢增毅：《宏观调控法基本原则新论》，载《厦门大学学报（哲学社会科学版）》2003 年第 5 期。

〔2〕 为了区别形式意义上的宏观调控法和实质意义上的宏观调控法，在表述形式意义上的宏观调控法时，常用“宏观调控法律”“宏观调控法律法规”“宏观调控立法”等语词。而表述实质上的宏观调控法时，则用“宏观调控法”。参见《经济法学》编写组：《经济法学》（第 2 版），高等教育出版社 2018 年版，第 108 页。

新中国成立后我国实行集中统一的计划经济，将管理和调节国民经济认定为政府固有的职能和专属于政府的权力，将宏观调控法等同于政府的宏观调控意志和宏观调控政策。这显然将宏观调控政策与宏观调控法混为一谈。宏观调控法着重强调对政府宏观调控行为与宏观调控意志的规制与约束，即宏观调控手段及其运用的法治化。宏观调控法律关系中的双方主体——调控主体与调控受体，虽然分别享有一定的权（力）利、承担一定的义务，但双方的法律地位并不对等，调控主体居于强势的主导地位，加上宏观调控固有的强制性，调控受体的权利很容易受到侵害。宏观调控法的基本内涵是确立政府宏观调控的权限及其范围，对宏观调控行为进行规范和约束。[1]

（二）宏观调控法的特征

与其他法律相比，宏观调控法具有如下特征：

1. 宏观调控法是确认并规范政府干预的“授权法”和“限权法”

一般说来，宏观调控主要是通过政府经济管理来进行的。一方面，宏观调控法要确认和授予政府宏观调控的权力（职责），明确其可以实施宏观调控的事项与方式。另一方面，政府宏观调控是一把“双刃剑”，一旦调控不当，将产生极大的负外部性，甚至妨碍、破坏经济的发展，因此需要以宏观调控法来规范政府的宏观调控行为。宏观调控法是政府宏观调控应当遵循的法律，以规定政府宏观调控的权限、范围、程序、措施及责任为核心，目的是为政府干预宏观经济立规矩、建制度、定程式，实现政府宏观调控的法治化。

2. 宏观调控法是追求“公益性”的法

宏观调控具有“公共物品”属性，目的是为经济运行营造稳定有序的宏观环境。宏观调控法的规范目的是实现总量平衡、结构优化、物价稳定、充分就业、国际收支均衡、经济持续适度增长，与社会公共利益密切相关。为此，宏观调控法授予并规范国家（政府）对市场实施宏观调控的权力，使其能够对损害或可能损害社会整体利益的个体行为施以强制，维护社会经济的整体运行秩序。宏观调控以个体权利的限缩和行为矫正为内容，只能以社会公共利益的维护为其合理正当的基础。

3. 宏观调控法是一种“中介性”的法

宏观调控事关全局性的国民经济，宏观调控法以全局性的社会关系为规范对象，为确保其普适性，其法律条文往往高度概括、抽象，以一般性、原则性的规定为主，以便涵盖宏观经济全局。同时，经济生活不断发展演进，经济形势往往变化不定。由于立法者的有限理性，其无法完全穷尽所有的经济问题并进行事无巨细的立法，更无法提前预测新型的经济问题提供法律上的解决方案。不同的经济问题、同一经济问题在不同的形势下的解决方式不尽相同。针对所有经济问题一一规定调控措施，经济立法成本将极为高昂，却缺少反复适用的空间。要确保政府能够及时应对不断发生、层出不穷且纷繁复杂的经济问题，宏观调控法应当为政府预留一定的政策制定和裁量决定的空间，使其能够在不同的经济形势下针对不同的市场失灵问题及时采取最有效的调控措施。这也要求

---

〔1〕 参见刘继峰：《经济法学》，中国政法大学出版社 2019 年版，第 386 页。

宏观调控法应以一般、原则性的规定为主。因此，宏观调控法是介于抽象性与具体性、一般性与特殊性、灵活性与原则性、自治性与强制性之间的一种“中介性”的法。[1]

（三）宏观调控法的定位

在整个法的体系中，经济法是第一层次的部门法，即独立的部门法。在经济法体系中，宏观调控法与市场规制法同属于经济法的子部门法，分别调整宏观调控关系和市场规制关系。20世纪八九十年代以来，随着各国宏观调控实践的发展，宏观调控法在经济法体系中的地位和重要性不断加强。[2]

从法域归属上看，宏观调控法属于公法。[3]从主体来看，国家以公主体的身份实施宏观调控。从权力属性来看，国家实施宏观调控是基于依法享有的宏观调控权，具有强制性，与被调控对象所享有的经营自由权之间存在不对等性，是典型的公权力。从所保护的利益来看，宏观调控直接保护的利益是社会公共利益，有别于市场经济组织或经营者的个体利益。

二、宏观调控法的价值目标和基本原则

（一）宏观调控法的价值和目标

1. 宏观调控法的价值

宏观调控法的价值集中地体现在公平、效率和秩序等方面。宏观调控法的公平价值，体现在宏观调控法的制定和实施，能够为经济和社会带来或增进公平。以形式公平和实质公平为例，一方面，宏观调控法平等地对待一切调控受体，不仅仅因某一单个主体的状况制定和实施宏观调控法规范；另一方面，由于调控受体经济和生活状况各有不同，有些还与一般状况相差甚远，宏观调控法的制定和实施往往要在以所有调控受体中等状况为基本参照的基础上，充分照顾到少数主体的特殊状况。比如，在宏观调控法的制度设计时，在设定一般制度的基础上，根据多种特殊的情形，或者设计多种针对性的特殊规范，或者设定法定例外，或者授权实施机构根据法定的原则因情势之不同而灵活适用。以税收调控法规范为例，在同一类征税对象及其范围内，既规定一般税率，也根据产业导向、经营者规模、收入水平等若干特殊情形规定若干特别税率、优惠税率；既规定一般的征收，又规定减征、免征、缓征、税收返还等优惠性规范。这些都是宏观调控法兼具形式公平和实质公平的体现。实际上，宏观调控法不但在形式公平和实质公平、机会公平与结果公平方面，还在实体公平与程序公平、纵向公平与横向公平等诸多成对的公平价值上均有平衡的体现和兼顾。[4]

宏观调控法的效率价值主要体现在宏观调控法的制定和实施能够促进经济的持续增长，提高国家整体利益和个人利益。宏观调控法通过授权和规范国家机构运用财政、税

---

〔1〕参见王保树主编：《经济法原理》，社会科学文献出版社2004年版，第242页。

〔2〕例如，日本在引导、促进、稳定经济方面制定了一系列宏观调控法规，如《中小企业基本法》《农业企业振兴资金法》《果农振兴特别措施法》《促进渔业现代化资金法》《外汇管理法》《外贸管理法》等。

〔3〕公法、私法等法域的划分有主体论、权利论、利益论、对象论等多种标准。

〔4〕参见《经济法学》编写组：《经济法学》（第2版），高等教育出版社2018年版，第113页。

收、金融、计划（规划）等手段，调控宏观经济的总量或结构，防范、减轻市场失灵对国民经济和市场主体造成的损害，减少经济运行的沉没成本，有助于提高资源配置效率，增进社会整体福利。

宏观调控法的秩序价值，主要体现在宏观调控法的制定和实施能够恢复并维持市场的正常运行秩序，实现经济的稳定健康发展。宏观经济运行无序将严重妨碍国民经济的发展。宏观经济运行的无序，既表现为市场主体的固定资产投资、信贷、进出口等行为的扭曲，利率、汇率的失控和无序；也表现为政府的货币发行、投资和信贷干预、进出口管制行为的失控。前者被称为市场失灵；后者被称为政府失灵。宏观调控法通过规范政府介入市场的宏观调控行为，引导市场主体的投资、信贷、进出口等行为，从而实现国民经济的有序运行。

2. 宏观调控法的目标

根据目的与行为的关系，可以将宏观调控法的目标分为初级目标（直接目标）和终极目标（根本目标）。宏观调控法的初级目标与宏观调控的经济社会功能直接相关。宏观调控法的初级目标在于规范和保障国家宏观调控行为，预防和克服市场失灵，实现国民经济总量的均衡和结构的优化，实现物价平稳、就业充分和国际收支平衡，促进国民经济的有序运行和持续增长。宏观调控法的制定与实施则以在实现初级目标的基础上，协调和解决国家整体利益和经济个体利益的矛盾，实现经济和社会的良性运行和协调发展为最终目标。[1]

宏观调控法的初级目标和终极目标之间关系密切，初级目标是终极目标的基础，终极目标是初级目标的导向和根本宗旨。脱离初级目标，终极目标将无法达成；脱离终极目标，将过于强化宏观调控法的工具化倾向，无法保障宏观调控法的“良法”属性。

（二）宏观调控法的基本原则

宏观调控法的基本原则是对宏观调控法律体系中相关法律制度、法律规范的共性和本质性的准则进行的概括和高度抽象，是宏观调控法价值、目标实现的中间环节，对宏观调控法的制定和实施具有指导意义。

1. 调控法定原则

调控法定原则的基本要求是，国家介入市场、调控宏观经济运行的行为必须有法律的明确授权，并遵循宏观调控法实体性、程序性规范的要求。其中，国家进行宏观调控所运用的各类经济手段、行政手段等应以法律规定的范围为限，严格按照法定要求和程序实施。由于市场经济发展形势千变万化，被调控对象千差万别，因而政府必须综合运用多种调控手段。且在市场经济条件下，国家宏观调控以间接手段为主，不宜直接、过度、强制性参与经济活动。因此，无论采取何种手段，必须要求宏观调控手段法定化。同时，除规定可以采用的调控方式和措施外，法律还应确立调控措施的适用条件以及应遵循的基本标准和要求，防止宏观调控不当或滥用造成不可逆转的重大负面经济影响。

---

〔1〕 参见《经济法学》编写组：《经济法学》（第2版），高等教育出版社2018年版，第113—114页。

2. 有限干预原则

有限干预原则的内涵有三层：一是宏观调控不得妨碍和削弱市场机制作用的发挥，相反，应当保护和促进市场机制调节功能的充分发挥；二是宏观调控必须尊重客观经济规律，依法进行干预；三是宏观调控不得直接干预经济组织的生产经营活动。在现代市场经济中，完全脱离国家宏观调控的所谓“纯粹”市场经济并不存在，但宏观调控的存在价值是弥补市场失灵，应以市场调节为基础，作为市场调节的补充手段而存在，绝不能反客为主。

3. 合理适度原则

合理适度原则要求在法律规定的范围内，国家宏观调控应以量化、最佳的效率和公平状态为目标，统筹宏观经济运行各变量，兼顾宏观调控的各项目标，准确、有效地运用各种相关的宏观调控手段，努力实现最优的调控综合效果。合理适度原则同时意味着，宏观调控行为不得冲击和削弱市场机制作用的发挥，应当促进和保护市场机制调节功能的充分发挥；宏观调控行为必须尊重客观经济规律，依法进行调控；调控行为或手段一般不得直接干预经济组织的具体生产经营活动。

4. 相互协调原则

相互协调原则，是指依法确定的各种调控手段应相互配合、形成合力，共同发挥作用。宏观调控的目标是实现总需求与总供给的平衡。为达到这一调控目标，国家采用了计划（规划）、产业政策、财政政策、金融政策、价格政策等调控手段。而每一种调控手段，各有特点，在经济调控中各有其优越性和局限性。因此，国家在依法确定宏观调控手段时，应协调各种调控手段，充分发挥其互补功能和组合效应。例如，在总需求不足时，国家可以综合采用计划、财政、金融等调控手段，使它们相互配合，提振总需求。

三、宏观调控法的调整对象和方法

（一）宏观调控法的调整对象

法是调整社会关系的规范。经济法调整的是一部分社会关系，即特定的经济关系。宏观调控法的调整对象是宏观调控关系，或称宏观经济调控关系，它是国家对国民经济和社会发展运行进行规划、调节和控制过程中发生的经济关系，它涉及现实社会中的国民经济整体利益、社会公共利益和国家的根本与长远利益。其内容十分广泛，主要包括以下几类宏观调控关系。[1]

1. 发展规划调控关系

“规划”与“计划”一词意思相近，皆指有意识的行动方案。[2]在社会主义市场经济条件下，经济运行以市场为基础，发挥市场机制的决定性作用，但并不排斥政府规划或计划的调控作用。中国特色社会主义发展模式的重要体现之一，是通过经济规划引导公

---

〔1〕 参见刘文华主编：《经济法学》（第 6 版），中国人民大学出版社 2019 年版，第 267—268 页。

〔2〕 参见宋彪：《中国国家规划制度研究》，中国人民大学出版社 2016 年版，第 1 页。

共资源配置方向、规范市场主体行为，引导经济社会实现预期的发展目标。[1]因此，国家发展规划是宏观调控体系的组成部分，是宏观调控法的调整对象之一。

2. 财政调控关系

所谓财政（包括税收）是一种以国家权力为依托的对社会产品和国民收入进行分配和再分配所产生的特殊分配关系，也是宏观调控法的调整对象之一。随着社会经济的发展，财政已不再仅仅作为政府筹集活动经费的工具，而是成为政府调控国民经济运行的有力手段。财政调控手段，其中包括预算支出结构的安排、税率的高低调整、财政投资、财政补贴等。

3. 金融调控关系

金融调控关系是政府在调节、控制货币流通总量、银行信贷总量的过程中形成的经济关系。货币调控和信贷资金的调控是国家调控经济的极为重要的手段。因此，调整货币发行和资金流通中形成的金融调控关系，同样由宏观调控法予以调整。

4. 产业调控关系

国家通过对产业结构、产业布局、产业组织、产业技术等的规划、安排和促进，达到对经济建设的总体的合理的布局，是宏观调控的目标之一。因此，应当将产业调控关系纳入宏观调控法的调整范围。

5. 储备调控关系

国家为了实现总需求与总供给均衡的宏观调控目标，需要在特殊领域实施战略性物资储备制度，如粮食、棉花、外汇、土地、石油等。战略性物资储备的功能定位、储备的规模、标准、参与主体以及储备方式等问题，既是宏观调控的重要内容，也是宏观调控法必须解决的法律问题。因此，战略性物资储备调控也应纳入宏观调控法的调整范围。

6. 价格调控关系

价格总水平调控是价格法的主要内容，稳定物价是国家重要的宏观经济政策目标。国家根据国民经济发展的需要和社会承受能力，确定市场价格总水平调控目标，综合运用货币、财政、投资、进出口等方面的政策和措施，予以实现。因此，对价格调控关系的调整，也是宏观调控法的任务。

7. 对外经贸调控关系

为保持对外经济贸易活动的健康发展、保持国际收支平衡、维护国家经济安全，国家需要对进出口商品和服务的种类、数量、方式等加以规范、引导和控制。因此，经由国家宏观调控的作用而产生的对外经济贸易关系，应当由宏观调控法加以调整。

---

〔1〕 1993 年中共中央《关于建立社会主义市场经济体制若干问题的决定》提出，“宏观调控主要采取经济办法，近期要在财税、金融、投资和计划体制的改革方面迈出重大步伐，建立计划、金融、财政之间相互配合和制约的机制，加强对经济运行的综合协调”。2021 年全国人大《中华人民共和国国民经济和社会发展第十四个五年规划和 2035 年远景目标纲要》要求，“加快建立健全以国家发展规划为统领，以空间规划为基础，以专项规划、区域规划为支撑，由国家、省、市县级规划共同组成，定位准确、边界清晰、功能互补、统一衔接的国家规划体系”。

（二）宏观调控法的调整方法

宏观调控法的调整方法，是指对宏观调控法的调整对象（即宏观调控关系）施加有影响力的法律后果的方式、手段的总和。宏观调控法的调整方法，不仅与法律的调整方式、法律规范的特点相适应，还要以宏观调控自身的特点和方法为基础。探讨宏观调控法的调整方法问题，主要是解决如何将宏观调控的调控方法、手段、技术转化为法律调整方法的问题。基于不同的标准可以将宏观调控法的调整方法进行不同的分类。

1. 以政策工具为依据

基于宏观调控所采用的政策工具，可以将宏观调控法的调整方法分为如下的类型：（1）财政政策调控方法，即利用法定的财政工具，如财政税收、国债等财政收入手段以及转移支付、政府采购、财政投资等财政支出手段，对宏观经济的供需总量或特定行业、地区的供需关系加以调节和控制的方法。（2）货币政策调控方法，即利用法定的货币工具，如存款准备金、利率、再贴现、再贷款、公开市场操作、信用控制等，对一国内或特定产业、区域内的货币流通量进行调控的方法。（3）产业政策调控方法，即利用法定产业政策对资源合理配置和加速产业结构优化，进而影响宏观经济关系的方法。（4）价格政策调控方法，即利用法定宏观价格政策对价格总水平实施调控，以实现物价总水平的基本稳定，进而影响宏观经济关系的方法。（5）对外经济政策调控方法，即利用法定对外经济政策措施，以实现优化进出口贸易、充分利用外资和实现国际收支基本平衡，进而影响宏观经济关系的方法。

2. 以调控权力的介入形式为依据

以调控权力的介入形式为依据，可以将宏观调控法的调整方法分为：（1）国家公权介入的调整方法，即国家以公权者的身份，依法对宏观经济进行调整的措施或手段。公权介入的调整方法，以其手段是否具有强制性又可分为国家公权力强行性介入的调整方法和国家公权力非强行性介入的调整方法两种。（2）国家私权介入的调整方法，即国家以私法手段直接参与到宏观经济活动之中并以此实现对整个国民经济的运行进行宏观调控的目的。国家私权介入宏观经济的调整方法主要包括投资设立国有企业、政府采购、国有资产出售与收购等。〔1〕

3. 以对经济行为影响的力度与方式为依据

以对经济行为影响的力度与方式为依据，可以将宏观调控法的调整方法分为：（1）利益诱导方法，即采用法律确认的经济利益诱导方式，鼓励或促进市场主体实施国家期待的经济行为，限制或禁止其实施国家不期待的行为，从而影响宏观经济总量的方法。具体包括国家通过确定法定利率、税率、汇率、价格和工资标准等经济参数调节经济活动的多种方法。应当注意的是，诱导不是一般意义的引导，而是通过法律中介转换的诱导，体现了国家或政府对经济发展的特定期待。（2）规划引导方法，即通过制定经济活动的经济指标或长远规划影响宏观经济总量的方法，其对经济发展的影响更为直接。经济规划依据规划法确定的原则和程序制定和实施，规划执行主体必须依法实施规划，完不成规划

---

〔1〕 参见李昌麒主编：《经济法学》（第3版），法律出版社2016年版，第318—319页。

理应承担一定的法律责任。(3)强行控制方法，即政府依法对特定经济行为加以限制或禁止，[1]直接改变宏观经济总量的方法。这里包含3层意思：一是施行这种方法的主体只限于政府或政府授权的机关；二是必须依照事先制定的法律、法规或政府规章；三是强行控制的目的是限制或禁止与宏观调控目标相背离或损害宏观经济整体效益的行为。(4)监察督导方法，即通过对宏观经济活动的监察和督导，防止出现偏离目标的行为，纠正有法不依的现象。宏观调控对国民经济的调节，有赖于有权机关对宏观调控法或经济政策实施状况的监督，缺少审计监督、银行监督、财政监督、会计监督，无法实现预期的调控目标和政策效应。[2]

4. 以调控主体的行为模式为依据

以调控主体的行为模式为依据，调整方法可以分为：(1)一般禁止式的调整方法。例如，依法禁止任何市场主体或个人破坏国家规划、预算、税收、货币政策等扰乱社会经济秩序的行为。(2)积极义务式的调整方法。对宏观调控主体而言，应当根据国民经济运行中宏观经济存在的总量、结构、就业和收支等方面的问题，积极主动而又审慎严谨地运用宏观调控手段，适时、适度地进行反周期调控。换言之，宏观调控主体根据经济形势变化或预判，合理地采取各种调控举措，既是法定权力也是法定义务。事实上，我国有关金融调控法、财税法中规定有相应的积极义务条款。拟制定的《发展规划法》，也应当规定上述积极义务。(3)有条件的一般允许式的调整方法。宏观调控是双向式的，既有在经济过热时的抑制行为，也有在经济不景气时的促进行为。虽然宏观调控法不会像民法那样普遍设定一般允许式的条款，但可以根据需要，在一般禁止式和积极义务式调整的前提下，对市场主体的特定行为予以允许。比如，中国人民银行依法规定基础利率后，允许各金融机构在一定区间内上下浮动。[3]

此外，依据其他划分标准还可以对宏观调控法的调整方法进行不同的分类。例如，以宏观调控是否利用市场因素为标准，可将其分为直接调控和间接调控；[4]以国家介入的阶段为标准，可将其分为事前调控、事中调控和事后调控；[5]以宏观调控的对象是否具体或特定为标准，可将其分为对象不确定的概括调控和对象特定的具体调控[6]，等等。

---

〔1〕 例如，禁止地区封锁、部门集团垄断等行为。

〔2〕 参见李曙光主编：《经济法学》(第3版)，中国政法大学出版社2018年版，第82页。

〔3〕 参见《经济法学》编写组：《经济法学》(第2版)，高等教育出版社2018年版，第117页。

〔4〕 虽然市场经济应以间接调控为主，但并不能认为在各个领域中政府调控都应以间接调控为主。不同领域所适用的调控方式是存在差别的，选择以何种方式为主，取决于调控所要达到的目标、时效和不同方式的效力、成本。

〔5〕 事前调控如编制发展规划，制定产业政策，决定税率、利率、汇率及信贷投资规模等。事中调控包括各种重要的审批行为，发布经济信息和情报，动用国库资金收购重要物资，动用国家控制的重要物资投放市场，平抑市场物价等。事后调控包括对重大经济违法行为的行政处罚，出口退税，失业救助等。

〔6〕 前者如调整利率、税率，控制货币、信贷规模，实施外汇管制，制定经济计划、产业政策等。后者如市场准入的审批，大型投资项目的审批和监管，政府向外国购买的审批，对违反利率、汇率行为处罚，以及对钢铁、煤炭、粮食、棉花等特定行业或企业生产规模的限制等。

第三节 宏观调控法的体系构成

法律体系，也称部门法体系或法律部门，是根据一定标准、原则所制定的同类法律规范的总称。宏观调控法作为经济法的子部门法，形成了自身的规范体系，即以宏观调控基本法为统领的各项宏观调控专门法。

一、宏观调控基本法

宏观调控基本法的主要内容是确定宏观调控的基本原则，明确宏观调控范围、主体、方式、程序和法律责任等基本制度。

中国经济法学界于21世纪初集中对“宏观调控基本法”进行了专门的研究，并由部分人大代表在2001年第九届全国人大第四次会议上提交了《关于制定〈中华人民共和国宏观调控法〉的议案》，产生了较大的影响。[1]时至今日，该法仍未出台，但毋庸讳言，制定宏观调控基本法既是市场经济作为法治经济的宪法要求，也是市场运行实践的客观要求。当前我国的宏观调控法尚处于分散立法的状态，其制定和实施为抽象出宏观调控基本法提供了立法和实践的基础，所提炼出的宏观调控基本法条款可以进一步整合宏观调控法规范，避免法律条文之间的冲突、重复，使得宏观调控法形成有序的统一整体。

宏观调控基本法的立法结构应至少包括以下部分：（1）关于总则的规定，即对宏观调控法的规范目的、基本原则、调整对象等予以规定。（2）关于宏观调控体制的规定，即对参与宏观调控活动各主体的法律地位及其作用机制予以规定。[2]（3）关于宏观调控权及行使的规定。对此，一方面要明确财政政策、金融政策、产业政策等在宏观调控体系中的地位、关系和作用。另一方面要明确规划调控、财税调控、金融调控、价格调控等可资运用的调控手段及其实施程序，其着眼点在于规范调控权力的设置和行使的正当性、合法性，既要加强对市场主体（调控受体）权利的保护及救济保障，也要确保国家宏观调控政策效应的实现。（4）关于地方经济调控的特别规定。地方政府对本地经济享有的调控权限的范围、调控方式、中央与地方调控的相互衔接与配合等，应在调控基本法中予以规定。宏观调控基本法有必要对地方政府的调控权进行必要的制约，以防止地方经济调控的过度或失当。另外，在中央授权地方进行改革试点情况下，有必要授权地

---

〔1〕 参见杨紫烜：《关于制定〈中华人民共和国宏观调控法〉的议案》，载杨紫烜主编：《经济法学研究》（第2卷），北京大学出版社2001年版，第1—8页。

〔2〕 对此，有学者建议：一是要明确中共中央在宏观调控中的领导地位及其决策的方式、方法以及其出台的宏观调控政策和改革方案在宏观调控中的统帅地位及其与法律的关系，强调其制定和实施政策时必须于法有据；二是进一步肯定全国人大及其常委会在宏观调控中的审议、审批与监督地位；三是明确国务院及其职能部门在宏观调控中的决策、决定及其调控地位与管理体制，明确政府自由裁量权的边界；四是要明确各参政党、全国政协及其他相关社会团体在宏观调控中的参与和监督地位；五是要明确地方人大与政府对宏观调控政策和法律的执行地位和特别立法地位等；六是要明确特别主体，如银行机构、国有企业在宏观调控中所肩负的直接责任。参见董玉明：《中国宏观调控法基本问题研究：以改革开放40年政策法律分析为视角》，法律出版社2019年版，第276页。

方拥有“先行先试权”，代表国家在其管辖范围内行使宏观调控权。（5）宏观调控法律后果（包括法律责任）。宏观调控法所规定的法律后果，不能仅仅是否定性的法律后果，即法律责任，而更多的应当是肯定性的法律后果，即奖励。为避免宏观调控法沦为“没有牙齿的老虎”，针对调控主体和调控受体的法律责任的规定必不可少，其责任形式包括民事责任、行政责任甚至刑事责任等。（6）关于宏观调控监督制度的规定，包括立法监督、司法监督和社会监督等形式。

二、宏观调控专门法

宏观经济是一个复杂的、庞大的系统，由生产、分配、交换和消费四大环节中的许多部门和单位组成。相应地，政府对国民经济的宏观调控也是由宏观调控目标、各种经济政策，以及经济、法律、行政手段的配合运用共同构成的复杂系统。根据宏观调控法的不同调整对象和方法，可以将宏观调控法的结构体系分解为相应的宏观调控专门法。

（一）发展规划法

发展规划法是指关于制定国民经济与社会发展的目标、任务以及需要配套措施的经济发展规划的法律规范。发展规划法的基本制度包括：规划权制度、规划程序制度、规划文本制度、规划目标制度、规划衔接制度、规划民主制度、规划评估制度、规划责任制度等。[1]

发展规划法具有以下经济社会功能：一是促进国民经济的稳定发展。市场经济是一种“无知经济”，这种“无知”必然带来市场经济的盲目性与不稳定性。因此，有必要借助发展规划法以及相应的经济规划来固根本、稳预期、利长远。二是保障社会稳定。市场经济可能引发通货膨胀、高失业率、贫富悬殊、垄断等市场失灵问题，破坏社会结构的稳定性，通过发展规划法来保障规划的制定实施，有助于改善国家的经济结构，促进社会稳定。

规划调控不是中国和苏联、东欧等实行或曾实行社会主义制度的国家所特有的，西方资本主义国家制定经济发展规划，对调控经济发挥着重要作用。发展规划是现代国家普遍采用的调控经济的基本方式之一。[2]近年来，西方资本主义国家进行规划调控的范围逐步扩大，相关的法律制度逐步完善，对经济发展的作用进一步加强；社会主义国家则逐步改变原来高度集中统一、以指令性指标为主的计划体制。各国都强调规划对于经济发展的指导性或指示性。发展规划法日益成为宏观调控法的中心环节，或可称为宏观调控的

---

〔1〕 参见宋彪：《中国国家规划制度研究》，中国人民大学出版社 2016 年版，第 78—180 页。

〔2〕 新中国成立以后，实行计划经济，颁布过大量的计划法规，如《国民经济计划编制暂行办法》（1952 年 1 月颁布）、《关于编制国民经济年度计划暂行办法（草案）》（1953 年 8 月颁布）。改革开放以后，我国仍沿用这种宏观经济调控方式。例如，我国于 1984 年 10 月颁布了《关于改进计划体制的若干暂行规定》，表明了今后经营完善计划体制工作，进而肯定了这种经济形式。自社会主义市场经济体制建立以来，我国计划调控体系发生了历史性的深刻变革。从计划经济体制时期，以命令和服从为特点的指令性计划，转变为在市场经济体制下，以宏观调控为特点的指导性计划。参见刘继峰：《经济法学》，中国政法大学出版社 2019 年版，第 398 页。

"龙头法"。[1]

《中华人民共和国国民经济和社会发展第十四个五年规划和2035年远景目标纲要》提出，"加快建立健全以国家发展规划为统领，以空间规划为基础，以专项规划、区域规划为支撑，由国家、省、市县级规划共同组成，定位准确、边界清晰、功能互补、统一衔接的国家规划体系"。由此可见，我国发展规划的体系庞大，在宏观调控中起着先导性的重要作用。但遗憾的是，目前尚缺乏一部统领国家各类规划的法律。国家发展改革委作为规划主管部门，也缺乏基本的规划管理法律依据。因此，有必要尽快制定颁布发展规划法，对规划管理体制、规划体系、规划编制和实施要求、规划责任等作出概括性规定。而且，发展规划法应当与财政调控法、金融调控法、产业调控法等相衔接，改变目前依循行政管理从事规划活动的局面。[2]

（二）财政调控法

财政调控法，是指调整财政（包括税收）关系的法律规范的总称，主要内容包括国家预算法律制度、财政收入法律制度（包括税收法律制度）、财政支出法律制度、政府间财政关系法律制度等。[3]财政税收是宏观调控的重要政策工具，既可以用于调节经济总量，也可以用于调整经济结构，这决定了财政调控法在宏观调控法律体系中处于重要的地位。

财政调控法具有以下经济社会功能：一是确保社会总供给与总需求平衡。当社会总供给不足时，政府实行扩张的财政政策，扩大财政支出；当社会总需求不足时，政府缩减财政收入，实行减税政策，刺激需求，以此确保社会供需平衡。在经济萧条时，实行积极的财政政策可以刺激经济增长，增加就业人口；在经济繁荣时，可以增加税收，抑制需求。二是确保社会公正。国家通过财税手段可以进行收入的重新分配，缩小社会的贫富差距。

在财政调控法中，重在规范政府收支行为的预算法，居于统领性的基础地位，被称为"财政宪法"。[4]国家预算作为具有法律效力的财政收支计划在对宏观经济调控方面发挥着重要的作用，一是通过国家预算收支的总规模实现社会总需求和总供给的平衡关系。预算收入规模增大，意味着企业和个人可供支配收入的减少，需求减少，预算收入规模减小，需求则相对增大；同时预算支出规模扩大，需求量也就增大，缩小国家预算支出，也会减少需求量。因此，国家预算收支规模的减少与扩张可以有效控制社会总需求和社会总供给的对比关系。二是通过预算支出结构的变化，可以有效调整产业结构和

---

〔1〕参见漆多俊主编：《经济法学》（第4版），高等教育出版社2019年版，第231页。

〔2〕参见徐孟洲：《论经济社会发展规划与规划法制建设》，载《法学家》2012年第2期。

〔3〕政府间财政关系法，主要包括财政管理体制、财政收支划分制度和财政转移支付制度等内容。

〔4〕预算是一种制度，它以复杂的技术、精确的数据告诉人民，他们的政府打算做什么、正在做什么以及做了什么。正是通过数据与图表，预算界定了政府活动的范围，确定了政府与社会之间的界限，进而划定了公共领域与私人领域的边界。参见［美］乔纳森·卡恩：《预算民主：美国的国家建设和公民权（1890—1928）》，叶娟丽等译，格致出版社、上海人民出版社2008年版，译序第1页。

产品结构。国家财政资金对哪个产业增加投入，该产业就得到保护、促进和发展。[1]

（三）金融调控法

金融调控法，是中央银行利用货币政策工具进行宏观调控的法律规范的总称，其核心内容，就是控制商业银行的存款货币创造活动，调节货币流通量，维护币值的稳定，以此促进经济的发展。金融与财政是国家影响货币供应量的主要方式，二者共同参与、影响社会资金的流通，相互配合、相互支持。

金融调控法具有以下经济社会功能：一是稳定币值。中央银行实施货币政策的首要目标就是稳定一国或地区的币值，抑制通货膨胀、稳定币值是社会经济稳定的关键因素。二是刺激经济增长与减少失业。在社会生产萎缩与失业人员增多的情况下，中央银行可以通过积极的货币政策，即增加一定的货币供给，扩大社会生产，刺激经济增长，从而增加就业机会。三是保证国际收支平衡。中央银行通过外汇储备等调节汇率，实现一国或地区国际收支平衡的目标。

我国金融宏观调控的主要任务由中国人民银行承担，而中国人民银行对经济的调控作用，主要体现在《中国人民银行法》所赋予的职责权限的履行，即制定和执行货币政策，发行货币和管理人民币流通，审批、监督管理金融机构，监督管理金融市场，持有管理、经理国家外汇储备和黄金储备，经管国库等职责。中国人民银行实施宏观调控的主要目标是调节货币总量，保持币值稳定。要保持人民币币值稳定，最根本的是要确定年度货币发行量和货币供应量。根据《中国人民银行法》的规定，人民币的发行权和年度货币供给量的决定权归中国人民银行，批准权归国务院。

（四）产业调控法

产业调控法，是指调整国家在产业结构及产业组织改进优化过程中发生的经济关系的法律规范的总称，主要内容是关于促进产业结构、产业布局、产业组织合理化，推动产业技术进步升级，保护、扶植或限制某些产业或某类经济活动，调整、援助衰退产业等，目的在于通过对产业体系的调控，实现各个产业之间的均衡发展，从而在专业化分工日益加强的背景下实现各个产业之间的相互合作、协调发展，从而实现国民经济持续、稳定、健康的发展。

产业调控法具有以下经济社会功能：一是促进社会全面发展与地区平衡。合理的产业布局政策可以使产业合理布局，避免重复建设，促进地区间经济与社会发展的平衡。二是促进全国优势产业的发展，以提升一国的综合竞争能力。产业调控政策可以选择本国有优势的产业，促进其快速发展，加强其在国际市场上的竞争力，提升本国的综合实力。三是保障淘汰产业的规范退出。推动落后、夕阳产业市场退出，进行产业淘汰的善后处置，防止社会资源的浪费，维护社会秩序。

产业调控法一般包含四个部分：一是产业结构优化法律制度，即国家或政府依照法律规定，根据一定时期内整个社会经济发展的情况，为推进产业结构优化升级而制定相应的产业政策。二是产业组织协调法律制度，即国家或政府依照法律规定，为了产业内

〔1〕 参见李昌麒主编：《经济法学》（第 3 版），法律出版社 2016 年版，第 321 页。

部即企业之间资源最优配置而采取的协调产业的市场结构、市场行为、市场绩效的产业政策。三是产业布局调整法律制度，即国家或政府依照法律规定，根据国民经济发展以及区域经济发展的要求，为实现产业空间分布和地区间资源配置合理化而制定的产业政策。四是产业技术改进法律制度，即国家或政府依照法律规定，制定的着重于引导或影响产业技术发展和产业技术进步的产业政策。

此外，宏观调控专门法还包括投资调控法、价格调控法、对外贸易调控法、国有资产管理法以及特定时期和特定目标的宏观调控法律制度等。[1] 综上所述，宏观调控法的体系构成如图 11–1 所示。

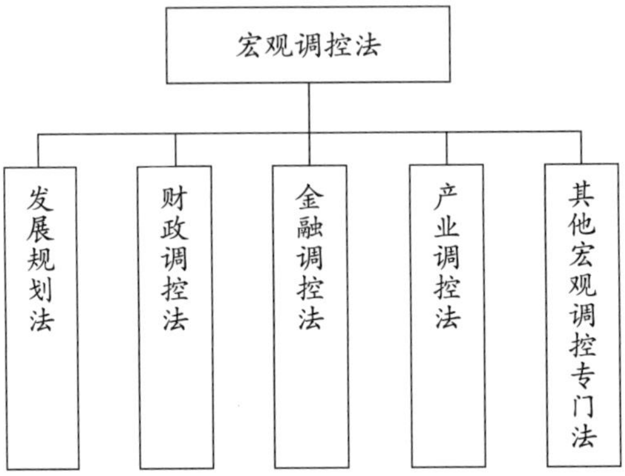

图 11–1　宏观调控法的体系构成

第四节　宏观调控法的基本制度

宏观调控法的基本制度，是贯穿各宏观调控专门法普适性、一般性和共同性的规范，主要包括调控主体制度、调控权配置制度、调控程序制度、综合协调制度、监督救济制度、调控责任制度。

一、宏观调控的主体制度

（一）调控主体

调控主体，即宏观调控主体，是宏观调控行为的实施者。从宏观调控法的角度看，

---

〔1〕 所谓特定时期，是指国家的经济、政治、社会发生重大变革或出现重大异常的时期，如制度改革、战争、灾害、经济危机等时期。特定时期出现特定事态，国家针对这些事态确定调控目标，如转变经济体制、实行战时经济体制等。特定时期和特定目标的宏观调控法律制度具有以下特征：①立法应对性强；②宏观调控措施与国家直接干预管制并用；③立法形式多为行政法规、临时性立法；④立法数量剧增，范围触及宏观调控法体系各个方面乃至其他许多法律部门。参见郑翔主编：《宏观调控法》，北京交通大学出版社 2017 年版，第 11 页。

调控主体是宏观调控义务的承担者和宏观调控权力的享有者。[1]宏观调控义务及相应权力的最终享有者是国家。在实践中，国家宏观调控的职能由各个职能部门履行，依据具体职能的不同，可以将调控主体相应划分为：决策主体、执行主体、监督主体。

1. 宏观调控的决策主体

决策主体在宏观调控法的关键地位。宏观调控决策主体是指制定规划、经济政策和决定采用的具体调控手段的主体。宏观调控决策主体包括两类：作为最高权力机关的全国人大及其常委会以及作为最高行政机关的国务院。

决策主体之一是最高权力机关。全国重大或重要、具有全局性的宏观调控的审查批准权、决策权应由最高权力机关行使。如全国人民代表大会有权审查批准全国年度预算草案和决算决定、全国人民代表大会常务委员会有权审查批准预算调整等。

决策主体之二是最高行政机关。我国《宪法》第 89 条规定，国务院行使编制和执行国民经济和社会发展计划和国家预算、领导和管理经济工作和城乡建设、生态文明建设等职权。这是国务院行使宏观调控决策权的宪法性依据。在很多国家，中央银行具有独立地位，对货币政策享有独立决策权，直接向立法机构报告。[2]在我国,《中国人民银行法》规定“中国人民银行在国务院领导下，制定和执行货币政策”。

2. 宏观调控的执行主体

宏观调控执行主体是指在宏观调控过程中对宏观调控政策承担具体实施，引导产生实际调控效果的职能部门。具体来说，宏观调控执行主体包括：第一类是行政主体。如预算，财政转移支付、税收的减征、免征和缓征，利率、汇率、存款准备金率的调整等，均由各个有权的政府部门执行。第二类是法律、法规授权的社会中介组织，社会中介组织既不是权力机关也不是行政机关，根据法律法规的明确授权承担一定的宏观政策执行权。其典型代表是特定的行业协会或服务机构，如《中小企业促进法》第 39 条规定的“政府根据实际需要扶持建立的中小企业服务机构”等。[3]

3. 宏观调控的监督主体

宏观调控监督主体是依法对宏观调控行为的实施及其实际效果进行监督的特定国家机关。从我国现行体制来看，全国人民代表大会及其常委会对国务院及部委、地方人大常委会的宏观调控行为实施监督，国务院对其部委及地方政府的宏观调控行为实施监督等。此外，特定国家机关根据法律法规的规定专门从事宏观调控的监督，如统计部门对宏观调控总量实施统计监督，审计部门对宏观调控实施过程进行经济审计监督等。

---

〔1〕 宏观调控主体的权能包括：权力能力、行为能力和责任能力。宏观调控主体的权力能力，意指宏观调控主体根据法律享有调控权力的资格。宏观调控主体的行为能力是指宏观调控主体行使宏观调控权的能力。宏观调控主体的责任能力是指宏观调控主体违反宏观调控法所应当承担的否定性法律后果，即法律责任。参见吴弘主编:《宏观调控法学：市场与宏观调控法治化》，北京大学出版社 2018 年版，第 105 页。

〔2〕 例如，美国联邦储备委员会就独立于政府，直接向国会负责，并在人事、预算方面有很高的独立性。该委员会的 7 名理事由总统提名、参议院批准；委员会可以自行决定利率的调整，无须政府首脑批准。

〔3〕 参见吴弘主编:《宏观调控法学：市场与宏观调控法治化》，北京大学出版社 2018 年版，第 96 页。

（二）调控受体

调控受体，即宏观调控的对象，是宏观调控行为的接受者，也是直接受到宏观调控行为影响的主体。规划、财政、税收、金融等在内的宏观调控行为，之所以能够影响宏观经济，调节和控制宏观经济运行，是因为这些行为依法对市场主体产生行为引导或强制的作用。调控受体主要为市场主体，包括经营者和消费者。在特定情形下，行业协会、中介组织等也可能成为宏观调控行为的受体。

调控受体具有下列特征：一是与调控主体的确定性相比较，调控受体在范围和数量上具有不特定性。二是调控受体的利益增减与宏观调控行为存在因果关系。三是相对于承担和行使公权力、居于主导地位的调控主体，调控受体处于相对弱势的地位，可能存在合法权利遭受宏观调控行为损害的情形。

由于调控受体处于弱势地位，在宏观调控过程中，尤其要注重调控受体的权利保护。宏观调控法中调控受体的主要权利包括：（1）依法接受调控、享用调控成果的权利。（2）宏观调控决策的参与权、听证权。（3）向调控主体提出建议和异议的权利。（4）因宏观调控主体调控不当遭受损害时的损害赔偿请求权。当然，调控受体在享有权利的同时，也承担一定的义务。在宏观调控过程中，调控受体的主要义务是遵守宏观调控法律，依法合规经营，接调控主体的指令、引导、组织以及强制。

二、宏观调控权配置制度

宏观调控权，是宏观调控主体依法享有的对国民经济的发展施加干预、调节或管理的权力，是由一系列权力构成的、具有综合性的权力束，包括宏观调控决策权、宏观调控执行权和宏观调控监督权等。[1]宏观调控权是一项独立的、新型的国家权力，而非行政权的组成部分。宏观调控权通常由不同国家机关分别独立行使，同时相互协调、彼此合作。根据国家机关的性质、职能和地位，赋予不同类型和层级的宏观调控权，即为宏观调控权的配置。宏观调控权的配置包括横向和纵向两个方面。

（一）宏观调控权的横向配置

宏观调控权的横向配置，主要是指在同一级权力机关与行政机关之间宏观调控权的分配。根据我国《宪法》规定，全国人民代表大会是最高国家权力机关，享有立法权。因此，全国人大通过制定中国人民银行法、预算法、税法和其他经济法律确立宏观调控的法律制度。同时，全国人大还有权审查、批准国民经济和社会发展计划与计划执行情况的报告、国家预算与预算执行情况的报告，对宏观经济调控享有最高决策权和监督权。一般来说，国务院，即中央人民政府拥有宏观调控权。与此同时，我国的国家发展和改革委员会、财政部、中国人民银行、商务部等政府职能部门在具体地、大量地行使着宏观调控权，实施着宏观调控行为。

关于宏观调控权的横向配置，需要注意的是：第一，司法机关不享有宏观调控权。因为宏观调控是相关机关相机抉择对宏观经济加以干预的权力，无须任何人请求便可于

〔1〕参见杨三正：《宏观调控权论》，厦门大学出版社2007年版，第34页。

事前、事中或事后主动地积极作为，这与司法权的被动性大异其趣。因此，司法机关不应享有宏观调控权。第二，各个宏观调控主体所享有的权限范围应当加以明晰。如各项宏观调控权如何在中央政府的相关职能部门之间分配，各项权力的界限有必要予以明确。目前，国务院的各个职能部门的宏观调控权的授予及其权限范围尚无明确的法律依据。在宏观调控权的权限不明晰的情况下，越权、弃权、争权、滥权等情况时有发生。第三，最高立法机关对行政机关的授权立法也有待规范。由于经济立法的专业性和技术性，大量经济立法由全国人大授权国务院制定。然而，空白授权立法、无限期授权等情形的大量存在，致使国务院实际上承担了数量众多的经济法律的制定。规范宏观调控领域的授权立法，对提高国家的法治水平、规范、约束政府的调控行为，极为必要。[1]

（二）宏观调控权的纵向配置

宏观调控权的纵向配置，就是宏观调控权在中央和地方之间的划分。当前地方是否享有宏观调控权存在两种截然不同的观点：一种观点认为中央和地方均享有宏观调控权；另一种观点认为只有中央才享有宏观调控权，地方不享有宏观调控权。应当说，不是所有的宏观调控权都可以进行纵向配置。例如，基于《立法法》第 11 条有关法律保留的规定，以改变税收基本要素如纳税主体资格、税率、税基等方式实施宏观调控的权限，仅归属于全国人大及其常委会，除非法律明确授权，地方人大不享有以此实施调控的权力。

宏观调控决策权和宏观调控执行权在中央和地方之间的配置有所不同。就宏观调控决策权而言，原则上只归属于中央级次的国家机关。宏观经济在一国境内具有全局性、整体性和不可分割性，只有将宏观调控决策权集中在中央国家机关，从“全国一盘棋”的大局出发，才能协调全国市场的经济总量和结构，保证宏观调控目标的实现。地方可以对本地经济实施干预和调节，但无权对全国的宏观经济（国民经济）施加调控。只有当该宏观调控决策涉及不同省域的不同利益诉求时，作为例外情形，省级权力机关或政府可以享有参与中央决策或依据中央的授权作出决策的权力。当然，省级权力机关或政府对宏观调控政策的制定享有一定的建议权，以及在不与中央决策相冲突的前提下根据本省实际情况适当调整的权力。在中央制定出全国性的宏观调控决策后，除了中央政府及其相关部门具有执行权外，省级政府可以根据本辖区的客观情况针对性地制定具体的执行政策，用以管理和调节本辖区内的经济活动。也就是说，省级政府在特定情况下享有宏观调控执行权。鉴于有权力就应当有监督，因而无论宏观调控决策权和执行权如何在纵向层面配置，相应的宏观调控监督权都应始终如影随形。

三、宏观调控的程序制度

（一）宏观调控程序化的意义

法治化在宏观调控中的价值很大程度上在于其程序价值，即决策和执行的过程是否遵循法律程序，内容是否符合法律要求。为了防止宏观调控权不当行使造成巨大损失，

---

〔1〕 参见张守文：《宏观调控权的法律解析》，载《北京大学学报（哲学社会科学版）》2001 年第 3 期。

必须建立和完善宏观调控的法律程序。

确保宏观调控权遵循法定程序行使，其意义在于以下几个方面：一是防范、控制宏观调控主体权力的随意行使。程序具有制约、规范功能。程序的本质就是限制权力恣意行使，通过设定调控主体实施宏观调控所应当遵循的步骤、方式、时间期限等程序性要求，在实施过程中允许利害关系人的参与并充分尊重、保障其程序性权利，以过程的公开、透明实现对调控权行使的监督，确保其规范、高效地行使。〔1〕二是保障宏观调控领域的经济民主。经济民主要求国家实施宏观调控，应激发、尊重和维持市场主体的主动性、积极性和创造性，应广泛征求意见，充分听取各方主体尤其是市场主体的意见和建议，为其参与宏观调控的决策提供必要的方式和渠道。〔2〕宏观调控程序并不单纯是决策或执行的过程或步骤，经济民主价值要求宏观调控程序成为合作参与、沟通充分、利益共享、结构均衡的重要渠道。三是增进宏观调控的整体社会效益。通过宏观调控程序对权力的合理规制，如回避机制、监督审查机制、听证机制等制度设计，防止公共权力过度追求自身利益而牺牲社会福利，从而保障宏观调控最大限度地增进社会整体福利。

（二）宏观调控程序制度的分类

1. 不同手段的调控程序制度

宏观调控行为依其手段的不同，可以分为规划调控、财政调控、税收调控、金融调控、产业调控。不同的调控手段的程序性要求应有所不同，应相应构建其特有的程序制度，即规划调控程序制度、财政调控程序制度、税收调控程序制度、金融调控程序制度和产业调控程序制度等。除各项手段应当遵循的基本程序外，基于不同的实现方式也应进一步构建相应的特殊程序要求，如除财政调控的一般程序外，针对预算、国债、财政支出等调控方式分别建构预算调控程序制度、国债调控程序制度、财政支出调控程序制度等。

2. 不同环节的调控程序制度

任何一项宏观调控行为都是由一系列先后发生的具体行为构成的，从而形成了宏观调控的各个环节。依宏观调控的环节，宏观调控程序制度可以分为宏观调控决策程序制度和宏观调控执行程序制度。整个宏观调控的决策和执行行为，又可分为信息收集整理、方案拟议、权衡抉择、公告通知、实施督促、责任追究、信息反馈等诸多环节，不同的环节均应分别规定其程序要求。

3. 宏观调控的一般程序与特殊程序

宏观调控的决策和执行程序包含信息收集整理、方案拟议、权衡抉择、公告通知、实施督促与信息反馈等环节，这是常态情势下宏观调控的一般程序。但是在经济危机等非常态情势下，设置较多的论证、审查环节，将无法及时应对宏观经济形势中的突发紧急状况，错失最佳的调控时机，造成无法挽回的损失。因此，有必要制定与实施适合紧急状态时的特殊调控程序制度。

---

〔1〕 参见邢会强：《宏观调控权运行的法律问题》，北京大学出版社 2004 年版，第 58 页。

〔2〕 参见王全兴：《经济法基础理论专题研究》，中国检察出版社 2002 年版，第 243 页。

此外，部分国家要求宏观调控应启动违宪审查和司法审查，从而要求其遵循相应的程序。[1]

四、宏观调控的综合协调制度

国家发展规划、金融政策、财政政策、产业政策是宏观调控的主要方式和手段。单一的宏观经济政策或者调控手段因其自身的特点和局限性无法完全实现宏观调控目标，宏观调控的综合协调是国民经济本身复杂性、系统性的内在要求和客观需要。宏观调控综合协调制度，旨在确保不同宏观调控部门之间的调控行为、措施的协调性、稳定性和连续性，避免宏观调控部门各自为政，以提高宏观调控决策和执行的效率；同时提供协调不同部门之间争议的方式和途径，在不同部门之间形成相互制约和监督，避免宏观调控行为、措施彼此之间相互牵制、冲突和抵消，削弱宏观调控的政策效应，影响宏观调控目标的实现。

（一）国外宏观调控综合协调制度的立法实践

为了实现经济增长、充分就业、稳定物价和收支平衡等宏观经济目标，推进国家管理经济的法治化，德国和美国分别制定了《经济稳定与增长促进法》（1967 年）和《充分就业和平衡增长法》（1978 年）。这两部法均高度重视宏观经济政策的综合协调，并进行了具体制度的建构，其理念和制度设计值得我国借鉴。不管是美国所谓的“自由市场经济”，还是德国的“社会市场经济”，都存在着政府对经济的干预，而且政府干预经济的法治化水平很高。例如，德国早就制定了《德意志联邦银行法》《财政管理法》《联邦预算法》等，美国也制定了《美国联邦储备法》《财政收入法》《税制改革法》等。这两个国家在宏观经济领域的立法都相当发达，但这并不排斥它们同时制定综合性宏观调控法律，以统率宏观调控各自领域的经济立法。

1. 德国的宏观调控综合协调制度

德国的《经济稳定与增长促进法》第 3 条规定了“一致行动的指导方针”，即在发生危及第 1 条所规定的宏观调控四大目标的情形时，联邦政府应立即制定“指导方针”，使各级政府、各同业公会以及企业联合会采取同时互相配合的行动。这种“指导方针”应特别说明在这种形势下整个经济的各方面之间的相互关系。[2]该法第 18 条所规定的“国家经济平衡发展委员会”更具典型意义，国家建立专门机构协调宏观经济政策。该法规定，联邦政府设立国家经济平衡发展委员会，委员会由联邦经济部部长、财政部部长、每州代表 1 人、乡镇与县的代表 4 人组成；联邦经济部部长为国家经济平衡发展委员会主席。国家经济平衡发展委员会根据议事规则，定期开会，讨论为实现该法所确定的经济增长、高度就业、物价稳定和外汇平衡目标所必需的一切经济平衡发展措施。该制度是一种典型的宏观调控的综合协调制度，有助于国家规划（计划）、产业政策、财政政策和货币政策的统

〔1〕 参见《经济法学》编写组：《经济法学》（第 2 版），高等教育出版社 2018 年版，第 122 页。

〔2〕 参见《联邦德国经济稳定与增长促进法》第 3 条，谢怀栻译，载史际春主编：《经济法（教学参考书）》，法律出版社 2000 年版，第 213 页。

一和协调。

2. 美国的宏观调控综合协调制度

美国的《充分就业和平衡增长法》未明确在联邦政府内建立一个跨部门的宏观调控协调机构，但该法的许多零散规定建立了美国独具特色的综合协调制度。该法要求美国联邦储备委员会理事会主席，每年必须向国会作两次报告。在报告中，理事会主席必须就其货币、信贷计划与总统确立的短期目标之间的关系作出评论。此举主要是为了加强政府的财政政策和中央银行的货币政策之间的协调。此外，该法指出，仅仅依靠货币政策和财政政策是不能实现预期的宏观经济目标的，必须同时采取其他相应的措施，比如，要确定明确的短期和中期经济目标，同时要加强总统、国会、联邦储备委员会之间的协调。这一规定强调了规划和财政政策、货币政策的协调以及政府、中央银行和立法机关的协调。总之，《充分就业和平衡增长法》十分重视财政、金融等不同经济政策之间的协调，重视联邦政府和州、地方政府之间，政府部门和私人部门之间的协调。

（二）我国宏观调控综合协调的现状及制度构建

我国的宏观调控部门主要由国家发展改革委、财政部、中国人民银行、商务部等组成。明确宏观调控部门各自的职责权限是建立综合协调机制的前提，没有明确的分工，综合协调机制也无法建立。在各自权限和职责不明确、不完善的情况下，综合协调机制的建立更加重要。

与宏观调控部门各自的地位和职权不清相比，宏观调控部门彼此之间缺乏沟通，缺少合作，相互之间无法监督的问题更为突出。各个调控部门之间的职能及业务各有优势和侧重，形成了相对独立的体系，代表着不同的利益关系，难免产生各自的部门偏好，难以相互协作和配合。例如，国债的发行对财政和银行都将产生重要的影响。作为弥补财政赤字的资金来源，国债发行收入将影响财政的运行；同时，国债发行筹集社会上的闲散资金，也将改变货币市场和资本市场的货币供应量。然而，长期以来，国债的发行基本上是“各搭各的台，各演各的戏”，致使国债发行成本居高不下，难以实现预期的调控目标。因此，只有建立宏观调控的综合协调法律制度，明确需要事先进行跨部门协调和协商的调控事项和措施，建立常态化、强制性的协调机制和程序、明确这些跨部门决议的法律效力，才能确保各个调控部门之间的共同合作、相互协调、配合，从而最大限度地实现调控的政策效应。

建立不同宏观调控部门之间的综合协调制度，保证宏观经济政策之间相互协调和配合，是宏观调控法的独特价值及核心价值，也是制定该法的主要意义所在。党的第十八届三中全会通过的《中共中央关于全面深化改革若干重大问题的决定》指出：“健全以国家发展战略和规划为导向、以财政政策和货币政策为主要手段的宏观调控体系，推进宏观调控目标制定和政策手段运用机制化，加强财政政策、货币政策与产业、价格等政策手段协调配合，提高相机抉择水平，增强宏观调控前瞻性、针对性、协同性。”《中华人民共和国国民经济和社会发展第十四个五年规划和 2035 年远景目标纲要》在第二十二章第一节“完善宏观经济治理”强调，要“健全以国家发展规划为战略导向，以财政政策和货币政策为主要手段，就业、产业、投资、消费、环保、区域等政策紧密配合，目标优化、分工合理、高效协同的宏观经济治理体系”。党的二十届三中全会通过的《中共中央关于进一步全面深化改革　推进中国式现代化的决定》进一步强调，“必须完善宏观调控制度体系，统筹推进财税、金融等重点领域改革，增强宏观政策取向一致性”。因此，未来制定“宏观调控基本法”或“宏观调控法”时，应当明确不同经济调控部门之间相互制约和监督的制度，在法律中应当作出以下规定：（1）建立国家发改委、财政部、中国人民银行、商务部等调控部门相互之间就国民经济和社会发展规划以及经济政策的制定或者实施的常态化、定期化的协调配合机制；（2）如一方认为其他方规划或者经济政策的制定或者实施违反国家宏观调控目标的，应当及时提请共同上级机关加以认定和处理；（3）如一方认为其规划或者经济政策的制定和实施需要其他方配合的，可以通过协调配合机制要求其他方给予支持。[1]

五、宏观调控的监督制度

宏观调控权是一项包含较大的自由裁量空间的权力，加之宏观调控影响的范围十分广泛，涉及社会不特定主体的利益，如缺少必要的监督，越权、怠于调控、调控随意等权力滥用问题将难以避免，不仅无法解决市场失灵问题，反而可能加剧市场运行失序的状态，损害社会公共利益。因此，为了保护市场主体等调控受体的合法权益，必须构建相应的外部监督救济制度，主要包括权力机关的监督救济制度和司法审查监督救济制度。[2]

（一）权力机关的监督制度

在我国，全国人大及其常委会作为权力机关，依法享有对国务院及其职能部门实施宏观调控的监督权。根据《宪法》第67条的规定，全国人大有权监督国务院包括宏观调控在内的工作，有权撤销国务院制定的同宪法、法律相抵触的宏观调控相关的行政法规、决定和命令，有权撤销省、自治区、直辖市国家权力机关制定的同宪法、法律和行政法规相抵触的与本地区经济调节有关的地方性法规和决议。《全国人民代表大会议事规则》《全国人民代表大会常务委员会议事规则》《各级人民代表大会常务委员会监督法》等对权力机关监督宏观调控作出了明确的规定。根据这些法律，全国人大履行监督职能的方式主要有“审议国家计划和国家预算执行情况的报告”“询问和质询”“组织关于特定问题的调查委员会”等，全国人大常委会主要通过“听取和审议国民经济和社会发展计划、预算的执行情况报告，听取和审议审计工作报告”等方式履行监督职能。

当前权力机关履行监督职能的渠道相对有限，以年度会议的方式对宏观调控的相关报告予以监督，时间间隔较长。虽有询问和质询的权力，但全国人大并非常设性机构，难以进行持续性、常态化的监督。为加强监督，应建立重大宏观调控政策的备案机制，并指定专门部门实时了解、监督其最新进展，对调控的效果予以事后的评价，对可能损

〔1〕 参见刘文华主编：《经济法学》（第6版），中国人民大学出版社2019年版，第296页。

〔2〕 宏观调控的内部监督主要包括行政体系内的审计监督、会计监督、监察监督、行政复议等。

害或已经造成损害的调控措施予以变更、终止或撤销。[1]此外，可以在全国人大常委会下增设公民申诉控告委员会，专门负责受理市场主体等调控受体针对各种宏观调控行为等重大问题的申诉、控告等，以满足人民监督宏观调控权的诉求。[2]

（二）司法监督制度

对宏观调控进行司法审查和救济，意味着宏观调控行为具有可诉性，即司法机关可以对宏观调控行为的合法性进行司法审查，可以撤销或宣告宏观调控行为无效，并要求宏观调控主体对其给调控受体造成的损害承担赔偿责任。

然而在我国，对宏观调控行为进行司法审查不仅存在制度障碍，而且宏观调控行为是否具有可诉性理论上也存在较大的争议。[3]主张宏观调控行为具有不可诉性的学者认为，由于知识、信息、经验、能力等局限，法院不适宜对宏观调控行为进行司法审查，加上宏观调控是国家行为，应当排除在司法审查之外。[4]上述观点是值得商榷的。一方面，国家行为是指国家机关根据宪法和法律的授权，代表国家、以国家名义作出的涉及国家之间关系、国家安全以及其他国家重大问题的行为。国家行为一般发生在国际交往的场合，涉及国家重大利益，与国家主权密不可分。在绝大多数宏观调控行为中，如证券市场的宏观调控过程中，虽然金融联动效应呈现全球化趋势，但是一国在证券市场上的宏观调控行为以确保本国国内金融市场的正常运转为目标，只涉及国内事务，并不属于国家主权行为。另一方面，宏观调控的司法审查虽然存在诸多障碍，但司法救济是市场主体权利救济的最后途径和抵御权力侵害的最后堡垒，应当改革现行司法制度，建构特殊的司法救济程序，如公益诉讼、危险审查之诉等，尽可能将宏观调控行为纳入司法审查的范围。[5]

六、宏观调控的责任制度

所谓法律责任，是指因违背法律上的义务关系而要求义务主体承担的法定强制的不利后果。[6]申言之，法律责任是因行为人违反法定义务、契约义务或不当行使法定权力或权利，法律强制行为人或其利害关系人承受的制裁强制，以及给他人以补救（赔偿、补偿）的状态。宏观调控的法律责任就是调控主体违反法定义务或不当行使权力，法律对其施加制裁和对他人以补救（赔偿、补偿）的强制性要求。宏观调控责任制度是保障宏观调控法的守法、执法和司法的主要制度。

---

〔1〕参见张辉：《宏观调控权法律控制研究》，法律出版社2010年版，第218页。

〔2〕参见杨三正：《宏观调控权论》，厦门大学出版社2007年版，第170页。

〔3〕参见徐澜波：《宏观调控的可诉性之辨》，载《法学》2012年第5期。

〔4〕例如，有学者认为宏观调控的主体是国家而非具体的国家机关，因此推导出宏观调控行为是一种国家行为（或者说统治行为），是一种政治行为，因此，从法理的角度看，宏观调控行为是不可诉的，也是不能诉的。参见肖顺武：《质疑宏观调控行为的可诉性》，载《经济法论坛》2008年第1期；邢会强：《宏观调控行为的不可诉性探析》，载《法商研究》2002年第5期。

〔5〕参见胡光志：《论宏观调控行为的可诉性》，载《现代法学》2008年第2期。

〔6〕张文显主编：《法理学》（第3版），法律出版社2007年版，第194页。

（一）归责基础和原则

归责是由特定国家机关或国家授权的机关依法对行为人的法律责任进行判断和确认。[1]相应地，宏观调控的归责就是由特定国家机关或国家授权的机关依法对调控主体和调控受体应当承担的法律责任进行判断和确认。

违法行为及其社会危害是宏观调控的归责基础。违反宏观调控法律义务的主体之所以承担法律责任，是由于其违法行为所具有的社会危害性。当宏观经济运行出现法律所规定的需要调控的临界指标时，调控主体应当依法实施调控行为。如果调控主体违反法律规定的职责和程序实施宏观调控或者怠于实施宏观调控，将对宏观经济运行造成损害。如宏观调控受体不接受强制性的宏观调控，将导致调控措施预期的政策目标无法实现，妨碍市场恢复正常运行秩序，从而损害经济的整体秩序。确立违反宏观调控法的义务应承担的法律责任，有利于保障宏观调控法的实施和宏观调控目标的实现。

归责原则即依据何种事实状态确定责任归属。归责原则主要包括过错归责原则、无过错归责原则等。对调控受体的行为一般适用过错归责原则。对调控主体的行为应当适用哪一归责原则存在一定的争议。对于宏观调控行为的归责原则不宜一概而论。对于调控决策行为而言，适宜采取过错归责原则。因为宏观决策主体承担法律责任，或者是其程序违法，没有进行相关的审批流程，或者是为了私利损害了调控受体的合法权益，都体现为一种故意或者过失。如果调控主体及其工作人员在决策时，不存在故意或者过失，即使客观上造成损害，也不应对其科处责任。对于宏观调控执行行为，适宜区分不同情况采取以无过错归责原则为主、与过错归责原则相结合的归责原则。

（二）责任形式

违反宏观调控法的法律责任形式，可分为财产性责任和非财产性责任两类。前者包括财产罚，后者则包括政治罚、声誉罚、资格罚和自由罚等。

1. 财产性责任

财产性责任一般包括损害赔偿、罚款、罚金、没收违法所得等形式。调控主体违反宏观调控法的不当调控行为，可能导致国家整体利益或部分市场主体的人身和财产损害，是否应就此承担赔偿（即国家赔偿）值得关注。根据《国家赔偿法》第3条、第4条的规定，只有当调控主体采取强制性的调控手段，包括罚款、吊销许可证和执照、责令停产停业、没收财物等行政处罚造成财产损害的，才承担国家赔偿责任，如为税收优惠、限价、限购等不具有直接强制性的调控手段，即使发生损失，也不在《国家赔偿法》的赔偿范围。调控受体违反宏观调控法的行为，如从事金融活动的经营者违反法定利率、汇率，给宏观经济运行秩序和国家整体利益造成损害，一般将面临罚款或罚金；给其他经营者或消费者造成损害的，依法承担赔偿、返还责任。

2. 非财产性责任

调控主体作出调控决策，一般采用集体决策制度，决策行为与特定主体之间往往不存在直接的联系，因此，追究特定主体的法律责任缺乏现实可能性。如以决策机关作为

---

〔1〕 参见沈宗灵主编：《法理学》，北京大学出版社2000年版，第523页。

责任主体对其处以罚款或罚金，由于人民的财政资金为机关主要甚至唯一的经费来源，以财政资金缴付罚款实际上意味着调控不当或不法的成本最终将由人民承担。因此，财产性法律责任通常并非调控主体违反宏观调控法所承担的责任形式。如因故意或重大过失实施不法或不当调控，造成重大损失或严重的社会影响，调控主体一般将承担一定的政治责任，如政府改组、重新大选、部门机构撤销或重组、重要官员引咎辞职等。

对宏观调控主体中的一般工作人员、宏观调控受体及其工作人员违反宏观调控法，依法应承担责任的，通常以下列形式承担法律责任：一是声誉罚。即如宏观调控的当事人违反宏观调控法而引起的声誉上的法定不利后果。二是自由罚。调控受体严重违反宏观调控法的规定，并同时达到刑法所规定的要件时，即可能遭到“双罚”，即对单位和个人的罚金以及对个人的自由罚。这一责任形式同样适用于不当调控行为的直接责任人。三是资格罚。调控受体因严重违反宏观调控法，可能受到吊销营业执照的处罚，这是最严重的资格罚。此外，降低从事特别市场经营的资质等级，或者暂停从事特定业务的资格，也属于资格罚的形式。[1]

重要名词术语

宏观调控、宏观调控法治化、宏观调控基本法、宏观调控专门法、宏观调控法主体、宏观调控权配置、宏观调控程序、宏观调控综合协调、宏观调控监督救济、宏观调控法律责任

思考题

1. 什么是宏观调控，其特点是什么？
2. 宏观调控的主要目标是什么？
3. 如何理解宏观调控法治化的内涵和意义？
4. 宏观调控法的基本原则是什么？
5. 宏观调控法的调整对象和调整方法有哪些？
6. 如何理解宏观调控法的构成体系？
7. 是否有必要制定宏观调控基本法，如何制定宏观调控基本法？
8. 如何理解宏观调控法主体和宏观调控权配置？
9. 如何理解宏观调控法的综合协调制度？
10. 宏观调控行为是否具有可诉性？

〔1〕 参见《经济法学》编写组：《经济法学》（第2版），高等教育出版社2018年版，第122—124页。

第十二章 财政法律制度

【内容提示】

财政是国家理财的过程。现代国家的建立与运作与公共财政有着密不可分的关系，直接关系国家机构的职能履行、公共产品的提供和国民基本权利的保障。现代国家的财政经费主要来自国民无偿让渡的财产价值，其用度安排直接关系不同个体、不同权利的实现效果，因此必须以法律规范财政的运作。财政法既是限定国家取得财政资金的规模、方式和途径，同时规范财政资金的合理用度，以确保其最大限度地用于公共物品的提供的法律规范，属于公法的范畴；同时包含了规范公共财产的合法取得、合理使用和有效管理的法律规范和国家以财税手段对经济实施宏观调控的法律规范，是具有综合性的法律领域。公共财政的运作包括财政收入、财政管理和财政支出三个层面，包括财政基本法、财政收入法、财政支出法和财政管理法。基本财政制度属于法律保留的事项，财政的渊源形式包括除了司法解释以外的其他正式法律渊源，但地方性法规的数量较为有效。其他财政规范性文件虽为非正式法律渊源，但在财政法中占有不小的比重。

现代国家大多由多层次的政府所组成，财政收支应在各级政府之间进行分配，以确保政府职能的履行。我国依据财力与事权相匹配的原则对财政收支进行了划分，核心是财政收益权，依据是政府的财政支出范围，形成了“一级政府、一级财政”的财政收入划分形式。

预算是国家一个会计年度内关于财政资金安排的年度营运计划，具有计划性、法规范性的性质。编制预算是为了使得国家的财政收支受到民主的制约。预算法被称为“财政宪法”，是调整国家在进行预算资金的规划、筹集、支用和监督的过程中发生的社会关系的法律规范的总称。预算草案由国务院组织各级政府部门进行编制，由全国人大和地方各级人民代表大会予以审查批准。通过后的预算由各级政府部门严格予以执行，非经过人大常委会批评，预算不得随意变更或调整。上述预算活动都应遵守预算法的规定实施。

财政收入的取得是国家提供公共物品的基本物质保障。我国的财政收入包括税收、国有资产收益、专项收益以及其他收入。其中，税收收入是最为重要的财政收入来源。非税收入在财政收入中所占的比重逐年增加。行政事业性收费和政府性基金的征收遵循受益者负担原则，其侵权性和强制性虽然弱于征税权，但随意的收费行为仍将侵犯公民的财产权，因此应当纳入法律规制的范围。国有资产收益是国家基于财产所有权所取得的收益。由于国有资本经营具有风险性、不确定性，国有资产收益不是我国主要的财政收入来源。

满足公民不同公共欲望的公共服务，所需要的财政资金也有所不同，因此，财政资金必须在不同的公共服务项目之间进行合理的分配。国家的财政支出可以分为作为国家机关运行成本的财政支出、用以宏观调控的财政支出和社会福利给付的财政支出。不同类型的财政资金的使用方式、标准等存在较大的差异，这决定了相应的法律规范方式的差异。

第一节 财税法基础理论

一、公共财政与财政法

（一）现代公共财政

财政是国家理财的过程，用以支应国家治理的资金以何种方式取得、取得的资金规模如何、取得的财政资金如何进行最有效的支出安排、收入与支出之间如何实现平衡，这些问题均有必要予以详密的安排。这就是财政的基本概念。

从词源和语词形式方面考察，“财政”来源于拉丁语中的fintio一词。13—14世纪时意大利以此按期强制缴款，16世纪时法国把强制缴纳国税称为财政，以后逐渐被各国采用，成为国家为了履行其职能而筹集并使用资金的活动的总称。中国古代的财政被称为“国计”，意为国家财政的计算和收支。英文中的财政一词即指“public finance”。日本学者将其翻译为“财政”，20世纪初传入中国。[1]

国家财政是公共事务中最重要的组成部分之一。国家施政，必须要有财源的支应。不仅国家机关以金钱价值维系，国家政体也与这种以现金极大丰富、商品交易占主导地位为特征的经济秩序息息相关。[2]在由君主控制国家财政收入的时代，为维护政权的稳定，国家的收入、支出的合理配置已经受到高度的重视。由于“率土之滨莫非王土”，家国一体，此时的财政是一种“家计财政”，与私人的财务活动并无实质上的区别。

现代财政体制是随着资产阶级革命和资本主义制度的建立而逐渐发展起来的。限制国王的征税权是不少国家爆发资产阶级革命的动因。英国等国家的资产阶级革命之后，通过建立预算制度，确保议会对造成国民财产负担的征税权予以限制，又逐渐扩展到政府的支出事项，并在1215年的《大宪章》第12条、1628年的《权利请愿书》和1911年的《国会法》第1条中分别加以明确规定，从而逐步建立了公共财政制度。随着国家机能的扩张，国家成为一国之内最大的消费者、资金管理者和信用保持者。为国家活动提供财源基础的财政，包括财政的收入、支出与管理运营也日渐受到重视，各国纷纷建立了公共财政体制，又被称为“公共经济”。在公共财政体制下，政府的运作不再是以

---

〔1〕刘剑文主编：《财政法学》，北京大学出版社2009年版，第14页。

〔2〕[法]莫里斯·奥里乌：《行政法与公法精要》（下册），龚觅等译，辽海出版社、春风文艺出版社1999年版，第162页。

国王所拥有的私人财产与予以维持，政府主要依靠赋税而不是财产收入或经营收入获取财政来源，以此支应国家机构运作的资金需求并满足社会的公共需要。这种财政模式与私人的财务活动已经截然不同。因此，所谓的公共财政，实际上就是国家与公民之间缔结关于公共物品的提供和对价支付的社会契约并加以履行的过程，也是国民无偿让渡部分财产权利给国家，以换取国家对其剩余权利的保护，以确保其快乐地享受剩余权利的过程。

现代国家与公共财政体制有着密不可分的联系。国家并不是天然存在的组织体。人生而为人，固然享有一定的基本权利，如生存权、健康权、财产权等。在自然经济时期，人的生活需求相对简单，基本权利可以自我实现。但在私人权利的实现过程中，却存在诸多障碍。首先，作为社会上的人，存在许多共同的需求，如完全由个人分别创造条件予以满足，个体成本和社会总成本都将非常高。其次，由于需求具有共同性，单一个体为实现自身权利所创造的条件，往往能够为他人所利用，却无须为此付出任何成本。这种“搭便车”现象的存在导致人人都期望他人提供道路、安全保障等这些基本权利实现可以共享的、必要的物品，而不愿意自己提供。不仅如此，私人权利的行使有时是具有外部性的，他人不得不承受其行为的负面影响或得以享受其正面利益。

在现代市场经济中，市场的运作是不完备的，存在一些先天或后天的缺陷。尽管市场机制能够实现经济资源的有效配置，但却不能自发地解决国家与社会存在的一些基本问题，比如市场有效需求不足、信息不对称、市场竞争不够充分以及市场竞争引发社会成员收入悬殊，导致社会不公平等问题。这些问题的存在本身就是个人行使私人权利、过度追求私人利益而造成私人利益与社会整体利益之间的矛盾与冲突的结果。比如在社会中一项产品的唯一供应商的过高定价，追求高昂的利润或通过不当的手段排挤中小企业，虽是其行使私人经营自由权的方式之一，但其结果必然造成市场竞争不充分、消费者不得不承受高价商品。这些市场的缺陷无法由市场自身加以解决，更无法通过私人权利的行使加以解决。可以说，市场缺陷是个人权利行使的外部性的不可避免的结果。

国家，尤其是现代意义上的政府正是为了解决上述问题而产生的。首先，国家必须提供一些物品，同时满足国民的共同需要，即“公共物品”。所谓的“公共物品”是与私人物品相对应的社会产品。私人物品是个人可以支配和控制，并排除他人占有、使用的物品。公共物品则有所不同，第一，公共物品可以由全体社会成员共同享用，往往无法分割为各个独立的单元供某个特定个体单独使用，如本国的国防安全、地区的治安、贯通南北的道路等，即效用具有不可排他性，能够使不特定的多数人从中受益。第二，某一个体对公共物品进行消费，不会排除或妨碍其他社会成员进行同样的消费，即消费的非竞争性。不可排他性和非竞争性决定了公共物品只能由国家来提供。如由私人提供，则尽管无法排除他人从中获益，却无法向其收取应有经济回报，人都是逐利的“经济理性人”，必然缺少提供的动力，因此，市场机制无法解决公共物品的生产与供应的问题，只能由政府来完成。其次，政府还必须维护本国的市场环境和秩序、确保供给和需求的均衡，解决市场上的信息不对称和垄断等市场失灵等问题。随着市场生产的社会化和专业化，这已经成为政府一项非常重要的职能。最后，国家还必须着力解决个人权利行使中的外部性问题，限制甚至禁止可能或已经产生负的外部性的权利行使，支持甚至鼓励正的外部性，如企业的科技创新。这些均是个人权利实现的“共同需求”。由政府提供公共物品可以最为有效地满足国民的公共需求，确保其基本权利获得更好的实现。

国家提供公共产品，解决市场失灵的问题，确保国民基本权利的实现是有成本的。其一，将天赋的人权在立法中予以确立，立法过程将发生资源的消耗。其二，徒法不足以自行，国家建立执法和司法体系同样需要投入巨额的资金，包括人员的经费、办公场所的建立、司法和政府体系的维持运行、具体权利保护的作为等也必须以经费的投入作为前提。其三，道路、交通等公共基础设施、项目的修建，科教文卫体等活动的开展，环境保护等公共物品的提供，满足国民的公共需要同样需要资金的支持。其四，国家福利项目的直接物质给付更是需要大量资金的投入。

既然国家的建立、维持，国家机构的运作及其职能的行使必须有资金的支持，国家必须源源不断地获取财政收入、进行财政管理和安排财政支出。国家是社会上最大的虚拟组织体，握有巨大的权力，如果任由其以持有的财产从事生产经营活动获取收入，结果将是私人主体的竞争机会被褫夺，市场经济不可能真正建立。因此，在市场经济体制下国家只能是“无产者”，只能通过分享私人主体的经营收益获得所需要的财政资金。尽管我国是社会主义国家，拥有数量不菲的国有企业，但国有企业大多从事关系国计民生的重要行业，盈利能力有限，所产生的收益不足以维持国家的运作。因此，现代国家大多依靠参与国民收入的分配获取财政来源，由此所获得的资金主要用于执行社会公共职能，维持政府机构的运作，支应公共产品和公共服务的提供，并通过国民代表机关以审议、批准预算的方式管理财政收入和支出，具有典型的“公共性”的特征。由于每一项基本权利的实现、公共产品的提供均需要资金的投入，因此国家所取得的财政资金的安排，如何提高资金使用的效率，以确保全体国民基本权利的最优实现，即是公共财政运作的关键之所在。

（二）财政法

现代国家已经撤出了生产领域，只能通过分享私人经济的部分收益获得提供公共物品所必要的经济资源。因此，公共财政的运作实际上是国家提供公共物品、国民为此支付对价的过程。国民为享受公共物品所支付的对价应当与国家所提供的公共物品的规模和质量大体相当。由于公共物品的非排他性和非竞争性，国民从公共物品中受益的程度与其支付的对价之间并不存在绝对的一一对应关系。这就决定了国家从国民手中无偿让渡财产权益，是一种“圈钱”的活动，是一项“事关毁灭的权力”，具有侵害行政的特质，必须将其纳入法律规范之内，以防止国家过度要求国民财产的让渡。只有在国家适度参与人民财产分配，合理管理、运用所取得的资金，有效安排其各项支出的情况下，公民支付的“税收”与“规费”，才得以其所享受的公共产品予以补偿。每一项权利的实现都有其公共成本，而财政资源则具有稀缺性，不可能保证所有的权利都同时以最优的方式予以实现，财政资金的安排孰先孰后、孰轻孰重，直接关系到特定国民、特定基本权利实现的水平和效率。随着现代福利国家职权的大幅扩张，财政资金的需求也随之增加。一旦财政资金的管理、使用随意、失范、不当或效率低下，未能全额用于公共物品的提供，甚至被随意挪用或浪费，国家将无法确保国民期待范围内的规模、数量和质量的公共物品，国民的基本权利的平等实现将难以保障，所缴纳的税收等财产资金由此将演化为无对价给付的“强制性的财产剥夺”。作为国家公共服务的财源，公共财政的运作将影响人民享受公共服务的程度和水平，并最终影响人民基本权利的实现，因此有必要对国家的财政收支与管理加以规范和约束，这其中最有效的工具是法律。通过建立一定之规，限定国家取得财政资金的规模、方式和途径，同时约束财政资金的用度，以其使用的科学、合理确保财政资金可以最大限度地用于公共物品的提供。规范国家的财政收入、支出和管理活动的法律规范，即为财政法。

在国家财政运作过程中，必然包含双重的选择，一是对财政收入取得范围、规模和方式的选择，二是对公共支出项目规模的选择。公共支出决策与财政收入的获取可以说是一体两翼，对所取得的资金如何进行管理，确保其保值甚至增值，并尽数用于公共项目，财政收入的管理和安排是联结财政收入和支出的重要过程。

公共财政包括财政收入、财政管理和财政支出三个层面，均应当属于财政法的调整范围。就此而言，财政法的规范对象应当包括财政收入关系、财政管理关系和财政支出关系。财政收入的取得方式包括税收、国有资本收益和行政收费等，其取得方式、规模、标准和获取程序都应当在法律中予以明确的规定。同样财政支出的具体项目、方式、金额的确定、支出程序等也属于财政法的调整范围。国家动用财政资金购买必要的办公用品、修建办公场所、财政资金投资等，都应当受到法律的调整。最后，资金进入国库到最终支出的过程中，财政资金如何保管、如何将资金划入各个国家机构、如何最终支出、如何保证支出的合规性并达到预期的目标等，同样要受到法律的约束。我国当前并没有一部形式意义上的财政法，而是针对不同的规范对象制定了相应的法律。一般而言，财政法应当包括财政基本法、财政平衡法、预算法、财政收入法、财政支出法等。但我国当前除了全国人大制定的《预算法》《政府采购法》《审计法》《企业国有资产法》《企业所得税法》等外，尚有部分财政领域存在立法的空白。

二、财政法的地位与渊源形式

（一）财政法的地位和体系

1. 财政法的地位

财政法一般被认为属于经济法的子部门法，属于国家宏观调控法的范畴。由于财政法规范的是国家机关的资金用度，直接限定国家机构运行和国家权力行使的实际范围和效果，“财政乃庶政之母”，因此，授予各个国家机构财政收支或管理的权限、界定收支权限和管理的范围，同时对其权力的行使予以规范和约束，对资金的使用绩效予以评价和监督，是财政法最为重要的规范内容。因此，其应被归入公法的范畴。

财政法是否构成独立的法律部门，当前学界存在较大的分歧。在封建时代和资本主义早期，由国家职能所决定，财政活动的范围相对有限，财政对行政存在明显的依附关系，确立财政关系的法律规范主要集中于宪法和行政法，财政法也相应地被归入行政法的范畴。进入垄断资本主义阶段后，随着国家职能的扩张，财政活动的范围也随之扩张，财政在资源配置、收入分配和经济调节等方面的作用日趋加强，对社会经济生活的影响日益显著，财政逐渐摆脱对行政的依附，具有相对的独立性，行政法的色彩有所淡化，经济法的性质有所增强。随着经济法学的发展和日益成熟，自20世纪80年代以来，将财政法作为经济法的组成部分，已成为当前法学界的主流观点。[1]

事实上，财政法主要包含了两类不同性质的法律规范。其中，财税法的核心是公共财产的合法取得、合理使用及其有效监管的规范，其目的在于满足国家机关的活动经费需求。此外，财税政策可以作为宏观调控的手段，干预、协调经济的运行，因此，宏观调控性规范也是财税法的重要组成部分。上述两类规范的调整目的、价值追求和规范形式等均存在巨大的差异。财政与税收尽管可以作为宏观调控手段，但仅为手段之一，且公共财政的运作并不完全以影响、干预市场为目标，甚至在绝大多数情况下强调对市场的"中性"。因此，财政法并不完全隶属于经济法，而是包含了宪法、行政法、经济法、社会法等多种不同类型的法律规范，基于传统的法律部门标准并不足以确立独立的部门法的地位，而是具有综合性的法律领域。

2. 财政法的体系

公共财政所涵盖的财政收入、财政管理和财政支出三个层面，均应当属于财政法的调整范围。就此而言，财政法的规范对象应当包括财政收入关系、财政管理关系和财政支出关系。基于上述财政活动，财政法的体系包括以下层次：

（1）财政基本法

财政基本法主要涉及财政法的基本制度，对财政收入、支出和财政资金的管理等活动具有普遍适用的效力，主要包括财政法的规范目的、基本原则、财政权力的分配、政府间的财政关系、财政收入和支出的基本形式、预算制度和财政监督等。财政基本法具有宪法性文件的性质，对财政法的各个领域具有普遍的规范作用。我国当前尚未制定形式意义上的"财政基本法"，全国人大制定的《预算法》包含了相当部分的财政基本法规范，其他大量的财政基本法规范则散见于《宪法》《立法法》以及各个效力位阶的规范性文件。

（2）财政收入法

各国财政收入的构成并无固定的模式。在现代国家中，税收是最主要的财政收入来源，加上税收具有财产侵夺的特性，税法因此在财政法中具有特殊重要的地位。国债是以还本付息为条件而取得的财政收入。国债的本质是以国家为债务人、以货币为标的的借贷法律关系，具有等价有偿的特点，虽无财产侵夺之虞，但仍影响财政健全，且可能造成税收负担的代际转移，国债发行的结构、上限、程序，国债的使用方向与限制等，应以法律的形式予以规范，因此，国债法同样为财政法的重要组成部分。行政事业性收

---

〔1〕 参见潘静成、刘文华：《经济法学》，中国人民大学出版社1999年版，第338页；杨紫烜：《经济法学》，北京大学出版社、高等教育出版社1999年版，第381、382页。

费是行政机关提供一定的公共服务而向相对人收取的具有补偿性质的财政收入。行政收费的项目、范围、标准等同样有必要以法律予以规定，否则过多过滥的收费也同样将侵害纳税人的财产权。我国是社会主义国家，国家对一定的财产，如矿产资源、土地、河流等，享有所有权，由此也将获取一定的收益，如国有资本投资收入、土地出让金收入、国有资产转让收入等。国有资产收入的取得、用途等也应有法律的规定。

（3）财政支出法

财政支出历来被认为具有授益性，因此，当前除了《政府采购法》外，其他财政支出领域并无法律的明确规定。由于缺少法律规范的约束，财政资金被挪用、滥用或随意使用的风险大为增加。不同公共服务所需的财政资金规模有着明显的差异，财政资金在不同项目之间的分配是否合理直接决定了国民基本权利实现所需的公共服务的提供状况，因此法律的规范和约束是极为必要的。作为经济调节的财政支出，不仅将干预市场主体的经营自由权，也将影响市场的竞争秩序，同样有必要纳入法律规范的范围之内。以社会福利为内容的财政支出对国民基本生活的保障和最低尊严的维护具有重要的意义，但在财政资金稀缺的情况下，社会福利领域的资金安排往往存在较大的供给弹性，社会福利的各个项目之间具有很大的竞争性，因此，对用于福利给付的财政资金安排同样有必要以法律规范确保其规范性和确定性。就此而言，财政支出法应包括财政拨款法、政府采购法、财政投资法和财政贷款法。

（4）财政管理法

财政管理主要是指财政收入取得并进入国库后的管理与保值增值以及财政支出完成后的管理以及对其他财政事项的管理。[1]财政管理法大致上包括国库管理法、国有资产管理法、预算会计法。财政监督是对财政资金使用的事后评估，可以被纳入财政管理法的范畴，如《审计法》。当前国库管理的法律依据依然是1985年国务院制定的《国家金库条例》，已经难以适应现代财政管理的需求。国有资产既包括企业的国有资产，也包括行政机关和事业单位的国有资产，前者的管理适用2009年生效实施的《企业国有资产法》，后者则受到国务院制定、2021年4月生效的《行政事业性国有资产管理条例》（国令第738号）的规范。预算会计的任务是核算、反映和监督中央和地方政府财政预算以及行政、事业单位预算执行的活动，如2022年财政部制定的、适用于各级财政部门的《财政总会计制度》。财政监督的对象是预算执行收入单位、预算用款单位、预决算的编制部门和执行部门。仅有专门机关的专门监督活动纳入法律规范的范围。当前财政监督的法律规范散见于《宪法》《预算法》和《各级人民代表大会常务委员会监督法》等。审计机关的财政监督主要适用《审计法》。2004年11月国务院制定、2011年修订的《财政违法行为处罚处分条例》则规定了财政违法行为的认定与责任追究。

（二）财政法的渊源形式

从渊源形式上看，财政法基本上包括所有的法律渊源形式，即宪法、法律、行政法规、行政规章、地方性法规、地方政府规章等。在财政领域中不同位阶的财政法律渊源

〔1〕 刘剑文主编：《财政法学》，北京大学出版社2009年版，第37页。

形式形成了金字塔式的结构，处于塔顶的是宪法性规范，条文数量不多，其次是财政法律，虽有若干单行法律，但数量有限。财政行政法规相对较多，基本涵盖了所有的财政领域。但数量最多的，仍是财政行政规章，这也是实践中最为重要的法律依据。上述不同渊源形式的财政规范的效力位阶不同，法律拘束力也有所不同。

由于财政制度关系国家机构的运作和人民基本权利的实现，历来被认为是国家重要的基础性制度，大多数国家在宪法中对其作出明确的规定。如德国的《基本法》、日本的《宪法》、美国的《联邦宪法》等都以多个条款对财政安排予以明确的规定。我国《宪法》分别规定了公民依法纳税义务（第 56 条）、全国人大预算审查（第 62 条）、全国人大常委会审查预算调整（第 67 条）和民族自治地方的财政自治权（第 117 条）。此外，《立法法》第 11 条第（6）项、第（9）项也明确规定财政税收的基本制度属于法律保留事项。

全国人大及其常委会针对财政制度虽然也制定了《预算法》《政府采购法》《企业国有资产法》《审计法》以及《企业所得税法》等单行税种法和《税收征收管理法》，仍有相当多的财政领域并未制定相应的法律，如行政收费、国有资产收益、国债、财政投资，等等。这些领域主要是由国务院在全国人大授权或未做授权的情况下制定相应的行政法规予以规范，如《发票管理办法》《增值税暂行条例》《消费税暂行条例》《行政事业性单位国有资产管理条例》等。此外，国务院还针对《预算法》《政府采购法》等财政法律的执行问题制定了相应的实施条例。

由于前述《立法法》规定的财政税收基本事项的法律保留，各省、自治区、直辖市的人民代表大会及其常务委员会针对财政事项制定的地方性法规并不多，主要集中在法律未作规定的非税收入和财政监督，如江西省人大常委会 2014 年制定的《江西省政府非税收入管理条例》，2006 年 5 月、2009 年 7 月分别通过的《江西省预算审查监督条例》《江西省财政监督条例》则均对财政监督事项予以规定。

财政性法律条文大量采用高度抽象、概括的不确定概念，含义抽象，表述含糊，形成了开放式的规范结构，需要由执法机关在个案的情境下作出政策选择或价值补充才能予以适用。因此，更加具体的操作性规定、上述法律和行政法规未规定或规定较为模糊的事项，则多数是由财政部等部委通过制定部门规章或其他规范性文件的方式予以规范，数量众多，已经成为财政实践中不可或缺的法律依据，如财政部制定的《政府购买服务管理办法》（财政部令第 102 号）。财政性规范性文件是由中央各部委制定，效力等级在规章之下的非正式法律渊源形式，也是当前财政领域的重要规范形式，如财政部 2020 年制定的《地方财政管理工作考核与激励办法》（财预〔2020〕3 号）、《国有金融资本产权登记管理办法（试行）》（财金〔2019〕93 号）等。

财政性规范首先是指引有权国家机关获取财政资金并加以管理和使用的行为规则，有关财政法律条文的适用争议首先而且也主要出现在执行阶段，因此主要由各个执行机构，其中以财政部门为主加以解释，亦即行政解释。由于当前与财政法律适用相关的争议案件极少进入司法程序，法院解释、适用财政法律的机会并不多，因此，财政法的渊源形式中并不包括司法解释。

国家用以实现宏观调控的财政措施往往以“财税政策”为载体予以颁布实施。但财政政策并不是严格意义上的法律概念，政府要制定财政政策，干预经济，必须要有法律的明示或是默示的授权，在一定范围内对不特定多数人反复适用，所以一般以规范文件的形式予以颁布，其效力位阶也就取决于其制定的主体、所采用的渊源形式和所遵守的制定程序，可以是行政法规或行政规章。为确保财政措施可以及时应对当下的经济问题，财政政策的出台具有较强的时效性，制定程序相对简单的其他规范性文件因此被大量采用。

（三）财政法的基本原则

财政法的基本原则，学界仍存在较大的分歧。相对普遍接受的两项原则分别为财政民主主义和财政法定主义。

1. 财政民主主义

财政民主主义或民主原则是指人民通过一定的方式对重大财政事项做出决策。基于主权在民的思想，人民对自己实施管理是“承认和保护个人尊严和自制的最有效方法”，这就要求确保人民能够依法通过一定的程序和方式，行使关涉自身权利与义务的重要事项的决定权。公共财政实际上是政府与人民之间就提供公共物品的类型、多寡及其成本的负担和分配等事务进行的规划，直接关系国民财产的社会负担以及享受公共物品实现基本权利的程度，属于国民的自决事项。由于任何人不会对自己施予不公，只有全体人民均参与财政事项的决策，才能确保人人享受公共物品并平等地分摊成本。只有在经其同意的前提下，人民才有更强的意愿尊重并遵从就公共物品提供所达成的社会契约。财政民主主义因此成为财政制度建立的重要基本原则。

财政民主主义首先要求非经人民同意不得征税，非经人民同意不得随意开支财政资金。在代议制的民主制度之下，对于重大财政制度的人民同意，实际上即是财政事项的代议机构的同意或由其以制定的法律予以规范。由立法机构代表全体人民决定财政收入的取得方式、途径和数量、财政资金的用途、资金与结余资金的流向与分配、财政资金使用的效用评估等事项。政府只有在人民同意之后，才能按照其意愿使用财政资金。尽管立法机关可以代表人民行使这一权利，但仍应当保证人民可以通过一定的渠道和方式表达其对公共财政事项的意见和看法，以确保最终作出的财政决策反映并体现多数人民的意愿。为此，财政决策过程的民主参与、公开和透明是人民同意的必然要求。不仅财政议案应当在决策前公开，其决策作出的过程同样应当透明化。决策作出后的执行过程，包括资金的划拨、提领、保管、签发、账目审核以及相关的事项都必须为公众所知悉。财政事项决策过程的公开透明，可以确保代表作出能够实现人民利益最大化的合理判断，在全民的审慎监督下促使政府更加重视经人民同意的财政决策的执行。

2. 财政法定主义

财政法定主义，或是财政法定原则，是指财政行为必须得到法律的明确许可或立法机关的专门授权，只有在法律明确规定的范围内，政府才享有财政事务的相关权限，应在此权限范围内严格遵照财政法律的规定执行财政事务。这一原则在《立法法》第 11 条已有规定。财政、税收的基本制度只能制定法律，属于法律保留的事项。

财政事项具有一定的侵害性，这不仅体现在财政收入的取得，也体现在财政支出方面。国家征税是无偿参与人民创造的经济收益的分配，有如人民只分享收益而不承担损失的合伙人，其结果必然缩减人民财产收益的保有和支配的范围，造成财产权的一定侵害，“征税的权力事关毁灭的权力”。正因为如此，国家征税的权力应以一定的方式予以限制，确保“风能进，雨能进，而国王不能进”。如果说税收可以取之于民、用之于民，那么征税的这种侵害性可以在一定程度上通过公共物品的享有而获得一定的补偿。但如果财政资金的管理和支出随意、无序甚至被浪费，人民负担公共成本却无法享受预期的公共物品，人民财产权向国家的无偿让渡便会演化为真正的财产侵害。财政资源必然是稀缺的，实现人民不同基本权利的公共物品之间具有一定的竞争性，厚此即会薄彼，彼此之间存在一定的“排挤效应”。如果财政资金使用不当或仅图利特殊人群，将造成部分甚至大多数人民权利的侵害。要确保财政收支的正当性和有效性，避免因资金使用不当或不合理，立法机关作为人民的代表，由其以国家法律的形式予以规范，将财政收支的标准和程序以成文的语言予以表述，明确各自的权利和义务的范围。“一个项目可能是好的，也可能是坏的，但没有钱一定是死的”，没有财政资金的支应，政府取得的任何权力将确定地难以甚至无法实施，控制财政相当于控制政府的一切活动和国家的生存基础，“对金钱的权力事关政府的心脏”。对财政的法律控制，将形成对政府行政权力的“二次”的控制。正因为如此，财政法定被认为是财政领域的“帝王原则”。

财政法定的“法”应当仅限于狭义上的“法律”。即仅指全国人大及其常委会所制定的法律，并仅限于成文法，不包括习惯法。但要求一切财政事项均事无巨细地制定专门的法律并不现实。哪些财政事项属于必须“法律保留”的范围，如中央和地方的财政收支划分、国债的发行或财政投资等，是否属于应当保留的范围，《立法法》的规定并不明确。立法机关对其制定法律予以规范的事项享有一定的裁量空间。一般而言，只要对人民权利造成重大的实质性影响的财政事项，则应属于法律保留的范畴。当然，立法机关如果认为自己还不适宜制定法律，也可以授权行政机关加以制定，但授权也不应当过度，严禁财政事务的全面或空白的授权，并应当在《立法法》做出关于授权立法的相关规定。

基于财政法定主义的要求，财政事项应尽可能纳入法律的规范范围，无法则无财政，非法不可财政。但当前尚有诸多财政事项未制定法律，主要原因之一是财政事项的技术性和专业性，立法机关的立法经验和技术仍有不足，而财政法律的任何立改废都将牵一发而动全身，因此立法机关要么遗留立法空白，要么授权拥有更多具备专业知识和经验的财政专家同时身处财政实践、能够收集更多财政事项信息的政府部门完成相应的立法。随着全国人大自 2011 年加紧收回税收立法权，相关财政事项的立法进程也大大加快。

财政法定主义还要求财政事项的法律规定应明确、具体，所采用的概念应尽量清晰，避免出现表述歧义和适用范围模糊的状况，应具有可操作性。这也是《立法法》第 7 条第二款“法律规范应当明确、具体，具有针对性和可执行性”这一立法技术的基本要求。财政事项的立法大多采用了框架式和原则式的立法方式，“宜粗不宜细”，条文表述抽象、所采用的概念涵义空洞，财政法律在实践中反而必须依赖下位阶的规范性文件才得以执行。这种规范形式固然可以为国务院对财政事项预留更大的政策调整的空间，使其可以灵活地根据经济形势的变化而采取相应的对策，却难以对国家的财政行为形成必要的约束。财政法律的规定越粗糙、越模糊，需要由政府作出的政策选择和价值判断便越多。制定财政法律的本意在于控制政府取得、使用和管理财政资金的权力。如果政府可以自行决定使用财政资金的细节性问题，权力的制约将是难以实现的。在当前的财政法律之下，国务院对财政事项的决定权实际上远远超过了全国人大，以人民同意来控制财政权的目标远未实现。诚然，财政立法越精细，越需要对各种财政事项做出明确的区分并设定不同的法律后果，所要求的立法技术也越高。全国人大在财政立法技术方面的欠缺妨碍其制定更加精细和更具可执行性的财政法律。要真正实现对财政事项的“法律控制”，提高立法机关在财政领域的立法技术是极为关键的一环。

此外，财政法定主义还要求审批、执行和监督财政事项必须依循法律的明确规定，即财政程序法定，以保证财政权力在既定的制度框架内有效运作，保证财政行为的公开透明、公正与规范，为财政民主奠定良好的法治基础。具体而言，财政程序法定包括财政审批、财政执行和财政监督的程序法定。财政审批程序法定要求立法机关审查、批准财政事项、制定财政法律规范应当遵守法定程序，非经法定程序，已经生效的财政事项或财税法律规范不得随意变更、撤销或予以调整。财政执行程序法定要求税收和其他非税收入应当按照法律规定的步骤、方式和期限等要求进行征收和入库，财政资金的拨付、保管、支出的方式、途径等应严格遵守法定程序。对财政收入和支出行为的监督也应按照法定程序进行。

第二节 财政基本法

一、财政收支划分法

现代国家大多是由多层次的政府构成的，不同层级的政府担负不同的职能。为履行职能，各级政府必须取得与其履行职能相当的财政资金。财政资金如何进行分配，才能保证各级政府均掌握足以履行职责的财政资金，是财政法首要解决的问题。各国大多在宪法或宪法性法律中对此作出明确的规定。我国的财政收支划分法则散见于《预算法》和国务院的《关于实行分税制财政管理体制的决定》等。《预算法》第 15 条规定，国家实行中央和地方分税制，即在划分中央与地方事权的基础上，确定中央与地方财政支出范围，并按税种划分中央与地方预算收入的财政管理体制。分税制财政管理体制的具体内容和实施办法，则由国务院加以制定。1993 年 12 月国务院制定了《关于实行分税制财政管理体制改革的决定》，确立了分税制财政管理体制的基本框架。近年来由于税制改革的不断推进，税收收入在中央和地方之间的分配也发生了较大的变化。

财政收支的划分，前提是确定国家取得财政收入的来源和方式。根据《预算法》第27条的规定，一般公共预算收入包括各项税收收入、行政事业性收费收入、国有资源（资产）有偿使用收入、转移性收入和其他收入。财政支出是政府为了履行其公共服务职能而进行的资金支付行为，是将财政资金用于社会的过程。《预算法》第27条第二款对一般公共预算支出进行了列举，按照其功能分类，包括一般公共服务支出，外交、公共安全、国防支出，农业、环境保护支出，教育、科技、文化、卫生、体育支出，社会保障及就业支出和其他支出。在我国，各级政府均承担了一定的公共物品提供的职责，财政收支在各级政府之间的划分，将决定其职能履行的现实可能性，进而决定国家权力在中央与地方之间进行分配的政治体制。

（一）政府间财政权限配置的基本模式

政府间财政权限配置，是指财政立法权、财政收益权、财政征收权和预算权在各层级政府间的配置，同时也包括与之关系密切的政府层级安排以及事权和财政支出责任在各层级政府间的分配。财政收益权和支出责任是财政权限配置的核心。财政收益权是指各层级政府依法获得相关税收、收费等财政收入以及发行并获得国债收入的权力。财政支出责任则是指各层级政府为特定事权提供财政资金支持的责任。所谓事权是指各层级政府依法承担各项公共事务的职责，也就是上述国防、教育、卫生等由哪一层级政府负责提供。而哪一层级政府负责资金的最终拨付，即是承担相应的财政支出责任。

根据不同的标准可以对财政收支划分模式进行不同的分类，其中，以中央政府和地方政府之间的权限对比关系为标准，可以将财政收支划分模式划分为集权型财政收支划分模式、分权型财政收支划分模式和混合型财政收支划分模式。其中，集权型财政收支划分模式是指一国将绝大部分财政职能划归中央政府，中央政府取得绝大部分的财政收入，地方政府只承担很少的财政职能，只享受很少的财政收入。这一模式一般适用于规模非常小或是政治经济高度集中统一的国家，如新加坡。集权型模式的优点是可以集中力量解决社会经济发展的重大问题，有利于树立中央政府的权威，缺点是不利于根据区域的不同特点采取相应的财政政策，不利于地方自治，难以适应各地经济发展的实际需要。分权型财政收支划分模式则是指一国将绝大部分财政职能和财政收入都划归地方政府，仅一小部分的财政职能和财政收入划归中央政府。这一模式一般适用于地方政府独立性较强的联邦国家或地方自治较为完善的分权制国家，如荷兰。分权型模式有利于地方政府根据本地实际情况采取相应的财政政策，可以较好地满足当地居民对公共产品的偏好，但难以解决公共产品的区域"外部性"问题，难以完成某些需要庞大资金或具有全国性、跨区域项目的资金供给。混合型财政收支划分模式则是在事权划分的基础上将财政收支权限在中央和地方政府间适当划分的类型，介于集权和分权型模式之间。这一模式也被认为是相对科学合理的财政收支划分模式，被大多数国家所采用。

（二）我国的财政收支划分制度

《预算法》第3条规定，国家实行一级政府一级预算，设立中央，省、自治区、直辖市，设区的市、自治州，县、自治县、不设区的市、市辖区，乡、民族乡、镇五级预算。财政收支在各级政府之间的划分，一般根据财力与事权相匹配的原则进行。财政收入划分的核心是财政收益权，依据是政府的财政支出范围，确保各级政府获得足以履行行政职能的财政资金。

1. 财政收入的划分

财政收入划分的对象是财政收入权，包括财政收入的设定权、征收权和享用权。由于现代国家财政收入的主要形式是税收，因此，财政收入权的划分主要是划分税收收入权，一般包括税收立法权、征收权和享用权。

一般来说，各国关于税收收入权的划分方法主要把握以下 4 种：第一，税额分割法，即先统一征税，再将税额按照一定的比例在中央和地方政府之间进行分配；第二，税率分割法，即各级财政对于同一税基分别适用不同的税率予以征收，如我国此前的外国企业和外商投资企业所得税；第三，税种分割法，即在税收立法权基本集中于中央的前提下，将各税种按照其自身的特点在中央与地方财政之间进行分配，分别征收、分别使用；第四，税权分割法，即税收立法权在中央与地方之间进行分配，由中央和地方政府分别立法，分别设定本级财政的税收收入的种类和范围。上述方法各有利弊，一般相互结合使用。根据《立法法》第 11 条的规定，只有全国人大有权决定税种的开征，因此，税收立法权高度集中于中央。在我国税收收入的分配仅涉及税收征收权和享用权。但如何分配税收收入，《预算法》并未予以规定，而是授权国务院规定，并报全国人大常委会备案。

国务院在 1993 年颁布了《关于实行分税制财政管理体制的决定》，采用税种分割法进行税收收入的分配，各税种分为中央税、中央与地方共享税和地方税。将维护国家权益、实施宏观调控所必需的税种划为中央税。与人民经济发展直接相关的税种为中央和地方共享税。适合地方征管的税种则为地方税。但随着财政体制和税种制度的改革，各税种的税收收入在各级政府间的分配也不断进行了调整（见表 12–1）。

表 12–1 各税种税收收入在中央与地方的分配

税种	中央分享比例	地方分享比例	税种	中央分享比例	地方分享比例
增值税	50%	50%	城镇土地使用税	0	100%
企业所得税	60%	40%	环境保护税	0	100%
个人所得税	60%	40%	车船税	0	100%
消费税	100%	0	耕地占用税	0	100%
车辆购置税	100%	0	房产税	0	100%
印花税	0	100%	土地增值税	0	100%
资源税	海洋石油	其他资源	契税	0	100%
船舶吨税	0	100%	烟叶税	0	100%
关税	100%	0	城市维护建设税与附加	0	100%

注：车购税资金实行财政专项转移支付，补助地方政府用于交通运输行业发展，不得用于平衡公共财政预算。参见财政部、交通运输部和商务部《车辆购置税收入补助地方资金管理暂行办法》（2014）。

虽然归属于地方政府的税种数量多于中央政府，但均为小额税种。县、乡级财政缺少稳定的税收来源，财政收入并不稳定。地方税种的管理权限高度集中于中央，地方对地方税种的管理权限过小。地方政府的财政收入缺少制度的保障，这是地方政府在税收之外寻求财政收入，尤其是通过行政收费或出卖土地的重要原因。

2. 财政支出的划分

中央与地方政府的财政关系是决定公共资源分配的重要制度，直接关系公共产品提供的效率，也对私经济部门的运作以及经济长期发展产生重大影响。

根据国务院《关于实行分税制财政管理体制的决定》，中央财政主要承担国家安全、外交和中央国家机关运转所需经费，调整国民经济结构、协调地区发展、实施宏观调控所必需的支出以及由中央直接管理的事业发展支出。中央政府的财政支出包括三个方面，即具有全国意义的支出（包括国防费、武警经费、外交和援外支出）、中央本级支出（包括中央级行政管理费、中央统管的基本建设投资、中央直属企业的技术改造和新产品试制费、地质勘探费、由中央财政安排的支农支出、由中央负担的国内外债务的还本付息支出，以及中央本级负担的公检法支出和文化、教育、卫生、科学等各项事业费支出）和对地方的财政转移支付。

地方财政主要承担本地区政权机关运转所需支出以及本地区经济、事业发展所需支出。具体包括地方行政管理费，公检法支出，部分武警经费，民兵事业费，地方统筹的基本建设投资，地方企业的技术改造和新产品试制经费，支农支出，城市维护和建设经费，地方文化、教育、卫生等各项事业费，价格补贴支出以及其他支出。省级以下的各级政府之间的财政支出如何进行划分，如教育、医疗卫生、科研等事业支出由哪一级政府承担，并无规定。

上述财政支出的划分规定于 1993 年，诸多规定并不妥当。如中央和地方企业的技术改造和新产品试制费由财政负担，不无疑问。国有企业以国有资产出资设立后，已具有独立的法人资格，应独立核算、自负盈亏，由财政负担其部分经营成本，显然有违市场经济的要求。同样，价格补贴同样因损害市场的平等竞争而备受诟病。司法机关的财政经费安排，更是被认为是造成当前司法机关依附于地方政府而难以实现独立审判的重要根源。[1]

财政支出的总量与结构反映了政府介入经济与社会生活的规模和深度，也反映了公共财政在经济和社会生活中的地位和作用。中央和地方政府之间财政支出的分配是否处于优化的状态，将会对国家财政体制，进而对公共经济的运行效率产生至关重要的影响，决定各级政府职能的履行状况。因此，应当在界定政府职能的前提下，合理配置财政资源，以实现中央和地方政府按照各自的职能要素有效地管理社会公共事务。为实现这一目标，财政支出的划分应当遵循以下的要求：第一，财力与事权相匹配。所谓事权，即政府的职责范围。财政支出的划分应当与各级政府的职能配置相适应。第二，公共财政支出的安排应当为不同的利益集团、不同经济成分或阶层的居民提供一视同仁的

---

〔1〕 有关司法预算与司法独立之间的关系，详细可参见朱大旗、危浪平：《司法预算制度应以司法公正为基石》，载《法学》2012 年第 1 期；闫海：《论司法预算制度的学理构造》，载《当代法学》2006 年第 3 期。

公共产品和服务，无论其所处的区域、性别、户籍、民族等。为保证公共服务的均等化，就必须保证各级各地政府具有提供均等化公共服务的能力。第三，公共物品的层次性。公共物品的受益范围存在差别，不同受益范围的公共产品应当由不同层级的政府提供。受益范围遍及全国的属于全国性公共物品，而受益范围仅限于特定地域空间的则是地方性公共物品。从公共物品的供给效率来看，必须按照受益范围和利益强度的大小，根据谁受益、谁供给的原则确定提供的政府层级，实现供给效率的最大化。

根据上述标准，中央政府提供的公共物品范围应包括：（1）以国家利益为基准，能够使全国居民受益的公共物品，如国防、外交、对外援助、跨省特大基础设施建设项目、特大自然灾害救助。（2）具有规模经济特性或在一定程度上涉及国家整体利益的公共物品，如环境保护、全国性交通干线、海洋开发、能源开发等。（3）不同行政区域之间的收入再分配。（4）涉及总量平衡、重大的经济结构调整、关系经济稳定和经济发展的事项等。

地方政府的职能与提供公共产品的范围，一是制定和实施地区性经济社会发展政策，二是提供地方行政、社会治安、文化教育等公共服务，三是提供本地区企业或居民受益的地区性，优化本地区的投资环境等。

二、预算法律制度

（一）预算与预算法

预算一词源自英国的“budget”，本指财政大臣向议会报告时装放财政计划书的皮囊，后来用于专指其内的财政计划。明治维新时期日本学者将其翻译为“预算”，即“预先算定”之意。所谓的预算，是指国家以一个会计年度的财政收入与支出为中心所订立的计划，经立法机关决议后成立，授权并要求政府加以执行的资金安排。也就是说，预算是一个会计年度内政府收入的大略估算与各个项目支出的初步安排，是政府一年内财政计划的系统性的计数表示。[1]在每一会计年度开始之前，政府大致规划该年度内各个财政项目所需要的经费金额，确定其经费来源，再按一定的标准将所有收支项目加以类型化，进行排列组合，从而编撰形成系统、有序的财政收支计划。预算是最重要的国家财政计划，将确立国家的财政方向与内容，是财政行为实施的基准，是执行支出乃至收入的依据。可以说，预算将赋予包括行政机关、立法机关与司法机关在内的国家机关在确定的额度内控制、支配和使用财政资金的权限。

预算法则是调整在国家进行预算资金的规划、筹集、支用、管理和监督过程中所发生的社会关系的法律规范的总称。预算法在财政法中具有重要的地位，甚至被称为“财政宪法”，这是因为整个国家的社会管理和公共服务均须依据预算展开，预算是公共财政的核心，预算法也因此成为财政法的基础性和根本性规范。各国均极为重视预算法的制定，俄罗斯除在《宪法》中专章规定“国家预算法”，更制定了专门的《预算法典》，包括 5 大部分 28 章总计 307 条，形成了完整的规范体系。我国早在 1951 年就由政务院

〔1〕 蔡茂寅：《预算法之原理》，元照出版有限公司 2008 年版，第 3 页。

制定了《预算决算暂行条例》，1994年3月22日全国人大通过了《预算法》，自1995年开始实施，2014年、2018年分别进行了修订。为了确保《预算法》的实施，1995年国务院颁布了《预算法实施条例》，对其中的执行性和操作性的事项作出了进一步的规定。配合《预算法》的修改，2020年8月，国务院又对上述实施条例进行了修改。

从其规范对象上看，预算法主要调整各个国家机关之间的预算权限分配关系、在预算编制、审批、执行过程中发生的程序关系，在筹集和支用预算资金的过程中发生的实体关系，以及预算的编制和执行过程中的监督保障关系。

（二）预算的法律性质

预算的法律性质历来存在较大的争议。在日本，关于预算的法律性质存在预算行政说、法规范说和法律说等不同观点。〔1〕英国、美国、法国等国家均承认预算作为法律文件的属性。我国学界对预算法律性质的讨论并不多，有学者主张预算具有计划性、法定性、政治性、预测性和公开性等特点，其中法定性强调预算是具有法律地位的文件，是政府财政收支活动的唯一依据，似乎肯定了预算的法律属性。〔2〕

1. 预算的计划性

预算是在各财政收支项目实施前对所涉金额的事先安排，是将政府在一个会计年度内所需要的经费以及充当经费的财源进行对照配合，并将其种类与金额进行系统性、组织性地集合、编撰而成的计划，具有明显的指针性，本意在于对各财政项目的支出加以引导和限定。因此，计划性被认为是预算首要的特点。〔3〕

既然是计划，预算中的财政收支项目及其金额均为提前的设定和估算，难以确保与实际状况完全一致。无论预算的编制如何慎重和精密，既然是对将来发生行政活动及其支出金额的预估和先期反映，在性质上不可避免受到人类认识能力有限性的限制，预料之外的事项的发生在所难免。由于计划与现实之间始终存在落差，因此，预算常常被认为仅具有指针性，在执行过程中存在弹性和一定程度的可变性。

2. 预算的法规范性

预算的产生源自人民需要通过一定的方式约束国家的财政收支权力，通过立法机关提前对政府财政收支计划加以审查，在一定程度上确保政府以最有限的财政资金为纳税人提供数量和质量俱佳的公共产品。如果过度强调预算的计划性，建立预算制度的初衷便可能完全落空。预算是国家通过立法机关控制政府的最有效工具，因此，预算应当具有法的规范性，一旦预算通过，对国家机关将产生一定的拘束力。预算是以一个会计年度内的财政收支为规范对象的行为准则，具有专属管辖事项。因此，预算为法律的形式之一，不仅在程序上须立法机关审议，在实体效果上将产生某种程度的拘束力。预算的审议实际上是人民的代表对社会经济生活事务的整体规划安排进行协商的方式和渠道。预算的“法规范性”包含两个层面。其一，预算的授权性，预算是立法机关赋予国家机

〔1〕 蔡茂寅：《预算法之原理》，元照出版有限公司2008年版，第46—52页。

〔2〕 刘剑文主编：《财政法学》，北京大学出版社2009年版，第100页。

〔3〕 刘剑文主编：《财政法学》，北京大学出版社2009年版，第100页。

关处理财政事项权限的形式，授予其依照预算设定的目标和用途动支特定金额的权限。无预算的授权，任何国家机关均无权使用财政资金。其二，预算的规范性，即预算一旦通过必须执行。经立法机关审批的预算在授权的同时，也课以政府执行的义务，严格限定政府财政收支的金额、目的以及期间。审议通过的预算应当被遵守，原则上不得随意突破预算设定的金额实施财政收支行为。一旦违反，将面临法律责任的追究。

预算兼具计划性和法的规范性，计划性强调其可变性，可以根据形势的变化而进行适度的调整。而法的规范性又强调其必须得到严格的执行，不能随意改变，两者似乎难以兼容。由于预算只是预先算定的财政计划，其实际的执行与预先的估计之间不可避免地存在落差，因此，其规范效力难以期待完全。应该说，预算并非设定政府必须执行的绝对支出或花费的义务。相反，预算实际上仅设定财政收支的最高限额，以确保政府能够高效地完成公共产品的提供，提高资金的使用效率，并防止不同国家机关、不同支出项目之间财政资金的相互挤占。为此，预算外的支出或超出预算上限金额的支出都不被允许。由于国家机关的行政活动在预算制定之时无法完全预测，只有在职能履行的过程中，其资金需求的最终规模、使用进度和优先顺序才能最终确定。在预算金额的范围内，国家机关根据行政活动实施过程中发生的资金需求对资金的使用享有一定的裁量权，可以根据形势的变化作出相应的判断和调整。就此而言，预算应当是立法机关赋予国家机关处理财政事项权限的形式。预算金额是政府处理该财政事项的最高限额，而不是要求政府实施预算所定金额的支出行为。因此，预算应当属于一种“授权性”规范，所授予的是一项包含自由裁量空间的权力。预算仅设定国家机关资金使用裁量权限的范围和界限，在此界限范围内资金的用度仍有弹性和可变性。但预算是国家一个会计年度内的短期计划，且已由行政机关加以专门化、计量化，执行中的不确定性已有所降低。执行过程的弹性和可变性相对减弱，法规范性也相应地有所加强。

（三）预算的作用

预算编制的主要目的在于，国家的财政计划受到民主的管制，并透过预算的执行达成追求人民福祉与公共利益的最终目标。预算具有如下的机能：（1）政治机能。所谓的政治，其实也就是课征税收并加以使用的过程而已，可见预算与政治过程密切相关。预算是将各部门的资金需求转化成相对精确且具有拘束力的数字依据，用来指导、管理、限定行政活动，并以此来确保立法机关对行政机关的制度化干预。尽管各个国家机关的权限已由各项法律授予，但由于任何职权的履行均须得到财源的支撑，立法机关透过预算授予财源使用的权限，将重新确定各个部门行使各自职能的程度和优劣顺序，从而完成对国家机关的二次授权。在各个职能部门权限既定的情况下，通过预算对各个部门的财政资金的安排，立法机关就可以实现对行政活动目标的二次选择。（2）财务管理机能。为了使国家的全部活动不至于发生资金挤占，确保各个职能部门均可获得履行职责必需的资金，保证所有国家的活动以有效的方式实现最佳的效果，预算通过资金在各部门之间的合理有序的分配，可以完成对财政资金的有效管理，提高资金的使用效率，避免资金的过度浪费或者出现行政权限因资金不足而无法行使的状况。（3）经济政策机能。在现代社会中，国家已经成为最大的资金拥有者和消费者，其资金的任何使用都将对经济发展产生重要的影响。国家通过预算编制对财政资金进行安排，将改变经济资源在各个经济产业之间的重新配置，从而实现国家预期的经济目标。国家财政资金的用度本身就具有明显的政策导向性。财政资金如向特定部门或主体倾斜，其权利的行使将获得充裕的资金支持，从而大大提升其市场的竞争能力。（4）计划机能。现代政府的政策目标日渐分歧，价值日趋多元，实现的手段也更加复杂多样化。但财政资金总是稀缺的，财政资金在各个项目之间的分配存在负相关性，各种政策目标及其手段在财政资金的安排上充满竞争性。政府预算的计划性能够整合各种政策目标、活动和资源，根据国家机构运作的需要和社会整体发展规划，区分资金用度的轻重缓急，进行有序的安排，从而提高财政资源分配的效率，实现社会整体利益的最大化。

三、预算的编制与审批

（一）预算管理职权的配置

预算管理职权是确定、支配国家预算的权力，包括对国家预算进行编制、审查、批准、执行、调整、监督的权力的总称。与其他国家权力相比，预算管理职权具有如下的法律特征：（1）预算权发生于国家预算收支管理领域，体现国家的财政分配关系，是国家财政权的主要组成部分。（2）预算权的主体只能是国家权力机关、国家行政机关和列入部门预算的其他国家机关。（3）预算权是一项经济权力，具有经济内容。（4）预算权的确定具有严格的法律规定性，不能由当事人约定。（5）预算权与预算年度紧密联系，具有严格的周期性。

预算编制的目的在于规范和约束财政资金的使用，这决定了预算管理职权，即有关预算的编制、审查批准、执行以及监督的诸项权限应在各个国家机关之间进行分配。预算最初是为了对政府的征税权加以制衡而发展出来的一项制度，政府在征税之前必须经过人民的同意，所取得的收入的用途也必须提前告知并征求其同意，以减小财政收支对权利的“侵害性”，并以财源的审查和批准，与立法共同形成对政府行为的控制与规范。这在各国已经得到普遍的肯定。预算草案必须经过立法机关审查批准后才能生效执行，这是财政民主主义的必然要求。我国《预算法》对此同样有所规定。《预算法》第 20 条第一款规定，全国人民代表大会审查中央和地方预算草案及中央和地方预算执行情况的报告；批准中央预算和中央预算执行情况的报告；改变或者撤销全国人民代表大会常务委员会关于预算、决算的不适当的决议。对中央预算草案，全国人大有权审查后予以批准，地方预算草案则只做审查，重点审查其是否与法律、法规和上一级预算存在冲突，但并不直接予以批准，而是由地方人民代表大会批准。由于人民代表大会并非常设性机构，因此，预算审批的部分权限也被授予常委会行使。该条第二款规定，全国人民代表大会常务委员会监督中央和地方预算的执行；审查和批准中央预算的调整方案；审查和批准中央决算；撤销国务院制定的同宪法、法律相抵触的关于预算、决算的行政法规、决定和命令；撤销省、自治区、直辖市人民代表大会及其常务委员会制定的同宪法、法律和行政法规相抵触的关于预算、决算的地方性法规和决议。

提交人大审议的预算草案的编制权限则归属于以国务院为核心的政府机关。预算编制的首要目的是确保各个政府部门均能够获得履行法定职责必需的财政资金，政府机关最了解各项行政活动及其所需经费额度，因此，由国务院和各级政府负责中央和本级地方预算的编制最为恰当。《预算法》第 23 条、第 24 条明确规定，国务院编制中央预算、决算草案，县级以上地方各级政府编制本级预算、决算草案，并由其向同级人大作关于中央和地方预算草案、本级预算草案的报告。

经过法定程序审批生效后的预算由政府部门在履行行政职能的过程中予以执行。《预算法》第 25 条规定，国务院财政部门具体编制中央预算、决算草案和中央预算的调整方案；具体组织中央和地方预算的执行；提出中央预算预备费动用方案；定期向国务院报告中央和地方预算的执行情况。由于预算的编制和执行具有专业性和技术性，各级政府均设置了预算管理的职能部门，直接负责各级预算的组织和实施工作。从中央层面来说，财政部代表国务院具体行使财政职能，如组织实施预算，编制和执行预算调整方案，向国务院报告预算的执行情况。基于行政机关的垂直领导，作为最高行政机关的国务院有权对中央各部门和地方政府的预算执行加以监督，并对不适当的决定和命令予以变更和撤销。此外，在预算执行过程中，由于预算乃是对各项活动所需资金的估算，为了防止社会生活管理过程中发生突发或意外事件，往往会预留一定的预算预备费。这部分资金由财政部和地方各级财政部门根据形势提出使用方案，由国务院决定是否予以使用。因此，国务院以及省、市等政府机关分别享有中央和本级预算的编制权、报告权、执行权、监督和变更撤销权以及动用预备费的决定权。

此外，各部门、各单位是预算的具体执行单位，其预算职权包括编制本部门预算、决算草案，组织和监督本部门预算的执行，定期向本级政府财政部门报告预算的执行情况。

总体上说，预算权限的配置基本遵循以下思路：第一，财政资金的使用主体，即各级政府部门，负责预算的编制、执行和报告，“四位一体”。其中，财政部是国务院专门负责财政事项的职能部门，国务院相关的预算编制和执行权，包括预备费的动用方案的提出，均由财政部组织完成。第二，人大通过预算约束政府的财政收支行为，有权对其编制的预算加以审批，同时对其执行过程进行监督，对与法律相冲突的预算决定予以撤销。由于人大以年度会议为工作方式，预算执行过程中发生需要调整的事项，由常委会进行审批。对预算执行的监督和下一级地方政府预算的撤销同样由常委会来行使。第三，上级管下级，上级人大常委会对下级人大及其常委会、中央政府对地方政府、上级政府对下级政府有权进行监督，对其预算决定有权加以变更和撤销。

（二）预算编制的基本要求与目标

1. 预算编制的形式要求

公共预算由预算草案的编制、预算草案的审查批准、预算的执行和调整、决算的编制和批准等四个环节构成。各个环节前后依次连续，在特定的期间内完成具有固定内容和形式的工作，进而形成一个完整的预决算周期。编制后的预算草案经过批准之后，便成为正式的国家预算，因此，预算草案的编制极为重要，是预算管理程序中首要的、基础性的环节。预算草案的编制首先应遵循如下形式要求：

（1）预算总额主义

根据《预算法》第4条、第13条、第36条第二款的规定，预算由预算收入和预算支出组成。政府的全部收入和支出都应当纳入预算。各级政府、各部门、各单位的支出必须以经批准的预算为依据，未列入预算的不得支出。各级政府、各部门、各单位应当依照规定，将所有政府收入列入预算，不得隐瞒、少列。根据上述规定，预算编制时，必须将年度内的一切财政收入和支出均纳入预算，即预算的编制遵循“预算总额主义”。这是为了防止未纳入审查范围的预算外资金沦为政府部门或单位的“小金库”而被随意地挪用或滥用，并确保政府全部收入的集中管理，确保所有的收入都用来支应财政支出，提高资金的管理和使用效率。

（2）预算年度主义

预算的编制以预算年度为周期，各预算年度的支出应当以该年度的收入支应，特定年度的收支应当与其他年度的收支相互独立。《预算法》第18条规定，预算年度自公历1月1日起，至12月31日止。虽然国家必须永续经营，国家财政也具有绵延不绝的永续性，但以年度为周期编制预算，将国家的财务处理严格限定在一定期间内，每一年度的预算收支可以更加明确化，政治责任的归属也更为明晰。预算年度主义也有利于确保国家的财政健全，防止政府过度提前使用以后年度的财政资金，避免出现国家赊借财物而以以后年度的财源加以偿还或提前预付款项等情况的发生，导致公共成本实际上的代际转移。

（3）零基预算

《预算法》第32条规定，各级预算应当根据年度经济社会发展目标、国家宏观调控总体要求和跨年度预算平衡的需要，参考上一年预算执行情况、有关支出绩效评价结果和本年度收支预测，按照规定程序征求各方面意见后，进行编制。即预算的编制应遵循零基预算的方法。所谓零基预算法是指对任何一个预算周期、任何一项费用的开支，均不从原有的基础出发，也就是不考虑前一预算期间的费用开支水平，而是从零考虑各费用项目的必要性，从实际需要出发，逐项预估新的预算期间内各项费用的内容及其开支标准是否合理，确定预算收支额度，在综合平衡的基础上编制预算。与零基预算相对应的是增量预算，即公共收支计划指标是在以前预算年度的基础上，再按新的预算年度的经济发展情况加以调整之后确定。增量预算要求本年度的预算金额依照上一年度的预算执行金额进行一定幅度的增减，因此受到前一年度预算执行情况的制约。零基预算虽然也参考上一年度的预算情况，但主要是从实际出发确定预算金额，因此更加切合实际的需要。

2. 预算编制的实质要求

除了上述的技术性要求外，预算编制如何进行收入与支出的安排，尤其保证收支的相互匹配？《预算法》也规定了预算编制的实质性要求，以确保财政收支的相互匹配。

（1）财政健全

财政收支的安排应当确保财政健全或财政平衡，财政收入和财政支出应当大体上保持平衡，以确保财政运行的安全和稳健。在现代社会中，国家已经不再是单纯的守夜人，而是承担了诸多的干预经济、社会福利等职能，财政支出的需求剧增，保持绝对的财政均衡几乎无法实现。2014 年《预算法》修改时，删除了要求中央财政不列赤字的规定，允许中央财政一般公共预算中的部分必需资金通过举借债务的方式予以筹措，但要求必须控制债务的适当规模，保持合理的结构。对于中央举借债务的具体规模和结构目前未有明确的规定，而是由国务院和全国人大在编制和审批乃至执行预算的过程中根据形势的需要做出裁量判断。对中央一般公共预算中举借的债务实行余额管理，余额的规模不得超过全国人民代表大会批准的限额，以此降低财政风险，发挥国债的积极功效。

在地方财政方面，《预算法》第 35 条更加强调财政健全，要求地方各级预算按照量入为出、收支平衡的原则编制，除另有规定外，不列赤字。这里所指的不列赤字，主要强调的是地方政府的经常性收支，即为了保证政府各部门和各项日常活动的开展所必需的支出，如行政事业单位的经费支出、各高校的科研支出，这些项目是最传统和最狭窄的政府职能。经常性支出多属于消费性支出，难以在经济上产生利益回报。举借债务用于经常性支出，意味着政府只能用以后年度的税收加以偿还，其结果必然是国家债务的代际转移。为了避免税收负担代际转移的后果，对经常性支出要求地方财政不列赤字。[1]

（2）系统性和协调性

在安排财政收支时，《预算法》第 36 条要求预算编制应具有系统化的思维，应当与经济社会发展水平相适应，与国家的各项经济政策相互协调与衔接，尤其是财政政策。由于预算编制涉及政府的全部收支，几乎关系到社会生活的方方面面，可以说，预算安排“牵一发而动全身”。由于财政收入来自国家对人民创造的财富的分享，社会经济发展的水平实际上决定了国家财力的规模和水平，因此预算的编制必须与社会经济发展水平相当，不能提前预支以后年度的财政资金，也不能过度限制资金的使用而造成公共物品供给不足。所有社会或经济政策目标的实现最终依赖于财源的支持，财政资金的安排必须保证各项政策的执行与实施，不能与之背道而驰，否则不但将造成财源的浪费，还将导致政策目标无法实现。

（3）效率和统筹原则

财政资源总是稀缺的，《预算法》第 37 条强调财政资金的安排应确保资金的使用效率，一方面，“贯彻勤俭节约的原则，严格控制各部门、各单位的机关运行经费和楼堂馆所等基本建设支出”；另一方面，“统筹兼顾，在保证基本公共服务合理需要的前提下，优先安排国家确定的重点支出”。其中，中央预算和有关地方预算中应当安排必要的资金，用于扶助革命老区、民族地区、边疆地区、贫困地区发展经济社会建设事业。一般来说，财政资金的使用效率强调的是“成本和收益相匹配”。如果说达成一定的社会经济目标可以采取多种手段和方式，在实施效果大致相当的情况下，应当选择实施成本最低，即耗费财政资金最少的手段。如一种方式的实施成本虽然略高于其他方式，但其实施效果显著、能够实现的社会收益明显高于其他方式，那么这种方式以及相应的支出也

---

〔1〕 关于地方政府债务的相关问题，将在本章第三节予以详细介绍和讨论。

应当认为是“节约”的。因此，所谓厉行节约，并不是单纯以“花费最少”为评价标准，而是强调以最少的公共成本取得最大的社会收益和政策效果。

（4）特殊预算资金的备用

预算是有关政府收支活动的预先测算、确定，但由于人类认识的有限性，预算年度内社会经济生活不可能完全提前预知，不可抗力、意外事件等突发性事件，如重大自然灾害等，其发生往往难以预料，一旦发生必然增加财政支出，所需的经费额度却难以提前估算。因此，《预算法》第40—41条规定了特殊的财政留用资金，应对因意外或突发事件所引发的、未被纳入预算范围的财政支出项目。特殊的留用资金包括3种：第一，预算预备费，各级一般公共预算应当按照本级一般公共预算支出额的1%—3%设置预备费，用以处理和应对在该预算年度中发生的自然灾害等突发事件以及难以预见的其他开支。第二，预算周转金，各级一般公共预算按照国务院的规定可以设置预算周转金，用于本级政府调剂预算年度内的季节性收支差额，是为了保证政府部门的及时用款而设置的特殊经费。由于财政支出以当年度的财政收入支应，亦即财政资金采取现收现支的形式，原则上只有当税收征收并进入国库后，政府才可以依据预算使用财政资金。但政府履行职责在任何时间都可能产生资金需求，财政资金的使用进度和税收课征不可能是完全同步的，更重要的是，由于社会经济生活的不确定性和经济发展形势的变化性，预算收入的取得也是难以完全确定的，受到税收征管效率、经济发展等客观条件的影响，更无法均衡地分布于该年度内的各个时期。预算周转金的设置正是为了缓解预算收支存在的时间差而设置的，用于本级政府调剂预算年度内的季节性收支差额。预算周转金只能在资金收少支多时用于临时垫支，在资金收多支少时应如数补充归还，不能用于追加新的支出，年终必须保持原额甚至有所增加，逐年结转使用。各级政府的预算周转金一般从本级政府预算的上一年度的结余中设置和补充，其额度应当逐步达到本级政府预算支出总额的4%。第三，预算稳定调节基金，各级一般公共预算按照国务院的规定可以设置预算稳定调节基金，用于弥补以后年度预算资金的不足。预算稳定调节基金一般来自预算超收的部分。当国家财政实际收入超出预算收入达到一定的比例或金额，超收的预算收入可以纳入预算稳定调节基金。当以后预算年度预算收入的执行无法达到预期目标时，可以动用预算稳定调节基金，用于弥补预算资金的不足。

（三）预算的编制与审批程序

1. 中央和地方草案的编制

《预算法》第31条原则性地规定了预算编制的程序，要求国务院应当及时下达关于编制下一年预算草案的通知，并部署编制预算草案的具体事项。各级政府、各部门、各单位应当按照国务院规定的时间编制预算草案。具体程序则规定于《预算法实施条例》第22—29条。具体而言，财政部于每年6月15日前部署编制下一年度预算草案的具体事项，规定报表格式、编报方法、报送期限等。在中央层面，中央各部门应当按照国务院的要求和财政部的部署，结合本部门的具体情况，组织编制本部门及其所属各单位的预算草案。中央各部门负责本部门所属各单位预算草案的审核，并汇总编制本部门的预算草案，按照规定报财政部审核。财政部审核中央各部门的预算草案，具体编制中央预算草案。国务院财政部门应当及时向全国人民代表大会财政经济委员会和全国人民代表大会常务委员会预算工作委员会通报有关中央预算编制的情况。预算工作委员会应当结合听取全国人大代表和社会各界意见和建议的情况，与国务院财政部等部门密切沟通，研究提出关于年度预算的分析报告。

在地方层面，省、自治区、直辖市政府按照国务院的要求和财政部的部署，结合本地区的具体情况，提出本行政区域编制预算草案的要求。县级以上地方各级政府财政部门应当于每年 6 月 30 日前部署本行政区域编制下一年度预算草案的具体事项，规定有关报表格式、编报方法、报送期限等。县级以上地方各级政府各部门应当根据本级政府的要求和本级政府财政部门的部署，结合本部门的具体情况，组织编制本部门及其所属各单位的预算草案，按照规定报本级政府财政部门审核。各级政府财政部门编制收入预算草案时，应当征求税务、海关等预算收入征收部门和单位的意见。预算收入征收部门和单位应当按照财政部门的要求提供下一年度预算收入的预测情况。县级以上地方各级政府财政部门审核本级各部门的预算草案，具体编制本级预算草案，汇编本级总预算草案，经本级政府审定后，按照规定期限报上一级政府财政部门。县级以上各级政府财政部门审核本级各部门的预算草案时，发现不符合编制预算要求的，应当予以纠正；汇编本级总预算草案时，发现下级政府预算草案不符合上级政府或者本级政府编制预算要求的，应当及时向本级政府报告，由本级政府予以纠正。省、自治区、直辖市政府财政部门汇总的本级总预算草案或者本级总预算，应当于下一年度 1 月 10 日前报财政部。财政部汇总地方预算草案或者地方预算，汇编中央和地方预算草案。

2. 预算草案初步方案的初步审查

预算草案初步方案形成后，应首先由本级人民代表大会的专门委员会进行初步审查。根据《预算法》第 44 条、《全国人民代表大会常务委员会关于加强中央预算审查监督的决定（2021）》的规定，国务院财政部门应当在每年全国人民代表大会会议举行的 45 日前，将中央预算草案的初步方案提交全国人民代表大会财政经济委员会进行初步审查。财政经济委员会对中央预算草案初步方案进行初步审查，并就有关重点问题开展专题审议，提出初步审查意见。财政经济委员会开展初步审查阶段，全国人民代表大会有关专门委员会围绕国家方针政策和决策部署，对相关领域部门预算初步方案、转移支付资金和政策开展专项审查，提出专项审查意见。专项审查意见中增加相关支出预算的建议，应当与减少其他支出预算的建议同时提出，以保持预算的平衡性、完整性和统一性。有关专门委员会的专项审查意见，送财政经济委员会、预算工作委员会研究处理，必要时作为初步审查意见的附件印发全国人民代表大会会议。

省、自治区、直辖市政府财政部门应当在本级人民代表大会会议举行的 30 日前，将本级预算草案的初步方案提交本级人民代表大会有关专门委员会进行初步审查。设区的市、自治州政府财政部门应当在本级人民代表大会会议举行的 30 日前，将本级预算草案的初步方案提交本级人民代表大会有关专门委员会进行初步审查，或者送交本级人民代表大会常务委员会有关工作机构征求意见。县、自治县、不设区的市、市辖区政府应当在本级人民代表大会会议举行的 30 日前，将本级预算草案的初步方案提交本级人民代表大会常务委员会进行初步审查。

3. 预算草案的审查与批准

随着公共财政体制的建立，预算审批权已经成为国家权力系谱的重要组成部分。在公共财政体制下，国家与人民之间将完成公共物品的提供和对价的支付。预算为“国家项目和部门提供资金”，是“建立和追求国家利益的一种至关重要的方式”，是“调整国家政策、改变税收法律以及重新配置政府资金的潜在力量”。〔1〕因此，在民主政治制度下，政府对此不应享有唯一或最终的话语权，而应由全体人民决定其让渡给国家的经济资源将如何被集体使用以及政府预算的适度规模，并对这一预算在各类项目上的分配作出决定。〔2〕在代议制民主下，人民对“公共收入与支出的同意”将通过立法机关的多数决规则得以最终实现。“预算乃是行政机构的生命之源，通过审批预算，将最终决定某一财政年度下特定国家机关能够实际掌握的财政资金的范围，并规定资金的用途和使用方式，在批准预算的同时实际上也批准了一项国家活动，“拨付款项实际包括的是对政府操作行为的默许”〔3〕，通过对资金用度的审批间接考察立法所确立的国家权力及相关国家事务在当年度的必要性和合理性。就此而言，预算审批是一项授权性的国家权力，资金的拨付实际上是国家对行政机关的预算授权。因此，预算审批权在国家权力谱系中居于核心地位，应由立法机关行使。《预算法》第 20 条、第 21 条、第 43 条即规定，中央预算由全国人民代表大会审查和批准。地方各级预算由本级人民代表大会审查和批准。国务院在全国人民代表大会举行会议时，向大会作关于中央和地方预算草案以及中央和地方预算执行情况的报告。全国人民代表大会财政经济委员会向全国人民代表大会主席团提出关于中央和地方预算草案及中央和地方预算执行情况的审查结果报告。

全国人民代表大会和地方各级人民代表大会对预算草案及其报告、预算执行情况的报告将重点审查下列内容：（1）上一年预算执行情况是否符合本级人民代表大会预算决议的要求；（2）预算安排是否符合《预算法》的规定；（3）预算安排是否贯彻国民经济和社会发展的方针政策，收支政策是否切实可行；（4）重点支出和重大投资项目的预算安排是否适当；（5）预算的编制是否完整，是否符合《预算法》第 46 条规定的分类、分项编制的要求；（6）对下级政府的转移性支出预算是否规范、适当；（7）预算安排举借的债务是否合法、合理，是否有偿还计划和稳定的偿还资金来源；（8）与预算有关重要事项的说明是否清晰。中央预算草案经全国人民代表大会批准后，为当年度的中央预算。经人民代表大会批准的预算，非经法定程序，不得调整。

然而，除此以外，《预算法》对预算审批权的权能、审批程序等并未予以明确的规定。人民代表大会以年度会议为基本工作方式，而会议周期较短、用于预算审查的时间极为有限，已经成为人大代表审查预算草案的重要掣肘。迫于时间的限制，人大代表难以对

---

〔1〕 Allen Schick, *The Federal Budget: Politics, Policy, Progress (3th Edition)*, The Brooking Institution, 2007, p.2.

〔2〕 参见［美］詹姆斯·M. 布坎南：《民主过程中的财政——财政制度与个人选择》，唐寿宁译，上海三联书店 1992 年版，第 98 页。

〔3〕［法］莫里斯·奥里乌：《行政法与公法精要》（下册），龚觅等译，郑戈校，春风文艺出版社 1999 年版，第 151 页。

预算草案进行逐项的审查。人大对政府所提出的预算草案只能作全有或全无的选择，能够从技术性和专业性的角度对预算草案提出实质性审查意见的人大代表相当有限，所作的审查基本停留于形式，实质审查极为鲜见。全国人大对特定预算项目是否享有修改的权力，预算一旦被否决后续程序如何进行等，当前《预算法》均未予以规定。为了实现立法机关对预算草案审查的实质化，一方面，应当提高人大代表在财政政策方面的专业化知识，更重要的还在于为人大代表提供相应的专业化的咨询与辅助，使其能够真正理解财政政策对社会、经济发展的影响，具备对预算草案进行实质性审查的能力。另一方面，对预算审批的权限范围应当予以明确，对预算草案加以批准、修正或否决，均为该权力行使的应有之义。同时，对预算审批权的行使方式、步骤等程序也应当予以规定，这不仅有利于保证人大代表有更充裕的时间提前了解预算草案的内容，也有利于保证对该权力的程序性约束。

4. 预算的批复与备案

在预算通过后，省一级以下地方政府应当向上一级政府和／或本级人大常委会完成相应的备案手续，其备案的内容包括本级政府经批准的预算和下一级政府报送备案的预算。乡、民族乡、镇政府应当及时将经本级人民代表大会批准的本级预算报上一级政府备案。县级以上地方各级政府应当及时将经本级人民代表大会批准的本级预算，并汇总下一级政府报送备案的预算，报上一级政府备案。县级以上地方各级政府将下一级政府报送备案的预算汇总后，报本级人民代表大会常务委员会备案。国务院将省、自治区、直辖市政府报送备案的预算汇总后，报全国人民代表大会常务委员会备案。所谓的“备案”，性质上应当是“观念通知”，上一级政府对下一级政府报送的预算不需要进行审查或批准。但《预算法》第 51 条又规定了其享有“提请撤销权”，即国务院和县级以上地方各级政府对下一级政府依照规定报送备案的预算，认为存在与法律、行政法规相抵触或者其他不适当之处，需要撤销批准预算的决议的，应当提请本级人民代表大会常务委员会审议决定。那么，这项权力是源自监督权还是一项独立的权力，如果可以提请撤销，备案是否还是一种纯粹的“观念通知”，不无疑问。由于下一级政府预算在上一级政府预算编制时即应当予以报送和汇总，那么，在下一级政府预算被撤销的情况下，是否影响上一级政府的预算，同样值得关注。

财政部应当自全国人大批准中央预算之日起 30 日内，批复中央各部门预算，中央各部门应当自财政部批复本部门预算之日起 15 日内，批复所属各单位的预算。各级预算经本级人民代表大会批准后，本级政府财政部门应当在 20 日内向本级各部门批复预算。各部门应当在接到本级政府财政部门批复的本部门预算后 15 日内向所属各单位批复预算。

四、预算的执行

预算审批生效后，应当开始执行。预算具有法规范性，对国家机关具有拘束力。预算和法律存在诸多的不同。首先全国人大审议预算并不适用《立法法》所规定的立法程序。预算只在一个会计年度内有效，并以计数的方式表示，因而不具有在相同条件下反复适用的一般性，反而是对象特定、事项具体且只适用一次。从规范构造上来看，预算也不具备“构成要件—法律后果”的结构。从强制性来考察，就收入预算而言，实际收入与预算收入金额不符的情况并不鲜见，就支出方面而言，预算有设定支出金额上限、限定支出时期和用途的效果，但不具有拘束执行机关必须完全依照确定金额支出的效力，可以说，预算不具有完全的强制性。

《预算法》第 55 条、第 56 条规定了预算收入的执行，要求预算收入征收部门和单位，必须依照法律、行政法规的规定，按照财政管理体制、征收管理制度和国库集中收缴制度，及时、足额征收应征的预算收入，不得违反法律、行政法规规定，多征、提前征收或者减征、免征、缓征应征的预算收入，不得截留、占用或者挪用预算收入。各级政府不得向预算收入征收部门和单位下达收入指标。除依法缴入财政专户的社会保险基金等预算收入外，政府的全部收入应当按照规定的预算级次、政府收支分类科目、缴库方式和期限上缴国家金库，任何部门、单位和个人不得截留、占用、挪用或者拖欠。这一规定强调的是预算收入的依法征收，税法等法律依然是财政收入取得的法律依据，预算本身并不发生授权征收财政收入的效力，收入机关一般不得仅依据预算征收收入。就此而言，收入预算在性质上只是对特定年度内国家收入的预估，既不是命令税务机关应当获取预算金额的收入，也并非要求税务机关只能获取预算金额的收入，超出预算金额的收入或征收不足并不是当然违法。因此，税收预算的作用主要在于指明收入的来源，并预估其金额，其效力无非在于提示收入机关的工作目标，而无真正的授权或限制意义。

在支出预算方面，支出预算虽不设定执行机关支出预算资金的强制义务，但发生限定支出最高数额的效力，政府支出财政资金以各预算科目所设定的金额为最高限度，超出各科目金额的支出，原则上构成违法，但不足额的支出则不必然构成违法。预算编制的科目，层次分明，并依照其性质分门别类，已指明各机关编列该预算科目的目的和用途。因此，支出机关在执行预算时在预算金额的限度内必须依照预算所设定的目的使用财政资金，不得基于非预算目的而使用，即“目的外使用的禁止”。各预算执行单位不得擅自扩大支出范围、提高支出标准，应严格按照预算规定的支出用途使用资金，合理安排支出进度。此外，预算既以年度为期间编制，每一会计年度预算金额仅限于当年度内使用。而不得当然转入下一年度继续支用。但既然国家是永续存在且持续活动的，以一个年度进行财务上的区分，固然具有限定期间来达成预算平衡的目标，但如果过于严格，仍可能妨碍行政乃至国家的平顺运作，因此，《预算法》也规定了少数的例外情形，如第 42 条规定各级政府上一年预算的结转资金，应当在下一年用于结转项目的支出；连续两年未用完的结转资金，应当作为结余资金管理。此外第 54 条还规定，预算年度开始后，各级预算草案在本级人民代表大会批准前，可以安排下列支出：（1）上一年度结转的支出；（2）参照上一年同期的预算支出数额支付的本年度部门基本支出、项目支出，以及对下级政府的转移性支出；（3）法律规定必须履行支付义务的支出，以及用于自然灾害等突发事件处理的支出。

预算自人大批准后开始执行。然而，全国人大开会一般在 3 月中旬，批准之后还须经45天的时间批复各单位，这意味着一个预算年度的5月之前并无当年度的预算可供执行，虽然《预算法》规定可以参照上一年同期的预算支出数额安排支出，但这意味着经过法定程序审批通过的预算在当年度的1—5月并不会得到执行，由此必然造成预算的法规范性的削弱。

由预算的计划性决定，预算的执行将是动态调适的过程。由于预算的编制具有主观预测性，从编制、审批到执行经过较长的周期，预算执行所处的实际环境条件与制定预期的环境条件可能存在较大的不同，发生未能提前预料的特殊情况甚至突发事件，严格执行预定的计划反而可能导致僵化，为此，预算执行保留了一定的弹性，可以根据情势变迁对预算进行必要的调整。《预算法》第67条规定了进行预算调整的4种情形：（1）需要增加或者减少预算总支出的；（2）需要调入预算稳定调节基金的；（3）需要调减预算安排的重点支出数额的；（4）需要增加举借债务数额的。预算调整应当由本级人大常委会审批。

此外，《预算法》还规定了科目流用和动用预备费两种预算执行的特殊情形。原则上各部门、各单位的预算支出应当按照预算科目执行，严格控制不同预算科目、预算级次或者项目间的预算资金的调剂，确需调剂使用的，按照国务院财政部门的规定办理。在预算执行中，如发生自然灾害等突发事件，必须及时增加预算支出的，应当先动支预备费；预备费不足支出的，各级政府可以先安排支出。各级预算预备费的动用方案，由本级政府财政部门提出，报本级政府决定。

第三节 财政收入法

一、财政收入法概述

无财政资金的支应，任何政府都无法存在。只有当人民让渡一定的财产给国家，国家才能提供公共物品、履行管理社会经济生活的职能，而国家提供公共物品的过程，实际上也就是保障人民基本权利、创造经济发展必要的环境和条件的过程，是税源涵养的过程。如果从人民手中取得的财产可以全部用于公共物品的提供，并在不同的项目进行合理有效的安排，人民的公共欲望得到满足，权利得到保障，就可以创造更多的国家可以参与分配的社会新增价值。公共财政，乃至整个国家机构的运作，也就能够实现良性的循环。因此，财政收入和支出是公共财政的一体两翼，两者之间必须进行现实的沟通。

财政资金的总量与公共物品的规模和质量存在相互制约的关系。如果任由国家获取财政资金而不加以任何约束的话，结果将会是国家机构及其职能膨胀到无法控制的程度，国家包办一切，人民的自由空间被挤压，市场经济也可能因此不复存在。因此，国家获取财政资金的方式与规模都应当有所限制，一方面，防止政府随意从人民手中取得财产，造成财产权从私人部门向公共部门的过度转移；另一方面，确保国家所能够取得的资金规模具有可预测性和可期待性，可以根据测算的财政收入规模提前安排其使用的方向。

因此，在公共财政体制下，国家财政收入的取得方式和规模应考虑两个基本的因素：第一，财源的选择。国家是永续存在的，所以财政收入首先应当保证有足够的稳定性和持久性。财源越普遍、越稳定，越应该成为主要的财政收入获取方式。第二，人民及其财产的财政负担能力。要保证财政收入的确定性，最优的方式自然是法定。在各种财政资金获取方式中，一种方式对人民基本权利的直接限制或剥夺程度越深，法定化的程度应当越高。财产负担的公共成本越多，分配的标准也应当越明确。

财政收入权直接关系到国家能够以何种方式取得财政资金以及所能够取得的财政资金的范围和规模。在不同的国家，财政收入的权属范围及其内涵的不同也直接决定国家收入体系的差异。我国并未对财政收入作出全面的规定，仅仅在《预算法》第 27 条规定，一般公共预算收入包括各项税收收入、行政事业性收费收入、国有资源（资产）有偿使用收入、转移性收入和其他收入，对预算外的资金收入则语焉不详。国家能够以何种方式取得财政资金取决于立法机关授予的征收权限，因此，财政收入的权属决定了国家取得的财政收入类型。从各国的规定来看，课税权、行政收费权、国有资产收益权以及国债发行权是最为主要的收入权属。

（一）征税权〔1〕

从当前各国的财政收入来看，税收收入均占有较大的比重。目前我国一共开征 18 个税种，包括增值税、企业所得税、个人所得税等，制定了相对庞杂的税法体系。税收是人民将受国家保护的财产所产生的部分收益无偿让渡给国家，具有非对价性、固定化、经常性、标准性和强制性的特质，是绝大多数国家最为重要的财政收入来源。我国同样以税收作为最主要的财政收入来源，即使在计划经济时代也是如此。

在市场经济体制下，国家不再是市场的参与者，而仅仅作为市场秩序的维护者和协调者。国家很少直接握有各种财产，不再以国有财产直接从事生产经营，而是以所有权分离的形式间接运营国有财产，无法取得自营收入。在此情况下，为维持国家机构的正常运行，国家的财政需求只能转移给国民财富的生产者，使其按一定的比例进行分担，让渡一定比例的财产给国家。人民将部分财产收益归国家所有，以作为国家保护其财产权和经济自由的对价。这一财产的让渡以法律的形式加以固定化和常态化，即以税收的形式缴纳给国家。人民以此分担国家提供公共产品的成本，并以“量能负担”“普遍负担”在人民之间进行平等分担，使国家运营成本在人民间的分配体现平等与正义。因此，在市场经济体制下，国家的经常性收入必然为税收，而其他经济活动收入或税收之外的强制性收入则仅作为补充。

（二）规费征收权

税收与规费同是国家财政收入的重要来源。但两者存在根本区别。行政规费，或行

---

〔1〕 有关税收课征及其规范体系，将在本书第十三章予以阐述和讨论。

政事业性收费收入，是行政事业单位依法提供特定公共服务而向服务的直接受益者收取的费用。与税收的征收不同，行政规费的征收必须以国家提供公共服务，且该服务所产生的利益能直接为特定相对人所享有为前提。由于相对人可直接享有公共服务的利益，该相对人即必须负担国家提供该服务所发生的成本费用。行政规费的征收以补偿行政机关为提供该服务所支出的成本、费用为原则。因此，行政机关所收取的行政规费实只能弥补提供公共服务所发生的支出，并未因此取得任何收益。而税收是纳税人的单方负担，用于满足一般的公共财政需要。国家享有征税的权力而不负担直接的对待给付义务。[1]纳税人并非为个人享有的特定公共服务支付对价，而是对作为整体、不可分割的公共服务提供必要的资金。纳税人作为整体享受国家所提供的公共服务。国家本身可不受对价的拘束，可以自行选择公共服务的目标、提供的方式和手段。国家税收的取得固然在于"提供国家之给付与服务，以增进个人经济行为之自由"，[2]但所提供的公共物品通常具有普遍意义，享有公共物品的主体并不确定，因此，其公共服务的提供义务是超出税收征收义务的。税收的征收并无直接或具体的对待给付义务，这是其与行政规费的根本区别。

从权力的角度而言，课税权满足一般性的公共需求，而行政规费征收权则是行政职务的副产品。国家是否能够享有新的规费征收权，取决于行政行为的性质及可能衍生的新的受益。相较之下，由于公民的规费缴纳义务与所享有的公共服务之间存在直接的对价关系，因此，尽管规费征收权同样是基于公法而生的强制性收入权，其强制性却弱于无偿征收的课税权。但由于规费征收权直接衍生于行政行为，有学者因此亦认为规费创设之权并不在立法者[3]，这就造成规费征收权的行使在很大程度上游离于法律的控制之外[4]。缺乏规制的规费征收权可能切断规费征收与特定公共服务及其直接受益者的直接联系，使规费征收权沦为国家侵犯公民财产的另一权力来源，同样将影响公民财产权和基本权的实现。因此，规费征收权同样应当纳入法律规制的轨道中。

（三）国有资产收益权

国有资产收益是国家在管理、运营国有资产过程中所取得的收益，是原有国有资产产生的新的增值。对国家而言，取得国有资产收益以国家享有财产所有权为前提，并作为所有人参与市场竞争、从事各种经营活动，因此，国有资产收益并非固定性收益，而是取决于国家经营行为的收益性和营利性，该项财政收入虽可期待却具有相当的不稳定性。加之国家以"最大的资金持有者"的身份参与市场竞争，较私经济主体享有先天优

---

〔1〕 尽管有学者提出，由于租税是为取得国家提供的公共物品而支付的对价，租税的前提即国家公共物品的提供。因此，租税的给付与国家公共物品的提供构成税收之债双方当事人的主义务。因而其主张，税收并非单纯的单方债务，而更应该是双方债务。但国家的这种对待给付义务仅具有抽象层面的意义，从具体纳税人与国家的关系来看，国家对纳税人并不承担直接的给付义务。

〔2〕 参见葛克昌：《税法基本问题——财政宪法篇》，北京大学出版社2004年版，第119页。

〔3〕 参见葛克昌：《税法基本问题——财政宪法篇》，北京大学出版社2004年版，第58页。

〔4〕 我国当前乱收费现象已成为财政活动无法回避的问题，就笔者看来，规费权的立法控制的缺失是造成这一现象的重要原因。

势，对市场主体的营业积极性、竞争秩序和职业自由均有所妨碍，营业自主性和积极性的挫伤难以避免。因此，即使在以公有制经济为经济基础的国家〔1〕，国有资产收益也非国家财政收入的主要部分。

与规费和税收相比，国有资产收益的取得并不具有强制性，国有资产收益权类似于私法上的财产收益权。但从本源上来看，国家无法自行取得国有财产，国有财产来源于人民的财产让渡。国家不过作为虚拟组织为全体公民代行国有财产的所有权和收益权，国家所管理、运营的财产仍然属于公民的财产。更重要的是，国家在行使国有资产收益权时，必然成为市场上最大的投资主体和消费者。与私的市场主体相比，由于国家握有巨额的国有资产，其资金的投降将直接影响市场秩序的形成和整体的资源配置，从而对其他市场主体的经营行为产生或多或少的引导和限制。因此，国有资产收益权尽管并非公法权力，但其行使仍具有一定程度的强制性，行使的合理性和有效性更关系到国有资产增值的可能性和现实性，亦应当在法律规制的范围之内。

（四）国债收入权

政府在预算收支上入不敷出、不能平衡时，基于财政上的需要，在承诺定期还本付息的条件下，向个人、商业团体、金融机构、外国政府或国际组织举借的债务〔2〕，是为国债。随着国家职权的扩张，国家财政支出增加，造成财政压力，而“租税收入有其历史条件限制，一国之国民经济所能提供的税收，均有极限”〔3〕，导致国家不得不大幅举债，其中尤以国债的发行为最。在财政赤字思想的主导之下，国债的发行收入也逐渐在国家的财政收入中占有一定的比重。

在国债发行中，国家作为债务人与国债投资人发生债权债务关系。单从表面上看，国家发行国债取得资金的使用权而承担到期偿还债务并给付利息的义务，而国债投资人则享有相应的债权，国家与国债投资人之间处于平等的法律地位，国家发行国债是以货币为标的的借贷法律关系，与权力的行使无关，与公民的权利亦并无太大的影响。但在政府借款的情况下，公共成本并非在其发生时即分摊由国民负担，而是被延续或推迟到以后时期才还本付息〔4〕，以税收作为担保，因此，国债也不过是“税收的先征”。更何况，发行国债不仅可能增加政府的开支，也具有政策工具的功能。国家通过国债的发行，可以达到财政统治与政策诱导的目的，在经济不景气时期以国债投入增加投资或消费加以调整，促进经济的增长。因此，国债发行权具有隐性的权力性格，同样应经由财政民主手段，受到立法的约束，防止财政赤字扩大，以保持财政之健全，并兼顾全体国民的平等保护和国债投资者的利益保护〔5〕。

---

〔1〕 我国在1994年税制改革实行“利改税”之后，国有企业不再直接上缴利润，而以缴纳所得税的形式来缴纳利润。即使在税制改革之前，国有企业所上缴的利润在总财政收入中的比重也难以同税收相比。

〔2〕 参见蔡茂寅：《宪法公债概念及基本原则之研究》，台湾大学1997年法学硕士论文，第69页。

〔3〕 参见熊彼特：《税收国家的危机》，转引自葛克昌：《国家学与国家法——社会国、租税国与法治国理念》，月旦出版社1996年版，第98页。

〔4〕 参见布坎南：《赤字中的民主》，北京经济出版社1992年版，第16页。

〔5〕 参见蔡茂寅：《宪法公债概念及基本原则之研究》，台湾大学1997年法学硕士论文，第69页。

此外，财政收入还包括转移性收入和其他收入。转移性收入是指上级税收返还和转移支付、下级上解收入、调入资金以及按照财政部规定列入转移性收入的无隶属关系政府的无偿援助。转移性收入是政府间财政资金的无偿转移，是接受方政府的财政收入来源，通常是上级政府向下级政府的转移支付，但也存在相同层级政府间的财政转移。财政转移支付是为了解决政府间的收支不平衡，尤其是一般性转移支付，往往不附加任何条件，成为接受方可以根据其自身意愿自由使用的财政资金。其他收入则包括政府性基金收入、专项收入、彩票资金收入、罚没收入和其他收入。

不同的收入工具通常相互结合使用，为国家提供获取财政资金的可能途径，达成国家政治及经济稳定的作用〔1〕。宪法上的收入体系既是财政国家的前提，又提供法治国家民主制度的财源基础，并满足社会给付国家的资金需求。不同的财政收入，由国家依宪法征收或取得，应当受到宪法的限制。〔2〕

二、国债法律制度

（一）国债的性质及其调控功能

国债是政府以政府信用为基础，按照债的一般原则，通过向社会筹集资金所取得的财政收入。国债是政府筹集财政资金的重要方式之一，与其他财政收入相比具有以下基本特征：第一，国债是以政府信用为基础形成的债权债务关系。政府是国债法律关系的债务人，以其信用为基础举借债务。由于国债以政府信用为基础，到期违约的风险相对较小，具有较高的安全性，因此被称为“金边债券”。第二，国债具有有偿性。举借国债在政府与债权人之间形成借贷法律关系，作为债务人，政府须承担到期还本付息的义务。第三，国债具有自愿性。社会公众、外国政府或国际组织是否向一国政府借出资金、借出多少金额的资金、借出资金的方式等，均由其自主决定，任何单位和个人不得予以强制。

国债按照不同的标准，可以划分为不同的类型。如按举借债务的主体，可以分为中央政府国债和地方政府债务；按偿还期限，可以分为定期国债和不定期国债；按发行的地域，可以分为国内债务和国际债务；按流通性，可分为上市国债和非上市国债等。

为国家财政筹集资金以弥补财政赤字是国债的重要功能之一，也是其产生的重要原因。随着国家职能的不断扩张，财政支出不断增加，仅依靠税收已无法满足国家的资金需求，国债应运而生。因此，国债是与财政赤字相联系的财政收入形式，是为了弥补财政收支差额而产生的。弥补财政赤字是国债最原始、最基本的政策目标。以发行国债的方式弥补财政赤字，只是社会资金使用权的暂时转移，不会加重纳税人的财产负担而引发社会公众的不满，也不会造成社会上货币供应量的增加而引发通货膨胀，可以较为迅速灵活且有效地筹集所需要的资金。同时，国债也是国家实施宏观调控的重要工具，对熨平经济周期和实施宏观调控具有相当重要的意义，有利于调节积累和消费的关系，调

〔1〕 参见张昌邦：《税捐稽征法论》，文笙出版社 1979 年版，第 43 页，注 1。

〔2〕 参见葛克昌：《税法基本问题——财政宪法篇》，北京大学出版社 2004 年版，第 71 页。

节投资结构、促进产业结构优化，还有利于调节社会总供给和总需求的平衡。

自 1981 年 1 月以来，国务院、财政部以及其他部委相继颁布了一系列的法律规范性文件，对国债的举借、国债的发行与流通等问题予以规定，包括国务院制定的《国库券条例》《特种国债条例》，中国人民银行、财政部颁发的《凭证式国债质押贷款办法》（银发〔1999〕231 号）、财政部制定的《政府债券登记托管结算管理办法》（财库〔2023〕18 号）等以及规范地方政府债券的《地方政府债券公开承销发行业务规程》（财库〔2018〕68 号）等法律规范。从总体上看，现行国债法律规范的效力层次过低，国债发行审批和管理等程序存在立法的空白，这使得国债的发行缺少法律的约束，国债资金的使用尤为混乱。

（二）国债的发行与交易

在通常情况下，财政部为中央政府债券的发行主体。《预算法实施条例》第 58 条规定，财政部应当在中央政府债务限额内决定国债发行的品种、结构、期限和时点。为保证发行的国债数额符合国家财政运行的需要而不会对经济发展造成较大冲击，财政部在发行前应当对国债发行可能产生的影响加以必要预测分析，并保证国债发行数额不超过相应的国家债务承担比例。全国人大并不对国债的发行进行逐项审批，而是实行余额管理，即批准中央一般公共预算债务的余额限额，在此限额内，只要债务余额的规模，即中央一般公共预算中举借债务未偿还的本金，不超过全国人民代表大会批准的限额，即可自主合理安排国债的发行。

中央政府债券通常为记账式或凭证式国债。国债的发行通常可以采用直接发行、连续发行、承购包销发行和公募招标发行等方式。财政部一般不直接发行国债，主要采用公募招标方式和承购包销方式。其中，公募招标方式通过投标人的直接竞价来确定国债的发行价格（或收益率），发行人将投标人的报价，自高价向低价排列或自低利率到高利率排列，发行人从高价选起，直到达到发行的数额为止。〔1〕承购包销方式则是承销商将发行人的国债按照协议全部购入或者在承销期结束时将售后剩余的国债全部自行购入的承销方式，包括全额包销和余额包销两种方式。国债可以向个人投资者、企业投资者或机构投资者发行。但只有银行间债券市场和交易所债券市场的国债承购包销团成员才分别有资格参与全国银行间债券市场和交易所债券市场发行的记账式国债的拍卖，包括竞争性和非竞争性投标。社会个人和其他机构投资者只能购买凭证式国债，或向参与国债投标的承销商认购国债，不能直接参与国债投标。国债发行可以是平价发行、溢价发行或折价发行〔2〕。

发行后的国债可以在证券交易所、银行间债券市场和银行柜台市场进行流通买卖，前者为场内市场，国债在证券交易所开设的交易市场进行流通，买卖双方委托经纪人在交易所内代为买卖。根据《上海证券交易所债券交易规则》，国债交易可以采用匹配

〔1〕 2023 年财政部发行记账式国债即采取了竞争性招标的方式。参见 http：//gks.mof.gov.cn/ztztz/guozaiguanli/gzfxzjs/202312/t20231207_3920307.htm，2023 年 12 月 10 日访问。

〔2〕 2023 年财政部发行记账式贴现国债即采用了低于票面金额的价格贴现发行的方式。参见 http：//gks.mof.gov.cn/ztztz/guozaiguanli/gzfxzjs/202312/t20231207_3920307.htm，2023 年 12 月 10 日访问。

成交[1]、点击成交[2]、询价成交、[3]竞买成交[4]和协商成交[5]等交易方式。后两者为场外市场，通常以询价的方式完成交易。

（三）地方政府债务法律制度

为了保证地方政府可以更好地提供公共物品，《预算法》第35条规定省一级政府可以通过发行地方政府债券的方式筹措资金。发行地方债券的主体仅限于省一级地方财政，除此以外，省以下的地方政府及其所属部门不得以任何方式举借债务。但地方政府发行债券取得的资金只能用于建设投资或公益性资本支出，不得用于经常性支出。投资建设项目，通常可以通过收取费用而取得一定的利益回报或至少是成本补偿，以此作为还本付息的来源，可以在很大程度上降低财政借款的风险。地方政府债务余额实行限额管理。各省、自治区、直辖市的政府债务限额，由财政部在全国人民代表大会或者其常务委员会批准的总限额内，根据各地区债务风险、财力状况等因素，并考虑国家宏观调控政策等需要，提出方案报国务院批准。各省、自治区、直辖市的政府债务余额不得突破国务院批准的限额。

地方政府举债的方式仅限于发行地方政府债券。根据《预算法》规定，除了发行债券，地方政府及其所属部门不得以任何方式举借债务。除法律另有规定外，地方政府及其所属部门不得为任何单位和个人的债务以任何方式提供担保，以免形成政府的或有负债。相对而言，发行债券较为公开透明，易于监督，民众可以清楚地了解政府承担债务的规模并判断其债务偿还能力。政府借债的金额往往较大，债券通常向社会上不特定的多数人公开发行，便于筹集社会上的闲散资金，易于取得预期的债务发行收入。因此，地方政府通过发行债券的方式举借债务。为了确保在债务清偿能力的范围内借债，地方政府应在国务院下达的限额内举借债务，列入本级预算调整方案，报本级人民代表大会常务委员会批准。

为了规范地方政府债券发行，2018年以来财政部相继制定了《地方政府债券公开承销发行业务规程》（财库〔2018〕68号）、《地方政府债券弹性招标发行业务规程》（财库〔2018〕74号）、《财政部关于开展通过商业银行柜台市场发行地方政府债券工作的通知》（财库〔2019〕11号）、《财政部关于进一步做好地方政府债券发行工作的意见》（财库〔2020〕36号）、《地方政府债券发行管理办法》（财库〔2020〕43号）、《关于进一步做好地方政府债券柜台发行工作的通知》（财库〔2020〕49号）、《地方政府债券信息公

〔1〕匹配成交是指交易系统按照价格优先、时间优先的原则和本规则相关规定，对债券交易申报自动匹配成交并实行多边净额结算的交易方式。

〔2〕点击成交是指报价方发出报价，相关报价经其他债券投资者点击后由交易系统确认成交，或者依据本规则相关规定通过交易系统自动匹配成交的交易方式。

〔3〕询价成交是指询价方向做市商或者其他债券交易参与人发送询价请求，并选择一个或者多个询价回复确认成交的交易方式。

〔4〕竞买成交是指卖方在限定时间内按照确定的竞买成交规则，将债券出售给最优应价的单个或者多个应价方的交易方式。

〔5〕协商成交是指债券投资者之间通过协商等方式达成债券交易意向，并向交易系统申报，经交易系统确认成交的交易方式。

开平台管理办法》（财预〔2021〕5号）、《地方政府债券信用评级管理暂行办法》（财库〔2021〕8号）等一系列其他规范性文件。

根据上述规定，地方政府发行债券通常包括一般债券和专项债券。一般债券是为无法产生收益的公益性项目发行，主要以一般公共预算收入作为还本付息的资金来源的政府债券。专项债券是为能够产生一定收益的公益性项目发行，以公益性项目对应的政府性基金收入或专项收入作为还本付息的资金来源的政府债券。地方债券的发行期限为1年、2年、3年、5年、7年、10年、15年、20年、30年。允许地方结合实际情况，采取到期还本、提前还本、分年还本等不同还本方式。地方政府债券的发行应遵循公平、公正、公开和平等自愿原则。公开发行的地方政府债券可以采取柜台发行、弹性招标或公开承销方式。通过商业银行柜台发行的地方政府债券以中短期为主，地方财政部门应当结合实际情况，优先选择具有本地区特点、项目收益较高的债券，期限方面优先考虑安排5年期以下（含5年期）债券。发行利率（或价格）按照市场公开发行利率（或价格）确定，发行额度面向柜台业务开办机构通过数量招标方式确定。弹性招标，是指各省财政部门预先设定计划发行额区间，依据投标倍数等因素确定最终实际发行量的招标发行方式，原则上采用单一价格招标方式，招标标的为利率或价格。公开承销，适用于公开发行规模较小的地方政府债券，是指各省财政部门与主承销商协商确定利率（价格）区间后，由簿记管理人组织承销团成员发送申购利率（价格）和数量意愿，按事先确定的定价和配售规则确定最终发行利率（价格）并进行配售的行为。弹性招标或公开承销均由地方财政部门通过财政部政府债券发行系统、财政部上海证券交易所政府债券发行系统、财政部深圳证券交易所政府债券发行系统开展。

地方财政部门应当按规定及时向财政部报送本地区地方政府债券发行计划。地方政府债券发行兑付过程中出现重大事项应及时向财政部报告。地方政府举借的债务应当有偿还计划和稳定的偿还资金来源。通常以债务收入的投资项目所产生的收益作为偿还资金的来源。但由于投资项目具有公益性，且投资存在市场风险，能否取得投资收益用以偿债存在较大的不确定性。为了避免出现地方政府偿债危机，国务院建立地方政府债务风险评估和预警机制、应急处置机制以及责任追究制度，及时评估地方政府的债务清偿能力和债务风险状况，对债务高风险地区提出预警，并监督化解债务风险。国务院财政部门对地方政府债务实施监督。地方政府发行债券却无力偿还将发生何种法律后果，《预算法》并没有明确的规定，中央政府是否将作为最后担保人代为清偿债务、债券持有人可以采取哪些措施来实现其债权、能否申请地方政府破产等，这些问题都有待于进一步的立法规定。

三、行政事业性收费法

（一）行政事业性收费概念与特征

根据国家发展改革委、财政部的《行政事业性收费标准管理办法》（发改价格规〔2018〕988号）第3条的规定，行政事业性收费（以下简称“收费”），是指国家机关、事业单位、代行政府职能的社会团体及其他组织根据法律法规等有关规定，依照国务院规定程序批准，在实施社会公共管理，以及在向公民、法人和其他组织提供特定公共服务过程中，向特定对象收取的费用。[1]根据收费资金的性质，可将行政事业性收费分为行政性收费和事业性收费。行政性收费，是国家行政机关以及其他单位在依法行使行政管理职权的过程中，按照法律、行政法规的规定，向公民、法人和其他组织收取的费用。基本类型为资源性收费、管理性收费和证照性收费等。行政事业性收费具有如下特点：第一，补偿性。行政事业性收费是对行政机关、事业单位或其他单位提供的特定公共服务所发生的成本费用的补偿，不以营利为目的。第二，行政事业性收费对象的特定性。行政事业性收费遵循“受益者负担原则”，只能向已经或将要接受公共产品或服务的主体收取。第三，法定性。行政事业性收费的法定性，一是指收费主体法定，只有依据法律的规定承担提供公共产品或服务的主体才享有收费权。二是指收费范围和标准法定，享有收费权的主体只能在收费范围内依据法定标准收取费用。三是收费程序法定，收费应当严格遵守法定程序进行。第四，非强制性，基于受益者负担原则，行政事业性收费只能向接受公共服务的主体收取，公民、法人或其他组织对是否接受政府提供的公共服务享有自主选择的权利，因此，行政事业性收费具有非强制性的特点。

当前我国尚未制定规范行政事业性收费的相关法律。仅有财政部、国家发展改革委等部门对此制定了《行政事业性收费项目审批管理暂行办法》《行政事业性收费标准管理办法》(发改价格规〔2018〕988号)等其他规范性文件，效力位阶相对较低。此外，各地也针对行政事业性收费分别制定了效力位阶不同的法律规范，如北京市人民代表大会1994年通过的《北京市行政事业性收费管理条例》，四川省人民政府1989年制定、2011年修改的《行政事业性收费管理办法》，湖南省财政厅、湖南省发展和改革委员会制定的《湖南省行政事业性收费项目审批管理办法》等，数量异常庞大。由于缺少全国统一、普遍适用的法律，行政事业性收费权的设定、收费标准、实施主体和收费程序等较为混乱，这导致各地收费项目繁多、收费标准不一，乱收费、费挤税等问题层出不穷。

（二）行政事业性收费项目的设立与审批

《立法法》第11条第9项规定，基本的财政制度只能由全国人民代表大会制定法律。行政事业性收费的创设权等是否属于法律应当保留的“基本财政制度”，并不明确。根据《行政事业性收费项目审批管理暂行办法》的规定，收费项目实行中央和省两级审批制度。国务院和省、自治区、直辖市人民政府（以下简称省级政府）及其财政、价格主管部门按照国家规定权限审批管理收费项目，除此以外，其他任何单位均无权审批收费项目。根据该办法的规定，中央单位[2]申请设立收费项目，应当向财政部、国家发展改革委提出书面申请，由财政部、国家发展改革委审批。如申请设立的收费项目属于在全国范围内实施的资源类收费、在全国范围内实施的公共事业类收费或对国民经济和社会发展具有较大影响的其他收费等重要收费项目，应当向财政部、国家发展改革委提出书

〔1〕《财政部关于加强政府非税收入管理的通知》(财综〔2004〕53号)对行政事业性收费的定义与此基本相同。

〔2〕 中央单位指中央国家机关、事业单位、代行政府职能的社会团体及其他组织。

面申请，由财政部、国家发展改革委审核后报国务院批准。

省级国家机关、事业单位、代行政府职能的社会团体及其他组织等省级单位和省以下国家机关、事业单位、代行政府职能的社会团体及其他组织等省以下单位，申请设立一般收费项目，应当向省、自治区、直辖市财政、价格主管部门（以下简称省级财政、价格主管部门）提出书面申请，由省级财政、价格主管部门审批。省级单位、省以下单位申请设立重要收费项目，应当向省级财政、价格主管部门提出书面申请，由省级财政、价格主管部门审核后报省级政府批准。地方重要收费项目的范围由省级财政、价格主管部门确定。省级单位、省以下单位申请设立专门面向企业的收费项目，应当向省级财政、价格主管部门提出书面申请，经省级财政、价格主管部门审核后报省级政府审批，省级政府在审批之前应当征得财政部和国家发展改革委同意。省级政府及其财政、价格主管部门批准设立的收费项目，应当于批准之日起 30 日内报财政部和国家发展改革委备案。

除法律、行政法规另有规定外，省级单位、省以下单位申请设立的收费项目，属于下列情况的，应当通过本系统或行业的中央主管部门统一向财政部、国家发展改革委提出书面申请，由财政部、国家发展改革委审批：（1）在全国范围内实施的考试收费；（2）在全国范围内实施的证照收费；（3）在全国范围内实施的注册、登记等管理性收费；（4）在全国范围内实施的检验、检测收费；（5）在全国范围内实施的其他收费。省级政府及其财政、价格主管部门无权审批在全国范围内实施的收费以及中央单位的收费项目。

收费项目的审查主要遵循国际惯例或国际对等原则以及收费项目的法律依据，在无明确法律依据的情况下，只要提供服务的对象具体、明确，同样可以进行项目的审批。

（二）行政事业性收费的标准

行政事业性收费标准同样实行中央和省两级审批制度。省级政府的价格、财政部门按照规定权限审批收费标准。未列入行政事业性收费目录清单的收费项目，一律不得审批收费标准。中央有关部门和单位以及全国或者区域（跨省、自治区、直辖市）范围内实施收费的收费标准，由国务院价格、财政部门审批。其中，重要收费项目的收费标准应当由国务院价格、财政部门审核后报请国务院批准。除此以外的其他收费标准，由省级政府价格、财政部门审批。其中，重要收费项目的收费标准应当由省级政府价格、财政部门审核后报请省级政府批准。地域成本差异较大的全国或者区域（跨省、自治区、直辖市）范围内实施的收费标准，国务院价格、财政部门可以授权省级政府价格、财政部门审批。专业性强且类别较多的考试、注册等收费，省级以上政府价格、财政部门可以制定收费标准的上限，由行业主管部门在上限范围内确定具体收费标准。审批机关审批收费标准应当遵循以下原则：（1）公平、公正、公开和效率的原则；（2）满足社会公共管理需要，合理补偿管理或者服务成本，并与社会承受能力相适应的原则；（3）促进环境保护、资源节约和有效利用的原则。

四、国有资产收益与管理法

国有资产收益是指国家基于所有权就国有资产的占有、使用、收益和处分取得的各种收益的总和，既包括经营性的国有资产收益，也包括非经营性国有资产收益和国有资产有偿使用收入。

（一）国有资产收益的主要类型

《财政部关于加强政府非税收入管理的通知》（财综〔2004〕53号）将国有资产收益分为如下类型：

第一，国有资源有偿使用收入，包括土地出让金收入，新增建设用地土地有偿使用费，海域使用金，探矿权和采矿权使用费及价款收入，场地和矿区使用费收入，出租汽车经营权、公共交通线路经营权、汽车号牌使用权等有偿出让取得的收入，政府举办的广播电视机构占用国家无线电频率资源取得的广告收入，以及利用其他国有资源取得的收入。

第二，国有资产有偿使用收入，包括国家机关、实行公务员管理的事业单位、代行政府职能的社会团体以及其他组织的固定资产和无形资产出租、出售、出让、转让等取得的收入，世界文化遗产保护范围内实行特许经营项目的有偿出让收入和世界文化遗产的门票收入，利用政府投资建设的城市道路和公共场地设置停车泊位取得的收入，以及利用其他国有资产取得的收入。

第三，国有资本经营收益，包括国有资本分享的企业税后利润，国有股股利、红利、股息，企业国有产权（股权）出售、拍卖、转让收益和依法由国有资本享有的其他收益。

（二）国有资产收益收缴制度

1. 国有企业的利润分配

《企业国有资产法》第18条第二款规定，国家出资企业应当依照法律、行政法规以及企业章程的规定，向出资人分配利润。根据该法第3条、第4条的规定，国有资产属于国家所有即全民所有。国务院代表国家行使国有资产所有权。国务院和地方人民政府依照法律、行政法规的规定，分别代表国家对国家出资企业履行出资人职责，享有出资人权益。国务院确定的关系国民经济命脉和国家安全的大型国家出资企业，重要基础设施和重要自然资源等领域的国家出资企业，由国务院代表国家履行出资人职责。其他的国家出资企业，由地方人民政府代表国家履行出资人职责。

2. 国有资本收益的上交

2015年国务院发布《关于改革和完善国有资产管理体制的若干意见》（国发〔2015〕63号），要求财政部门会同国有资产监管机构等部门建立覆盖全部国有企业、分级管理的国有资本经营预算管理制度，根据国家宏观调控和国有资本布局结构调整要求，提出国有资本收益上交比例建议，报国务院批准后执行。财政部2016年发布的《关于印发〈中央企业国有资本收益收取管理办法〉的通知》（财资〔2016〕32号）进一步规定中央企业国有资本收益应当按照国库集中收缴的有关规定直接上交中央财政，纳入中央本级国有资本经营预算收入管理。中央企业根据财政部通知要求，向中央部门（机构）和驻地财政专员办申报国有资本收益，并如实填写中央企业国有资本收益申报表。中国烟草总公司、中国邮政集团公司、中国铁路总公司直接向财政部和财政部驻北京市财政监察专员办事处（以下简称北京财政专员办）申报国有资本收益。与此前规定不同的是，该办法并未直接规定各行业应缴利润的比例，而是由财政部会同中央部门（机构），提出国有独资企业应交利润的上交比例建议，报国务院批准后执行。中央部门（机构）应当在收到所属（或监管）中央企业上报的国有资本收益申报表及相关材料之日起15个工作日内提出初审意见，报送财政部复核。财政部向中央部门（机构）提出复核意见；中央部门（机构）根据财政部复核意见向所属（或监管）中央企业下达国有资本收益上交通知。中央企业应在收到中央部门（机构）国有资本收益上交通知和驻地财政专员办开具的《非税收入一般缴款书》之日起15个工作日内，上交国有资本收益。中央企业当年应交利润应当在申报日起4个月内交清，其中，应交利润在10亿元以下（含10亿元）的，须一次交清；应交利润在10亿元以上、50亿元以下（含50亿元）的，可分两次交清；应交利润在50亿元以上的，可分三次交清。中央企业上交的国有资本收益，使用政府收支分类科目中的"10306国有资本经营收入"下相关目级科目。国有资本收益应当严格按照同级财政部门规定执行，及时足额上缴同级国库。

（三）国有资本收益的使用

根据《国务院关于试行国有资本经营预算的意见》，国有资本收益主要用于以下三个方面：第一，资本性支出。根据产业发展规划、国有经济布局和结构调整、国有企业发展要求，以及国家战略、安全等需要，安排的资本性支出。第二，费用性支出。用于弥补国有企业改革等方面的费用性支出。第三，其他支出。具体支出范围依据国家宏观经济政策以及不同时期国有企业改革和发展的任务，统筹安排确定。必要时，可部分用于社会保障等项支出。2015年的《关于改革和完善国有资产管理体制的若干意见》还特别规定，在改组、组建国有资本投资、运营公司以及实施国有企业重组过程中，国家根据需要将部分国有股权划转社会保障基金管理机构持有，分红和转让收益用于弥补养老等社会保障资金缺口。同时，通过建立国有资本经营预算体系，将国有资本经营收益纳入国家预算管理，确保国有资本经营收益的安全和有效使用，促进国有经济结构调整和国有企业健康发展。

第四节　财政支出制度

一、财政支出法概述

财政乃为满足国家提供公共服务的资金需要而存在。公共服务是"任何因其与社会团结的实现与促进不可分割而必须由政府来加以规范和控制的活动"[1]。不同的公共服务

〔1〕 参见［法］莱昂·狄骥：《公法的变迁：法律与国家》，郑戈、冷静译，辽海出版社、春风文艺出版社1999年版，第446页。

用于满足公民的不同需要，所需要的财政资金也有所不同，财政资金必须在各项公共服务之间进行合理的分配。根据国家公共需求的不同，可以对财政支出加以类型化。

（一）作为国家机关运行成本的财政支出

在当前的权利系谱中，消极权利和积极权利是为最基本的权利分类。积极权利的实现依赖于国家积极作为，国家必须通过种种作为来保障公民的积极权利的实现。消极权利则被认为是在国家行为与公民之间划定的自由领域，国家只需抑制其行为，公民的消极权利即能够得以实现。尽管权利是天赋的，但只有在获得法律确认的前提下，公民的权利才是可以实现的，权利需要由国家机构创设、解释和调整，更依赖于国家机构的执行。国家通过提供法律制度，赋予公民权利。政府利用纳税人缴付的资金建立并维持法律机构，以此建立确实可行的权利行使渠道，并建立相应的救济机制[1]。如果缺乏组织有效、公众支持的、能够征税和开支的国家机构，那么公民权利必然无法得到真正的实现。从整体上说，徒法不足以自行，权利也无法自我实现。权利的保护并不仅仅是体制构建的问题，更应当是执行与保护的问题。财政资金是权利顺利实现的根本经济保障。

国家机关的运行成本是财政支出的最为核心的部分，用以维持国家机构运作的日常开支，如必要的商品或服务、工作人员的工资等。同其他形式的财政支出相比，该类财政支出所满足的是国家最基本、必不可少的财政需求，而机构日常运作具有常态化和相对固定性，且反复大量发生，因此，“需求弹性”较小。正因如此，对该项财政支出制定法律规则予以规范化相对可行。

传统意义上的财政资金是为支应行政机关的运作而存在的。有行政作为才有财政支出，行政行为的完成必定伴随财政资金的收付。财政资金在不同的国家机关之间的分配将直接决定各项国家权力的可执行性。在不同的国家机关、同一机构的各个部门之间必须维持均衡性的财政分享，使其掌握与其职能行使相当的、适度的财政资金，才能保障国家机构的顺利运转。因此，一般政务支出应当严格依据行政机关的职能范围、职位设置来完成本机关内部的财政资金的配置。行政机关只能在所分配的财政经费额度内、在行政行为完成时动用、支付相应的财政资金。但不同的行政行为性质不同，所需要的财政资金数额往往存在较大的差异，因此，行政机关对财政资金在各行政项目的分配享有一定的自由裁量权，可以决定某一项目将占用的财政资金额度，但应保证所支出的财政资金与完成的行政行为之间存在相关性和必要性，即支出的财政资金为行政行为所必需，且支出金额具有合理性。在行政行为实施过程中，行政机关应遵循特定的程序进行资金的给付。

（二）作为经济调节的财政支出

“市场是没有心脏和大脑的”，市场自身恰恰是浪费、无效率和不公正的根源。垄断及不正当竞争对市场自由竞争秩序和经济民主的破坏，信息分布不均所导致的交易成本的增加和对弱势群体权利的侵蚀，外部性产生的对负外部性行为的过分激励和对正外

---

〔1〕 参见［美］史蒂芬·霍尔姆斯、凯斯·R. 桑斯坦：《权利的成本——为什么自由依赖于税》，毕竟悦译，北京大学出版社 2004 年版，第 33—35 页。

部性行为的激励不足，公共物品的非竞争性和非排他性所导致的市场供给动力的缺失，都使得市场运行过程中摩擦和矛盾始终不断，经济周期的波动更将这种摩擦时不时地“引爆”。对此市场自身却无力予以恢复和纠正。独立于市场之外的力量的介入才能使市场得以恢复运行。国家作为全国最大的资金持有者，资金的使用、流向直接影响经济供给和需求总量，财政支出总量和结构与国民经济之间存在着不可分割的联系。对财政支出总量和结构的调整和改变，必然影响市场经济的整体运行。政府的财政行为作为市场的“内在的稳定器”介入市场，熨平经济周期，平衡市场供需总量，规制市场失范行为。其介入的着眼点在于市场整体而非具体的市场主体。在政府干预行为与市场主体的价值追求、经济目标发生冲突时，强制便在所难免。作为经济调节的财政支出所影响的，不仅是特定市场主体的经营自由权，更可能改变市场的自由竞争和运行秩序，具有一定的侵权性质，同样应当纳入法律规制的范围之内。

在大多数情况下，政府大多以投资、价格补贴、应用性研究资金的投入等方式对经济发展加以调节，因此往往伴随大量的财政资金的支出。政府以财政资金的投入与撤出，对经济发展给予逆向的调节，“熨平经济周期”。鉴于经济调节的相机抉择，政府对相应的财政资金的使用应享有较大的自由裁量权。在立法机关确定的资金额度内，政府可以根据经济形势发展的需要，应对不同的经济问题采取相应的调节措施，并自主决定资金的用途、方式、规模和数额，以达成最优的政策效应。但资金使用的程序和方式的限制仍是必要的。政府应遵循相应的程序进行资金的用度。

（三）作为社会福利给付的财政支出

作为社会福利给付的财政支出主要用于满足社会性需求，具有某种“公民权利”的性质[1]。为保障个人起码的生存条件和基本权利的实现，国家必须安排部分财政收入以提供文化教育、医疗卫生和福利性收入等形式满足个人的基本需求，以必要的物质经费保证个人自由的社会发展机会[2]。同时，社会福利给付具有强烈的再分配功能，通过转移支付，在不同个体之间形成对收入差异的强制性矫正。

随着各国对个人基本生存条件和生活尊严日益重视，福利支出在财政支出中所占的比重逐步增加。社会福利是某种形式的“给付权利”，具有授益性。社会福利给付对保障人民的基本生活条件、维护最低尊严具有不容忽视的意义。在财政资源稀缺的情况下，各社会福利项目之间存在较大的竞争性，一旦资金安排适当即可能危及部分个体的生存权益，因此，社会福利给付的财政支出应以法律严格设定支出的条件、程序、方式和额度。

社会福利给付的需求弹性相对较大，在国家财政收入不足以支应全部财政支出的需要时，国家往往以社会福利给付的大幅度缩减为代价减少财政开支，由此必然造成公民基本生存权利难以完全实现。用于社会福利给付的财政资金的安排亦应当有一定的规范性和确定性，以确保公民福利给付请求权的可期待性和可预测性。

---

〔1〕 参见李军鹏：《公共服务型政府》，北京大学出版社 2004 年版，第 21 页。

〔2〕 参见葛克昌：《国家学与国家法——社会国、租税国与法治国理念》，月旦出版社 1996 年版，第 60 页。

与一般政务支出不同的是，社会福利直接构成行政给付的内容，通过行政机关的行政给付完成财政资金从国家到公民的转移。在社会福利给付国家，“政府应从各方面提升人民精神、文化及物质之生活素质”，为此公民享有要求政府提供一定物质条件的社会福利给付请求权。公民的社会福利给付请求权与其基本生存权利的实现直接相关，国家应当按其权利内容进行给付，不得随意增加或减少，也不得给予无根据的差别对待。除一次性或临时性发放的社会福利外，福利给付通常是定期的，应当进行连续、稳定的物质给付。因此，行政机关用于社会福利的财政资金应根据法律法规所确定的用途、条件、数额、标准和程序进行，而不得随意变更，从这个意义上说，社会福利给付权的拘束性远超过一般政务支出。

财政收入的规模限定了政府支出的最高限额。资源总是稀缺的，因此，首先应当确定应当以财政资金支应的政府支出项目。由于各个支出项目之间存在竞争，财政资金在个项目之间如何进行科学合理的安排，是财政支出的关键之所在。公共财政运作的最低目标，是保证国民负担公共成本所形成的权利限制，可以由国家提供的公共物品获得适度的补偿甚至获得更大的收益。因此，与国民基本权利的实现、公共欲望的满足关系越密切、越直接的支出项目，其资金需求越应当得到优先的满足。为确保财政收入被尽可能用于财政支出、最大限度且最有效地满足国民的公共需求，财政支出的范围、类型应当由法律来加以明确规定。与国民基本权利实现的关系越密切、越直接，法定化的程度应当越高。然而，当前在财政支出的基本程序等方面尚无法律作出明确的规定，仅在《预算法实施条例》中就财政支出的基本形式和基本程序作出原则性的规定可操作性相对不足。《政府采购法》对政府采购行为的方式、程序等加以规定，形成了较为完善的政府采购制度。此外，财政部针对财政支出也出台了诸多部门规章。

二、政府采购制度

（一）政府采购的基本概念

所谓政府采购，是指各级国家机关、事业单位和团体组织，使用财政性资金采购依法制定的集中采购目录以内的或者采购限额标准以上的货物、工程和服务的行为。其中，“采购”是指以合同方式有偿取得货物、工程和服务的行为，包括购买、租赁、委托、雇佣等。政府采购与民事主体的“采购”行为相比，具有如下特点：第一，从权利来源上看，民事采购主体基于意思自治，为自己利益计算而决定是否采购。政府采购者的权利来自法律、法规或规章和预算的双重授权。第二，预算约束，政府采购受到财政收入的影响，在采购之前需要作出采购部门预算，由财政局汇总报人大批准。第三，外部监督。政府采购资金来自纳税人的税金，需要受到纳税人的共同监督。第四，社会经济政策的贯彻。政府是最大的资金拥有者和消费者，其采购行为将影响社会的供给和需求，可能改变企业间的竞争地位，因此，政府采购往往可能附带一定的政策目的。第五，政府采购程序公开透明。采购程序中所有信息都要向社会公众公开。第六，采购方式和程序的法定性。政府采购的方式和程序等由法律法规严格予以规定。政府机关必须严格遵守法定程序和方式实施采购，否则将构成违法行为。

政府采购具备两个核心要素：其一，主体，仅限于“政府”。但这里的政府并不是通常意义上的行政机关，而是包括所有全部或部分承担政府职能、提供一定公共服务的各级国家机关、事业单位和团体组织，是广义上的政府，包括立法机关、司法机关以及法律授权实施社会公共管理的社会团体等。其二，资金来源，只有动用财政资金进行采购，才会构成政府采购。这里的财政资金，是指纳入预算管理的资金，以财政资金作为还款来源的借贷资金，视同财政资金。

正因为政府采购关系到纳税人缴纳的税款的使用，也关系到政府采购之后向纳税人提供的公共产品和服务的数量和质量，因此将其纳入法律的规制范围极为必要。我国从 2002 年开始逐步建立起比较规范的政府采购制度。全国人大常委会在 2002 年通过了《政府采购法》，2014 年国务院制定了相应的实施条例。由于政府采购大量地采用招标投标方式，因此《招标投标法》也是政府采购的重要制度规范之一。此外，财政部还相继制定了大量的部门规章和规范性文件规范具体的政府采购行为。这些共同构成了我国的政府采购制度。

（二）政府采购的基本原则

首先，在政府采购制度的制定和实施过程中，公开透明原则是必须遵守的基本原则。“阳光是最好的防腐剂，灯光是最好的警察”，只有当政府的一切作为均向社会公众公开，政府的权力才能得到最有效的约束。在政府采购中政府使用的是纳税人让渡的财产，提供的是纳税人最终享受的公共服务，纳税人对其以何种成本获取何种商品或服务应该享有一定的话语权。因此，政府采购的整个过程，包括参与主体、采购信息、采购过程以及事后的监督均应采用公开的方式进行，向社会公开，允许社会公众的参与和监督。为此，《政府采购法》第 11 条、第 63 条规定，政府采购的信息应当在政府采购监督管理部门指定的媒体上及时向社会公开发布，除非涉及商业秘密。政府采购项目的标准应当公开，采购人在采购活动完成后，应当将采购结果予以公开。《政府采购法实施条例》第 8 条进一步规定，政府采购项目信息应当在省级以上人民政府财政部门指定的媒体上发布。采购项目预算金额达到国务院财政部门规定标准的，政府采购信息应当在国务院财政部门指定的媒体上发布。

其次，在政府采购过程中应当遵循公平公正原则。政府采购应当在公平的环境中进行，平等对待所有供应商，全面保障各方主体的权利，不偏向任何一方，不得歧视部分供应商，不应当对特定供应商参与政府采购施加额外的条件或设置障碍。公平竞争是政府采购获得最优价格条件的前提。因此，在政府采购过程中应当创造条件确保供应商之间的有效竞争，不得以不合理的条件对供应商实行差别待遇或歧视待遇，更不能排除或限制供应商自由进入本地区或本行业的政府采购市场，否则将可能构成行政垄断的行为。采购人员与供应商之间存在利害关系的，必须回避，其他供应商也可以申请回避。

最后，政府采购应当遵循诚实信用原则。这一原则是民事领域的“帝王原则”，政府采购行为同样应当遵守。这一原则要求政府采购活动的当事人在政府采购活动中应当讲求信用、诚实不欺，在追求自己利益的同时不损害他人和社会利益，在政府采购活动中维持双方当事人的利益以及当事人与社会利益之间的平衡。为此，《政府采购法》也规定，政府采购当事人不得相互串通损害国家利益、社会公共利益和其他当事人的合法权益，不得以任何手段排斥其他供应商参与竞争。

（三）政府采购法的适用范围

根据《政府采购法》第 2 条第二款的规定，适用政府采购法的主体包括各级国家机关、事业单位和团体组织。所谓各级国家机关包括所有从事国家管理和行使国家权力的机关，如全国人大、国务院、司法机关、监察机关等。但并不是所有的国家机关都适用该法，如军事机关的采购行为即不适用政府采购法。

所谓事业单位是指为实现特定目的而批准设立的事业法人，是承担一定政府职能的公益性组织，比如公立学校、公立医院、国家图书馆等。事业单位承担了一定的政府职能，提供特定的公共服务，因此，一般也是财政资金的使用单位。但并非所有事业单位的所有资金的使用均适用政府采购法。事业单位实施的不属于政府职能的活动，或使用未纳入预算管理的资金等，则不适用该法。

根据《社会团体登记管理条例》进行登记的组织均属于社会团体的范畴。但社会团体的资金来源更加多元化，其中团体成员缴纳的会费、捐赠收入是相对重要的资金来源。如果使用这些资金采购商品，不适用《政府采购法》。但如果社会团体取得并以纳入预算管理的财政资金购买商品或服务，属于适用财政资金进行采购，应遵守政府采购法。这是财政资金的公益性和安全性的必然要求。

特定组织体采购商品或服务的行为是否适用政府采购法，所使用的资金来源是决定性的因素。一般来说，使用财政性资金进行的采购，应受到政府采购法的约束。这里的财政性资金通常是指纳入预算管理的资金，如所使用的政府借贷的资金，比如发行地方政府债券而取得的资金，只要该笔资金最终须以财政性资金加以偿还，应视同财政性资金。这是因为在这种情况下，使用这种借贷资金，实际上是财政资金的提前消费，同样应予以规范和约束。否则将导致政府以大量借债的方式逃避法律的约束。如事业单位和社会团体分别核算所使用的财政与非财政性资金，分别记账，对后者可以不适用政府采购法。否则，所有资金的使用均适用该法。这一方面是防止事业单位和社会团体逃避政府采购法的约束，另一方面也是敦促其尽可能将财政性资金和非财政性资金分别记账，分别核算，分别予以使用。

从政府采购的对象来看，包括货物、工程和服务。其中货物是指各种形态和种类的物品，也就是有形的动产，如原材料、燃料、设备等。所谓工程，是指建设工程，包括建筑物和构筑物的新建、改建、扩建、装修、拆除、修缮等。而服务则是指除货物和工程以外的其他政府采购对象，包括政府自身需要的服务和政府向社会公众提供的公共服务。但并非所有的货物、工程和服务都属于政府采购的适用范围。只有纳入政府集中采购目录或虽然未纳入目录范围但采购在标准限额以上的货物、工程和服务，才应采用政府采购，如打印机、硒鼓、电脑等属于集中采购目录的范围，必须采用政府采购，而图书虽未列入政府采购的范围，但如果超过限额标准以上，同样必须采用政府采购方式。纳入集中采购目录的商品和服务的范围和限额标准，根据《政府采购法》第 7 条、第 8

条的规定，如属于中央预算的政府采购项目，由国务院确定并公布，如属于地方预算的政府采购项目，则由省、自治区、直辖市人民政府或者其授权的机构确定并公布。

从适用的地域范围来看，在中华人民共和国境内发生的政府采购活动，除了香港和澳门特别行政区外，均适用《政府采购法》。

此外，在以下两种情况下即使属于上述政府采购的范围，也可以不适用《政府采购法》。第一种情况是采购人使用国际组织和外国政府贷款进行的政府采购，贷款方、资金提供方与中方达成的协议对采购的具体条件另有规定的，此时约定高于法定，但前提条件是不得损害国家利益和社会利益；第二种情况是因严重自然灾害和其他不可抗力事件所实施的紧急采购和涉及国家安全和秘密的采购。由于情况紧急，以政府采购方式获取商品、工程或服务耗时漫长，如果严格依照《政府采购法》的规定，可能导致工程采购的目标无法实现或根本落空，因此可以不予适用。

（四）政府采购的当事人

《政府采购法》第 14 条规定，政府采购当事人是指在政府采购活动中享有权利和承担义务的各类主体，包括采购人、供应商和采购代理机构等。

《政府采购法》第 21 条规定，供应商是指向采购人提供货物、工程或者服务的法人、其他组织或者自然人。供应商首先可以是法人，法人通常包括机关法人、事业单位法人、社会团体法人和企业法人，但实践中前三类法人由于职能限制，很少会成为政府的供应商。通常情况下，企业法人为了营利目的而提供商品或服务，因此是政府采购的主要供应商。其次是其他组织，主要是不具有法人资格但能够依法以自己的名义从事民事活动的组织，主要包括个人独资企业、合伙企业、不具有法人资格的专业服务机构，如合伙制的会计师事务所或律师事务所。自然人，尤其是个体工商户，理论上也可以是供应商，但由于其经营规模较小，一般难以满足政府的供货要求，因此，自然人作为供应商较为少见，一般仅限于科研项目、专业咨询等劳务服务类型以及房屋租赁等政府采购活动。两个以上的自然人、法人或者其他组织可以组成一个联合体共同参加政府采购。但如这些主体之间存在关联关系，如单位负责人为同一人或者存在直接控股、管理关系的不同供应商，不得同时以各自的名义参加同一合同项下的政府采购活动。这是因为这些主体虽然法律上是独立的，但经济上却存在密切的利益关系，彼此之间难以展开有效的竞争，反而可能因为利益勾连而相互串通，损害国家或社会利益。

此外，《政府采购法》第 22 条还规定了上述主体参加政府采购活动应当具备的条件：第一，应当具有独立承担民事责任的能力。第二，具有良好的商业信誉和健全的财务会计制度，这既是对市场诚实信用经营行为的引导，也是对潜在违约风险的预先防范。第三，具有履行合同所必需的设备和专业技术能力，这一条件从形式上最大限度地保证将来履约的可能性。由于政府采购对象的多样性和复杂性，难以对该项要求适用统一的标准，因此在实践中往往视情况要求供应商提供相应的资质证明材料。第四，有依法缴纳税收和社会保障资金的良好记录。这一条件与履行政府采购合同的能力并无直接的关联，却是其社会信用的最佳证明。实践中一般要求其提供社保证明和完税证明来满足此项条件。第五，参加政府采购活动前 3 年内，在经营活动中没有重大违法记录。也就是说，供应商在参加政府采购活动前 3 年内不得因违法经营受到刑事处罚或者责令停产停业、吊销许可证或者执照、较大数额罚款等行政处罚，否则不得参加政府采购活动。此外，采购人可以根据采购项目的特殊要求，规定供应商的特定条件，但不得以不合理的条件对供应商实行差别待遇或者歧视待遇。

采购代理机构也是政府采购的重要当事人之一。《政府采购法实施条例》第 12 条规定，政府采购法所称采购代理机构，是指集中采购机构和集中采购机构以外的采购代理机构。集中采购机构是设区的市级以上人民政府依法设立的非营利事业法人，是代理集中采购项目的执行机构。集中采购机构应当根据采购人委托制定集中采购项目的实施方案，明确采购规程，组织政府采购活动，不得将集中采购项目转委托。集中采购机构以外的采购代理机构，是从事采购代理业务的社会中介机构，主要是商业性社会招标代理公司。两者的区别首先是前者为非营利性事业单位法人，后者则为企业法人。其次，二者可以代理采购的范围也不尽相同。采购人采购纳入集中采购目录的政府采购项目，必须委托集中采购机构代理采购。未纳入集中采购目录的采购项目才可以委托其他采购代理机构进行采购。

（五）政府采购的类型

政府采购可以分为集中采购和分散采购两种方式。集中采购又可分为集中采购机构采购项目和部门集中采购项目。技术、服务等标准统一，采购人普遍使用的项目，列为集中采购机构采购项目；采购人本部门、本系统基于业务需要有特殊要求，可以统一采购的项目，列为部门集中采购项目。未纳入集中采购目录的政府采购项目，也可以采用集中采购方式。分散采购，即自行采购或委托采购代理机构代理采购的行为，主要适用于两种情况，一种是采购限额标准以上的未列入集中采购目录的项目；另一种是纳入集中采购目录的政府采购项目的，属于本单位有特殊要求的项目，经省级以上人民政府批准，可以自行采购。因此，尽管《政府采购法》第 18 条第一款规定，采购人采购纳入集中采购目录的政府采购项目，必须委托集中采购机构代理采购，但根据该条第二款的规定仍可以采用部门集中采购和分散采购的方式，前提是本部门或单位对采购项目存在特殊要求。

（六）政府采购的方式及其程序

根据《政府采购法》第 26 条的规定，政府采购方式包括公开招标、邀请招标、竞争性谈判、单一来源采购和询价等 5 种基本方式。其中公开招标是最为主要的方式。

1. 公开招标

公开招标是指采购人在统一依法指定的媒体发布招标公告的方式邀请不特定的潜在供应商参加投标，并按照法律规定的程序和采购文件规定的评审方法、标准确定中标供应商的竞争交易方式。公开招标因为投标人数众多、竞争相对充分且不容易串标围标，有利于采购人从广泛的竞争者中选择合适的供应商，从而获得最佳的竞争效益。因此，公开招标是政府采购的主要方式。一般来说，达到公开招标数额标准的货物和服务的采购，应当采用公开招标方式。根据《中央预算单位政府集中采购目录及标准（2020 年版）》的规定，单项采购金额达到 200 万元以上的，必须采用这一方式。此外，根据《招标投标法》第 3 条的规定，(1) 大型基础设施、公用事业等关系社会公共利益、公众安全的项目；(2) 全部或者部分使用国有资金投资或者国家融资的项目；(3) 使用国际组织或者外国政府贷款、援助资金的项目，这些工程建设项目包括项目的勘察、设计、施工、监理以及与工程建设有关的重要设备、材料等的采购，必须进行招标。同时，《政府采购法》第 28 条规定，采购人不得将应当以公开招标方式采购的货物或者服务化整为零或者以其他任何方式规避公开招标采购。

招标人采用公开招标方式的，应当通过国家指定的报刊、信息网络或者其他媒介发布招标公告。招标公告应当载明招标人的名称和地址，招标项目的性质、数量、实施地点和时间以及获取招标文件的办法等事项。招标人应当确定投标人编制投标文件所需要的合理时间；依法必须进行招标的项目，自招标文件开始发出之日起至投标人提交投标文件截止之日止，最短不得少于 20 日。招标人对已发出的招标文件进行必要的澄清或者修改的，应当在招标文件要求提交投标文件截止时间至少 15 日前，以书面形式通知所有招标文件收受人。该澄清或者修改的内容为招标文件的组成部分。在招标过程中，招标人不得向他人透露已获取招标文件的潜在投标人的名称、数量以及可能影响公平竞争的有关招标投标的其他情况。招标人设有标底的，标底必须保密。

投标人应当按照招标文件的要求编制投标文件。投标文件应当对招标文件提出的实质性要求和条件做出响应。投标人应当在招标文件要求提交投标文件的截止时间前，将投标文件送达投标地点。投标人在招标文件要求提交投标文件的截止时间前，可以补充、修改或者撤回已提交的投标文件，并书面通知招标人。补充、修改的内容为投标文件的组成部分。招标人收到投标文件后，应当签收保存，不得开启。投标人少于 3 个的，招标人应当依法重新招标。

招标人应在招标文件确定的提交投标文件截止时间的同一时间进行公开开标，开标地点应当为招标文件中预先确定的地点。开标由招标人主持，邀请所有投标人参加。开标时，由投标人或者其推选的代表检查投标文件的密封情况，也可以由招标人委托的公证机构检查并公证；经确认无误后，由工作人员当众拆封，宣读投标人名称、投标价格和投标文件的其他主要内容。评标委员会应当按照招标文件确定的评标标准和方法，对投标文件进行评审和比较；设有标底的，应当参考标底。评标委员会完成评标后，应当向招标人提出书面评标报告，并推荐合格的中标候选人。招标人根据评标委员会提出的书面评标报告和推荐的中标候选人确定中标人。招标人也可以授权评标委员会直接确定中标人。评标委员会经评审，认为所有投标都不符合招标文件要求的，可以否决所有投标。依法必须进行招标的项目的所有投标被否决的，招标人应当依法重新招标。一般来说，中标人必须满足以下条件，即能够最大限度地满足招标文件中规定的各项综合评价标准或是能够满足招标文件的实质性要求，并且经评审的投标价格最低；但是投标价格低于成本的除外。政府采购招标评标方法可以为最低评标价法和综合评价法。最低评标价法，是指投标文件满足招标文件规定的全部实质性要求且投标报价最低的供应商为中标候选人的评标方法。综合评分法，是指投标文件满足招标文件全部实质性要求且按照评审因素的量化指标评审得分最高的供应商为中标候选人的评标方法。技术、服务等标准统一的货物和服务项目，应当采用最低评标价法。采用综合评分法的，评审标准中的分值设置应当与评审因素的量化指标相对应。

中标人确定后，招标人应当向中标人发出中标通知书，并同时将中标结果通知所有未中标的投标人。中标通知书对招标人和中标人具有法律效力。中标通知书发出后，招标人改变中标结果的，或者中标人放弃中标项目的，应当依法承担法律责任。招标人和中标人应当自中标通知书发出之日起 30 日内，按照招标文件和中标人的投标文件订立书面合同。招标人和中标人不得再行订立背离合同实质性内容的其他协议。中标人应当按照合同约定履行义务，完成中标项目。中标人不得向他人转让中标项目，也不得将中标项目肢解后分别向他人转让。

从上述程序来看，招标投标的过程实际上也就是采购人与供应商之间订立合同、履行合同的过程。招标文件应当包括采购项目的商务条件、采购需求、投标人的资格条件、投标报价要求、评标方法、评标标准以及拟签订的合同文本等。因此，招标文件的公告是招标人“希望他人向自己发出要约的意思表示”，应为要约邀请，《民法典》第 473 条予以明确的规定。因此，招标公告可以变更或撤回。《招标投标法》第 23 条和《政府采购法实施条例》第 31 条第二款即有明确的规定。投标人发出投标文件，应当对招标文件提出的实质性要求和条件做出响应，其内容基本是具体而确定的。因此，投标应当认为是要约的做出。根据《民法典》第 475 条、第 476 条的规定，要约可以撤回或撤销，《招标投标法》第 23 条也规定了招标截止日期前投标文件的补充、修改或撤回。确定中标人实际上是招标人做出承诺的过程，中标通知书即是承诺的做出。中标通知书一旦到达中标人，合同应当即告成，对招标人和中标人具有法律效力。

公开招标有严格的程序规定和时限要求，同时由于投标人众多，耗时较长，需要花费的成本也比较高，不适用于本身标的较小或采购任务相对紧迫的项目。

2. 邀请招标

邀请招标是指招标采购单位依法从符合相应资格条件的供应商中随机邀请 3 家以上的供应商，以投标邀请书的方式，邀请其参加投标，并按照法律规定的程序和采购文件规定的评审方式、评分标准确定供应商的竞争性交易方式。邀请招标能够按照项目需求特点和市场供应状况，有针对性地从已知的潜在供应商中选择与招标项目需求相匹配的供应商，招标工作量和招标成本相对较小，既可以省去招标公告和资格预审程序与时间，也可以保证基本的竞争效果。但与公开招标相比，邀请招标确定的参与投标的供应商数量相对较少，竞争程度相对较弱，可能损害应有的竞争效果。因此，《政府采购法》第 29 条仅规定了两种可以采用邀请招标方式的情形：第一，具有特殊性，只能从有限范围的供应商处采购的；第二，采用公开招标方式的费用占政府采购项目总价值的比例过大的。《招标投标法》还规定国家或省一级政府确定的重点项目不适宜公开招标的，经发改委或省一级政府批准，可以采用邀请招标。

邀请招标的流程与公开招标大致相同，不同的是，邀请招标由采购人或采购代理机构从以法定方式产生符合资格条件的供应商名单中随机抽取 3 家以上的供应商，向其发出投标邀请书。

3. 竞争性谈判

竞争性谈判是指谈判小组与符合资格条件的供应商就采购货物、工程和服务事宜进行谈判，供应商按照谈判文件的要求提交响应文件和最后报价，采购人从谈判小组提出的成交候选人中确定成交供应商的采购方式。

根据《政府采购法》第 30 条和财政部《政府采购非招标采购方式管理办法》第 27 条，竞争性谈判适用于以下 4 种情况：（1）招标后没有供应商投标或者没有合格标的，或者重新招标未能成立的。这主要适用于应当招标且已经启动招标程序，但招标后没有供应商投标，或者投标供应商不足 3 家或虽然投标供应商达到 3 家但合格的不足 3 家，或者重新招标未能成立的。（2）技术复杂或者性质特殊，不能确定详细规格或者具体要求的。这是指由于采购对象的技术含量和特殊性质所决定，采购人不能确定有关货物的详细规格，或者不能确定服务的具体要求的。（3）非采购人所能预见的原因或者非采购人拖延造成采用招标所需时间不能满足用户紧急需要的。不可预见的情形主要是采购人开展有关工作时，前期无法预知的客观情形，如暴雨导致路面受损抢修工程，如果采取招标方式时间紧迫；非因采购人拖延导致的情形主要是指采购项目受到各方面特殊情况的影响以及项目本身情况发生改变等导致不能如期开展采购活动，但又急需采购的项目。（4）因艺术品采购、专利、专有技术或者服务的时间、数量事先不能确定等原因不能事先计算出价格总额的。

采用竞争性谈判方式采购的，应当遵循下列程序：（1）成立谈判小组。谈判小组由采购人的代表和有关专家共 3 人以上的单数组成，其中专家的人数不得少于成员总数的 2/3。（2）制定谈判文件。谈判文件应当明确谈判程序、谈判内容、合同草案的条款以及评定成交的标准等事项。（3）确定邀请参加谈判的供应商名单。谈判小组从符合相应资格条件的供应商名单中确定不少于 3 家的供应商参加谈判，并向其提供谈判文件。（4）谈判。谈判小组所有成员集中与单一供应商分别进行谈判。在谈判中，谈判的任何一方不得透露与谈判有关的其他供应商的技术资料、价格和其他信息。谈判文件有实质性变动的，谈判小组应当以书面形式通知所有参加谈判的供应商。（5）确定成交供应商。谈判结束后，谈判小组应当要求所有参加谈判的供应商在规定时间内进行最后报价，采购人从谈判小组提出的成交候选人中根据符合采购需求、质量和服务相等且报价最低的原则确定成交供应商，并将结果通知所有参加谈判的未成交的供应商。

4. 单一来源采购方式

单一来源采购主要是由于法定情形的，必须从某一特定的供应商处采购，且不存在其他替代性方案的政府采购方式。正是因为单一来源采购只能从某一特定的供应商采购，容易使采购方处于不利的地位。

根据《政府采购法》第 31 条的规定，单一来源采购方式主要适用于以下情形：（1）只能从唯一供应商处采购的。这种情形主要是由于专利技术保护或者其他特殊的专利技术，或者公共服务具有特殊要求等两种情况，采购人所需要的货物或服务的提供者只有一家。供应商是否具有唯一性应当由专业人员就供应商因专利、专有技术等原因具有唯一性出具具体的论证意见。（2）发生了不可预见的紧急情况不能从其他供应商处采购的。这主要是因为不可预见的事件或原因导致从时间或地域等方面难以满足要求，情况紧急不能从其他供应商处采购，客观上只能从某一特定供应商处采购。必须注意的是，不可预见性和紧迫性必须同时满足才能采用单一来源采购。（3）必须保证原有采购项目一致性或者服务配套的要求，需要继续从原供应商处添购，且添购资金总额不超过原合同采购金额 10% 的。这种情况主要是针对具有持续性的采购合同，当原采购项目的需求增加时，选用原中标单位以外的其他供应商无法满足与原采购项目的一致性或配套性的要求。但同时限定添购的资金总额不超过原采购金额的 10%。以防范采购人以此方式化整为零逃避公开招标。

5. 询价

询价是指询价小组向符合资格条件的供应商发出采购货物询价通知书，要求供应商一次报出不得更改的价格，采购人从询价小组提出的成交候选人中确定成交供应商的采购方式。

根据《政府采购法》第 32 条的规定，采购的货物规格、标准统一、现货货源充足且价格变化幅度小的政府采购项目，可以采用询价方式采购。

询价的程序也相对简单。询价小组成立后，确定被询价的供应商并向其发出询价通知书，其预留至少 3 天的时间做出响应。被询价的供应商一次报出不得更改的价格。询价小组应当从质量和服务均能满足采购文件实质性要求的供应商中，按照报价由低到高的顺序提出 3 名以上成交候选人，并编写评审报告。采购人应当在收到评审报告后 5 个工作日内，从评审报告提出的成交候选人中，根据质量和服务均能满足采购文件实质性响应要求且报价最低的原则确定成交供应商，也可以书面授权询价小组直接确定成交供应商。采购人逾期未确定成交供应商且不提出异议的，视为确定评审报告提出的最后报价最低的供应商为成交供应商。

（七）政府采购合同

政府采购是采购人通过招标等方式确定供应商并与之签署采购合同的过程，是在平等协商的基础上获得商品或服务并支付对价的过程，而并非履行其行政管理职能，对供应商无权加以强制和命令，因此，采购人是作为机关法人和民事主体，参与政府采购合同的订立过程。《政府采购法》约束的也是采购人如何在平等协商的基础上选择最优的供应商的过程，而不直接命令、强制供应商提供商品或服务。采购人和供应商之间在平等协商的基础上依据《民法典》确立双方的权利义务。《政府采购法》第 43 条对此也加以明确。因此，一旦双方发生纠纷，应当提起的是民事诉讼，而不是行政诉讼。

政府采购合同不是一种独立的合同形式，也不等于买卖合同。政府采购合同包括买卖合同，但不完全是买卖合同。只有合同标的是货物的所有权的情况下，政府采购合同才是买卖合同。但政府采购并不限于货物，还包括工程或服务，所以，政府采购合同应还包括租赁合同、雇佣合同、委托合同，甚至保管合同等。

政府采购合同既然是合同，形成采购人和供应商之间的“法锁”，从签订之日起，对双方当事人发生法律效力，双方不得擅自变更、中止或终止。只有在政府采购合同继续履行可能损害国家利益和社会公共利益的，双方当事人才能变更、中止或者终止合同。有过错的一方应当承担赔偿责任，双方都有过错的，各自承担相应的责任。

重要名词术语

公共财政、公共产品、财政法定主义、财政收支划分、财政收入、财政支出、预算、政府采购

思考题

1. 如何理解财政民主主义在财政法中的基础性地位？
2. 简述财政法定主义在中国的现实意义和实现机制。
3. 财政法渊源形式与民、刑等法律部门相比存在哪些区别？导致此种特殊性的原因有哪些？
4. 简述政府间财政权限配置的合宪性和法治意义。
5. 我国预算权限如何配置？各项权限的行使存在哪些问题？
6. 我国非税收入的取得存在哪些问题？应如何予以有效地法律规制？
7. 国家实施宏观调控发生的财政支出有何特点？如何予以有效地法律规制？

典型案例分析

湖南省长沙市人民检察院督促追回违法支出国有土地使用权出让收入行政公益诉讼案

2017 年 12 月 27 日，某地产集团公司在某市（县级市，下同）竞得五宗地块的国有建设用地使用权，约定竞买保证金自动转作受让地块的出让收入。随后，负责开发受让地块的该集团公司子公司以此为由两次将国有土地使用权出让收入（以下简称土地出让收入）支出给某置业公司 29092.31 万元。某置业公司用该笔资金缴纳五宗地契税及 072 号地块剩余土地价款，办理了 072 号地块不动产权证并两次抵押贷款 265000 万元。截至 2019 年 9 月 4 日，某市财政局未依法追缴违法支出给某置业公司的土地出让收入 29092.31 万元。

2019 年 6 月，湖南省人民检察院（以下简称湖南省院）在全省开展公益诉讼专项活动，对某置业公司欠缴国土出让收入系列案予以挂牌督办，湖南省长沙市人民检察院（以下简称长沙市院）在督促、指导基层院办理该系列案中发现，某市财政局两次从非税账户中违法支出土地出让收入给某置业公司，造成国有财产损失 29092.31 万元。

2019 年 8 月 21 日，长沙市院立案调查。办案人员通过调取支付凭证等书证、询问相关人员等方式查明，某市财政局作为所在地人民政府财政部门和非税收入主管部门，应当严格执行土地出让收入管理，将收缴的土地出让收入在 10 个工作日内及时足额上缴国库，不得违规设立收入过渡户滞留、挪用、坐支土地出让收入，不得挪用、变相减免土地出让收入。成交确认书签订后，竞买保证金已自动转作土地价款且已转入非税账户，应定性为土地出让收入，属于国有财产。但某市财政局未执行上述要求，将数十亿

元土地出让收入作为竞买保证金管理，超时滞留非税账户长达 1 年多，无正当理由以退保证金的名义向某置业有限公司违法支出 29092.31 万元，损害了国家利益。

2019 年 9 月 11 日，长沙市院依法向某市财政局发出检察建议，建议：（1）依法履行法定职责，纠正违法行为，及时追回违法支出的土地出让收入 29092.31 万元。（2）采取有效措施，配合某市自然资源局依法催缴某置业公司未缴的土地出让价款、利息及违约金。针对属地人民政府领导所属财政、自然资源等职能部门对土地出让收入等非税收入管理存在执行法律不到位、审批把关不严格、未依法履职尽责等问题，又于 2019 年 10 月 12 日向某市人民政府公开送达社会治理检察建议，建议某市政府责令相关职能部门及时追回土地出让收入，加强对国有土地使用权挂牌出让流程、土地出让收支管理力度，对国有土地使用权出让流程监管与收支管理中存在的人员失职、失范问题依法依规进行处理。

收到检察建议后，某市财政局成立整改工作小组，迅速约谈并要求某置业公司提交切实可行的还款计划，并联合某市自然资源局请示某市人民政府召开专题会议研究整改措施，依法启动追缴程序。2019 年 9 月 26 日，某市财政局书面回复称：已依法依程序启动追缴程序，某置业公司承诺在 2019 年 10 月 15 日之前还款。2019 年 11 月 14 日，某市人民政府书面回复称，若与受让人沟通协商无法解决，决定通过司法途径或行政追缴等手段予以解决；已将国有土地使用权交易系统调整为国土资源网上交易系统，系统生成的成交确认书已明确竞买保证金扣除交易服务费后依次转为定金及土地价款；对类似问题进行整改，建立完善长效工作机制规范办理程序，保障土地出让收入及时足额缴入国库，确保国家利益不受损害。

诉讼过程

检察建议发出后，省市两级检察院持续跟进监督。因行政机关没有整改到位，长沙市院指定长沙市岳麓区人民检察院（以下简称岳麓区院）于 2020 年 4 月 3 日向集中管辖的长沙铁路运输法院提起行政公益诉讼。

起诉后，省、市、区三级检察院一方面就诉讼程序问题与受诉法院积极沟通、达成共识，另一方面继续跟进某市财政局追缴进度，根据某市财政局于 2020 年 4 月 20 日提供补充的相关凭证，经其最终结算核实 2002.08 万元已于 2008 年 11 月 15 日上缴国库，未追回土地出让收入变更为 27090.23 万元。2020 年 4 月 30 日，某置业公司向某市城投公司开出商业承兑汇票，城投公司于 5 月 27 日代某置业公司向某市财政局非税账户退缴 27090.23 万元，同时缴入国库。因诉讼请求已经全部实现，岳麓区院于 6 月 9 日提交撤回起诉决定，法院经审查当日裁定准予撤诉。2020 年 11 月 1 日，某置业公司将承兑汇票全部承兑。

针对国有土地使用权出让收入管理中的突出问题和监管漏洞，检察机关通过检察建议、提起诉讼等方式，督促相关行政机关依法履行职责，严格执行土地出让收入支出管理规定，推动地方政府统筹各行政职能部门协调解决非税资金监管难题，规范房地产市场秩序。

第十三章　税收法律制度

【内容提示】

税收是国家为实现其国家职能而凭借其政治权力，依法强制、无偿地取得财政收入的一种活动或手段。税收是人类社会发展到一定阶段的产物。世界各国的历史条件不同，其税收产生的历史过程也不尽相同。税法是调整在税收活动中发生的社会关系的法律规范的总称。税法具有经济性、规制性、成文性、强制性、技术性等特征。

我国现行的税种有 18 个，分别是增值税、消费税、企业所得税、个人所得税、资源税、城市维护建设税、房产税、印花税、城镇土地使用税、土地增值税、车船使用税、船舶吨税、车辆购置税、关税、耕地占用税、契税、烟叶税、环境保护税。

商品税是指以商品（包括货物和劳务）为征税对象的税的总称，又称为流转税。从世界各国的具体实践来看，商品税主要包括增值税、消费税、营业税和关税四种。我国目前的商品税主要是增值税、消费税和关税，营业税已经于 2017 年 10 月 30 日正式废止。增值税是以商品在流转过程中产生的增值额为计税依据而征收的一种商品税。消费税是指对消费品和特定的消费行为按流转额征收的一种商品税。关税是国家对进出关境的货物和物品的流转额征收的一种流转税。

所得税是以所得为征税对象，并由获取所得的主体缴纳的一类税的总称。所得税的征税对象是所得，计税依据是应税所得额，这是所得税区别于商品税、财产税的最主要的特征。所得税计税依据的确定较为复杂，税率是使用比例税率与累进税率并用。所得税是直接税，其税负由纳税人直接承担，税负不易转嫁。所得税包括企业所得税和个人所得税。企业所得税是对我国境内的企业和其他取得收入的组织的生产经营所得和其他所得征收的一种税。个人所得税是以个人所得为征税对象并由获取所得的个人缴纳的一种税。

财产税，是以财产为征税对象，并由对财产进行占有、使用或收益的主体缴纳的一类税。财产税的征税对象是财产，这是财产税与商品税和所得税之间最主要的区别。财产税属于直接税，税负不易转嫁。财产税的计税依据是占有、用益的财产额。财产税是辅助性税种。我国在目前开征的财产税主要有资源税、环境保护税、房产税、土地税（包括土地使用税、土地增值税、耕地占用税）、契税、车船税等。

税收程序法律制度主要包括税收征收管理法律制度和税收救济法律制度。我国的税收征收管理制度，集中体现在《税收征收管理法》及《税收征收管理法实施细则》等配套法律法规的相关规定。税收救济法律制度主要包括税收复议法律制度和税收诉讼法律制度、税收行政赔偿制度。

第一节　税法概述

一、税收概述

（一）税收的概念与特征

税收是国家为实现其国家职能而凭借其政治权力，依法强制、无偿地依据确定的标准参与国民经济成果的分配而取得财政资金。

税收具有以下五个方面的特征：第一，税收的征收主体是国家。第二，征税的目的是实现国家职能。第三，征税是国家的一项公法权力，并以国家的公权力确保税收的课征。第四，税收的课征必须依法进行。第五，税收的课征是现代国家取得财政收入的主要手段。

（二）税收的起源与发展

税收是人类社会发展到一定阶段的产物。世界各国的历史条件不同，其税收产生的历史过程也不尽相同。

税收起源于原始社会末期，夏代的土贡又称“九贡”，是我国最早的税收形式。商代仍沿袭夏的贡制，有“殷人七十而助”之说，即每家耕种 70 亩私田，还有公田 70 亩，由 8 家共同耕种，此为“助”，即“助耕”，税率约为 1/10。西周实行井田制，推行“彻法”，因而有“周人百亩而彻”之说，就是 900 亩井田，将其中 100 亩公田的收获上缴国家。秦汉时期，税收制度较为规范和完善，如在秦律中已有《田律》《关市律》《金布律》等。汉代承袭和发展秦制，重农抑商，汉高祖《贱商令》要求对商人“重租税以困辱之”，强调“与民休息”“轻徭薄赋”，并将税收纳入“上计制度”进行管理，并对某些税种设立专管官员，如盐官和铁官等。唐初，推行租庸调制；唐中期，宰相杨炎主持制定“两税法”；唐中后期，由于国家财政困难，开始对盐、茶、酒征税，同时沿袭前朝旧制，继续征收商税和关税。宋代沿袭唐两税法。元代南北税制不同，税赋不一，素有“南重于粮，北重于役”之说。明代工商业高度发展，在江南等地出现了资本主义萌芽，社会经济的变化使税收制度也产生了变化。明朝万历年间，张居正颁行“一条鞭法”，简化了赋役的征收手续，增加了财政收入。清朝雍正年间，实行“摊丁入地”，将沿用 2000 余年之久的田亩、人丁分别课役的制度合二为一。“民国”时期，自 1928 年起，实行中央、省两级财政体制，明确划分国家税与地方税。新中国成立之后，对税收制度进行了较大幅度的调整。

在西方国家，税收同样具有十分重要的地位。在欧洲各国，曾经征收“什一税”。在近代资本主义制度出现后，高度发展的商品经济反映在税收上，除税收形式完全货币化外，更重要的是课税对象的变化。随着资本主义商品经济的发展，以商品为征税对象的间接税逐渐取代了古老的财产税。虽然现代税收因各国具体情况的不同而有所差异，但基本上是以所得税和商品税为主。

（三）税收的依据与职能

税收的依据，又称为课税的依据，是指纳税人必须据以缴纳税款的原因和国家可以据以征收税款的理由。税收依据问题是税收理论中的一个非常重要的问题。围绕这一问题，学者们提出了各种不同的学说。概括起来，主要有公需说、交换说、保险说、义务说、新利益说、经济调节说等。

税收的职能主要有 3 种，即筹集财政资金、收入再分配、配置资源以及实现其他社会经济政策目标。筹集财政资金是税收的首要职能。缩短贫富差距、实现收入的再分配也是现代国家中税收的职能之一。税收的配置资源职能又称税收宏观调控职能，国家通过税收对经济进行宏观调控，影响各类资源的配置。由于税收的课征必然会影响人们的行为选择，因此，不同的税制安排将会附带产生影响经济与社会的效果，税收也往往被用以达成经济、社会、教育、文化或卫生等具体的社会目的的手段。税收的上述职能密切相关、紧密联系。

（四）税收的分类

税收分类是指按照一定的标准，将具有相近或相似特点的税种归并成若干类别。按照不同的标准，可以将税收进行不同的分类。

1. 商品税、所得税、财产税和行为税

按征税对象的不同，可以将税收分为商品税、所得税和财产税。这是税收最基本、最重要的分类。商品税，又称为商品及劳务税或流转税，是以商品（包括货物和劳务）为征税对象的税的总称，包括增值税、消费税和关税。所得税是指以纳税人的所得额或收益额为征税对象征收的税，包括企业所得税和个人所得税。财产税是指以纳税人拥有或支配的各种财产为征税对象并对财产的占有、使用和收益征收的税，包括房产税、车船税等。行为税则是以特定行为为征税对象的税种，如印花税、契税等。

2. 从价税和从量税

按税收计征标准分类，可将税收分为从价税和从量税。从价税是指以征税对象的价格为标准计征的税，如增值税、消费税等。从量税是指以征税对象的体积、面积、容积、数量、重量等实物量为标准计征的税，如资源税（按资源的体积或重量）等。

3. 直接税和间接税

按税收负担是否转嫁分类，可将税收分为直接税和间接税。直接税是指税款由纳税人缴纳，也由纳税人负担，不能转嫁给他人承担的一类税，如所得税。间接税是指税款由纳税人缴纳，但可以通过各种方式将税负转嫁给他人承担的一类税，如商品税。

4. 中央税、地方税和中央与地方共享税

按照税收收入归属的不同进行分类，可将税收分为中央税、地方税、中央与地方共享税三类。中央税是收入归中央政府支配的税种，如消费税和关税。地方税是指收入归地方政府支配的税种，如印花税、契税等。中央与地方共享税是指收入由中央与地方按照一定的比例共享支配的税种，如增值税、企业所得税和个人所得税等。

二、税法基本原理

（一）税法的概念与特征

税法是调整在税收活动中发生的社会关系的法律规范的总称。在税收活动中发生的社会关系，简称税收关系。税法具有以下几个方面的特征。

1. 成文性

税法的主要法律渊源是成文法，课税的基本要素必须事先由明文作出规定。税收判例主要是在确定税法概念或规则的含义方面，具有一定的参照意义。税收判例法虽然在英美法系国家具有法律效力，但也只是辅助性法律渊源。

2. 强制性

税法具有突出的强制性体征，属于公法的范畴。任何机关和个人均不得无法律依据擅自减免税，也不得任意排除税法的适用。

3. 技术性

税法具有较强的技术性，尤其是在税法的构成要素的设计以及税法的实施方面表现得尤为明显。

4. 经济性

税收具有经济性。税收的经济性源自两个方面：一方面，税法的执行应确保效率，税法规则的设计必须保证税收课征成本尽可能低；另一方面，税收必然会影响经济活动的安排，因此税制设计必须考量对经济生活的影响，应以促进而非妨碍经济发展为目标。

（二）税法的基本原则

税法基本原则是贯穿税收立法、执法、司法和守法全过程的，体现税法宗旨和价值，指导税法具体规则创制和实施的基本准则。2013 年党的十八届三中全会审议通过的《中共中央关于全面深化改革若干重大问题的决定》中明确提出“落实税收法定原则”。

1. 税收法定原则

税收法定主义历来被认为是税法建制的基本原则之一，甚至被认为是税法领域的“帝王原则”。所谓税收法定原则是指国家须有法律的规定为依据，才能对人民课征税收。税收构成要件及相应的税收后果都应当由法律为明确的规定。只有当具体的经济生活事件及行为可以被涵摄于法律的抽象构成要件之下时，国家的征税权才能成立。[1]税额的高低，应当以法律规定为准，税务机关不享有裁量的权利。在法治国家中，国家须有法律规定为依据，才能干涉人民的基本自由权利，此即“法律保留原则”。税收法定原则即法治国家法律保留原则在税收领域的表现。这一原则被认为是税法领域的最高法律原则，往往与“罪刑法定原则”相提并论。

税收法定主义的第一层内涵是“无国民同意则无税”，强调的是国民在征税制度形成中的参与和决策力。税收是国家与国民之间就公共物品的提供与价款的支付所缔结的社会契约，是国家与国民之间就国家取得公共机构运作的物质经费规模与国民让渡财产权利的限度所进行的社会规划活动。作为一项社会公共事务，全体国民作为契约的一方当事人将最终受到契约约束，应当有权参与这一社会契约的缔结。税收法定主义的第二层内涵是法律保留。税收的法律保留，是指立法者应当全盘考量社会各阶层的利益及国

〔1〕 陈清秀：《税法总论》，法律出版社 2019 年版，第 219 页。

家社会需要后，公正地决定出于公共产品和服务的需要而有必要对基本权利施以限制的界限与内容，并以法律的形式予以确立。税收法定主义最初正是为了限制国王随意征税而确立下来的。由于“只有通过法律的形式，立法机关才能表达其意志，也只有通过法律修正的正式程序，此种意志才能被修正或否决”，因此，国民通过税法的制定，表达其对征税事项的同意。征税方案必须形诸法律后，国家才能要求纳税人财产权的让渡。这甚至被认为是宪法法律保留原则的起源。税收必须以成文的法律作为载体和实现工具，且仅限于立法机关所制定的狭义的“法律”。

税收法定主义的第三层内涵是税法的确定性，也就是说税收不仅应当由法律予以保留，而且以税收负担为法律后果的事实构成要件应当尽可能明确，使纳税人可以预见其税收后果。征税权所指向的是国民给付金钱的作为行为。

2. 税收公平原则

税收是人民对国家所为的，无法获得直接报偿的财产给付义务，其分担如果不能合理公平，即无法期待纳税人履行其义务。应当保证税收负担分配的正义。在税法上，平等原则包括水平的平等和垂直的平等。水平的平等要求相同地位的人应当被相同对待。相同的经济地位者，应当负担相同的税收。垂直平等要求不同的经济地位者，应负担不同的税收，即富有的人应当多负担税款，贫穷的人则少负担税款。确定税收在国民分配的标准是支付能力。所为支付能力标准，是指应当根据支付能力对每个人征税，税收负担的分配应当考虑不同的收入状况和财产状况，简单来说，就是拥有的财产或收入越多，缴纳的税收就越多。用以衡量支付能力的指标一般包括所得、财产和消费。

3. 税收效率原则

税收效率原则包含了行政效率和经济效率两个层次的要求。[1]行政效率原则，也称为“便宜原则”，即方便、得宜，要求税收制度应当尽量具体明确，具有可实施性，并尽量简化，避免税制过于复杂而产生征管上的困扰，妨碍税务机关的有效征管，税制设计应当尽可能减少征纳双方的征管成本。税收征管成本是税务机关在实施税收征管的过程中发生的物质损耗，将直接减少纳税人缴纳的税款最终进入国库的金额，征管成本越高，纳税人以税收的形式让渡给国家的财产价值与国家实际上可以用于提供公共物品的物质经费之间的偏离就越大，相反，征管效率越高，征管成本越低，纳税人缴纳的税款中最终被用于提供公共物品的经费比例就越高，因此，税制的行政效率越高，越能够真正实现“取之于民，用之于民”。优良的税制设计必须考虑税制的可执行性以及制度的实施成本。

除了税收的行政效率，税收的经济效率是效率原则第二层涵义。当税收使个人承担金钱支付义务时，它不仅产生财产负担的效果，还通过影响国民经济要素，改变个人的经济行为，影响人们的行为选择，甚至对社会进行塑造，进而改变经济资源的配置，改善经济结构，从而促进经济的发展。此即税法的经济效率。

---

〔1〕 黄茂荣:《税法总论》(第一册)，植根法律图书出版公司 2012 年版，第 309 页。

（三）税法上的课税要素

税法上的课税要素，学界亦称为税收要素，是在实体的税收规范中，所规定产生税捐债务的各种抽象前提要件的整体而属于一项总括的概念。它所解决的是税收之债的当事人之间的债权债务的具体形成问题。学界对课税要素的研究较为深入，但仍存在诸多的分歧。如日本学者金子宏认为，课税要素包括纳税人、课税对象、课税对象的归属、课税标准以及税率五种。我国台湾学者陈清秀认为，税收之债的构成要件应包括税捐主体、税捐客体、税捐客体的归属、税基、税率。此外，我国学者则提出了税法主体、征税客体、税目与计税依据、税率、税收特别措施、纳税环节、纳税时间、纳税地点、税务争议和税收法律责任等税收要素。

1. 征纳主体

税法的主体要素包括税收法律关系的双方当事人，即征纳双方。各个税种的税收最终均归入国库，国家为所有税种的债权人一方。国家为虚拟的组织体，其权利是由其代表机关来行使的。代表国家行使征税权的机关，在我国主要是税务机关和海关。国内税主要由税务机关，也就是国家税务局负责征收。进出口环节的税收，包括关税、船舶吨税、进口环节的增值税、消费税等，则由海关负责征收。

税收法律关系中作为国家的相对一方为纳税主体。凡就一应税事实，依照税法的规定，应负有缴纳税收或做出各种行为的义务的主体，就广义而言均属于纳税主体。具体包括纳税人（税收债务人）和扣缴义务人。所谓纳税人，是指依照税法的规定，应当承担一定的金钱给付并以其全部财产为缴纳担保的人。简而言之，纳税人是以自己的财产负责缴纳自己的税收的主体。纳税人一般为法人和自然人，但具有独立法律资格的非法人主体也可以成为纳税人，如增值税、消费税等间接税。扣缴义务人是在向纳税人支付或收取款项时，应当从该支付的款项中依法扣取或收取纳税人应当缴纳的税款，并解缴给税务机关的人。[1]扣缴义务人在税收法律关系中的地位存在行政助手说、行政委托说、协力说等诸多争议。[2]但并非所有税种法均有扣缴义务人的规定。

2. 征税对象

所谓征税对象是指被作为课税对象的物或行为，即构成纳税义务成立的物的基础，是规定对什么加以课税的问题，也就是什么应当负担纳税义务，税收必须和表彰经济上给付能力的标的、状态或事实经过相联结，因此一般以能够推定税收负担能力的物、行为或事实作为课税的对象。不同的税种的征税对象不同，特定税种的征税对象须由单行税种法明确加以规定。征税对象是不同税种间相互区别的核心要素。征税对象也因为税种的多样化而各有不同。选择以什么物或行为为征税对象，立法者享有裁量权，但必须是客观上能够推定税收负担能力的存在的物、行为或事实。在征税客体的选择上，应当

---

〔1〕 陈敏：《税法总论》，新学林出版有限公司 2019 年版，第 256 页。

〔2〕 多数学者认为，扣缴义务人是依法律的授权，以自己的名义，独立执行扣缴事务。详细可参见陈敏：《扣缴薪资所得税之法律关系》，载《政大法学评论》第 51 期，第 52 页；黄茂荣：《税法总论》（第三册），植根法律图书出版公司 2008 年版，第 155 页；钟典晏：《扣缴实务相关问题研析》，翰芦图书出版有限公司 2004 年版，第 59 页。

充分考量征税客体的明确性、普遍性、继续性、划一性，同时也应充分考量征管的可行性、征管成本和征税公平等因素。所得、商品流转额、财产和行为是当前最主要的征税对象。

3. 税基 / 计税依据

税收具有数据性的特质，除了把握作为课税对象的物、行为或事实计算税额，首先必须将税收客体以一定数量的货币予以表示，才能据以决定应适用的税率以及计算实际成立的纳税义务。所谓的计税依据或税基，也就是将税收客体整体予以数量化，将作为征税对象的物、行为或事实以金额、价格或数量等来表示，从而作为决定应适用的税率和计算应纳税额的基础。实际上也就是量化的事实。就此而言，应税事实可以分为两个层次：其一，原因基础事实，也就是表征或产生征税客体的基础法律行为或事实，如转让财产、出租房屋、排放污染物；其二，上述行为或事实产生的征税客体的具体金额或数量，如转让财产的净所得 100 万元，出租房屋的租金 5000 元或排放的污染物 5 吨等。将金额或价格作为计税依据进行课税为从价税，将数量作为计税依据进行课税则为从量税。

4. 税率

税率是为计算应纳税额对税基所适用的比率。税率反映了国家参与财富分配的深度和比例。税率的决定方式如何，关系到量能课税原则、收入再分配等机能的实现，因此，在税制中具有重要的地位。

在计税依据以价格或金额予以确定时，税率一般为一定的百分数，即比例税率，如企业所得税的税率为 25%，增值税的一般税率为 13%。通常有两种基本的形式，即比例税率和累进税率。比例税率的适用与计税基数的多少无关，不直接以纳税人的税收负担能力为基准课征的税种一般采用比例税率。计税基数中用来交税的比例是固定的。累进税率则是税率随着税基数额的绝对或相对增加而提高的税率结构。直接以纳税人的税收负担能力为基准课征的税种会采用累进税率。累进税率分为超额累进税率和全额累进税率、超率累进税率和全率累进税率。全部的计税基础都按照所达到的最高级距的税率计算为全额累进税率，仅就各个级距内的计税基数，分别适用相对应的税率，再加总其税额，为超额累进税率。我国个人所得税的综合所得适用的是超额累进税率，土地增值税则适用超率累进税率。

如是以一定的数量确定时，税率则按每一单位的一定金额来表示，即定额税率。如啤酒的税率是每吨 250 元。

5. 税收优惠

所谓税收优惠是指各种减轻税收负担的例外规定。税收优惠通常是就一般构成要件中的纳税人、税收客体、计税基础和税率而为规定，但也有以其他方式达成减轻税收负担或设定税收利益的情形，例如就已成立的应纳税额予以免缴、缓缴或抵减。税收优惠是税法的例外规定，不考虑国民的税收负担能力，而以税收利益影响国民的行为，通常形成对税收分配正义的背离。但税收优惠并非所有税种均具备的要素，如《消费税暂行条例》《烟叶税法》中均无税收优惠的规定。

第二节 商品税法律制度

一、商品税法律制度概述

商品税是指以商品（包括货物和劳务）为征税对象的税的总称，又称为流转税。与其他税类相比，商品税具有以下特征。

（1）商品税的征税对象是商品和劳务。这一特征使得商品税区别于所得税和财产税。

（2）商品税的计税依据是商品的流转额，即商品流通、转让的价值额。在具体的商品税税种中，作为计税依据的流转额会有所不同。

（3）商品税的税负容易转嫁。商品税是典型的间接税，商品税的税负往往是由消费者或者最终购买者承担。

（4）商品税的征收具有累退效应。商品税的征收大多采用比例税率，并不考虑具体纳税人的纳税能力。也就是说，无论纳税能力强弱，都要按照统一的税率纳税，从而使得纳税能力较弱的反倒税负相对较重，产生累退效应。

二、增值税法律制度

（一）增值税概述

增值税是以商品在流转过程中产生的增值额为计税依据而征收的一种商品税。这里的增值额指的是生产者或者经营者在一定期间的生产经营过程中新创造的价值。

增值税产生的时间并不长，但发展却非常迅速。以 1954 年法国开始征收增值税为开端，增值税作为一种正式征收的税种走向历史舞台。目前，世界上大多数国家和地区已经开征增值税。增值税之所以受到世界各国的青睐，是因为增值税被认为是一种“中性”的税种，是一种“良税”。

（二）增值税法律制度的主要内容

目前的增值税法律制度的主要依据仍然是《增值税暂行条例》，其主要内容包括以下几个方面。

1. 增值税的纳税人

增值税的纳税人是在中华人民共和国境内销售货物或者加工、修理修配劳务，销售服务、无形资产、不动产以及进口货物的单位和个人。这里所称单位，是指企业、行政单位、事业单位、军事单位、社会团体及其他单位。所称个人，是指个体工商户和其他个人。其中，单位租赁或者承包给其他单位或者个人经营的，以承租人或者承包人为纳税人。

增值税的纳税人分为一般纳税人和小规模纳税人。所谓小规模纳税人，是指年销售额 500 万元以下，并且会计核算不健全，不能按规定报送有关增值税税务资料的纳税人，以及税法规定视同小规模纳税人的纳税人。小规模纳税人采取简易计税法，不得抵扣进项税款，不具备开具增值税专用发票的资格。小规模纳税人以外的纳税人为一般纳税人。一般纳税人则采用抵扣法计算缴纳应纳税额，可以抵扣进项税款，可以另购并开具增值税专用发票。

此外，中华人民共和国境外的单位或者个人在境内销售劳务，在境内未设有经营机构的，以其境内代理人为扣缴义务人；在境内没有代理人的，以购买方为扣缴义务人。

2. 增值税的征税范围

增值税的征税范围分为两大类：一类是销售货物、提供应税劳务、进口货物；另一类是销售服务、无形资产和不动产。

销售货物是指有偿转让货物的所有权。所称有偿，是指从购买方取得货币、货物或者其他经济利益。这里所称货物，是指有形动产，包括电力、热力、气体。

销售服务的“服务”包括加工、修理修配、交通运输服务、邮政服务、电信服务、建筑服务、金融服务、现代服务、生活服务。销售无形资产是指转让无形资产所有权或使用权的业务活动。无形资产包括技术、商标、著作权、商誉、自然资源使用权和其他权益性无形资产。销售不动产是指转让不动产所有权的业务活动。不动产包括建筑物、构筑物等。

3. 增值税的税率

（1）增值税的一般税率

纳税人销售货物、劳务、有形动产租赁服务或者进口货物，除另有规定外，税率为13%。

（2）特殊税率

纳税人销售交通运输、邮政、基础电信、建筑、不动产租赁服务，销售不动产，转让土地使用权，税率为9%。此外，销售或者进口下列货物，税率为9%：粮食等农产品、食用植物油、食用盐；自来水、暖气、冷气、热水、煤气、石油液化气、天然气、二甲醚、沼气、居民用煤炭制品；图书、报纸、杂志、音像制品、电子出版物；饲料、化肥、农药、农机、农膜；国务院规定的其他货物，适用9%的税率。

纳税人销售金融服务、增值电信服务、现代服务、生活服务、无形资产，除另有规定之外，税率为6%。

（3）零税率

纳税人出口货物，以及境内单位和个人跨境销售国务院规定范围内的服务、无形资产税率为零；但是，国务院另有规定的除外。

（4）征收率

小规模纳税人和一般纳税人发生应税销售行为按规定可以选择简易计税方法计税的，适用3%的征收率。

4. 增值税的计税方法

增值税的计税方法包括一般计税方法、简易计税方法和扣缴计税方法。

（1）一般计税方法

一般纳税人发生应税销售行为适用一般计税方法计税。其计算公式是：

当期应纳增值税税额 = 当期销项税额 – 当期进项税额

销项税额是指纳税人发生应税销售行为时，按照销售额与规定税率计算并向购买方收取的增值税税额。进项税额是指纳税人购进货物、劳务、服务、无形资产、不动产所支付或者负担的增值税额。下列进项税额准予从销项税额中抵扣：①从销售方取得的增值税专用发票上注明的增值税额。②从海关取得的海关进口增值税专用缴款书上注明的增值税额。③购进农产品，除取得增值税专用发票或者海关进口增值税专用缴款书外，按照农产品收购发票或者销售发票上注明的农产品买价和13%的扣除率计算的进项税额。④购进或者销售货物以及在生产经营过程中支付运输费用的，按照运输费用结算单据上注明的运输费用金额和7%的扣除率计算的进项税额。当期销项税额小于当期进项税额不足抵扣时，其不足部分可以结转下期继续抵扣。

纳税人购进货物或者应税劳务，取得的增值税扣税凭证不符合法律、行政法规或者国务院税务主管部门有关规定的，其进项税额不得从销项税额中抵扣。下列项目的进项税额不得从销项税额中抵扣：①用于非增值税应税项目、免征增值税项目、集体福利或者个人消费的购进货物或者应税劳务；②非正常损失的购进货物及相关的应税劳务；③非正常损失的在产品、产成品所耗用的购进货物或者应税劳务；④国务院财政、税务主管部门规定的纳税人自用消费品；⑤本条第①项、第②项规定的货物的运输费用和销售免税货物的运输费用。

（2）简易计税方法

小规模纳税人发生应税销售行为适用简易计税方法计税。简易计税方法的公式是：

当期应纳增值税额 = 当期销售额（不含增值税）× 征收率

这里的增值税征收率是指对特定的货物或特定的纳税人发生应税销售行为在某一生产流通环节应纳税额与销售额的比率。一般纳税人发生财政部和国家税务总局规定的特定应税销售行为，也可以选择适用简易计税方法计税，但是不得抵扣进项税额。

（3）扣缴计税方法

境外的单位或者个人在境内销售劳务，在境内未设有经营机构的，以其境内代理人为扣缴义务人；在境内没有代理人的，以购买方为扣缴义务人。扣缴义务人按照下列公式计算应扣缴税额：

应扣缴税额 = 组成计税价格 × 税率

这里的组成计税价格 = 关税完税价格 + 关税 + 消费税

5. 增值税的税收优惠

（1）免税项目

下列项目免征增值税：①农业生产者销售的自产农产品；②避孕药品和用具；③直接用于科学研究、科学试验和教学的进口仪器、设备；④外国政府、国际组织无偿援助的进口物资和设备；⑤由残疾人的组织直接进口供残疾人专用的物品；⑥销售的自己使用过的物品。

（2）起征点制度

增值税起征点仅适用于个人。销售货物的，起征点为月销售额5000—20000元；销售应税劳务的，为月销售额5000—20000元；按次纳税的，为每次（日）销售额300—

500 元。上述所称销售额，是指小规模纳税人的销售额。省、自治区、直辖市财政厅（局）和国家税务局应在规定的幅度内，根据实际情况确定本地区适用的起征点，并报财政部、国家税务总局备案。纳税人的销售额未达到起征点，不征收增值税，达到起征点后全额计算缴纳增值税。

6. 增值税的征收管理

（1）纳税义务发生时间

纳税义务发生时间，是纳税人发生应税销售行为应当承担纳税义务的起始时间。销售货物或者应税劳务，纳税义务发生的时间为收讫销售款项或者取得索取销售款项凭据的当天；先开具发票的，为开具发票的当天。进口货物，为报关进口的当天。纳税义务发生时间的作用在于：一是正式确认纳税人和扣缴义务人已经发生属于税法规定的应税销售行为时，应承担的纳税和扣缴义务；二是有利于税务机关实施税务管理，合理规定申报期限和纳税期限，监督纳税人切实履行纳税义务。

（2）纳税期限

增值税的纳税期限分别为 1 日、3 日、5 日、10 日、15 日、1 个月或者 1 个季度。纳税人的具体纳税期限，由主管税务机关根据纳税人应纳税额的大小分别核定。不能按照固定期限纳税的，可以按次纳税。纳税人进口货物，应当自海关填发进口增值税专用缴款书之日起 15 日内缴纳税款。按固定期限纳税的小规模纳税人可以选择以 1 个月或 1 个季度为纳税期限，一经选择，一个会计年度内不得变更。

（3）纳税地点

固定业户应当向其机构所在地主管税务机关申报纳税。总机构和分支机构不在同一县（市）的，应当分别向各自所在地的主管税务机关申报纳税；经财政部和国家税务总局或者其授权的财政和税务机关批准，可以由总机构汇总向总机构所在地的主管税务机关申报纳税。

固定业户到外县（市）销售货物或者劳务，应当向其机构所在地的主管税务机关报告外出经营事项，并向其机构所在地的主管税务机关申报纳税；未报告的，应当向销售地或者劳务发生地的主管税务机关申报纳税；未向销售地或者劳务发生地的主管税务机关申报纳税的，由其机构所在地的主管税务机关补征税款。

非固定业户销售货物或者劳务应当向销售地或者劳务发生地主管税务机关申报纳税；未向销售地或者劳务发生地的主管税务机关申报纳税的，由其机构所在地或者居住地主管税务机关补征税款。

进口货物，应当向报关地海关申报纳税。

扣缴义务人应当向其机构所在地或者居住地主管税务机关申报缴纳扣缴的税款。

三、消费税法律制度

（一）消费税法概述

消费税是指对特定消费品的消费行为按流转额征收的一种商品税。消费税主要以消费品为课税对象，属于间接税，税收随价格转嫁给消费者负担，消费者是税款的实际负担者。消费税的征收具有较强的选择性，是国家贯彻消费政策、引导消费结构从而引导产业结构的重要手段，因而在保证国家财政收入、体现国家经济政策等方面具有十分重要的意义。

我国消费税具有以下特征：（1）征收范围具有选择性。我国消费税主要以消费可能产生负的外部性的消费品以及其他国家意欲限制消费的非生活必需品为征税对象，而不是对所有消费品都征收消费税。（2）征税环节具有单一性，除金银首饰、超豪华汽车等外，主要在生产销售和进口环节征收。（3）平均税率水平比较高且税负差异大。消费税的平均税负比较高，不同税目的税负水平差异较大；对诸如香烟等需要限制或控制消费的消费品，通常税负较重。（4）计税方法简便，征管成本较低。由于消费税采取单一环节征收，且多采取比例税率或定额税率，计税方法简单，征收较为简便。

现行消费税法的基本规范，是1993年12月13日国务院制定、2008年11月5日修订的《中华人民共和国消费税暂行条例》（以下简称《消费税暂行条例》）。为确保该条例的实施，1993年12月25日财政部、国家税务总局颁布《中华人民共和国消费税暂行条例实施细则》（以下简称《消费税暂行条例实施细则》），又于2008年12月15日对该细则进行了修改。

（二）我国消费税法律制度的主要内容

1. 消费税的纳税人

在中华人民共和国境内生产、委托加工和进口应税消费品的单位和个人，以及国务院确定的销售应税消费品的其他单位和个人，为消费税的纳税人，应当依法缴纳消费税。这里的单位，是指企业、行政单位、事业单位、军事单位、社会团体及其他单位。这里的个人，是指个体工商户及其他个人。在中华人民共和国境内，是指生产、委托加工和进口属于应当缴纳消费税的消费品的起运地或者所在地在境内。

2. 消费税的税目

依据《消费税暂行条例》及相关法规规定，目前消费税税目包括烟、酒、化妆品等15种商品，部分税目还进一步划分了若干子目。

（1）烟。凡是以烟叶为原料加工生产的产品，不论使用何种辅料，均属于本税目的征收范围，包括卷烟、雪茄烟、电子烟、烟丝。

（2）酒。酒是酒精度在1度以上的各种酒类饮料，包括白酒、黄酒、啤酒和其他酒。

（3）高档化妆品。自2016年10月1日起，本税目调整为包括高档美容、修饰类化妆品、高档护肤类化妆品和成套化妆品。

（4）贵重首饰及珠宝玉石。贵重首饰及珠宝玉石包括以金、银、白金、宝石、珍珠、钻石、翡翠、珊瑚、玛瑙等高贵稀有物质以及其他金属、人造宝石等制作的各种纯金银首饰及镶嵌首饰和经采掘、打磨、加工的各种珠宝玉石。

（5）鞭炮、焰火。

（6）成品油。应税成品油包括汽油、柴油、石脑油、溶剂油、航空煤油、润滑油、燃料油7个子目；航空煤油暂缓征收。

（7）小汽车。小汽车是指由动力驱动，具有4个或4个以上车轮的非轨道承载的车辆。本税目征收范围包括三类，即乘用车、中轻型商用客车和超豪华小汽车。

（8）摩托车。摩托车包括轻便摩托车和摩托车两种。

（9）高尔夫球及球具。高尔夫球及球具是指从事高尔夫球运动所需的各种专用装备。

（10）高档手表。高档手表是指销售价格（不含增值税）每只在10000元（含）以上的各类手表。

（11）游艇。游艇是指长度大于8米小于90米，船体由玻璃钢、钢、铝合金、塑料等多种材料制作，可以在水上移动的水上浮载体，一般为私人或团体购置，主要用于水上运动和休闲娱乐等非营利活动的各类机动艇。

（12）木制一次性筷子。木制一次性筷子，又称卫生筷子，是指以木材为原料经过锯段、浸泡、旋切、刨切、烘干、筛选、打磨、倒角、包装等环节加工而成的各类供一次性使用的筷子。

（13）实木地板。实木地板是指以木材为原料，经锯割、干燥、刨光、截断、开榫、涂漆等工序加工而成的块状或条状的地面装饰材料。

（14）电池。自2015年2月1日起对电池（铅蓄电池除外）征收消费税；对无汞原电池、金属氢化物镍蓄电池（又称“氢镍蓄电池”或“镍氢蓄电池”）、锂原电池、锂离子蓄电池、太阳能电池、燃料电池、全钒液流电池免征消费税；2015年12月31日前对铅蓄电池缓征消费税，自2016年1月1日起，对铅蓄电池按4%税率征收消费税。

（15）涂料。自2015年2月1日起对涂料征收消费税。

3. 消费税的税率

消费税采用比例税率、定额税率和复合税率3种形式，以适应不同应税消费品的实际情况。消费税根据不同的税目或子目确定相应的税率或单位税额。大部分应税消费品适用比例税率，例如，烟丝税率为30%，摩托车税率为3%等；黄酒、啤酒、成品油则按单位重量或单位体积确定单位税额；卷烟、白酒采用比例税率和定额税率两种复合形式的税率。

4. 消费税应纳税额的计算

消费税应纳税额的计算分为从价计征、从量计征和从价从量复合计征3种方法。在从价定率计算方法下，应纳税额等于应税消费品的销售额乘以适用税率，应纳税额的多少取决于应税消费品的销售额和适用税率两个因素。在从量定额计算方法下，应纳税额等于应税消费品的销售数量乘以单位税额，应纳税额的多少取决于应税消费品的销售数量和单位税额两个因素。现行消费税的征税范围中，只有卷烟、白酒采用复合计征方法，应纳税额等于应税销售数量乘以定额税率再加上应税销售额乘以比例税率。

5. 消费税的征收管理

消费税的纳税环节多数为生产环节，一般有生产者在从事销售行为或者视同销售行为时缴纳。消费税纳税义务发生的时间，以货款结算方式或行为发生时间分别确定。

纳税人销售的应税消费品，以及自产自用的应税消费品，除国务院财政、税务主管部门另有规定外，应当向纳税人机构所在地或者居住地的主管税务机关申报纳税。委托加工的应税消费品，除受托方为个人外，由受托方向机构所在地或者居住地的主管税务机关解缴消费税税款。进口应税消费品，应当向报关地海关申报纳税。

消费税的纳税期限分别为 1 日、3 日、5 日、10 日、15 日、1 个月或者 1 个季度。纳税人的具体纳税期限，由主管税务机关根据纳税人应纳税额的大小分别核定；不能按照固定期限纳税的，可以按次纳税。

四、关税法律制度

（一）关税概述

关税是国家对进出关境的货物和物品的流转额征收的一种流转税。所谓“货物”是以贸易行为为目的而进出关境的商品物资；而“物品”是指出入境旅客或运输工具服务人员携带的行李物品、个人邮递物品及以其他方式进出关境的属于个人自用的非商品物资。由于关税是对进出境商品的流转金额征税，属于流转税的范畴。

关税具有以下几个方面的特征：

（1）关税的征税对象限于进出境的货物和物品。这是关税与其他税种的主要区别。

（2）关税在货物或物品进出关境的环节一次性征收。关税实行进出口环节单环节课征，在一次性征收关税后，在国内流通的任何环节均不再征收关税。

（3）关税由海关负责征收。

（4）关税具有较强的政策性。由于关税是专门针对进出口商品征收的，其征收与减免会影响到贸易对方国家（或地区）的经济利益。因此对一国而言，关税不仅是本国经济调节的工具，同时也是国际间经济合作与斗争的重要工具。

（5）关税是间接税，纳税人负担的关税可以通过提高价款转嫁由消费者和其他人承担。

（二）关税法律制度的主要内容

2024 年 4 月 26 日，全国人民代表大会常务委员会通过《关税法》，进一步完善了我国的关税制度。[1]

1. 关税的纳税主体

进口货物的收货人、出口货物的发货人、进境物品的携带人或者收件人，是关税的纳税人。从事跨境电子商务零售进口的电子商务平台经营者、物流企业和报关企业，以及法律、行政法规规定负有代扣代缴、代收代缴关税税款义务的单位和个人，是关税的扣缴义务人。

2. 关税的征税对象

我国关税的征税对象是准许进出境的货物和物品。《关税法》并未直接规定关税的征税对象，而是授权国务院关税税则委员会制定《中华人民共和国进出口税则》明确应课征关税的进出口货物的具体税目。应税进口货物包括活动物、植物产品、食品、矿产品、化学工业及其相关工业的产品以及艺术品、收藏品及古物等，共计 21 大类。出口

〔1〕 该法于 2024 年 12 月 1 日起生效实施。《进出口关税条例》相应废止。

货物则包括鳗鱼苗、含牛羊成分的骨粉和骨废料、已脱胶骨、角柱、铅矿砂等共计102项目。[1]

关税税目适用规则包括归类规则等。进出口货物的商品归类，应当按照《税则》规定的目录条文和归类总规则、类注、章注、子目注释、本国子目注释，以及其他归类注释确定，并归入相应的税则号列。根据实际需要，国务院关税税则委员会可以提出调整关税税目及其适用规则的建议，报国务院批准后发布执行。

3. 关税税率

（1）一般税率

进口关税设置最惠国税率、协定税率、特惠税率、普通税率。出口关税设置出口税率。对进出口货物在一定期限内可以实行暂定税率。对实行关税配额管理的进出口货物，设置关税配额税率。

关税税率的适用应当符合相应的原产地规则。原产于共同适用最惠国待遇条款的世界贸易组织成员的进口货物，原产于与中华人民共和国缔结或者共同参加含有相互给予最惠国待遇条款的国际条约、协定的国家或者地区的进口货物，以及原产于中华人民共和国境内的进口货物，适用最惠国税率。原产于与中华人民共和国缔结或者共同参加含有关税优惠条款的国际条约、协定的国家或者地区且符合国际条约、协定有关规定的进口货物，适用协定税率。原产于中华人民共和国给予特殊关税优惠安排的国家或者地区且符合国家原产地管理规定的进口货物，适用特惠税率。原产于前述规定以外的国家或者地区的进口货物，以及原产地不明的进口货物，适用普通税率。适用最惠国税率的进口货物有暂定税率的，适用暂定税率。适用协定税率的进口货物有暂定税率的，从低适用税率；其最惠国税率低于协定税率且无暂定税率的，适用最惠国税率。适用特惠税率的进口货物有暂定税率的，从低适用税率。适用普通税率的进口货物，不适用暂定税率。适用出口税率的出口货物有暂定税率的，适用暂定税率。实行关税配额管理的进出口货物，关税配额内的适用关税配额税率，有暂定税率的适用暂定税率。

（2）特殊税率

依法对进口货物征收反倾销税、反补贴税、保障措施关税的，其税率的适用按照有关反倾销、反补贴和保障措施的法律、行政法规的规定执行。任何国家或者地区不履行与中华人民共和国缔结或者共同参加的国际条约、协定中的最惠国待遇条款或者关税优惠条款，国务院关税税则委员会可以提出按照对等原则采取相应措施的建议，报国务院批准后执行。任何国家或者地区违反与中华人民共和国缔结或者共同参加的国际条约、协定，对中华人民共和国在贸易方面采取禁止、限制、加征关税或者其他影响正常贸易的措施的，对原产于该国家或者地区的进口货物可以采取征收报复性关税等措施。征收报复性关税的货物范围、适用国别或者地区、税率、期限和征收办法，由国务院关税税则委员会提出建议，报国务院批准后执行。

---

〔1〕 详细可参见《中华人民共和国进出口税则》（税委会公告2023年第12号）。

（3）税率的适用

进出口货物、进境物品，应当适用纳税人、扣缴义务人完成申报之日实施的税率。进口货物到达前，经海关核准先行申报的，应当适用装载该货物的运输工具申报进境之日实施的税率。

4. 应纳税额的计算

（1）计税价格

进口货物的计税价格以成交价格以及该货物运抵中华人民共和国境内输入地点起卸前的运输及其相关费用、保险费为基础确定。进口货物的成交价格，是指卖方向中华人民共和国境内销售该货物时买方为进口该货物向卖方实付、应付的，并按照《关税法》第 25 条、第 26 条规定调整后的价款总额，包括直接支付的价款和间接支付的价款。

出口货物的计税价格以该货物的成交价格以及该货物运至中华人民共和国境内输出地点装载前的运输及其相关费用、保险费为基础确定。出口货物的成交价格，是指该货物出口时卖方为出口该货物应当向买方直接收取和间接收取的价款总额。应当注意的是，出口关税不计入计税价格。

（2）应纳税额的计算

关税实行从价计征、从量计征、复合计征的方式征收。其中，实行从价计征的，应纳税额按照计税价格乘以比例税率计算。实行从量计征的，应纳税额按照货物数量乘以定额税率计算。实行复合计征的，应纳税额按照计税价格乘以比例税率与货物数量乘以定额税率之和计算。

5. 关税的减免

《关税法》第 32 条、第 33 条分别规定了关税的减免。其中，以下进出口货物、进境物品可以享受关税的免税待遇：（1）国务院规定的免征额度内的一票货物；（2）无商业价值的广告品和货样；（3）进出境运输工具装载的途中必需的燃料、物料和饮食用品；（4）在海关放行前损毁或者灭失的货物、进境物品；（5）外国政府、国际组织无偿赠送的物资；（6）中华人民共和国缔结或者共同参加的国际条约、协定规定免征关税的货物、进境物品；（7）依照有关法律规定免征关税的其他货物、进境物品。此外，保税货物复运出境的，免征关税；不复运出境转为内销的，按照规定征收关税。加工贸易保税进口料件或者其制成品内销的，除按照规定征收关税外，还应当征收缓税利息。

在海关放行前遭受损坏的货物、进境物品、我国缔结或者共同参加的国际条约、协定规定减征关税的货物、进境物品以及依照有关法律规定减征关税的其他货物、进境物品，可以减征关税。前款第一项减征关税，应当根据海关认定的受损程度办理。如因货物受损而减征关税，应当根据海关认定的受损程度办理。

除此以外，根据维护国家利益、促进对外交往、经济社会发展、科技创新需要或者由于突发事件等原因，国务院可以制定关税专项优惠政策，报全国人民代表大会常务委员会备案。

减免税货物应当依法办理手续。需由海关监管使用的减免税货物应当接受海关监管，在监管年限内转让、移作他用或者进行其他处置，按照国家有关规定需要补税的，应当补缴关税。

6. 进出口货物关税的征收管理

关税征收管理应当适应对外贸易新业态新模式发展需要，提升信息化、智能化、标准化、便利化水平。关税征收管理可以实施货物放行与税额确定相分离的模式。进出口货物的纳税人、扣缴义务人可以按照规定选择海关办理申报纳税。纳税人、扣缴义务人应当按照规定的期限和要求如实向海关申报税额，并提供相关资料。必要时，海关可以要求纳税人、扣缴义务人补充申报。

进出口货物的纳税人、扣缴义务人应当自完成申报之日起 15 日内缴纳税款；符合海关规定条件并提供担保的，可以于次月第 5 个工作日结束前汇总缴纳税款。因不可抗力或者国家税收政策调整，不能按期缴纳的，经向海关申请并提供担保，可以延期缴纳，但最长不得超过 6 个月。

纳税人、扣缴义务人未在前款规定的纳税期限内缴纳税款的，自规定的期限届满之日起，按日加收滞纳税款 5‱的滞纳金。

第三节　所得税法律制度

一、所得税法律制度概述

所得税是以应税所得为征税对象，并由获取所得的主体缴纳的一类税的总称。所得税具有以下特征：

（1）所得税的征税对象是应税所得，计税依据是应纳税所得额，这是所得税区别于商品税、财产税的最主要的特征。

（2）所得税计税依据的确定较为复杂。

（3）所得税的税率主要采用比例税率和累进税率两种形式。所得税更强调公平，因而在适用比例税率的同时，尤其是在个人所得税等领域采用超额累进税率。

（4）所得税是直接税，其税负由纳税人直接承担，不易转嫁。

二、企业所得税法律制度

（一）企业所得税法律制度概述

企业所得税是对我国境内的企业和其他取得收入的组织的生产经营所得和其他所得征收的所得税。企业所得税具有调节产业结构、促进经济发展、为国家筹集财政资金等方面的积极作用。

企业所得税法是指国家制定的用以调整企业所得税征收与缴纳之间权利及义务关系的法律规范。我国现行的企业所得税法是 2007 年 3 月 16 日全国人大通过并于 2008 年 1 月 1 日起施行的《中华人民共和国企业所得税法》（以下简称《企业所得税法》）。2018

年12月全国人大常委会对该法进行了修改。2007年11月28日国务院通过的《中华人民共和国企业所得税法实施条例》（以下简称《企业所得税实施条例》）对企业所得税法实施中的相关问题进行了细化。

（二）我国企业所得税法的主要内容

1. 企业所得税的纳税人

企业所得税的纳税人，是指在中华人民共和国境内的企业和其他取得收入的组织。根据《企业所得税法》第1条第二款以及第50条第二款的规定，个人独资企业、合伙企业和居民企业在境内设立的营业机构等非法人组织不是企业所得税的纳税人。

企业所得税的纳税人分为居民企业和非居民企业。居民企业，是指依法在中国境内成立，或者依照外国（地区）法律成立但实际管理机构在中国境内的企业。居民企业在中国承担无限纳税义务，应当就其来源于中国境内、境外的所得缴纳企业所得税。

非居民企业是指依照外国（地区）法律、法规成立且实际管理机构不在中国境内，但在中国境内设立机构、场所的，或者在中国境内未设立机构场所，但有来源于中国境内所得的企业。非居民企业在中国仅承担有限纳税义务。非居民企业在中国境内设立机构、场所的，应当就其所设机构、场所取得的来源于中国境内的所得，以及发生在中国境外但与其所设机构、场所有实际联系的所得，缴纳企业所得税。非居民企业在中国境内未设立机构、场所的，或者虽设立机构、场所但取得的所得与其所设机构、场所没有实际联系的，应当就其来源于中国境内的所得缴纳企业所得税。其中，企业所得税应税所得的来源地依据如下标准予以判断：（1）销售货物所得，按照交易活动发生地确定；（2）提供劳务所得，按照劳务发生地确定；（3）转让财产所得，不动产转让所得按照不动产所在地确定，动产转让所得按照转让动产的企业或者机构、场所所在地确定，权益性投资资产转让所得按照被投资企业所在地确定；（4）股息、红利等权益性投资所得，按照分配所得的企业所在地确定；（5）利息所得、租金所得、特许权使用费所得，按照负担、支付所得的企业或者机构、场所所在地确定，或者按照负担、支付所得的个人的住所地确定；（6）其他所得，由国务院财政、税务主管部门确定。

2. 企业所得税的征税对象

《企业所得税法》第6条列举了企业所得税的应税所得，主要包括以下九项：企业以货币形式和非货币形式从各种来源取得的收入，为收入总额。包括：（1）销售货物收入；（2）提供劳务收入；（3）转让财产收入；（4）股息、红利等权益性投资收益；（5）利息收入；（6）租金收入；（7）特许权使用费收入；（8）接受捐赠收入；（9）其他收入。根据《企业所得税法实施条例》第22条的规定，企业取得的其他收入，包括企业资产溢余收入、逾期未退包装物押金收入、确实无法偿付的应付款项、已作坏账损失处理后又收回的应收款项、债务重组收入、补贴收入、违约金收入、汇兑收益等。从上述所得类别来看，《企业所得税法》是基于净资产增加说确定企业所得税的应税所得的。因此，构成企业所得税意义上的应税所得应当具备以下两个基本的要素：第一，发生财产价值的增加；第二，该项财产价值已实现，企业对新增的财产价值可以自由地支配和处分。

《企业所得税法》还对不属于应税范围的收入，即不征税收入，作出了明确的规定。

该法第 7 条规定，收入总额中的下列收入为不征税收入：（1）财政拨款；（2）依法收取并纳入财政管理的行政事业性收费、政府性基金；（3）国务院规定的其他不征税收入。此外，对社保基金会及养老基金投资管理机构在国务院批准的投资范围内，运用养老基金投资取得的归属于养老基金的投资收入，作为企业所得税的不征税收入。

3. 企业所得税的税率

企业所得税实行比例税率。企业所得税的基本税率为 25%。在中国境内未设立机构、场所的，或者虽设立机构、场所但取得的所得与其所设机构、场所没有实际联系的非居民企业适用 20% 的税率，同时根据《企业所得税法》第 27 条第 5 项的规定，减按 10% 征收。

4. 企业所得税应纳税所得额的确定

按照《企业所得税法》第 5 条规定，企业每一纳税年度的收入总额，减除不征税收入、免税收入、各项扣除以及允许弥补的以前年度亏损后的余额，为应纳税所得额。其中，企业以货币形式和非货币形式从各种来源取得的收入，为收入总额。企业应纳税所得额的计算，以权责发生制为原则，属于当期的收入和费用，不论款项是否收付，均作为当期的收入和费用；不属于当期的收入和费用，即使款项已经在当期收付，均不作为当期的收入和费用。企业所得税的收入形式同样包括货币形式和非货币形式。货币形式，包括现金、存款、应收账款、应收票据、准备持有至到期的债券投资以及债务的豁免等。非货币形式，包括固定资产、生物资产、无形资产、股权投资、存货、不准备持有至到期的债券投资、劳务以及有关权益等。以非货币形式取得的收入，应当按照公允价值确定收入额。公允价值也就是按照市场价格确定的价值。

企业实际发生的与取得收入有关的、合理的支出，包括成本、费用、税金、损失和其他支出，准予在计算应纳税所得额时扣除。根据第 8 条的规定，可以扣除的支出应当满足以下三个条件：第一，发生货币或有形客体的有形流出、耗用，耗用或灭失已实际发生。所谓实际发生，是指该笔支出已经发生，其所有权已经发生转移，企业对该笔支出不再享有所有权，不能终局保有或已丧失实质的处置权能，也就是无法再对财产进行任何的管理、使用、收益和处分。第二，与经营活动有关。所谓有关，是指企业发生的支出费用必须与企业获得收入的意图或经济活动存在经济上的联系，企业为取得一定的收入而发生相应的支出应当允许扣除。即企业进行该项支出是为了获得收入，该支出增加了企业获得收入的机会或数额，这种联系是具体、现实的，即支出是与特定的收入相关。第三，合理。所谓合理的，一方面是指该支出本身是必要的，是正常的生产经营活动所必需的；另一方面，该支出的数额是合理的，是符合正常生产经营活动的惯例和一定的比例。因此，在计算应纳税所得额时，下列支出不得扣除：向投资者支付的股息、红利等权益性投资收益款项；企业所得税税款；税收滞纳金；罚金、罚款和被没收财物的损失；公益性捐赠支出以外的捐赠支出；赞助支出；未经核定的准备金支出；与取得收入无关的其他支出。企业发生的公益性捐赠支出，虽然不符合支出扣除的条件，但为了鼓励企业承担社会责任，《企业所得税法》第 9 条规定，可以在年度利润总额 12% 以内的部分，准予在计算应纳税所得额时扣除。

在计算应纳税所得额时，企业按照规定计算的固定资产折旧，准予扣除。但是，下列固定资产不得计算折旧扣除：房屋、建筑物以外未投入使用的固定资产；以经营租赁方式租入的固定资产；以融资租赁方式租出的固定资产；已足额提取折旧仍继续使用的固定资产；与经营活动无关的固定资产；单独估价作为固定资产入账的土地；其他不得计算折旧扣除的固定资产。

在计算应纳税所得额时，企业按照规定计算的无形资产摊销费用，准予扣除。但是，下列无形资产不得计算摊销费用扣除：自行开发的支出已在计算应纳税所得额时扣除的无形资产；自创商誉；与经营活动无关的无形资产；其他不得计算摊销费用扣除的无形资产。

在计算应纳税所得额时，企业发生的下列支出作为长期待摊费用，按照规定摊销的，准予扣除：已足额提取折旧的固定资产的改建支出；租入固定资产的改建支出；固定资产的大修理支出；其他应当作为长期待摊费用的支出。

此外，企业对外投资期间，投资资产的成本在计算应纳税所得额时不得扣除。企业使用或者销售存货，按照规定计算的存货成本，准予在计算应纳税所得额时扣除。企业转让资产，该项资产的净值，准予在计算应纳税所得额时扣除。企业在汇总计算缴纳企业所得税时，其境外营业机构的亏损不得抵减境内营业机构的盈利。企业纳税年度发生的亏损，准予向以后年度结转，用以后年度的所得弥补，但结转年限最长不得超过5年。

5. 企业所得税应纳税额的计算

企业的应纳税所得额乘以适用税率，减除依照《企业所得税法》关于税收优惠的规定减免和抵免的税额后的余额，为应纳税额。

企业取得的下列所得已在境外缴纳的所得税税额，可以从其当期应纳税额中抵免，抵免限额为该项所得依照本法规定计算的应纳税额；超过抵免限额的部分，可以在以后5个年度内，用每年度抵免限额抵免当年应抵税额后的余额进行抵补：居民企业来源于中国境外的应税所得；非居民企业在中国境内设立机构、场所，取得发生在中国境外但与该机构、场所有实际联系的应税所得。

居民企业从其直接或者间接控制的外国企业分得的来源于中国境外的股息、红利等权益性投资收益，外国企业在境外实际缴纳的所得税税额中属于该项所得负担的部分，可以作为该居民企业的可抵免境外所得税税额，在《企业所得税法》第23条规定的抵免限额内抵免。

6. 企业所得税的税收优惠

《企业所得税法》第25—36条规定了优惠制度。其中，包含了3个授权条款，其他税收优惠的条款也包含了大量的不确定概念，这使得政府在实施上述规则时享有很大的政策调整空间，这表明企业所得税是政府进行宏观调控的重要工具。

《企业所得税法》规定的税收优惠方式可以分为直接优惠和间接优惠，其中直接优惠包括减免税法、优惠税率法，间接优惠包括费用加计扣除、固定资产加速折旧、投资额抵免、收入减计等方法。

(1)减免税法

免税法是最常见的优惠方式，也就是将企业本应当承担的纳税义务完全予以豁免。《企业所得税法》第 26 条规定了 4 项免税收入，分别为国债利息收入，符合条件的居民企业之间的股息、红利等权益性投资收益，在中国境内设立机构、场所的非居民企业从居民企业取得与该机构、场所有实际联系的股息、红利等权益性投资收益以及符合条件的非营利组织的收入。此外，《企业所得税法》及其实施条例将农业区分为基础农业和经济农业，分别规定了免税和减免税的待遇。《企业所得税法实施条例》列举了享受免税待遇的农业项目，包括：①种植业中的基础作物，包括蔬菜、谷物、薯类、油料、豆类、棉花、麻类、糖料、水果、坚果的种植，中药材的种植，农作物新品种的选育和林木的培育和种植；②牲畜、家禽的饲养；③林产品的采集；④农业服务项目，包括灌溉、农产品初加工、兽医、农技推广、农机作业和维修等农、林、牧、渔服务业项目；⑤远洋捕捞。从事以上项目取得的所得可以享受免税。外国政府和国际金融组织向中国发放的贷款收取的利息也可以享受免税的待遇。

减税也是企业所得税重要的直接优惠方式之一。所谓减税，也就是部分地免除纳税人本应当承担的纳税义务，但具体免除的额度、是否附有期限不同的项目则各有不同。《企业所得税法》规定了 4 种减税的方式。第一种减税的方式，即直接减半征税。这种方式适用于两种情况。第一种是从事经济作物的种植和养殖业取得的收入。第二种减半征税的项目是在中国境内无机构场所的非居民企业取得的来源于中国境内的所得。

第二种减免税的方式实际上是附期限的减免税，也就是"三免三减半"，从取得第一笔生产经营收入所属纳税年度起，第 1 年至第 3 年免征企业所得税，第 4 年至第 6 年减半征收企业所得税。这一方法适用于国家重点扶持的公共基础设施项目的投资经营所得，以及环境保护、节能节水项目的经营所得。

根据《企业所得税法》及其实施条例第 90 条的规定，一个纳税年度内，居民企业技术转让所得不超过 500 万元的部分，免征企业所得税；超过 500 万元的部分，减半征收企业所得税。技术转让所得的金额以该企业在一个纳税年度内所有的技术转让所得计算，而不是以一笔转让所得计算。

(2)优惠税率法

符合条件的小型微利企业，减按 20% 的税率征收企业所得税。国家需要重点扶持的高新技术企业，减按 15%的税率征收企业所得税。

(3)费用的加计扣除

企业开发新技术、新产品、新工艺发生的研究开发费用和安置残疾人员及国家鼓励安置的其他就业人员所支付的工资，可以在计算应纳税所得额时加计扣除。

(4)创业投资额抵免

创业投资企业从事国家需要重点扶持和鼓励的创业投资，可以按投资额的一定比例抵扣应纳税所得额。

(5)加速折旧法

企业的固定资产由于技术进步等原因，确需加速折旧的，可以缩短折旧年限或者采取加速折旧的方法。

（6）收入减计法

企业综合利用资源，生产符合国家产业政策规定的产品所取得的收入，可以在计算应纳税所得额时减计收入。

（7）税额抵免法

企业购置用于环境保护、节能节水、安全生产等专用设备的投资额，可以按一定比例实行税额抵免。

此外，根据国民经济和社会发展的需要，或者由于突发事件等原因对企业经营活动产生重大影响的，国务院可以制定企业所得税专项优惠政策，报全国人民代表大会常务委员会备案。

7. 特别纳税调整制度

（1）转让定价规则

企业与其关联方之间的业务往来，不符合独立交易原则而减少企业或者其关联方应纳税收入或者所得额的，税务机关有权按照合理方法调整。企业与其关联方共同开发、受让无形资产，或者共同提供、接受劳务发生的成本，在计算应纳税所得额时应当按照独立交易原则进行分摊。

企业可以向税务机关提出与其关联方之间业务往来的定价原则和计算方法，税务机关与企业协商、确认后，达成预约定价安排。

企业向税务机关报送年度企业所得税纳税申报表时，应当就其与关联方之间的业务往来，附送年度关联业务往来报告表。税务机关在进行关联业务调查时，企业及其关联方，以及与关联业务调查有关的其他企业，应当按照规定提供相关资料。企业不提供与其关联方之间业务往来资料，或者提供虚假、不完整资料，未能真实反映其关联业务往来情况的，税务机关有权依法核定其应纳税所得额。

（2）受控外国公司规则

由居民企业，或者由居民企业和中国居民控制的设立在实际税负明显低于《企业所得税法》第 4 条第一款规定税率水平的国家（地区）的企业，并非由于合理的经营需要而对利润不作分配或者减少分配的，上述利润中应归属于该居民企业的部分，应当计入该居民企业的当期收入。

（3）资本弱化规则

企业从其关联方接受的债权性投资与权益性投资的比例超过规定标准而发生的利息支出，不得在计算应纳税所得额时扣除。

（4）一般反避税条款

企业实施其他不具有合理商业目的的安排而减少其应纳税收入或者所得额的，税务机关有权按照合理方法调整。

税务机关依法作出纳税调整，需要补征税款的，应当补征税款，并按照国务院规定加收利息。

8. 企业所得税的征收管理

企业所得税的征收管理除《企业所得税法》规定外，依照《中华人民共和国税收征收管理法》的规定执行。

（1）纳税地点

除税收法律、行政法规另有规定外，居民企业以企业登记注册地为纳税地点；但登记注册地在境外的，以实际管理机构所在地为纳税地点。居民企业在中国境内设立不具有法人资格的营业机构的，应当汇总计算并缴纳企业所得税。除国务院另有规定外，企业之间不得合并缴纳企业所得税。

非居民企业在中国境内设立机构、场所的，应当就其所设机构、场所取得的来源于中国境内的所得，以及发生在中国境外但与其所设机构、场所有实际联系的所得，缴纳企业所得税，以机构、场所所在地为纳税地点。非居民企业在中国境内设立两个或者两个以上机构、场所的，经税务机关审核批准，可以选择由其主要机构、场所汇总缴纳企业所得税。

非居民企业在中国境内未设立机构、场所的，或者虽设立机构、场所但取得的所得与其所设机构、场所没有实际联系的，应当就其来源于中国境内的所得缴纳企业所得税，以扣缴义务人所在地为纳税地点。

（2）纳税年度

企业所得税按纳税年度计算。纳税年度自公历 1 月 1 日起至 12 月 31 日止。企业在一个纳税年度中间开业，或者终止经营活动，使该纳税年度的实际经营期不足 12 个月的，应当以其实际经营期为一个纳税年度。企业依法清算时，应当以清算期间作为一个纳税年度。

（3）企业所得税的纳税申报

企业所得税分月或者分季预缴。企业应当自月份或者季度终了之日起 15 日内，向税务机关报送预缴企业所得税纳税申报表，预缴税款。企业应当自年度终了之日起 5 个月内，向税务机关报送年度企业所得税纳税申报表，并汇算清缴，结清应缴应退税款。企业在报送企业所得税纳税申报表时，应当按照规定附送财务会计报告和其他有关资料。

企业在年度中间终止经营活动的，应当自实际经营终止之日起 60 日内，向税务机关办理当期企业所得税汇算清缴。企业应当在办理注销登记前，就其清算所得向税务机关申报并依法缴纳企业所得税。

（4）企业所得税的源泉扣缴

非居民企业于中国境内未设立机构、场所的，或者虽设立机构、场所但取得的所得与其所设机构、场所没有实际联系的情况下，对该非居民企业取得的所得应缴纳的所得税，实行源泉扣缴，以支付人为扣缴义务人。税款由扣缴义务人在每次支付或者到期应支付时，从支付或者到期应支付的款项中扣缴。对非居民企业在中国境内取得工程作业和劳务所得应缴纳的所得税，税务机关可以指定工程价款或者劳务费的支付人为扣缴义务人。

三、个人所得税法律制度

（一）个人所得税法律制度概述

个人所得税是以个人所得为征税对象并由获取所得的个人缴纳的一种税。个人所得税是财政收入的重要来源，世界各国普遍开征个人所得税。在美国等国家，个人所得税在整个税制中占据重要地位。由于个人所得税是直接税，税负由获取所得的个人承担，不易转。

新中国成立之后，于 1950 年由政务院颁布《全国税政实施要则》，曾经设置薪给报酬所得税，但并未实际开征。1980 年 9 月 10 日，全国人民代表大会通过了《中华人民共和国个人所得税法》，但当时的个人所得税主要对外籍个人和港澳台同胞征收，并非现代意义上的个人所得税制度。1993 年 8 月全国人大对该法进行了修订，自此确立了我国现代意义上的个人所得税制度。此后，全国人大分别于 1999 年、2005 年、2007 年 6 月和 12 月、2011 年和 2018 年对该法进行了修改。其中 2018 年的修改标志着我国个人所得税制从分类所得税制向混合所得税制的转变。为确保《个人所得税法》的实施，1994 年国务院颁布了《个人所得税法实施条例》，此后于 2005 年、2008 年、2011 年和 2018 年对该条例进行了修订。

（二）我国个人所得税法的主要内容

1. 纳税人

个人所得税的纳税人包括居民纳税人和非居民纳税人，区分的标准有两个：一是住所标准，二是时间标准。

在中国境内有住所，或者无住所而一个纳税年度内在中国境内居住累计满 183 天的个人，为居民个人。居民个人在中国承担无限纳税义务，从中国境内和境外取得的所得均应依法缴纳个人所得税。在中国境内有住所，是指因户籍、家庭、经济利益关系而在中国境内习惯性居住；所称从中国境内和境外取得的所得，分别是指来源于中国境内的所得和来源于中国境外的所得。

在中国境内无住所又不居住，或者无住所而一个纳税年度内在中国境内居住累计不满 183 天的个人，为非居民个人。非居民个人在中国仅承担有限纳税义务，仅就从中国境内取得的所得承担个人所得税义务。一项所得是否来源于中国，依据如下标准予以判断：（1）因任职、受雇、履约等在中国境内提供劳务取得的所得；（2）将财产出租给承租人在中国境内使用而取得的所得；（3）许可各种特许权在中国境内使用而取得的所得；（4）转让中国境内的不动产等财产或者在中国境内转让其他财产取得的所得；（5）从中国境内企业、事业单位、其他组织以及居民个人取得的利息、股息、红利所得。

此外，在中国境内无住所的个人，在中国境内居住累计满 183 天的年度连续不满 6 年的，经向主管税务机关备案，其来源于中国境外且由境外单位或者个人支付的所得，免予缴纳个人所得税；在中国境内居住累计满 183 天的任一年度中有一次离境超过 30 天的，其在中国境内居住累计满 183 天的年度的连续年限重新起算。在中国境内无住所的个人，在一个纳税年度内在中国境内居住累计不超过 90 天的，其来源于中国境内的所得，由境外雇主支付并且不由该雇主在中国境内的机构、场所负担的部分，免予缴纳个人所得税。

2. 征税范围

我国的个人所得税法实行分类综合所得税制。下列各项个人所得，应当缴纳个人所得税：（1）工资、薪金所得；（2）劳务报酬所得；（3）稿酬所得；（4）特许权使用费所得；（5）经营所得；（6）利息、股息、红利所得；（7）财产租赁所得；（8）财产转让所得；（9）偶然所得。其中，第（1）至（4）项所得为总和所得，与经营所得均属于勤劳所得。第（5）至（9）项所得则属于财产所得或消极所得。

3. 税率

个人所得税的税率可以分为两类：一类是超额累进税率，另一类是比例税率。具体规定为：（1）综合所得，适用 3%—45% 的超额累进税率（见表 13–1）；（2）经营所得，适用 5%—35% 的超额累进税率（见表 13–2）；（3）利息、股息、红利所得，财产租赁所得，财产转让所得和偶然所得，适用比例税率，税率为 20%。

表 13–1　个人所得税税率表一（综合所得适用）

级数	全年应纳税所得额	税率（%）
1	不超过 36000 元的	3
2	超过 36000 元至 144000 元的部分	10
3	超过 144000 元至 300000 元的部分	20
4	超过 300000 元至 420000 元的部分	25
5	超过 420000 元至 660000 元的部分	30
6	超过 660000 元至 960000 元的部分	35
7	超过 960000 元的部分	45

表 13–2　个人所得税税率表二（经营所得适用）

级数	全年应纳税所得额	税率（%）
1	不超过 30000 元的	5
2	超过 30000 元至 90000 元的部分	10
3	超过 90000 元至 300000 元的部分	20
4	超过 300000 元至 500000 元的部分	30
5	超过 500000 元的部分	35

4. 应纳税所得额的计算和确定

（1）居民个人的综合所得，以每一纳税年度的收入额减除费用 6 万元以及专项扣除、专项附加扣除和依法确定的其他扣除后的余额，为应纳税所得额。这里的专项扣除，包括居民个人按照国家规定的范围和标准缴纳的基本养老保险、基本医疗保险、失业保险等社会保险费和住房公积金等；专项附加扣除，包括子女教育、继续教育、大病医疗、住房贷款利息或者住房租金、赡养老人等支出，具体范围、标准和实施步骤由国务院确定，并报全国人民代表大会常务委员会备案。2018 年 12 月 13 日，国务院印发《个人所得税专项附加扣除暂行办法》，对专项附加扣除进行了具体规定。2022 年 3 月 19 日，国务院《关于设立 3 岁以下婴幼儿照护个人所得税专项附加扣除的通知》设立了 3 岁以下婴幼儿照护个人所得税专项附加扣除，自 2022 年 1 月 1 日起实施。此外，国务院根据教育、医疗、住房、养老等民生支出变化情况，适时调整专项附加扣除范围和标准。

（2）非居民个人的工资、薪金所得，以每月收入额减除费用 5000 元后的余额为应纳税所得额；劳务报酬所得、稿酬所得、特许权使用费所得，以每次收入额为应纳税所得额。

（3）经营所得，以每一纳税年度的收入总额减除成本、费用以及损失后的余额，为应纳税所得额。

（4）财产租赁所得，每次收入不超过 4000 元的，减除费用 800 元；4000 元以上的，减除 20% 的费用，其余额为应纳税所得额。

（5）财产转让所得，以转让财产的收入额减除财产原值和合理费用后的余额，为应纳税所得额。

（6）利息、股息、红利所得和偶然所得，以每次收入额为应纳税所得额。

此外，劳务报酬所得、稿酬所得、特许权使用费所得以收入减除 20% 的费用后的余额为收入额。稿酬所得的收入额减按 70% 计算。

个人将其所得对教育、扶贫、济困等公益慈善事业进行捐赠，捐赠额未超过纳税人申报的应纳税所得额 30% 的部分，可以从其应纳税所得额中扣除；国务院规定对公益慈善事业捐赠实行全额税前扣除的，从其规定。

此外，居民个人从中国境外取得的所得，可以从其应纳税额中抵免已在境外缴纳的个人所得税税额，但抵免额不得超过该纳税人境外所得依照《企业所得税法》规定计算的应纳税额。

5. 特别纳税调整

有下列情形之一的，税务机关有权按照合理方法进行纳税调整：（1）个人与其关联方之间的业务往来不符合独立交易原则而减少本人或者其关联方应纳税额，且无正当理由；（2）居民个人控制的，或者居民个人和居民企业共同控制的设立在实际税负明显偏低的国家（地区）的企业，无合理经营需要，对应当归属于居民个人的利润不作分配或者减少分配；（3）个人实施其他不具有合理商业目的的安排而获取不当税收利益。税务机关依照前款规定作出纳税调整，需要补征税款的，应当补征税款，并依法加收利息。

6. 税收减免

根据《个人所得税法》第 4 条的规定，以下所得可以享受免税待遇：（1）省级人民政府、国务院部委和中国人民解放军军以上单位，以及外国组织、国际组织颁发的科学、教育、技术、文化、卫生、体育、环境保护等方面的奖金；（2）国债和国家发行的金融债券利息；（3）按照国家统一规定发给的补贴、津贴；（4）福利费、抚恤金、救济金；（5）保险赔款；（6）军人的转业费、复员费、退役金；（7）按照国家统一规定发给干部、职工的安家费、退职费、基本养老金或者退休费、离休费、离休生活补助费；（8）依照有关法律规定应予免税的各国驻华使馆、领事馆的外交代表、领事官员和其他人员的所得；（9）中国政府参加的国际公约、签订的协议中规定免税的所得；（10）国务院规定的其他免税所得。第（10）项免税规定，由国务院报全国人民代表大会常务委员会备案。

根据《个人所得税法》第5条的规定，以下所得可以减征个人所得税，具体幅度和期限，由省、自治区、直辖市人民政府规定，并报同级人民代表大会常务委员会备案：（1）残疾、孤老人员和烈属的所得；（2）因自然灾害遭受重大损失的。国务院可以规定其他减税情形，报全国人民代表大会常务委员会备案。

7. 税收征管

个人所得税以所得人为纳税人，以支付所得的单位或者个人为扣缴义务人。纳税人有中国公民身份号码的，以中国公民身份号码为纳税人识别号；纳税人没有中国公民身份号码的，由税务机关赋予其纳税人识别号。扣缴义务人扣缴税款时，纳税人应当向扣缴义务人提供纳税人识别号。

有下列情形之一的，纳税人应当依法办理纳税申报：（1）取得综合所得需要办理汇算清缴；（2）取得应税所得没有扣缴义务人；（3）取得应税所得，扣缴义务人未扣缴税款；（4）取得境外所得；（5）因移居境外注销中国户籍；（6）非居民个人在中国境内从两处以上取得工资、薪金所得；（7）国务院规定的其他情形。扣缴义务人应当按照国家规定办理全员全额扣缴申报，并向纳税人提供其个人所得和已扣缴税款等信息。

居民个人取得综合所得，按纳税年度合并计算个人所得税；有扣缴义务人的，由扣缴义务人按月或者按次预扣预缴税款；需要办理汇算清缴的，应当在取得所得的次年3月1日至6月30日内办理汇算清缴。预扣预缴办法由国务院税务主管部门制定。居民个人向扣缴义务人提供专项附加扣除信息的，扣缴义务人按月预扣预缴税款时应当按照规定予以扣除，不得拒绝。非居民个人取得工资、薪金所得，劳务报酬所得，稿酬所得和特许权使用费所得，有扣缴义务人的，由扣缴义务人按月或者按次代扣代缴税款，不办理汇算清缴。

纳税人取得经营所得，按年计算个人所得税，由纳税人在月度或者季度终了后15日内向税务机关报送纳税申报表，并预缴税款；在取得所得的次年3月31日前办理汇算清缴。纳税人取得利息、股息、红利所得，财产租赁所得，财产转让所得和偶然所得，按月或者按次计算个人所得税，有扣缴义务人的，由扣缴义务人按月或者按次代扣代缴税款。

纳税人取得应税所得没有扣缴义务人的，应当在取得所得的次月15日内向税务机关报送纳税申报表，并缴纳税款。纳税人取得应税所得，扣缴义务人未扣缴税款的，纳税人应当在取得所得的次年6月30日前，缴纳税款；税务机关通知限期缴纳的，纳税人应当按照期限缴纳税款。居民个人从中国境外取得所得的，应当在取得所得的次年3月1日至6月30日内申报纳税。非居民个人在中国境内从两处以上取得工资、薪金所得的，应当在取得所得的次月15日内申报纳税。纳税人因移居境外注销中国户籍的，应当在注销中国户籍前办理税款清算。

扣缴义务人每月或者每次预扣、代扣的税款，应当在次月15日内缴入国库，并向税务机关报送扣缴个人所得税申报表。纳税人办理汇算清缴退税或者扣缴义务人为纳税人办理汇算清缴退税的，税务机关审核后，按照国库管理的有关规定办理退税。

第四节　财产税法律制度

一、财产税法律制度概述

财产税，是以财产为征税对象，并由对财产进行占有、使用或收益的主体缴纳的一类税。财产税具有以下几个方面的特征：（1）财产税的征税对象是财产，这是财产税与商品税和所得税之间最主要的区别；（2）财产税属于直接税，税负不易转嫁；（3）财产税的计税依据是占有、用益的财产额；（4）财产税是辅助性税种。

二、房产税法律制度

房产税是以房屋为征税对象，按照房屋的计税余值或租金收入，向产权所有人征收的一种财产税。房产税属于财产税中的个别财产税，其征税范围限于城镇的经营性房屋，一般区别房屋的经营使用方式分别规定不同的征税办法。

（一）房产税的纳税人

房产税由产权所有人缴纳。产权属于全民所有的，由经营管理的单位缴纳。产权出典的，由承典人缴纳。产权所有人、承典人不在房产所在地的，或者产权未确定及租典纠纷未解决的，由房产代管人或者使用人缴纳。

（二）征税范围

我国房产税的征税对象是指在我国境内用于生产经营，位于城市、县城、建制镇和工矿区的房屋。房产税的征税范围不包括农村。对于城乡居民用于居住的房屋不征房产税。

（三）房产税的税率

我国现行房产税实行比例税率。由于房产税的计税依据分为从价计征和从租计征两种形式，所以房产税的税率也分为两种。一种是按房产原值一次减除 10%—30% 后的余值计征的，税率为 1.2%；另一种是按房产出租的租金收入计征的，税率为 12%。自 2008 年 3 月 1 日起，对出租个人住房，不区分用途，按 4% 的税率征收房产税。

（四）应纳税额的计算

1. 从价计征的计算

从价计征是按房产的原值减除一定比例后的余值计征，其计算公式为：

应纳税额 = 应税房产原值 ×（1– 扣除比例）× 1.2%

房产原值是“固定资产”科目中记载的房屋原价；减除一定比例是省、自治区、直辖市人民政府规定的 10%—30% 的减除比例；计征的适用税率为 1.2%。

2. 从租计征的计算

从租计征是按房产的租金收入计征，其计算公式为：

应纳税额 = 租金收入 ×12%（或 4%）

（五）税收优惠

房产税的税收优惠是根据国家政策需要和纳税人的负担能力制定的。由于房产税属地方税，因此给予地方一定的减免权限，有利于地方因地制宜处理问题。根据《房产税条例》第 5 条的规定，以下房产免纳房产税：（1）国家机关、人民团体、军队自用的房产；（2）由国家财政部门拨付事业经费（全额或差额）的单位（如学校、医疗卫生单位、托儿所、幼儿园、敬老院以及文化、体育、艺术类单位）所有的房产；（3）宗教寺庙、公园、名胜古迹自用的房产；（4）个人所有非营业用的房产；（5）经财政部批准免税的其他房产。

（六）税收征收管理

纳税人将原有房产用于生产经营，从生产经营之月起缴纳房产税。纳税人自行新建房屋用于生产经营，从建成之次月起缴纳房产税。纳税人委托施工企业建设的房屋，从办理验收手续之次月起缴纳房产税。纳税人购置新建商品房，自房屋交付使用之次月起缴纳房产税。纳税人购置存量房，自办理房屋权属转移、变更登记手续，房地产权属登记机关签发房屋权属证书之次月起，缴纳房产税。纳税人出租、出借房产，自交付出租、出借房产之次月起，缴纳房产税。房地产开发企业自用、出租、出借本企业建造的商品房，自房屋使用或交付之次月起，缴纳房产税。自 2009 年 1 月 1 日起，纳税人因房产的实物或权利状态发生变化而依法终止房产税纳税义务的，其应纳税款的计算应截止到房产的实物或权利状态发生变化的当月末。

房产税实行按年计算、分期缴纳的征收方法，具体纳税期限由省、自治区、直辖市人民政府确定。房产税在房产所在地缴纳。房产不在同一地方的纳税人，应按房产的坐落地点分别向房产所在地的税务机关纳税。房产税的纳税人应按照条例的有关规定，及时办理纳税申报，并如实填写《房产税纳税申报表》。

三、土地税法律制度

土地税是以土地为征税对象，由对土地进行占有、使用、收益的主体缴纳的一类税的总称。我国现有的土地税制度包括 3 个税种：土地使用税（目前征收的是城镇土地使用税）、耕地占用税和土地增值税。

（一）城镇土地使用税法律制度

城镇土地使用税是对在我国城市、县城、建制镇和工矿区使用土地的单位和个人，以其实际占用的土地面积为征税对象征收的一种税。

1. 城镇土地使用税的纳税人

城镇土地使用税的纳税人是指在城市、县城、建制镇、工矿区范围内使用土地的单位和个人。其中单位包括国有企业、集体企业、私营企业、股份制企业、外商投资企业、外国企业以及其他企业和事业单位、社会团体、国家机关、军队以及其他单位，个人则包括个体工商户以及其他个人。

2. 城镇土地使用税的计税依据、税率和应纳税额的计算

城镇土地使用税的计税依据是纳税人实际占用的土地面积。

城镇土地使用税实行定额税率，每平方米年税额如下：大城市 1.5—30 元；中等城市 1.2—24 元；小城市 0.9—18 元；县城、建制镇、工矿区 0.6—12 元。省、自治区、直辖市人民政府，应当在前述规定的税额幅度内，根据市政建设状况、经济繁荣程度等条件，确定所辖地区的适用税额幅度。市、县人民政府应当根据实际情况，将本地区土地划分为若干等级，在省、自治区、直辖市人民政府确定的税额幅度内，制定相应的适用税额标准，报省、自治区、直辖市人民政府批准执行。经省、自治区、直辖市人民政府批准，经济落后地区土地使用税的适用税额标准可以适当降低，但降低额不得超过前述规定最低税额的 30%。经济发达地区土地使用税的适用税额标准可以适当提高，但须报经财政部批准。

城镇土地使用税应纳税额的计算公式为：

应纳税额 = 实际占用的土地面积（平方米）× 适用税额

3. 城镇土地使用税的减免

根据《城镇土地使用税暂行条例》第 6 条的规定，下列土地免缴土地使用税：（1）国家机关、人民团体、军队自用的土地；（2）由国家财政部门拨付事业经费的单位自用的土地；（3）宗教寺庙、公园、名胜古迹自用的土地；（4）市政街道、广场、绿化地带等公共用地；（5）直接用于农、林、牧、渔业的生产用地；（6）经批准开山填海整治的土地和改造的废弃土地，从使用的月份起免缴土地使用税 5—10 年；（7）由财政部另行规定免税的能源、交通、水利设施用地和其他用地。

除前述规定外，纳税人缴纳土地使用税确有困难需要定期减免的，由县以上税务机关批准。

4. 征收管理

土地使用税由土地所在地的税务机关征收。土地使用税按年计算、分期缴纳。缴纳期限由省、自治区、直辖市人民政府确定。新征收的土地，依照下列规定缴纳土地使用税：（1）征收的耕地，自批准征收之日起满 1 年时开始缴纳土地使用税；（2）征收的非耕地，自批准征收次月起缴纳土地使用税。

（二）耕地占用法律制度

耕地占用税是对我国境内占用耕地建设建筑物、构筑物或者从事非农业建设的单位和个人，按其实际占用的耕地面积征收的一种税。耕地占用税主要目的在于运用税收的手段，加强对耕地的管理，合理利用耕地资源。为落实税收法定原则，2018 年 12 月 29 日全国人民代表大会常务委员会通过《中华人民共和国耕地占用税法》（以下简称《耕地占用税法》），自 2019 年 9 月 1 日起施行。《耕地占用税法》按照税制平移思路，保持现行税制框架和税负水平总体不变，将条例上升为法律。同时，根据实际情况，对个别征税事项作了相应调整。

1. 纳税人与征税范围

在中华人民共和国境内占用耕地建设建筑物、构筑物或者从事非农业建设的单位和个人，为耕地占用税的纳税人。这里的耕地，是指用于种植农作物的土地。经批准占用耕地的，纳税人为农用地转用审批文件中标明的建设用地人；农用地转用审批文件中未标明建设用地人的，纳税人为用地申请人，其中用地申请人为各级人民政府的，由同级土地储备中心、自然资源主管部门或政府委托的其他部门、单位履行耕地占用税申报纳税义务。未经批准占用耕地的，纳税人为实际用地人。

占用耕地建设农田水利设施的，以及占用农用地建设直接为农业生产服务的生产设施的，不缴纳耕地占用税。

2. 计税依据与适用税额

耕地占用税以纳税人实际占用的耕地面积为计税依据，按照规定的适用税额一次性征收，应纳税额为纳税人实际占用的耕地面积（平方米）乘以适用税额。上述的适用税额，为幅度比例税率，具体如下：

（1）人均耕地不超过 1 亩的地区（以县、自治县、不设区的市、市辖区为单位，下同），每平方米为 10—50 元；

（2）人均耕地超过 1 亩但不超过 2 亩的地区，每平方米为 8—40 元；

（3）人均耕地超过 2 亩但不超过 3 亩的地区，每平方米为 6—30 元；

（4）人均耕地超过 3 亩的地区，每平方米为 5—25 元。

各地区耕地占用税的适用税额，由省、自治区、直辖市人民政府根据人均耕地面积和经济发展等情况，在前述规定的税额幅度内提出，报同级人民代表大会常务委员会决定，并报全国人民代表大会常务委员会和国务院备案。各省、自治区、直辖市耕地占用税适用税额的平均水平，不得低于《耕地占用税法》所附《各省、自治区、直辖市耕地占用税平均税额表》规定的平均税额。

此外，在人均耕地低于 0.5 亩的地区，省、自治区、直辖市可以根据当地经济发展情况，适当提高耕地占用税的适用税额，但提高的部分不得超过前述确定的适用税额的 50%。占用基本农田的，应当按照前述确定的当地适用税额，加按 150% 征收。

3. 税收减免

根据《耕地占用税法》第 7 条的规定，以下情形可以减免耕地占用税：（1）军事设施、学校、幼儿园、社会福利机构、医疗机构占用耕地，免征耕地占用税。（2）铁路线路、公路线路、飞机场跑道、停机坪、港口、航道、水利工程占用耕地，减按每平方米 2 元的税额征收耕地占用税。（3）农村居民在规定用地标准以内占用耕地新建自用住宅，按照当地适用税额减半征收耕地占用税；其中农村居民经批准搬迁，新建自用住宅占用耕地不超过原宅基地面积的部分，免征耕地占用税。（4）农村烈士遗属、因公牺牲军人遗属、残疾军人以及符合农村最低生活保障条件的农村居民，在规定用地标准以内新建自用住宅，免征耕地占用税。

此外，根据国民经济和社会发展的需要，国务院可以规定免征或者减征耕地占用税的其他情形，报全国人民代表大会常务委员会备案。

已享受免征或者减征耕地占用税待遇后，纳税人改变原占地用途，不再属于免征或者减征耕地占用税情形的，应当按照当地适用税额补缴耕地占用税。因挖损、采矿塌陷、压占、污染等损毁耕地属于“非农业建设”，应依法缴纳耕地占用税；自自然资源、农业农村等相关部门认定损毁耕地之日起 3 年内依法复垦或修复，恢复种植条件的，应办理退税。

4. 征收管理

耕地占用税由税务机关负责征收。纳税人占用耕地，应当在耕地所在地申报纳税。耕地占用税的纳税义务发生时间为纳税人收到自然资源主管部门办理占用耕地手续的书面通知的当日。纳税人应当自纳税义务发生之日起 30 日内申报缴纳耕地占用税。

（三）土地增值税法律制度

土地增值税是对转让国有土地使用权、地上的建筑物及其附着物（以下简称转让房地产）的单位和个人，针对转让房地产取得收入的增值部分所课征的一种税。我国于 1993 年 12 月 13 日由国务院通过并发布了《中华人民共和国土地增值税暂行条例》（以下简称《土地增值税暂行条例》），该条例根据 2011 年 1 月 8 日《国务院关于废止和修改部分行政法规的决定》修订。根据《土地增值税暂行条例》授权，财政部于 1995 年 1 月 27 日发布《中华人民共和国土地增值税暂行条例实施细则》。

1. 纳税人

土地增值税的纳税义务人是有偿转让国有土地使用权、地上的建筑物及其附着物的单位和个人。其中单位是指各类企业单位、事业单位、国家机关和社会团体及其他组织，个人包括个体经营者。

2. 征税对象

土地增值税的征税对象是转让国有土地使用权、地上的建筑物及其附着物所取得的收入。

3. 计税依据

土地增值税的计税依据是土地增值额，即纳税人转让房地产所取得的收入减除法定扣除项目金额后的余额。纳税人转让房地产所取得的收入，包括货币收入、实物收入和其他收入。

上述法定扣除项目包括：（1）取得土地使用权所支付的金额；（2）开发土地的成本、费用；（3）新建房及配套设施的成本、费用，或者旧房及建筑物的评估价格；（4）与转让房地产有关的税金；（5）财政部规定的其他扣除项目。

4. 税率和应纳税额的计算

土地增值税实行四级超率累进税率：增值额未超过扣除项目金额 50% 的部分，税率为 30%。增值额超过扣除项目金额 50%、未超过扣除项目金额 100% 的部分，税率为 40%。增值额超过扣除项目金额 100%、未超过扣除项目金额 200% 的部分，税率为 50%。增值额超过扣除项目金额 200% 的部分，税率为 60%。

在明确了计税依据和税率的基础上，土地增值税的应纳税额的计算可以按增值额乘以适用的税率减去扣除项目金额乘以速算扣除系数的简便方法计算，其基本公式是：

应纳税额 = 增值额 × 税率 – 扣除项目金额 × 速算扣除系数

上述公式中适用税率分别为 30%、40%、50%、60% 的情况下，速算扣除系数分别为 0、5%、15%、35%。

5. 税收减免

有下列情形之一的，免征土地增值税：（1）纳税人建造普通标准住宅出售，增值额未超过扣除项目金额 20% 的；（2）因国家建设需要依法征收、收回的房地产。

6. 税收征管

土地增值税由税务机关征收。土地管理部门、房产管理部门应当向税务机关提供有关资料，并协助税务机关依法征收土地增值税。纳税人应当自转让房地产合同签订之日起 7 日内向房地产所在地主管税务机关办理纳税申报，并在税务机关核定的期限内缴纳土地增值税。

四、资源与环境保护税法律制度

（一）资源与环境保护税法律制度概述

资源税是对在我国境内从事应税矿产品开采和生产盐的单位和个人课征的一种税。我国于 1984 年开征资源税。资源税法有广义和狭义之分。广义的资源税法是指国家制定的用以调整资源税收征收与缴纳相关权利义务关系的法律规范的总称。狭义的资源税法是指 2019 年 8 月 26 日全国人民代表大会常务委员会通过的《中华人民共和国资源税法》（以下简称《资源税法》），该法于 2020 年 9 月 1 日开始实施。

环境保护税是对在我国领域以及管辖的其他海域直接向环境排放应税污染物的企事业单位和其他生产经营者征收的一种税，其立法目的是保护和改善环境，减少污染物排放，推进生态文明建设。环境保护税是我国首个以环境保护为目标的独立型环境税税种，有利于解决排污费制度存在的执法刚性不足等问题，有利于提高纳税人环保意识和强化企业治污减排责任。2016 年 12 月 25 日，全国人大常委会通过了《中华人民共和国环境保护税法》，并将于 2018 年 1 月 1 日起施行。

（二）资源税法律制度

1. 纳税人

在中华人民共和国领域和中华人民共和国管辖的其他海域开发应税资源的单位和个人，为资源税的纳税人，应当依照《资源税法》规定缴纳资源税。其中，单位包括国有企业、集体企业、私营企业、股份制企业、其他企业和行政单位、事业单位、军事单位、社会团体及其他单位，个人包括个体经营者和其他个人。其他单位和其他个人包括外商投资企业、外国企业与外籍人员。

2. 应税资源

应税资源的具体范围，由《资源税法》所附《资源税税目税率表》确定，包括能源矿产、金属矿产、非金属矿产、水气矿产和盐 5 大类，在 5 个税目下面又设有若干个子目。《资源税法》所列的税目有 164 个，基本涵盖了所有已经发现的矿种和盐。对未列举名称的其他矿产品，省级人民政府可对本地区主要矿产品按矿种设定税目，对其余矿产品按类别设定税目，并按其销售的主要形态（如原矿、精矿）确定征税对象。单位和个人以应税产品投资、分配、抵债、赠与、以物易物等，视同销售，应按照规定计算缴纳资源税。开采海洋或陆上油气资源的中外合作（油）气田，在2011年11月1日前已签订的合同继续缴纳矿区使用费，不缴纳资源税；合同期满后，依法缴纳资源税。

3. 资源税的税目与税率

资源税的税目、税率，依照《税目税率表》执行。资源税按照《税目税率表》实行从价计征或者从量计征，分别以应税产品的销售额乘以纳税人具体适用的比例税率或者以应税产品的销售数量乘以纳税人具体适用的定额税率计算，实施“级差调节”的原则。级差调节是指运用资源税对因资源贮存状况、开采条件、资源优劣、地理位置等客观存在的差别而产生的资源级差收入，通过实施差别税率或差别税额进行调节。《税目税率表》中规定实行幅度税率的，其具体适用税率由省、自治区、直辖市人民政府统筹考虑该应税资源的品位、开采条件以及对生态环境的影响等情况，在《税目税率表》规定的税率幅度内提出，报同级人民代表大会常务委员会决定，并报全国人民代表大会常务委员会和国务院备案。《税目税率表》中规定征税对象为原矿或者选矿的，应当分别确定具体适用税率。

4. 计税依据

资源税的计税依据是指纳税人应税产品的销售额、销售量和自用数量，各税目的征税对象包括原矿和选矿产品。根据《资源税税目税率表》的规定，地热、石灰岩、其他粘土、砂石、矿泉水和天然卤水可采用从价计征或从量计征的方式，其他应税产品统一适用从价定率征收的方式。《税目税率表》中规定可以选择实行从价计征或者从量计征的，具体计征方式由省、自治区、直辖市人民政府提出，报同级人民代表大会常务委员会决定，并报全国人民代表大会常务委员会和国务院备案。原矿和精矿的销售额或者销售量应当分别核算，未分别核算的，从高确定计税销售额或者销售数量。

5. 应纳税额的计算

资源税的应纳税额，按照从价定率或者从量定额的办法，分别以应税产品的销售额乘以纳税人具体使用的比例税率或者以应税产品的销售数量乘以纳税人具体适用的定额税率计算。

（1）从价定率方式应纳税额的计算

实行从价定率方式征收资源税的，根据应税产品的销售额和规定的适用税率计算应纳税额，具体计算公式为：

应纳税额 = 销售额 × 适用税率

（2）从量定额方式应纳税额的计算

实行从量定额征收资源税的，根据应税产品的课税数量和规定的单位税额计算应纳税额，具体计算公式为：

应纳税额 = 课税数量 × 单位税额

代扣代缴应纳税额 = 收购未税矿产品的数量 × 适用的单位税额

6. 资源税的税收减免

开采原油以及在油田范围内运输原油过程中用于加热的原油、天然气和煤炭开采企业因安全生产需要抽采的煤成（层）气可以免征资源税。

此外，从低丰度油气田开采的原油、天然气可以减征 20% 资源税；高含硫天然气、三次采油和从深水油气田开采的原油、天然气，可以减征 30% 的资源税；稠油、高凝油减征 40% 的资源税；从衰竭期矿山开采的矿产品，可以减征 30% 的资源税。

7. 征收管理

纳税人销售应税产品，其纳税义务发生时间为：纳税人采取分期收款结算方式的，其纳税义务发生时间，为销售合同规定的收款日期当天；纳税人采取预收贷款结算方式的，其纳税义务发生时间，为发出应税产品的当天；纳税人采取分期收款和预收货款以外其他结算方式的，其纳税义务发生时间，为收讫销售款或者取得索取销售款凭据的当天。纳税人自产自用应税产品的纳税义务发生时间，为移送使用应税产品的当天。扣缴义务人代扣代缴税款的纳税义务发生时间，为支付首笔贷款或首次开具支付货款凭据的当天。

纳税人应当向应税产品开采地或者生产地税务机关申报缴纳资源税。资源税按月或者按季申报缴纳；不能按固定期限计算缴纳的，可以按次申报缴纳。纳税人按月或者按季申报缴纳的，应当自月度或者季度终了之日起 15 日内，向税务机关办理纳税申报并缴纳税款；按次申报缴纳的，应当自纳税义务发生之日起 15 日内，向税务机关办理纳税申报并缴纳税款。

（三）环境保护税法律制度

1. 环境保护税的纳税主体

环境保护税的纳税人是指在中华人民共和国领域和中华人民共和国管辖的其他海域，直接向环境排放应税污染物的企业事业单位和其他生产经营者。

2. 环境保护税的征税范围

（1）一般规定

应税污染物，是指《环境保护税法》所附《环境保护税税目税额表》《应税污染物和当量值表》规定的大气污染物、水污染物、固体废物和噪声。依法设立的城乡污水集中处理、生活垃圾集中处理场所超过国家和地方规定的排放标准向环境排放应税污染物的，应当缴纳环境保护税。企业事业单位和其他生产经营者贮存或者处置固体废物不符合国家和地方环境保护标准的，应当缴纳环境保护税。燃烧产生废气中的颗粒物，按照烟尘征收环境保护税。排放的扬尘、工业粉尘等颗粒物，除可以确定为烟尘、石棉尘、玻璃棉尘、炭黑尘的外，按照一般性粉尘征收环境保护税。

（2）除外规定

有下列情形之一的，不属于直接向环境排放污染物，不缴纳相应污染物的环境保护税：①企业事业单位和其他生产经营者向依法设立的污水集中处理、生活垃圾集中处理场所排放应税污染物的；②企业事业单位和其他生产经营者在符合国家和地方环境保护标准的设施、场所贮存或者处置固体废物的；③达到省级人民政府确定的规模标准并且有污染物排放口的畜禽养殖场，依法对畜禽养殖废弃物进行综合利用和无害化处理的。

（3）环境保护税的税目

环境保护税的税目包括大气污染物、水污染物、固体废物和噪声 4 大类。

3. 税率

环境保护税的税目、税额，依照《环境保护税税目税额表》执行。应税大气污染物和水污染物的具体适用税额的确定和调整，由省、自治区、直辖市人民政府统筹考虑本地区环境承载能力、污染物排放现状和经济社会生态发展目标要求，在《环境保护税法》所附《环境保护税税目税额表》规定的税额幅度内提出，报同级人民代表大会常务委员会决定，并报全国人民代表大会常务委员会和国务院备案。

4. 环境保护税的计税依据

应税污染物的计税依据，按照下列方法确定：应税大气污染物按照污染物排放量折合的污染当量数确定；应税水污染物按照污染物排放量折合的污染当量数确定；应税固体废物按照固体废物的排放量确定；应税噪声按照超过国家规定标准的分贝数确定。

5. 环境保护税的应纳税额

（1）应税大气污染物的应纳税额

应税大气污染物的应纳税额为污染当量数乘以具体适用税额。计算公式为：

大气污染物的应纳税额 = 污染当量数 × 适用税额

（2）应税水污染物的应纳税额

应税水污染物的应纳税额为污染当量数乘以具体适用税额。

应税水污染物的污染当量数，以该污染物的排放量除以该污染物的污染当量值计算。

（3）应税固体废物的应纳税额

应税固体废物的应纳税额为固体废物排放量乘以具体适用税额。

应税固体废物的排放量为当期应税固体废物的产生量减去当期应税固体废物贮存量、处置量、综合利用量的余额。纳税人应当准确计量应税固体废物的贮存量、处置量和综合利用量，未准确计量的，不得从其应税固体废物的产生量中减去。

（4）应税噪声的应纳税额

应税噪声的应纳税额为超过国家规定标准分贝数对应的具体适用税额。噪声超标分贝数不是整数值的，按四舍五入取整。一个单位的同一监测点当月有多个监测数据超标的，以最高一次超标声级计算应纳税额。声源一个月内累计昼间超标不足 15 昼或者累计夜间超标不足 15 夜的，分别减半计算应纳税额。

6. 环境保护税的税收减免

下列情形暂予免征环境保护税：农业生产（不包括规模化养殖）排放应税污染物的；机动车、铁路机车、非道路移动机械、船舶和航空器等流动污染源排放应税污染物的；依法设立的城乡污水集中处理、生活垃圾集中处理场所排放相应应税污染物，不超过国家和地方规定的排放标准的；纳税人综合利用的固体废物，符合国家和地方环境保护标准的；国务院批准免税的其他情形。此项免税规定，由国务院报全国人民代表大会常务委员会备案。

此外，纳税人排放应税大气污染物或者水污染物的浓度值低于国家和地方规定的污染物排放标准30%的，可以减按75%征收环境保护税。如纳税人排放应税大气污染物或者水污染物的浓度值低于国家和地方规定的污染物排放标准50%的，减按50%征收环境保护税。

五、其他税收实体法律制度

（一）契税法律制度

契税是指以我国境内发生权属转移的土地、房屋为征税对象，由产权承受人缴纳的一种财产税。2020年8月11日全国人民代表大会常务委员会通过了《契税法》，自2021年9月1日起施行。

1. 纳税人

在中华人民共和国境内转移土地、房屋权属，承受的单位和个人为契税的纳税人。

2. 征税范围

契税的征税范围包括转移土地、房屋权属两种行为。具体而言，是指下列行为：（1）土地使用权出让；（2）土地使用权转让，包括出售、赠与、互换，但不包括土地承包经营权和土地经营权的转移；（3）房屋买卖、赠与、互换。以作价投资（入股）、偿还债务、划转、奖励等方式转移土地、房屋权属的，视同土地使用权转让、房屋买卖或赠与征收契税。

3. 税率

契税税率为3%—5%。

契税的具体适用税率，由省、自治区、直辖市人民政府在前款规定的税率幅度内提出，报同级人民代表大会常务委员会决定，并报全国人民代表大会常务委员会和国务院备案。省、自治区、直辖市可以依照前款规定的程序对不同主体、不同地区、不同类型的住房的权属转移确定差别税率。

4. 契税的计税依据

契税的计税依据根据不同的情况而定，可能是成交价格、核定价格或价格差额，具体如下：（1）土地使用权出让、出售，房屋买卖，为土地、房屋权属转移合同确定的成交价格，包括应交付的货币以及实物、其他经济利益对应的价款。（2）土地使用权互换、房屋互换，为所互换的土地使用权、房屋价格的差额。（3）土地使用权赠与、房屋赠与以及其他没有价格的转移土地、房屋权属行为，为税务机关参照土地使用权出售、房屋买卖的市场价格依法核定的价格。如果纳税人申报的成交价格、互换价格差额明显偏低且无正当理由的，由税务机关依照《税收征收管理法》的规定核定。

5. 应纳税额的计算

契税的应纳税额按照计税依据乘以具体适用税率计算。公式如下：

应纳税额 = 计税依据 × 适用税率

6. 契税的减免

有下列情形之一的，免征契税：（1）国家机关、事业单位、社会团体、军事单位承受土地、房屋权属用于办公、教学、医疗、科研、军事设施。（2）非营利性的学校、医疗机构、社会福利机构承受土地、房屋权属用于办公、教学、医疗、科研、养老、救助。（3）承受荒山、荒地、荒滩土地使用权用于农、林、牧、渔业生产。（4）婚姻关系存续期间夫妻之间变更土地、房屋权属。（5）法定继承人通过继承承受土地、房屋权属。（6）依照法律规定应当予以免税的外国驻华使馆、领事馆和国际组织驻华代表机构承受土地、房屋权属。

根据国民经济和社会发展的需要，国务院对居民住房需求保障、企业改制重组、灾后重建等情形可以规定免征或者减征契税，报全国人民代表大会常务委员会备案。

省、自治区、直辖市可以决定对下列情形免征或者减征契税：（1）因土地、房屋被县级以上人民政府征收、征用，重新承受土地、房屋权属。（2）因不可抗力灭失住房，重新承受住房权属。上述规定的免征或者减征契税的具体办法，由省、自治区、直辖市人民政府提出，报同级人民代表大会常务委员会决定，并报全国人民代表大会常务委员会和国务院备案。

纳税人改变有关土地、房屋的用途，或者有其他不再属于前述规定的法定免征或国务院规定的减免契税情形的，应当缴纳已经免征、减征的税款。

7. 征收管理

契税由土地、房屋所在地的税务机关依照《契税法》和《税收征收管理法》的规定征收管理。契税的纳税义务发生时间，为纳税人签订土地、房屋权属转移合同的当日，或者纳税人取得其他具有土地、房屋权属转移合同性质凭证的当日。

纳税人应当在依法办理土地、房屋权属登记手续前申报缴纳契税。纳税人办理纳税事宜后，税务机关应当开具契税完税凭证。纳税人办理土地、房屋权属登记，不动产登记机构应当查验契税完税、减免税凭证或者有关信息。未按照规定缴纳契税的，不动产登记机构不予办理土地、房屋权属登记。

在依法办理土地、房屋权属登记前，权属转移合同、权属转移合同性质凭证不生效、无效、被撤销或者被解除的，纳税人可以向税务机关申请退还已缴纳的税款，税务机关应当依法办理。

（二）车辆购置税法律制度

车辆购置税是对在我国境内购置应税车辆的单位和个人征收的一种税。2018 年 12 月 29 日全国人民代表大会常务委员会通过了《中华人民共和国车辆购置税法》，自 2019 年 7 月 1 日起实施。

1. 纳税人

在中华人民共和国境内购置汽车、有轨电车、汽车挂车、排气量超过 150 毫升的摩托车（以下统称应税车辆）的单位和个人，为车辆购置税的纳税人，应当依照规定缴纳车辆购置税。购置是指以购买、进口、自产、受赠、获奖或者其他方式取得并自用应税车辆的行为。

2. 税率和应纳税额的计算

车辆购置税实行一次性征收。购置已征车辆购置税的车辆，不再征收车辆购置税。

车辆购置税的税率为10%。车辆购置税的应纳税额按照应税车辆的计税价格乘以税率计算。计算公式为：

应纳税额 = 应税车辆的计税价格 × 税率

应税车辆的计税价格，按照下列规定确定：（1）纳税人购买自用应税车辆的计税价格，为纳税人实际支付给销售者的全部价款，不包括增值税税款；（2）纳税人进口自用应税车辆的计税价格，为关税完税价格加上关税和消费税；（3）纳税人自产自用应税车辆的计税价格，按照纳税人生产的同类应税车辆的销售价格确定，不包括增值税税款；（4）纳税人以受赠、获奖或者其他方式取得自用应税车辆的计税价格，按照购置应税车辆时相关凭证载明的价格确定，不包括增值税税款。纳税人申报的应税车辆计税价格明显偏低，又无正当理由的，由税务机关依照《税收征收管理法》第35条第（6）项的规定核定其应纳税额。

3. 车辆购置税的减免

下列车辆免征车辆购置税：（1）依照法律规定应当予以免税的外国驻华使馆、领事馆和国际组织驻华机构及其有关人员自用的车辆；（2）中国人民解放军和中国人民武装警察部队列入装备订货计划的车辆；（3）悬挂应急救援专用号牌的国家综合性消防救援车辆；（4）设有固定装置的非运输专用作业车辆；（5）城市公交企业购置的公共汽电车辆。此外，根据国民经济和社会发展的需要，国务院可以规定减征或者其他免征车辆购置税的情形，报全国人民代表大会常务委员会备案。

4. 征收管理

车辆购置税由税务机关负责征收。纳税人购置应税车辆，应当向车辆登记地的主管税务机关申报缴纳车辆购置税；购置不需要办理车辆登记的应税车辆的，应当向纳税人所在地的主管税务机关申报缴纳车辆购置税。车辆购置税的纳税义务发生时间为纳税人购置应税车辆的当日。纳税人应当自纳税义务发生之日起60日内申报缴纳车辆购置税。纳税人应当在向公安机关交通管理部门办理车辆注册登记前，缴纳车辆购置税。

纳税人将已征车辆购置税的车辆退回车辆生产企业或者销售企业的，可以向主管税务机关申请退还车辆购置税。退税额以已缴税款为基准，自缴纳税款之日至申请退税之日，每满一年扣减10%。

（三）车船税法律制度

车船税是以车辆、船舶为征税对象，向其所有人或者管理人征收的一种税。2011年2月25日全国人民代表大会常务委员会通过《中华人民共和国车船税法》，该法自2012年1月1日起施行，又于2019年4月23日对该法进行了修订。2011年11月23日国务院通过《中华人民共和国车船税法实施条例》，后于2019年3月进行了修订。

1. 纳税人

在中华人民共和国境内的车辆、船舶（以下简称车船）的所有人或者管理人，为车船税的纳税人。

2. 税目税额

车船的适用税额依照《车船税法》所附《车船税税目税额表》执行。

3. 减免规定

下列车船免征车船税：（1）捕捞、养殖渔船。（2）军队、武装警察部队专用的车船。（3）警用车船。（4）悬挂应急救援专用号牌的国家综合性消防救援车辆和国家综合性消防救援专用船舶。（5）依照法律规定应当予以免税的外国驻华使领馆、国际组织驻华代表机构及其有关人员的车船。

对节约能源、使用新能源的车船可以减征或者免征车船税；对受严重自然灾害影响纳税困难以及有其他特殊原因确需减税、免税的，可以减征或者免征车船税。具体办法由国务院规定，并报全国人民代表大会常务委员会备案。

省、自治区、直辖市人民政府根据当地实际情况，可以对公共交通车船，农村居民拥有并主要在农村地区使用的摩托车、三轮汽车和低速载货汽车定期减征或者免征车船税。

4. 征收管理

从事机动车第三者责任强制保险业务的保险机构为机动车车船税的扣缴义务人，应当在收取保险费时依法代收车船税，并出具代收税款凭证。车船税的纳税地点为车船的登记地或者车船税扣缴义务人所在地。依法不需要办理登记的车船，车船税的纳税地点为车船的所有人或者管理人所在地。车船税纳税义务发生时间为取得车船所有权或者管理权的当月。车船税按年申报缴纳。具体申报纳税期限由省、自治区、直辖市人民政府规定。

（四）船舶吨税制度

船舶吨税是针对船舶使用海上航标等助航设施的行为设置的税种。2017 年 12 月 27 日全国人民代表大会常务委员会通过《中华人民共和国船舶吨税法》（以下简称《船舶吨税法》），该法自 2018 年 7 月 1 日起施行。

1. 纳税人

自中华人民共和国境外港口进入境内港口的船舶（以下简称"应税船舶"），应当依法缴纳船舶吨税。

2. 税目与税率

船舶吨税税目按船舶净吨位划分为 4 档：不超过 2000 净吨、2000—1 万净吨、1 万—5 万净吨、超过 5 万净吨；船舶吨税税率根据船舶净吨位和船舶吨税执照期限长短分别设置，并分为普通税率和优惠税率。中华人民共和国籍的应税船舶，船籍国（地区）与中华人民共和国签订含有相互给予船舶税费最惠国待遇条款的条约或者协定的应税船舶，适用优惠税率。其他应税船舶，适用普通税率。

3. 应纳税额的计算

船舶吨税按照船舶净吨位和船舶吨税执照期限征收。净吨位，是指由船籍国（地区）政府签发或者授权签发的船舶吨位证明书上标明的净吨位。应税船舶负责人在每次申报纳税时，可以按照《船舶吨税税目税率表》选择申领一种期限的船舶吨税执照。

船舶吨税的应纳税额按照船舶净吨位乘以适用税率计算。计算公式为：

应纳税额 = 船舶净吨位 × 定额税率

4. 税收优惠

下列船舶免征船舶吨税：(1)应纳税额在人民币50元以下的船舶；(2)自境外以购买、受赠、继承等方式取得船舶所有权的初次进口到港的空载船舶；(3)船舶吨税执照期满后24小时内不上下客货的船舶；(4)非机动船舶（不包括非机动驳船）；(5)捕捞、养殖渔船；(6)避难、防疫隔离、修理、改造、终止运营或者拆解，并不上下客货的船舶；(7)军队、武装警察部队专用或者征用的船舶；(8)警用船舶；(9)依照法律规定应当予以免税的外国驻华使领馆、国际组织驻华代表机构及其有关人员的船舶；(10)国务院规定的其他船舶。该项免税规定，由国务院报全国人民代表大会常务委员会备案。

在船舶吨税执照期限内，应税船舶发生下列情形之一的，海关按照实际发生的天数批注延长船舶吨税执照期限：(1)避难、防疫隔离、修理、改造，并不上下客货；(2)军队、武装警察部队征用。

符合《船舶吨税法》第9条第一款第5—9项以及延期优惠规定的船舶，应当提供海事部门、渔业船舶管理部门或者出入境检验检疫部门等部门、机构出具的具有法律效力的证明文件或者使用关系证明文件，申明免税或者延长船舶吨税执照期限的依据和理由。

5. 征收管理

船舶吨税由海关负责征收，并制发缴款凭证。船舶吨税纳税义务发生时间为应税船舶进入港口的当日。应税船舶在船舶吨税执照期满后尚未离开港口的，应当申领新的船舶吨税执照，自上一次执照期满的次日起续缴船舶吨税。应税船舶在进入港口办理入境手续时，应当向海关申报纳税领取船舶吨税执照，或者交验船舶吨税执照（或者申请核验船舶吨税执照电子信息）。应税船舶因不可抗力在未设立海关地点停泊的，船舶负责人应当立即向附近海关报告，并在不可抗力原因消除后，依法向海关申报纳税。应税船舶负责人缴纳船舶吨税或者提供担保后，海关按照其申领的执照期限填发船舶吨税执照，并制发缴款凭证。应税船舶在离开港口办理出境手续时，应当交验船舶吨税执照（或者申请核验船舶吨税执照电子信息）。

（五）印花税法律制度

印花税是对经济活动中和经济交往中书立、领受应税凭证的单位和个人征收的一种税。因采用在应税凭证上粘贴印花税票（以下简称“贴花”）作为完税标志而得名。印花税以书立、领受应税凭证的行为为征税对象，属于行为税。

1. 纳税人

印花税的纳税人是指在我国境内书立、使用、领受应税凭证、进行证券交易的单位和个人。所谓单位和个人是指各类企业、事业、机关、团体、部队和其他经济组织及其在华机构等单位和个人。

书立应税凭证的纳税人，为对应税凭证有直接权利义务关系的单位和个人。采用委托贷款方式书立的借款合同纳税人，为受托人和借款人，不包括委托人。按买卖合同或者产权转移书据税目缴纳印花税的拍卖成交确认书纳税人，为拍卖标的的产权人和买受人，不包括拍卖人。证券交易印花税对证券交易的出让方征收，不对受让方征收。

2. 征税范围

印花税的征税范围可以概括为以下五大类：（1）合同或者具有合同性质的凭证。（2）产权转移书据，即指单位和个人产权的买卖、继承、赠与、交换、分割时所立的书据。（3）营业账簿，即单位或者个人记载生产经营活动的财务会计核算账簿，具体包括资金账簿和其他账簿。（4）证券交易，即转让在依法设立的证券交易所、国务院批准的其他全国性证券交易场所交易的股票和以股票为基础的存托凭证。

3. 印花税的税率

《印花税法》并未延续采用原印花税的定额税率，而是统一采用比例税率，针对不同的税目规定了不同的比例税率，如设置营业账簿适用 2.5‱、书立土地使用权出让合同适用 5‱ 的比例税率等。

4. 应纳税额的计算

印花税的税目不同，其计税依据也有所不同：（1）应税合同的计税依据，为合同所列的金额，不包括列明的增值税税款；（2）应税产权转移书据的计税依据，为产权转移书据所列的金额，不包括列明的增值税税款；（3）应税营业账簿的计税依据，为账簿记载的实收资本（股本）、资本公积合计金额；（4）证券交易的计税依据，为成交金额。

印花税的应纳税额的计算公式如下：

应纳税额 = 计税金额 × 适用税率

5. 印花税的减免

下列凭证免征印花税：（1）应税凭证的副本或者抄本；（2）依照法律规定应当予以免税的外国驻华使馆、领事馆和国际组织驻华代表机构为获得馆舍书立的应税凭证；（3）中国人民解放军、中国人民武装警察部队书立的应税凭证；（4）农民、家庭农场、农民专业合作社、农村集体经济组织、村民委员会购买农业生产资料或者销售农产品书立的买卖合同和农业保险合同；（5）无息或者贴息借款合同、国际金融组织向中国提供优惠贷款书立的借款合同；（6）财产所有权人将财产赠与政府、学校、社会福利机构、慈善组织书立的产权转移书据；（7）非营利性医疗卫生机构采购药品或者卫生材料书立的买卖合同；（8）个人与电子商务经营者订立的电子订单。

根据国民经济和社会发展的需要，国务院对居民住房需求保障，企业改制重组、破产，支持小型微型企业发展等情形可以规定减征或者免征印花税，报全国人民代表大会常务委员会备案。

6. 征收管理

纳税人为单位的，应当向其机构所在地的主管税务机关申报缴纳印花税；纳税人为个人的，应当向应税凭证书立地或者纳税人居住地的主管税务机关申报缴纳印花税。不动产产权发生转移的，纳税人应当向不动产所在地的主管税务机关申报缴纳印花税。

纳税人为境外单位或者个人，在境内有代理人的，以其境内代理人为扣缴义务人；在境内没有代理人的，由纳税人自行申报缴纳印花税，具体办法由国务院税务主管部门规定。证券登记结算机构为证券交易印花税的扣缴义务人，应当向其机构所在地的主管税务机关申报解缴税款以及银行结算的利息。

印花税的纳税义务发生时间为纳税人书立应税凭证或者完成证券交易的当日。证券交易印花税扣缴义务发生时间为证券交易完成的当日。

印花税按季、按年或者按次计征。实行按季、按年计征的，纳税人应当自季度、年度终了之日起 15 日内申报缴纳税款；实行按次计征的，纳税人应当自纳税义务发生之日起 15 日内申报缴纳税款。证券交易印花税按周解缴。证券交易印花税扣缴义务人应当自每周终了之日起 5 日内申报解缴税款以及银行结算的利息。

印花税可以采用粘贴印花税票或者由税务机关依法开具其他完税凭证的方式缴纳。印花税票粘贴在应税凭证上的，由纳税人在每枚税票的骑缝处盖戳注销或者画销。

（六）城市维护建设税法律制度

城市维护建设税是以缴纳增值税、消费税的单位和个人为纳税人，以其实际缴纳的增值税、消费税税额为计税依据，分别与这两种税同时征收的一种税。城市维护建设税没有独立的征税对象，而是以纳税人实际缴纳的增值税、消费税的税额为计税依据，因此具有附加税的性质。

1. 纳税人

在中华人民共和国境内缴纳增值税、消费税的单位和个人，为城市维护建设税的纳税人。对进口货物或者境外单位和个人向境内销售劳务、服务、无形资产缴纳的增值税、消费税税额，不征收城市维护建设税。

2. 计税依据

城市维护建设税以纳税人依法实际缴纳的增值税、消费税税额为计税依据。城市维护建设税计税依据的具体确定办法，由国务院依据《城市维护建设税法》和有关税收法律、行政法规规定，报全国人民代表大会常务委员会备案。

3. 税率

城市维护建设税实行地区差别比例税率。按照纳税人所在地的不同，税率分为 7%、5%、1% 三个档次，具体适用情况如下：

（1）纳税人所在地在市区的，税率为 7%；

（2）纳税人所在地在县城、镇的，税率为 5%；

（3）纳税人所在地不在市区、县城或者镇的，税率为 1%。

纳税人所在地，是指纳税人住所地或者与纳税人生产经营活动相关的其他地点，具体地点由省、自治区、直辖市确定。

4. 应纳税额的计算

城市维护建设税的应纳税额按照计税依据乘以具体适用税率计算。

其计算公式为：

应纳税额 = 实际缴纳的增值税、消费税税额 × 适用税率

5. 城市维护建设税的减免

根据国民经济和社会发展的需要，国务院对重大公共基础设施建设、特殊产业和群

体以及重大突发事件应对等情形可以规定减征或者免征城市维护建设税，报全国人民代表大会常务委员会备案。

6. 城市维护建设税的征收管理

城市维护建设税的纳税义务发生时间与增值税、消费税的纳税义务发生时间一致，分别与增值税、消费税同时缴纳。城市维护建设税的扣缴义务人为负有增值税、消费税扣缴义务的单位和个人，在扣缴增值税、消费税的同时扣缴城市维护建设税。

（七）烟叶税法律

烟叶税是以纳税人收购烟叶的收购金额为计税依据而征收的一种税。2017 年 12 月 27 日，全国人民代表大会常务委员会通过《中华人民共和国烟叶税法》，该法自 2018 年 7 月 1 日起施行。

1. 纳税人

在中华人民共和国境内，依照《中华人民共和国烟草专卖法》的规定收购烟叶的单位为烟叶税的纳税人。烟叶，是指烤烟叶、晾晒烟叶。

2. 应纳税额的计算

烟叶税的计税依据为纳税人收购烟叶实际支付的价款总额，税率为 20%。两者的乘积即为烟叶税的应纳税额。计算公式为：

应纳税额 = 实际支付价款 × 税率

纳税人收购烟叶实际支付的价款总额包括纳税人支付给烟叶生产销售单位和个人的烟叶收购价款和价外补贴。

3. 征收管理

纳税人应当向烟叶收购地的主管税务机关申报缴纳烟叶税。烟叶税的纳税义务发生时间为纳税人收购烟叶的当日。烟叶税按月计征，纳税人应当于纳税义务发生月终了之日起 15 日内申报并缴纳税款。

第五节　税收征收管理法

一、税收管理法概述

税收征管法是指调整税收征收与管理过程中发生的社会关系的法律规范的总称。我国的税收征收管理制度，集中体现在《税收征收管理法》及《税收征收管理法实施细则》等配套法律法规的相关规定。《税收征收管理法》于 1992 年 9 月 4 日由全国人民代表大会常务委员会通过，并于 1993 年 1 月 1 日起施行。该法分别于 1995 年、2001 年、2013 年、2015 年进行了修改。

按照《税收征收管理法》的规定，国务院税务主管部门主管全国税收征收管理工作。各地国家税务局应当按照国务院规定的税收征收管理范围分别进行征收管理。地方各级人民政府应当依法加强对本行政区域内税收征收管理工作的领导或者协调，支持税务机关依法执行职务，依照法定税率计算税额，依法征收税款。各有关部门和单位应当支持、协助税务机关依法执行职务。税务机关依法执行职务，任何单位和个人不得阻挠。

（一）税务登记

税务登记也称纳税登记。税务登记管理制度是税收征纳制度中的基础性制度。为了加强税源控制和纳税人的管理，根据《税收征收管理法》和《税收征收管理法实施细则》的规定，国家税务总局制定了《税务登记管理办法》。

除国家机关、个人和无固定生产、经营场所的流动性农村小商贩外，企业、企业在外地设立的分支机构和从事生产、经营的场所，个体工商户和从事生产、经营的事业单位和其他类型的纳税人，均应当依法办理税务登记。从事生产、经营的纳税人，应办而未办工商营业执照，或无须办理工商营业执照而需经有关部门批准设立但未经有关部门批准的（简称无照户纳税人），应当自纳税义务发生之日起 30 日内申报办理税务登记。税务机关对无照户纳税人核发临时税务登记证及副本，并限量供应发票。无照户纳税人已领取营业执照或已经有关部门批准的，应当自领取营业执照或自有关部门批准设立之日起 30 日内，向税务机关申报办理税务登记，税务机关核发税务登记证及副本；已领取临时税务登记证及副本的，税务机关应当同时收回并做作废处理。此外，根据税收法律、行政法规的规定负有扣缴税款义务的扣缴义务人（国家机关除外），也应当依法办理扣缴税款登记。

县以上（含本级，下同）税务局（分局）是税务登记的主管税务机关，负责税务登记的设立登记、变更登记、注销登记和税务登记证验证、换证以及非正常户处理、报验登记等有关事项。县以上税务局（分局）按照国务院规定的税收征收管理范围，实施属地管理。有条件的城市，可以按照“各区分散受理、全市集中处理”的原则办理税务登记。自 2014 年 12 月起，为实现注册资本登记的便利化，税务登记证和工商营业执照、组织机构代码证“三证合一”联办同发，即一窗受理、三证同发，实现工商营业执照、组织机构代码证和税务登记证联合办理，有利于简化办证程序，缩短办理时限，方便市场主体，降低社会成本和行政成本。

纳税人办理税务登记后，取得税务登记证件和纳税人识别号。在办理开立银行账号、领购发票以及其他税务事项时应出具税务登记证件。

（二）账簿、凭证管理

账簿是纳税人、扣缴义务人以凭证为依据，全面、连续地记录其各种经济业务的账册或簿籍。账簿包括总账、明细账、日记账以及其他辅助性账簿。总账、日记账应当采用订本式。凭证也称会计凭证，是纳税人、扣缴义务人记录经济业务的书面证明。账簿、凭证管理是对税收征纳具有基础性意义，是税务管理制度的重要内容，也是税款征收制度的重要基础。

纳税人、扣缴义务人按照有关法律、行政法规和国务院财政、税务主管部门的规定设置账簿，根据合法、有效凭证记账，进行核算。生产、经营规模小又确无建账能力的纳税人，可以聘请经批准从事会计代理记账业务的专业机构或者财会人员代为建账和办理账务。

从事生产、经营的纳税人应当自领取税务登记证件之日起 15 日内，将其财务、会计制度或者财务、会计处理办法和会计核算软件，应当报送税务机关备案。纳税人、扣缴义务人的财务、会计制度或者财务、会计处理办法与国务院或者国务院财政、税务主管部门有关税收的规定抵触的，依照国务院或者国务院财政、税务主管部门有关税收的规定计算应纳税款、代扣代缴和代收代缴税款。国家根据税收征收管理的需要，积极推广使用税控装置。纳税人应当按照规定安装、使用税控装置，不得损毁或者擅自改动税控装置。此外，从事生产、经营的纳税人、扣缴义务人必须按照国务院财政、税务主管部门规定的保管期限保管账簿、记账凭证、完税凭证及其他有关资料。账簿、记账凭证、完税凭证及其他有关资料不得伪造、变造或者擅自损毁。上述课税资料应合法、真实、完整，且应当保存 10 年，法律、行政法规另有规定的除外。

（三）发票管理

发票是指在购销商品、提供或者接受服务以及从事其他经营活动中，开具、收取的收付款凭证，既是会计核算的原始凭证，也是税款确定、征收和管理的重要依据。发票管理是税务管理的重要环节，也是税款征收的基础。在我国现有征管条件下，发票管理被赋予举足轻重的地位，“以票控税”“以票管税”在某种程度上成为我国税收征纳领域的一大特色，近年来还在尝试利用区块链等技术加强发票管理。正是基于发票管理的重要性，我国对此制定了较多的规范。关于发票管理的相关制度，除了《税收征收管理法》《税收征收管理法实施细则》中的相关规定外,《发票管理办法》《网络发票管理办法》《发票管理办法实施细则》以及相关规范性文件作了更详细的规定。

税务机关是发票的主管机关，负责发票印制、领购、开具、取得、保管、缴销的管理和监督。单位、个人在购销商品、提供或者接受经营服务以及从事其他经营活动中，应当按照规定开具、使用、取得发票。发票的管理办法由国务院规定。增值税专用发票由国务院税务主管部门指定的企业印制；其他发票，按照国务院税务主管部门的规定，分别由省、自治区、直辖市国家税务局、地方税务局指定企业印制。未经上述规定的税务机关指定，不得印制发票。

（四）纳税申报

纳税申报是纳税人依法向征税机关申报有关事项或信息的一种制度。由于征纳双方的信息不对称，纳税申报是征税机关进行税收征管的重要基础，也是纳税人的一项重要法律义务。

纳税人、扣缴义务人必须依照法律、行政法规规定或者税务机关依照法律、行政法规的规定确定的申报期限、申报内容如实办理纳税申报，报送纳税申报表或代扣代缴、代收代缴税款报告表、财务会计报表以及税务机关根据实际需要要求纳税人报送的其他纳税资料。纳税人在纳税期内没有应纳税款的，也应当按照规定办理纳税申报。纳税人享受减税、免税待遇的，在减税、免税期间应当按照规定办理纳税申报。

纳税人、扣缴义务人应在规定的期限办理纳税申报或者报送代扣代缴、代收代缴税款报告表确有困难，需要延期的，应当在规定的期限内向税务机关提出书面延期申请，经税务机关核准，在核准的期限内办理。纳税人、扣缴义务人因不可抗力，不能按期办理纳税申报或者报送代扣代缴、代收代缴税款报告表的，可以延期办理；但是，应当在不可抗力情形消除后立即向税务机关报告。税务机关应当查明事实，予以核准。

纳税人、扣缴义务人可以直接到税务机关办理纳税申报或者报送代扣代缴、代收代缴税款报告表，也可以采取邮寄、数据电文或者其他方式办理上述申报、报送事项。实行定期定额缴纳税款的纳税人，可以实行简易申报、简并征期等申报纳税方式。

二、税款征收法律制度

税款征收制度是调整征税机关征收纳税人的应纳税款的相关行为的制度。税款征收建立在税务管理基础之上，是实现国家的税收之债的关键环节，在整个税收征纳领域具有极其重要的地位。一般来说，税款征收制度包括税款征收基本制度和税款征收保障制度。

（一）税款征收基本制度

税款征收基本制度是关于税款征收方面通行的一般制度。就我国而言，税款征收基本制度主要包括征纳主体制度、税款征收方式、税额确定制度、征纳期限制度、减免税制度等。

1. 税款依法征收原则

税务机关应当依法征收税款，不得违反法律、行政法规的规定开征、停征、多征、少征、提前征收、延缓征收或者摊派税款。除税务机关、税务人员以及经税务机关依照法律、行政法规委托的单位和人员外，任何单位和个人不得进行税款征收活动。扣缴义务人依照法律、行政法规的规定履行代扣、代收税款的义务。对法律、行政法规没有规定负有代扣、代收税款义务的单位和个人，税务机关不得要求其履行代扣、代收税款义务。扣缴义务人依法履行代扣、代收税款义务时，纳税人不得拒绝。纳税人拒绝的，扣缴义务人应当及时报告税务机关处理。税务机关按照规定付给扣缴义务人代扣、代收手续费。

2. 征税方式

（1）应纳税额的一般确定方式

根据《税收征管法实施细则》第 38 条的规定，税务机关应当加强对税款征收的管理，建立、健全责任制度。税务机关根据保证国家税款及时足额入库、方便纳税人、降低税收成本的原则，确定税款征收的方式。

根据当前法律法规的规定，税收确定方式包括查账征收、查验征收和核定征收 3 种基本的方式。查账征收也就是申报确定方式，是指根据纳税人纳税申报、提交的财务会计报表、账簿、凭证等课税资料确定税款额度的方式。在申报确定方式的情况下，征税机关对纳税人申报的税款额度原则上予以尊重，只有在纳税人没有主动申报或者申报不适当时，才予以重新确定。这种征收方式要求纳税人会计核算真实准确完整，财务会计制度健全，能够正确计算应纳税额，能够依法纳税。查验征收，是指税务机关到纳税人的生产经营场所进行实地查验，进一步收集课税信息资料，与纳税人提供的课税资料共同确定应纳税额的确定方式。这种征收方式适用于纳税人因财务会计制度不健全等原因，提供的课税资料不完整、模糊或混乱，不足以据以确定应纳税额，税务机关经调查、进一步收集应税事实的证据后，可以形成完整的证据链条确定应纳税额的情形。申报确定和查验确定都是税务机关根据收集的能够形成完整的证据链条的课税资料确定应税事实及其金额，从而确定其实际发生的纳税义务的方式。

税收核定，又称“推计课税”“推估课税”，是指税务机关在进行征税时，不根据直接资料，而是使用各种间接资料，认定课税要件事实的方法。我国《税收征管法》第35条即规定了税务机关对纳税人应纳税额的核定。税收核定征收是税务机关确定纳税人税基的方式之一。《税收征管法》规定了税务机关有权核定纳税人的应纳税额的具体情形，即：①依照法律、行政法规的规定可以不设置账簿的；②依照法律、行政法规的规定应当设置账簿但未设置的；③擅自销毁账簿或者拒不提供纳税资料的；④虽设置账簿，但账目混乱或者成本资料、收入凭证、费用凭证残缺不全，难以查账的；⑤发生纳税义务，未按照规定的期限办理纳税申报，经税务机关责令限期申报，逾期仍不申报的；⑥纳税人申报的计税依据明显偏低，又无正当理由的。此外，对未按照规定办理税务登记的从事生产、经营的纳税人以及临时从事经营的纳税人，税务机关也有权核定其应纳税额。

此外，税款的征收与缴纳还可以采取代扣代缴、代收代缴或委托代征等方式。由于各种征收方式的适用范围不同，在实践中采用的广度也存在差异。其中，纳税申报、查实征收是最为常见的税额确定方式。

（2）转让定价调整

企业或者外国企业在中国境内设立的从事生产、经营的机构、场所与其关联企业之间的业务往来，应当按照独立企业之间的业务往来收取或者支付价款、费用；不按照独立企业之间的业务往来收取或者支付价款、费用，而减少其应纳税的收入或者所得额的，税务机关有权进行合理调整。如纳税人与其关联企业之间的业务往来有下列情形之一的，税务机关可以调整其应纳税额：①购销业务未按照独立企业之间的业务往来作价；②融通资金所支付或者收取的利息超过或者低于没有关联关系的企业之间所能同意的数额，或者利率超过或者低于同类业务的正常利率；③提供劳务，未按照独立企业之间业务往来收取或者支付劳务费用；④转让财产、提供财产使用权等业务往来，未按照独立企业之间业务往来作价或者收取、支付费用；⑤未按照独立企业之间业务往来作价的其他情形。税务机关调整计税收入额或者所得额可以采取如下方法：①按照独立企业之间进行的相同或者类似业务活动的价格；②按照再销售给无关联关系的第三者的价格所应取得的收入和利润水平；③按照成本加合理的费用和利润；④按照其他合理的方法。税务机关自该业务往来发生的纳税年度起3年内进行调整；有特殊情况的，可以自该业务往来发生的纳税年度起10年内进行调整。

3. 税款的缴纳

纳税人应当在法律规定的期限内缴纳税款，税务机关应当根据方便、快捷、安全的原则，积极推广使用支票、银行卡、电子结算方式缴纳税款。如存在可减免税的情形，纳税人应依法办理减税、免税。地方各级人民政府、各级人民政府主管部门、单位和个人违反法律、行政法规规定，擅自作出的减税、免税决定无效，税务机关不得执行，并向上级税务机关报告。

税务机关征收税款时，必须给纳税人开具完税凭证。扣缴义务人代扣、代收税款时，纳税人要求扣缴义务人开具代扣、代收税款凭证的，扣缴义务人应当开具。

4. 税款的延期缴纳

纳税人、扣缴义务人按照法律、行政法规规定或者税务机关依照法律、行政法规的规定确定的期限，缴纳或者解缴税款。纳税人因有特殊困难，不能按期缴纳税款的，经省、自治区、直辖市国家税务局、地方税务局批准，可以延期缴纳税款，但是最长不得超过3个月。如纳税人发生如下事由，可以作为申请延期的“特殊困难”：（1）因不可抗力，导致纳税人发生较大损失，正常生产经营活动受到较大影响的；（2）当期货币资金在扣除应付职工工资、社会保险费后，不足以缴纳税款的。纳税人需要延期缴纳税款的，应当在缴纳税款期限届满前提出申请，并报送下列材料：申请延期缴纳税款报告，当期货币资金余额情况及所有银行存款账户的对账单，资产负债表，应付职工工资和社会保险费等税务机关要求提供的支出预算。税务机关应当自收到申请延期缴纳税款报告之日起20日内作出批准或者不予批准的决定；不予批准的，从缴纳税款期限届满之日起加收滞纳金。

5. 追征期

税收的课征直接关系国家财政资金的用度，更有敦促税务机关尽快行使权利的必要，且税务机关长期不行使征税权也将使纳税人无法确定地安排其资金用度，因此，《税收征管法》第52条规定了追征期，往往被认为是税收债的“诉讼时效”。该条以征税权未能完全行使的原因为标准分别规定了不同的追征期：（1）因税务机关的责任，致使纳税人、扣缴义务人未缴或者少缴税款的，税务机关在3年内可以要求纳税人、扣缴义务人补缴税款，但是不得加收滞纳金。税务机关的责任，是指税务机关适用税收法律、行政法规不当或者执法行为违法。（2）因纳税人、扣缴义务人计算错误等失误，未缴或者少缴税款的，税务机关在3年内可以追征税款、滞纳金；有特殊情况的，追征期可以延长到5年。纳税人、扣缴义务人计算错误等失误，是指非主观故意的计算公式运用错误以及明显的笔误。特殊情况，是指纳税人或者扣缴义务人因计算错误等失误，未缴或者少缴、未扣或者少扣、未收或者少收税款，累计数额在10万元以上的。补缴和追征税款、滞纳金的期限，自纳税人、扣缴义务人应缴未缴或者少缴税款之日起计算。（3）对偷税、抗税、骗税的，税务机关追征其未缴或者少缴的税款、滞纳金或者所骗取的税款，税务机关可以无限期追缴。

（二）税款征收保障制度

税收对纳税人而言是一种无偿的金钱给付，财产剥夺所产生的“税痛感”是不可避免的，所以期待纳税人人人都主动自觉缴纳税款是不现实的。为了保证国家征税权的实现和税收课征的公平，《税收征管法》通过诸多的制度安排保障税务机关可以顺利行使征税权。除了行政强制措施外，还以债权的保全制度确保征税权的实现。

1. 税收保全措施

税务机关有根据认为从事生产、经营的纳税人有逃避纳税义务行为的，可以在规定的纳税期之前，责令限期缴纳应纳税款；在限期内发现纳税人有明显的转移、隐匿其应纳税的商品、货物以及其他财产或者应纳税的收入的迹象的，税务机关可以责成纳税人提供纳税担保。如果纳税人不能提供纳税担保，经县以上税务局（分局）局长批准，税务机关可以采取下列税收保全措施：（1）书面通知纳税人开户银行或者其他金融机构冻结纳税人的金额相当于应纳税款的存款；（2）扣押、查封纳税人的价值相当于应纳税款的商品、货物或者其他财产。纳税人在前款规定的限期内缴纳税款的，税务机关必须立即解除税收保全措施；限期期满仍未缴纳税款的，经县以上税务局（分局）局长批准，税务机关可以书面通知纳税人开户银行或者其他金融机构从其冻结的存款中扣缴税款，或者依法拍卖或者变卖所扣押、查封的商品、货物或者其他财产，以拍卖或者变卖所得抵缴税款。其他财产，包括纳税人的房地产、现金、有价证券等不动产和动产。

税务机关对单价 5000 元以下的其他生活用品和个人及其所扶养家属维持生活必需的住房和用品，不在税收保全措施的范围之内。个人所扶养家属，是指与纳税人共同居住生活的配偶、直系亲属以及无生活来源并由纳税人扶养的其他亲属。机动车辆、金银饰品、古玩字画、豪华住宅或者一处以外的住房不属于不得采取税收保全措施的个人及其所扶养家属维持生活必需的住房和用品。

纳税人在税务机关采取税收保全措施后，按照税务机关规定的期限缴纳税款的，税务机关应当自收到税款或者银行转回的完税凭证之日起 1 日内解除税收保全。

此外，税收征管法还规定了欠缴税款的纳税人或者他的法定代表人的限制出境，以实现税收债权的保全。因欠税而可以采取限制出境措施的主体包括纳税人本人或其法定代表人。如上述主体需要出境的，应当在出境前向税务机关结清应纳税款、滞纳金或者提供担保。未结清税款、滞纳金，又不提供担保的，税务机关可以通知出境管理机关阻止其出境。但这一措施适用主体显然过于宽泛，这实际上要求纳税人的法定代表人与其承担连带责任，适用条件也过于宽松，无论欠缴税款金额多少均可对纳税人及其法定代表人采取限制出境措施，显然不符合比例原则的要求。

2. 税收强制执行措施

（1）税收滞纳金

纳税人未按照规定期限缴纳税款的，扣缴义务人未按照规定期限解缴税款的，税务机关除责令限期缴纳外，从滞纳税款之日起，也就是从缴纳税款期限届满之日起按日加收滞纳税款 5‰ 的滞纳金。《税收征管法》并未规定滞纳金的上限，也就是说税收滞纳金的计算上不封顶。这与《行政强制法》第 45 条显然有着根本的不同。这在实践中引发了诸多的争议。

（2）行政强制执行

除了税收滞纳金，《税收征管法》还规定了扣划银行存款、拍卖、变卖已查封扣押的财产的税收强制执行措施。

对未按照规定办理税务登记的从事生产、经营的纳税人以及临时从事经营的纳税人经税务机关核定其应纳税额后，或纳税人未按照规定期限缴纳税款的，或申请延期但未获批准、扣缴义务人未按照规定期限解缴税款的，由税务机关责令限期缴纳，逾期仍未缴纳的，经县以上税务局（分局）局长批准，税务机关可以采取下列强制执行措施：①书面通知其开户银行或者其他金融机构从其存款中扣缴税款。②扣押、查封、依法拍卖或者变卖其价值相当于应纳税款的商品、货物或者其他财产，以拍卖或者变卖所得抵缴税款。税务机关采取强制执行措施时，对纳税人、扣缴义务人、纳税担保人未缴纳的滞纳金同时强制执行。但对未办理登记的纳税人不得采取银行存款扣划的强制执行措施。

税务机关将扣押、查封的商品、货物或者其他财产变价抵缴税款时，应当交由依法成立的拍卖机构拍卖；无法委托拍卖或者不适于拍卖的，可以交由当地商业企业代为销售，也可以责令纳税人限期处理；无法委托商业企业销售，纳税人也无法处理的，可以由税务机关变价处理。

（三）税收保障制度纳税担保

担保是保障民事债权实现的重要制度，《税收征管法》将其移植过来，用以保障征税权的实现。纳税担保，是指经税务机关同意或确认，纳税人或其他自然人、法人、经济组织以保证、抵押、质押的方式，为纳税人应当缴纳的税款及滞纳金提供担保的行为。纳税担保可以采用人的担保，也就是保证，以及物的担保，分别是抵押和质押。

人的担保，也就是保证，是实践中常见的纳税担保方式。纳税保证，是指纳税保证人向税务机关保证，当纳税人未按照税收法律、行政法规规定或者税务机关确定的期限缴清税款、滞纳金时，由纳税保证人按照约定履行缴纳税款及滞纳金的行为。纳税保证须经税务机关同意。纳税保证为连带责任保证，纳税人和纳税保证人对所担保的税款及滞纳金承担连带责任。纳税保证人应是具备纳税担保能力的中国境内的自然人、法人或其他经济组织。但国家机关，学校、幼儿园、医院等事业单位、社会团体、企业法人的职能部门不得作为纳税保证人。此外，因涉税违法行为被追究法律责任或被立案侦查的，纳税信用等级不佳、被评为 C 级以下的、本身已有欠税的、无能力的主体等也不得作为纳税担保人。

保证期间为纳税人应缴纳税款期限届满之日起 60 日，即税务机关自纳税人应缴纳税款的期限届满之日起 60 日内有权要求纳税保证人承担保证责任，缴纳税款、滞纳金。履行保证责任的期限为 15 日，即纳税保证人应当自收到税务机关的纳税通知书之日起 15 日内履行保证责任，缴纳税款及滞纳金。纳税保证期间内税务机关未通知纳税保证人缴纳税款及滞纳金以承担担保责任的，纳税保证人免除担保责任。

纳税抵押，是指纳税人或纳税担保人不转移对本办法第 15 条所列财产的占有，将该财产作为税款及滞纳金的担保。纳税人逾期未缴清税款及滞纳金的，税务机关有权依法处置该财产以抵缴税款及滞纳金。根据《纳税担保试行办法》的规定，抵押人所有的房屋和其他地上定着物、所有的机器、交通运输工具和其他财产以及其他合法财产可以作为抵押物。

纳税质押，是指经税务机关同意，纳税人或纳税担保人将其动产或权利凭证移交税务机关占有，将该动产或权利凭证作为税款及滞纳金的担保。纳税人逾期未缴清税款及滞纳金的，税务机关有权依法处置该动产或权利凭证以抵缴税款及滞纳金。纳税质押分为动产质押和权利质押。动产质押包括现金以及其他除不动产以外的财产提供的质押。汇票、支票、本票、债券、存款单等权利凭证可以质押。质押权的行使与抵押权基本相同。

（四）税收的保全

法律为防止因税收债务人的财产不当减少给税收债权带来危害，允许税收债权人代税收债务人向第三人行使税收债务人的权利，或者请求法院撤销税收债务人与第三人的民事行为的法律制度。税收之债的保全主要包括税收债权人的代位权和撤销权。

1. 税收代位权

税收债权人的代位权，是指当税收债务人怠于行使其对第三人所享有的权利而危及税收债权时，税收债权人为保全自己的债权，可以自己的名义代位行使税收债务人对第三人所享有的权利。行使税收代位权，应当满足如下的条件：（1）税收债务人享有对第三人的权利得代位行使的税收债务人的权利，必须是非专属于税收债务人本身的权利。（2）税收债务人怠于行使其权利：怠于行使其权利，是指应行使并且能够行使而不行使其权利。（3）税收债务人迟延纳税：必须在税收债务人的纳税期限已经届满，而怠于行使其权利时，税收债权人才有行使代位权之必要。（4）有保全税收债权之必要：税收债权人的债权有不能依债的内容而实现的危险，因而有代位行使税收债务人的权利以便实现债权的必要。

2. 税收撤销权

税收债权人的撤销权，是指税收债权人对于税收债务人所为的危害税收债权的行为，可请求法院予以撤销的权利。

行使税收撤销权，首先须有纳税人的行为。如放弃到期债权、放弃债权担保、无偿转让财产等方式无偿处分财产权益或者恶意延长其到期债权的履行期限。纳税人的行为须于税收债权发生后有效成立并继续存在。其次，纳税人的行为危害债权，即使债权有不能实现之现实危险。纳税人的行为以财产为标的。在主观方面，在有偿行为的情况下，税收债权人撤销权的成立以税收债务人有恶意为要件。在以明显不合理低价转让财产或以明显不合理高价受让他人财产或为他人的债务提供担保，对征税权造成危害的场合，行使撤销权要以受让人知情即知道或应当知道纳税人所为的行为有害于征税权为要件。

《税收征管法》对税收代位权和撤销权的如何行使、行使的法律后果等并未做出明确的规定，而只是规定依照《合同法》第 73 条、第 74 条的规定行使代位权、撤销权。《民法典》颁布之后，则应当适用《民法典》第 535—542 条的规定。

3. 税收优先权

税务机关征收税款，税收优先于无担保债权，法律另有规定的除外；纳税人欠缴的税款发生在纳税人以其财产设定抵押、质押或者纳税人的财产被留置之前的，税收应当先于抵押权、质权、留置权执行。为了保障欠税后设定担保物权的债权人的利益，《税收征管法》第 46 条特别规定了纳税人欠税后以其财产设定抵押、质押的说明义务，即向抵押权人、质权人说明其欠税情况。抵押权人、质权人可以请求税务机关提供有关的欠税情况。

纳税人欠缴税款，同时又被行政机关决定处以罚款、没收违法所得的，税收优先于罚款、没收违法所得。

此外，《企业破产法》第 113 条规定，在破产清算中，破产人所欠税款在破产人所欠职工工资之后，优先于普通破产债权优先受偿。

4. 纳税义务的继承

纳税人有合并、分立情形的，应当向税务机关报告，并依法缴清税款。纳税人合并时未缴清税款的，应当由合并后的纳税人继续履行未履行的纳税义务；纳税人分立时未缴清税款的，分立后的纳税人对未履行的纳税义务应当承担连带责任。

5. 大额资产处分的报告义务

欠缴税款数额较大的纳税人在处分其不动产或者大额资产之前，应当向税务机关报告。欠缴税款数额较大，是指欠缴税款 5 万元以上。

（五）退税制度

如果纳税人实际缴纳税额超过其应纳税额，超出的部分对于税务机关而言构成一种不当得利，纳税人可以要求税务机关予以退还，从而对纳税人成立退税请求权。《税收征管法》第 51 条规定了纳税人的退税请求权的行使。纳税人超过应纳税额缴纳的税款，税务机关发现后应当立即退还；纳税人自结算缴纳税款之日起 3 年内发现的，可以向税务机关要求退还多缴的税款并加算银行同期存款利息，税务机关及时查实后应当立即退还；涉及从国库中退库的，依照法律、行政法规有关国库管理的规定退还。

三、税收救济法律制度

税收行政复议是纳税人等相关主体通过行政系统解决税收纠纷的主要方式，在有的国家由征税机关受理复议事项，有的国家则由征税机关以外的独立的复议委员会来受理复议事项。我国税收行政复议由征税机关负责受理。对此，我国《税收征收管理法》《海关法》作了原则性规定。税收行政复议制度是指纳税人、扣缴义务人、纳税担保人及其他涉税主体不服税务机关及其工作人员作出的税收行政行为，依法向税收复议机关提出申请，复议机关经审理对原税务机关行政行为依法作出维持、变更、撤销等决定的制度。税收行政复议制度是保护纳税人和相关涉税主体合法权益、防范和纠正税务机关违法或不当行政行为、确保依法治税的重要制度。

《税收征收管理法》第 88 条规定，纳税人、扣缴义务人对税务机关所作出的决定，依法享有申请行政复议的权利。纳税人、扣缴义务人、纳税担保人同税务机关在纳税上发生争议时，必须先依照税务机关的纳税决定缴纳或者解缴税款及滞纳金或者提供相应的担保，然后可以依法申请行政复议；对行政复议决定不服的，可以依法向人民法院起诉。除此以外的其他涉税事项，如对税务机关的处罚决定、强制执行措施或者税收保全措施不服的，可以依法申请行政复议，也可以依法向人民法院起诉。当事人对税务机关的处罚决定逾期不申请行政复议也不向人民法院起诉、又不履行的，作出处罚决定的税务机关可以采取税法规定的强制执行措施，或者申请人民法院强制执行。“清税加复议前置”的程序性要求极大地限制了纳税人的司法救济权。2024 年 4 月通过的《关税法》第 66 条第一款保留了复议前置的要求，不再要求将清缴税款或纳税担保作为提起救济的条件之一，对强化司法机关对征税权的制约、对因税务机关的错误决定而受损的权利予以救济将产生重要的影响。

根据国家税务总局 2010 年制定、2018 年修改的《税务行政复议规则》，如纳税人认为税务机关的具体行政行为所依据的下列规定不合法，对具体行政行为申请行政复议时，可以一并向行政复议机关提出对有关规定的审查申请；申请人对具体行政行为提出行政复议申请时不知道该具体行政行为所依据的规定的，可以在行政复议机关作出行政复议决定以前提出对该规定的审查申请：（1）国家税务总局和国务院其他部门的规定；（2）其他各级税务机关的规定；（3）地方各级人民政府的规定；（4）地方人民政府工作部门的规定。上述规定不包括规章。

四、税收诉讼法律制度

税收行政诉讼，也称为税务行政诉讼，是指纳税人、扣缴义务人或者其他涉税主体认为税务机关及其工作人员所实施的具体税收行政行为侵犯其合法权益，依法向人民法院起诉，人民法院对被诉行为的合法性进行审查和裁判的诉讼活动。顾名思义，税收行政诉讼属于行政诉讼的范畴，适用行政诉讼法的一般制度。

重要名词术语

税收、税法、商品税、增值税、消费税、所得税、企业所得税、个人所得税、财产税、税收征收管理法

思考题

1. 什么是税收？
2. 简述税法的概念与特征。
3. 简述商品税的概念与特征。
4. 简述所得税的概念与特征。
5. 简述财产税的概念与特征。
6. 你是如何看待我国房地产税收改革与立法的？

典型案例分析

范某某“阴阳合同”偷逃税案

2018 年 6 月初，群众举报范某某“阴阳合同”涉税问题后，国家税务总局即责成江苏等地税务机关依法开展调查核实。从调查核实情况看，范某某在电影《大轰炸》剧组

拍摄过程中实际取得片酬3000万元，其中1000万元已经申报纳税，其余2000万元以拆分合同方式偷逃个人所得税618万元，少缴营业税及附加112万元，合计730万元。此外，还查出范某某及其担任法定代表人的企业少缴税款2.48亿元，其中偷逃税款1.34亿元。

对于上述违法行为，根据国家税务总局指定管辖，江苏省税务局依据《中华人民共和国税收征管法》第32条、第52条的规定，对范某某及其担任法定代表人的企业追缴税款2.55亿元，加收滞纳金0.33亿元；依据《中华人民共和国税收征管法》第63条的规定，对范某某采取拆分合同手段隐瞒真实收入偷逃税款处4倍罚款计2.4亿元，对其利用工作室账户隐匿个人报酬的真实性质偷逃税款处3倍罚款计2.39亿元；对其担任法定代表人的企业少计收入偷逃税款处1倍罚款计94.6万元；依据《中华人民共和国税收征管法》第69条和《中华人民共和国税收征管法实施细则》第93条的规定，对其担任法定代表人的两户企业未代扣代缴个人所得税和非法提供便利协助少缴税款各处0.5倍罚款，分别计0.51亿元和0.65亿元。

依据《中华人民共和国行政处罚法》第42条以及《江苏省行政处罚听证程序规则》相关规定，9月26日，江苏省税务局依法先向范某某下达《税务行政处罚事项告知书》，对此范某某未提出听证申请。9月30日，江苏省税务局依法已向范某某正式下达《税务处理决定书》和《税务行政处罚决定书》，要求其将追缴的税款、滞纳金、罚款在收到上述处理处罚决定后在规定期限内缴清。依据《中华人民共和国刑法》第201条的规定，由于范某某属于首次被税务机关按偷税予以行政处罚且此前未因逃避缴纳税款受过刑事处罚，上述定性为偷税的税款、滞纳金、罚款在税务机关下达追缴通知后在规定期限内缴纳的，依法不予追究刑事责任。超过规定期限不缴纳税款和滞纳金、不接受行政处罚的，税务机关将依法移送公安机关处理。

第十四章　金融法律制度

【内容提示】

金融法是调整金融关系的法律规范的总称。这里的金融关系是指货币流通与信用活动中所发生的社会关系，主要包括金融机构组织关系、金融业务关系和金融管理关系等。随着现代金融的不断发展，金融法的调整范围也在不断拓展。

中国人民银行是中华人民共和国的中央银行。中国人民银行在国务院领导下，制定和执行货币政策，防范和化解金融风险，维护金融稳定。货币政策目标是保持货币币值的稳定，并以此促进经济增长。

商业银行是指依照《商业银行法》和《公司法》设立的吸收公众存款、发放贷款、办理结算等业务的企业法人。商业银行法是调整商业银行设立、变更、接管、终止以及商业银行开展业务活动中的各种社会关系的法律规范的总称。政策性银行是指由政府创办、不以营利为目的的专门经营政策性贷款的银行机构。

银行业的监督管理至关重要。为了加强对银行业的监督管理，规范监督管理行为，防范和化解银行业风险，保护存款人和其他客户的合法权益，促进银行业健康发展。

第一节　金融法律制度概述

一、金融法的概念与体系

（一）金融法的概念

1. 金融的概念

金融的概念有广义和狭义之分。广义的金融是指资金的流通，即资金在不同主体之间的流转。狭义的金融是指货币资金的融通，是指与金融机构有关的各种形式的信用活动以及在信用基础上的货币流通。按照筹资者与投资者之间的关系，金融可以分为直接融资和间接融资。直接融资是指不经过金融中介机构进行的融资，比如企业通过金融市场发行股票或者债券进行融资；间接融资是指通过金融中介机构进行的融资，比如储户将资金存入银行，而银行将资金贷给企业或个人。

2. 金融法的概念

金融法是调整金融关系的法律规范的总称。这里的金融关系是指货币流通与信用活动中所发生的社会关系，主要包括金融机构组织关系、金融业务关系和金融管理关系等。随着现代金融的不断发展，金融法的调整范围也在不断拓展。总体来看，金融法主要包括银行法、证券法、保险法、担保法、信托法、票据法等。

（二）金融法的体系

金融法体系是指在金融法的基本原则指导下，由调整金融关系不同侧面的宪法、金融法律、金融行政法规、金融行政规制、金融地方性法规和规章、金融自律性规范等金融法律规范，分类、组合为不同的金融法律制度，共同实现金融法的任务，而形成的相互连接、和谐统一、层次分明的统一整体，是一个多层次的结构体。对于金融法体系的具体内容，学界有不同看法。但总体来看，金融法体系主要包括金融机构组织法、金融业务法、金融调控法、金融监管法等内容。从具体领域来看，金融法的体系包括银行法、证券法、保险法、票据法、信托法、期货和衍生品法等。本书主要对银行法及金融法领域的若干前沿问题进行论述。

二、金融法的原则与功能

（一）金融法的原则

金融法的原则是贯穿金融立法、执法、司法、守法各个环节的指导思想，是调整金融关系、从事金融业务活动和进行金融调控监管都必须遵守的原则。学界对金融法的原则有不同认识，但总体上一般都认为金融法的原则包括金融公平、金融效率、金融安全与稳定、促进经济发展、保护投资者合法权益等具体原则。

（二）金融法的功能

金融法的功能，就是指金融法所达到的效果。从主观层面来看，金融法的功能是金融立法者所希望实现的金融对经济社会健康发展的促进与保障；从客观层面来看，金融法的功能可以被看作金融对经济社会发展所起到的实际作用。学界对于金融法的功能存在不同理解。总体来看，一般认为金融法的功能主要包括促进金融市场健康发展、助力国家经济调控、维护社会经济整体利益等内容。

三、金融法的历史沿革与发展

（一）西方国家金融法的历史沿革与发展

金融法的历史源远流长，伴随着货币的产生而发展。现代意义上的金融法则是社会发展进入资本主义社会之后才有的。1694 年设立的英格兰银行被认为是实际上第一个真正意义上的资本主义银行。1844 年，英国国会通过了《英格兰银行条例》，被认为是世界上第一部银行法，也是第一部专门性金融法律规范。此后，法国、德国、瑞典、美国、日本等资本主义国家先后制定了大量的银行法律法规，进一步充实了银行法律制度体系。随着股份公司的大量出现以及国债制度的发展，证券交易所发展迎来了繁荣时期，证券、保险、信托、票据等业务蓬勃兴起，客观上对金融法的发展起到了重要的促进作用。与此相对应，证券法、票据法、保险法、信托法等法律法规逐步健全，从而形成了现代金融法律制度体系。

（二）我国金融法的历史沿革与发展

我国金融法的历史同样历史悠久。早在春秋战国时期，就有了成文的金融法律规范，例如楚国的《宪令》和秦国的《秦律》中，对高利贷等金融行为进行了相关规定。随着商品经济的不断发展，我国古代金融业飞速发展，相关金融法律法规不断完善。由于我国古代实行“诸法合体”，因此相关法律法规主要散见于相关法律规章制度之中，缺乏相应的系统性。

新中国成立之后，我国的金融法律制度不断建立健全，总体上可以分为四个阶段。第一阶段是计划经济体制下的金融法。这一阶段对金融的规范与管理总体上以行政手段为主，相关金融法的表现形式主要是一些行政管理性质的法规、规章与政策。第二阶段是改革开放初期的金融法。这一阶段的金融立法有了一定的发展，以 1986 年国务院发布《银行管理暂行条例》为开端，在金融组织立法、银行立法、证券立法、票据立法、信托立法、保险立法等方面取得了明显进展。第三阶段是社会主义市场经济下的金融法。随着社会主义市场经济体制的确立，1995 年我国先后制定了《中国人民银行法》《商业银行法》《票据法》《保险法》和《担保法》5 部重要金融法律，初步构建了我国金融法律体系的基本框架。随后，1998 年《证券法》颁布实施，2001 年 10 月《信托法》开始生效实施。2003 年《证券投资基金法》和《银行业监督管理法》相继生效，进一步充实了我国金融法律体系。第四阶段是新时代金融法高质量发展阶段。这一阶段分别对《证券法》《保险法》《证券投资基金法》进行了修订。目前，对《中国人民银行法》《商业银行法》《银行业监督管理法》《保险法》《反洗钱法》等金融法律法规的修改与完善工作正在进行之中。

第二节　中央银行法律制度

一、中央银行法律制度概述

（一）中央银行的概念

中央银行是按照货币政策目标，依法制定和执行货币政策，调控金融市场上的货币流通，实施金融监管以及维护金融稳定的特殊的金融机构，在征管金融体系中处于核心地位。在不同国家和地区，中央银行的具体名称、机构设置和职权存在一定的差异。

（二）中央银行法的概念

中央银行法是调整中央银行在履行职责过程中发生的社会关系的法律规范的总称，主要规定中央银行的性质、法律地位、组织机构、具体职责权限以及法律责任等内容。现行的中央银行法是 1995 年 3 月 18 日全国人民代表大会通过的《中华人民共和国中国人民银行法》，该法于2003年12月27日由人大常委会进行了修改。

二、中国人民银行的法律地位与组织机构

（一）中国人民银行的法律地位

中国人民银行是中华人民共和国的中央银行。中国人民银行在国务院领导下，制定和执行货币政策，防范和化解金融风险，维护金融稳定。货币政策目标是保持货币币值的稳定，并以此促进经济增长。确立中国人民银行的地位，明确其职责，保证国家货币政策的正确制定和执行，建立和完善中央银行宏观调控体系，维护金融稳定，正是《中国人民银行法》的立法目的。

中国人民银行应履行下列职责：（1）发布与履行其职责有关的命令和规章；（2）依法制定和执行货币政策；（3）发行人民币，管理人民币流通；（4）监督管理银行间同业拆借市场和银行间债券市场；（5）实施外汇管理，监督管理银行间外汇市场；（6）监督管理黄金市场；（7）持有、管理、经营国家外汇储备、黄金储备；（8）经理国库；（9）维护支付、清算系统的正常运行；（10）指导、部署金融业反洗钱工作，负责反洗钱的资金监测；（11）负责金融业的统计、调查、分析和预测；（12）作为国家的中央银行，从事有关的国际金融活动；（13）国务院规定的其他职责。

中国人民银行在国务院领导下依法独立执行货币政策，履行职责，开展业务，不受地方政府、各级政府部门、社会团体和个人的干涉。

中国人民银行应当组织或者协助组织银行业金融机构相互之间的清算系统，协调银行业金融机构相互之间的清算事项，提供清算服务。具体办法由中国人民银行制定。中国人民银行会同国务院银行业监督管理机构制定支付结算规则。

中国人民银行依照法律、行政法规的规定经理国库。中国人民银行可以代理国务院财政部门向各金融机构组织发行、兑付国债和其他政府债券。

（二）中国人民银行的组织机构

中国人民银行设行长一人，副行长若干人。中国人民银行行长的人选，根据国务院总理的提名，由全国人民代表大会决定；全国人民代表大会闭会期间，由全国人民代表大会常务委员会决定，由中华人民共和国主席任免。中国人民银行副行长由国务院总理任免。中国人民银行实行行长负责制。行长领导中国人民银行的工作，副行长协助行长工作。

中国人民银行设立货币政策委员会。货币政策委员会的职责、组成和工作程序，由国务院规定，报全国人民代表大会常务委员会备案。中国人民银行货币政策委员会应当在国家宏观调控、货币政策制定和调整中，发挥重要作用。

中国人民银行根据履行职责的需要设立分支机构，作为中国人民银行的派出机构。中国人民银行对分支机构实行统一领导和管理。中国人民银行的分支机构根据中国人民银行的授权，维护本辖区的金融稳定，承办有关业务。

中国人民银行的行长、副行长及其他工作人员应当恪尽职守，不得滥用职权、徇私舞弊，不得在任何金融机构、企业、基金会兼职。中国人民银行的行长、副行长及其他

工作人员，应当依法保守国家秘密，并有责任为与履行其职责有关的金融机构及当事人保守秘密。

（三）中央银行的财务会计制度

中国人民银行实行独立的财务预算管理制度。中国人民银行的预算经国务院财政部门审核后，纳入中央预算，接受国务院财政部门的预算执行监督。中国人民银行每一会计年度的收入减除该年度支出，并按照国务院财政部门核定的比例提取总准备金后的净利润，全部上缴中央财政。中国人民银行的亏损由中央财政拨款弥补。中国人民银行的财务收支和会计事务，应当执行法律、行政法规和国家统一的财务、会计制度，接受国务院审计机关和财政部门依法分别进行的审计和监督。

中国人民银行应当于每一会计年度结束后的 3 个月内，编制资产负债表、损益表和相关的财务会计报表，并编制年度报告，按照国家有关规定予以公布。中国人民银行的会计年度自公历 1 月 1 日起至 12 月 31 日止。

三、法定货币阶段

（一）货币发行制度

人民币发行是中国人民银行将印制的人民币投入流通的行为。中华人民共和国的法定货币是人民币。人民币的单位为元，人民币辅币单位为角、分。人民币由中国人民银行统一印制、发行。中国人民银行发行新版人民币，应当将发行时间、面额、图案、式样、规格予以公告。中国人民银行设立人民币发行库，在其分支机构设立分支库。分支库调拨人民币发行基金，应当按照上级库的调拨命令办理。任何单位和个人不得违反规定，动用发行基金。任何单位和个人不得印制、发售代币票券，以代替人民币在市场上流通。

（二）货币管理制度

人民币是我国境内的法定支付工具。以人民币支付中华人民共和国境内的一切公共的和私人的债务，任何单位和个人不得拒收。禁止伪造、变造人民币。禁止出售、购买伪造、变造的人民币。禁止运输、持有、使用伪造、变造的人民币。禁止故意毁损人民币。禁止在宣传品、出版物或者其他商品上非法使用人民币图样。残缺、污损的人民币，按照中国人民银行的规定兑换，并由中国人民银行负责收回、销毁。

四、中国人民银行的货币政策工具

所谓货币政策是指中央银行为实现特定的经济目标采取的各种控制和调节货币供应量或信用量的方针、政策和措施的总称。中国人民银行为执行货币政策，可以依照有关规定从事金融业务活动。中国人民银行可以运用如下的货币政策工具：

（一）法定存款准备金

存款准备金是商业银行等存款类金融机构为保证客户提取存款和资金清算需要而准备的资金。中国人民银行可以要求银行业金融机构按照规定的比例交存存款准备金，从而间接对社会货币供应量进行控制。存款准备金分为法定存款准备金和超额存款准备金。前者是中国人民银行依法强制要求商业银行必须缴存的准备金，后者则是商业银行在法定存款准备金之外自愿存放在中国人民银行的准备金。商业银行向中国人民银行缴存的存款准备金占其全部存款总额的比例即为存款准备金率。中国人民银行有权直接决定和调整存款准备金率，以影响商业银行的信用创造能力，从而实现对社会货币供应量的调节。

（二）中央银行基准利率

利率是利息率的简称，反映了资金借贷所需支付的回报率，一般受到资金供给需求关系的影响。中国人民银行对商业银行和其他金融机构存、贷款的利率即为基准利率，又称法定利率，是中央银行的一项重要的货币政策工具。中国人民银行有权确定中央银行基准利率，从而影响商业银行吸收存款和发放贷款的成本，从而影响其信用额度，最终实现对信贷资金总量的宏观调控。

（三）再贴现

再贴现是商业银行和其他金融机构买入未到期的合格票据再向中央银行办理贴现，是中央银行和商业银行之间买卖票据、让渡资金的过程，同样是中央银行的一项重要的货币政策工具。中国人民银行可以为在中国人民银行开立账户的银行业金融机构办理再贴现。中央银行通过制定或调整再贴现利率、确定可再贴现的票据类型和范围，干预和影响市场利率及货币市场的供应和需求，从而调节市场货币供应量。

（四）再贷款

再贷款是中央银行贷款的简称，是指中央银行对金融机构的贷款。再贷款是中央银行调控基础货币的渠道之一，是短期信用贷款。中央银行通过适时调整再贷款的总量及利率，吞吐基础货币，促进实现货币信贷总量调控目标，合理引导资金流向和信贷投向。中国人民银行根据执行货币政策的需要，可以决定对商业银行贷款的数额、期限、利率和方式，但贷款的期限不得超过一年。

（五）公开市场操作

公开市场操作是中央银行吞吐基础货币、调节市场流动性的主要货币政策工具，对于调节银行体系流动性水平、引导货币市场利率走势、促进货币供应量合理增长发挥了积极的作用。通过中央银行与市场交易对手进行有价证券和外汇交易，实现货币政策调控目标。中国公开市场操作包括人民币操作和外汇操作两部分，买卖的对象主要是国债、其他政府债券和金融债券及外汇。在公开市场业务中，中央银行作为证券交易的一方当事人，其买卖的目的不是营利，而是实现一定的政策意图。

除上述货币政策工具外，中央银行还通过直接信用控制工具、大规模再融资操作、常备借贷便利操作等工具调节社会货币供应量。

五、中央银行的金融监督管理

中国人民银行依法监测金融市场的运行情况，对金融市场实施宏观调控，促进其协调发展。根据《银行业监督管理法》相关规定，在 2003 年原中国银监会（现已并入国家金融监管总局）成立后，原来由中国人民银行行使的对金融机构的审批权和监管权移交给中国银监会（现为国家金融监督管理总局）。

中国人民银行有权对金融机构以及其他单位和个人的下列行为进行检查监督：（1）执行有关存款准备金管理规定的行为；（2）与中国人民银行特种贷款有关的行为；（3）执行有关人民币管理规定的行为；（4）执行有关银行间同业拆借市场、银行间债券市场管理规定的行为；（5）执行有关外汇管理规定的行为；（6）执行有关黄金管理规定的行为；（7）代理中国人民银行经理国库的行为；（8）执行有关清算管理规定的行为；（9）执行有关反洗钱规定的行为。上述所称中国人民银行特种贷款，是指国务院决定的由中国人民银行向金融机构发放的用于特定目的的贷款。

中国人民银行根据执行货币政策和维护金融稳定的需要，可以建议国务院银行业监督管理机构对银行业金融机构进行检查监督。国务院银行业监督管理机构应当自收到建议之日起 30 日内予以回复。当银行业金融机构出现支付困难，可能引发金融风险时，为了维护金融稳定，中国人民银行经国务院批准，有权对银行业金融机构进行检查监督。中国人民银行根据履行职责的需要，有权要求银行业金融机构报送必要的资产负债表、利润表以及其他财务会计、统计报表和资料。中国人民银行应当和国务院银行业监督管理机构、国务院其他金融监督管理机构建立监督管理信息共享机制。中国人民银行负责统一编制全国金融统计数据、报表，并按照国家有关规定予以公布。

中国人民银行应当建立、健全本系统的稽核、检查制度，加强内部的监督管理。

六、中国人民银行的业务限制

中国人民银行可以根据需要，为银行业金融机构开立账户，但不得对银行业金融机构的账户透支。中国人民银行不得对政府财政透支，不得直接认购、包销国债和其他政府债券。中国人民银行不得向地方政府、各级政府部门提供贷款，不得向非银行金融机构以及其他单位和个人提供贷款，但国务院决定中国人民银行可以向特定的非银行金融机构提供贷款的除外。中国人民银行不得向任何单位和个人提供担保。

第三节　商业银行法律制度

一、商业银行法律制度概述

商业银行是指依照《商业银行法》和《公司法》设立的吸收公众存款、发放贷款、办理结算等业务的企业法人。

商业银行法是调整商业银行设立、变更、接管、终止以及商业银行开展业务活动中的各种社会关系的法律规范的总称。我国现行的商业银行法是 1995 年制定并于 2015 年修订的《中华人民共和国商业银行法》。

二、商业银行的设立

（一）商业银行的设立条件

商业银行是指以经营存、贷款为主要业务，并以利润为其主要经营目标的信用机构。商业银行经营货币这一特殊商品的企业，具有较强的公共性，其经营活动对社会经济具有重大的影响，因此，《商业银行法》明确规定了商业银行的设立条件。设立商业银行，应当经国务院银行业监督管理机构审查批准。未经国务院银行业监督管理机构批准，任何单位和个人不得从事吸收公众存款等商业银行业务，任何单位不得在名称中使用“银行”字样。

商业银行的设立应满足如下的条件：

（1）有符合《商业银行法》和《公司法》规定的章程。

（2）有符合本法规定的注册资本最低限额。《商业银行法》第13条、《农村中小银行机构行政许可事项实施办法》、《中国银保监会中资商业银行行政许可事项实施办法》、《中国银保监会外资银行行政许可事项实施办法》分别针对不同类型的商业银行规定了不同的注册资本金限额。设立全国性商业银行的注册资本最低限额为10亿元人民币。设立城市商业银行的注册资本最低限额为1亿元人民币，设立农村商业银行的注册资本最低限额为5000万元人民币。设立中资商业银行法人机构的注册资本金最低限额为10亿元人民币或等值可兑换货币，城市商业银行法人机构注册资本最低限额为1亿元人民币，外资银行的注册资本金最低限额为10亿元人民币或者等值的自由兑换货币，且资金来源合法。农村中小银行的注册资本金最低限额为5000万元人民币。注册资本应当是实缴资本。国务院银行业监督管理机构根据审慎监管的要求可以调整注册资本最低限额，但不得少于上述规定的限额。

（3）有具备任职专业知识和业务工作经验的董事、高级管理人员。《银行业金融机构董事（理事）和高级管理人员任职资格管理办法》第8条规定，金融机构拟任、现任董事（理事）和高级管理人员的任职资格基本条件包括：①具有完全民事行为能力；②具有良好的守法合规记录；③具有良好的品行、声誉；④具有担任金融机构董事（理事）和高级管理人员职务所需的相关知识、经验及能力；⑤具有良好的经济、金融从业记录；⑥个人及家庭财务稳健；⑦具有担任金融机构董事（理事）和高级管理人员职务所需的独立性；⑧履行对金融机构的忠实与勤勉义务。此外，《商业银行法》第27条规定了商业银行的董事、高级管理人员的禁止性条件：①因犯有贪污、贿赂、侵占财产、挪用财产罪或者破坏社会经济秩序罪，被判处刑罚，或者因犯罪被剥夺政治权利的；②担任因经营不善破产清算的公司、企业的董事或者厂长、经理，并对该公司、企业的破产负有个人责任的；③担任因违法被吊销营业执照的公司、企业的法定代表人，并负有个人责任的；④个人所负数额较大的债务到期未清偿的。

（4）有健全的组织机构和管理制度。

（5）有符合要求的营业场所、安全防范措施和与业务有关的其他设施。

此外设立商业银行，还应当符合其他审慎性条件。如设立中资商业银行法人机构，还应当符合其他审慎性条件，至少包括：①具有良好的公司治理结构；②具有健全的风险管理体系，能有效控制各类风险；③发起人股东中应当包括合格的战略投资者；④具有科学有效的人力资源管理制度，拥有高素质的专业人才；⑤具备有效的资本约束与资本补充机制；⑥有助于化解现有金融机构风险，促进金融稳定。

（二）商业银行的设立程序

银保监会负责其直接监管的政策性银行、大型银行、股份制银行、外资银行，保险集团（控股）公司等银行机构许可证的颁发与管理。银保监会依照规定的程序，对银行保险机构及银保监会监督管理的其他金融机构实施行政许可。申请人应按照银保监会公布的行政许可事项申请材料目录和格式要求提交申请材料：（1）申请书，申请书应当载明拟设立的商业银行的名称、所在地、注册资本、业务范围等；（2）可行性研究报告；（3）国务院银行业监督管理机构规定提交的其他文件、资料。设立商业银行的申请经审查符合上述规定的，申请人应当填写正式申请表，并提交下列文件、资料：（1）章程草案；（2）拟任职的董事、高级管理人员的资格证明；（3）法定验资机构出具的验资证明；（4）股东名册及其出资额、股份；（5）持有注册资本5%以上的股东的资信证明和有关资料；（6）经营方针和计划；（7）营业场所、安全防范措施和与业务有关的其他设施的资料；（8）国务院银行业监督管理机构规定的其他文件、资料。商业银行设立的行政许可实施程序分为申请与受理、审查、决定与送达3个环节。经批准设立的商业银行，由国务院银行业监督管理机构颁发经营许可证，并凭该许可证向工商行政管理部门办理登记，领取营业执照。

（三）商业银行分支机构的设立

商业银行根据业务需要可以在中华人民共和国境内外设立分支机构。设立分支机构必须经国务院银行业监督管理机构审查批准。在中华人民共和国境内的分支机构，不按行政区划设立。商业银行在中华人民共和国境内设立分支机构，应当按照规定拨付与其经营规模相适应的营运资金额。拨付各分支机构营运资金额的总和，不得超过总行资本金总额的60%。

设立商业银行分支机构，申请人应当向国务院银行业监督管理机构提交下列文件、资料：（1）申请书，申请书应当载明拟设立的分支机构的名称、营运资金额、业务范围、总行及分支机构所在地等；（2）申请人最近2年的财务会计报告；（3）拟任职的高级管理人员的资格证明；（4）经营方针和计划；（5）营业场所、安全防范措施和与业务有关的其他设施的资料；（6）国务院银行业监督管理机构规定的其他文件、资料。经批准设立的商业银行分支机构，由国务院银行业监督管理机构颁发经营许可证，并凭该许可证向工商行政管理部门办理登记，领取营业执照。

商业银行对其分支机构实行全行统一核算，统一调度资金，分级管理的财务制度。商业银行分支机构不具有法人资格，在总行授权范围内依法开展业务，其民事责任由总行承担。经批准设立的商业银行及其分支机构，由国务院银行业监督管理机构予以公告。

三、商业银行的组织机构

商业银行的组织形式、组织机构适用《中华人民共和国公司法》的规定。《商业银行法》施行前设立的商业银行，其组织形式、组织机构不完全符合《中华人民共和国公司法》规定的，可以继续沿用原有的规定，适用上述规定的日期由国务院规定。

国有独资商业银行设立监事会。监事会的产生办法由国务院规定。监事会对国有独资商业银行的信贷资产质量、资产负债比例、国有资产保值增值等情况以及高级管理人员违反法律、行政法规或者章程的行为和损害银行利益的行为进行监督。

四、商业银行的变更、分离与合并

商业银行有下列变更事项之一的，应当经国务院银行业监督管理机构批准：（1）变更名称；（2）变更注册资本；（3）变更总行或者分支行所在地；（4）调整业务范围；（5）变更持有资本总额或者股份总额 5% 以上的股东；（6）修改章程；（7）国务院银行业监督管理机构规定的其他变更事项。更换董事、高级管理人员时，应当报经国务院银行业监督管理机构审查其任职资格。

商业银行的分立、合并，适用《中华人民共和国公司法》的规定。商业银行的分立、合并，应当经国务院银行业监督管理机构审查批准。商业银行应当依照法律、行政法规的规定使用经营许可证。禁止伪造、变造、转让、出租、出借经营许可证。

五、商业银行的经营原则

（一）安全性原则

安全性原则要求商业银行使用和管理资产应尽可能避免或降低风险，经营活动保持长期稳定，防止各方利益遭受损失。这要求商业银行发放贷款必须考虑贷款的安全性，充分掌握借款人的信用状况和债务清偿能力，实行担保贷款，并对保证人的清偿能力，抵押物、质物的权属和价值以及变现的可能性进行严格审查，同时还应加强内部的业务管理和风险控制，健全稽核检查制度，以避免因经营管理不善发生损失。

（二）流动性原则

“流动性”是指商业银行的资金应保持较高程度的经常流动的状态，随时可以以适当的价格取得可用的资金，以便满足客户随时支取的请求、满足银行支付的需要。对于银行来讲，保持资金的流动性是十分重要的，银行的大部分资金来源于吸收公众存款，存款人随时可能提取资金，但资金只有放贷出去才能创造经济效益，因此，商业银行应保证资金的周转和流动，才能确保经营活动的顺利开展，避免发生银行的挤兑。

（三）效益性原则

商业银行是以营利为目的的经济组织，必然追求效益的最大化。“效益性”包括经济效益和社会效益。经济效益强调商业银行的盈利性，追求经济利润是商业银行开展经营活动所追求的目标。只有盈利才能增强银行自身的经营实力，提高银行的信用水平，更好地服务于社会。

商业银行安全性、流动性、效益性的经营原则有其内在的逻辑关系，只有在保证安全性和流动性的基础上才能实现效益的最大化。

（四）独立性原则

商业银行作为具有独立法律人格的民事主体，实行自主经营，自担风险，自负盈亏，自我约束，依法开展业务，不受任何单位和个人的干涉，以其全部法人财产独立承担民事责任。“自主经营”强调商业银行为了实现自己的经营目标，享有完全的经营自主权，不受其他任何单位和个人的干预，包括政府机关，可以根据国家产业政策和发展政策，自主选择投资项目，自主决定资产的处分，决定发放贷款的对象、授信额度。“自担风险”是指商业银行独自承担经营风险。商业银行面临的主要风险包括借款人的信用风险、利率风险、汇率风险、流动性风险等，其中借款人的信用风险是主要的风险，即借款人到期无法归还到期贷款。商业银行必须自行承担上述风险，而不能转嫁给他人。“自负盈亏”是指商业银行作为自主经营者既享有通过自主经营所取得的成果，也要承担由此而造成的损失，以自己的全部资产承担民事责任。“自我约束”是指商业银行建立自我约束的机制，建立、健全本行的业务管理、内部稽核和风险控制、检查制度。

此外，商业银行与客户的业务往来，应当遵循平等、自愿、公平和诚实信用的原则。

六、商业银行的主要业务

（一）负债业务

1. 吸收公众存款

吸收公众存款是银行最主要的业务之一，也是银行主要的资金来源。吸收存款是银行向不特定多数人收受款项或吸收资金，并约定返还本金或给付相当或高于本金的行为。基于存款行为，商业银行与存款人之间形成以货币为标的物的债权债务关系。还本付息、承诺存款人随时支取是其与其他资金融通活动相区别的主要特征之一。

2. 发行金融债券

具有法人资格的商业银行为筹集中长期资金作为经营资金的来源，可以经主管机关批准后发行金融债券。金融债券是公司债券的一种，是按约定还本付息的有价证券。但金融债券的发行和流通应符合《全国银行间债券市场金融债券发行管理办法》以及相关规定，在全国银行间债券市场发行和流通。

（二）资产业务

贷款业务是商业银行将资金借给他人使用、有权依照约定按期收回本金和利息的活动。银行可以直接将资金融通给客户或为客户付款，也可以银行的信用为客户提供担保。《商业银行法》主要规定了商业银行的如下贷款业务：

（1）发放短期、中期和长期贷款。

（2）从事同业拆借。同业拆借是临时调剂性借贷行为，是指商业银行之间为了调剂资金余缺而进行的无担保资金融通。商业银行的同业拆借须通过全国统一的同业拆借网络进行。商业银行之间的同业拆借最长期限不得超过1年，且不得展期。

（3）办理票据承兑与贴现。票据承兑是指商业银行承诺在商业汇票到期日无条件支付汇票金额。票据贴现是指持票人在商业汇票到期日前，贴付一定利息将票据转让至商业银行。银行承兑汇票的最高承兑余额不得超过该承兑人总资产的15%。银行承兑汇票保证金余额不得超过该承兑人吸收存款规模的10%。商业汇票的付款期限应当与真实交易的履行期限相匹配，自出票日起至到期日止，最长不得超过6个月。

（4）提供信用证服务及担保。信用证是信用结算方式的简称。是指付款人将款项预先交给商业银行，由商业银行开出信用证，通知异地收款人开户银行转告收款人，收款人按照合同和信用证规定的条件发货，或者付款人将商品自行提运以后，商业银行代付款人支付货款的结算方式。担保是指商业银行为在商业银行有存款的工商企业向与其有业务关系的当事人提供保证。

（三）中间业务

（1）代理发行、代理兑付、承销政府债券。对于政府债券，商业银行可以代理发行，还款时代理兑付，同时也可以承销。

（2）从事银行卡业务。

（3）代理收付款项及代理保险业务。代理收付款是商业银行的基本业务之一，是商业银行支付中介职能的体现。代理保险业务是指代理保险公司收付款。

（4）提供保管箱服务，即商业银行提供保管箱，为客户保管贵重物品。

（四）其他业务

（1）买卖政府债券、金融债券，即在公开市场上买卖政府债券、金融债券以获取利润。

（2）买卖、代理买卖外汇，即以外汇之间的买卖，商业银行买进或者卖出外汇，或者代理他人买进或者卖出外汇。

（3）经批准可以办理结汇、售汇。

商业银行在办理业务的过程中不断地创造新的金融产品，从事新的业务。因此，《商业银行法》第3条第一款第14项规定经国务院银行业监督管理机构批准的其他业务。

七、存款法律制度

（一）存款的概念与性质

存款可以从动态和静态两个意义上予以定义。动态的存款是指存款人将其所有或合法持有的资金存入具备存款业务资格的金融机构，金融机构按照与存款人之间的约定以及法律、法规的规定向存款人支付本金和利息的业务。静态意义上的存款则专指存款人在金融机构账户上存入的货币资金。存款是银行最基本的业务之一，也是银行发放贷款的主要资金来源。存款具有如下的特征：（1）只有经批准有权经营存款业务的金融机构才能吸收公众存款，否则将构成非法吸收公众存款行为。（2）存款人可以是货币资金的所有人，也可以是货币资金的合法持有人。（3）货币资金存入商业银行，其所有权在约定期限内让渡给商业银行，存款人成为商业银行的债权人，双方形成以货币资金为标的物的债权债务关系。（4）银行负有在存款到期或存款人支取存款时偿还本金和利息的义务。

（二）存款的主要类型

根据不同的标准，可以对存款进行分类，其中较为常见的存款分类如下：

（1）根据存款的期限、提取方式和提取条件的不同，银行存款可以分为活期存款、定期存款、定活两便存款和通知存款。活期存款是未规定存款期限，存款人可以随时存取的存款。银行与存款人双方在存款时事先约定期限、利率，到期后支取本息的存款。定活两便是指客户在存款时，不约定存期，可以随时支取，利率随存期的长短而变化的储蓄存款。它兼具定期之利、活期之便，不受存取限制。通知存款是指存款人在存入款项时不约定存期，支取时需提前通知金融机构，约定支取存款期和金额才能支取的存款。

（2）基于存款人的身份，银行存款可以分为单位存款和个人储蓄存款。单位存款是指企业、事业、机关、部队和社会团体等单位在金融机构办理的人民币存款。储蓄是指个人将属于其所有的人民币或者外币存入储蓄机构，储蓄机构开具存折或者存单作为凭证，个人凭存折或者存单可以支取存款本金和利息，储蓄机构依照规定支付存款本金和利息的活动。企业事业单位可以自主选择一家商业银行的营业场所开立一个办理日常转账结算和现金收付的基本账户，不得开立两个以上基本账户。任何单位和个人不得将单位的资金以个人名义开立账户存储。

（3）人民币存款和外币存款

此外，根据存款的币种，银行存款可以分为人民币存款和外币存款。

（三）存款合同当事人的权利和义务

存款合同是确定存款和商业银行之间权利义务关系的协议。存款合同是实践合同、要式合同、格式合同和有偿合同。商业银行和存款人作为存款合同的双方当事人，分别享有一定的权利和义务。

1. 银行的权利和义务

银行在存款活动中所享有的权利主要为收取和使用存款。存款合同成立后，银行有权按照合同的约定收取存款交付的货币资金，并有权自行使用存入资金获取经营利润。

银行在存款活动中主要承担如下的义务：

第一，向存款人支付本金和利息的义务。存款人享有取款自由。存款人可以随时向银行提出取款的请求，无论存款是否到期，银行都应当立即偿还本金。《储蓄管理条例》第 14 条规定，储蓄机构应当保证储蓄存款本金和利息的支付，不得违反规定拒绝支付储蓄存款本金和利息。

第二，审查存款人身份的义务。存款人提出付款请求时，银行应当对其身份予以审查，确认是否其为本人或委托代理人。鉴别存款人身份主要有两种方式，即存款人签名和存款人设置的密码。核对取款人的签名与存款人开户时预留的签名确定身份的真伪是较为传统的手段。密码是随着互联网技术的发展衍生的新型方式。密码具有私有性、唯一性和私密性的特征。基于密码使用的“本人行为原则”，只要取款人使用的密码与存款人预设的密码一致，银行即完成对存款人身份加以审查的义务。

第三，银行对存折、存单的审查义务。存单、存折是银行与存款人之间的存款合同的载体和表现形式。因此，存款人提示付款人，银行有义务对其出具的存折、存单的真实性先行予以审查。审查包括形式审查和实质审查两个方面，前者是指对存折、存单物理上的真实性予以审查，后者则是对存折、存单上记载的信息的真实性予以审查。

第四，银行的保密义务。为储户保密是各国银行共同遵循的基本原则，《商业银行法》第 29 条规定，商业银行办理个人储蓄存款业务，应遵循为存款人保密的原则。对个人储蓄存款，商业银行有权拒绝任何单位或者个人查询，银行保密义务的基本含义是指存款人在银行的存款情况，包括存款人姓名、账号、地址、存款的种类、数额、签章式样等不得泄露给别人，法律、行政法规另有规定的除外。《储蓄管理条例》第 32 条进一步规定，储蓄机构及其工作人员对储户的储蓄情况负有保密责任。对个人储蓄存款，商业银行有权拒绝任何单位或者个人查询，除非法律另有规定。《人民币单位存款管理办法》第 24 条规定，金融机构应对存款单位的存款保密，有权拒绝除法律、行政法规另有规定以外的任何单位或个人查询。

第五，拒绝无法律依据的冻结、扣划。为了方便司法机关或行政机关的执法行为，法律往往赋予特定机关冻结、扣划储户存款的权力，银行有义务予以协助。但冻结、扣划存款将直接损害存款人的财产权利，为此，《商业银行法》第 29 条、第 30 条规定，对个人储蓄存款，商业银行有权拒绝任何单位或者个人冻结、扣划，但法律另有规定的除外。对单位存款，商业银行有权拒绝任何单位或者个人冻结、扣划，但法律另有规定的除外。如商业银行非法查询、冻结、扣划个人储蓄存款或者单位存款，对存款人或者其他客户造成财产损害的，应当承担支付迟延履行的利息以及其他民事责任。

2. 存款人的权利和义务

存款人享有如下权利：第一，自由取款权。存款人可以在事先约定的日期取款，也可以提前或推迟取款。只要提供存折等存款凭证，银行就应当及时、足额支付本金和利息。第二，储蓄存款人的优先受偿权。商业银行解散、破产清算时，储蓄存款可以得到优先清偿，不仅优先于普通债权，也优先于其他类型的存款。这是对相对弱势的个人储户的倾斜性保护。第三，申请挂失的权利和义务。《储蓄管理条例》第 31 条规定，储户遗失存单、存折或者预留印鉴的印章的，必须立即持本人身份证明，并提供储户的姓名、开户时间、储蓄种类、金额、账号及住址等有关情况，向其开户的储蓄机构书面申请挂失。在特殊情况下，储户可以用口头或者函电形式申请挂失，但必须在 5 天内补办书面申请挂失手续。储蓄机构受理挂失后，必须立即停止支付该储蓄存款；受理挂失前该储蓄存款已被他人支取的，储蓄机构不负赔偿责任。

存款人应承担如下的义务：首先应对存款相关信息予以保密；其次，对存单、存折负有保管义务。存款信息和存折、存单是支取存款的重要凭证，一旦泄露或遗失，存款被冒领的风险将大大增加。因此，存款人有义务妥善予以保管。否则，存款被冒领的风险将由存款人自行承担。

八、贷款制度

贷款同样可以从动态和静态两个层面予以定义。动态意义上的贷款是商业银行依法把货币资金按一定的利率贷放给客户并约定期限偿还的信用活动。静态意义上的贷款系指贷款人对借款人提供的并按约定的利率和期限还本付息的货币资金。基于贷款合同，贷款人与借款人之间形成以货币资金为客体的债权债务关系。

（一）贷款的主体制度

1. 借款人

借款人应当是经工商行政管理机关（或主管机关）核准登记的企（事）业法人、其他经济组织、个体工商户或具有中华人民共和国国籍的具有完全民事行为能力的自然人。借款人申请贷款，应当具备产品有市场、生产经营有效益、不挤占挪用信贷资金、恪守信用等基本条件，并且应当符合以下要求：（1）有按期还本付息的能力，原应付贷款利息和到期贷款已清偿；没有清偿的，已经做了贷款人认可的偿还计划。（2）除自然人和不需要经工商部门核准登记的事业法人外，应当经过工商部门办理年检手续。（3）已开立基本账户或一般存款账户。（4）除国务院规定外，有限责任公司和股份有限公司对外股本权益性投资累计额未超过其净资产总额的50%。（5）借款人的资产负债率符合贷款人的要求。（6）申请中期、长期贷款的，新建项目的企业法人所有者权益与项目所需总投资的比例不低于国家规定的投资项目的资本金比例。

借款人享有如下的权利：（1）可以自主向主办银行或者其他银行的经办机构申请贷款并依条件取得贷款；（2）有权按合同约定提取和使用全部贷款；（3）有权拒绝借款合同以外的附加条件；（4）有权向贷款人的上级和中国人民银行反映、举报有关情况；（5）在征得贷款人同意后，有权向第三人转让债务。

借款人应承担如下的义务：（1）应当如实提供贷款人要求的资料，不得提供虚假资料或隐瞒与其债务清偿能力相关的重要信息。（2）应当接受贷款人对其使用信贷资金情况和有关生产经营、财务活动的监督。（3）应当按借款合同约定用途使用贷款。（4）借款人应当按期归还贷款的本金和利息。借款人到期不归还担保贷款的，商业银行依法享有要求保证人归还贷款本金和利息或者就该担保物优先受偿的权利。（5）将债务全部或部分转让给第三人的，应当取得贷款人的同意。（6）有危及贷款人债权安全情况时，应当及时通知贷款人同时采取保全措施。

借款人办理贷款存在如下的限制：（1）不得在一个贷款人同一辖区内的两个或两个以上同级分支机构取得贷款。（2）不得向贷款人提供虚假的或者隐瞒重要事实的资产负债表、损益表等。（3）不得用贷款从事股本权益性投资，国家另有规定的除外。（4）不得用贷款在有价证券、期货等方面从事投机经营。（5）除依法取得经营房地产资格的借款人以外，不得用贷款经营房地产业务；依法取得经营房地产资格的借款人，不得用贷款从事房地产投机。（6）不得套取贷款用于借贷牟取非法收入。（7）不得违反国家外汇管理规定使用外币贷款。（8）不得采取欺诈手段骗取贷款。

2. 贷款人

贷款人必须经中国人民银行批准经营贷款业务，持有中国人民银行颁发的《金融机构法人许可证》或《金融机构营业许可证》，并经工商行政管理部门核准登记。

贷款人可以享有如下的权利：（1）发放贷款的自主决定权，即有权根据贷款条件和贷款程序自主审查和决定贷款，任何单位和个人不得强令商业银行发放贷款或者提供担保。除国务院批准的特定贷款外，商业银行有权拒绝任何单位和个人强令其发放贷款或者提供担保。（2）有权要求借款人提供与借款有关的资料。（3）根据借款人的条件，决定贷与不贷、贷款金额、期限和利率等。（4）了解借款人的生产经营活动和财务活动。（5）依合同约定从借款人账户上划收贷款本金和利息。（6）借款人未能履行借款合同规定义务的，贷款人有权依合同约定要求借款人提前归还贷款或停止支付借款人尚未使用的贷款。（7）在贷款将受或已受损失时，可依据合同规定，采取使贷款免受损失的措施。

贷款人应承担如下义务：（1）应当公布所经营的贷款的种类、期限和利率，并向借款人提供咨询。（2）应当公开贷款审查的资信内容和发放贷款的条件。（3）贷款人应当审议借款人的借款申请，并及时答复贷与不贷。短期贷款答复时间不得超过1个月，中期、长期贷款答复时间不得超过6个月；国家另有规定者除外。（4）应当对借款人的债务、财务、生产、经营情况保密，但对依法查询者除外。

（二）贷款的要求与限制

1. 商业银行贷款的资产负债比例管理

商业银行贷款，应当遵守下列资产负债比例管理的规定：（1）资本充足率不得低于8%；（2）流动性资产余额与流动性负债余额的比例不得低于25%；（3）对同一借款人的贷款余额与商业银行资本余额的比例不得超过10%；（4）国务院银行业监督管理机构对资产负债比例管理的其他规定。

2. 关系人贷款发放管理

商业银行不得向关系人发放信用贷款；向关系人发放担保贷款的条件不得优于其他借款人同类贷款的条件。这里所称关系人是指：（1）商业银行的董事、监事、管理人员、信贷业务人员及其近亲属；（2）前项所列人员投资或者担任高级管理职务的公司、企业和其他经济组织。

3. 不得发放贷款的情形

贷款人不得对存在如下情形的借款人发放贷款：（1）不具备贷款资格和条件的；（2）生产、经营或投资国家明文禁止的产品、项目的；（3）违反国家外汇管理规定的；（4）建设项目按国家规定应当报有关部门批准而未取得批准文件的；（5）生产经营或投资项目未取得环境保护部门许可的；（6）在实行承包、租赁、联营、合并（兼并）、合作、分立、产权有偿转让、股份制改造等体制变更过程中，未清偿原有贷款债务、落实原有贷款债务或提供相应担保的；（7）有其他严重违法经营行为的。

（三）贷款的程序

办理贷款业务应首先由贷款人提出申请。收到申请后，商业银行应当对借款人的借款用途、偿还能力、还款方式等情况进行严格审查。商业银行贷款，应当实行审贷分离、分级审批的制度。借款人贷款原则上应当提供担保。商业银行应当对保证人的偿还能力，抵押物、质物的权属和价值以及实现抵押权、质权的可行性进行严格审查。经商业银行审查、评估，确认借款人资信良好，确能偿还贷款的，可以不提供担保。

贷款经审查获得批准后，商业银行应当与借款人订立书面合同。合同应当约定贷款种类、借款用途、金额、利率、还款期限、还款方式、违约责任和双方认为需要约定的其他事项。商业银行应当按照中国人民银行规定的贷款利率的上下限，确定贷款利率。

九、商业银行的业务限制

（一）商业银行的分业经营

商业银行在中华人民共和国境内不得从事信托投资和证券经营业务，不得向非自用不动产投资或者向非银行金融机构和企业投资，但国家另有规定的除外。商业银行因行使抵押权、质权而取得的不动产或者股权，应当自取得之日起 2 年内予以处分。

商业银行办理票据承兑、汇兑、委托收款等结算业务，应当按照规定的期限兑现，收付入账，不得压单、压票或者违反规定退票。有关兑现、收付入账期限的规定应当公布。

（二）商业银行拆入资金的使用限制

商业银行不得利用拆入资金发放固定资产贷款或者用于投资。拆出资金限于交足存款准备金、留足备付金和归还中国人民银行到期贷款之后的闲置资金。拆入资金用于弥补票据结算、联行汇差头寸的不足和解决临时性周转资金的需要。

（三）不正当经营的禁止

商业银行不得违反规定提高或者降低利率以及采用其他不正当手段，吸收存款，发放贷款。

十、商业银行的财务会计

商业银行应当依照法律和国家统一的会计制度以及国务院银行业监督管理机构的有关规定，建立、健全本行的财务、会计制度。商业银行应当按照国家有关规定，真实记录并全面反映其业务活动和财务状况，编制年度财务会计报告，及时向国务院银行业监督管理机构、中国人民银行和国务院财政部门报送。商业银行不得在法定的会计账册外另立会计账册。商业银行应当于每一会计年度终了 3 个月内，按照国务院银行业监督管理机构的规定，公布其上一年度的经营业绩和审计报告。商业银行应当按照国家有关规定，提取呆账准备金，冲销呆账。商业银行的会计年度自公历 1 月 1 日起至 12 月 31 日止。

十一、商业银行的接管和终止

（一）商业银行的接管

商业银行的阶段是指根据法定的条件和程序，金融监管机关通过一定的接管组织全面控制和管理商业银行业务活动的行政管理行为。

1. 商业银行接管的条件和目的

商业银行已经或者可能发生信用危机，严重影响存款人的利益时，国务院银行业监督管理机构可以对该银行实行接管。接管的目的是对被接管的商业银行采取必要措施，以保护存款人的利益，恢复商业银行的正常经营能力。

2. 商业银行接管的法律后果

被接管的商业银行不发生债权债务关系的转移，而是终止被接管商业银行的所有者和经营者对银行行使经营管理权利，对其经营管理活动加以改组。被接管商业银行的主体资格并不因此发生变化，债权债务关系也不因此而发生变更。

3. 商业银行接管的实施程序

当商业银行发生接管的事由，国务院银行业监督管理机构可以作出接管的决定，并组织实施。国务院银行业监督管理机构的接管决定应当载明下列内容：（1）被接管的商业银行名称；（2）接管理由；（3）接管组织；（4）接管期限。接管决定由国务院银行业监督管理机构予以公告。接管自接管决定实施之日起开始。接管开始之日起，由接管组织行使商业银行的经营管理权力。接管期限届满，国务院银行业监督管理机构可以决定延期，但接管期限最长不得超过 2 年。

4. 商业银行接管的终止

有下列情形之一的，接管终止：（1）接管决定规定的期限届满或者国务院银行业监督管理机构决定的接管延期届满；（2）接管期限届满前，该商业银行已恢复正常经营能力；（3）接管期限届满前，该商业银行被合并或者被依法宣告破产。

（二）商业银行的终止

商业银行的终止是指商业银行丧失其法人资格，停止经营活动并退出市场。商业银行的终止主要有解散、撤销和破产 3 种情形。

1. 商业银行的解散

商业银行因分立、合并或者出现公司章程规定的解散事由需要解散的，应当向国务院银行业监督管理机构提出申请，并附解散的理由和支付存款的本金和利息等债务清偿计划，经国务院银行业监督管理机构批准后解散。商业银行解散的，应当依法成立清算组，进行清算，按照清偿计划及时偿还存款本金和利息等债务。国务院银行业监督管理机构监督清算过程。

2. 商业银行的撤销

根据《金融机构撤销条例》第 5 条的规定，金融机构有违法违规经营、经营管理不善等情形，不予撤销将严重危害金融秩序、损害社会公众利益的，应当依法撤销。所谓的撤销，是指中国人民银行对经其批准设立的具有法人资格的金融机构依法采取行政强制措施，终止其经营活动，并予以解散。商业银行因吊销经营许可证被撤销的，国务院银行业监督管理机构应当依法及时组织成立清算组，进行清算，按照清偿计划及时偿还存款本金和利息等债务。

3. 商业银行的破产

商业银行破产的相关规定散见于《企业破产法》《商业银行法》和《银行业监督管

理法》。《企业破产法》第 2 条规定，企业法人不能清偿到期债务，并且资产不足以清偿全部债务或者明显缺乏清偿能力的，依照本法规定清理债务。企业法人有前款规定情形，或者有明显丧失清偿能力可能的，可以依照本法规定进行重整。该法第 134 条进一步规定，商业银行、证券公司、保险公司等金融机构有本法第 2 条规定情形的，国务院金融监督管理机构可以向人民法院提出对该金融机构进行重整或者破产清算的申请。国务院金融监督管理机构依法对出现重大经营风险的金融机构采取接管、托管等措施的，可以向人民法院申请中止以该金融机构为被告或者被执行人的民事诉讼程序或者执行程序。《商业银行法》第 71 条规定了破产财产的清偿顺序。商业银行被宣告破产的，由人民法院组织国务院银行业监督管理机构等有关部门和有关人员成立清算组，进行清算。商业银行破产清算时，在支付清算费用、所欠职工工资和劳动保险费用后，应当优先支付个人储蓄存款的本金和利息。

第四节　银行业监督管理法律制度

一、银行业监督管理的法规体系

为了加强对银行业的监督管理，规范监督管理行为，防范和化解银行业风险，保护存款人和其他客户的合法权益，促进银行业健康发展，2003 年 12 月 27 日，第十届全国人民代表大会常务委员会第六次会议通过了《中华人民共和国银行业监督管理法》，该法于 2006 年修订。除此以外，《商业银行法》《中国人民银行》和《反洗钱法》也对商业银行的监督管理作出了规定。国务院制定的《金融机构撤销条例》《外资银行管理条例》等行政法规也是银行业监管的重要组成部分。银行监管机构针对银行业的监管制定了大量的部门规章和其他规范性文件，共同构成了银行业监管的法规体系。

二、银行业的监管机构与目标

国务院银行业监督管理机构负责对全国银行业金融机构及其业务活动监督管理的工作，包括在中华人民共和国境内设立的商业银行、城市信用合作社、农村信用合作社等吸收公众存款的金融机构以及政策性银行等。国务院银行业监督管理机构根据履行职责的需要设立派出机构。国务院银行业监督管理机构对派出机构实行统一领导和管理。国务院银行业监督管理机构的派出机构在国务院银行业监督管理机构的授权范围内，履行监督管理职责。

银行业监督管理的目标是促进银行业的合法、稳健运行，维护公众对银行业的信心，保护银行业公平竞争，提高银行业竞争能力。

三、银行业监管的原则

为了实现监管目标，银行监管必须遵循一定的原则。《银行业监督管理法》第 4 条规定，银行业监督管理机构对银行业实施监督管理，应当遵循依法、公开、公正和效率的原则。

（一）依法监管原则

依法监管原则要求对银行的监管活动必须依法进行。这包含了 3 个层次的内容：第一，监管主体及其职权范围应由法律明确予以规定，对银行业的监管不能超出法定职权范围。第二，监管方式合法。监管机构对银行实施监管应采取法律规定范围内的方式。第三，监管程序合法。对银行的监管应严格遵守法定程序，以免对银行的正常经营活动造成过度的干扰。

（二）公开监管原则

公开监管原则要求银行业监管的过程、程序和要求应该公开透明，并接受公众的监督。公开监管首先要求监管信息的公开，有关银行监管的法律法规、信息和标准等均应当依法向社会公众公开。其次，该原则要求监管过程的公开，对银行的监管应当依法公开进行，并严格遵守法定程序。最后，该原则还要求对银行的监管活动应当接受有权机构和社会公众的监督。

（三）公正监管原则

公正监管要求监管机构在监管过程中应对所有的银行机构一视同仁。这一方面要求监管的形式平等，有关银行监管的法律法规应对所有银行平等地适用，不得歧视对待。另一方面也要求实质公正，区别不同银行的风险状况，对其进行分类管理，对不同的银行采取具有针对性的监管措施，从而真正实现化解银行风险、稳健经营的目标。

（四）监管效率原则

监管效率原则首先要求监管机构的监管活动应在法定期限内完成，国务院银行业监督管理机构应当在规定的期限，对下列申请事项作出批准或者不批准的书面决定；决定不批准的，应当说明理由：（1）银行业金融机构的设立，自收到申请文件之日起 6 个月内；（2）银行业金融机构的变更、终止，以及业务范围和增加业务范围内的业务品种，自收到申请文件之日起 3 个月内；（3）审查董事和高级管理人员的任职资格，自收到申请文件之日起 30 日内。其次，监管机构采取的监管措施应考虑其可行性、监管的效果与成本，尽可能采取监管成本较低而效果显著的监管措施。

四、银行监管的内容

（一）市场准入监管

国务院银行业监督管理机构依照法律、行政法规制定并发布对银行业金融机构及其业务活动监督管理的规章、规则。国务院银行业监督管理机构依照法律、行政法规规定的条件和程序，审查批准银行业金融机构的设立、变更、终止以及业务范围。申请设立银行业金融机构，或者银行业金融机构变更持有资本总额或者股份总额达到规定比例以上的股东的，国务院银行业监督管理机构应当对股东的资金来源、财务状况、资本补充能力和诚信状况进行审查。

（二）银行业务品种的监管

银行业金融机构业务范围内的业务品种，应当按照规定经国务院银行业监督管理机构审查批准或者备案。需要审查批准或者备案的业务品种，由国务院银行业监督管理机构依照法律、行政法规作出规定并公布。未经国务院银行业监督管理机构批准，任何单位或者个人不得设立银行业金融机构或者从事银行业金融机构的业务活动。

（三）银行市场运营的监管

银行业金融机构应当严格遵守审慎经营规则。银行业金融机构的审慎经营规则，由法律、行政法规规定，也可以由国务院银行业监督管理机构依照法律、行政法规制定。上述规定的审慎经营规则，包括风险管理、内部控制、资本充足率、资产质量、损失准备金、风险集中、关联交易、资产流动性等内容。

1. 内部有效性的监管

2007 年银监会颁布了《商业银行内部控制指引》，并于 2014 年进行了修改，要求商业银行应当建立健全内部控制体系，明确内部控制职责，完善内部控制措施，强化内部控制保障，持续开展内部控制评价和监督。根据该指引，内部控制是商业银行董事会、监事会、高级管理层和全体员工参与的，通过制定和实施系统化的制度、流程和方法，实现控制目标的动态过程和机制。商业银行应当建立由董事会、监事会、高级管理层、内控管理职能部门、内部审计部门、业务部门组成的分工合理、职责明确、报告关系清晰的内部控制治理和组织架构。商业银行的内部控制应遵循全覆盖原则、制衡性原则、审慎性原则和相匹配原则，以保证国家有关法律法规及规章的贯彻执行、保证商业银行发展战略和经营目标的实现、保证商业银行风险管理的有效性，保证商业银行业务记录、会计信息、财务信息和其他管理信息的真实、准确、完整和及时。

2. 经营合规性的监管

合规管理是商业银行一项核心的风险管理活动。商业银行应综合考虑合规风险与信用风险、市场风险、操作风险和其他风险的关联性，确保各项风险管理政策和程序的一致性。商业银行合规风险管理的目标是通过建立健全合规风险管理框架，实现对合规风险的有效识别和管理，促进全面风险管理体系建设，确保依法合规经营。商业银行应及时将合规政策、合规管理程序和合规指南等内部制度向银监会备案，及时向银监会报送合规风险管理计划和合规风险评估报告。一旦发现重大违规事件，应按照重大事项报告制度的规定向银监会报告。商业银行任命合规负责人，应按有关规定报告银监会。商业银行在合规负责人离任后的 10 个工作日内，应向银监会报告离任原因等有关情况。

银监会应定期对商业银行合规风险管理的有效性进行评价，评价报告作为分类监管的重要依据。银监会应根据商业银行的合规记录及合规风险管理评价报告，确定合规风险现场检查的频率、范围和深度，检查的主要内容包括：（1）商业银行合规风险管理体系的适当性和有效性；（2）商业银行董事会和高级管理层在合规风险管理中的作用；（3）商业银行绩效考核制度、问责制度和诚信举报制度的适当性和有效性；（4）商业银行合规管理职能的适当性和有效性。

3. 资本充足性的监管

商业银行资本应抵御其所面临的风险，包括个体风险和系统性风险，为此，银监会2013年制定了《商业银行资本管理办法（试行）》，作为商业银行的资本监管要求。系统重要性银行还应同时符合附加资本监管要求。资本监管指标包括资本充足率和杠杆率。所谓资本充足率，是指商业银行持有的、符合规定的资本净额与风险加权资产之间的比率，包括一级资本充足率和核心一级资本充足率。杠杆率则是指商业银行持有的、符合规定的一级资本净额与调整后表内外资产余额之间的比率。商业银行总资本包括一级资本和二级资本。其中，一级资本包括核心一级资本和其他一级资本，风险加权资产包括信用风险加权资产、市场风险加权资产和操作风险加权资产。商业银行应按照规定分别计量信用风险加权资产、市场风险加权资产和操作风险加权资产。商业银行各级资本充足率不得低于如下最低要求：（1）核心一级资本充足率不得低于5%。（2）一级资本充足率不得低于6%。（3）资本充足率不得低于8%。商业银行应在最低资本要求的基础上计提储备资本。储备资本要求为风险加权资产的2.5%，由核心一级资本来满足。国家金融监督管理总局有权根据宏观经济金融形势、银行业整体风险状况以及单家银行经营管理和风险水平等情况，对储备资本要求进行调整。

4. 资产安全性的监管

银行资产的安全性主要通过银行资产质量和资产管理水平予以体现。2023年2月中国银行保险监督管理委员会、中国人民银行制定了《商业银行金融资产风险分类办法》，要求商业银行应对表内承担信用风险的金融资产进行风险分类，包括但不限于贷款、债券和其他投资、同业资产、应收款项等。表外项目中承担信用风险的，应按照表内资产相关要求开展风险分类，即银行按照风险程度将金融资产划分为不同档次的行为。商业银行应按照真实性、及时性、审慎性和独立性原则对金融资产进行风险分类：金融资产按照风险程度分为5类，分别为正常类、关注类、次级类、可疑类、损失类，后3类合称不良资产。商业银行应根据实际情况完善分类制度，细化分类方法，但不得低于本办法提出的标准和要求，且与法定的风险分类方法具有明确的对应和转换关系。商业银行制定或修订金融资产风险分类制度后，应在30日内报银保监会及其派出机构备案。银保监会及其派出机构依照规定对商业银行金融资产风险分类进行监督检查，并采取相应监管措施。商业银行应按照规定向银保监会及其派出机构报送与金融资产风险分类有关的统计报表和分析报告。

5. 资产流动性的监管

商业银行特殊的资产负债特务，决定了必须保持适度的资产流动性，防止因流动性不足而发生挤兑的风险。流动性风险指标是衡量商业银行风险水平的重要指标之一，主要衡量商业银行流动性状况及其波动性，包括流动性比例、核心负债比例和流动性缺口率，按照本币和外币分别计算。根据《商业银行风险监管核心指标》的要求，商业银行流动性比例为流动性资产余额与流动性负债余额之比，衡量商业银行流动性的总体水平，不应低于25%，核心负债比例为核心负债与负债总额之比，不应低于60%，流动性缺口率为90天内表内外流动性缺口与90天内到期表内外流动性资产之比，不应低于-10%。

流动性风险是指商业银行虽然有清偿能力，但无法及时获得充足资金或无法以合理成本及时获得充足资金以应对资产增长或支付到期债务的风险。流动性风险如不能有效控制，将有可能损害商业银行的清偿能力。流动性风险可以分为融资流动性风险和市场流动性风险。银行业监督管理机构依法对商业银行的流动性风险和流动性风险管理实施监督管理。银监会综合运用多种监管手段，督促商业银行建立健全流动性风险管理体系，有效识别、计量、监测和控制流动性风险，维持充足的流动性水平以满足各种资金需求和应对不利的市场状况。当发现商业银行的流动性风险管理体系存在缺陷或出现流动性风险时，银监会有权及时采取措施，最大限度地降低流动性风险对被监管机构的影响，维护银行体系安全、稳健运行，保护存款人利益。

6. 风险的防范与预警

银行业监督管理机构应当建立银行业金融机构监督管理评级体系和风险预警机制，根据银行业金融机构的评级情况和风险状况，确定对其现场检查的频率、范围和需要采取的其他措施。国务院银行业监督管理机构应当建立银行业突发事件的发现、报告岗位责任制度。银行业监督管理机构发现可能引发系统性银行业风险、严重影响社会稳定的突发事件的，应当立即向国务院银行业监督管理机构负责人报告；国务院银行业监督管理机构负责人认为需要向国务院报告的，应当立即向国务院报告，并告知中国人民银行、国务院财政部门等有关部门。

国务院银行业监督管理机构应当会同中国人民银行、国务院财政部门等有关部门建立银行业突发事件处置制度，制定银行业突发事件处置预案，明确处置机构和人员及其职责、处置措施和处置程序，及时、有效地处置银行业突发事件。

五、商业银行监管的措施

（一）非现场监管

《银行业监督管理法》第23条规定，银行业监督管理机构应当对银行业金融机构的业务活动及其风险状况进行非现场监管，建立银行业金融机构监督管理信息系统，分析、评价银行业金融机构的风险状况。2016年2月中国银保监会制定了《中国银监会非现场监管暂行办法》，规定了非现场监管的程序、内容和方法等。非现场监管是指通过收集银行业金融机构以及行业整体的业务活动和风险状况的报表数据、经营管理情况及其他内外部资料等信息，对银行业金融机构以及行业整体风险状况和服务实体经济情况进行分析，做出评价，并采取相应措施的持续性监管过程。非现场监管是对银行业金融机构监管的重要手段，在监管流程、风险识别判断、监管行动制定和实施中发挥核心作用。

（二）现场检查

《银行业监督管理法》第24条规定，银行业监督管理机构应当对银行业金融机构的业务活动及其风险状况进行现场检查。国务院银行业监督管理机构应当制定现场检查程序，规范现场检查行为。2019 年 12 月中国银行保险监督管理委员会布了《中国银保监会现场检查办法（试行）》，明确了对商业银行实施现场检查应遵循的程序和方法等内容。现场检查是银行业监督管理机构依法对银行业和保险业机构经营管理情况进行监督检查的行政执法行为。银行业监督管理机构根据审慎监管的要求，可以采取下列措施进行现场检查：（1）进入银行业金融机构进行检查；（2）询问银行业金融机构的工作人员，要求其对有关检查事项作出说明；（3）查阅、复制银行业金融机构与检查事项有关的文件、资料，对可能被转移、隐匿或者毁损的文件、资料予以封存；（4）检查银行业金融机构运用电子计算机管理业务数据的系统。对商业银行实施现场检查，应当经银行业监督管理机构负责人批准。现场检查时，检查人员不得少于 2 人，并应当出示合法证件和检查通知书；检查人员少于 2 人或者未出示合法证件和检查通知书的，银行业金融机构有权拒绝检查。银行业监督管理机构根据履行职责的需要，可以与银行业金融机构董事、高级管理人员进行监督管理谈话，要求银行业金融机构董事、高级管理人员就银行业金融机构的业务活动和风险管理的重大事项作出说明。银保监会及其派出机构依法开展现场检查，被查机构及其工作人员应当配合，保证提供的有关文件资料及相关情况真实、准确、完整、及时。对于被查机构及其工作人员存在不配合检查、不如实反映情况或拒绝、阻碍检查等行为的，银保监会及其派出机构可以根据情节轻重，对相关机构和个人依法采取监管措施和行政处罚。

第五节 《金融稳定法》立法前沿问题探索

2022 年 4 月，中国人民银行发布《中华人民共和国金融稳定法（草案征求意见稿）》；2022 年 12 月，第十三届全国人大常委会第三十八次会议对《金融稳定法（草案）》进行首次审议，并向社会公众征求意见；2023 年 5 月，中国人大网公布消息，第十四届人大常委会将于 2023 年 12 月第二次审议《金融稳定法（草案）》；2023 年 10 月，中国人民银行行长潘功胜明确表示，“加快推进金融稳定法立法工作”；2023 年 10 月，中央金融工作会议强调，“加强金融法治建设，及时推进金融重点领域和新兴领域立法”，对中国金融稳定立法起到了促进作用。

近年来，中国金融稳定法立法受到了学界的广泛关注，学者们从不同的角度对相关问题进行了较为深入的研究。从现有的研究成果来看，有学者从金融危机历史镜鉴的角度分析中国金融稳定立法进程，并从宏观层面分析中国金融稳定立法基本问题，探究中国金融稳定立法的底层逻辑与路径选择问题；也有学者从中观层面对金融稳定法的制度逻辑与规则优化进行研究；还有学者从微观层面对金融稳定法的具体条文进行研究。

一、金融稳定立法中的基本问题

维护金融稳定与安全，防范金融风险，尤其是确保不发生系统性金融风险，是我国金融工作的重要任务。为确保《金融稳定法》立法进程的顺利推进，亟须对其中的三个关键性问题予以进一步明确。

一是要对《金融稳定法》立法的必要性与可行性进行更加充分的论证。关于《金融稳定法》立法的必要性，起草说明分别从金融法治体系的完善、重大金融风险化解的制度保障和系统性风险防控能力的提升三个角度进行了具体论证，但仍需根据中央最新战略部署对立法的必要性进行充实。对于《金融稳定法》起草说明中并未详细论证的立法可行性，但从有利于推进立法进程的角度来看，应当予以进一步论证和说明。

二是要力求《金融稳定法》的立法定位的准确性与制度设计的合理性。《金融稳定法》的立法定位与相关制度设计二者之间关系十分密切，在立法中很有必要对其进行综合平衡，使二者之间相互协调、有机统一。《金融稳定法》的立法定位需要解决《金融稳定法》到底是一部综合性法律，还是仅仅聚焦金融风险处置的专门性法律的问题，社会各界对此问题存在不同认识。笔者认为，应当制定一部综合性的《金融稳定法》，对于不同领域、不同行业的金融稳定与金融安全进行综合的法律调整与规范。从综合性立法定位的角度看，当前《草案征求意见稿》中的具体制度设计固然不乏创新点，但仍有一些需要进一步完善的地方。

三是要妥善处理《金融稳定法》立法的域外经验与本土建构之间的关系。域外经验与本土建构的协调在《金融稳定法》的立法中十分关键。从世界金融一体化和制度借鉴的角度来看，我国在立法过程中，应当充分考虑与国外相关金融稳定法律制度的协调，吸纳国外行之有效的宝贵经验。但如何把国际经验融入本土法律制度之中，则考验着立法者的智慧。

《金融稳定法》立法所涉及的问题绝对不限于以上 3 个方面。但是，以上 3 个基本问题是在制定《金融稳定法》时必须面对的，因而也是立法时需要重点进行考虑的内容。

二、金融危机历史镜鉴视角下的中国金融稳定立法

面对当前复杂严峻的国际国内形势，为了有效防范应对可能发生的金融危机，亟须进一步加强中国金融稳定立法。为了确保中国金融稳定立法的科学性与实效性，很有必要对历史上的金融危机事件进行梳理，厘清金融危机、金融稳定与金融法治化之间的逻辑关系与历史脉络。近代以来的重大金融危机事件启示中国，应当重视金融危机发生的经济社会背景，重视影响金融稳定的主要因素，重视法治对维护金融稳定的重要作用。金融危机深化了对金融稳定内涵的认识，加深了对影响金融稳定的主要因素的认识，凸显了金融稳定法治的重要性。从危机应对的视角来看，加强中国金融稳定立法具有必要性和紧迫性，中国金融稳定立法应当注重系统性和协调性，并立足于中国现实。

近代以来金融发展的历史，同时也是一部金融危机史。出于防范和应对金融风险的客观需要，世界各国普遍重视金融稳定法治建设。在现代社会，金融是国家重要的核心竞争力，在促进经济发展与维护社会稳定方面发挥着不可替代的重要作用。尤其是在当前“百年未有之大变局”的特殊时期，金融安全是国家安全的重要组成部分，维护金融稳定意义重大。为此，中央多次强调要“守住不发生系统性风险底线”“有效防范化解

重大经济金融风险”“防止形成区域性、系统性金融风险”，并对强化金融稳定保障体系进行总体部署。从法治建设的角度来看，确保中央提出的“守住不发生系统性风险底线”，就要建立健全完善的中国金融稳定法治体系。为此，需要从立法、执法、司法、守法等多个环节全方位加快中国金融稳定法治体系建设。尤其是在立法环节，需要加快速度推进《金融稳定法》立法进程的同时，进一步加强《中国人民银行法》《商业银行法》《银行业监督管理法》《保险法》《反洗钱法》等法律法规的修订完善工作，构建完善的中国金融稳定立法体系。

三、中国金融稳定法立法的底层逻辑与路径选择问题

在当前百年未有之大变局加速演进的特殊时期，需要加速推进中国金融稳定立法。为了确保中国金融稳定立法的精准有效，需要对中国金融稳定立法的底层逻辑进行深入研究，并在此基础上探寻中国金融稳定立法的路径。从历史与现实的维度来看，中国金融稳定立法的底层逻辑在于防范化解金融风险、应对可能发生的金融危机；从经济与社会的维度来看，中国金融稳定立法的底层逻辑在于促进经济高质量发展、维护社会和谐稳定；从国内与国际的维度来看，中国金融稳定立法的底层逻辑在于建设金融强国、维护国家金融安全。基于上述三重维度的底层逻辑，中国金融稳定立法应当坚持中国特色的基本路径、选择综合立法的基本模式、采取联动立法的推进方式。

金融是国民经济的血脉，金融安全是国家安全的重要组成部分。尤其是在当前的国内国际背景下，加快推进中国金融稳定立法，对于维护中国金融稳定与确保国家金融安全，具有十分重大的意义。中国金融稳定立法既有直接的现实动因，也有深层次的底层逻辑。推进中国金融稳定立法，不仅要重视具体问题的应对和立法技术的完美，更要透过层层表象，深入分析中国金融稳定立法的底层逻辑，并在此基础上探析中国金融稳定立法的有效路径。中国金融稳定立法，既要聚焦当前的金融风险问题，更要着眼于长远、注重经济社会层面的整体效应、统筹国内国际两个大局，构建有利于维护金融稳定的长效机制，实现金融稳定的长治久安。

重要名词术语

金融、金融法、中央银行、中国人民银行法、商业银行法、银行业监督管理法、金融稳定法

思考题

1. 什么是金融？
2. 什么是金融法？
3. 如何认识金融法的体系结构？
4. 简述中国人民银行的地位。
5. 简述中国人民银行的职责。

6. 设立商业银行需要哪些条件?
7. 如何看待我国金融体制改革与金融法治建设之间的关系?
8.《金融稳定法》立法需要重点考虑哪些问题?

典型案例分析

中国F控股集团有限公司与郭某申请确认仲裁协议效力案

基本案情

2019年12月，郭某与基金管理人M公司、基金托管人Z公司签订了《基金合同》《基金补充确认函》《“M×× 号投资基金”份额认购（申购）确认书》。《基金合同》签订当日，郭某如约将430万元支付至M公司指定募集账户。《基金合同》约定因本合同而产生的或与本合同有关的一切争议，经友好协商未能解决的，应提交某仲裁委员会申请仲裁。2014年10月，F公司向M公司作出《承诺函》，承诺对M公司发起设立并承担主动管理职责的资产管理产品的流动性及资产安全性提供增信担保支持。2021年9月，郭某向约定的仲裁委员会提出仲裁申请，将M公司、Z公司、F公司列为被申请人。2021年11月，F公司向该仲裁委员会提出《仲裁管辖权异议申请书》，认为该仲裁委员会对郭某与其之间的争议无管辖权。2022年1月，北京金融法院立案受理F公司申请确认仲裁协议效力一案。

裁判结果

北京金融法院认为，F公司并未直接与郭某签订《基金合同》，《承诺函》并非F公司向郭某出具。F公司与郭某之间并未有明确的仲裁解决争议的意思表示，不存在仲裁协议。F公司在仲裁庭首次开庭前提出了异议，符合相关程序性规定，经询问某仲裁委员会，该委并未对仲裁效力异议作出决定。该院裁定确认F公司与郭某之间不存在仲裁协议。

典型意义

本案系主从合同中仲裁条款扩张效力认定的典型案例。当事人意思自治是仲裁协议的基石。人民法院充分尊重当事人的仲裁意愿，根据主从合同的关系、仲裁的特殊性、仲裁条款的要式性等，在从合同没有仲裁条款的情况下，认定主合同的仲裁条款对从合同不具有约束力。本案为规范仲裁条款效力的扩张提供了有益的类案指引。

后 记

随着社会主义市场经济的发展，经济法治建设受到了高度的重要，近年来经济法制的重大改革持续不断，经济法律体系逐步健全和完善。经过 40 多年的发展，经济法学的理论研究也随之逐步成熟。与传统部门法相比，经济法体系庞杂、门类众多。作为晚近产生的部门法学，经济法学的理论研究更是存在诸多的争议与分歧，但在应对新兴的经济生活问题时也不断发展了全新的法学理论，从而富有“现代法”的特质。

《经济法学教程》是中国社会科学院大学法学院推出的“新时代法学教育丛书”的组成部分，是在当前竞争法、财政税收法、金融法等各个子部门法均面临重要改革的节点，对现有经济法理论研究成果的总结和反思，更是对经济法实践问题的积极回应，旨在为本科生或研究生形成经济法学的知识体系，掌握经济法学的基础理论、基本知识和运用技能，了解经济法相关的国家战略、法律法规和相关政策提供必要的基础和指引。

《经济法学教程》分为上、中、下三编，共计 14 章，由中国社会科学院大学法学院经济法教研室的同仁共同完成，具体分工如下：

席月民：负责撰写第一、二章；

汤洁茵：负责撰写第三、四、十二章；

苗鸣宇：负责撰写第五章；

金善明：负责撰写第六章，第七章第一、三节；

韩伟：负责撰写第七章第二节；

谭袁：负责撰写第八章；

吴峻：负责撰写第九章；

郝俊淇：负责撰写第十、十一章；

肖京：负责撰写第十三、十四章。

经济法教研室主任汤洁茵负责全书的统稿工作，对第十三、十四章等部分章节进行了较大幅度的修改，并最终完成定稿。本教材是经济法教研室全体老师共同努力的结果，凝结着主编和各位撰稿人长期从事经济法学教学和理论研究的最新成果，同时承载着构建经济法学说体系的大胆设想，更寄托着对经济法学发展和经济法治进程的殷殷期望。崔靖晨老师在写作过程中协助完成大量的沟通、协调工作，在此一并表示感谢。

本教材的出版得益于中国社会科学院大学和中国社会科学院法学研究所提供的支持与保障。出版社编辑提出了诸多宝贵意见，为本书的顺利出版助益颇多。当然，无论是本书的体系、内容还是方法、体例，都是全新的尝试。受水平和视野所限，书中的错误和不当之处在所难免，诚望读者批评指正！

汤洁茵

2024 年 8 月 12 日